Josef Ehmer · Michael Mitterauer (Hg.)
Familienstruktur und Arbeitsorganisation
in ländlichen Gesellschaften

Familienstruktur und Arbeitsorganisation in ländlichen Gesellschaften

Herausgegeben von
JOSEF EHMER und MICHAEL MITTERAUER

1986

HERMANN BÖHLAUS NACHF. WIEN · KÖLN · GRAZ

Gedruckt mit Unterstützung des Fonds zur Förderung
der wissenschaftlichen Forschung

Der Beitrag von Tamás Faragó wurde aus dem Ungarischen übersetzt von
Mag. Judit Gyenge und von Eva Vajda.
Der Beitrag von Richard Wall wurde aus dem Englischen übersetzt von
Dr. Wolfgang Astlbauer.

CIP-Kurztitelaufnahme der Deutschen Bibliothek

**Familienstruktur und Arbeitsorganisation in ländlichen
Gesellschaften** / hrsg. von Josef Ehmer u. Michael Mitterauer. –
Wien ; Köln ; Graz : Böhlau, 1986.
ISBN 3-205-07271-5
NE: Ehmer, Josef [Hrsg.]

Umschlagbild vorne: Bauernfamilie und Gesinde 1924
(v. l.: Kind, Knecht, 2 Mägde, Altbäuerin, Bauer, Bäuerin mit Kind).
Zur Verfügung gestellt von Familie Öttl.
Umschlagbild hinten: Bauernfamilie 1965
(v. l.: Kind, Bäuerin, Bauer, Kind, Bruder des Bauern).
Zur Verfügung gestellt von Familie Schneeberger.
Pfarrkirchen, Oberösterreich.

ISBN 3-205-0-7271-5
Copyright © 1986 by Hermann Böhlaus Nachf. Gesellschaft m. b. H., Graz · Wien
Satz: Fotosatzstudio Raggl, 6500 Landeck, Urichstraße

INTERPRESS Budapest, Druckerei: FRANKLIN Budapest.

Inhalt

Zur Einführung: Familienstruktur und Arbeitsorganisation in ländlichen Gesellschaften

Wenn die Historiographie der Familie epochenübergreifende oder großräumige Aussagen trifft, ist sie häufig von der Neigung geprägt, aus bestimmten quantitativen oder qualitativen Merkmalen der Familie – wie z. B. ihrer Größe, Zusammensetzung oder Generationentiefe, ebenso aber auch ihres emotionalen Klimas oder ihres Umgangs mit Sexualität – Typen oder Modelle zu konstruieren und diese verschiedenen Zeiten, Räumen oder sozialen Schichten zuzuweisen. Das lange Zeit unangefochtene Entwicklungsparadigma der Familiensoziologie – des Übergangs von der Groß- zur Kleinfamilie – ist dafür ebenso charakteristisch wie in der Revision dieses Modells entstandene schichtspezifische Familientypologien, wie gegenwärtig intensiv diskutierte „westliche" und „östliche" Muster oder wie die Gegenüberstellung der familialen Atmosphäre vor und nach „der sexuellen Revolution".

Die hier zusammengestellten Beiträge bemühen sich demgegenüber, einmal mehr darauf hinzuweisen, daß die Wirklichkeit unvergleichlich reichhaltiger ist als die erwähnten Modelle. Der Rekurs auf die konkrete Formenvielfalt stellt hier aber keine Beschwörung bloß deskriptiver Empirie gegenüber theoretischer Verallgemeinerung und Abstraktion dar, sondern vielmehr ein Plädoyer für eine andere Richtung der Theoriebildung: eine Theorie, die den Reichtum des Konkreten ernst nimmt, weder in Schemata preßt noch seine Einzelteile voneinander isoliert, sondern ihr Interesse darauf richtet, *in welchen Beziehungen* bestimmte Sozialformen zu den sie bedingenden und umgebenden gesellschaftlichen Strukturen und Wandlungsprozessen stehen. Forschungsinteresse, Modellbildung und theoretische Verallgemeinerung richten sich demnach auf das *Verhältnis* verschiedener Erscheinungsformen der Familie zu anderen gesellschaftlichen Strukturen und Prozessen und nicht auf diese Erscheinungsformen für sich selbst.

Die Art und Weise, wie diese Sichtweise in den einzelnen Beiträgen realisiert wurde, zeigt ihrerseits sowohl gemeinsame Züge als auch Besonderheiten. Diese Spannung stellt eine seit Beginn der Planung dieses Bandes verfolgte Intention dar.

Ein allgemeines Ziel des Bandes besteht darin, zur Entwicklung einer international vergleichenden historischen Perspektive beizutragen. Gerade für die Familiengeschichte war der internationale Vergleich seit dem Beginn ihres raschen Wachstums Ende der 1960er Jahre ein wesentliches Forschungsparadigma. In den Forschungsergebnissen der letzten Jahre werden jedoch zwei auseinanderstrebende Tendenzen sichtbar. Verschiedene Studien begreifen Familienverhältnisse als

„Element der Gesellschaftsstruktur" und stellen sie in dichte Zusammenhänge, deren lokale Grenzen jedoch auch bei der Formulierung allgemeiner Ergebnisse häufig nicht überschritten werden. Auf der anderen Seite stehen „statistical comparisons of household size and composition between cultures and across centuries",[1] die sich auf wenige Aspekte der Familienstruktur beschränken und diese aus dem Gesamtzusammenhang gesellschaftlicher Verhältnisse isolieren.

Bei der Konzeption dieses Bandes wurde der Auffassung gefolgt, daß Regionaluntersuchungen am ehesten geeignet sind, komplexe gesellschaftliche Beziehungen zu erfassen; zugleich wurde aber versucht, einzelne Regionalstudien in einen gemeinsamen Rahmen einzubinden.

Dazu wurde ein Katalog von Fragen formuliert, mit dem sich die einzelnen Beiträge nach Möglichkeit auseinandersetzen sollten, sowie ein methodischer Schwerpunkt festgelegt. Der Fragenkatalog sollte vor allem dazu dienen, das allgemeine Thema der Beziehung zwischen Familienstruktur und Arbeitsorganisation in praktisch operationalisierbare Aspekte aufzugliedern, die sich erstens auf die naturräumlichen und gesellschaftlichen Rahmenbedingungen der familialen Arbeitsorganisation beziehen – vor allem auf Produktionsformen, Siedlungsweise, Besitz- und Herrschaftsstrukturen – und zweitens auf das Verhältnis von Familienrollen und innerfamilialer Arbeitsteilung. In methodischer Hinsicht wurde angestrebt, daß die einzelnen Beiträge Teile ihrer Argumentation auf die Auswertung desselben Quellentyps, nämlich quantitativ analysierbarer Bevölkerungsverzeichnisse, stützen sollten. Derartige Personenstandslisten haben sich, wenn sie in Verbindung mit anderen Quellen und theoriegeleitet benützt werden, bisher bei der Untersuchung der familialen Arbeitsorganisation bewährt, sie lassen sich in ähnlicher Form nahezu überall in Europa auffinden und scheinen damit geeignet zu sein, eine einheitliche Grundlage eines internationalen Vergleichs zu bilden. Weiters erschien es als nützlich, mit Hilfe dieses Quellentyps innerhalb einer Region mehrere lokale Schwerpunkte zu untersuchen und auch mehrere zeitliche Schnitte zu legen. Dies sollte dazu anregen, die Einwirkungen der verschiedenen Rahmenbedingungen der Familienstruktur abzuwägen (etwa die eine gesamte Region charakterisierenden Herrschaftsstrukturen gegenüber lokal unterschiedlichen Siedlungsformen oder ethnischen Besonderheiten) und den historischen Wandlungsprozessen Aufmerksamkeit zu schenken. Bei der Auswahl der zu untersuchenden Regionen wurde einerseits eine möglichst breite geographische und sozioökonomische Streuung angestrebt, andererseits sollten die einzelnen Untersuchungsgebiete nicht völlig ohne inneren Zusammenhang nebeneinanderstehen. Die Beiträge beziehen sich demnach auf weit auseinanderliegende Regionen: Estland, das transdanubische Ungarn, Österreich, Mitteldeutschland, die Westschweiz und Teile von England und Flandern.

---

1 So als Forschungsziel formuliert bei John Hajnal, Two kinds of preindustrial household formation system, in: Family forms in historic Europe, hg. von Richard Wall, Jean Robin und Peter Laslett, Cambridge 1983, 99; vgl. ferner E. A. Hammel und Peter Laslett, Comparing household structure over time and between cultures, in: Comparative Studies in Society and History 16 (1974) 73–103.

Insgesamt handelt es sich dabei aber um einen Teil Europas, der nach Klima und den Möglichkeiten der agrarischen Nutzung Ähnlichkeiten aufweist und zugleich durch bestimmte Gemeinsamkeiten in der Geschichte der Sozialverfassung und Kultur gekennzeichnet ist. Diese Gemeinsamkeiten unterlagen allerdings im Lauf der Neuzeit einem zunehmenden Diversifikationsprozeß, vor allem auf dem Gebiet der landwirtschaftlichen Entwicklung, der außeragrarischen Erwerbstätigkeit, der Sozialstruktur und der Herrschaftsformen.

Dieser Versuch, für unterschiedliche regionale Forschungen zur Geschichte der Familie einen gemeinsamen Bezugsrahmen zu schaffen, enthielt auch eine sozial-kommunikative Dimension. Die Planung und Vorbereitung dieses Bandes erfolgte im Rahmen des Forschungsprojekts „Strukturwandel der Familie im europäischen Vergleich", das durch mehrere Jahre von der Stiftung Volkswagenwerk und dem Österreichischen Fonds zur Förderung der wissenschaftlichen Forschung gefördert wurde. Dieses Projekt ermöglichte eine Reihe kleiner Workshops und persönlicher Kontakte zwischen einzelnen Forschergruppen, die der Entwicklung eines gemeinsamen Problembewußtseins dienlich waren und zu denen auch eine Reihe von Kollegen beitrugen, die nicht mit eigenen Aufsätzen hier vertreten sind. Für den Band wurde vor allem versucht, Autoren zu gewinnen, die in unterschiedlichen wissenschaftlichen Traditionen und Zusammenhängen stehen. Den oben skizzierten inhaltlichen und methodischen Schwerpunkten kam deshalb nicht die Bedeutung einer rigorosen Vorgabe zu, sondern des Absteckens von Punkten, entlang derer sich die gemeinsame Diskussion entwickelte.

Das Spektrum der jeweils untersuchten sozialen Verhältnisse und der dominierenden Forschungsinteressen ist demnach weit gefächert; trotzdem ist zu hoffen, daß der Band insgesamt zur Diskussion einiger zentraler familienhistorischer Problemfelder beiträgt. Einige dieser Problemfelder werden im folgenden angeschnitten, und im Anschluß daran die einzelnen Beiträge kurz vorgestellt.

Bedingungen ländlicher Familienformen: Kultur und Ökologie

Die Beiträge zu diesem Band zeigen eine große Vielfalt von Familienformen. Es handelt sich dabei aber nicht um unverbundene, ohne inneren Zusammenhang zufällig nebeneinanderstehende Formen, sondern um Ausprägungen von zwei in ihrem Wesen einheitlichen Typen: der Familie der Bauern und der unterbäuerlichen Schichten.[2] Bei dem Versuch, gemeinsame Wesenszüge zu kennzeichnen, kann die historische Familienforschung nicht nur auf eigene Ergebnisse aufbauen, sondern auch an die von Ökonomen, Soziologen und Sozialanthropologen seit vielen Jahren geführte Diskussion über den Begriff des „Bauern" anschließen.[3] Als kleinster, für

---

2 Zur Diskussion sozialbestimmter einheitlicher Familientypen vgl. Heidi ROSENBAUM, Formen der Familie, Frankfurt/M. 1982, 116.

3 Diese Diskussion kann am besten in dem interdisziplinär konzipierten „Journal of Peasant Studies" (im folgenden JPS) verfolgt werden. Vgl. etwa Theodor SHANIN, The nature and logic of the peasant economy, in: JPS 1 (1973) Nr. 1, 64 ff.; Sidney W. MINTZ, A note on

eine allgemeine Definition aber ausreichender gemeinsamer Nenner lassen sich dabei folgende Faktoren anführen: Die bäuerliche Familie bildet eine soziale Einheit,
in der Produktion und Reproduktion organisiert werden; sie ist bei der Realisierung
beider Aufgaben in hohem Maß an natürliche Voraussetzungen gebunden; sie führt
sie, zwar in größerem oder kleinerem Ausmaß, aber doch selbständig, durch; ist
aber dabei nicht unabhängig von übergreifenden gesellschaftlichen Herrschafts-
und Wirtschaftsformen. Auch die Familienformen unterbäuerlicher Schichten bewegen sich in diesem Rahmen, sie sind aber weniger eindeutig als Produktionseinheiten zu bestimmen, sie sind in stärkerem Maß von überregionalen Märkten und
Zusammenhängen abhängig und in besonderem Maß von ihrem spezifischen Verhältnis zur bäuerlichen Familienwirtschaft geprägt.

Wenn man diese allgemeine Bestimmung akzeptiert, dann kann die konkrete
Formenvielfalt ländlicher Familienverhältnisse nicht gegen oder über sie hinweg
entwickelt werden. Die einzelnen Beiträge stimmen darin überein, daß keine der im
einzelnen konkret beschriebenen Familienformen aus nur einer oder nur einigen
Bedingungen heraus erklärt werden kann, sondern nur dann, wenn die Gesamtheit
natürlicher, wirtschaftlicher, sozialer und kultureller Faktoren möglichst umfassend
in die Analyse eingeht. Um diese Gesamtheit aber zu strukturieren und operationa-
lisierbar zu machen, sind differenzierte Modelle erforderlich. Es scheint, daß dabei
vor allem ein von der Schule der „cultural ecology" entwickeltes Modell nützlich
und für die verschiedenen Ansätze und Ergebnisse in diesem Band tragfähig sein
kann, das von einem „Dialog zwischen kultureller Überlieferung und lokaler Umwelt" (dialogue between cultural heritage and local environment) ausgeht.[4] In den
Worten von Cole und Wolf geht es dabei um das „Wechselspiel zwischen lokaler
Topographie, Flora, Fauna und Klima, mit dem kulturellen Repertoire, das von den
Bewohnern eines bestimmten Gebietes mitgeführt wird – die von ihnen angewandten Formen der Technologie, Organisation und Ideologie", wobei diese kulturelle
Ausstattung selbst wieder das Produkt früherer ökologischer und kultureller Prozesse ist.[5] Beide Seiten dieses Modells, sowohl die „ökologische" als auch die „kulturelle" stehen natürlich nicht nur untereinander im Dialog, sondern weisen auch in
sich verschiedene, sich wechselseitig beeinflussende Dimensionen auf.

Wenn es dieses Modell also gestattet, die Vielfalt der natürlichen und gesellschaftlichen Bedingungen ländlicher Familien umfassend zu konzeptualisieren, so
bedeutet dies jedoch nicht, alle einzelnen Faktoren gleichrangig nebeneinanderzu-
stellen. In den Beiträgen dieses Bandes wird sichtbar, daß die ökologischen und
ökonomischen Faktoren den äußeren Rahmen bilden bzw. die Bandbreite bestim-

---

the definition of peasentries, in: JPS 1 (1973) Nr. 1, 91–106. Ferner Eric R. Wolf, Peasants, Englewood Cliffs 1966, 60 ff.; Daniel Thorner, Peasant economy as a category in
economic history, in: Theodor Shanin (Hg.), Peasants and peasant societies, Harmonds-
worth 1973, 205 ff.

4 John W. Cole und Eric R. Wolf, The hidden frontier. Ecology and ethnicity in an Alpine
Valley, New York 1974, 119.

5 Ebenda 120.

men, innerhalb der sich die weitere Differenzierung bewegt. Von diesen Faktoren hängt ab, wieviele Menschen in den einzelnen Bauernwirtschaften als Arbeitskräfte gebraucht und wieviele als Konsumenten erhalten werden können. Der besondere Stellenwert ökologischer und ökonomischer Bedingungen wird in den Beiträgen in zweifacher Weise sichtbar. Erstens erweist sich das Konzept der „Ökotypen" als tragfähig, um die vielfältigen Variationen bäuerlicher und unterbäuerlicher Familienstrukturen zu Typen zusammenzufassen. Dieses Konzept gehört zum zentralen Instrumentarium der Sozialanthropologie und wurde für historische europäische Gesellschaften bisher vor allem von skandinavischen Ethnologen angewandt, die auch die folgende Definition anbieten: Ökotypen (peasant ecotypes) sind „Muster der Ausbeutung natürlicher Ressourcen unter gegebenen makrö-ökonomischen Rahmenbedingungen" und zugleich „ökonomische Netze, die die Haushalte einer Region verknüpfen".[6]

Zweitens tritt die Bedeutung vor allem der ökonomischen Faktoren in den Vordergrund, wenn es darum geht, den langfristigen Wandel ländlicher Familienformen zu analysieren. „Agrarrevolution", „Kapitalisierung der Landwirtschaft", „Protoindustrialisierung" sind Begriffe, die den Einfluß gesamtgesellschaftlicher Entwicklungen auf die ländliche Familie thematisieren. Im „Dialog zwischen kultureller Überlieferung und lokaler Umwelt" gewinnen im historischen Verlauf die Stimmen der politischen Ökonomie, des Staates, ganz allgemein übergreifender Zusammenhänge zunehmendes Gewicht, und zwar stärker und früher für die ländlichen Unterschichten als für die Bauern selbst.

Zur Definition der bäuerlichen Familie: „work group" oder „kin group"?

Die Entwicklung der historischen Familienforschung – und ebenso anderer mit der Familie befaßter sozialwissenschaftlicher Disziplinen – wurde ständig begleitet von der Diskussion über die Definition des Untersuchungsgegenstandes. Dabei bildete sich eine weitgehende Übereinstimmung darin heraus, sich nicht auf die Familie im genealogischen Sinn zu konzentrieren, sondern auf Gruppen im alltäglichen Lebenszusammenhang verbundener Menschen. In den synonym für Familie verwendeten Begriffen wie „domestic group", „co-resident domestic group" oder „Hausgemeinschaft" findet dies seinen Ausdruck.

Die Frage jedoch, wodurch diese Menschengruppen primär aneinander gebunden würden, nach welchen Kriterien sie strukturiert würden, worauf sich demnach eine Typologie der Familie zu gründen habe, wird unterschiedlich beantwortet. Eine Forschungsrichtung, die in starkem Maß von der Familiensoziologie und der französischen historischen Demographie beeinflußt wurde, stellt das Kriterium der Verwandtschaft in den Vordergrund. Die „Cambridge Group for the History of Population and Social Structure", die die Anfänge der historischen Familienforschung in

---

6 Orvar Löfgren, Peasant ecotypes. Problems in the comparative study of ecological adaptation, in: Ethnologia Scandinavia 1976, 101, 103.

Europa stark beeinflußte, folgte dieser Richtung und legte ihrem Familienbegriff und ihrem – international häufig verwendeten – Klassifikationsschema ebenfalls Verwandtschaftsbeziehungen zugrunde.[7] Die Kritik dieser Auffassungen wurde vor allem von der deutschsprachigen Familiengeschichte entwickelt.[8] Speziell bei der Untersuchung ländlicher Familienformen in Österreich seit dem 17. Jahrhundert – die sich sowohl auf statistische Querschnitte als auch auf die Analyse individueller Familienzyklen stützte – kamen Mitterauer und Sieder zu dem Schluß, daß es nicht gerechtfertigt sei, das Kriterium der Verwandtschaft zur Ableitung, Definition und Klassifizierung der bäuerlichen Familie heranzuziehen.[9] Damit würden willkürliche Linien zwischen Gruppen von Personen gezogen, die in den Haushalten zusammenarbeiteten und -lebten. Peter Laslett hat diese beiden Tendenzen auf den Begriff der Familie als „kin group" und als „work group" gebracht.[10] Die Konzeption dieses Bandes, von der Arbeitsorganisation als der wesentlichen Vermittlung auszugehen, über die das Wechselspiel „ökologischer" und „kultureller" Bedingungen die ländlichen Familienstrukturen bestimmen, ist ohne Zweifel an der zweiten dieser beiden Tendenzen orientiert. Im einzelnen werden in einigen Beiträgen weitere Hinweise geboten, wie problematisch es ist, Personengruppen nach „blood and marriage" abzugrenzen. Hier sei nur auf das estnische Beispiel verwiesen, wo in den Privatrechten des 18. Jahrhunderts die Begriffe für „jüngere Brüder und Schwestern" synonym für „Dienstboten" verwendet werden und leibliche Kinder stärker nach Alter und Geschlecht in verschiedenen Haushaltsrollen aufgesplittet als durch Blutsverwandtschaft verbunden erscheinen.

Diese Konzeption und diese Ergebnisse führen aber trotzdem nicht dazu, die Untersuchung ausschließlich auf den Aspekt der „work group" zu beschränken und sozio-biologische Beziehungen völlig zu verdrängen. Wenn auch die Hausgemeinschaft den eigentlichen Untersuchungsgegenstand der Beiträge bildet, so wird doch zugleich die spezifische Stellung von Ehegatten und deren Kindern berücksichtigt. Wenn sich auch die Begriffe „work group" und „kin group" nicht auf voneinander eindeutig abgrenzbare Personengruppen beziehen lassen, so beschreiben sie doch zwei unterschiedliche, wenn auch eng verflochtene Funktionen der bäuerlichen Familie: einerseits die biologische und soziale, andererseits die ökonomische Reproduktion der Gruppe zu sichern. In diesem Sinn hat etwa Meyer Fortes die „domestic

---

7 Besonders einflußreich war Peter LASLETT, Introduction, in: Household and family in past time, hg. von P. LASLETT und R. WALL, Cambridge 1972, besonders 31; vgl. auch HAMMEL und LASLETT, Comparing households.

8 Vgl. dazu das Themenheft „Historische Familienforschung und Demographie" von Geschichte und Gesellschaft 1 (1975) H. 2/3.

9 Michael MITTERAUER und Reinhard SIEDER, The developmental process of domestic groups: problems of reconstruction and possibilities of interpretation, in: Journal of Family History 4 (1979) Nr. 3, 278 ff.; Reinhard SIEDER und Michael MITTERAUER, The reconstruction of the family life course: theoretical problems and empirical results, in: Family forms in historic Europe, 338.

10 Peter LASLETT, Family and household as work group and kin group: areas of traditional Europe compared, in: Family forms in historic Europe, 513–563.

group" als eine den Haushalt tragende Einheit verstanden, deren Organisation die für die Existenz ihrer Mitglieder notwendigen materiellen und kulturellen Ressourcen gewährleistet, und von der „elementary family" unterschieden, die als „nucleus of the domestic domain" die Funktion der biologischen und sozialen Reproduktion erfüllt.[11] Ähnlich bestimmt auch Mitterauer in seinem Beitrag die „genealogischen Faktoren von Heirat und Fortpflanzung als Grundstrukturen . . ., durch die sich die Regeneration der Arbeitsgemeinschaft ergibt".[12]

Daß beide Funktionen von einem identischen Personenverband ausgefüllt werden, der dann als Kernfamilienhaushalt bezeichnet werden könnte, kommt auch in der bäuerlichen Gesellschaft Alteuropas vor, ist aber die Ausnahme. Es scheint, daß bäuerliche Kernfamilien im historischen Verlauf umso eher anzutreffen sind, je höher die gesellschaftliche Arbeitsteilung entwickelt ist, und umso weniger, je vielfältiger die produktiven Funktionen im Inneren einzelner Haushalte sind. Im Regelfall sind die Erfordernisse der bäuerlichen Familienwirtschaft von den durch „Heirat und Fortpflanzung" verbundenen Personen nicht vollständig abzudecken und erfordern zusätzliche Arbeitskräfte, sei es, um Veränderungen im Familienzyklus auszugleichen, um spezifischen ökonomischen und ökologischen Ansprüchen zu genügen, um feudale Renten leisten zu können und dergleichen mehr.

Die Beiträge dieses Bandes beschäftigen sich demnach in hohem Maß mit den verschiedenen Rollengruppen, die zusammen die bäuerliche Hausgemeinschaft bilden, und ihren Wechselbeziehungen, da von hier aus am ehesten der Zusammenhang von Arbeitsorganisation und Familienstruktur erschlossen werden kann.

Dieser Ansatz unterscheidet sich damit auch grundlegend von der bisher umfassendsten, von Alexander Chayanov in den 1920er Jahren entwickelten Theorie der bäuerlichen Familienwirtschaft, die bis heute – wenn auch nicht unkritisch und unwidersprochen – anthropologische, soziologische und ökonomische Untersuchungen der Bauern stark beeinflußt.[13] Chayanovs aus der Untersuchung russischer Bauern zum Ende des 19. Jahrhunderts entwickelten Theorie liegt das Modell einer im wesentlichen nur auf der Arbeit der Familienangehörigen im engeren Sinn beruhenden Bauernwirtschaft zugrunde. Die demographischen Prozesse innerhalb der Bauernfamilie erscheinen als Grundlage, die den Umfang der ökonomischen Aktivitäten bestimmt. In den Beiträgen dieses Bandes steht der umgekehrte Zusammenhang im Mittelpunkt: die ständigen Bestrebungen der Bauernhaushalte, ihre demographischen Grundlagen soweit zu modifizieren und zu korrigieren, daß sie

---

11 Meyer Fortes, Introduction, in: Jack Goody (Hg.), The developmental cycle in domestic groups, Cambridge 1971, 8 f.
12 Mitterauer, in diesem Band.
13 Alexander W. Chayanov, The theory of the peasant economy, hg. von D. Thorner u. a., Homewood 1966. Zur Anwendbarkeit des Modells auf nichtrussische Bauernfamilien vgl. Eduardo Archetti und Svein Ass, Peasant Studies: an overview, in: H. Newby (Hg.), International perspectives in rural sociology, Chichester 1978, 115 ff.; Svein Ass, The relevance of Chayanov's macro theory to the case of Java, in: E. J. Hobsbawm (Hg.), Peasants in history, London 1980, 221–248.

vorgegebenen Arbeitsanforaerungen genügen. Die Arbeit erscheint als die „strate-gische Variable in der Gleichung der Haushaltsproduktion".[14] Dabei können im wesentlichen drei Typen sozialer Beziehungen aktiviert werden.

Der erste Typ umfaßt den flexiblen, bei Bedarf in Anspruch genommenen Aus-tausch von Arbeitskräften zwischen Bauernwirtschaften. Dieser Form der Erweite-rung einzelner Arbeitspotentiale wird in der Ethnologie große Aufmerksamkeit ge-schenkt.[15] Sie wird auch hier in mehreren Beiträgen angesprochen, ohne aber aus-führlich untersucht zu werden. Es ist durchaus anzunehmen, daß der Arbeitsaus-tausch zwischen sozial gleichrangigen Bauernhöfen in den hier untersuchten Gebie-ten Europas von geringer Bedeutung war. Man darf aber auch nicht vergessen, daß gerade diese Art der Beziehung in den hier verwendeten Quellen nur schwer zu fas-sen ist, wodurch möglicherweise ein zusätzlicher negativer Bias entsteht. Die Unter-suchung des Arbeitsaustausches zwischen den Höfen ist sicherlich für europäische Gesellschaften nördlich der Alpen als Forschungslücke anzusehen.

Von den beiden anderen Typen der Rekrutierung von Arbeitskräften ist der eine stärker entlang verwandtschaftlicher Linien organisiert, der andere auf der Ba-sis von Kontraktverhältnissen zu vorwiegend Nichtverwandten. Beide Typen sind in sich differenziert: Verwandtschaftsnetze können stärker oder schwächer patrilineal, affinal oder lateral geprägt sein; Kontraktverhältnisse sind vor allem in permanente (wie ein- oder mehrjährige Gesindedienste) oder temporäre gegliedert, wobei letz-tere noch ein breites Spektrum aufweisen, das von langfristigen stabilen Beziehun-gen von Bauern zu Inwohnern oder Häuslern bis zu kurzfristigen oder auch nur ein-maligen zu Taglöhnern und Saisonarbeitern reicht.

In der europäischen Familiengeschichte sind die auf Verwandtschaft beruhen-den Erweiterungen der familialen Arbeitskraft vor allem den zentralrussischen und südosteuropäischen Bauerngesellschaften zugeschrieben worden, Kontraktver-hältnisse dem west- und nordwesteuropäischen Raum.[16] Diese Generalisierung kann sicherlich nicht angezweifelt werden, es wäre aber falsch, sie zu verabsolutie-ren. In den Beiträgen dieses Bandes wird vielmehr sichtbar, daß die oben angeführ-ten Möglichkeiten zur Erweiterung des Arbeitspotentials der bäuerlichen Wirt-schaften in allen untersuchten Gebieten prinzipiell vorhanden waren und auch an-gewandt wurden, wenn auch jeweils in sehr unterschiedlichem Ausmaß. Wir können ein quer über die analysierten Gesellschaften hinweg existierendes und im wesentli-chen gleiches Repertoire sozialer Beziehungen annehmen, mit deren Hilfe Bauern-haushalte Arbeitskräfte rekrutierten, wobei sie aber jeweils ganz unterschiedliche Gewichte setzten. Zum Verständnis dieses gemeinsamen, jedoch unterschiedlichen Repertoires ist erneut auf die Wechselbeziehung zwischen allgemeinen Aufgaben bäuerlicher Familienwirtschaften einerseits und unterschiedlichen natürlichen und gesellschaftlichen Bedingungen ihrer Realisierung andererseits zu verweisen.

---

14 COLE und WOLF, Hidden frontier, 140.
15 Ebenda 168 ff.
16 Michael MITTERAUER und Alexander KAGAN, Russian and Central European family struc-
    tures: a comparative view, in: Journal of Family History 7 (1982).

Wenn wir von weitgehend spezialisierten Wirtschaftsformen absehen, benötigten Bauernfamilien sowohl ständig vorhandene als auch nur zeitweilig einsetzbare Arbeitskräfte. Neben der Produktion zählte auch soziale Versorgung zu ihren Aufgaben, vor allem in bezug auf Verwandte. In allen untersuchten Gebieten treffen wir deshalb in den bäuerlichen Haushalten mitlebende Verwandte und Dienstboten an und ebenso die Gruppe derjenigen, die in vielfältigen und schwer eindeutig zu bestimmenden Beziehungen zu Bauern stehen, die von weitgehender Integration bis zu völlig autonomer Haushaltsführung reichen: die estnischen „Badstüber" und „Lostreiber", die ungarischen „zsellér", die österreichischen „Inwohner" und „Häusler", die englischen „cottager". Welche dieser Gruppen aber für die Rekrutierung der Arbeitskräfte am wichtigsten war, dies wurde sowohl von den spezifischen Wirtschaftserfordernissen – die vor allem die Balance zwischen permanenten und temporären Arbeitskräften beeinflußten – als auch von den allgemeinen natürlichen und gesellschaftlichen Voraussetzungen bestimmt: Verwandtschaftliche Netze scheinen in abgeschiedenen, sozial weniger differenzierten Gemeinschaften wichtiger gewesen zu sein; lockere Kontraktverhältnisse boten sich eher in Gebieten mit entwickelter Arbeitsteilung und sozialer Ungleichheit an.

Wenn es also möglich ist, die einzelnen Rollengruppen funktional und von den sozialstrukturellen Gegebenheiten her zu bestimmen, so wäre es zugleich verfehlt, genaue und eindeutige Grenzen ziehen zu wollen. Wie sich die einzelnen Regionen nicht ausschließlich diesem oder jenem Typ der Rekrutierung zuordnen lassen, so sind auch einzelne Individuen nicht stets durch eine einzige Beziehung charakterisiert bzw. stets derselben Rollengruppe zugeordnet. Zwischen jüngeren Verwandten und Dienstboten oder etwa zwischen älteren Verwandten und Inwohnern bestanden häufig Überlagerungen und fließende Übergänge. Verwandtschaft selbst ist ja nicht nur als biologisch begründetes, sondern zugleich auch als soziales Verhältnis aufzufassen. Wenn auch viele der hier untersuchten Gesellschaften der „Sprache des Blutes" eine hohe ideologische, kulturelle und religiöse Bedeutung zugemessen haben, so muß doch auch die von Ethnologen betonte „ökonomische Basis" von Verwandtschaftspraxis in Betracht gezogen werden: Wie Claude Meillassoux formulierte, „werden genetische Beziehungen nur in dem Ausmaß durch Verwandtschaft ausgedrückt, in dem sie tatsächlich funktionale Beziehungen ausfüllen . . ."[17]

Die bisher geführte Diskussion über den Charakter der Familie als „work group" oder „kin group" bezog sich vor allem auf die bäuerliche Familie. Für Familienformen unterbäuerlicher Schichten wäre sie in einigen Punkten anders zu formulieren. Unterbäuerliche Schichten waren ja im allgemeinen zu einer großen Flexibilität und Vielfältigkeit ihrer Tätigkeiten gezwungen, die sich sowohl im eigenen Haushalt als auch außerhalb abspielten. In einigen Beiträgen wird deshalb der Frage nachgegangen, ob die Lebensweise der ländlichen Unterschicht mit dem Begriff der

---

17 Claude MEILLASSOUX, The social organization of the peasantry, in: JPS 1 (1973) 86; zum Unterschied von „inheritance practice" und „inheritance ideology" vgl. ferner COLE und WOLF, Hidden frontier, 178, 203 ff.

Familienwirtschaft adäquat zu erfassen ist. Wie auch in anderen Forschungen sichtbar wurde, bildete die „‚cottage' eher eine Ausgangsbasis, von der aus Haushaltsmitglieder zu verschiedenartigen Beschäftigungen geschickt wurden, als den wirtschaftlichen Brennpunkt der Familie wie auf den größeren Farmen".[18] Auch dies gilt allerdings nur eingeschränkt, da zumindest in bestimmten Formen der Protoindustrialisierung die nichtbäuerliche Bevölkerung in eindeutigen Familienwirtschaften arbeitete. Diese unterschieden sich von den bäuerlichen Verhältnissen insofern, daß sie sich weniger stark an vorgegebene Arbeitsanforderungen und an einen wenig flexiblen Arbeitsumfang anpassen mußten, sondern ihre Aktivitäten je nach Familienzyklus ausdehnen oder einschränken konnten. Insofern scheint Chayanovs Modell für diese spezielle Form unterbäuerlicher Existenz nützlicher zu sein als für die Bauernfamilien der untersuchten Regionen.[19]

Familienwirtschaft und lokale Sozialstruktur

Wie die einzelnen Beiträge zeigen, weist die bäuerliche Familienwirtschaft fließende Grenzen auf. Ein Teil der Arbeitskräfte ist ständig in die Haushalte eingebunden, ein anderer nicht oder höchstens kurzfristig, bei manchen Gruppen fällt überhaupt jede eindeutige Zuordnung schwer. Dies weist darauf hin, daß die Arbeitsorganisation einzelner Bauernfamilien nicht nur aus sich selbst heraus verstanden werden kann, sondern daß es notwendig ist, den Blick auf die gesamte lokale Gesellschaft zu lenken. In der historischen Familienforschung werden lokale Gesellschaften sehr häufig als Untersuchungseinheiten herangezogen. Dies ist aber primär darauf zurückzuführen, daß sich vor allem quantifizierbare Quellen wie Kirchenbücher oder Bevölkerungslisten eben auf ein Dorf oder eine Pfarre beziehen, und sicherlich weniger häufig auf das explizite methodische Interesse, Familienstrukturen im Kontext und als Ausdruck sozialer Beziehungen innerhalb der lokalen Gesellschaft zu erfassen.

Von Soziologen und Sozialanthropologen ist die Einbindung der Bauernfamilien in lokale Gemeinschaften sogar als Wesensmerkmal „des" Bauern bestimmt worden, wobei aber unterschiedliche Auffassungen über die strukturellen Hauptmerkmale bäuerlicher Lokalgesellschaften bestehen. Chayanovs Theorie der bäuerlichen Wirtschaft schließt dauerhafte soziale Ungleichheit weitgehend aus, und daran anschließend hat auch Theodor Shanin das Vorhandensein spezifischer sozial ausgleichender Mechanismen geradezu als Wesensmerkmal der Ökonomie der Bauern angesehen.[20] In der europäischen Sozialgeschichte wird dagegen ein stärkerer Akzent auf die Schichtung der ländlichen Gesellschaft gelegt. Rodney Hil-

---

18 LÖFGREN, Peasant ecotypes, 108.
19 Vgl. dazu Hans Medicks Beiträge über die protoindustrielle Familienwirtschaft in Peter KRIEDTE, Hans MEDICK und Jürgen SCHLUMBOHM, Industrialisierung vor der Industrialisierung. Gewerbliche Warenproduktion auf dem Lande in der Formationsperiode des Kapitalismus, Göttingen 1977.
20 SHANIN, Nature and logic, JPS 1 (1973) Nr. 2, 193.

ton etwa merkte zu dieser Debatte an, daß eine „klare soziale Stratifikation" zu beobachten sei, soweit schriftliche Quellen (im europäischen Mittelalter, d. V.) zurückreichen, und daß die sozialen Hierarchien in bäuerlichen Gesellschaften über lange Zeit hinweg relativ stabile Konturen gezeigt hätten.[21] Auch wo von der sozialen Differenzierung der ländlichen Gesellschaft ausgegangen wird, bestehen noch wesentliche Auffassungsunterschiede: Handelte es sich bei den unterbäuerlichen Schichten um eine „anzahlmäßig begrenzte arbeitswirtschaftliche Beifügung der bäuerlichen Höfe",[22] oder zeigen sie auch ein eigenständiges soziales Profil?

Die Beiträge dieses Bandes gehen von einem engen Zusammenhang von bäuerlicher Familienstruktur und sozialer Schichtung der lokalen Gesellschaft aus und werfen eine Reihe von Fragen über die Komplexität dieses Zusammenhangs auf, der weder mit Begriffen wie „Beifügung" noch mit der Annahme einer Unabhängigkeit der ländlichen Sozialschichten voneinander zu erklären ist. Die Analyse der Sozialstruktur ländlicher Gesellschaften scheint vielmehr eine spezifische methodische Flexibilität zu erfordern: Die Dimension sozialer Schichtung ist von der Dimension des Alters bzw. Lebenszyklus kaum völlig zu trennen; horizontale Schichtung ist stets eng mit vertikalen Loyalitäten verflochten; und schließlich erscheinen die sozialen Schichten sowohl als durchlässig als auch in sich reich differenziert. Fragen der Mobilität zwischen ländlichen Sozialschichten sind mit den hier benützten Quellen schwer zu erfassen, werden aber doch in einigen Beiträgen angesprochen. Deutlicher stellen sich die spezifischen Probleme der Sozialstruktur ländlicher Gesellschaften am Beispiel des Gesindes und der einen eigenen Haushalt führenden Taglöhner oder Häusler.

Das bäuerliche Gesinde wurde von der Sozialgeschichte häufiger untersucht als andere ländliche Gruppen, in der sozialanthropologischen Diskussion aber nur wenig thematisiert. Dies liegt sicherlich daran, daß Gesindeverhältnisse vor allem im nord-, mittel- und westeuropäischen Raum anzutreffen sind, weniger in anderen Teilen der Welt. Sie scheinen eng an die Entstehung und Entwicklung des europäischen Feudalismus gebunden zu sein und dürften ihren Ursprung „in grundherrlichen Zwangsmaßnahmen zum Zweck einer möglichst rationellen Verteilung der Arbeitskräfte im Rahmen der frühmittelalterlichen Villikationsverfassung des Fränkischen Reichs" haben.[23] In allen hier untersuchten Regionen kommen Gesindeverhältnisse vor, wenn auch sehr unterschiedlich nach Form und Ausmaß. Zur Untersuchung der bäuerlichen Familienwirtschaft eignen sie sich besonders gut,

---

21 Rodney HILTON, Medieval peasants — any lessons?, in: JPS 1 (1973) Nr. 2, 209 ff.

22 So Hans LINDE, Proto-Industrialisierung: Zur Justierung eines neuen Leitbegriffs der sozialgeschichtlichen Forschung, in: Geschichte und Gesellschaft 6 (1980) H. 1, 112.

23 Michael MITTERAUER, Gesindedienst und Jugendphase im europäischen Vergleich, in: Geschichte und Gesellschaft 11, 1985, 177 ff.; ferner ders., Ledige Mütter. Zur Geschichte unehelicher Geburten in Europa, München 1983, 82 ff.; Carl I. HAMMER jr., Family and familia in early-medieval Bavaria, in: Family forms in historic Europe, 217–248.

weil sie „als bester Indikator eines steigenden bzw. sinkenden Arbeitskräftebedarfs" der Bauernwirtschaften dienen.[24]

Dieses Konzept setzt einen Akzent, der sich vor allem von stärker demographisch orientierten Zugriffen unterscheidet. Gesindedienst wurde häufig im Zusammenhang mit dem sogenannten „European marriage pattern" untersucht und
als Ergebnis später Heiraten interpretiert, als Strategie von Eltern und Kindern,
eine verlängerte Jugendphase zu überbrücken. Die demographische Ableitung des
Gesindedienstes ist meist auch mit der Betonung seiner schichtungsspezifischen Natur verbunden.[25]

Im vorliegenden Band wird eher ein umgekehrter Zusammenhang sichtbar.
Die soziale Inhomogenität des Gesindes, seine Stellung als Teil der bäuerlichen
Hausgemeinschaft und seine Kennzeichnung als Altersgruppe werden nicht negiert,
trotzdem aber die Rekrutierung aus unterbäuerlichen Schichten in den Vordergrund gestellt, für Estland sogar die eigenständige Reproduktion verheirateter
Knechte und Mägde. Ebenso wird Gesindedienst in Abhängigkeit vom Arbeitsbe-
darf der Bauernwirtschaften und vom Stand der außeragrarischen Erwerbstätigkeit
untersucht. Wenn nun zwar die Dienstboten in ihrer aktuellen Stellung sozial inho-
mogen und kaum eindeutig zuordenbar sind, so zeigt doch ein großer Teil von ihnen
Ähnlichkeiten der sozialen Herkunft und der späteren Perspektive. Wenn der Gesindedienst als jugendliche Durchgangsphase bestimmt wird, dann trifft dies – nicht
ausschließlich aber doch in erster Linie – auf den Lebenszyklus der unterbäuerlichen Schichten zu.

Dies wiederum führt zu einer Reihe von Fragen über das Verhältnis des Gesindes einerseits und Inwohnern und Taglöhnern andererseits. Von der Arbeitsorganisation her handelt es sich um einander ergänzende Formen der Rekrutierung von
Arbeitskräften für temporäre bzw. permanente Anforderungen. Von der ländlichen
Sozialstruktur her gesehen scheinen sich beide Formen zum Teil auszuschließen –
gesindereiche Gegenden zeichnen sich durch geringen Umfang des Taglohns aus
und umgekehrt –, zum Teil aber auch zu bedingen, da ja ein großer Teil des Gesindes aus unterbäuerlichen Haushalten stammt. Dies kann aber wiederum nicht aus
dem allgemeinen Charakter der Beziehungen zwischen Bauern und unterbäuerlichen Schichten gelöst werden. Am Beispiel Oberösterreichs im frühen 20. Jahrhundert erscheint etwa in diesem Band der Gesindedienst als integraler Bestandteil
dichter „Patron-Klient-Verhältnisse"; am Beispiel Englands im frühen 19. Jahrhundert eher als individueller Kontrakt, der viel stärker vom Niveau der Reallöhne

---

24 Michael Mitterauer, Auswirkungen der Agrarrevolution auf die bäuerliche Familien-
    struktur in Österreich, in: Michael Mitterauer und Reinhard Sieder (Hg.), Historische
    Familienforschung, Frankfurt/M. 1982, 225.
25 Hajnal, Two kinds, 95 ff.; diese Argumentation dominiert auch bei Ann Kussmaul, Ser-
    vants in husbandry, Cambridge 1981, (z. B. 73 ff.); Besonders typisch formuliert Wally
    Seccombe, Marxism and demography, in: New Left Review 137 (1983), 39: „Delayed
    marriage left a lot of young adults at loose ends for a limited span of years, and the peasant
    village regulated this residual population through the institution of domestic service . . . "

und Lebenserhaltungskosten abhängt als von symbolischen Beziehungen; das flandrische Beispiel schließlich zeigt eine große ländliche Unterschicht und Bauernhöfe mit hohem Gesindebedarf, die aber – wie es scheint – ihre Dienstboten nicht aus der unmittelbaren lokalen Gesellschaft, sondern aus weiterer Entfernung rekrutieren. Eine Phänomenologie des bäuerlichen Gesindes bedarf sicherlich noch zahlreicher Forschungen, die sich aber nicht auf lokale oder regionale Strukturen beschränken können: Gesindewanderung über längere Distanzen und überregionaler Austausch von Arbeitskräften müßten hier zusätzlich zum Thema werden.

Einige weitere Probleme ländlicher Sozialstruktur werden sichtbar, wenn man über den Gesindedienst hinaus die Beziehungen zwischen den bäuerlichen Hausgemeinschaften und den Familien der unterbäuerlichen Schichten auf einer allgemeineren Ebene betrachtet. Den Interessen der Bauernwirtschaften waren sowohl stabile Bindungen als auch eine relative Autonomie der Unterschichtenhaushalte dienlich. Die Verknüpfung dieser beiden Elemente gewährleistete, daß Häusler und zum Teil auch Inwohner im allgemeinen selbst ihren Unterhalt besorgten, zugleich den Bauern aber zur Verfügung standen, wenn es nötig war: für die Arbeit direkt auf den Höfen während der saisonalen Arbeitsspitzen, allgemein für Dienstleistungen und Lohnarbeiten in der lokalen Gesellschaft und als potentielle Anbieter ihrer Kinder für den Gesindedienst. Die Angehörigen der unterbäuerlichen Schicht bauten einen Teil ihrer Existenz zwar auf die vielfältigen nichtagrarischen Tätigkeiten auf, bemühten sich aber zugleich um eine möglichst weitgehende landwirtschaftliche Absicherung und waren auf saisonale Lohnarbeit in der Landwirtschaft angewiesen. Dies zwang auch sie, ihre Selbständigkeit mit stabilen Beziehungen zu einem oder auch zu mehreren Bauern auszubalancieren. Verwandtschaft – wenn etwa nichterbende Nachkommen von Bauern in unterbäuerlichen Verhältnissen lebten – mochte derartige Bindungen verstärken, im allgemeinen sind sie aber aus den beiderseitigen ökonomischen Bedürfnissen zu erklären.[26] Die Beziehungen zwischen Bauern und ihren landarmen oder landlosen „Klienten" waren aber zudem in ein dichtes Netz kultureller Ausdrucksformen eingebunden. Auch das hat dazu beigetragen, daß das Bewußtsein der unterbäuerlichen Schichten stärker von ihren vertikalen Bindungen als von ihren horizontalen Gemeinsamkeiten geprägt war.[27]

Wie eng diese vertikalen Bindungen waren, hängt allerdings in hohem Maß vom wirtschaftlichen Entwicklungsniveau, vor allem vom Angebot an außeragrarischer Erwerbsmöglichkeit ab. Unter den in diesem Band vertretenen Studien bilden die estnischen Dörfer einen Pol, an dem kaum außeragrarische Arbeit möglich war. Dort lebte der größte (aber auch hier nicht der gesamte!) Teil des Arbeitspotentials in den bäuerlichen Hausgemeinschaften, bildete aber häufig eine unvollständig ge-

---

26 Am Beispiel von burgenländischen Bauern-Taglöhner-Beziehungen dargestellt von Sigrid KHERA, Social stratification and land inheritance among Austrian peasants, in: American Anthropologist 75 (1973) Nr. 3, 814–823.
27 Dies stellt eine communis opinio in den verschiedensten einschlägig forschenden Disziplinen dar.

nutzte Reserve, die mitunter zwischen den Höfen getauscht wurde. Den anderen Pol stellen die textilen Hausindustriellen Vorarlbergs und der Ostschweiz sowie die Arbeiter des inneralpinen Bergbaus und der Holzwirtschaft dar, die weitgehend aus dem agrarischen Kontext herausgetreten sind und bestenfalls saisonale Taglöhnerarbeit verrichteten. In dem weiten Spektrum zwischen diesen beiden Polen kann man eine unterschiedliche Intensität der Bindung zwischen bäuerlichen und unterbäuerlichen Haushalten damit in Zusammenhang bringen, wie groß einerseits für die Bauern die Zahl verfügbarer Taglöhner war, und andererseits für Taglöhner das Angebot an außeragrarischem Erwerb. Je differenzierter die Sozialstruktur der lokalen Gesellschaft und je größer der nichtagrarische Sektor sind, desto größer ist auch der Spielraum in den Beziehungen zwischen bäuerlichen und unterbäuerlichen Schichten, desto weniger starr sind vertikale Loyalitäten.

Dazu scheinen aber zwei Einschränkungen angebracht. Erstens kann im historischen Verlauf kein linearer Trend zunehmender gewerblicher Tätigkeit und Marktintegration angenommen werden; gerade in ländlichen Regionen sind auch Deindustrialisierungs- und Desintegrationstendenzen zu berücksichtigen. Zweitens ist nicht nur das Ausmaß der nichtagrarischen Arbeit in Betracht zu ziehen, sondern auch ihre spezifische Beziehung zu der jeweiligen Agrargesellschaft, aus der sie hervorgegangen oder in die sie eingebunden ist. Dies wird in diesem Band vor allem am Beispiel der textilen Hausindustrie sichtbar, die sich in Gebieten mit Anerbenrecht und geringem Niveau der Geldwirtschaft im Rahmen traditioneller bäuerlicher Familienstrukturen ausbreitete, in Gebieten mit Realteilung und hoher Kommerzialisierung der Landwirtschaft dagegen mit der Herausbildung einer eigenständigen Familienverfassung verknüpft ist. Dies schließt an die Ergebnisse neuerer einschlägiger Forschungen an, die sich um eine „konkrete Phänomenologie der Proto-Industrialisierung"[28] bemühen und sie nicht als „ein in sich einheitliches Phänomen" betrachten, sondern „als eine Erscheinung, die ein ganzes Spektrum verschiedener Formen in sich begreift",[29] und wirft darüber hinaus die Frage auf, was dies für das Modell der proto-industriellen Familienwirtschaft und ihres demo-ökonomischen Regelsystems bedeutet.[30]

Zum Aussagewert von Volkszählungslisten

Wie bereits erwähnt, stützen die Beiträge dieses Bandes einen Teil ihrer Argumentation auf die Auswertung von Volkszählungslisten. Es handelt sich dabei um quantifizierbare Quellen, deren Auswertung in den 1970er Jahren eng mit dem Boom

---

28   Jürgen SCHLUMBOHM, Agrarische Besitzklassen und gewerbliche Produktionsverhältnisse: Großbauern, Kleinbesitzer und Landlose als Leinenproduzenten im Umland von Osnabrück und Bielefeld während des frühen 19. Jahrhunderts, in: Mentalitäten und Lebensverhältnisse. Festschrift für Rudolf Vierhaus, Göttingen 1982, 315.

29   Ebenda 334.

30   Einen ersten, noch wenig ausgeführten Ansatz bieten dazu Myron P. GUTMANN und René LEBOUTTE, Rethinking protoindustrialization and the family, in: Journal of Interdisciplinary History 14 (1984) Nr. 3, 587–607.

der historischen Familienforschung verbunden war, die nun aber mit zunehmender Skepsis betrachtet werden. In einem Versuch, die Ergebnisse der Familiengeschichte in den 1960er und 1970er Jahren zusammenzufassen und Perspektiven für die 80er Jahre zu entwickeln, kommt etwa Lawrence Stone zu folgendem Schluß: Es sieht so aus, als ob der Beitrag der historischen Demographie zur Familiengeschichte in den 1980er Jahren viel geringer sein wird, als dies in den 60ern und 70ern der Fall war, und sei es auch nur darum, weil die wesentlichen Züge der demographischen Story, soweit sie das Familienleben betreffen, nun ziemlich klar sind. Mit Sicherheit kann man sagen, daß Studien über Haushaltsgröße und Zusammensetzung auf der Grundlage von Volkszählungslisten eine sogar noch weniger versprechende Zukunft haben. Sie haben jetzt einen intellektuellen und konzeptuellen Totpunkt erreicht, wenn nicht radikal neue Wege ihrer Benützung ausgewiesen werden können.[31]

Fragt man nach der Grundlage dieser unmißverständlichen Aussage, so ist nicht zu übersehen, daß sie auf zwei Gleichungen beruht. Quantifizierende Familiengeschichte wird gleichgesetzt mit historischer Demographie, und der Gebrauch von Volkszählungslisten wird reduziert auf die Untersuchung von Haushaltsgröße und -zusammensetzung.

Mit dieser einschränkenden Sichtweise steht Lawrence Stone jedoch keineswegs allein. Auch Michael Anderson behandelt in seinen „Approaches to the History of the Western Family 1500–1914" Volkszählungslisten ausschließlich im Kontext von „Größe und Zusammensetzung der Haushalte", und dies wiederum im Kapitel über den „demographischen Ansatz", ohne eine Verbindung zu anderen Ansätzen, etwa einem ökonomischen, auch nur anzudeuten.[32] In den Beiträgen dieses Bandes wird diese eng begrenzte Verwendung von Volkszählungslisten weit überschritten, weniger in der Absicht, „radikal neue Wege ihrer Benützung" aufzuzeigen, sondern vielmehr einer bereits längeren Tradition der europäischen – aber nicht englischsprachigen – Sozialgeschichte folgend. Gegenüber den zitierten negativen Befunden scheint dieser Quellentyp eine ganze Reihe von Vorteilen zu bieten, die hier nur kurz zusammengefaßt werden sollen:

Volkszählungslisten erfassen die gesamte Bevölkerung einer regionalen Einheit; sie bieten nicht nur Einblicke in Strukturen von Haushalt und Familie, sondern auch in die Sozialstruktur historischer Gesellschaften insgesamt und ermöglichen es damit, diese beiden Ebenen der Analyse zu verbinden; sie liegen in im wesentlichen gleicher Form in breiter zeitlicher und geographischer Streuung vor. Wenn man versucht, Vorteile und Mängel dieser Quellen abzuwägen, so scheint folgender Schluß gerechtfertigt zu sein: Volkszählungslisten können ihre größte analytische Valenz bei der Untersuchung von familienwirtschaftlich organisierten Gesellschaften ent-

---

31 Lawrence Stone, Family history in the 1980's. Past achievements and future trends, in: Journal of Interdisciplinary History 12 (1981) Nr. 1, 82 (übersetzt v. V.).

32 Michael Anderson, Approaches to the history of the Western family 1500–1914, London 1980, 22 ff.

falten, in denen die soziale Stellung des einzelnen sehr eng mit seiner Stellung in Haushalt und Familie zusammenhängt und in denen Mikro- und Makrostrukturen stark ineinanderfließen. Dies trifft vor allem für vor- und frühkapitalistische Gesellschaften zu, in denen die Lohnarbeit als bestimmendes Moment der sozialen Beziehungen nicht vollständig durchgesetzt und, sofern vorhanden, von Familienverhältnissen überlagert erscheint. Die in diesem Band zusammengestellten Studien benützen diesen Quellentyp, um die Beziehung zwischen Familienstruktur und Arbeitsorganisation zu untersuchen. Damit unterscheiden sie sich von der international dominierenden Forschungsstrategie, Volkszählungslisten nur für demographische Fragen bzw. abstrakt haushaltsstrukturelle Aspekte auszuwerten, und zielen direkt auf die Beziehungen zwischen Familie und Sozialstruktur, Familienwirtschaft und zumindest regionaler Ökonomie, oder – allgemein formuliert – Makro- und Mikrostruktur.

Natürlich nimmt auch die Aussagekraft dieser Quelle zu, wenn sie nicht überstrapaziert, sondern mit möglichst vielen anderen Quellen verknüpft wird. Dies geschieht in den einzelnen Beiträgen auf verschiedene Weise, in einem Fall wird – zum Kontrast – auf quantifizierbare Quellen weitgehend verzichtet und mit Hilfe von Oral History argumentiert.

Eine kurze Vorstellung der einzelnen Beiträge soll nun abschließend den Einstieg in den umfänglichen Band erleichtern.

JUHAN KAHK und HALLIKI UIBU beschäftigen sich mit der bäuerlichen Arbeitsorganisation unter den Bedingungen der baltischen Gutsherrschaft vor allem im zweiten Viertel des 19. Jahrhunderts. Im Zentrum ihrer Untersuchung stehen drei Kirchspiele, die jeweils typisch für eine bestimmte Region Estlands sind: Südestland, den nördlichen Teil des früheren livländischen Gouvernements, ein fruchtbares und ökonomisch relativ entwickeltes Gebiet, in dem sehr große, meist einzeln gelegene Bauernhöfe dominierten; Nordestland, wirtschaftlich weniger entwickelt und von kleineren Höfen in Dorfsiedlungen geprägt; und schließlich Ostseeinseln, die insgesamt ein rückständigeres und „patriarchalisches" Bild zeigen.

In wirtschaftlicher Hinsicht war die baltische Gutsherrschaft durch marktorientierte Getreideproduktion charakterisiert, die auf den Feldern des Gutes und den Arbeitskräften der Bauernhöfe beruhte. Die Größe und Zusammensetzung der Höfe war von zwei Faktoren bestimmt. Sie mußten in der Lage sein, die Anforderungen der Gutsherrn an Arbeitskräften und Arbeitsvieh zu erfüllen und ihre eigene Reproduktion zu sichern, bewegten sich dabei aber in sehr verschiedenen ökonomischen und demographischen Spielräumen: verschieden nach wirtschaftlichem Entwicklungsstand, Bodenfruchtbarkeit, Siedlungsweise, Sozialstruktur und anderem mehr. Dies bewirkte große Unterschiede der Familien- und Haushaltsstrukturen. Die Kernfamilien der Bauern bildeten zwar stets den Grundbestand des notwendigen Arbeitskräftepotentials, sie waren aber unabtrennbar in variierende Haushaltsformen eingebunden. Südestland war von großen Höfen mit durchschnittlich 11 bis 15 Bewohnern geprägt, in denen der Arbeit von Knechten und Mägden eine wichtige Rolle zukam. Die kleineren Höfe Nordestlands mit etwa 8 bis 10 Personen fanden zum Teil mit den Kernfamilien der Wirte, zum Teil mit Dienstboten oder Verwandten ihr Auslangen. Auf den Inseln fehlte Knechtsarbeit weitgehend, dafür war das Zusammenleben von Verwandten in Mehrfamilienhaushalten häufig. Mit diesen Mustern waren jeweils spezifische Generationentiefen und Zyklen der Wirtsfamilien verbunden. Die bäuerlichen Wirte waren dem Gutsherrn für die Leistung der feudalen Lasten verantwortlich, und erfüllten sie diese nicht, so griff der Gutsherr durchaus unmittelbar in die Zusammensetzung der Haushalte ein oder bestimmte einen neuen Wirt. Innerhalb des Bauernhofs übte der Wirt dagegen die hausväterliche Gewalt aus, und er bestimmte selbst seinen Nachfolger, meist den ältesten Sohn.

In der Tradition der estnischen marxistischen Agrargeschichte interessieren sich Kahk und Uibu vor allem für die sozialen Veränderungen im estnischen Dorf, die in der 1. Hälfte des 19. Jahrhunderts den Übergang vom Feudalismus zum Kapitalismus vorbereiteten. Die Analyse der sozialdemographischen Struktur und der Familie dient ihnen als Mittel, diesen Übergangsprozeß zu erfassen. Besondere Bedeutung messen sie den Beziehungen der drei großen Gruppen der estnischen Landbevölkerung zu: den bäuerlichen Wirten und ihren Familien, dem „Knechtsvolk“, das ebenfalls häufig verheiratet war, und schließlich den „Lostreibern“ oder „Badstübern“, die über keine oder sehr kleine Landanteile verfügten. Diese Gruppen erscheinen als sozial abgehobene Schichten, auch wenn viele Übergangsmöglichkeiten zwischen ihnen bestanden. Diese gingen allerdings im Untersuchungszeitraum zurück, insbesondere im „Knechtsvolk“ traten die Merkmale einer altersspezifischen Übergangsgruppe noch deutlicher hinter die einer sich selbst reproduzierenden sozialen Schicht zurück. Dabei wird ein enger Zusammenhang zwischen Sozialstruktur und Familienstruktur sichtbar: Die Abnahme der Mobilität wird von der Tendenz begleitet, Knechte und Mägde aus den Bauernhöfen zu verdrängen und durch Verwandte zu ersetzen. Modernisierung der Landwirtschaft und größere Freiheit der Bauern waren damit für eine bestimmte Periode mit der Ausbreitung komplexer, auf Verwandtschaft basierender Familienformen verbunden. Kahk und Uibu stützen sich in ihrer Untersuchung hauptsächlich auf die staatlichen Seelenrevisionen von 1816, 1834 und 1850. Sie setzen damit die fruchtbaren quantifizierenden Traditionen der estnischen Wirtschaftsgeschichte fort. Zugleich ziehen sie aber für ihre Argumentation auch in Estland reichlich vorhandene qualitative Quellen heran, wie zeitgenössische Reisebeschreibungen, ethnographische Rekonstruktionen von Hof- und Siedlungsformen, Rechtsquellen sowie Sammlungen von Volksliedern. Damit gelingt es ihnen, die Beziehungen zwischen den sozialen Schichten des Dorfes und innerhalb des Bauernhofes nicht nur funktional zu bestimmen, sondern auch den emotionalen Ausdruck von familialen Bindungen und Gegensätzen darzustellen.

TAMÁS FARAGÓ untersucht mehrere Dörfer im ungarischen Donauknie um die Mitte des 18. Jahrhunderts. Dieses räumlich und zeitlich begrenzte Untersuchungsgebiet ist von einer Vielfalt, die vielleicht nirgendwo sonst in Europa auf so engem Raum erfaßt werden kann. Mehrere Einwanderungswellen in das durch Türkenkriege und Seuchen teilweise entvölkerte Gebiet führten vom Ende des 17. Jahr-

hunderts an zu einer nach ethnischer Abstammung, Religion, Verwandtschaftssy-
stemen und Familienverhältnissen reich differenzierten Sozialstruktur. Diese über-
lagerte ebenso vielfältige, aus den naturräumlichen Bedingungen hervorgegangene
Unterschiede: das Untersuchungsgebiet umfaßt karge Gebirgszonen wie fruchtbare
Donauinseln. Auf kleinstem Raum finden sich hier nahezu alle für die ländliche Gesellschaft Ungarns im 18. Jahrhundert charakteristischen Lebensformen.

Entgegen der in der bisherigen Forschung weitverbreiteten Tendenz, Familienstrukturen im historischen Europa in zwei große Typen oder Modelle einzuteilen –
wobei aber häufig nur einzelne oder wenige Dimensionen der Familienstruktur in
die Analyse eingehen –, lenkt Faragó den Blick auf die Formenvielfalt, die schon in
einem begrenzten Forschungsfeld sichtbar wird, wenn sich die Untersuchung um ein
möglichst vielschichtiges und umfassendes Vorgehen bemüht. Faragó stützt sich dabei fast ausschließlich auf quantifizierbare Quellen, nämlich kirchliche und staatliche Volkszählungslisten aus den Jahren 1747 bis 1767, die er mit Matrikelbüchern
und Steuerkonskriptionen ergänzt. Die Konzentration auf diesen Quellentyp ist
damit begründet, daß für Ungarn in dieser Zeit keine anderen Quellen zur Verfügung stehen, die Aussagen über Familien- und Haushaltsstrukturen gestatten. Die
Wertschätzung quantifizierbarer Quellen steht aber auch im Zusammenhang einer
in Ungarn verbreiteten Forschungsströmung, die vor allem auf dem Gebiet der historischen Demographie reichhaltige Ergebnisse erzielt hat und im weitesten Sinn
wohl einer „historical sociology" nahesteht.

Die bisherige Praxis der statistischen Auswertung historischer Massenquellen
ist weltweit durch eine Neigung zum Zählen und Messen einzelner Phänomene – der
Variablen des Datensatzes – geprägt, und nur selten wird versucht, Beziehungen
zwischen mehr als zwei oder drei Phänomenen herzustellen. Die systematische und
umfassende Auswertung quantifizierbarer historischer Quellen kommt daran sicherlich auch nur schwer vorbei, sie muß aber nicht darauf beschränkt bleiben. Faragó erschließt in seinem Beitrag die Informationen, die die benützten Personenstandslisten zu Größe und Zusammensetzung der Haushalte, zum Heiratsverhalten,
zur Struktur der Verwandtschaft, zum Familien- und Haushaltszyklus sowie zur
familialen Arbeitsorganisation beinhalten, möglichst vollständig und versucht daran
anschließend, die gewonnenen Ergebnisse zu „strukturell-funktionalen Typen des
Zusammenlebens" zu verknüpfen. Er zeigt damit, welche Möglichkeiten eine sorg-
fältige und umfassende Analyse dieses Quellentyps bieten kann, auch für Räume
und Zeiten, in denen nicht-quantifizierbare Quellen zur Ergänzung kaum herangezogen werden können.

Die Untersuchung einer sozial äußerst vielfältigen Gesellschaft auf engem
Raum und mit Hilfe eines einheitlichen Quellenbestandes ermöglicht es in besonderem Maß, die Frage nach den bewirkenden Faktoren bäuerlicher Haushalts- und
Familienstrukturen zu diskutieren. Faragós Ergebnisse machen den Zwang deutlich, die bäuerliche Arbeitsorganisation an die jeweiligen ökonomischen und ökologischen Bedingungen anzupassen. Dies geschieht jedoch nicht in deterministischer,
nur eine Möglichkeit offenlassender Weise, sondern in verschiedenen Formen, im
Rahmen sehr unterschiedlicher Sozialstrukturen, Familien- und Verwandtschafts-

systeme. Familien- und Verwandtschaftsverhältnisse wiederum erscheinen eingebettet in die Gesamtheit ethnokultureller Beziehungen der einzelnen Gruppen.

Drei verschiedene „strukturell-funktionale Typen des Zusammenlebens", von
Faragó als „Stammfamilie", „Großfamilie" und „Zadruga" bezeichnet, lassen sich
demnach an deutschen Siedlern, Westslawen und Ungarn sowie an Süd- und Ostslawen festmachen. Deren ethnokulturelle Besonderheiten sind zwar nicht in sich
selbst gegründet, sondern ebenfalls im Kontext – allerdings weit zurückreichender
und langfristig wirkender – natürlicher und gesellschaftlicher Umweltbedingungen
zu sehen. Im Neuansiedlungsgebiet von Pilis stehen sie sich jedoch als zunächst vom
konkreten Milieu weitgehend unabhängige Verhältnisse schroff gegenüber. Faragó
zeigt jedoch, wie sich im weiteren Verlauf ethnokulturell begründete Familien- und
Verwandtschaftssysteme an die neuen Bedingungen dynamisch anpassen und wie
sie sich gegenseitig beeinflussen und überlagern.

MICHAEL MITTERAUER untersucht Formen ländlicher Familienwirtschaft in einer
Reihe österreichischer Agrarlandschaften und bezieht dabei alle wichtigen naturräumlichen und sozioökonomischen Typen Österreichs ein. Seine geographisch und
zeitlich breit angelegte Argumentation stützt sich überwiegend auf Personenstandslisten aus dem 17., 18. und 19. Jahrhundert, wobei statistische Querschnittsanaly-
sen ergänzt werden durch die Untersuchung der Entwicklungszyklen individueller
Hausgemeinschaften auf der Grundlage jährlich angelegter, „serieller" Einwohner-
verzeichnisse. Damit gelingt es, Familienstrukturen auch in ihrer Dynamik zu erfassen und die Spannung zwischen Einzelfall und übergreifender Struktur, zwischen
Makro- und Mikroanalyse fruchtbar zu machen.

Im Zentrum von Mitterauers Interesse steht die Frage nach den Rekrutierungs-
formen der für die ländliche Familienwirtschaft benötigten Arbeitskräfte. Die Anteile einerseits des Gesindes und andererseits der Inwohner werden benutzt, um die
untersuchten Regionen zwischen die beiden idealtypischen Pole der ländlichen Arbeitsorganisation in Mitteleuropa – „Gesindegesellschaften " und „Taglöhnergesellschaften" – einzuordnen. Dabei dienen die bisher vorwiegend in der ethnologischen Forschung angewandten Konzepte der „Ökotypen" als analytisches Instrumentarium, um die Zusammenhänge zwischen familialer Arbeitsorganisation und
den verschiedenen sie bedingenden Faktoren zu diskutieren. Mitterauer geht dabei
von vier großen historischen Ökotypen aus, nämlich Wirtschaftsweisen mit Dominanz der Viehzucht, des Getreidebaus, des Weinbaus und der Hausindustrie. Jeder
dieser Ökotypen ist durch spezifische Formen der Arbeitsorganisation charakterisiert, zugleich aber keineswegs in sich homogen. Als differenzierende – häufig in
Wechselbeziehung stehende – Faktoren werden von Mitterauer Bodenmorpholo-
gie, Erbgewohnheiten, Besitzgrößen, Siedlungsweise, Einflüsse der Grundherrschaft sowie die jeweilige Beziehung der verschiedenen Formen nichtagrarischer
Lohnarbeit zur agrarischen Umwelt herangezogen.

Besondere Aufmerksamkeit wird den unterbäuerlichen Schichten zuteil, die in
dem untersuchten Sample zwischen einem und zwei Drittel der Haushalte bildeten.
Dem Gesindebedarf einer begrenzten – im allgemeinen zahlenmäßig nicht domi-nie-

renden – Gruppe bäuerlicher Haushalte stand damit ein Taglöhnerangebot aus zahlreichen unterbäuerlichen Haushalten gegenüber. Die Beziehungen zwischen den bäuerlichen und den unterbäuerlichen Schichten gestalten sich in den einzelnen Ökotypen unterschiedlich, es bilden sich aber stets „Systeme der Reziprozität" heraus.

Im weiteren konzentriert sich Mitterauer auf die Stellung des Gesindes und der leiblichen Kinder in der ländlichen Familienwirtschaft und wirft dabei einige grundsätzliche, in verschiedenen historischen Teildisziplinen intensiv diskutierte Fragen auf, wie die nach dem „familialen" Charakter der bäuerlichen und der unterbäuerlichen Wirtschaften und nach dem demographischen „Regelsystem" traditionaler Agrargesellschaften. Die analysierten Daten führen zu dem Schluß, daß die bäuerlichen Familien ihren Arbeitskräftebedarf soweit als möglich mit eigenen Kindern zu decken versuchten, trotzdem aber ein Kausalzusammenhang zu ihrem generativen Verhalten bzw. das Anstreben einer Balance zwischen Arbeitskräftebedarf und Eigenreproduktion generell nicht festzustellen ist. Auch der Wunsch nach leiblichen Erben darf nicht überschätzt werden; „Stammhalterdenken" und „Erbhofideologie" waren in den historischen Agrargesellschaften Österreichs wenig wirksam. Diese Ergebnisse gestatten es, die sozialbiologischen Grundlagen der familialen Reproduktion und die arbeitsorganisatorisch notwendigen Erweiterungen um nichtverwandte Personen nicht als sich schroff gegenüberstehende theoretische Konzepte zu begreifen, sondern sie in ihrer konkreten Wechselbeziehung zu sehen.

Der Beitrag von HAINER PLAUL ist im Rahmen eines langfristigen Forschungsvorhabens über die Magdeburger Börde entstanden, in dem Wirtschaftshistoriker und Volkskundler der DDR die Durchsetzung der kapitalistischen Produktionsweise in der Landwirtschaft untersuchen. Damit bildet hier eine Region mit fruchtbaren Böden, intensiver Bewirtschaftung und Marktverflechtung, Anerbenrecht und relativ geringen feudalen Lasten im Rahmen der mitteldeutschen Grundherrschaft das Untersuchungsfeld. Die soziale Differenzierung innerhalb der Bauernschaft war hoch und reichte von Voll- und Halbspännern über Groß- und Kleinkossaten bis zu landlosen Häuslern.

Plaul stellt sich als zentrale Frage, welchen Einfluß der Prozeß der Intensivierung der Landwirtschaft von der Mitte des 18. bis ins frühe 19. Jahrhundert auf die bäuerliche Familienstruktur ausübte. Sein besonderes Interesse gilt dabei dem Gesinde, das als unzweifelhaft produktive Gruppe ökonomische Veränderungen am besten spiegelt. Gestützt auf zeitgenössische statistisch-topographische Beschreibungen, Chroniken etc. gibt Plaul eine Darstellung von Größe und Zusammensetzung des Gesindes, seiner Verteilung auf die verschiedenen sozialen Gruppen der Bauernschaft und seiner konkreten Arbeitstätigkeit. Bei der Diskussion der Auswirkungen des ökonomischen Wandels auf die „produktive bäuerliche Familiengemeinschaft" betont Plaul die Abhängigkeit der Familienstrukturen von mehreren Komponenten: In der Magdeburger Börde laufen Intensivierung der landwirtschaftlichen Arbeit einerseits und vollständiger Übergang von der Arbeits- zur Geldrente andererseits parallel, die entgegengesetzten Wirkungen beider Prozesse auf den Bedarf an ständigen Arbeitskräften heben sich auf, sodaß ein grundlegender ökonomischer Wandel mit einer relativen Stabilität der Familienstruktur einhergeht.

Die beiden folgenden Beiträge führen weit über den agrarischen Kontext hinaus. ALBERT TANNER untersucht eine ländliche Gesellschaft, in der schon im frühen 19. Jahrhundert nurmehr eine Minderheit der Bevölkerung – weniger als ein Viertel – von der Landwirtschaft lebte. Tanner schließt an die in der Schweiz von Rudolf Braun initiierten Studien zur Protoindustrialisierung an und stellt mit dem Ostschweizer Halbkanton Appenzell-Außerrhoden eine der am stärksten gewerblich verdichteten Landschaften Europas in den Mittelpunkt seiner Untersuchung.

Eine auf kommerzialisierter Viehzucht beruhende Landwirtschaft, die völlige Ablösung feudaler Lasten, Kapitalisierung des Bodens, Realteilung, Freizügigkeit der Arbeitskräfte und ihrer Niederlassung hatten hier seit dem 16. Jahrhundert eine breite Schicht landarmer und landloser Bewohner geschaffen, die auf gewerbliche Arbeit angewiesen waren. Das zunächst vorherrschende Leinwandgewerbe wurde im 18. Jahrhundert von der Baumwollweberei abgelöst, und zu Ende des 19. Jahrhunderts breitete sich die Maschinenstickerei als Heimgewerbe aus.

Tanner untersucht die Familienstrukturen auf dem Höhepunkt der hausindustriellen Baumwollverarbeitung in der ersten Hälfte des 19. Jahrhunderts. Bevölkerungsverzeichnisse von 1842 bilden die Grundlage, um die Haushaltszusammensetzung der dominierenden sozialen Gruppe der Heimarbeiter mit jener der Bauern, Handwerker, Fabriksarbeiter und Fabrikanten zu vergleichen. Jede dieser Gruppen weist charakteristische familienstrukturelle Merkmale auf, die vor allem in der Stellung der Kinder sichtbar werden; insgesamt zeigt sich aber doch ein vergleichsweise homogenes Bild: In allen sozialen Gruppen und während aller Phasen des Lebenszyklus dominieren relativ kleine Kernfamilienhaushalte.

Ein weiterer Schwerpunkt der Analyse liegt auf der Arbeitsorganisation innerhalb der Heimarbeiterfamilien, wobei Tanner zeitlich weiter ausgreift und zeigt, daß es nicht bloß ein einziges Modell hausindustrieller Familienwirtschaft gegeben hat, sondern verschiedene, in Abhängigkeit von den jeweils konkreten Produktionsbedingungen. Gestützt auf vorwiegend literarische Quellen wird zunächst die spezifische Besonderheit der Leinwanderzeugung und mehr noch der mit gekauftem Garn arbeitenden Baumwollweberei herausgearbeitet. Die geschlechts- und zum Teil auch die altersspezifische Arbeits- und Rollenteilung war hier gering, die Familien bildeten zwar Arbeitsgemeinschaften, aber nicht notwendigerweise Produktionseinheiten in dem Sinn, daß die Zusammenarbeit der einzelnen Familienmitglieder unbedingt notwendig gewesen wäre; mitunter wurde im selben Webkeller für verschiedene Fabrikanten gearbeitet. Dies änderte sich mit der Ausbreitung der Maschinenstickerei. Die sechs Meter langen, von Hand betriebenen Stickmaschinen wurden zwar in den 1860er Jahren zunächst in Fabriken aufgestellt, fanden aber gegen Ende des Jahrhunderts immer stärkere Verbreitung in der dezentralisierten Hausindustrie. Diese Maschinen wurden nur von Männern bedient, die aber ein oder zwei Frauen und Kinder als Hilfskräfte benötigten. Am wichtigsten waren geschickte „Fädlerinnen", und dementsprechend wurde fast die Hälfte aller Ehen im Heimarbeitermilieu zwischen Stickern und Fädlerinnen geschlossen. Die Familie wurde nun wieder eine auf der notwendigen Zusammenarbeit mehrerer Familienmitglieder beruhende Produktionseinheit. Die Hausindustriellen bewahrten ihre Selbständigkeit, allerdings auf Kosten von Selbstausbeutung und Ausbeutung der Frauen und Kinder. Tanner stellt die Einzelstickerei nicht nur als einen Job dar, sondern als eine umfassende Lebens- und Denkweise, die auf einer extrem individualistischen Grundhaltung aufbaute und in der die vertikale Kommunikation zum Fabrikanten oder Kaufmann intensiver war als die horizontale zwischen den einzelnen Stickerhaushalten.

Auch RICHARD WALL untersucht Familienverhältnisse in ländlichen Regionen, die in hohem Maß von Marktwirtschaft und Industrialisierung beeinflußt waren. Im Zentrum seines Beitrags steht der im englischen Südwesten gelegene Marktflecken Colyton mit seinem ländlichen Umland in der Mitte des 19. Jahrhunderts; zur Ergänzung dient der Vergleich mit zwei Gruppen von Dörfern in Westflandern. Es handelt sich um Gebiete mit hochkommerzialisierter und marktorientierter Landwirtschaft, in denen nurmehr ein kleiner Teil der Bevölkerung von agrarischem Erwerb lebte, der übrige Teil aber im Gegensatz zu dem vorher behandelten Gebiet sehr verschiedenartigen handwerklichen, gewerblichen oder hausindustriellen Tätigkeiten nachging, die mit landwirtschaftlicher Lohnarbeit abwechseln konnten. Diese soziale Vielfalt bietet besonders gute Möglichkeiten, um die Familienstrukturen der Bauern und Handwerker, der gewerblichen und landwirtschaftlichen Arbeiter zu vergleichen. Es zeigt sich, daß in Colyton die „family farm" im Sinne eines ausschließlich mit Familienangehörigen bearbeiteten Bauernhofes kaum vorkommt. Bei der Rekrutierung von Arbeitskräften spielte die eigene Familie eine geringe Rolle, die meisten Wirtschaften beschäftigen ständige, aber außer Haus wohnende Arbeiter. Im Haus lebende Dienstboten waren verbreitet, jedoch sehr stark auf Altersgruppen unter 20 Jahren beschränkt. Es scheint, daß diese altersmäßige Konzentration die Einsatzmöglichkeit von Dienstboten vor allem in bezug auf Kraft und Geschicklichkeit erfordernde Tätigkeiten einschränkte und Dienstboten damit nicht beliebig erwachsene Landarbeiter ersetzen konnten.

Für die Familien der nicht-bäuerlichen Schichten kommt Wall zu dem Schluß, daß ihre Existenzweise weder mit dem Modell der „family economy" noch der „family wage economy" zutreffend zu erfassen ist. Charakteristisch für die untersuchte Phase ist vielmehr, daß sich Elemente der häuslichen Produktion und außerhäusliche Lohnarbeit in vielfältiger Weise verbinden. Zur Bezeichnung dieser komplexen Form schlägt Wall den Begriff der „anpassungsfähigen Familienwirtschaft" (adaptive family economy) vor.

Als Quellengrundlage dienen ihm der englische Census von 1851 und flandrische Volkszählungslisten von 1814. In der Tradition der „Cambridge Group" legt er Wert auf eine detaillierte und differenzierte Aufbereitung dieser quantifizierbaren Quellen und stellt sie in langfristige demographische und ökonomische Entwicklungszusammenhänge.

Der Beitrag von NORBERT ORTMAYR nimmt in diesem Band eine besondere Stellung ein. Es schien den Herausgebern nützlich und anregend zu sein, den überwiegend mit Hilfe quantifizierbarer Quellen argumentierenden Aufsätzen einen Beitrag zur Seite zu stellen, der dieselbe Thematik mit anderen, qualitativen Quellen behandelt. Norbert Ortmayr stützt seine Untersuchung auf Oral History und beschäftigt sich dementsprechend mit einer nicht allzulange zurückliegenden Zeit, den zwanziger und dreißiger Jahren unseres Jahrhunderts. Es ist aber nicht die Aufgabe seiner Arbeit, innerhalb dieses Bandes einen bloßen Kontrapunkt zu setzen. Vielmehr soll sie dazu beitragen, einer Reihe von Fragen, die von den anderen Autoren aufgeworfen wurden, mit den verwendeten – bzw. auch vorhandenen – Quellen und Methoden aber nicht völlig befriedigend untersucht werden konnten, schärfere Konturen zu verleihen. Die von Ortmayr gewählte Methode gestattet es, vor allem zu drei Bereichen präzisere Aussagen zu treffen: Sie vermag die Mechanismen zu erhellen, in denen sich die Beziehungen zwischen Bauernhöfen und unterbäuerlichen Haushalten abgespielt haben; sie rückt über die einzelnen Hausgemeinschaften hinaus die lokale Gesellschaft als Träger und Kontrolleur dieser Mechanismen stärker in den Vordergrund; und sie ermöglicht bessere Einblicke in die Familienverhältnisse der unterbäuerlichen Schichten, die sich weniger deutlich als bäuerliche Hausgemeinschaften über ihre quantitative Struktur erfassen lassen.

Ortmayr führt seine Untersuchung am Beispiel der Gemeinde Pollham im oberösterreichischen Alpenvorland durch, einem kleinen, sozial stark differenzierten, aber in der ersten Hälfte unseres Jahrhunderts noch fast ausschließlich agrarisch geprägten Dorf. Mit Hilfe weiterer Quellen wird versucht, die Ergebnisse der mündlichen Befragung zumindest auf ganz Oberösterreich zu beziehen, wobei insgesamt der lokale Bezugspunkt nicht als Forschungsgegenstand, sondern als „Forschungsfeld" verstanden wird, das überregionale und allgemeine Aussagen ermöglichen soll.

Die Untersuchung konzentriert sich auf das ländliche Gesinde. Ortmayr geht von der These aus, daß der notwendige Austausch von Arbeitskräften nur in sehr geringem Maß zwischen Bauernwirtschaften stattfand, überwiegend aber zwischen Bauern und unterbäuerlichen Schichten. Der Gesindedienst bildet einen wesentlichen Teil dieses Austauschs und gestattet es zugleich, sowohl die inneren Verhältnisse in den bäuerlichen und unterbäuerlichen Haushalten als auch ihre Beziehungen im Gesamtsystem der lokalen Gesellschaft zu thematisieren.

Die langfristigen Beziehungen zwischen Bauern und Häuslern, die meist einem Dienstverhältnis vorangingen; die Aufnahmerituale beim Dienstantritt; die Arbeitsteilung und die Hierarchien am Bauernhof; die am Rhythmus der notwendigen Arbeiten orientierte „moralische Arbeitszeit", die sehr genaue Vorstellungen über den „Feierabend" beinhaltete; die symbolische Bedeutung der Mahlzeiten; „Kontrolle und Eigensinn" beim Leben im Bauernhaus; das Wechseln der Dienstgeber und schließlich das Ausscheiden aus dem Dienst – all dies wird aus den Erfahrungen der Befragten rekonstruiert und mit Interviewpassagen anschaulich illustriert.

Damit ist aber nicht in erster Linie eine besondere Authentizität der Beschreibung angestrebt, es soll vielmehr deutlich gemacht werden, daß alle diese Lebensäußerungen und -situationen Elemente eines sozialen Regelsystems waren. Um dieses Regelsystem zu analysieren, bedient sich Ortmayr des sozialanthropologischen Modells der „Patron-Klient-Beziehungen". Der Gesindedienst wird damit als Element des Austausches zwischen zwei Kollektiven bestimmt, der sich durch langfristige Stabilität, gegenseitige – wenn auch asymmetrische – Verpflichtungen und umfassende ökonomische, soziale, und kulturelle Regeln auszeichnet, die zwar keineswegs willkürlich, aber auch nicht harmonisch und konfliktfrei waren. Ortmayr bemüht sich dabei auch um eine diachrone Perspektive. Der ökonomische und demographische Wandel scheint paternalistische Bindungen zwischen Bauern und Unterschichten, die seit dem 18. Jahrhundert einer Erosion unterlagen, an der Wende vom 19. zum 20. Jahrhundert wieder gestärkt und konsolidiert zu haben, vom Ende der zwanziger Jahre an werden sie neuerlich – und diesmal dauerhaft – in Frage gestellt.

Die Arbeit von Ortmayr, die sich methodisch deutlich von den anderen Beiträgen dieses Bandes abhebt, leitet zu einer abschließenden Bemerkung über. Auch in den historischen Wissenschaften wird mitunter sehr apodiktisch über den Wert oder Unwert bestimmter Methoden oder Quellentypen diskutiert. Vielleicht kann dieser Band die Auffassung stärken, daß sich der Wert einer Methode vor allem daran mißt, ob sie in der Lage ist, den Untersuchungsgegenstand adäquat zu erfassen. Hier dienten quantifizierende Analysen dazu, klare Konturen der untersuchten sozialen Strukturen – sowohl der Familie als der jeweiligen lokalen Gesellschaft insgesamt – zu gewinnen und den Grad ihrer Veränderung zu bestimmen. Sozialanthropologische Modelle wurden benutzt, um eine Vielzahl von Aspekten aufeinander beziehen und sichtbar gewordene Zusammenhänge erklären zu können. Oral History versuchte Auskunft darüber zu geben, wie die untersuchten Beziehungen von den Menschen selbst aktiv gestaltet und erlebt wurden. Dies alles scheint sich – nach Ansicht der Herausgeber – nicht nur gut miteinander zu vertragen, sondern vielmehr gegenseitig zu bedürfen.

JUHAN KAHK, HALLIKI UIBU

Familiengeschichtliche Aspekte der Entwicklung des Bauernhofes und der Dorfgemeinde in Estland in der ersten Hälfte des 19. Jahrhunderts

I. Literatur, Methode und Quellen

1. Historiographie

Im Vorwort zur vierten Auflage (1891) seines Buches „Der Ursprung der Familie, des Privateigentums und des Staates" schrieb F. Engels, daß noch in der Mitte des 19. Jahrhunderts alle Geschichtsforscher die patriarchalische Familie für die älteste Familienform hielten, die eigentlich keine Evolution durchgemacht hätte.[1] Ungefähr hundert Jahre später bietet man uns die Klein- oder Kernfamilie als die – wenigstens im „Westen" – vorherrschende Form an, die auch, soweit die schriftlichen Quellen reichen, keine bedeutende Evolution erfahren habe. Man muß vielleicht zugeben, daß die Vorstellungen über das Zusammenleben von mehreren Generationen oder umfassenden Verwandtschaftsverbänden in bäuerlichen Haushalten in vorindustrieller Zeit übertrieben waren. Gleichzeitig ist jedoch nicht zu übersehen, daß dies auch für die Betonung der Rolle der Kernfamilie und der Bedeutung biologisch-demographischer Faktoren gilt. Dazu wurde in der Fachliteratur, besonders in bezug auf die Arbeiten der von P. Laslett geleiteten „Cambridge Group for the History of Population and Social Structure" hervorgehoben, daß die Verallgemeine-

---

[1] K. MARX u. F. ENGELS, Werke, Bd. 22, Berlin 1974, 212.

rung „der englischen beziehungsweise analoger west- und mitteleuropäischer Forschungsergebnisse über die Dominanz der Kernfamilie in vorindustrieller Zeit . . .
auf Widerspruch gestoßen sind".[2]

In den Arbeiten Lasletts finden wir eine scharfe Gegenüberstellung der „westeuropäischen" und der „osteuropäischen" Familie, wobei das von uns untersuchte
Gebiet – das Baltikum – zu einem eigenartigen Grenzgebiet geworden ist. „Die
mögliche Existenz solcher Extreme setzt eine Übergangszone zwischen ihnen voraus . . .", schreibt Laslett. „Schon die Bezeichnung selbst könnte in der Vorstellung
mancher Menschen eine Verteilung auf der Landkarte hervorzaubern – vielleicht
eine Linie, die im Baltikum beginnt und durch die mitteleuropäischen Länder führt;
wobei alles, was links von dieser Grenze liegt, vom westlichen Typus, und alles was
rechts liegt, etwas anderes – vielleicht östliches – ist . . ."[3] Nach der kategorischen
Behauptung, daß solch eine „. . . sprichwörtliche Teilung des historischen Europa
außer Frage steht . . .", schreibt Laslett, daß er und seine Kollegen auf Grund von
Untersuchungen zur Schlußfolgerung gekommen seien, daß in England, Nordfrankreich sowie in den nordwesteuropäischen Ländern ähnliche Familienformen existierten, während im Baltikum, in einigen Teilen von Ungarn, in Südfrankreich und
Mittelitalien, und besonders ausgeprägt in Serbien und Rußland, eine andere Form
bestanden hätte.[4] Im weiteren führt Laslett aus, daß interessante Indizien für ein
„mögliches Übergangsterritorium" sprechen, „das im Norden mit Lettland und Estland beginnt, Polen und die Tschechoslowakei, das nordöstliche Österreich und
transdanubische Gebiete Ungarns einschließt und im Süden sich wenigstens bis Florenz erstreckt".[5] Obwohl Laslett aufrichtig bekennt, wie wenig eine solche Polarisierung sich gegenwärtig auf konkrete Forschungsergebnisse stützt,[6] kommt er doch
zum Endergebnis, daß an die Stelle der früheren Gegenüberstellung von einst gro
ßer und gegenwärtig kleinerer Familie eine neue geographische Gegenüberstellung
von westlicher und nichtwestlicher Familie getreten sei.

In unserer eigenen Forschung haben wir hauptsächlich der Problematik der
zeitlichen Grenze Aufmerksamkeit geschenkt – dem Übergang vom Feudalismus
zum Kapitalismus (oder wie diese Periode in der letzten Zeit in vielen nichtmarxistischen Studien genannt wird: dem Übergang vom vorindustriellen zum industriellen
Zeitalter).

Wir gehen davon aus, daß die Analyse der sozial-demographischen Struktur,
der Familie und deren Dynamik hauptsächlich ein Mittel ist, den Charakter und das
Wesen der Veränderungen (oder wenigstens neue, wichtige Aspekte dieser Prozes-

---

2 M. Mitterauer, Vorindustrielle Familienformen. Zur Funktionsentlastung des „ganzen
　Hauses" im 17. und 18. Jahrhundert, in: Fürst-Bürger-Mensch. Untersuchungen zu politi
　schen und soziokulturellen Wandlungsprozessen im vorrevolutionären Europa, hg. von F.
　Engel-Janosi, Grete Klingenstein und Heinrich Lutz, Wien 1975, 124.
3 P. Laslett, Characteristics of the Western family considered over time, in: ders., Family
　life and illicit love in earlier generations. Essays in historical sociology, London 1977, 15.
4 Ebenda.
5 Ebenda 16 f.
6 Ebenda 15 f.

se) aufzuklären, die im estnischen Dorf in der Mitte des 19. Jahrhunderts, am Vorabend des Überganges vom Feudalismus zum Kapitalismus, vor sich gegangen sind. Wir interessieren uns vor allem dafür, wie sich die Verhältnisse des zweiten Viertels des 19. Jahrhunderts von denen im ersten unterschieden und welche Veränderungen nach der formalen Befreiung der Bauern (auf Grund der Gesetze von 1816 und 1819) erfolgten oder nicht erfolgten.

Die deutsch-baltische Historiographie behandelte diese Thematik in dem ihr eigenen Geiste, die Tätigkeit des Adels zu rechtfertigen. Das zweite Viertel des 19. Jahrhunderts wird von solchen Autoren wie A. Tobien und A. Gernet als Abschlußperiode der Umgestaltung der Agrarverhältnisse durch die vom baltischen Adel durchgeführten Agrarreformen betrachtet. Der wirkliche Charakter dieser Reformen sowie die tatsächlich in der Gesellschaft herrschenden Sozialverhältnisse interessierten diese Autoren nicht. Sie behaupteten, indem sie nur Gesetzestexte in Betracht zogen, daß die Beziehungen der Gutsbesitzer und Bauern nach den Reformen von 1816–1819 durch freie Pachtverträge geregelt worden wären.[7]

Die estnischen bürgerlichen Historiker wiederholten hauptsächlich die Ansichten der baltischen Autoren und bezeichneten die Periode nach der formalen Befreiung der Bauern, vor den Reformen in der Mitte des 19. Jahrhunderts, unbestimmt als Periode der „Fronpacht", ohne sich Mühe zu geben, die damals herrschenden Verhältnisse genauer zu studieren.[8] Während der Periode der bürgerlichen Republik bekundete nur ein Historiker – J. Vasar – Interesse für das Studium des Charakters der im estnischen Dorfe im zweiten Viertel des 19. Jahrhunderts herrschenden Sozialverhältnisse. Er stützte sich auf einen ziemlich beschränkten Quellenkreis, nämlich auf die Angaben der Seelenrevisionen nur eines Gutes.

Dennoch verstand es J. Vasar, die Probleme richtig zu sehen und zu einigen recht interessanten Ergebnissen zu kommen. Er interessierte sich auch für die Frage, welche Änderungen im Charakter der sozialen Mobilität – d. h. des Übergangs einiger Bauern aus einer sozialen Schicht in eine andere – in der ersten Hälfte des 19. Jahrhunderts bzw. in der Periode der Zersetzung und Krise der Feudalgesellschaft vor sich gegangen waren.

Dabei kam er zum Ergebnis, daß sich die soziale Differenzierung in den Reihen des Bauerntums vertiefte und die sozial-ökonomische Position der Bauernwirte und ihrer Söhne gefestigt hatte. Die Chancen für vertikale soziale Mobilität, d. h. der Übergang von Knechten und ihren Söhnen in den Stand der Bauernwirte, wurden geringer.

---

7 A. Tobien, Die Agrargesetzgebung Livlands im 19. Jahrhundert, Bd. 1, Berlin 1899, Bd. 2, Riga 1911. A. Gernet, Geschichte und System des bäuerlichen Agrarrechts in Estland, Bd. 1, Reval 1901. Eine kritische Behandlung der Arbeiten dieser Autoren und der Agrarpolitik des baltischen Adels erfolgte in dem Buch von J. Kahk, Murrangulised neljakümnendad (Die umwälzenden vierziger Jahre), Tallinn 1978, 241 f.

8 J. Libe, A. Oinas, H. Sepp, J. Vasar, Eesti rahva ajalugu (Die Geschichte des estnischen Volkes), Tartu 1935, 1359.

Der sowjetischen Geschichtswissenschaft, vor allem dem Akademiemitglied
J. J. Zutis und dem estnischen Historiker A. A. Vassar, gehört das Verdienst, eine
klare Grenzlinie zwischen Feudalismus und Kapitalismus in der Mitte des 19. Jahrhunderts gezogen zu haben.[9] Gleichzeitig charakterisiert J. J. Zutis das zweite Viertel des 19. Jahrhunderts als Übergangsperiode vom Feudalismus zum Kapitalismus,
der „verschiedene Formen der Vereinigung der Fronwirtschaft mit dem kapitalistischen Wirtschaftssystem eigen sind. Die Fron und das System der Abarbeit wurden
allmählich durch vertragsgemäße Arbeit in der Landwirtschaft ersetzt."[10] In demselben Sinne äußert sich auch L. Loone, indem sie behauptet, daß „neben feudalen
und halbfeudalen Verhältnissen in den dreißiger und vierziger Jahren des 19. Jahrhunderts in der Landwirtschaft des Baltikums Verhältnisse vom kapitalistischen
Typ sich zu verbreiten begannen". Als Erscheinungen neuen Typs, die von der Entwicklung der kapitalistischen Gesellschaftsformation zeugen, betrachtet L. Loone
die Überführung eines Teils der Bauernstellen in Geldpachtverhältnisse und die
Zunahme der Inhaber von Lostreiberparzellen unter den Bauernwirten.[11] Die Angaben über die Einführung der Geldpacht zeugen aber in Wirklichkeit von der außerordentlich schwachen und beschränkten Verbreitung der kapitalistischen Verhältnisse. Bis zum Ende der vierziger Jahre hatten nur 5 % der Gutsbesitzer im Estländischen Gouvernement alle ihre Bauernstellen in Geld-, Natural- und Misch-
pacht überführt. Im nördlichen Livland ging der Prozeß des Übergangs zur Geldrente, wie A. Traat zeigte, etwas schneller vor sich, doch auch hier nicht besonders intensiv. Bis 1847 waren dort nur 9,18 % des gesamten Bauernlandes in Geldrenten-
verhältnisse übergegangen.[12] Zu Anfang der sechziger Jahre unseres Jahrhunderts

9 Мосберг Г. и Вассар А. Основные вопросы периодизации истории Эстонской
ССР. — „Вопросы истории", 1950, № 10, с. 67; История Латвийской, ССР, т. 1,
Рига, 1952, с. (H. Moosberg, A. Vassar, Die Hauptfrage der Periodisierung der Geschichte der Estnischen SSR, in: Voprosy istorii 10 (1950) 67; Geschichte der Lettischen
SSR, Bd. 1, Riga 1952).
10 История Латвийской ССП, т. 1, Рига, 1952, с. 402 (Geschichte der Lettischen SSR,
402).
11 Лооне Л. А. О развитии некоторых элементов капитализма в сельском хозяйстве
Северной Эстонии в 20-50-х годах XIX века. — В кн.: Ежегодник по аграрной
истории Восточной Европы. 1958 г. Таллин, 1959, с. 208. (L. A. Loone, Über die
Entwicklung einiger Elemente des Kapitalismus in der Landwirtschaft in Nordestland in
den 20er bis 50er Jahren des 19. Jahrhunderts, Tallinn 1959, 208).
12 Кахк Ю. К вопросу о социально-экономическом характере второй четверти XIX
в. в истории Эстонии. В кн.: Развитие капитализма в России, М., 1970, с. 359—377.
Кахк Ю.Ю к вопросу о социально-Экономическом характере так называемого
периода барщинной аренды (2—я четверть XIX в) и истории Эстонии. — В кн.: Ге-
незис капитализма в промышленности и сельском хозяйстве. Москва, 1965.
с. 359—377; A. Traat, Ankeet talumaade raharendi leviku kohta Liivimaal 1847. aastal. —
„Известия АН ЭССР. Серия общественных наук". 1957, № 2, с. 192—204.
(J. Kahk, Über den sozialen und ökonomischen Charakter des zweiten Viertels des
19. Jahrhunderts — der Periode der Fronarbeit in Estland, in: Genezis kapitalizma v pro-
myslennosti i sel'skom chozjaistve, Moskau 1965, 359—377; A. Traat, Die Enquete über
die Verbreitung der Geldrente in Livland im Jahre 1847, in: Publikationen der Akademie
der Wissenschaften der Estnischen SSR 1957, N. 2, 192—204).

wurden Arbeiten veröffentlicht, die bewiesen, daß sich infolge der formalen Befreiung der estnischen Bauern ihre Lage in vielem verschlimmerte.[13]

Erst in den letzten zehn bis fünfzehn Jahren wurden Originalquellen, in denen Angaben über die sozialen Verhältnisse des estnischen Dorfes im zweiten Viertel des 19. Jahrhunderts erhalten geblieben sind, einer konkreten Analyse unterzogen. Es wurden Materialien der Gemeinde- und Adelsgerichte der ersten Instanz studiert, in denen die zwischen Gutsbesitzern und Bauern geschlossenen Pachtverträge erhalten geblieben sein sollten. Auf Grund der Analyse dieser Materialien ergab sich die eindeutige Schlußfolgerung, daß derartige Verträge in Wirklichkeit gar nicht geschlossen worden sind, weil die Gutsbesitzer ihre juridische Macht benutzten, um die Fronverhältnisse zu bewahren.[14]

Zur Klärung der Frage nach dem sozial-ökonomischen Charakter des zweiten Viertels des 19. Jahrhunderts in der Geschichte Estlands ist es auch erforderlich, die Beziehungen zwischen den verschiedenen sozialen Schichten des Bauerntums und zwischen den Bewohnern einer Bauernstelle in ihrer Veränderung zu untersuchen.

Zwar zeigten die sowjetischen Historiker seit den sechziger Jahren Interesse für Fragen der sozialen Differenzierung der Bauernschaft. Es erschien eine Reihe interessanter Untersuchungen, die Probleme der Sozialstruktur der bäuerlichen Bevölkerung gewidmet waren; und es wurde die Frage diskutiert, wie diese Erscheinungen interpretiert werden sollten.[15] Doch fehlten bis in die letzte Zeit Arbeiten, in denen die Mobilität selbst, d. h. Prozesse sozialer Verschiebungen betrachtet worden ist, ferner solche, die sich speziell mit Familiengeschichte beschäftigt haben.

Die theoretische Seite dieser Untersuchungen wurde unlängst vom Leningrader Historiker B. N. Mironow behandelt. Seiner Meinung nach ist die Mobilität eine Gesamtheit von sozialen Prozessen, die sich in der Veränderung des sozialen Statuts einzelner Bauern äußern; sowohl Schichtenbildung als auch Nivellierungstendenzen sind das Ergebnis dieser Prozesse in der dörflichen Sozialstruktur. Dabei unter-

---

13 Kaxk 10.10. КрестьЯЯнское движение и крестьЯЯнский вопрос в 0стонии в конце ХУⅢ и в первой четверти XIX века. Таллин, 1962, с. 309—311.
(J. Kahk, Die Bauernbewegung und die Bauernfrage in Estland am Ende des 18. und im ersten Viertel des 19. Jahrhunderts, Tallinn 1962, 309—311).

14 J. Kahk, Külakodanluse ja maaproletariaadi tekkimisest Eesti külas. (Kohtumaterjalide pöhjal, XVIII saj. löpp — 1880. a.) „Eesti NSV Teaduste Akadeemia Toimetised", 1955, nr. 3, lk. 367—383; J. Kahk, Moraalipildikesi Eesti külast, „Looming", 1972, nr. 6, lk. 1006—1007. (J. Kahk, Die Entstehung der Landbourgeoisie und des Landproletariats im estnischen Dorfe vom Anfang des 18. Jahrhunderts bis 1880, in: Eesti NSV Teaduste Akadeemia Toimetised 1955, N. 3, 367—383; J. Kahk, Episoden aus dem Leben des estnischen Dorfes, in: Looming 1972, N. 6, 1006 f.; J. Kahk, Über den sozialen und ökonomischen Charakter des zweiten Viertels des 19. Jahrhunderts in Estland, in: Razvitije Kapitalzma v Rossii, Moskau 1970, 359—377).

15 Eine Reihe von Artikeln über die soziale Differenzierung der Bauernschaft in Rußland und in der Ukraine vom 16. bis zum 19. Jahrhundert wurde in „Jezegodnik po agrarnoj istorii Vostocnoj Evropy" (Jahrbuch für die Agrargeschichte Osteuropas) in den Jahren 1960 und 1961 publiziert.

scheidet er zwei Arten der sozialen Mobilität: Mobilität innerhalb einer Generation und Mobilität zwischen Generationen.[16] In einer anderen Arbeit hat B. Mironow die Motive der Eheschließungen der russischen Bauern in der zweiten Hälfte des 19. Jahrhunderts analysiert.[17]

Als Pionier des historisch-demographischen Studiums der Familie nicht nur in Estland, sondern in der ganzen Sowjetunion kann H. Palli angesehen werden. Er hat als erster die „Methode der Familienrekonstitution" angewandt und die demographische Entwicklung und die Entwicklung der Familie in Estland im 17. und 18. Jahrhundert studiert.[18]

Einer der ersten Geschichtswissenschaftler Sowjetestlands, der sich speziell mit der sozialen Mobilität des Bauerntums befaßte, ist H. Ligi. Auf Grund des Studiums der Materialien von Seelenrevisionen des Kirchspiels Rapla hat H. Ligi nachgewiesen, daß Söhne von Wirten und Knechten unterschiedliche Möglichkeiten hatten, selbst Bauernwirt zu werden.[19]

Als erste Arbeit, in der speziell Probleme der Familienstruktur der russischen Bauern behandelt wurden, kann das Buch von J. N. Baklanova über den Bauernhof in Nord-Rußland am Ende des 17. und zu Beginn des 18. Jahrhunderts genannt werden. „Wenn wir die Resultate zusammenfassen", schreibt J. Baklanova, „so können wir zum Schluß kommen, daß im letzten Viertel des 17. Jahrhunderts im Kreis Vologda die Kleinfamilie dominierte, d. h. eine Familie mit unverheirateten

---

16 Миронов Б. Социальная мобильность и социальное расслоение в русской деревне XIX – начала XX вв. – В кн.: Проблемы развития феодализма и капитализма в странах Балтики. Доклады исторической конференции (14—17 марта 1972 г.), Тарту, 1972, с. 156—193. (B. Mironov, Die soziale Mobilität und die soziale Differenzierung im russischen Dorfe des 19. und am Anfang des 20. Jahrhunderts, in: Problemy razvitija feodalizma i kapitalizma v stranach Baltiki, Tartu 1972, 156—193).

17 Миронов Б. Н. Традиционное демографичес кое поведение крестьян в XIX – начале XX в. – В сб.: Брачность, рождаемость, смертность в России и в СССР, М. 1979. (B. N. Mironov, Der traditionelle demographische Lebenswandel der Bauern im 19. und Anfang des 20. Jahrhunderts, in: Ehe, Geburtzahl, Sterblichkeit in Rußland und in der UdSSR, Moskau 1979).

18 Ebenda 5.

19 Лиги X. социальная мобильность крестьян в Эстонии при дализме (накануне отмены крепостного права. Тарту 1972, с. 269—285, Лиги X. М. Население крестьянского двора („пере") в Эстонии во второй половине XУIII в. – Тезисы докладов и сообщений XII сессии межреспубликанского симпозиума по аграрной истории Восточной ЕВ-ропы. Рига-Сигулда, октябрь 1970 г. Москва, 1970, с. 32—34.

(H. Ligi, Die soziale Mobilität der Bauern in Estland während des Feudalismus – am Vorabend der Aufhebung der Leibeigenschaft, Tartu 1972, 269—285; H. M. Ligi, Einwohner der Bauerngesinde („pere") in Estland in der zweiten Hälfte des 18. Jahrhunderts, in: Tezisy dokladov i soobscanij XII sessii Mezrespublikansogo simpoziuma po agrarnoj istorii Vostocnoj Evropy, Riga-Sigulda 1970, Moskau 1970, 32—34).

Kindern."[20] Sie führt jedoch in ihrer Arbeit zugleich Materialien an, die auf eine kompliziertere Struktur der Bauernhöfe hinweisen. Aber diese Fragen werden wir später einer eingehenden Analyse unterziehen.

2. Quellen und Forschungsmethoden

Die Hauptquellen der vorliegenden Untersuchung sind Seelenrevisionen. Da eine sehr genaue und konkrete Analyse dieser Quellen – und zwar vom demographischen Standpunkt aus – schon in einer Monographie von S. Vahtre[21] veröffentlicht wurde, beschränken wir uns hier auf die Frage, welche Informationen sie für die soziale Charakteristik der Bevölkerung enthalten. Wie S. Vahtre richtig bemerkt, waren die Seelenrevisionen Vorgänger der Volkszählungen der Gegenwart. In Rußland begannen die Seelenrevisionen mit den Reformen Peters I. und bezweckten die Berechnung der Kopfsteuer. Die ersten drei Revisionen betrafen das Baltikum nicht: In Estland und Livland wurden die schon früher angewandten Hakenrevisionen durchgeführt. Die IV. Revision war die erste Revision in Estland und Livland. 1811 führte man die VI. Revision durch, wobei nur Angaben über Männer gesammelt wurden. Die von uns analysierten Revisionen wurden 1815/16 (VII.), 1833/34 (VIII.) und 1850 (IX.) vorgenommen. 1857/58 wurde als letzte die X. Revision durchgeführt.

Die letzten drei Revisionen waren sowohl ihrer Anlage nach als auch hinsichtlich der Zuverlässigkeit ihrer Angaben bedeutend präziser, aber gleichzeitig sehen gerade sie keine der uns interessierenden Angaben über den sozialen Status der registrierten Personen vor. Trotzdem kann man nicht sagen, daß in den Materialien der letzten Revisionen gar keine Angaben über die soziale Lage der dort eingetragenen Bauern enthalten wären. In einem Teil der Güter wurden sie nach alter Tradition in die Listen eingetragen, obwohl die Instruktionen das nicht mehr forderten. In fast allen Fällen kann man eine Beziehung dieser letzten Revisionen mit den vorhergehenden herstellen, die vollständiger waren, und dadurch die Angaben der letzten Revisionen vervollständigen. Gerade diese zwei Umstände gaben uns die Möglichkeit, die vorliegende Untersuchung durchzuführen. Wir haben dazu die Seelenrevisionen derjenigen Kirchspiele ausgewählt, die am meisten Informationen über den sozialen Status der Bauern enthalten. Außerdem wollten wir nach Möglichkeit den Charakter der sozialen Prozesse in drei Regionen vergleichen, die sich sozialökonomisch voneinander unterschieden: die südestnische Region, die zum Livländi-

---

20 Бакланова Е. Н. Крестьясский двор и община на русском Севере. Конец XYII – начало XYIII в. М., 1976, с. 66. (J. N. Baklanova, Bauerngesinde und Bauerngemeinde in Nordrußland – Ende des 17. und Anfang des 18. Jahrhunderts, Moskau 1976, 66). Im ersten Viertel des 18. Jahrhunderts machten die Kernfamilien 54,5 % aus; Ebenda 39.

21 S. Vahtre, Estimaa talurahvas hingeloenduste andmeil (1782–1858) (Die Bauernbevölkerung Estlands nach den Angaben der Seelenrevisionen, 1782–1858) in: Ajaloolos-demograafiline uurimus, Tallinn 1973.

schen Gouvernement gehörte (Kirchspiel Sangaste), die nordestnische Region (Est-
ländisches Gouvernement – Kirchspiel Türi) und die Inselregion (Kirchspiel Anseküla auf der Insel Saaremaa). Mit 5731 Einwohnern 1815/16 und 7482 im Jahre
1850 war Sangaste das größte dieser Kirchspiele, dann folgten Türi (1815/16: 3864;
1850: 4888) und schließlich Anseküla (1815/16: 1460; 1850: 1766 Einwohner).[22]

Die Angaben der Seelenrevisionen – wie demographische Angaben überhaupt
– bestehen aber leider nur aus Ziffern. Um sie mit Leben zu erfüllen und eine kon-
kretere Vorstellung von Bauernhof und Dorf zu bekommen, mußten wir andere, relativ informationsreiche Quellengattungen benutzen. Es handelt sich um Beschreibungen des Bauernlebens, die Ende des 18. und Anfang des 19. Jahrhunderts von in
Estland und Livland lebenden Publizisten oder diese Gouvernements besuchenden
Reisenden verfaßt wurden (wie z. B. die Bücher von A. W. Hupel, J. Chr. Petri,
C. H. J. Schlegel u. a.). Zum zweiten haben wir die Texte der am Ende des 18. und
in der ersten Hälfte des 19. Jahrhunderts erschienenen privaten und staatlichen
Bauerngesetze untersucht. Eine außerordentlich reiche Quelle stellt drittens die
Anthologie der estnischen Volkslieder dar, in der alle Typen der bis in die Mitte des
19. Jahrhunderts existierenden sogenannten Runolieder vertreten sind.

Weiters konnten wir uns auf die Resultate spezieller ethnographischer und
siedlungsgeschichtlicher Untersuchungen stützen. Dabei müssen die fundamenta-
len und sehr aufschlußreichen (zum Teil leider noch nicht publizierten) siedlungsge-
schichtlichen Studien von G. Troska besonders hervorgehoben werden.

---

22 Wegen der großen Menge zu verarbeitender Informationen gingen wir von Anfang an von
   der Notwendigkeit aus, sie mit Hilfe von Datenverarbeitungsmaschinen zu analysieren.
   Das Codieren einer Reihe von Merkmalen (wie z. B. Geschlecht und Alter) war verhältnismäßig einfach. Bei komplizierten Kategorien (z. B. sozialer Status) haben wir alle in
   den Quellen vorhandenen Bezeichnungen und Termini benutzt und aus ihnen hierarchische Systeme gebildet. Außerdem wurden einige allgemeinere Merkmalsgruppen entwik-
   kelt, z. B. nach dem Alter (Kinder: 0—19; Arbeitsfähige: 15—?; Alte: 56 u. darüber) und
   nach der sozialen Schichtzugehörigkeit (Bauernwirte; Knechte; Lostreiber).
   Bei der elektronischen Datenverarbeitung im Datenverarbeitungszentrum des Estnischen
   Rundfunks wurde das unter der Leitung und mit unmittelbarer Teilnahme von L. K. Vo-
   handu ausgearbeitete „System der Verarbeitung diskreter Informationen (SVDI)" benutzt.
   Die Informationen wurden hauptsächlich in Form von standardisierten, statistischen Tabellen (Häufigkeitstabellen in absoluten Ziffern und Prozenten) aufbereitet. Auf der ersten Stufe nahmen wir als Einheit das Individuum an, auf der zweiten die Bauernwirtschaft. Vgl. dazu Выханду Л. К. Архитектура „СОДИ": – В кн.: Опыт использования М в
   исследованиях культуры. Москва, 1976, с. 339—367. (S. Vyhandy, Die Architektur
   „SODJ". Computer und Kulturgeschichte, in: Opyt ispol'zovanija EVM v issledovanijach
   kultury, Moskau 1976).

II. Dorf und Bauernhof in Estland im 18. und in der ersten Hälfte des 19. Jahrhunderts

1. Grundlinien der agrarökonomischen Entwicklung

Während der zu untersuchenden Periode gehörte Estland zu jenem Teil Europas, in dem die Bauern von den Feudalherren, die ihre Güter in große Fronwirtschaften verwandelt hatten, ausgebeutet wurden. Ein bedeutender Teil der Produktion dieser Gutswirtschaften wurde auf den Markt befördert. Die Landwirtschaft der baltischen Gouvernements wurde im 18. Jahrhundert (im Gegensatz zum 17. Jahrhundert) jedoch nicht mehr durch die Kornausfuhr zur See stimuliert. Infolge des Nordischen Krieges, der 1721 mit dem Frieden von Nystad endete, verwandelte sich Estland aus einer landwirtschaftlichen Kolonie Schwedens in eine Seeprovinz des mächtigen Russischen Reiches. Die baltischen Gutsbesitzer, die im 17. Jahrhundert Korn nach Schweden und den Niederlanden ausgeführt hatten, konnten in der zweiten Hälfte und gegen Ende des 18. Jahrhunderts mit einer ständigen oder gar wachsenden Nachfrage nach dem in ihren Wirtschaften produzierten Korn innerhalb des Landes und auch im Ausland nicht mehr rechnen. Eine neue Einnahmequelle fanden sie in der Branntweinbrennerei. In der zweiten Hälfte des 18. Jahrhunderts begann sich die Landwirtschaft rasch zu entwickeln. 1766 hatte die zaristische Regierung den estnischen und livländischen Gutsbesitzern das Recht gewährt, Branntwein in den russischen Gouvernements, insbesondere in Petersburg, zu verkaufen, was zu scharfen Produktionssteigerungen führte. Nach den Angaben von A. W. Hupel wurden 1777 in estländischen und livländischen Gütern über 1.080.000 Eimer Branntwein pro Jahr hergestellt. Nach Meinung eines anderen Schriftstellers jener Zeit, G. I. Jannau, wurden 1778 63% des gesamten in Estland und Livland produzierten Branntweins in anderen Gouvernements Rußlands verkauft, 16% im Ausland und 21% in den örtlichen Schenken.

Die ökonomische Belebung, die seit 1770/80 zu beobachten ist, drückt sich jedoch nicht nur in der Entwicklung der Branntweinbrennerei auf den Gütern aus. Kleine Beigüter (später, als die Viehzucht sich breit zu entwickeln begann, wurden sie Viehhöfe genannt) entstanden bei den livländischen Gütern in der 2. Hälfte des 18. Jahrhunderts, nach einem Ausdruck des lettischen Historikers M. Stepermanis, „wie Pilze nach dem Regen". Solche Beigüter ermöglichten eine bessere Ausnutzung der vom Zentrum des Gutes entfernten Felder und Grundstücke.

Die Warenproduktion in den Gütern begann sich intensiver zu entwickeln. Die Produktionssteigerung wurde aber nicht von Veränderungen im System der Produktion begleitet. Nach wie vor herrschte in den Gütern die einseitige Getreidewirtschaft vor.

Das Vorhandensein von zwei Polen innerhalb des Gutes war die „Achillesferse" der Fronwirtschaft. Das Gut waltete über die Produktion und eignete sich alle Erzeugnisse an. Die Arbeitskräfte – Knechte und Mägde – aber lebten in Bauernhöfen und erhielten ihren Lohn vom Bauernwirt, der sie ins Gut zur Arbeit schickte. Die Bauernwirtschaft sollte auch das gesamte für die Arbeit im Gut benötigte Arbeitsvieh und die landwirtschaftlichen Geräte zur Verfügung stellen. Um das Einkommen zu erhöhen, strebte der Gutsbesitzer danach, die Produktion seiner Wirtschaft zu steigern. Der vom Bauernwirt ins Gut entsandte Fronarbeiter – wie auch sein Wirt selbst – waren jedoch an der Steigerung der Produktion nicht interessiert.

Die Warenproduktion der Adelsgüter war fast ausschließlich auf die Erzeugung von Branntwein gerichtet, der hauptsächlich außerhalb Estlands verkauft wurde, und nur sehr schwach mit der lokalen Wirtschaft verbunden. Die auf grausamer Ausbeutung des lokalen Bauerntums basierende Entwicklung der Warenproduktion in den Gütern trug zur Entwicklung der Waren- und Geldbeziehungen unter den Bauern nicht bei, sondern verhinderte sie.

Zur Analyse dieser Prozesse steht uns ein nach Inhalt und Umfang geradezu einmaliges Belegmaterial zur Verfügung – und zwar die im Laufe der Einführung des Bauerngesetzes von 1804 in Südestland zusammengestellten „Wackenbücher", in denen die zu leistende Fronarbeit und Angaben über den Bauernhof verzeichnet sind.

In Zusammenarbeit mit Prof. Ligi ist es uns (mit Hilfe des Rechenzentrums des Instituts für Kybernetik) gelungen, Wackenbücher von über 5000 Bauernhöfen zu analysieren.

Die Analyseergebnisse sind verallgemeinernd in einem Schema dargestellt, das deutlich den parasitären Charakter der Gutswirtschaft zeigt; die gesamte Produktionstätigkeit des Gutes beruhte auf dem Bauernhof (Graphik 1). Der Beitrag des Gutshofes selbst zur landwirtschaftlichen Produktion war äußerst gering. Die gesamte Produktion der feudalen Wirtschaft beruhte darauf, daß die Gutsherren die Arbeitskraft der Bauern unbezahlt benutzen konnten. Im entgegengesetzten Falle, wenn man den Fronknechten den Arbeitslohn doch hätte zahlen müssen, wäre das von polnischen Historikern beschriebene wirtschaftliche Paradoxon entstanden: mit ständigem Verlust arbeitende Betriebe.[23]

Die Analyse der Materialien der Wackenbücher hat auch gezeigt, daß die Bauernhöfe in Estland doch über gewisse Arbeitskraftreserven verfügten, obwohl die Lage der Bauern hier verhältnismäßig schwieriger als in manchen Nachbarländern war. Es handelte sich aber zum einen um eine relative Reserve: Blieb in mancher Woche ein Teil der Arbeitskräfte ungenutzt, so reichten sie in der Hochsaison (in der Ernte- und Herbststurzperiode) nicht aus. Zum anderen war es eine durchaus notwendige Reserve, da wegen ungünstiger Wetterverhältnisse etwa ein Drittel der Arbeitstage verlorengehen konnte. Gleichzeitig handelte es sich um eine unmanövrierbare Reserve, d. h. in günstigen Jahren wurde sie weder vom Gehöft noch vom Gut ausgenutzt, also war sie eine für die gesellschaftliche Produktion verlorene Reserve. In der historischen Wirklichkeit war die Arbeitskräftebilanz der Gehöfte des öfteren sehr gespannt.

---

23 W. Kula, Teoria ekonomiczna ustroju feodalnego – Proba modelu, Warschau 1962, 27–46.

Graphik 1:
Die Beziehungen zwischen Gutswirtschaft und Bauernwirtschaften nach der Verteilung der Arbeitskräfte und der Produktion
(Südestland, Anfang des 19. Jahrhunderts)

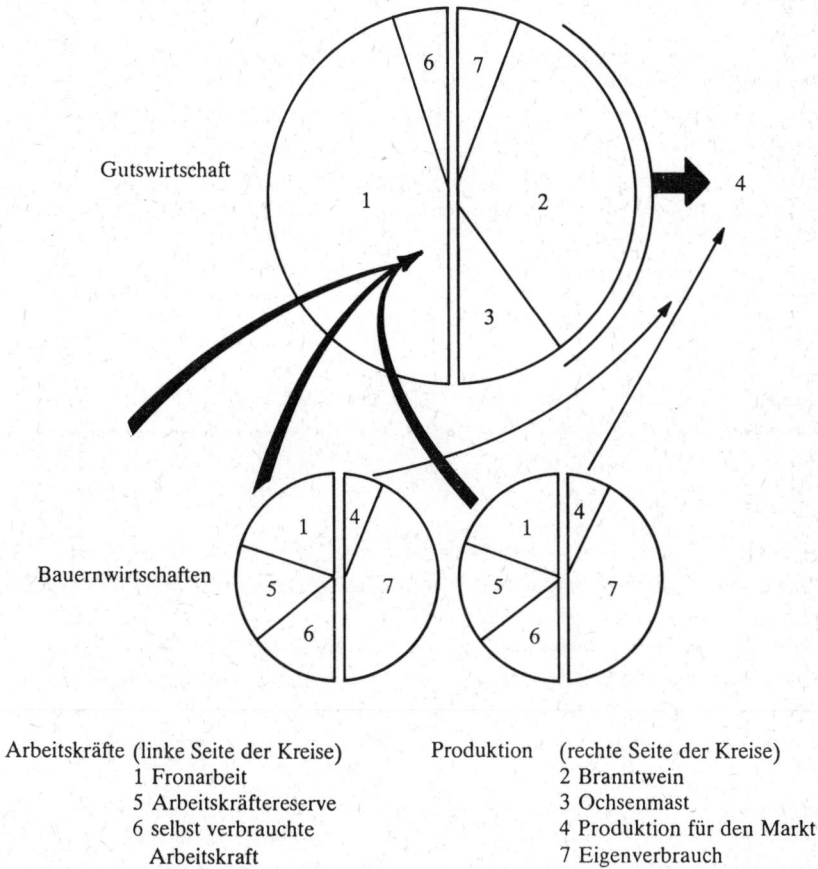

Arbeitskräfte (linke Seite der Kreise)
  1 Fronarbeit
  5 Arbeitskräftereserve
  6 selbst verbrauchte
    Arbeitskraft

Produktion (rechte Seite der Kreise)
  2 Branntwein
  3 Ochsenmast
  4 Produktion für den Markt
  7 Eigenverbrauch

Das Schema der gutsherrlich-bäuerlichen Beziehungen kann präzisiert werden, indem man sich auf der einen Seite ein großes Gehöft und auf der anderen ein kleines vorstellt (Graphik 2). In größeren Gehöften konnte sich einerseits ein gewisser Getreideüberschuß, aber andererseits eine zu kleine Arbeitskraftreserve ergeben (in der Hochsaison bzw. infolge ungünstiger Wetterverhältnisse kam sogar oft ein Arbeitskraftdefizit vor), während bei kleineren Höfen relativ höhere Arbeitskraftreserven und gewöhnlich ein Getreidedefizit bestanden. Infolgedessen hatten sich schon im Feudalismus eigenartige gegenseitige Austauschbeziehungen zwischen großen und kleinen Gehöften entwickelt.

Graphik 2:
Die Beziehungen zwischen Gutswirtschaft und Bauernwirtschaften sowie zwischen Bauernwirtschaften unterschiedlicher Größe
(Südestland, Anfang des 19. Jahrhunderts)

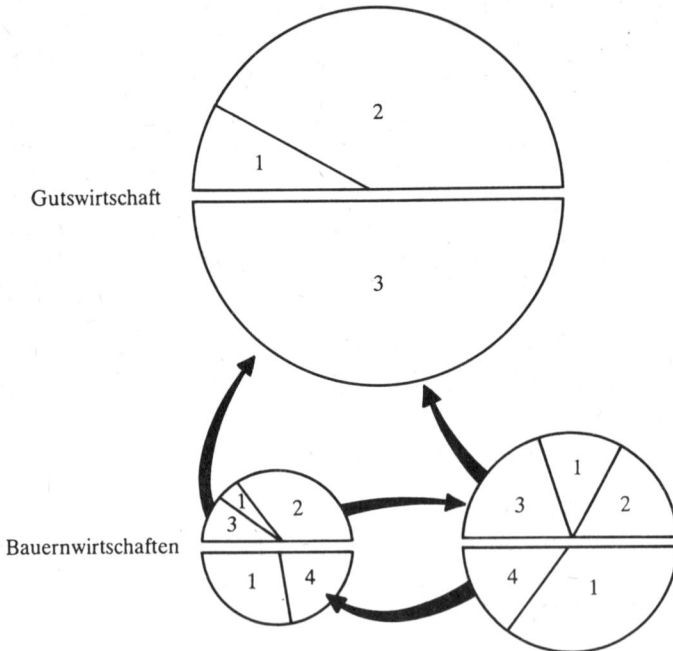

Arbeitskräfte (untere Hälfte des oberen Kreises und obere Hälften der unteren Kreise)
        1 selbst verbrauchte Arbeitskraft
        2 nach außen gegebene, auch für den Markt produzierende Arbeitskraft
        3 Fronarbeit

Produktion   (obere Hälfte des oberen Kreises, untere Hälften der unteren Kreise)
        1 Eigenverbrauch
        2 Marktproduktion
        4 Defizit (in kleinen Höfen),
          Überschuß (in großen Höfen)

Die zeitgenössischen Quellen enthalten ziemlich spärliche Angaben über die Beziehungen der Bauern zum Markt. Für die uns interessierende Periode sind aber einige Angaben erhalten, die eine verhältnismäßig gute Übersicht geben.

Auf Forderung einer mit den Vorarbeitern eines Bauernregulativs beauftragten staatlichen Kommission sammelten die Kirchspielprediger Nordestlands im Jahre 1810 Angaben über die Konsumtion der Bauern (während der Materialsammlung hatten die Prediger 362 Bauern befragt). Aus mehr als 45 Kirchspielen sind Angaben erhalten geblieben. Sie verschaffen ein interessantes Bild über die Beziehungen der Bauern zum Markt. [24]

Daraus ist ersichtlich, daß ein Bauernwirt eines kleinen Hofes jedes Jahr folgendes kaufen mußte (der ungefähre Wert ist in Roggen umgerechnet):

1. Eisen und Stahl für Hufbeschlag, Bauarbeiter usw.   3 Külmiten
2. Holz für Wagen- und Schlittenbau   1 ½ Külmiten
3. Farbstoffe für Kleidungsfärben   ½ Külmiten
4. Einige Kleidungsartikel (Halstücher, Hüte, Bänder usw.)   2 Külmiten
5. Salz und Salzfisch   18 Külmiten
6. Branntwein und Tabak   5 Külmiten

    (1 Külmit=9 kg)

Jedes Jahr besuchte man auch den Dorfschmied, um das Pferd beschlagen und Werkzeuge reparieren zu lassen – dafür gab man drei Külmiten Roggen aus. Seltener wurde die Hilfe eines Schneiders, Wagenschmiedes, Tischlers und Böttchers gebraucht. Für Geld oder Getreide mußten auch das notwendige Werkzeug (Beil, Messer, Hobel, Bohrer, Säge, Meißel) und Gerät zur Leinen- und Wollebearbeitung sowie solche Gebrauchsgegenstände und Arbeitsgeräte wie Spaten, Sensen, Sicheln, Pflugscharen, Kessel u. a. und das Pferdegeschirr erstanden werden. Doch diese Dinge kaufte man nicht jedes Jahr.

Die Angaben galten einer vierköpfigen Familie, die nach der Meinung einiger Prediger eine sogenannte 2-Tage-Bauernstelle innehalten konnte. Nach „gesetzlichen Normen" konnte man in einer solchen Stelle in guten Jahren (das vierte Korn) 8 Tonnen oder 72 Külmiten Roggen ernten, wovon 18 (25 %) für die Saat und ungefähr 50 (70 %) für Lebensmittel ausgegeben wurden.

Wie wir sehen, entstand eigentlich ein Defizit: Es blieben nach Bestellung der Saat und Befriedigung der Lebensmittelbedürfnisse vier Külmiten, aber man hatte noch Waren und Dienstleistungen im Wert von 33 Külmiten zu kaufen. Dabei dürfen wir nicht vergessen, daß wir es mit Angaben über eine kleine Bauernstelle zu tun haben. Das nötige Geld (oder Getreide) wurde durch den Verkauf von Arbeitskraft hereingebracht (zum Teil wurde das Defizit auch durch den Verkauf von Produkten der Viehzucht beglichen).

---

24 J. Linnus, 1810. Aasta ankeetvastused Pöhja-Eesti talurahva elu-olu kajastajana, Etnograafiamuuseumi aastaraamat XXII, Tallinn, 1967, 121–152. (J. Linnus, Die Angaben der Enquete von 1810 über die Lebensart der Bauern in Nordestland, in: Jahrbuch des Ethnographischen Museums der Estnischen SSR 22 (1967), 121–152).

Von schwach entwickelten Tendenzen zur Warenproduktion und zufälligen Kontakten mit der Stadt seitens der Bauernschaft sprechen auch die von O. Huhn in den zwanziger Jahren des 19. Jh. gesammelten Angaben.[25] Die Antworten der Korrespondenten von Dr. Huhn zeugen von einer fast ausschließlich mit Getreidebau beschäftigten Bauernbevölkerung, die sich das nötige Geld durch Verkauf von Kleinvieh (hauptsächlich von Kälbern) und von zu Hause angefertigtem Holzgeschirr verschaffte. Nur im südöstlichen Estland beschäftigten sich einige Bauern mit Leinbau, um den Lein in der Stadt zu verkaufen.

Die Anzahl der auf dem Territorium abgehaltenen Jahrmärkte begann erst seit den vierziger Jahren des 19. Jh. anzuwachsen (1790 gab es 42 Jahrmärkte, 1820 — 47, 1830 — 61, 1840 — 79 und 1850 — 104).

2. Die Haupttendenzen der Bevölkerungs- und Siedlungsentwicklung

Zu Anfang des 18. Jahrhunderts wurde ein durch Krieg und Seuchen hervorgerufener katastrophaler Bevölkerungsrückgang und eine Verödung des Landes beobachtet, worauf jedoch ein schneller und anfangs fast explosionsartiger Bevölkerungszuwachs folgte.

1726—1782 stieg die Bauernbevölkerung in Nordestland (ohne das Hofgesinde) von 74.000 auf 171.000 Personen, d. h. um das Zwei- bis Dreifache. Die durchschnittliche Wachstumsrate pro Jahr betrug 1,5%, was die entsprechende Kennziffer der Periode 1782—1858 fast um das 2,5fache überstieg. Die Jahre 1757—1759 waren für die estnischen Bauern äußerst schwierig: Mißernten und Hunger wurden von verschiedenen Seuchen begleitet. Doch die zwei folgenden Perioden — 1765 bis 1774 und besonders 1774 bis 1782 — erwiesen sich als überaus günstig (das durchschnittliche Bevölkerungswachstum pro Jahr machte entsprechend 1,2% und 1,9% aus).[26]

Im Laufe des 18. Jahrhunderts, nach dem Nordischen Krieg, nahm auch in Südestland (in den estländischen Kreisen Livlands) die Bevölkerungszahl um das Zwei- bis Dreifache zu.

Nach den Berechnungen von H. Ligi vergrößerte sich die Zahl der Bauern im südestnischen Kreise Pärnu von 1731 bis 1782 um 170%, im Kreise Tartumaa um 94%.[27]

---

25 Staatliches Historisches Zentralarchiv der Lettischen SSR in Riga, f. 214, A. 186—189.

26 H. Ligi, Talurahva arvu dünaamikast Eestimaal XVIII sajandil (adramaarevisjonide andmeil). (H. Ligi, Die Dynamik der Zahl der Bauernbevölkerung im Gouvernement Estland im 18. Jahrhundert — nach Angaben der Hakenrevisionen.) In: Studia historica in honorem Hans Kruus, Tallinn 1971, 223—256.

27 H. Ligi, Talurahva arv ja paiknemine Löuna-Eestis aastail 1711—1816, Tartu Riikliku Ülikooli toimetised, vihik 371, Tartu 1976. (H. Ligi, Die Zahl und Verteilung der Bauernbevölkerung in Südestland, in: Publikationen der Tartuer Staatlichen Universität 371, Tartu 1976, 79—81).

Vom Ende des 18. Jahrhunderts an wurde in ganz Estland ein eher gemäßigter Bevölkerungszuwachs beobachtet.

Das natürliche Wachstum der Bauernbevölkerung pro Jahr machte in der Periode von 1781 bis 1850 durchschnittlich 7,9% aus. D. h., es war bedeutend niedriger als in der vorhergehenden Periode (1712–1780), wo es nicht weniger als 13% betrug.[28]

In der ersten Hälfte des 19. Jahrhunderts war der Bevölkerungszuwachs im ganzen Baltikum niedriger als in den übrigen Gouvernements des europäischen Rußlands. Der Zuwachs der männlichen Bevölkerung im europäischen Rußland machte im ganzen 51,9% aus, im Baltikum 39,5%.[29]

Wenn wir also Estland im 18. und 19. Jahrhundert betrachten, so sehen wir das in jener Zeit für ganz Europa typische Bild eines schnellen Wachstums der Bevölkerungszahl. Obwohl wir keine Angaben über die Geburten- und Sterblichkeitsraten im 18. Jahrhundert besitzen, können wir doch annehmen, daß wir es mit denselben Erscheinungen zu tun haben, die für jene Zeit auch in anderen Ländern Europas beobachtet wurden. Etwa zur Mitte des 18. Jahrhunderts setzte eine Periode ein, in welcher die Sterblichkeit schon und die Geburtenrate noch nicht gesunken war, und dadurch nahm die Bevölkerung schnell zu. Danach folgte eine Periode, in der die Geburtenrate fiel und die Bevölkerungszahl sich stabilisierte.

Leider verfügen wir über genauere demographische Angaben nur für die erste Hälfte des 19. Jahrhunderts und für einige Jahre aus der zweiten Jahrhunderthälfte. Es fehlen uns vor allem Informationen über die „kritische Periode" in der Mitte des 19. Jahrhunderts. Es ist deshalb sehr schwer, die Entwicklung der demographischen Kennziffern zu interpretieren. Im Trend nähern sich etwa ab 1780 Geburten- und Sterblichkeitsraten an (beide fallen), in den siebziger Jahren des 19. Jh. ist die Distanz zwischen ihnen bedeutend geringer als zu Ende des 18. Jahrhunderts. Die demographische Tradition und die Mentalität der Bauernbevölkerung haben sich verändert. Es werden weniger Kinder geboren, aber ein größerer Teil von ihnen bleibt am Leben. Wann diese Bewegung in Richtung kleinerer Kinderzahl begonnen hat, ist jedoch sehr schwer festzustellen. Solche Veränderungen der Mentalitäten scheinen sich so langsam zu entwickeln, daß sie nicht nur den Zeitgenossen häufig unbemerkt bleiben, sondern es auch späteren Forschern unmöglich ist, einen exakten „Zeitpunkt des Überganges" zu fixieren.

Eine bestimmte Evolution können wir auch im Siedlungswesen feststellen. Dank der vor kurzem vollendeten Arbeit der Ethnographin G. Troska sind wir dar-

---

28 Палли Х. Воспроизводство населения Эстонии в XVII—XIX вв. — В кн.: Брачность, рождаемость, смертность в России и в СССР. Москва 1977 (H. PALLI, Reproduktion der Bevölkerung Estlands im 17.–19. Jahrhundert, in: Bracnost' rozdajemost', smertnost' v Rossii i v SSSR, Moskau 1977, 224–225).

29 Ковальченко И. Д. Русское крепостное крестьянство в первой половине XIX века. Москва, 1967, c. 57–58. (J. D. KOVALCENKO, Das russische leibeigene Bauerntum in der ersten Hälfte des 19. Jahrhunderts, Moskau 1976, 57–58).

über verhältnismäßig gut informiert.[30] Auf den durch Hügel, kleine Seen und Moraste stark gegliederten Territorien Südestlands konnte man im 18. Jahrhundert verschiedene Dorftypen und eine relativ große Anzahl von Einzelhöfen antreffen. Ebenfalls bunt war das Siedlungsbild der Insel Saaremaa. Im mehr flachen Nordestland traf man vor allem Haufen- und Nestdörfer an.

Die nach dem Dreifeldersystem bearbeiteten Bauerngrundstücke wurden in sogenannte Schnurfelder geteilt. Dadurch erreichte man, daß alle Bauernhöfe gleiche Arbeitsbedingungen hatten: Sie bekamen sowohl gutes als auch schlechteres Land. Die Heuschläge und das Weideland wurden von den Dorfbewohnern gemeinsam benutzt; doch aus den Gutskarten vom Anfang des 19. Jahrhunderts ist ersichtlich, daß in einigen Fällen auch Heuschläge zwischen den Bauern verteilt worden waren.

Die durch den Nordischen Krieg und die Pest hervorgerufenen Verwüstungen wurden verhältnismäßig schnell bewältigt. Schon um die Mitte des 18. Jahrhunderts waren alle verlassenen Bauernhöfe von neuem besiedelt, und es begann, nach Meinung von G. Troska, ein intensiver Prozeß der „Halbierung" von Bauernhöfen.

Wie die Angaben über die von uns unlängst untersuchten fünf Stadtgüter zeigen, wurden alle am Anfang des Jahrhunderts wüst gelegenen Bauernstellen relativ schnell wieder besetzt.

Graphik 3 zeigt, wie sich die Zahl der Bauernhöfe in einem Stadtgute im Laufe des 18. Jahrhunderts veränderte.[31] Die Revisionsmaterialien dieses Gutes sind von besonderem Interesse, da sie Angaben darüber enthalten, in welchen Fällen ein Bauernhof in zwei, drei oder sogar vier neue Höfe geteilt wurde. Die Graphik gibt uns Aufschluß darüber, wie sich die Zahl der Bauernhöfe vergrößerte: Wenn ein Bauernhof sowohl hinsichtlich der Menschenzahl als auch ökonomisch so stark wurde, daß ein Überfluß entstand, so siedelten einige Bauern von diesem Hof ab. Es muß aber betont werden, daß in dem von uns untersuchten Falle die Halbierung und Gründung neuer Höfe eigentlich eine Restitution der nach der Pest wüst gestandenen Bauernstellen bedeutete.

Auf Grund des Vergleichs von Karten vom Anfang des 19. und Ende des 17. Jahrhunderts kam G. Troska zur Schlußfolgerung, daß die Dörfer in älteren Ansiedlungsgebieten im ersten Viertel des 19. Jahrhunderts ihre maximale Größe erreicht hatten. Bei der primitiven Ackerbautechnik war es schwer, neues Land zu bearbeiten und neue Bauernhöfe zu gründen. Die Zahl der Bauernhöfe vergrößerte sich nur noch in einigen dichter besiedelten Gebieten, vor allem in Streudörfern.

---

30 Троска Г., Шлыгина Н., О цоселениях в Юго-Восточной эстонии. (G. Troska, N. Šlygina, Über die Ansiedlungen in Südostestland), sowie G. Troska, Die Dörfer in Nordestland im 19. Jahrhundert, in: Landsiedlungen im Baltikum, 13.—19. Jahrhundert, Moskau 1971.

31 Staatliches Historisches Zentralarchiv der Estnischen SSR, F. 995, Verzeichnis 1, Akten 5621—5624, 5628, 5676, 5679, 5683, 5685, 5693 und 5786—5772.

Graphik 3:
Die Entwicklung der Zahl der Bauernhöfe des Gutes Sootaga 1722–1814

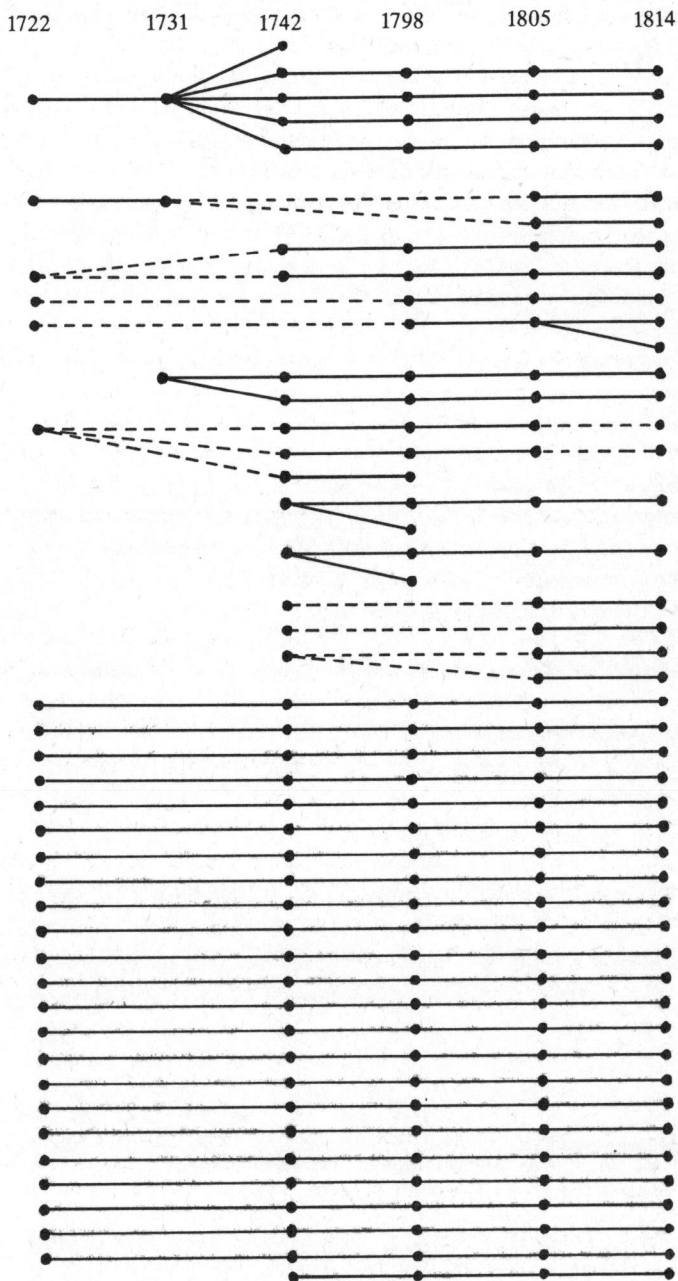

1722   1731   1742   1798   1805   1814

Die Einführung neuer Bauerngesetze und die damit verbundene Regelung der feudalen Verpflichtungen der Bauern veranlaßte die Gutsbesitzer, ihre Ländereien zu vermessen. In Südestland wurden schon 1821 70% aller Güter vermessen und kartographiert, in Nordestland fand dieser Prozeß erst in der Mitte des 19. Jahrhunderts statt. Obwohl im Lauf der Vermessungen die Grenzen der Bauerngründe begradigt wurden, blieb jedoch bezeichnenderweise das Schnurfeldsystem in Kraft.

Nach den scharfsinnigen Beobachtungen von G. Troska blieben die Lostreiberstellen (die Charakteristik der verschiedenen Kategorien der Bauernschaft erfolgt später) noch im „allgemeinen Rahmen der Dorfsiedlung". Auf den Gutskarten vom Ende des 17. Jahrhunderts sind die Wohnstellen der ärmsten Dorfbewohner – der Lostreiber – nur sporadisch vermerkt. Auf den Karten vom Anfang des 19. Jahrhunderts sind sie schon häufiger anzutreffen, aber sie befinden sich entweder neben den Bauernstellen oder sind am Dorfrand, hauptsächlich auf dem Buschland, zerstreut.

1816 gab es im Kirchspiele Sangaste nur sechs alleinstehende Lostreiberstellen, 1834 waren es schon 39 und 1850 33. Die Dorfarmen hatten ähnlich wie die Bewohner der Bauernhöfe freien Zutritt zum gemeinsam benutzten Heu- und Weideland.

Ein gewisser Umschwung in der Lage der Lostreiber findet erst zur Mitte des 19. Jahrhunderts statt. Um diese Zeit beginnt eine planmäßige Arrondierung der Bauernländereien in Estland (wie auch in Preußen und Finnland)[32], die mit der Ablösung der Fronverhältnisse durch neue Bauerngesetze und mit dem Verkauf der Bauernländereien an die Bauern verbunden ist.

Im Laufe dieses Prozesses verloren die Knechte ihre „Lohnäcker", die Lostreiber wurden aus dem Dorfe verdrängt, und zahlreiche Lostreiberdörfer entstanden.[33]

3. Der Bauernhof

Eine gewisse innere Evolution hat in der von uns untersuchten Zeit auch das Hauptwohngebäude der estnischen Bauern, die sogenannte Wohnriege, erfahren. Der mit den estnischen Bauern fühlende Publizist J. Chr. Petri, der Ende des 18. Jahrhunderts zwei Jahre lang in Estland lebte, hat sehr plastische (wenn auch etwas übertriebene) Beschreibungen der Lebensweise der Bauern hinterlassen.

„Das Hauptgebäude ist mehrentheils das Wohnhaus, dessen Dach durchgängig mit Stroh gedeckt ist, ohne Schornstein und Fenster, und mit einer so niedrigen Thür, daß man nicht anders als gebückt hineinkriechen kann", schreibt Petri.[34]

---

32 A. Mayhew, Rural settlement and farming in Central Europe, London 1974, 179; Suomen historian kartasto, Torm. E. Jutikkala, Porvoo-Helsinki 1947, 47.

33 Kahk, Entstehung der Landbourgeoisie (Anm. 14), 375–377.

34 J. Chr. Petri, Ehstland und die Ehsten oder historisch-geographisch-statistisches Gemälde von Ehstland, Zweiter Teil, Gotha 1802, 146.

„Unter einem Dache enthält dieses Haus die schmutzige, niedrige, finstere und vom Rauche schwarze Wohnstube, die Dreschtenne, den Pferde- und Viehstall und ein kleines Vorhaus. Ordentliche Fenster findet man in keinem einzigen Bauernhaus, hier und da eine kleine Öffnung bald mit, öfter aber ohne Glas . . ."

Noch düsterer erscheint Petri das Innere des Bauernhauses. „Kommt man näher und geht ins Haus hinein, so ist das erste, was sich gleich der niedrigen Thür gegen über unsern Augen darstellt, eine hölzerne Bettstelle", schreibt er. „Desgleichen stehen bisweilen mehrere, wenn die Familie zahlreich ist, an den Wänden hin, denn oft wohnen und schlafen die Eltern oder eigenthümlichen Besitzer mit ihren verheirateten Kindern und Kindeskindern, Knechten und Mägden, in einem einzigen solchen Behältnisse, das man ohne Übertreibung eher einen Stall als eine Stube nennen könnte, denn es wohnen mit ihnen Schweine, Enten, Gänse und Hühner unter einem Dache."[35]

„Ein auf einen oder mehrere in die Erde gerammte Pfähle genageltes Brett ist der Ehsten gewöhnlicher Tisch, und einige stroherne oder hölzerne Sessel nebst einer Lade und schlechtem Brodschranke, ihr ganzes Möblement", setzt Petri seine Beschreibung fort.[36]

Die Beschreibung von J. Chr. Petri enthält nur das äußere Bild. Das Rationelle in der Bauweise hat er nicht verstanden. Auf Grund von ethnographischen Untersuchungen wurde schon längst darauf hingewiesen, daß eine estnische Wohnriege immer eine zweifache Funktion zu erfüllen hatte. Einerseits diente sie als Arbeitsgebäude für das Riegendreschen und andererseits als Wohngelegenheit für die Menschen, wobei die erste Funktion eigentlich vorherrschend war.[37] Die Riegenstube und der darin befindliche Ofen wurden als Getreidedarre benutzt, die Vorriege benutzte man, um das Getreide zu dreschen. In der warmen Zeit benutzte man zum Schlafen verschiedene Nebengebäude (Kleten, Heuschober usw.). Im Winter aber lebten alle Bewohner des Bauernhofes zusammen in der Riegenstube.

Erst in der ersten Hälfte des 19. Jahrhunderts fängt man an, zur Riegenstube spezielle Wohnräume anzubauen. Die Mitarbeiter des Estnischen Ethnographischen Museums haben unter der Leitung von A. Peterson 2140 Grundpläne von Wohnriegen untersucht.[38] Dabei stellte sich heraus, daß bis zur Mitte des 19. Jahrhunderts 36 % der Bauernwirte je 1 Wohnkammer zu ihren Wohnriegen anbauten, 36 % je 2 Wohnkammern und 15 % je 3 bis 4 Wohnkammern.[39] Dabei muß man berücksichtigen, daß die erste Kammer eine „kalte Kammer" war, dort konnte man

---

35 Ebenda 148.
36 Ebenda 151.
37 G. Ränk, Saaremaa taluehitised (Die volkstümlichen Gebäude auf Saarema), I, Tartu 1939, 171.
38 A. Peterson, Rehielamu rehetoa suurusest (Über die Größe der estnischen Riegenstube), in: Etnograafiamuuseumi aastaraamat (Jahrbuch des Ethnographischen Museums der Estnischen SSR) XXVIII, Tartu 1975, 8.
39 A. Peterson, Rehielamu kambrid 19. sajandil (Die Kammern der Wohnriege im 19. Jahrh.), in: Etnograafiamuuseumi aastaraamat (Jahrbuch des Ethnographischen Museums der Estnischen SSR) XXVI, Tartu 1972, 12—13.

im Winter nicht leben, und sie wurde zur Aufbewahrung von verschiedenem Hausgerät benutzt. Erst nach dem Anbauen der zweiten Kammer wurden auch Heizungsmöglichkeiten geschaffen, und es entstand ein Wohnraum im eigentlichen Sinne des Wortes. „Der Wirt und die Wirtin schliefen in der Hinterkammer hinter dem Ofen . . .“, steht in der Erinnerung eines Korrespondenten des Ethnographischen Museums geschrieben.[40] „Gewöhnlich lebten die älteren Leute in der Hinterkammer, die jüngeren in der Vorkammer“, steht in einem anderen solchen Dokument. „Wenn es Diener gab, schlief der Knecht in der Riegenstube und die Magd in der Vorkammer . . .“[41]

Diese Ziffern zeugen davon, daß bis zur Mitte des 19. Jahrhunderts nur in einem Drittel der Bauernhöfe (dort, wo die zweite Kammer angebaut war) der Wirt und die Wirtin abgesondert vom Gesinde leben konnten. Der Prozeß „der Separation der Wirtsfamilie“ scheint mit der ökonomischen Entwicklung verbunden zu sein, denn nur wohlhabende Wirte konnten neue Wohnkammern an ihre Riegen anbauen. A. Peterson ist zu dem Schluß gekommen, daß „die Größe der Kammer der Wohnriege in Korrelation mit dem Wohlstand war“.[42] (Vgl. Graphik 4)

Graphik 4:
Die Entwicklung der estnischen Bauernriege

I Bauernriege 1812   1 Riegenstube
II Bauernriege 1825   2 Dreschkammer und Viehstall
                               3 Kammern

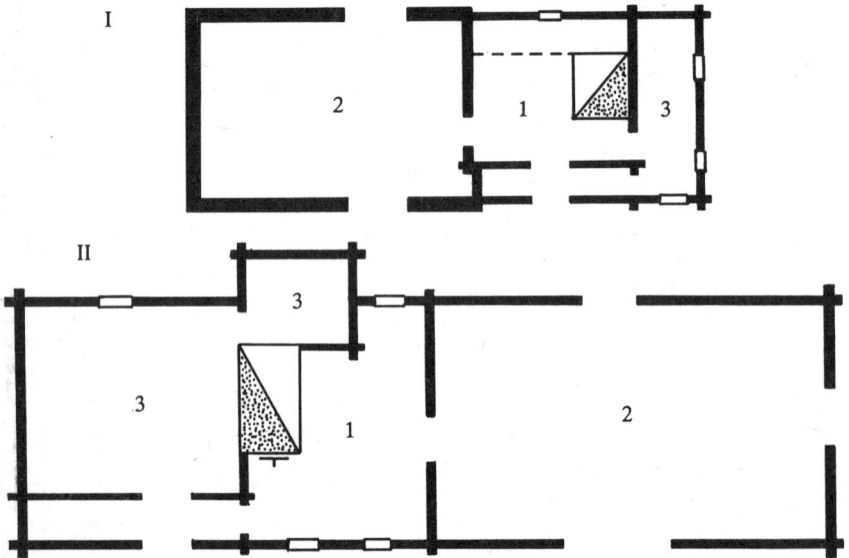

40 Ebenda 48.
41 Ebenda 40.
42 Ebenda 53.

4. Die soziale Struktur der Bauernschaft und der sozialökonomische Charakter der Bauernwirtschaften

Schon im 18. Jahrhundert lebten in den bäuerlichen Wirtschaften Estlands mehr Menschen zusammen als in vielen anderen Ländern. In den Kirchspielen Karuse und Vändra, die von unserem Kollegen H. Palli einer speziellen Untersuchung unterzogen wurden, schwankte die Durchschnittszahl der Bewohner einer Wirtschaft im 18. Jahrhundert zwischen sechs und zehn. Nach Meinung von Palli dominierten in Nordestland im 18. Jahrhundert Wirtschaften mit fünf bis sieben Bewohnern; in Südestland schwankte die Durchschnittszahl der Bewohner einer Bauernstelle zwischen sieben und elf. Wie wir wissen, war die durchschnittliche bäuerliche Haushaltsgröße in demselben Jahrhundert in anderen europäischen Ländern bedeutend geringer (Frankreich 1778 – 5,05, Schweden 1717 – 5,0 und 1730 – 5,1). In Rußland lebten in einer Bauernstelle, nach den Angaben von J. Wodarski, in der zweiten Hälfte des 18. Jahrhunderts zwischen drei und sechs Menschen.[43]

In den von uns untersuchten Kirchspielen war die Durchschnittszahl der Bewohner eines Bauernhofes in der ersten Hälfte des 19. Jahrhunderts bedeutend höher: Sie schwankte im Kirchspiel Sangaste zwischen elf und fünfzehn, in Türi zwischen acht und zehn, und nur in Anseküla war sie mit sieben bis acht Menschen etwas geringer.

Dabei muß man allerdings berücksichtigen, daß es sich nicht nur um die Mitglieder der Familie des Bauernwirtes handelt, sondern um die Gesamtzahl der Vertreter verschiedener sozialer Schichten, die im Bauernhofe lebten. In Graphik 5 sind Angaben über die durchschnittliche Bewohnerzahl der Bauernstellen in den Jahren 1816, 1834 und 1850 angeführt. So wohnten zum Beispiel 1816 in den Bauernstellen des Kirchspiels Sangaste im Durchschnitt 5,75 Mitglieder der Familie des Bauernwirtes (einschließlich seiner Verwandten); 3,92 Personen waren Knechte und Mägde, 0,5 die Lostreiber.[44] Der Rest entfiel auf in diese Hauptgruppen nicht einordenbare Personen wie Hofleute, Handwerker, Witwen, Bettler, Waisen u. a. Die auf das Kirchspiel Sangaste bezogenen Angaben machen deutlich, daß fast die Hälfte der Bewohner der Bauernhöfe Knechte, Mägde, Hirten und andere Leute waren. Lostreiber gab es in den Bauernstellen verhältnismäßig wenig.

Im Kirchspiel Türi war die durchschnittliche Größe der Bauernhöfe bedeutend geringer, aber auch dort stellten Dienstleute ein Drittel oder die Hälfte der Hofbewohner.

Ein ganz anderes Bild bietet sich uns im Kirchspiel Anseküla auf der Insel Saaremaa. Dort dominierten Bauernhöfe, auf denen nur die Familie des Bauernwirtes lebte. Knechte und Lostreiber gab es selten und nur wenige.

---

43 Водарский Я. Е. Население России в конце XУII- начале XУIII века (численность, сословно-классовый состав, размещение). M. (J. J. Vodarski, Die Bevölkerung Rußlands Ende des 17.–Anfang des 18. Jahrhunderts (Zahl, Klassenbestand, Verteilung) Moskau 1977, 48).

44 Eine eingehendere Charakteristik der verschiedenen sozialen Gruppen der Bauernschaft folgt in den nächsten Abschnitten.

Graphik 5:
Größe und soziale Zusammensetzung der Bauernhöfe (durchschnittliche Anzahl von Personen)

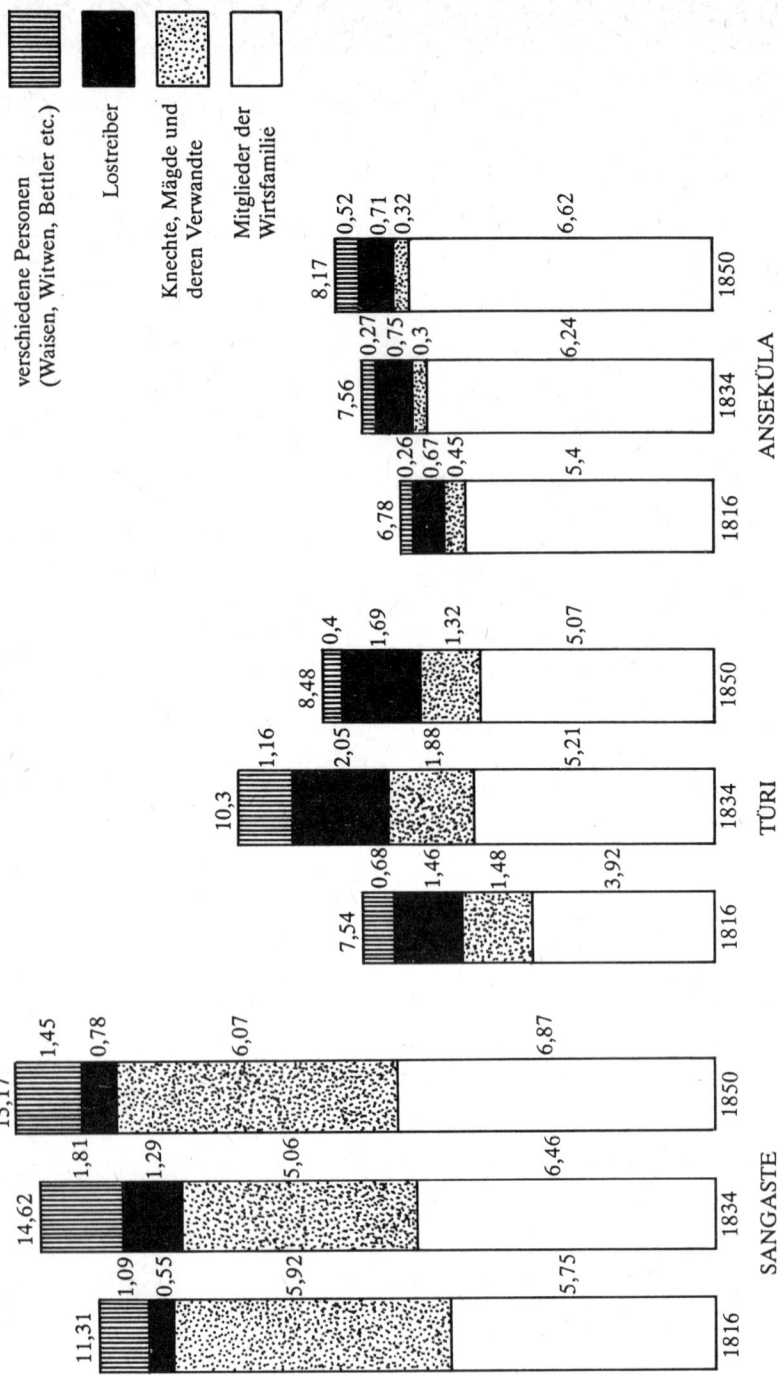

verschiedene Personen
(Waisen, Witwen, Bettler etc.)

Lostreiber

Knechte, Mägde und
deren Verwandte

Mitglieder der
Wirtsfamilie

ANSEKÜLA

1850: 8,17 / 0,52 / 0,71 / 0,32 / 6,62
1834: 7,56 / 0,27 / 0,75 / 0,3 / 6,24
1816: 6,78 / 0,26 / 0,67 / 0,45 / 5,4

TÜRI

1850: 8,48 / 0,4 / 1,69 / 1,32 / 5,07
1834: 10,3 / 1,16 / 2,05 / 1,88 / 5,21
1816: 7,54 / 0,68 / 1,46 / 1,48 / 3,92

SANGASTE

1850: 15,17 / 1,45 / 0,78 / 6,07 / 6,87
1834: 14,62 / 1,81 / 1,29 / 5,06 / 6,46
1816: 11,31 / 1,09 / 0,55 / 5,92 / 5,75

Tabelle 1:
Soziale Zusammensetzung der Bauernschaft in Sangaste, Türi und Anseküla; 1816, 1834, 1850 (in Prozent)

	Kirchspiel Sangaste 1816 1834 1850			Kirchspiel Türi 1816 1834 1850			Kirchspiel Anseküla 1816 1834 1850		
Mitglieder der Wirtsfamilie	50,8	44,2	45,3	51,7	50,6	59,8	79,6	82,6	81,0
Knechte — Mägde und ihre Verwandten	34,8	34,6	40	19,5	18,3	15,5	6,5	3,9	3,9
Lostreiber	4,8	8,8	5,1	19,3	19,9	19,9	9,9	9,9	8,8
Andere*	9,6	12,4	9,6	9,5	11,3	4,8	4	3,6	6,3

* Andere — Dienstleute, Handwerker, Witwen, Bettler u. a.

Wenn man also die soziale Gliederung der Dorfbewohner betrachtet, kommt man zum Ergebnis, daß die Zahl der Dienstleute und Landlosen in Estland verhältnismäßig groß war. Im Vergleich dazu machten etwa nach den Angaben von A. E. Wrigley landwirtschaftliche Arbeiter in England vom Anfang des 17. bis zur Mitte des 18. Jahrhunderts 40% der gesamten männlichen Bevölkerung arbeitsfähigen Alters aus; in der ersten Hälfte und zur Mitte des 19. Jahrhunderts aber 30%.[45] Nach den Berechnungen von R. Schofield waren 12%–13% der Gesamtbevölkerung Englands im 18. Jahrhundert Lohnarbeiter.[46] Die ländliche Bevölkerung Niederösterreichs setzte sich Ende des 17. Jahrhunderts so zusammen: Mitglieder der Bauernfamilien – 74%, Gesindepersonen – 17%, Inwohner – 9%.[47]

Im estnischen Kirchspiel Karuse verteilte sich die Bauernbevölkerung Ende des 18. Jahrhunderts folgendermaßen: 83% – Mitglieder der Wirtsfamilien; 12% – Knechtsvolk und 5% – Lostreiber.[48]

Angaben über die erste Hälfte des 19. Jahrhunderts zeigen, im Vergleich mit dem Ende des 18. Jahrhunderts, eine Verminderung des Anteils der Familienmitglieder der Wirte. Nach den Berechnungen von S. Vahtre, der Bauern, die auf den Gutshöfen wohnten, nicht in Betracht zog, gehörten Ende des 18. Jahrhunderts 55% der Dorfbevölkerung Nordestlands zu den Familienmitgliedern der Bauern-

---

45 A. E. Wrigley, The changing occupational structure in Colyton over two centuries, in: Local Population Studies 18 (Spring 1977), 9 ff.

46 R. S. Schofield, Age-specific mobility in an eighteenth century rural parish, in: Annales des Demographie Historique (1970), 261.

47 Michael Mitterauer, Zur Familienstruktur in ländlichen Gebieten Österreichs im 17. Jahrhundert, in: H. Helczmanovski (Hg.), Beiträge zur Bevölkerungs- und Sozialgeschichte Österreichs, Wien 1973, 215.

48 H. Palli, Household in Karuse in the 18th century (unpubliziertes Manuskript), 14.

wirte, 28% zu den Knechten, Mägden und ihren Familienmitgliedern, 17% zu den Lostreibern. Mitte des 19. Jahrhunderts waren diese Ziffern 42%, 31% und 27%.[49]

Die von uns erzielten Ergebnisse bewegen sich in denselben Grenzen. Nur der Anteil von Lostreibern scheint bei Vahtre auf den ersten Blick höher zu sein, aber das ist darauf zurückzuführen, daß er nur Nordestland einbezog. Auch bei uns ist der Anteil von Lostreibern in nordestnischen Kirchspielen höher.

Im Vergleich zu anderen europäischen Ländern (die uns zur Verfügung stehenden Angaben beziehen sich auf das 17. Jahrhundert) ist der Anteil der unterbäuerlichen Lostreiber ungefähr derselbe, der Anteil des Knechtsvolkes aber bedeutend höher.

Schon längst wurde von Historikern die These aufgestellt, daß in der ersten Hälfte des 19. Jahrhunderts Südestland ökonomisch höher entwickelt war.[50] Sie wird auch durch die großen Unterschiede gestützt, die der Vergleich des südestnischen Kirchspiels Sangaste und des nordestnischen Kirchspiels Türi ergibt. In Sangaste waren 1816 und 1850 Knechte und Mägde in fast 90% der Bauernwirtschaften anzutreffen, in Türi dagegen 1816 nur in 40% aller Bauernwirtschaften und 1850 in 33%. Das Knechtsvolk machte im Kirchspiel Sangaste 35%−40% der Gesamtbevölkerung aus, in Türi nur 15%−20%. Noch weniger Knechte und Mägde gab es im Inselkirchspiel Anseküla.

Angehörige der Bauernwirtsfamilien einerseits und des Knechtsvolks andererseits konnten auf den Bauernhöfen in sehr verschiedenartigen Kombinationen zusammenleben. Uns interessiert vor allem, ob der Mitgliederbestand der Wirtsfamilie den der Knechte und Mägde übertraf, d. h. ob die Arbeitskraft der Wirtsfamilie dominierte oder umgekehrt. Dabei ergeben sich folgende Schlußfolgerungen:

Tabelle 2:
Der relative Anteil von Bauernhöfen, in denen

	die Mitglieder der Wirts-familie überwogen		ein Gleichgewicht bestand		Knechte und Mägde dominierten	
	1816	1850	1816	1850	1816	1850
Sangaste	60 %	68,8 %	11,6 %	3,4 %	28,4 %	27,8 %
Türi	80 %	86 %	6 %	4 %	14 %	10 %

---

49 S. Vahtre, Die Bauernbevölkerung Estlands, 167.
50 H. Kruus, Eesti ajaloost XIX sajandi teisel poolel (60-80-ndad aastad) (Estnische Geschichte in der zweiten Hälfte des 19. Jahrhunderts), Tallinn 1957, 10 f.

Wenn auch diese Angaben unserer Meinung nach für die Periode von 1816 bis 1850 eine gewisse Zunahme des Arbeitsanteils der Wirtsfamilien belegen, so blieb dennoch das Hauptbild unverändert: In zwei Drittel der Bauernwirtschaften des Kirchspiels Sangaste und in 80% – 90% der Wirtschaften des Kirchspiels Türi dominierte die Arbeit der Wirtsfamilie und nur in weniger als einem Drittel (Sangaste) bzw. einem Fünftel oder einem Zehntel (Türi) der Wirtschaften dominierte quantitativ die Knechtsarbeit.

Um sich eine noch klarere Vorstellung vom Verhältnis der Arbeitskraft der Wirtsfamilie und des Knechtsvolkes zu verschaffen, haben wir die Männer im arbeitsfähigen Alter (15 – 55jährig) einer speziellen Untersuchung unterzogen (dabei wurden die Angaben über das Kirchspiel Anseküla nicht in Betracht gezogen, da die Anzahl der Knechte zu gering war). Dabei teilen sich die Bauernhöfe 1816 und 1834 in der Tabelle derart, daß ein sonderbares Dreieck von Zahlen entsteht (Tabellen 3 – 4). Dieses Dreieck zeugt von einer schlichten und logischen Gesetzmäßigkeit: Vergrößert sich die Zahl der Mitglieder einer Wirtsfamilie, so vermindert sich die Zahl der Knechte. Dabei tritt diese Gesetzmäßigkeit nicht in „reiner Form" hervor, da wir kleine und große Bauernhöfe zusammen betrachten. Hätten wir die Bauernhöfe ihrer Größe nach gruppieren können, so würde sich die Gesetzmäßigkeit der reziproken Abhängigkeit der Mitgliederzahl der Wirtsfamilien von der Zahl der Knechte deutlicher gezeigt haben.

Glücklicherweise verfügen wir über einige Materialien, die uns ermöglichen, solch eine Gruppierung vorzunehmen. Es ist uns gelungen, auch für die Kirchspiele Sangaste und Türi Wackenbücher der Gutswirtschaften zu finden, die auf Grund der Bauernverordnung von 1804 zusammengestellt wurden. Mit Hilfe dieser Wackenbücher haben wir Angaben über die Sozialstruktur der Bewohner von Bauernwirtschaften verschiedener Größe bekommen (Tabelle 5).

Ein kennzeichnendes Merkmal kommt hier klar zum Vorschein. Ein größerer Bauernhof unterscheidet sich von einem kleineren nicht so sehr durch die Anzahl der Knechte, sondern hauptsächlich durch die Zahl der Familienmitglieder des Wirtes. Sowohl in Drei- als auch in Zwei-Tagehöfen des Kirchspiels Sangaste gab es meist nicht mehr als zwei Knechte. Im ersten Typ überwogen jedoch Höfe, in denen es nur einen erwachsenen Mann unter den Familienmitgliedern gab, im zweiten Typ aber gab es mindestens zwei erwachsene Männer in ungefähr der Hälfte der Höfe. Unter den größeren Bauernhöfen des Kirchspiels Türi ist eine ziemlich große Gruppe ohne oder nur mit einem Knecht anzutreffen, aber in den kleinen Bauernhöfen gab es unter den Familienmitgliedern des Wirtes kaum mehr als einen erwachsenen Mann.

Tabelle 3:
Kirchspiel Sangaste: arbeitsfähige Männer der Wirtsfamilie und Knechte in den Bauernhöfen (1. Zeile: absolut; 2. Zeile: in Prozent)

Männliche Mitglieder der Wirtsfamilie 15-59jährig		Knechte, 15-59jährig					
		0	1	2	3	4	5
1816	1	43	99	103	20	4	1
		8,5	19,6	20,4	4,0	0,8	0,2
	2	64	61	23	8	2	1
		12,7	12,1	4,6	1,6	0,4	0,2
	3	23	11	5	5	2	
		4,6	2,2	1,0	1,0	0,4	
	4	4	2				
		0,8	0,4				
	5	1					
		0,2					
1834	1	35	52	73	28	8	
		7,6	11,2	15,8	6,1	1,7	
	2	23	40	27	11	4	4
		5,0	8,6	5,8	2,4	0,9	0,9
	3	20	19	13	7		1
		4,3	4,1	2,8	1,5		0,2
	4	8	5	2	3	1	
		1,7	1,1	0,4	0,7	0,2	
	5	1	2				1
		0,2	0,4				0,2
1850	1	25	27	42	14	25	8
		5,1	5,5	8,6	2,9	5,1	1,6
	2	26	30	28	21	15	4
		5,3	6,1	5,7	4,3	3,1	0,8
	3	14	18	23	10	7	7
		2,9	3,7	4,7	2,0	1,4	1,4
	4	10	16	8	4	4	
		2,0	3,3	1,6	0,8	0,8	
	5	5	1	2	4	1	
		1,0	0,2	0,4	0,8	0,2	

Tabelle 4:

Kirchspiel Türi: arbeitsfähige Männer der Wirtsfamilie und Knechte in den Bauernhöfen (1. Zeile: absolut; 2. Zeile: in Prozent)

Männliche Mitglieder der Wirts-familie 15-59jährig	Knechte, 15-59jährig					
	0	1	2	3	4	5
1816 1	92	52	28	15	2	1
	18,1	10,2	5,5	3,0	0,4	0,2
2	34	23	14	2	1	
	6,7	4,5	2,8	0,4	0,2	
3	15	9	4	1		
	3,0	1,8	0,8	0,2		
4	7	2				
	1,4	0,4				
5	1					
	0,2					
1834 1	48	21	27	12	2	
	10,4	4,6	5,8	2,6	0,4	
2	45	16	12	2		
	9,7	3,5	2,6	0,4		
3	34	8	4			
	7,4	1,7	0,9			
4	8	6	1			
	1,7	1,3	0,2			
5	5					
	1,1					
1850 1	70	15	8	2	1	1
	12,0	2,6	1,4	0,3	0,2	0,2
2	65	23	6	5	2	1
	11,2	3,9	1,0	0,9	0,3	0,2
3	63	9	7	5	3	2
	10,8	1,5	1,2	0,9	0,5	0,3
4	22	6	5	6	1	1
	3,8	1,0	0,9	1,0	0,2	0,2
5	14	3	2	1		
	2,4	0,5	0,3	0,2		

Tabelle 5:

Arbeitsfähige Männer der Wirtsfamilie und Knechte in verschieden großen Bauernhöfen (Sangaste und Türi)

Anzahl der Familien-mitglieder des Wirtes		Anzahl der Knechte					
		0	1	2	3	4	5
Sangaste	1	17	60	56	10	2	1
2-Tage-	2	33	36	12	5	1	
Bauern-	3	11	3	1			
höfe	4	3	2				
	5	1					
Sangaste	1	1	17	29	7	2	
3-Tage-	2	10	13	5	2	1	1
Bauern-	3	5	4	2	3	2	
höfe	4	1					
Türi	1	15	13	3			
2-Tage-	2	2	5	2			
Bauern-	3	3	2				
höfe							
Türi	1	24	27	18	14	1	1
5-Tage-	2	12	10	6	1	1	
Bauern-	3	6	6	4	1		
höfe	4	2					
	5	1					

5. Menschen und Verhältnisse im Bauernhof und auf dem Dorf

Bisher haben wir uns nur der Ziffern bedient, jetzt lassen wir andere Quellen zu
Wort kommen.

Die Charakteristik von verschiedenen Kategorien der Bauernschaft kann man
traditionsgemäß mit der Beschreibung des Bauernwirtes beginnen.

Schon in den Ende des 18. Jahrhunderts von einigen Gutsherren in Estland
eingeführten ersten „Privatrechten" der Bauern wurde die Autorität des Bauernwirtes hervorgehoben.

Ein Wirt sollte im Prinzip bis zu seinem Tode dem Bauernhofe vorstehen.
„Kein Wirt, wenn gleich sein Alter oder andere körperliche Schwachheiten ihn an
den gewöhnlichen Arbeiten hindern, soll sein Gesinde nebst seiner Oberaufsicht
dem Sohne oder Schwiegersohne übergeben, sondern ungestört als Haupt seinem
Gesinde vorstehen, seine Kinder und Gesindevolk unterrichten, ermahnen . . .", ist
in den 1789 im Gute Vigala erschienenen Privatrechten geschrieben.[51]

---

51 G. Olaf Hansen, Die privaten Bauernrechte Estlands für die Gebiete von Fickel, Kaltenbrunn und Essemäggi. – Verhandlungen der Gelehrten Estnischen Gesellschaft zu Dorpat, Bd. XVIII, Dorpat 1896, 81, 83 und 149.

Im allgemein gültigen livländischen Bauerngesetz von 1819 ist speziell betont, daß auch ein Wirt, der über sechzig Jahre alt ist, noch seinem Bauernhofe vorstehen muß. In einem Privatrechte von 1791 hieß es, „wenn ein Sohn oder Schwiegersohn seinen Vater oder Schwiegervater gleichsam gewaltsamer weise aus dem Gesinde verdrängt . . . so wird er bestraft und selbst . . . aus dem Gesinde gestoßen und zu einem anderen Bauern als Knecht gesetzt . . ."[52] Dasselbe wurde auch in dem 1804 angenommenen livländischen Bauerngesetz betont.

Seinen Nachfolger bestimmte der Bauernwirt selbst. In der Regel, wie es in den Privatrechten verzeichnet ist, war es einer von seinen Söhnen oder, wenn er keine hatte, einer seiner Verwandten.[53]

Wir haben auch untersucht, wem der Bauernhof faktisch übergeben wurde, wenn der bisherige Wirt starb oder wegging, wer im Zeitraum 1834–1850 als neuer Wirt installiert wurde (Tabelle 6).

Tabelle 6: Hofübernahmen, 1834 — 1850

Nachfolger des Wirtes	Zahl und prozentueller Anteil der Fälle		
	Sangaste	Türi	Anseküla
der erste Sohn des Wirtes	50 (72,5 %)	42 (65,7 %)	21 (56,8 %)
ein anderer Sohn des Wirtes	11 (15,7 %)	10 (15,6 %)	3 (8,1 %)
ein Verwandter	0	2 (3,1 %)	5 (13,5 %)
ein Fremder	9 (12,8 %)	10 (15,6 %)	6 (21,6 %)

In Sangaste wurde in drei und in Anseküla in zwei Fällen die Rolle des ersten Sohnes von einem Ziehkind gespielt. Aber in all diesen Fällen und auch dann, wenn der zweite oder dritte Sohn die Stelle des Wirtes bekam, war in der Regel der erste Sohn schon gestorben (in Sangaste neun, Türi neun und Anseküla drei Fälle).

Wurde ein Schwiegersohn oder ein entfernter Verwandter Nachfolger, so konnten anfangs einige Schwierigkeiten bei der Gewinnung der Autorität entstehen. Darauf weist eine Stelle in einem Privatrecht hin: „Denselben Gehorsam, den die Kinder den Eltern schuldig sind, müssen nach dem Absterben der Eltern auch die jüngeren Brüder und Schwestern dem neuen Wirte und Wirtin leisten. Gefällt es ihnen aber nicht, beim Bruder oder Schwägerin zu bleiben, steht es ihnen sowie anderen Dienstboten frei, darum zu bitten, daß man sie zu einem anderen Wirte in Dienst setze."[54]

---

52 Ebenda 149.
53 Ebenda 121.
54 Ebenda 219.

Für die Witwe des verstorbenen Wirtes waren eigentlich keine führenden Funktionen nach dem Tode des Gemahls vorgesehen. Nur in einem Privatrechte wurde festgestellt, „. . . wenn der Vater stirbt und der Sohn wird Wirt, so bleibt die Mutter als Hauptbesorgerin der inneren Wirtschaft bei ihm im Gesinde . . .“[55]

In demselben Paragraphen wurde jedoch auch betont, daß die Witwe dabei nur unter Aufsicht und Kontrolle des neuen Wirtes handeln dürfe: „. . . wird sie aber überführt, ihren anderwärts verheirateten oder dienenden Kindern oder anderen Personen das Vermögen des Gesindes zuzuwenden und es dadurch in Armut zu bringen, so muß sie alles dem Sohne abtreten, mag im Gesinde bleiben, soll aber zwei Tage wöchentlich dem Hofe gleich den Lostreibern für sich leisten.“[56]

Hatte der Wirt im rüstigen Alter sein Weib durch Tod verloren, so war er gezwungen, möglichst bald eine neue Ehe zu schließen, da die Führung einer Bauernwirtschaft ohne Wirtin unmöglich war.

1816 gab es im ganzen Kirchspiele Sangaste (über 500 Bauernhöfe) nur zwei Fälle, wo ein allein gebliebener Mann dem Hof vorstand, und nur einmal ist eine verwitwete Wirtin in eine solche Lage geraten. 1834 ist nur ein einziger entsprechender Fall festgestellt worden (ein Mann) und 1850 – zwei Fälle (beide Frauen).

Schon im 17. und 18. Jahrhundert klagten die Prediger darüber, daß die estnischen Bauern die kirchlichen Gesetze, die den Witwern ein halbes Jahr und den Witwen ein Jahr „Wartezeit“ vor dem Eingehen einer neuen Ehe als Verpflichtung vorschreiben, nicht befolgen und faktisch schon früher eine neue Ehe schließen, weil es die Interessen der Wirtschaftsführung fordern.[57]

Infolge der vielfachen Ehen entstanden manchmal ganz verwickelte verwandtschaftliche Beziehungen. So wurde 1705 in Südestland ein Fall gerichtlich untersucht, wo der Sohn der ersten Frau des Wirtes (er war nicht leiblicher Sohn des Wirtes) die Witwe seines Vaters (dessen zweite Frau) heiratete. Der örtliche Prediger war von den komplizierten verwandtschaftlichen Beziehungen ganz verwirrt und wußte nicht, ob er eine solche Ehe gestatten konnte oder nicht.[58]

Schon in den Bauerngesetzen haben sich, wie wir sehen, Widersprüche zwischen den Familienmitgliedern widergespiegelt. Noch ausdrucksvoller sprechen darüber die Volkslieder. Bevor wir aber von diesen Materialien Gebrauch machen, muß man die Datierungsprobleme betrachten. Die estnischen Volkslieder wurden sehr intensiv am Ende des 19. Jahrhunderts (1880–1900) gesammelt. In diesem Zeitraum wurden die alten Runolieder, die zum Beispiel den Endreim nicht kannten, von der unter dem Einfluß des gedruckten Wortes verbreiteten neueren Poesie (mit Endreim) verdrängt. Es ist sehr schwer, die Zeit des Entstehens der verschiedenen Arten der Runolieder herauszufinden. Andererseits steht es aber fest, daß sie nicht später als in der Mitte des 19. Jahrhunderts entstanden sind und folglich höchst

---

55 Ebenda 223–225.
56 Ebenda.
57 J. Köpp, Kirik ja rahvas — sugemeid eesti rahva vaimse palge kujunemise telt (Die Kirche und das Volk), Lund 1959, 128 f.
58 Ebenda 130.

wahrscheinlich in der von uns untersuchten Periode gesungen wurden. Wenn diese Volkslieder gesungen wurden, dann spiegeln sie auch die zu jener Zeit herrschenden Verhältnisse wider.

In den Volksliedern erkennt man auch die Gegensätze, die sich in einem engeren Kreis abspielten: zwischen Bauernwirt und -wirtin, älterem Sohn und älterer Tochter einerseits und den anderen Familienmitgliedern andererseits.

Daß der verwitwete Wirt von neuem heiratete, war eigentlich eine ökonomische Notwendigkeit. Wenn aber ein neuer Mensch – die Stiefmutter – auf den Bauernhof kam, so entstanden gewisse Spannungen. Es gab eine spezielle Art von Volksliedern, in denen die Kinder der verstorbenen Bauernfrau ermahnt werden, herzlich zu weinen, da sie in der Person der Stiefmutter keine richtige Mutter, sondern eine Peinigerin bekämen.[59] In anderen Volksliedern hieß es, daß so eine Stiefmutter die Kinder nur schalt und sie am liebsten ins Feuer geworfen hätte.[60] Die estnische Stieftochter ist in dieser Hinsicht dem internationalen Aschenputtel ähnlich – nur hat sie keine Aussicht, einen Prinzen kennenzulernen.

Überhaupt herrschte unter den Bauern eine betont rationelle Mentalität, die bei einem zeitgenössischen „Außenseiter" einige Verwunderung hervorrief und als Gefühllosigkeit erklärt wurde. Man muß aber die Spezifik dieser Quellen verstehen. Wenn man nämlich die Augenzeugenberichte der Publizisten und Reisenden liest, bekommt man oft den Eindruck, als besuche man unter der Führung eines Reiseleiters einen fremden exotischen Stamm. Der Reiseleiter weiß leider sehr wenig von Sprache und Sitten der Eingeborenen, ist aber hingerissen von seiner Sympathie für sie. Alle für ihn verwunderlichen Erscheinungen möchte er mit den Folgen der Unterjochung erklären, und deshalb bleibt für ihn vieles unverständlich.

Die rationelle Mentalität äußerte sich schon in der Tatsache, daß ein Kind (außer dem Erstgeborenen) vor allem als eine zusätzliche Arbeitskraft betrachtet wurde. Wie die demographischen Statistiken bezeugen, starben sehr viele Kinder in jungem Alter –, und man gewöhnte sich daran. „Mit Ruhe und gleichgültiger Gelassenheit sieht er oft Menschen und Vieh leiden und sterben", schrieb J. Chr. Petri mit Verwunderung und Empörung Ende des 18. Jahrhunderts. „Diese Gefühllosigkeit erstreckt sich bisweilen auf seine eigenen Kinder, die er der Sklaverei entgegen wachsen sieht und er fühlet selten Mitleid, wenn er sie hungern, oder ein stilles Bedauern, wenn er sie ertrinken sieht."[61]

Man möchte diesen Beobachtungen nicht glauben, wenn sie nicht bestätigt worden wären. Mehr als vierzig Jahre nachdem Petri diese Zeilen geschrieben hatte – im September 1845 – wüteten in Südestland Hungersnot und Ruhr. Als Studenten der Medizinischen Fakultät der Universität Tartu in die Dörfer gesandt wurden, so baten die „. . . örtlichen Bewohner sie, die Kranken nicht zu pflegen, weil diese ja

---

59 Eesti rahvlaulud. Antaloogia (Estnische Volkslieder. Anthologie), Tallinn 1969–1974, IIkd., 2. v., 630 (wird im folgenden abgekürzt mit: ERA).
60 Ebenda 631.
61 Petri, Ehstland und die Ehsten, S. 306.

sowieso nach ihrer Genesung an Hunger sterben müssen".[62] Vielleicht am deutlichsten wird diese Mentalität der „rationellen Resignation" durch spezielle Wiegenlie-
der charakterisiert, die den sterbenden Kindern gesungen wurden.[63]

　　Es scheint, daß auch Angaben aus anderen Ländern über die „Kaltblütigkeit"
der Bauern gegenüber ihren Kindern sprechen. D. Gaunt führt in einem Artikel die
Worte des Pfarrers von Västerås in Schweden 1773 an, der darüber berichtete, daß
die Bauern während einer Epidemie ihren Kindern die unentgeltlich ausgeteilten
Medikamente nicht gaben. Starben einige dieser Kinder vorzeitig, war die Trauer
unter ihren Eltern nicht allzu groß, würden die Verstorbenen dadurch doch einer
„erbärmlichen" Zukunft entgehen, in der sie sich sonst „bloß zum Nutzen anderer
hätten abplagen müssen".[64]

　　Und doch scheint es, daß es nicht ganz so war. Dafür sprechen sehr eindrucks-
volle Materialien aus dem Hungerjahre 1808, in welchem man Fälle des Hungerto-
des von Kindern gerichtlich untersuchte.

　　In vielen Fällen stellte sich heraus, daß die Mutter die letzten Stücke Brot den
Kindern gab, selbst gar nichts aß und manchmal an Folgen der Unterernährung
starb.[65] In einem Untersuchungsprotokoll ist lebendig geschildert, wie eine Mutter
erfolglos in drei Dörfern herumlief, um etwas Nahrung für ihre Kinder zu verdienen.[66] In einem anderen Fall ist eine genaue Beschreibung darüber erhalten, wie die
Mutter an einem Dienstag ihrem Kind etwas Brei gab („aber es kam alles heraus"),
am Mittwoch bat das Kind um ein Stückchen Brot, und die Mutter lief im ganzen
Dorf herum, aber konnte keines bekommen, am Donnerstag versuchte die Mutter
dem Kinde etwas Milch zu geben, aber es war schon zu schwach und starb.[67]

　　Kann man nach der Kenntnis dieser Materialien noch behaupten, daß die Bauern gefühllos zuschauten, wenn ihre Kinder starben?

　　Es scheint, daß auch mitleidsvolle Beobachter nicht bis in die „innere Welt" der
Eltern-Kinder-Beziehungen dringen konnten und daß hier viel menschliche Wärme
herrschte, was auch in den an die Mütter gerichteten Runoliedern zu fühlen ist. Es
scheint aber auch, daß die Männer ihre Gefühle äußerlich mehr beherrschten, und
gerade ihre Äußerungen – die vielleicht als Anschuldigungen gemeint waren – haben auf die Beobachter einen befremdenden Eindruck gemacht.

　　Der Wirt und seine erstgeborenen Kinder waren der Meinung, daß Knechte,
Mägde und überhaupt alle anderen Gesindemitglieder faul und unzuverlässig sei-

---

62　Kahk, Die umwälzenden vierziger Jahre.
63　ERA III—3, S. 961.
64　D. Gaunt, Familie, Haushalt und Arbeitsintensität: eine Interpretation demographischer
　　　Variationen in Schweden im 17. und 18. Jahrhundert, in: A. Imhof (Hg.), Biologie des
　　　Menschen in der Geschichte, Stuttgart 1978,　　　.
65　J. Kahk, Rahutused ja reformid. Talupoegade klassivoitlus ja moisnike agraarpoliitika
　　　Eestis XVIII ja XIX sajandi vahetusel (Die Bauernunruhen und Reformen. Über den
　　　Klassenkampf der Bauern und die Agrarpolitik in Estland beim Übergang vom 18. zum
　　　19. Jahrhundert) (1790—1810), Tallinn 1961, 158—159.
66　Ebenda 160.
67　Ebenda 162.

en.[68] Diese zahlten von ihrer Seite mit gleicher Münze zurück. Es scheint, daß gerade die jüngeren Töchter ein Gefühl von Ungerechtigkeit im Herzen trugen. In zahlreichen Runoliedern klagt die Tochter (oder die Schwester eines jüngeren Wirtes) über ihr Schicksal: Sie muß schwer und ohne jegliches Entgelt arbeiten, sie wird oft gescholten, sie ist immer eine Sklavin – zuerst arbeitete sie für die Mutter, später für den Bruder.[69] Berühmte negative Helden der Volksdichtung sind vor allem die erste Tochter des Wirtes und auch die Frau des erstgeborenen Sohnes (und zukünftigen Wirtes).[70] Die Wirtstochter wird etwa einem Waisenkind gegenübergestellt, und dabei stellt sich heraus, daß erstere immer häßlich, faul und kränklich ist.[71]

Wenn man die Texte der Volkslieder liest, ist es sehr schwer, ein schwächeres Wort als Haß zur Bestimmung der Gefühle zu finden, die zwischen nahen und entfernten Verwandten des Wirtes zeitweilig herrschten. „Meine Verwandten warten auf meinen Tod, meine Brüder wünschen, daß ich ertrinke; meine Schwestern wollen, daß ich in den Brunnen falle" – so heißt es in einem Runolied.[72] Es gibt ein spezielles Runolied, in dem die Brüder und Schwestern zum Frieden aufgerufen und gebeten werden, nicht zu zanken und „schön zu leben".[73]

Wenn schon die Beziehungen zwischen Blutsverwandten – milde gesagt – gespannt waren, so waren sie zwischen Wirtsfamilie und Knechtsvolk und zwischen den verschiedenen Gruppen der Bauernschaft noch schärfer.

In einem der Paragraphen eines zu Ende des 18. Jahrhunderts zusammengestellten Privatrechts, in dem man vom Gehorsam dem neuen Wirt gegenüber sprach, werden die Wörter „jüngere Brüder und Schwestern" und „Dienstboten" als Synonyme gebraucht. Solche Gleichstellungen kann man auch in anderen Quellen vom Ende des 18. und Anfang des 19. Jahrhunderts finden. A. W. Hupel schrieb in seinem 1789 erschienenen Buch, daß ein Bauernhof von einem der Söhne des Wirtes geerbt wurde und die übrigen Söhne und Töchter als Knechte und Mägde des Bauernhofes betrachtet wurden.[74] Ein Gutsherr berichtete in seinen Memoiren im zweiten Viertel des 19. Jahrhunderts, daß die jüngeren Brüder der Wirte als Knechte in den Bauernhöfen dienten.[75] „Ein Sohn oder Knecht", steht in einem Privatrecht von 1791, „kann und darf ohne Vorwissen des Vaters oder des Wirtes Pferde, Vieh oder andere wirtschaftliche Gerätschaften nicht vertauschen . . ."[76]

„Ein jeder Wirts- oder Lostreibersohn muß, wenn es nötig ist, vom 16. bis zum 56. Jahre als Knecht dienen . . ."[77], wird in einem Privatrecht vom Anfang des

---

68 ERA I–1, 76–77.
69 ERA III–1, 115–123.
70 ERA III–1, 125–127.
71 ERA III–1, 640–649; ERA II–2, S. 587–588.
72 ERA II–1, 44.
73 Ebenda 288–289.
74 A. W. Hupel, Die gegenwärtige Verfassung der Rigischen und Revalschen Statthalterschaft, Riga 1789, 296.
75 C. A. v. Hueck, Das Gut Munnalas in Estland und meine Bewirtschaftung desselben in den Jahren 1838 bis 1845, Reval 1845, 25.
76 Hansen, Die privaten Bauernrechte, 129, 239.
77 Ebenda 277–279.

19. Jahrhunderts bemerkt. In der Regel arbeiteten Söhne und Töchter als Knechtsvolk in der Wirtschaft ihres Vaters oder Bruders. Es war aber nicht ausgeschlossen,
daß der Wirt sie als Knechte oder Mägde in andere Bauernhöfe schickte. Erst das
livländische Bauerngesetz von 1849 (§ 1014) und das estländische von 1856
(§ 1073) haben das Recht des Wirts, seine Kinder gegen ihren Willen in andere Stellen zu schicken, aufgehoben.

Zur Bezeichnung der Bauern- oder Fronknechte benutzte man im Estnischen
das Wort „sulane". Es ist interessant, daß dieses Wort sozusagen zwei Gliederungs-
systeme kennzeichnet.[78] Einerseits wurden die Knechte nach ihren Dienstverhältnissen und dem Umfang ihrer Leistungen eingeteilt: in Tagarbeiter („päeviti sulane"), die tagweise, Halbknechte („poolsulane"), die nur die halbe Woche, und
schließlich in Knechte, die die ganze Woche arbeiteten („täieaja sulane").

Andererseits aber differenzierte man die jüngeren Knechte nach den zu erfüllenden Arbeiten: junge Burschen, die stark genug waren, um zu pflügen („künni-
poiss"); solche, die Holz fällen konnten („metsas käija poiss"); Knechte, die den
Dünger abluden („koogupoiss"); Burschen, die das Korn von den Stangen zum
Dreschen hinabreichten („parrepoiss"); Burschen, die beim Dreschen für das Licht
sorgten („tule-poiss"), Gehilfen des Riegenaufsehers beim Windigen („tuuli-
poiss").

Die Wörter, die die Knechte nach ihren Leibeskräften kennzeichneten, sind äl-
teren Ursprungs. Jedenfalls wurden beide Systeme der Gliederung (nach den
Dienstverhältnissen und nach der zu leistenden Arbeit) in der von uns untersuchten
Zeit parallel benutzt.

Sprach man aber überhaupt vom Dienstvolke, so gebrauchte man das Wort
„ori", das in der modernen estnischen Sprache „Sklave" bedeutet. In der von uns
untersuchten Zeit gebrauchte man das Wort „ori", wenn in den Bauernschulen von
den römischen Sklaven die Rede war, wenn man die auf dem Gut arbeitenden Fronknechte oder auf dem Bauernhof beschäftigten Knechte bezeichnen wollte, und
schließlich war auch eine jüngere Schwester „ori" („die Sklavin") ihres Bruders. Die
Sprache war erstaunlich undifferenziert, wenn man von der Arbeit eines Menschen
für einen anderen im allgemeinen sprach (hinsichtlich der sozialen Klassen und
Gruppen). Aber zur gleichen Zeit war sie sehr präzise, wenn man die Arbeiter nach
der Art ihrer Tätigkeit klassifizierte.

Einige Knechte wurden zum Beispiel Halbknechte genannt. Diese Kategorie
war in Südestland sehr verbreitet, in Nordestland traf man sie selten an. Die Halbknechte arbeiteten drei bis vier Tage wöchentlich auf dem Gut, oder sie gingen als
Taglöhner in andere Bauernwirtschaften. In den meisten Wirtschaften forderten die
Gutsbesitzer keinen Frondienst direkt von den Halbknechten, nur in einigen Gutswirtschaften sollten sie ein paar Tage Hilfsfron leisten.

Die Frauen der Knechte arbeiteten einige Tage am Gutshof, meistens während
der Erntezeit und der Heumahd, und im Winter halfen sie bei verschiedenen Arbei-

---

78 F. W. Wiedeman, Estnisch-deutsches Wörterbuch, Tallinn 1973, 1087.

ten mit. Die Frauen der Halbknechte mußten im Winter spinnen und sich mit verschiedenen Arbeiten in denjenigen Bauernwirtschaften beschäftigen, in denen ihre Männer arbeiteten.

In den Gutswirtschaften Südestlands sollten die Frauen der Halbknechte ein bis zwei Tage Fußfron leisten.[79] Manchmal gingen Knechte (oder Halbknechte) eine Woche zum Frondienst, und eine Woche arbeiteten sie in ihrer Wirtschaft.

Knechte und Mägde wurden in der Regel für ein Jahr oder mehrere Jahre in Dienst genommen. Die Vereinbarung wurde gewöhnlich sonntags neben der Kirche oder der Schenke geschlossen oder auf dem Jahrmarkt in Anwesenheit von Zeugen.

In einem Volkslied wird davon gesungen, daß die Knechte und Mägde gerade deswegen im Frühsommer in Dienst genommen werden, weil es eine „arme Zeit ist" (die winterlichen Lebensmittelvorräte sind schon zu Ende) und das Dienstvolk sich in beliebige Bedingungen fügen muß.[80]

Man vereinbarte die Dienstfrist, die Höhe des Gehalts und die Kost. Der Arbeitsumfang und die Reihenfolge der Arbeiten wurden gewöhnlich nicht besprochen. All dies hing vom Willen des Bauernwirtes und von den Traditionen und Bräuchen ab. Nach den Mitte des 19. Jahrhunderts von F. J. Widemann aufgezeichneten estnischen Sprichwörtern zu schließen, war die Kost für die Knechte das wichtigste. Am meisten waren sie erbost, wenn die Kost unzureichend und von schlechter Qualität war.[81]

In den Volkserinnerungen, die von den Korrespondenten des Ethnographischen Museums gesammelt wurden, lesen wir, daß in der ersten Hälfte des 19. Jahrhunderts die alleinstehenden Knechte mit Korn und Kleidung bezahlt wurden, die verheirateten Knechte bekamen vom Bauernwirt ein Stückchen Boden und Futter für eine Kuh.

Die Einstellung der Gutsherren zum Entstehen von selbständigen Knechtshaushalten war keineswegs positiv. Der Besitzer des Gutes Kandle ermahnte in seinem Privatrecht die Wirte, sie sollten ihren Knechten nicht statt des Lohnes ein Stück Acker geben. Nur in besonderen Fällen war dies dem Wirt erlaubt, und zwar unter folgenden Bedingungen: Wenn der Wirt nur wenig Arbeitskräfte zur Verfügung hatte und der Knecht verheiratet war und auch etwas Vieh besaß, so stand es dem Wirt frei, dem Knecht ein Stück mager gewordenes Land, welches er wegen der großen Entfernung selbst nicht düngen konnte, einzuräumen.[82]

---

79 Лиги Х. Бобыли и мыза в Эстонии (ХУІ — начало ХІХ в.) — В кн.: Проблемы развития феодализма и капитализма в странах Балтики. Доклады исторической конференции (25—27 ноября 1975 г.). (H. Ligi, Die Lostreiber und der Gutshof in Estland — 16. bis Anfang des 20. Jahrhunderts — in: Probleme der Entwicklung des Feudalismus und des Kapitalismus in den Ländern des Baltikum, Tartu 1975, 324—325).
80 ERA II—1, 535.
81 F. J. Wiedemann, Aus dem inneren und äußeren Leben der Ehsten, St. Petersburg 1876, 15.
82 Hansen, Die privaten Bauernrechte, 205.

Alleinstehende Knechte und Mägde aßen nach den Angaben der Volkserinnerungen zusammen mit der Wirtsfamilie, verheiratete Knechte dagegen abgesondert, d. h. sie sollten selbst für die Ernährung ihrer Familien sorgen.[83]

Mägde erhielten vom Wirt Kleidung oder Stoff (Wolle oder Leinen) zur Anfertigung von Kleidung; manchmal bekamen sie ein Schaf oder gar zwei, und man erlaubte ihnen, es zusammen mit dem Vieh des Wirts zu halten.

Nach den Angaben der Volkserinnerungen erhielt ein Knecht pro Jahr nur ein paar Pude (über 30 kg) Hafer oder bestenfalls Gerste oder Roggen. Statt des Naturallohnes bekam er oft Ackerland zur Benutzung, eine Lofstelle oder eine Hälfte derselben.[84]

Gegenüber den Familienmitgliedern der Knechte hatte der Wirt traditionsgemäß einige Verpflichtungen der „sozialen Fürsorge“. Nach dem Tode des Knechtes durfte „der Wirt dessen Witwe und Kinder nicht vertreiben; sie müßten aber dem Wirte solche Hilfe und Arbeit leisten, die ihren Kräften angemessen war“.[85]

Schon der Umstand, daß man sich genötigt sah, dem Wirt gesetzlich eine Fürsorgepflicht der Knechtsfamilie gegenüber vorzuschreiben, spricht dafür, daß in dieser Hinsicht nicht immer alles in Ordnung war. In einem Volkslied wird mit schwerem Herzen darüber geklagt, daß Frauen von Knechten, die ins Gut zur Fronarbeit gingen, zu Hause von den Mitgliedern der Wirtsfamilie als Objekt der Erniedrigung und Schmähung betrachtet wurden. Kam der Knecht spät am Abend von der Arbeit zurück, dann war sein Pferd nicht gefüttert, und seine „Frau weinte im Zimmer“.[86]

Die Arbeitsteilung zwischen älteren und jüngeren Knechten und Mägden scheint nach strengen und detaillierten Traditionen geregelt worden zu sein. Schon in den zu Anfang des 19. Jahrhunderts angenommenen Bauerngesetzen wird betont, daß ein Knecht oder eine Magd, wenn es nötig ist, nicht nur die ihnen vorgeschriebenen Arbeiten, sondern auch andere verrichten müsse (Livländisches Bauernrecht 1819, § 460).

Knechte und Mägde waren einer strengen häuslichen Zucht seitens der Bauernwirte ausgesetzt. „Entläuft ein Knecht oder eine Magd dem Wirte und bleibt einige Wochen weg“, wird in einem Privatrecht von 1791 hervorgehoben, „so soll der Erstere das mit 50 Stockhieben büßen; ist es eine Magd, soll sie eine Strafe von 25 Stockhieben bekommen und im Laufe von 14 Tagen einen Perg (im Estnischen: Kopfschmuck – J. K., H. U.) aus schlechtem grobem Strick tragen.“[87] In den Bauerngesetzen über die Freilassung der Bauern in Estland (§ 190) wird speziell betont, daß die Bauernwirte auch in Freiheit das Recht haben, ihre Knechte und Mägde körperlich zu bestrafen.

---

83 Das Literarische Museum der Akademie der Wissenschaften der Estnischen SSR in Tartu, KV 91, 324–331, 920, 924, 948, 958.
84 Ebenda 938–946.
85 Hansen, Die privaten Bauernrechte, 279.
86 ERA II–2, 577.
87 Hansen, Die privaten Bauernrechte, 135.

Gerade für das Knechtsvolk, das sich ja meistens aus jungen Leuten zusammensetzte, sind Angaben darüber erhalten, wie es um die Moral des Bauernvolkes stand. Und wiederum sind die zeitgenössischen Beobachter moralisch empört. „Ein Mädchen in den Armen eines Jünglings finden ist aber bei den Ehsten keine Schande. Sie sagen, daß sei ja so der Gebrauch . . .", schreibt J. Chr. Petri (und seine Angaben werden von A. W. Hupel bestätigt). „Der Schwangerschaft sollten sie oft . . . durch eine schändliche Onanie ausweichen . . . Manche treiben die Frucht mit Quecksilber ab . . ."[88] Die moralischen Zeitgenossen sind auch darüber empört, daß die traditionelle Kopfbedeckung der verheirateten Frauen (der sogenannte „Tanu" an Stelle des Kranzes) auch den unverheirateten Frauen gegönnt wird, sobald sie ein (uneheliches!) Kind bekommen haben.[89]

A. W. Hupel erklärt den „moralischen Verfall" dadurch, daß die auf dem Gut arbeitenden „Kerle und Dirnen ohne Wächter bey und unter einander schlafen: Hurerey ist bey ihnen keine Schande . . ."[90] Auf diese Seite des Lebens wirft das Volkslied jedoch ein viel realistischeres (und auch sympathischeres) Licht. Im Leben der Jugend wird die Zeit des Frühlings und Sommers besonders hervorgehoben, wenn in den hellen Nächten nicht nur Knechte und Mägde, sondern überhaupt alle jungen Leute zur Bewachung der Pferde in den Waldlichtungen zusammen sind. Dahin wollen alle jungen Leute – auch die Wirtstochter –, womit der Vater, nicht aber die Mutter einverstanden ist.[91] Daß man auf dem geschmeidigen Rasen gerade in den Händen eines braven Jünglings gut schlafen kann, wird im Volkslied unzweideutig und ohne jegliche Scham ausgesprochen.[92]

Doch gleichzeitig heißt es in den Volksliedern, daß das Zusammenschlafen kein „Ding an sich" ist, sondern daß es die Möglichkeit bietet, den zukünftigen Lebenspartner zu finden. In Runoliedern wird betont, daß ein Mädchen dabei ihr Ziel erreichen muß: Sie soll sich dem jungen Mann nicht hingeben, ohne daß die spätere Heirat feststeht. Die jungen Männer werden ermahnt, „geheim", „ohne Ziel" und „ohne Heirat" nicht mit den Mädchen zu schlafen.[93] Spezielle Runolieder sind den „gefallenen Mädchen" gewidmet.[94]

Die „öffentliche Meinung" äußert sich diesbezüglich auch darin, daß das Schicksal eines unehelichen Kindes und Waisenkindes in sehr düsteren Farben beschrieben wird. Es gibt drei Unglücksfälle auf der Welt, heißt es in einem Volkslied: ein Sohn ohne Vater, eine Tochter ohne Mutter und ein Weib ohne Mann.[95] Eines der schönsten estnischen Volkslieder ist das Klagelied eines Kindes auf dem Grabe der Mutter.[96]

---

88 Petri, Ehstland und die Ehsten; vgl. ferner A. W. Hupel. Topographische Nachrichten von Lief- und Ehstland, Bd. II, Riga 1777, 136–137.
89 Ebenda 137.
90 Ebenda 136.
91 ERA II–1, 46.
92 ERA II–1, 44–45.
93 ERA III–1, 159, 168–169, 198–208.
94 Ebenda 216 f.
95 ERA II–2, 597.
96 Ebenda 611.

Gerade die Figuren des Waisenkindes und der armen Witwe sind in der Volks-
poesie Symbolfiguren für die soziale Schicht der besitzlosen Landleute, die wir als
nächstes betrachten werden.

Die Lostreiber oder Badstüber stellten einen eigenartigen Satelliten des Bauernhofes dar. Sowohl in den Quellen als auch in der Sprache wird ein Unterschied
zwischen den „Bewohnern" („elukas", „kodanik", „majaline", „manuline", „nur-
galine") des Bauernhofes und den in selbständigen Katen oder Badstuben wohnenden Lostreibern und Badstübern („pops", „vabadik") gemacht. „Badstüber hießen
Leute, die in solchen kleinen Hütten ihre Wohnung aufschlagen", schreibt A. W.
Hupel. „Überhaupt bezeichnet man dadurch arme Bauern, denen ihr Herr kein
Land zur Bearbeitung anweiset, daher sie sich bloß durch Handarbeit nähren, aber
doch an ihrem Hofe einige Fußarbeit verrichten. Auch Bettler sind Badstüber. Daß
eine ganze Familie in einem Häuschen wohnt, dessen Raum nur 3 Quadratruthen
beträgt, klingt wunderbar, ist aber nicht selten."[97]

Der Begriff „Lostreiber" („Bobyl") hat sich auf dem Territorium Südestlands
im 16. Jahrhundert von Rußland aus, besonders während des Livländischen Krieges, verbreitet. Dieser Terminus hatte damals eine äußerst unbestimmte Bedeutung
und umfaßte verschiedene Gruppen des unvermögenden Bauerntums: Einfüßlinge
(„Üksjalge"), Lostreiber, Fischer. Solch verschiedene Kategorien des Bauerntums
konnte man unter einer Gesamtbezeichnung vereinigen, weil sie, vom Standpunkt
der Feudalherren aus, einen gemeinsamen Hauptzug hatten: Die ihnen auferlegten
Verpflichtungen waren bedeutend niedriger als die Verpflichtungen, die von den
Vollbauern erfüllt wurden; dabei verrichteten sie sie ohne Gespann. Gewöhnlich
lebten die Lostreiber außerhalb des Dorfes. Die meisten Lostreiber hatten ständig
bebaute Feldstücke, deren Größe aber sehr gering war. Die Lostreiber, die Boden
hatten, besäten ihn mit Korn. Im Vergleich zu den Hakenpflugbauern waren sie
nicht nur mit Boden, sondern auch mit Gespann sehr schlecht versorgt.

Während der polnischen Herrschaft, Ende des 16., Anfang des 17. Jahrhunderts, verarmten Hakenpflugbauern häufig und wurden zu Lostreibern.[98] Schon
Ende des 18. Jahrhunderts war die Anzahl der Lostreiber im estnischen Dorf ziemlich groß.[99] Die Lostreiber stellten die ärmste Schicht der Bauernschaft dar. Von
den Knechten unterschieden sie sich nur dadurch, daß sie in der Regel ihre eigene
kleine Wirtschaft hatten, abgesondert von der Wirtschaft des Bauernwirts. Die
Grenzen dieser Schicht waren ziemlich verschwommen, da in die Kategorie der
Lostreiber Vertreter von verschiedenen Gruppen der Bauernbevölkerung geraten
konnten. Die Gutsbesitzer trugen selbst zum Entstehen von Wirtschaften von
Lostreibern bei. Bauern, deren Boden sie sich aneigneten, ließen sie an die Grenzen
ihrer Güter als Lostreiber übersiedeln. Vom Ende des 18. Jahrhunderts an ließ man

---

97 HUPEL, Topographische Nachrichten, 55.
98 Тарвел Э. Фольварк, пан и подданный, Таллин, 1964, с. 148–162. (E. TRAVEL, Vorwerk, Pan und Hörige. Die Agrarverhältnisse in den polnischen Besitzungen in Südestland
   am Ausgang des 16. und zu Anfang des 17. Jahrhunderts, Tallinn 1964, 148–162).
99 VAHTRE, Die Bauernbevölkerung Estlands, 162–167.

Lostreiber Frondienste für das Gut verrichten (zwei Fußtage in der Woche im Sommer), und ihre Frauen wurden zur Erfüllung von verschiedenen Haushaltsarbeiten in den Gutshof gerufen.

Die Bauernwirte brauchten zusätzliche Arbeitskräfte für den Sommer, deshalb erlaubten sie den Lostreibern, sich auf den Grenzgebieten ihrer Grundstücke anzusiedeln.

Gegen Ende des 18. und in der ersten Hälfte des 19. Jahrhunderts konnte man die Lostreiber in drei Gruppen einteilen:[100]

1. die Landlosen, die keine selbständige Wirtschaft und keinen ständigen Wohnort hatten;
2. Lostreiber, die längere Zeit bei Hakenpflugbauern wohnten und als Knechte bei ihnen arbeiteten oder ständige Tagelöhner waren und ein kleines Grundstück zur zeitweiligen Nutzung bekamen;
3. Inhaber von vererbten Grundstücken der Lostreiber.

Die Bewohner einer Lostreiberstelle waren in der Regel alleinstehende Leute, doch es gab auch andere Möglichkeiten. 1816 lebten im Kirchspiele Sangaste 51% der Lostreiber allein, 11% waren verheiratete Paare und 38% lebten in Kleinfamilien zusammen mit Kindern.

Im estnischen Dorfe hatte sich der Brauch eingebürgert, daß die Bauerngemeinde die Kranken und Bettler unterhielt, indem sie als „Mieter" in den Bauernhöfen der Reihe nach wohnten.

In den von den Korrespondenten des Ethnographischen und Literaturmuseums gesammelten Erinnerungen spricht man oft von der ausweglosen Not der Landlosen. Dabei wird manchmal ein Unterschied zwischen den Lostreibern, die ein winziges Grundstück besaßen, und den Badstübern, die überhaupt keinen Boden hatten, gemacht. Manchmal wird betont, daß „die Mieter" sich gesondert ernährten, d. h. sie bekamen vom Bauernwirt nur Unterkunft.[101] In einem Volkslied heißt es, daß eine arme Witwe den Wirt nur um die Möglichkeit bat, Unterkunft zu bekommen, „einen Winkel, wo sie das Essen aufwärmen könnte".[102]

Über das ausweglose und unglückliche Leben der in den Badstuben unterkommenden Witwen und der unter der Ungerechtigkeit der Wirte leidenden Waisen wurden viele Volkslieder gedichtet. In diesen Liedern wird davon gesprochen, daß sie in ihrem Unglück bereit sind, ums Leben zu kommen und sich mit der Natur zu vereinigen.[103]

Wenn wir die in der ersten Hälfte des 19. Jahrhunderts erschienenen Bauerngesetze im allgemeinen betrachten, so stellt sich heraus, daß sich die soziale Gliede-

---

100 H. Ligi, Eesti talurahva olukord ja klassivoitlus Liivi soja algul (Der Zustand und der Klassenkampf der estnischen Bauernschaft am Anfang des liefländischen Krieges) (1558—1561), Tallinn 1961, 95—110.
101 Literarisches Museum Tartu, KV 138, 398—402; EA 46, 389; EA 57, 59; EA 101, 209; RKM II 6, 649 (4); ERA II 299, 120—121 (1); ERA II 159, 463 (7); ERA II 148, 282 (14); ERA II 293, 392/400.
102 ERA II—2, 570.
103 ERA II—2, 622; II—1, 320.

rung der Bauernschaft in ihnen (z. B. in den Gesetzen von 1804) noch sehr schwach und unbestimmt widerspiegelt. Es wird von der Bauernschaft im ganzen gesprochen (von den Leuten, die sich mit Ackerbau beschäftigen) und vom „Hofgesinde", d. h. von den Bauern, die am Gut dienten. Im § 55 der „Estländischen Bauern-Verordnungen" von 1816 heißt es, daß die gesamte Bauernschaft in zwei Klassen eingeteilt werde: in die Klasse der Bauernwirte und in die der Dienstboten. Es ist interessant, daß in demselben Paragraphen bemerkt wird, daß „die Einhäusler oder sogenannten Lostreiber, nach Bestimmung der Dorfgemeinde selbst, zu der einen oder der anderen Klasse gerechnet werden können".[104]

Im Laufe der ersten Hälfte des Jahrhunderts begann sich jedoch die soziale Differenzierung der Bauernschaft in den Bauerngesetzen stärker auszuprägen.

Schon die „Befreiungsgesetze" von 1816 und 1819 haben vorausgesehen, daß auf den Gemeindeversammlungen „jede der beiden Klassen der Gemeinde für sich stimmt. Tritt aber der Fall ein, daß die Klasse der Bauernwirte oder Pächter einer, und die Klasse der Dienstboten anderer Meinung ist, und es den Gemeinde-Aeltesten und Vorstehern nicht möglich wird, die Meinung derselben zur vereinbaren, so steht der Gutspolizei die Entscheidung zu" (1816, § 76–77).

In den Bauerngesetzen aus der Mitte des 19. Jahrhunderts finden wir schon ein streng ausgearbeitetes hierarchisches System der Bauernschaft. Nach dem livländischen Bauerngesetz von 1849 (§ 328) sind „innerhalb einer jeden Bauer-Gemeinde folgende Klassen der Gemeindemitglieder zu unterscheiden: a) Grundeigenthümer, b) Pächter, und zwar Geld- oder Fronpächter, c) Knechte, d) Hofesknechte, e) Lohnarbeiter, f) Handwerker, g) Wirtschaftsbeamte, Diener und Pächter von Gutsgerechtsamen, h) Lostreiber, i) Arme und hülfsbedürftige Unmündige, k) wegen Jugend oder Alters von Abgabenzahlung Befreite".

Die tiefen sozialen Gegensätze zwischen verschiedenen Kategorien der Bauernschaft widerspiegeln sich auch in den Volksliedern. Man findet hier interessante volkstümliche Erklärungen der sozialen Gegensätze. Warum ist das Knechtsvolk viel „billiger" als die Wirte, fragt der Sänger und antwortet: „. . ., weil der Knecht kein Pferd besitzt".[105] Für einen fremden Menschen zu arbeiten, wird als Unglück dargestellt: Man klagt der verstorbenen Mutter, daß sie nicht ahnen konnte, wie schwer bei Fremden zu arbeiten sei und wie bitter das gediente Brot schmecke.[106] In den Volksliedern spricht man über zu strenge Wirte, die ihr Dienstvolk mit Prügeln traktieren.[107] Knechte und Mägde fordern höhere Löhne oder bessere Verköstigung und drohen, andernfalls den Dienst aufzugeben.[108]

Wir haben in einer früheren Arbeit die Meinung geäußert, daß die Widerspiegelung der sozialen Gegensätze in den Volksliedern eine Erscheinungsform der

---

104 J. Linnus, Maakäsitöölised Eestis 18. sajandil ja 19. sajandilalgul (Die Landhandwerker in Estland im 18. und zu Beginn des 19. Jahrhunderts), Tallinn 1975.
105 ERA II-2, 580 f.
106 Ebenda, 626, 316 f., 324 ff.
107 Ebenda, 592, 549, 537.
108 Ebenda, 566, 558.

Entwicklung der kapitalistischen Verhältnisse war.[109] Auf Grund der Analyse der hier angeführten Materialien sind wir aber zu einer anderen Schlußfolgerung gekommen. Die Arbeit für einen anderen Menschen wird in der Volksdichtung nicht als spezifische Form der kapitalistischen Lohnarbeit, sondern mehr allgemein abgelehnt. Ein Mensch wird von seinen Eltern nicht deshalb zur Welt gebracht, um in der Zukunft für andere Menschen zu schuften – das ist die Moral der Volksdichtung. Es ist ungerecht, wenn ein Mensch Nutzen aus der Arbeit eines anderen Menschen zieht – und dieser Vorwurf trifft im gleichen Maße sowohl den fremden Wirt als auch den leiblichen Bruder. Gerade die Verflechtung vorkapitalistischer mit frühkapitalistischen Gegensätzen macht die Untersuchung sehr schwierig und das Auffinden verschiedener Entwicklungsstufen äußerst kompliziert. Hier ist es wichtig zu betonen, daß in dem von uns untersuchten Zeitraum – und mit großer Wahrscheinlichkeit noch viel früher – die Verhältnisse im patriarchalischen Dorf und Bauernhof voll innerer Spannungen und Gegensätze waren.

III. Bauernschaft und Bauernfamilie im Prozeß der sozialen Mobilität

1. Zur Typologie des Bauernhaushalts

Bevor wir zur Betrachtung der Haushalts- und Familientypen in der zu untersuchenden Periode übergehen, müssen wir unsere Aufmerksamkeit einer eigenartigen Relikterscheinung zuwenden.

Es ist symptomatisch, daß die letzten Angaben über bäuerliche Mehrfamilienhaushalte zum Ende des 18. Jahrhunderts gehören. Aber schon in diesen Dokumenten haben die Zeitgenossen betont, daß es sich nicht so sehr um typische, sondern um lokal begrenzte Phänomene handelt.

„Bey der großen Volksmenge trifft es sich, daß 5 bis 6 Familien in einem Gesinde beysammen wohnen", schrieb A. W. Hupel in seinem 1782 veröffentlichten Buch über die Bewohner der Insel Hiiu, „und daß bey einem Tisch 20 oder mehrere Personen ganz zufrieden mit einander speisen, welches unter anderen Ehsten sonderlich in Ansehung der Weiber, was Unerhörtes wäre."[110]

Noch am Ende des 19. Jahrhunderts gab es auf der Insel Hiiumaa (Dago) zahlreiche große Bauernhöfe, in denen mehr als 15 Menschen als eine Familie zusammenlebten. Sie machten 4,6 % der Gesamtzahl der Bauernhöfe aus.[111] Nach den Erinnerungen alter Leute setzte sich eine solche Großfamilie aus Kleinfamilien zusammen. Die Häupter der Kleinfamilien waren verheiratete Wirtssöhne, das Haupt

---

109 Juhan Kahk, Der Umbruch in der Lebenseinstellung der Bauern in der Übergangsperiode vom Feudalismus zum Kapitalismus, in: J. Kahk, H. Ligi, E. Tarvel, Beiträge zur marxistischen Agrargeschichte Estlands der Feudalzeit: neue Ergebnisse, neue Probleme, neue Methoden, Tallinn 1974, 66–75.

110 A. W. Hupel, Topographische Nachrichten von Lief- und Ehstland, 3. Bd., Riga 1782, 572.

111 H. Puss, Hiiumaa suurperedest. Etnograafiamuuseumi aastasaamat XXX, Tallinn 1977, 129. (H. Puss, Über die Großfamilien auf der Insel Hiiumaa).

der Großfamilie war der Großvater (nach seinem Tode die Großmutter).[112] Alle
Mitglieder der Großfamilie speisten noch am Ende des 19. Jahrhunderts zusammen: wenn nicht an einem Tisch, so doch in ein und demselben Raume. Alle Erträge
der Ernte und der Viehzucht benutzte man gemeinsam. Nur die Schafe, deren Wolle
zur Anfertigung der Kleidung diente, gehörten den Kleinfamilien.

Doch solche Großfamilien waren, wie schon erwähnt wurde, Ausnahmen. Es
ist symptomatisch, daß sie gerade auf den Inseln vorkamen, wo überhaupt, wie die
Angaben des Kirchspiels Anseküla zeigen, patriarchalische Verhältnisse stärker
verbreitet waren. Welche Familien- und Haushaltstypen aber allgemein verbreitet
waren, ist aus den Angaben der Tabelle 7 zu ersehen.

Die angeführten Angaben zeigen vor allem, daß das allgemeine Strukturbild
während der Periode von 1816 bis 1850 unverändert blieb: Die Typologie der Familien der Bauernwirtschaften war Mitte des 19. Jahrhunderts im Grunde genommen
dieselbe wie in den ersten Jahrzehnten des Jahrhunderts.

Aber die Angaben der Tabelle sprechen auch davon, daß sich die Kirchspiele
Sangaste, Türi und Anseküla ihrer allgemeinen Sozialstruktur nach beträchtlich
voneinander unterschieden haben.

Während Bauernwirtschaften mit Knechtsarbeit im Kirchspiel Sangaste drei
Viertel aller Wirtschaften ausmachten, so waren es im Kirchspiel Türi weniger als
die Hälfte. Im Kirchspiel Anseküla machten solche Wirtschaften nur ein Zehntel aller Wirtschaften aus. Während in Sangaste Bauernwirtschaften ohne Knechte ebenfalls nur ein Zehntel der Gesamtzahl der Wirtschaften betrugen, so entfielen auf sie
in Türi etwa 40 % der Gesamtzahl der Bauernwirtschaften und im Kirchspiel Anseküla 70 %. In Sangaste umfaßten große Bauernhöfe, in welchen außer der Wirtsfamilie auch Knechte und Lostreiberfamilien lebten, ungefähr ein Zehntel aller Wirtschaften. Im Kirchspiel Türi waren solche Großwirtschaften eine Ausnahme, und
ihr Anteil beträgt nur einige Prozent. Im Kirchspiel Anseküla gab es solche Wirtschaften überhaupt nicht.

Wie die Angaben in Tabelle 7 zeigen, dominierten im Kirchspiel Sangaste Bauernwirtschaften, die sich auf Knechtsarbeit stützten. Außerdem gab es aber auch
Großwirtschaften, deren Wirte sich, neben der Arbeitskraft der Knechte, auch der
der Lostreiber bedienten, und solche Bauernhöfe, deren Wirtschaftstätigkeit ausschließlich auf der Arbeitskraft der Mitglieder der Wirtsfamilie basierte. Im Kirchspiel Türi war die Situation etwas anders. Jeweils ungefähr ein Viertel aller Bauernhöfe wurde von Kernfamilienhaushalten und von Mehrfamilienhaushalten gebildet,
in ungefähr einem weiteren Viertel der Höfe lebten Kernfamilien der Wirte mit ledigen oder verheirateten Knechten.

Anseküla ist ein patriarchalisches Gebiet, in dem Wirtschaften vorherrschten,
die keine Knechtsarbeit benutzten; dabei verstärkt sich dieses „patriarchalische
Wesen" mit der Zeit. Damit bestätigen auch diese Angaben, daß die Knechtsarbeit
in Südestland mehr verbreitet war als in Nordestland.

---

112 Ebenda 130.

Typologie der bäuerlichen Familien (Laslett – Hammel – Schema)

| | | Kirchspiel Sangaste | | | | | | Kirchspiel Türi | | | | | | Kirchspiel Ansekül a | | | | | |
| | | 1816 | | 1834 | | 1850 | | 1816 | | 1834 | | 1850 | | 1816 | | 1834 | | 1850 | |
		Anzahl	%	Anzahl	%	Anzahl	%	Anzahl	%	Anzahl	%	Anzahl	%	Anzahl	%	Anzahl	%	Anzahl	%
Kernfamilienhaushalt* (Simple family household)	a)	43	8,3	25	5,6	25	5,5	96	27,6	91	27,9	94	24,2	67	42,7	49	29,1	51	30,9
	b)	124	23,8	44	10	21	4,6	73	20,9	53	16,3	17	4,4	19	12,1	3	1,8	2	1,2
	c)	0	0	3	0,7	1	0,2	3	0,9	7	2,2	8	2,1	0	0	1	0,6	1	0,6
	d)	5	1	49	11,1	30	6,6	0	0	4	1,2	4	1	0	0	0	0	0	0
	e)	212	40,7	165	37,2	158	35,2	70	20	56	17,2	49	12,6	9	5,7	6	3,6	2	1,2
Zusammen		384	73,8	286	64,6	235	52,1	242	69,4	211	64,8	172	44,3	95	60,5	59	35,1	56	33,9
Kernfamilienhaushalt mit Eltern (Extended family household: upwards)	a)	1	0,2	0	0	2	0,4	6	1,7	7	2,2	12	3,1	2	1,3	4	2,4	6	3,6
	b)	6	1,1	3	0,7	2	0,4	7	2	10	3	1	0,3	0	0	1	0,6	0	0
	c)	0	0	1	0,2	0	0	0	0	0	0	2	0,5	0	0	0	0	0	0
	d)	0	0	2	0,5	1	0,2	0	0	0	0	0	0	0	0	0	0	0	0
	e)	14	2,7	11	2,5	9	2	8	2,3	8	2,5	8	2	2	1,3	0	0	0	0
Zusammen		21	4	17	3,9	14	3	21	6	25	7,7	23	5,9	2	1,3	5	3	6	3,6
Kernfamilienhaushalt mit Brüdern – Schwestern des Wirtes (Extended family household: laterally/Frérèches)	a)	6	1,1	5	1,1	6	1,3	17	4,8	20	6,1	42	10,8	19	12,1	37	22	16	9,7
	b)	22	4,2	4	0,9	6	1,3	15	4,3	12	3,7	7	1,8	6	3,8	2	1,2	2	1,2
	c)	0	0	2	0,5	0	0	0	0	0	0	0	0	0	0	0	0	1	0,6
	d)	1	0,2	4	0,9	7	1,5	0	0	0	0	0	0	0	0	0	0	0	0
	e)	26	5	36	8,1	45	10	5	1,5	5	1,5	18	4,6	0	0	4	2,4	7	4,3
Zusammen		55	10	51	11,5	64	14,2	37	10,6	37	11,3	67	17,2	25	15,9	43	25,6	26	15,8
Mehrfamilienhaushalt (Multiple family household)	a)	9	1,7	9	2	19	4,2	28	8	35	10,7	64	16,5	24	15,5	50	29,8	69	41,9
	b)	26	5	16	3,6	23	5,1	7	2,1	10	3,1	17	4,4	9	5,7	9	5,3	3	1,8
	c)	0	0	1	0,2	2	0,4	4	1,1	0	0	1	0,3	0	0	0	0	0	0
	d)	1	0,2	10	2,3	15	3,3	4	1,1	2	0,6	4	1	0	0	0	0	0	0
	e)	25	4,8	53	12	79	17,5	6	1,7	6	1,8	40	10,4	2	1,3	2	1,2	5	3
Zusammen		61	11,7	89	20,1	138	30,6	49	14	53	16,2	126	32,6	35	22,3	61	36,3	77	46,7
Gesamtzahl der Haushalte		521	100	443	100	451	100	349	100	326	100	388	100	157	100	168	100	165	100

* Untergruppen: a) allein, b) mit unverheiratetem Knechtsvolk, c) mit unverheiratetem Knechtsvolk und Einwohnern, d) mit Einwohnern, e) mit Knechtsfamilien.

Man kann den allgemeinen Schluß ziehen, daß zwar die Kernfamilie in der von uns untersuchten Periode zahlenmäßig dominierte, jedoch in reiner Form sehr selten existierte (Tabelle 8). Im höher entwickelten Südestland überwiegt sie in Kombination mit Knechtsvolk und Einwohnern; in Nordestland sind neben diesem Typ auch „reine" Kernfamilien anzutreffen. Auf den Inseln dominiert die Verbindung der „reinen" Kernfamilie mit Verwandten. In Südestland bilden „reine" Kernfamilien weniger als ein Zehntel, in Nordestland ein Viertel, auf den Inseln rund ein Drittel aller Haushalte.

Tabelle 8:
Haushalte um Kernfamilien

	allein lebende Kernfamilien	Kernfamilien zusammen mit Verwandten	Kernfamilien zusammen mit Knechtsvolk u. Einwohnern	Kernfamilien zusammen mit Verwandten, Knechtsvolk und Einwohnern (b u. c zusammen)
	a Anzahl (%)	b Anzahl (%)	c Anzahl (%)	d Anzahl (%)
Kirchspiel Sangaste				
1816	43 (9)	16 (3)	321 (65)	113 (23)
1834	25 (6)	14 (7)	245 (60)	127 (31)
1850	25 (6)	27 (6)	202 (46)	189 (43)
Kirchspiel Türi				
1816	96 (27)	51 (15)	146 (42)	56 (16)
1834	91 (28)	62 (19)	120 (37)	53 (16)
1850	94 (24)	118 (30)	78 (20)	98 (25)
Kirchspiel Anseküla				
1816	67 (43)	45 (29)	28 (18)	17 (11)
1834	49 (29)	91 (54)	10 (6)	18 (11)
1850	51 (31)	91 (55)	5 (3)	18 (11)

Mittels der Angaben über Enkelkinder der Wirtsfamilien können wir ferner eine gewisse Vorstellung von der Anzahl der Bauernhöfe bekommen, in denen drei Generationen gleichzeitig lebten. Da wir nur Angaben über den Anteil der Enkelkinder der Wirte in der gesamten bäuerlichen Bevölkerung auswerten konnten, müssen wir diese Frage ziemlich vorsichtig behandeln. Wir haben die Zahl der Enkelkinder durch die Gesamtzahl der Bauernhöfe dividierte. Da aber in einem Bauernhofe mehr als ein Enkelkind des Wirtes leben konnte, so wird auch die Zahl solcher Bauernhöfe geringer sein als die Ziffer, die wir bekommen haben; jedenfalls war sie nicht größer (Tabelle 9).

Tabelle 9:
Höchstmöglicher Anteil der Bauernhöfe, auf denen 3 Generationen gleichzeitig lebten

	Sangaste	Türi	Anseküla
1816	24 %	18 %	67 %
1834	20 %	20 %	57 %
1850	29 %	27 %	62 %

Obwohl wir es mit sehr ungefähren Angaben zu tun haben, scheint der Anteil solcher Familien in Estland bedeutend höher als in anderen Ländern zu sein. Dafür sprechen die von Laslett angeführten Daten, daß im vorindustriellen England in etwa 10 % der Haushalte mehr als zwei Generationen gleichzeitig lebten.[113] „Der Anteil der Dreigenerationenfamilien ist hier nicht sehr groß, im Laufe des 17. und 18. Jahrhunderts jedoch im stetigen Anstieg begriffen", schreibt M. Mitterauer auf Grund der Analyse der Seelenrevisionen in drei ländlichen Gebieten Österreichs. „1648 sind es bloß 1,2 % der Familien, 1671 – schon 6,6 %, 1772 – 9,5 %."[114]

Auch Fälle, wo in einem Bauernhofe noch Vater oder Mutter des Bauernwirtes lebten, waren in den von uns untersuchten Kirchspielen verhältnismäßig selten (Tabelle 10).

Tabelle 10:
Anteil der Bauernhöfe, auf denen Vater oder Mutter des Wirts mitlebte

	Sangaste	Türi	Anseküla
1816	6 %	7 %	8 %
1834	11 %	18 %	22 %
1850	15 %	16 %	13 %

Theoretisch konnte jede Wirtsfamilie einen „Dreistufenzyklus" durchmachen. Anfangs lebt ein jung verheiratetes Paar mit den Eltern zusammen. Dann bekommt die junge Familie Kinder, es entsteht eine Drei- oder Zweigenerationenfamilie (falls die Eltern zu dieser Zeit nicht mehr am Leben sind). Die dritte Stufe, wenn schon Enkelkinder da sind, ist eigentlich eine Wiederholung der zweiten Stufe (nur die Rollen haben gewechselt – das einst junge Ehepaar ist an die Stelle der Großeltern gerückt).

In der geschichtlichen Realität aber war das Bild anders. Wegen der kurzen Lebensdauer wechselten die Generationen viel schneller. Wir haben diejenigen Wirts-

---

113 Laslett, Family life, 91.
114 Mitterauer, Vorindustrielle Familienformen, 137.

familien einer speziellen Analyse unterworfen, deren Häupter im Laufe von zwei
oder drei aufeinanderfolgenden Revisionen einem Bauernhofe vorstanden. Die
Zahl solcher „lang lebender" Wirtsfamilien war gering (Tabelle 11).

Tabelle 11:
Zahl der Bauernwirte, die in mehr als einer Revision einem Bauernhof vorstanden

	1816 und 1834	1834 und 1850	1816, 1834 und 1850
in Sangaste	106	170	18
in Türi	89	108	7
in Anseküla	44	55	3

Auf welche Weise in den Familien der Generationswechsel erfolgte, ist aus der
Tabelle 12 ersichtlich.

Welche Kombinationen sind typisch und dominierend?

Beginnen wir diesmal mit dem Kirchspiel Anseküla. Von Kernfamilien mit
Kindern ging in der Periode 1816−1834 die Hälfte in die Kategorie der Dreigenera-
tionenfamilien (mit Enkelkindern) über. Wie am Anfang, so war auch am Ende der
Periode der Anteil jener Mehrfamilienhaushalte bedeutend, in denen neben der
Familie des Wirtes auch andere Verwandte und ihre Familien lebten. In der Zeit-
spanne 1834−1850 vergrößert sich der Anteil gerade dieser letzten Kategorie.

In Sangaste und Türi ist und bleibt das Bild im allgemeinen unverändert. Während zweier aufeinanderfolgender Revisionen blieben Kernfamilien mit Kindern in
der Regel in derselben Kategorie, und nur ein Fünftel von ihnen verwandelte sich in
Familien mit Enkeln. Der schnelle Generationswechsel ist stark zu fühlen − ehe die
Kinder selbst Kinder bekamen, waren ihre Eltern schon gestorben. In der Periode
1834−1850 wird in Türi auch der Anteil von Mehrfamilienhaushalten bedeutend.

Einen regelmäßigen zyklischen Übergang von Zweigenerationenfamilien zu
Dreigenerationenfamilien kann man nur im patriarchalischen Anseküla sehen. In
anderen Kirchspielen aber hat der schnelle Generationswechsel dazu geführt, daß
Kernfamilien mit Kindern dominierend blieben. Um die Jahrhundertmitte macht
sich jedoch auch hier die Vergrößerung des Anteils von Mehrfamilienhaushalten
fühlbar.

Weitere Hinweise auf den Familienzyklus erhalten wir, wenn wir Familientypen nach dem Alter der Wirte gruppieren (Tabelle 13).

Auch die Angaben dieser Tabelle sprechen davon, daß Wirte, die jünger als
31 Jahre sind, keine Kinder oder nur Kleinkinder hatten, aber häufig mit Eltern zusammen lebten. In der Gruppe der 31- bis 50jährigen dominieren Wirte mit Kindern, aber schon ohne Eltern. Wirte, die älter als 51 Jahre sind, machen in Sangaste
nur 19,3 % und in Türi 37,2 % aus; und weniger als die Hälfte von ihnen hat Enkelkinder. Dreigenerationenfamilien mit Enkeln sind nur im patriarchalischen Anseküla in bedeutendem Maß vorhanden.

Tabelle 12:
Generationswechsel in den Familien der Bauernwirte (in Prozent der Gesamtzahl der Fälle)

	Kirchspiel Sangaste						Kirchspiel Türi						Kirchspiel Anseküla					
	K-fam. ohne K. 1a	Dies. mit Eltern 1b	K-fam. mit Kinder 2	Dies. mit Eltern 3a	K-fam. mit K. u. Enkeln 3b	Mehr-familien-haushalte 4	K-fam. ohne K. 1a	Dies. mit Eltern 1b	K-fam. mit Kinder 2	Dies. mit Eltern 3a	K-fam. mit K. u. Enkeln 3b	Mehr-familien-haushalte 4	K-fam. ohne K. 1a	Dies. mit Eltern 1b	K-fam. mit Kinder 2	Dies. mit Eltern 3a	K-fam. mit K. u. Enkeln 3b	Mehr-familien-haushalte 4
1816 →	**1834 (106 Familien)**						**1834 (89 Familien)**						**1834 (44 Familien)**					
Kernfamilie ohne Kinder 1a	2,8		5,7				1,1		3,4			1,1	2,2					2,2
Dieselbe mit Eltern 1b																		
Kernfamilie mit Kindern 2	1,9		56,6		14,2	3,8	2,3		60,7		21,3	1,1			27,2		27,2	
Dieselbe mit Eltern 3a			1,9	0,9	1,9				3,4						2,2	2,2	2,2	
Kernfamilie mit Kindern u. Enkeln 3b					0,9						1,1						4,5	
Mehrfamilienhaushalte 4			0,9		1,9	1,9					1,1	3,4					9,9	13,6
1834 →	**1850 (170 Familien)**						**1850 (108 Familien)**						**1850 (55 Familien)**					
Kernfamilie ohne Kinder 1a	5,3		4,7			4,7	5,5		7,4				1,8		1,8			5,4
Dieselbe mit Eltern 1b			0,9						0,9						1,8			
Kernfamilie mit Kindern 2	3,5		43,5	0,6	11,8	4	1,8		45,4		14,8	12			20		11	1,8
Dieselbe mit Eltern 3a			2,9	0,6	1,2	0,6					1,8				3,6		1,8	
Kernfamilie mit Kindern u. Enkeln 3b	0,6		0,6		1,8						1,8		3,6		3,6		3,6	
Mehrfamilienhaushalte 4	0,6		1,2			11,2			0,9		0,9	7,4	3,6	1,8	3,6			31

Tabelle 13:
Zusammensetzung der Wirtsfamilien nach dem Alter der Wirte (1834) in Prozent der
Gesamtzahl der Wirtsfamilien

| | Altersgruppen der Wirte | | | |
	−25	26−30	31−50	51−
	Sangaste			
Kernfamilie ohne Kinder (mit/ohne Eltern)	4,3	3,5	3,1	0,8
Kernfamilie mit Kindern und Eltern	−	0,4	3,5	−
Kernfamilie nur mit Kindern	3,9	9,7	39	11,9
Kernfamilie mit Kindern und Enkeln	−	−	2,3	6,6
	Türi			
Kernfamilie ohne Kinder (mit/ohne Eltern)	4,2	2,1	3,1	2,1
Kernfamilie mit Kindern und Eltern	−	−	1,6	−
Kernfamilie nur mit Kindern	1	8,4	35,1	25,1
Kernfamilie mit Kindern und Enkeln	−	−	0,5	10
	Anseküla			
Kernfamilien ohne Kinder (mit/ohne Eltern)	1,0	−	4,2	−
Kernfamilie mit Kindern und Eltern	−	4,3	2,2	−
Kernfamilie nur mit Kindern	2,2	2,2	19,4	8,6
Kernfamilie mit Kindern und Enkeln	−	−	1,0	22,6

2. Zur Frage der sozialen Mobilität

Aus dem Problem der sozialen Mobilität – das heißt des Übergangs von einer sozialen Kategorie in eine andere – ergibt sich zu gleicher Zeit der Fragenkomplex, wie
stark die „sozialen Mauern" zwischen verschiedenen Kategorien der Bauern waren
und ob sich diese Absonderung mit der Zeit verstärkte oder nicht.

Wenn wir diese Fragen auf Grund der uns zur Verfügung stehenden Quellen zu beantworten versuchen, so müssen wir vor allem berücksichtigen, daß sich auch im Laufe einer kurzen Periode (wie z. B. 18 oder 16 Jahre) das Kontingent der Menschen bedeutend veränderte. In der Zeitspanne zwischen zwei Revisionen konnte in irgendeinem Kirchspiele nur ungefähr ein Drittel oder eine Hälfte der vorhandenen Bevölkerung bleiben (Tabelle 14).

Tabelle 14:
Bevölkerungskontinuität zwischen den Revisionen 1816, 1834 und 1850

	Anzahl der Menschen, die während der Revision registriert waren	von diesen waren während der nächsten Revision vorhanden geblieben
Kirchspiel Sangaste	1816: 5731 1834: 6792	1834: 1666 (29 %) 1850: 2865 (42 %)
Kirchspiel Türi	1816: 3864 1834: 4735	1834: 1602 (42 %) 1850: 2166 (46 %)
Kirchspiel Anseküla	1816: 1460 1834: 1627	1834: 721 (49 %) 1850: 822 (51 %)

Wie den Revisionslisten zu entnehmen ist, siedelten kleine Teile der Bevölkerung in andere Kirchspiele über bzw. wurden zum Militär rekrutiert.

Diese Gründe erklären aber nur einen geringen Teil der Veränderungen in der Bevölkerungszahl. Der Hauptgrund war doch der durch hohe Kindersterblichkeit und kurze Lebensdauer hervorgerufene Generationswechsel.

Auf Grund der Analyse der Angaben über Menschen, die sozusagen „durch zwei aufeinanderfolgende Revisionen lebten", sind wir zu einigen Resultaten über den Charakter der sozialen Mobilität gekommen, die in den nachstehenden Tabellen angeführt werden (Tabelle 15).

Wie wir sehen, sind die verschiedenen Kirchspiele in einiger Hinsicht sehr ähnlich, in anderer aber unterscheiden sie sich sehr voneinander. Zum Beispiel blieben von den Söhnen und Töchtern des Jahres 1816 im Jahr 1834 in derselben Rolle oder hatten die Wirtschaften ihrer Väter geerbt: in Sangaste – 54 %, in Türi – 56 % und in Anseküla – 61 %. Gleichzeitig gingen in die Kategorie der Knechte und Mägde über: in Sangaste – 28 %, in Türi – 12 % und in Anseküla – nur 2 %.

Die Aussichten der Knechte, Bauernwirte zu werden, waren überall ziemlich gleich und schwankten zwischen 16 %–17 %. Überall können wir beobachten, daß die sozialen Schranken in der Zeitspanne 1834–1850 stärker waren als 1816–1834. Überall hat sich die Abgeschlossenheit verstärkt – sowohl in der Gruppe der Bauernwirte als auch in der von Knechten und Lostreibern (nur in Anseküla waren die Umschwünge nicht so groß wie in den Kirchspielen des Festlandes) (Tabelle 16).

Tabelle 15:
Die soziale Mobilität zwischen den verschiedenen Schichtungen der Bauernschaft 1816, 1834 und 1850 (beide Geschlechter)

Kirchspiel Sangaste

Gesamtzahl	Gesamtzahl 1816	Davon lebten im Kirchspiel 1834	Von diesen waren (blieben) während der nächsten Revision				
			Bauernwirte	Söhne-Töchter des Wirtes	Knechte	Lostreiber	Sonstige
Bauernwirte	1022	321	166 51,7%	–	22 6,8%	38 11,8%	95 29,7%
Söhne – Töchter der Bauernwirte u. ihre Kinder	1627	632	199 31,5%	142 22,4%	179 28,3%	10 1,6%	102 16,2%
Knechte – Mägde und ihre Kinder	1469	341	57 16,7%	11 3,2%	195 57,2%	58 17,0%	20 5,9%
Lostreiber u. ihre Kinder	289	48	9 19,0%	2 4,2%	16 33,3%	19 39,6%	2 4,1%
Bauernwirte	1834 931	1850 467	342 73,2%	–	12 2,6%	4 0,9%	109 23,3%
Söhne – Töchter der Bauernwirte u. ihre Kinder	1572	755	136 18,0%	308 41,0%	56 7,4%	1 0,1%	254 33,7%
Knechte – Mägde und ihre Kinder	1723	730	47 6,4%	13 1,8%	615 84,2%	19 2,6%	36 5,0%
Lostreiber u. ihre Kinder	588	162	1 0,6%	1 0,6%	66 40,7%	80 49,4%	14 8,7%

Kirchspiel Türi

Gesamtzahl	Gesamtzahl 1816	Davon lebten im Kirchspiel 1834	Von diesen waren (blieben) während der nächsten Revision				
			Bauernwirte	Söhne-Töchter des Wirtes	Knechte	Lostreiber	Sonstige
Bauernwirte	626	317	173 54,6%	–	3 1,0%	21 6,6%	120 37,8%
Söhne – Töchter der Bauernwirte u. ihre Kinder	1112	526	106 20,0%	191 36,3%	64 12,2%	16 2,5%	149 28,3%
Knechte – Mägde und ihre Kinder	647	238	41 17,2%	13 5,5%	100 42,0%	70 29,5%	14 5,9%
Lostreiber u. ihre Kinder	707	256	19 7,4%	11 4,3%	40 15,6%	148 58,0%	38 14,9%
Bauernwirte	1834 664	1850 350	239 68,3%	–	–	4 1,0%	107 30,6%
Söhne – Töchter der Bauernwirte u. ihre Kinder	1244	673	126 18,7%	316 47,0%	7 1,0%	16 2,3%	208 31,0%
Knechte – Mägde und ihre Kinder	744	278	19 6,8%	18 6,5%	198 71,2%	32 11,5%	11 4,0%
Lostreiber u. ihre Kinder	895	364	8 2,2%	9 2,4%	14 3,0%	286 78,6%	47 13,0%

Kirchspiel Ansekūla

Gesamtzahl	Gesamtzahl 1816	Davon lebten im Kirchspiel 1834	Von diesen waren (blieben) während der nächsten Revision				
			Bauernwirte	Söhne-Töchter des Wirtes	Knechte	Lostreiber	Sonstige
Bauernwirte	293	124	79 63,7%	–	1 0,8%	–	44 35,5%
Söhne – Töchter der Bauernwirte u. ihre Kinder	639	366	82 22,0%	143 39,0%	6 1,6%	4 1,0%	131 35,8%
Knechte – Mägde und ihre Kinder	89	24	4 16,7%	2 8,3%	16 66,7%	–	2 8,3%
Lostreiber u. ihre Kinder	132	44	–	–	–	36 82,0%	8 18,2%
Bauernwirte	1834 310	1850 147	112 76,2%	–	–	1 0,7%	34 23,1%
Söhne – Töchter der Bauernwirte u. ihre Kinder	576	338	58 17,0%	165 49,0%	3 0,9%	5 1,5%	107 31,7%
Knechte – Mägde und ihre Kinder	60	26	2 7,7%	–	18 69,2%	1 3,8%	5 19,3%
Lostreiber u. ihre Kinder	148	54	2 3,7%	3 5,5%	–	44 81,5%	5 9,3%

Sonstige: Handwerker, Hofleute, Familienmitglieder des ehemaligen Wirtes, Witwen und ihre Kinder, Waisen, Bettler, Krüppel

Tabelle 16:

Soziale Mobilität der Bauernwirte und der Knechte (einschließlich ihrer Söhne) zwischen den Revisionen von 1816, 1834 und 1850 (Männer)

	Kirchspiel Sangaste			Kirchspiel Türi			Kirchspiel Anseküla		
	Gesamt-zahl	Blieben oder wurden Bauern-wirte	Blieben oder wurden Knechte	Gesamt-zahl	Blieben oder wurden Bauern-wirte	Blieben oder wurden Knechte	Gesamt-zahl	Blieben oder wurden Bauern-wirte	Blieben oder wurden Knechte
	1816	1834		1816	1834		1816	1834	
Söhne der Bauern-wirte	399	223 55,9 %	176 44,1 %	291	239 82,1 %	52 17,9 %	174	170 97,7 %	4 2,3 %
Knechte und ihre Söhne	248	57 23,0 %	191 77,0 %	125	40 32,0 %	85 68,0 %	14	4 28,6 %	10 71,4 %
	1834	1850		1834	1850		1834	1850	
Söhne der Bauern-wirte	387	335 86,6 %	52 13,4 %	287	285 99,3 %	2 0,7 %	154	152 98,7 %	2 1,3 %
Knechte und ihre Söhne	513	47 8,2 %	466 90,8 %	160	18 11,3 %	142 88,7 %	17	2 11,8 %	15 88,2 %

Das Problem der sozialen Mobilität kann mehr allgemein betrachtet werden – man kann herausfinden, in welche Kategorie der Bauern die von uns untersuchten Menschen, die während zweier aufeinanderfolgender Revisionen lebten, geraten waren. Die Resultate sind in Tabelle 17 angeführt, wo man „Quadrate der Stabilität" hervorheben kann, in denen die Zahl und der Anteil der Menschen angegeben sind, die im Laufe von zwei nachfolgenden Revisionen in ein und derselben Sozialgruppe geblieben sind. Wie wir sehen, ist die soziale Stabilität ziemlich hoch, besonders in der Kategorie der Bauernwirte; dabei nimmt diese Stabilität mit der Zeit zu. In den Jahren 1816–1834 bleiben in den Kirchspielen Sangaste und Türi 70%–75% der Bauernwirte in derselben Kategorie, und im Kirchspiel Anseküla sogar 95%. In den Jahren 1834–1850 bleiben etwa 90% der Bauernwirte aller Kirchspiele in derselben Kategorie (Tabelle 17).

Ziemlich abgeschlossen ist auch die Kategorie der Knechte, und diese Abgeschlossenheit nimmt auch zu: Im Kirchspiel Sangaste steigt sie von 60% auf 80%, im Kirchspiel Türi von 40% auf 50% und im Kirchspiel Anseküla von 50% auf 90%.

Diese Abgeschlossenheit spiegelt sich auch in den Volksliedern, in denen es

heißt, daß des Wirts Sohn oder Tochter gegen den Willen der Familie eine Magd
bzw. einen Knecht heiraten wollte.[115]

Wie aus Tabelle 17 ersichtlich, ist auch die Kategorie der Lostreiber ziemlich
abgeschlossen. Doch zu gleicher Zeit sind gerade für diese Gruppe einige „Immigra-
tionserscheinungen" kennzeichnend, die schon den Zeitgenossen aufgefallen waren.

Schon ab dem Ende des 18. Jahrhunderts begannen sich die adeligen Gesetz-
geber mit dem Problem zu befassen, was gegen diejenigen Bauernwirte unternommen werden sollte, die ihre eigene Wirtschaft nicht führen wollten und in die Kategorie der Lostreiber überzugehen beabsichtigten. „Das Privatrecht des Gutes Vigala" von 1789 hat vorgesehen, daß solch ein in die Kategorie der Lostreiber überge-
gangener Wirt dem Gutsbesitzer zwei Tage Fron wöchentlich leisten und eine all-
jährliche Strafe in Höhe von einem Rubel zahlen sollte.[116] Auf dieselbe Weise sollten auch die in die Kategorie der Lostreiber übergegangenen Knechte zwei Tage
Fron wöchentlich leisten, außerdem konnten sie einer gerichtlichen Strafe unterzogen werden.[117]

Tabelle 17:
Die soziale Zugehörigkeit der Bauernschaft zur Kategorie der Bauernwirte und ihrer
Familien (a), zur Kategorie der Knechte und Mägde und anderer Dienstleute und ih-
rer Familien (b) oder zu den Lostreibern (c) während verschiedener Revisionen

		Kirchspiel Sangaste 1834			Kirchspiel Türi 1834			Kirchspiel Anseküla 1834		
		a	b	c*	a	b	c*	a	b	c*
1816	a	69	21,3	3,3	75,4	7,5	4	94,5	1	1
	b	27,7	60	9	26	40	28,4	47	50	0
	c	26,2	38	33,3	14	16	59	3,8	0	94,2
		1850			1850			1850		
		a	b	c*	a	b	c*	a	b	c*
1834	a	90	1,5	0	92	0,1	1,3	92,3	0,6	2
	b	8	80,2	0	22,7	52	20	5,6	94,4	0
	c	0	13,7	82,5	14,2	4	81	11,3	0	88,7

* Ein kleiner Teil der Leute ist in die Gruppe der auf dem Gut Arbeitenden, der Handwerker
  und anderer Leute geraten, die in den Papieren als Witwen, Waisen, Bettler u. a. genannt
  wurden (in Sangaste machten sie 1834 12,2 % aus, 1850 – 24,1 %; in Türi entsprechend –
  29,7 % und 12,7 %; in Anseküla – 8,5 % und 5,1 %)

115 ERA II–2, 571–572.
116 Hansen, Die privaten Bauernrechte, 83 und 149.
117 Ebenda, 147–149, 275.

Die Verfasser dieser Gesetze waren der Meinung, wenn sie sich solchen Tendenzen nicht widersetzten, so würde ein jeder Wirt versuchen, seine Wirtschaft loszuwerden und zum Lostreiber zu werden.[118] A. W. Hupel schrieb 1777: „... man hat Beyspiele, daß der Wirth alles läßt zu Grunde gehen, wohl gar daß er sein Haus selbst in Brand steckt, um als Lostreiber seine Bequemlichkeit zu genießen."[119]

Gegen Ende des 18. Jahrhunderts wurden von den baltischen Landtagen Beschlüsse gefaßt, mit deren Hilfe versucht wurde, den Übergang der Wirte in die Kategorie der Lostreiber gänzlich zu untersagen.

In Wirklichkeit kam dieser Übergang aber verhältnismäßig selten vor.

Die Resultate der Analyse der Angaben von Seelenrevisionen zeigen, daß nur ein sehr kleiner Teil der Wirte und der Knechte in die Kategorie der Lostreiber überging (Tabelle 18).

Tabelle 18:
Übergang von Wirten und Knechten in die Kategorie der Lostreiber (in Prozent der Gesamtzahl des am Anfang der Periode lebenden Wirte und Knechte)

	Wirte		Knechte	
	1816—1834	1834—1850	1816—1834	1834—1850
Sangaste	4 %	8 %	5 %	1 %
Türi	3 %	1 %	11 %	6 %
Anseküla	0 %	0,3 %	0 %	8 %

Es ist aber sehr interessant, daß bei den in die Kategorie der Lostreiber Übergegangenen der Anteil der Wirte manchmal nicht viel geringer als der Anteil der Knechte war (Tabelle 19).

Tabelle 19:
Hauptquellen der Rekrutierung der Lostreiber (in %)

		Wirte	Knechte	Mitglieder der Knechtsfamilien	Lostreiber und Mitglieder ihrer Familien
Sangaste	1816—1834	27	36	12	13
	1834—1850	48	10	3	33
Türi	1816—1834	9	26	6	46
	1834—1850	2	11	6	70
Anseküla	1816—1834	0	0	0	79
	1834—1850	2	2	9	63

---

118 Ebenda, 289.
119 HUPEL, Topographische Nachrichten, Bd. 2, Riga 1777, 127.

Bei der Analyse der sozialen Mobilität kann man zu neuen interessanten Ergebnissen kommen, indem man Angaben über die Altersstruktur verschiedener Kategorien der Bauernschaft benutzt. Vor allem stellt sich heraus, daß der Anteil der Kinder in den Familien der Bauernwirte in der Regel höher war als in den Knechts- und Lostreiberfamilien.

Während in Türi und Anseküla im Laufe der ganzen zu untersuchenden Periode die Zahl der Kinder in den Bauernwirtsfamilien – sowohl der jüngsten (bis 4 jährigen) als auch der älteren (5- bis 14 jährigen) – höher als in den Knechtsfamilien war, so hatten die Bauernwirte in Sangaste 1816 und 1834 ein beträchtliches Übergewicht nur in der Gruppe der jüngsten Kinder.

Eine bildliche Vorstellung über die Altersstruktur der Bevölkerung können wir durch sogenannte Alterspyramiden bekommen (Graphiken 6, 7, 8; Tabelle 20). In diesen Alterspyramiden offenbaren sich die Unterschiede zwischen den verschiedenen Schichten der Bauernschaft am deutlichsten.

Die Alterspyramiden der Bauernwirtsfamilien sind normale Pyramiden der sich reproduzierenden Bevölkerung, die sowohl eine hohe Sterblichkeit als auch eine sie ausgleichende Geburtenzunahme hat. Die Alterspyramide der Wirtsfamilien bestimmen den Charakter der Alterspyramiden der gesamten Bauernbevölkerung. Im Laufe der Zeit findet eine kleine Veränderung statt: Die Basis (der Anteil der Kinder) vermindert sich, und die Spitze nimmt zu (der Anteil der älteren Generationen wird etwas höher).

Tabelle 20:
Die Altersstruktur verschiedener Sozialgruppen der Bauernschaft (in %)

Altersgruppe	1816			1834			1850		
	0—14	15—59	60—	0—14	15—59	60—	0—14	15—59	60—
Kirchspiel Sangaste									
Bauernwirte	46	52	2	45,5	53	1,5	42	55	3
Knechte	34	65	1	35	64	1	35	64	1
Lostreiber	25	59	16	34	55	11	33	59	8
Kirchspiel Türi									
Bauernwirte	47	49,5	3,5	41	54	5	34,5	61	4,5
Knechte	26	73,5	0,5	24,5	74	1,5	32,5	66	1,5
Lostreiber	40	50	10	40	49	11	31	62	7
Kirchspiel Anseküla									
Bauernwirte	41	53,5	5,5	33,5	60,5	6	36,5	59	4,5
Knechte	19,5	67	13,5	15	77	78	31	63,5	5,5
Lostreiber	29	54,5	16,5	28	62	10	34,5	62,5	3

Graphik 6:
Alterspyramiden der Bauernschaft des Kirchspiels Sangaste
(1 — Mitglieder der Familien der Wirte, 2 — Knechtsvolk, 3 — Lostreiber)

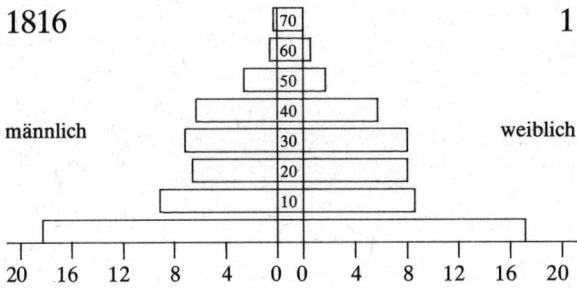

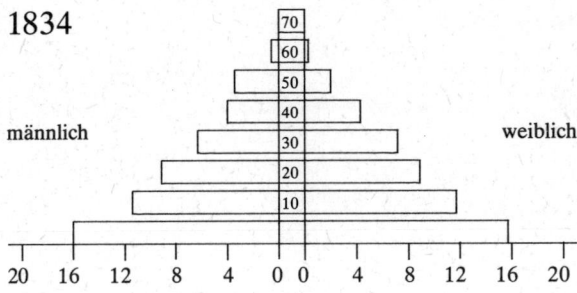

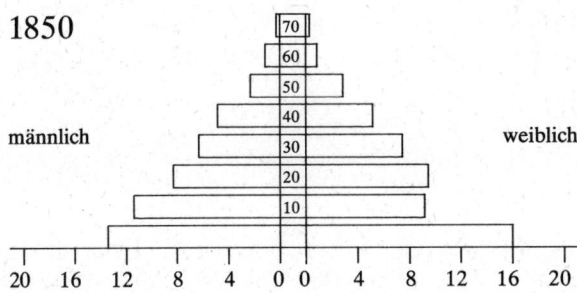

1816   2

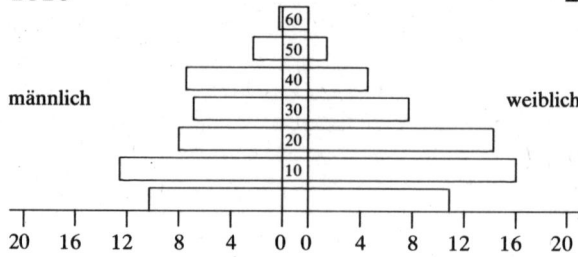

1834

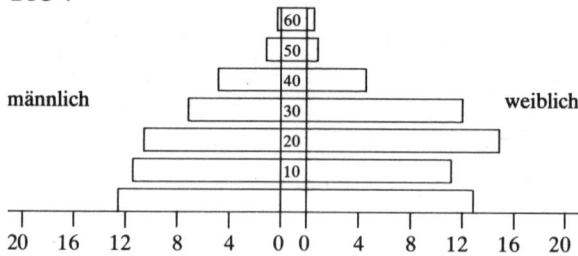

1850

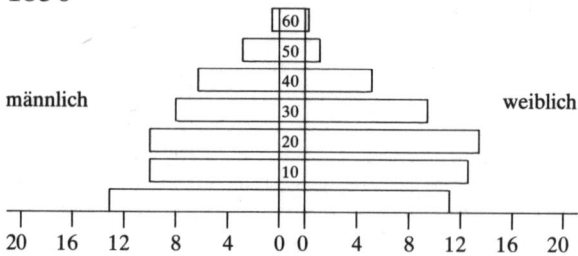

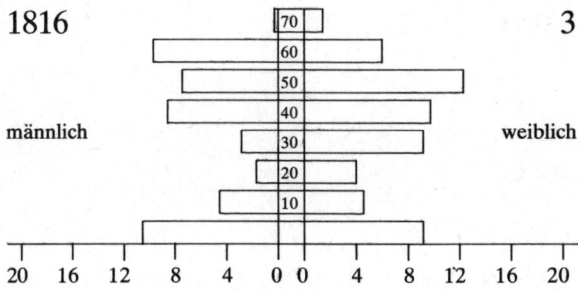

1816   3

männlich   weiblich

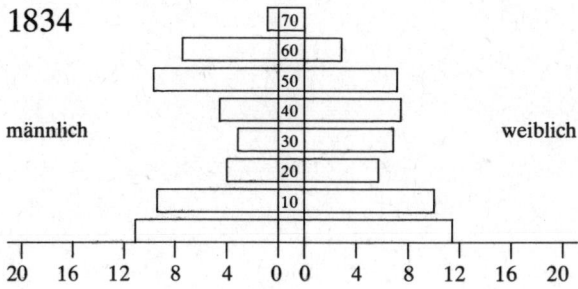

1834

männlich   weiblich

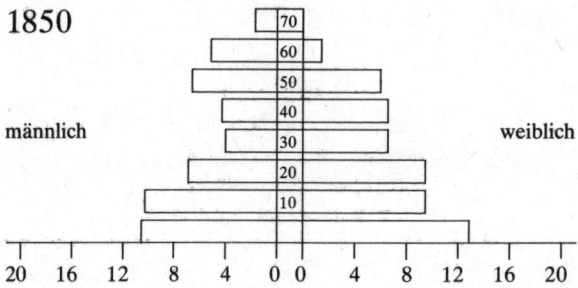

1850

männlich   weiblich

Graphik 7:
Alterspyramiden der Bauernschaft des Kirchspiels Türi
(1 – Mitglieder der Familien der Wirte, 2 – Knechtsvolk, 3 – Lostreiber)

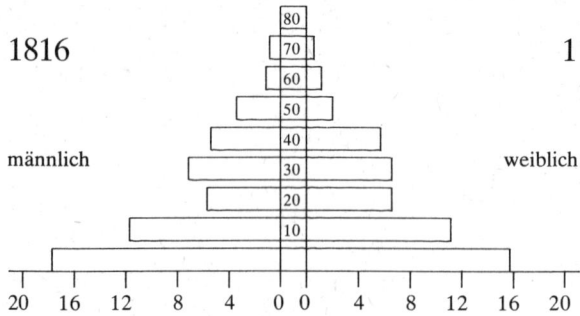

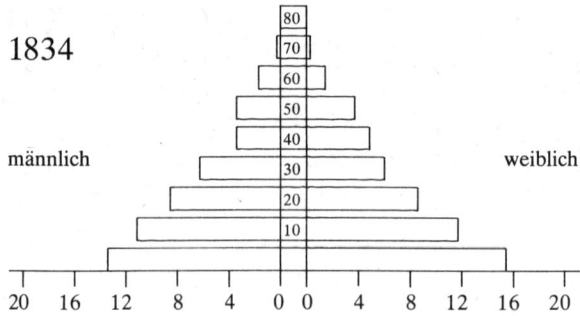

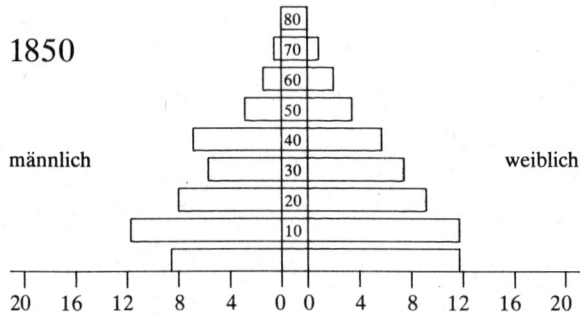

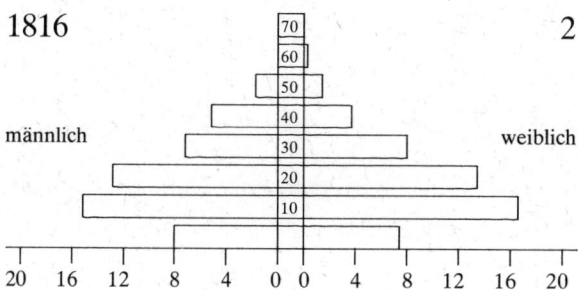

1816

männlich

weiblich

2

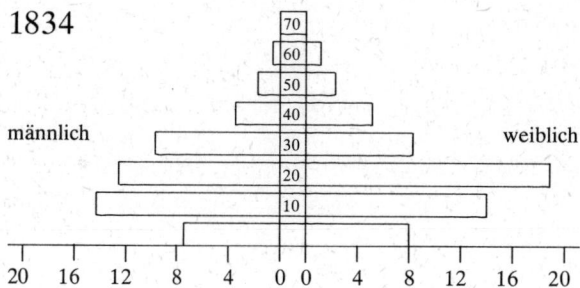

1834

männlich

weiblich

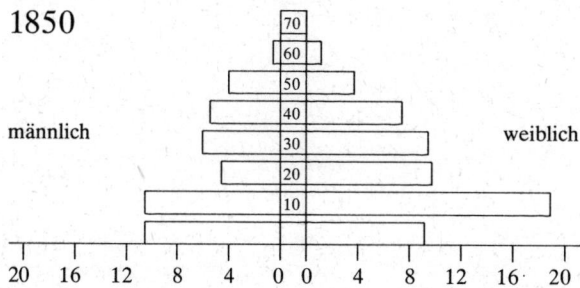

1850

männlich

weiblich

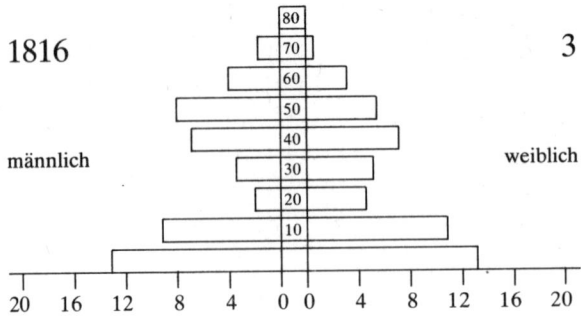

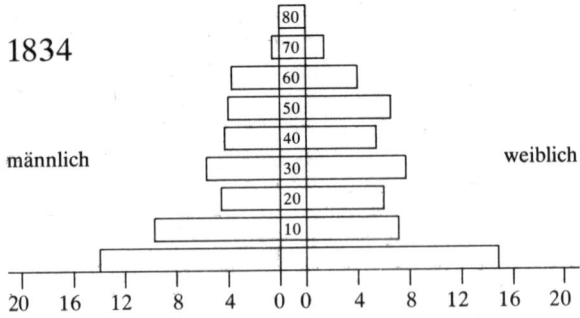

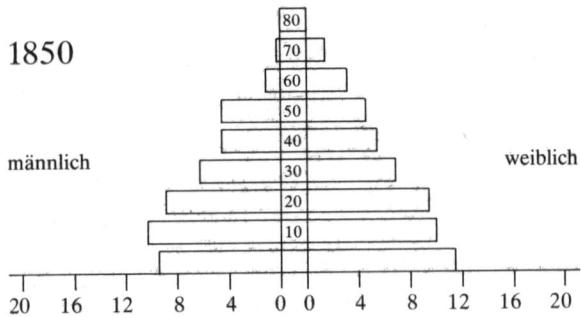

Graphik 8:

Alterspyramiden der Bauernschaft des Kirchspiels Anseküla
(1 − Mitglieder der Familien der Wirte, 2 − Knechtsvolk, 3 − Lostreiber)

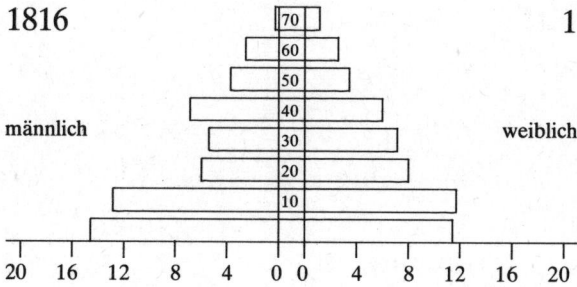

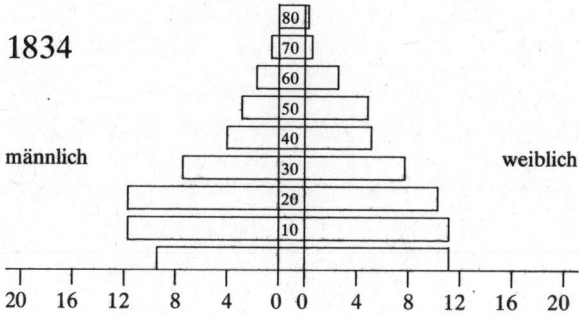

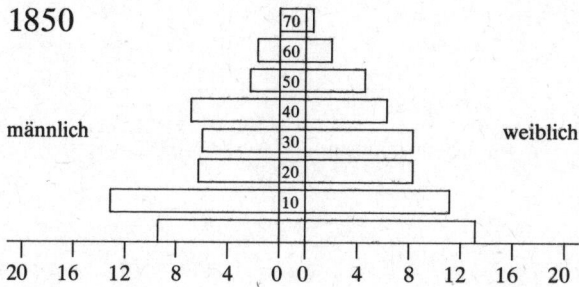

1816   **1**

männlich   weiblich

```
       20   16   12   8    4    0  0    4    8   12   16   20
```

1834

männlich   weiblich

```
       20   16   12   8    4    0  0    4    8   12   16   20
```

1850

männlich   weiblich

```
       20   16   12   8    4    0  0    4    8   12   16   20
```

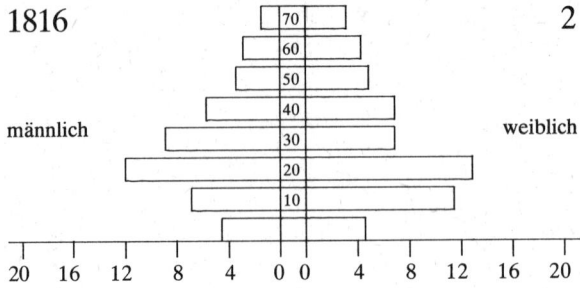

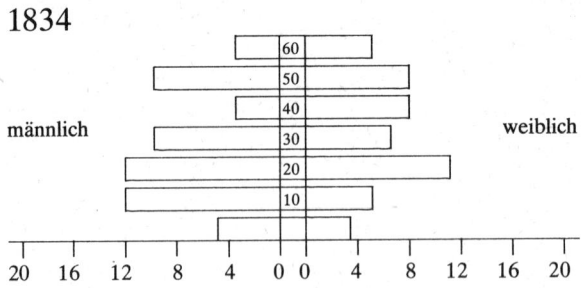

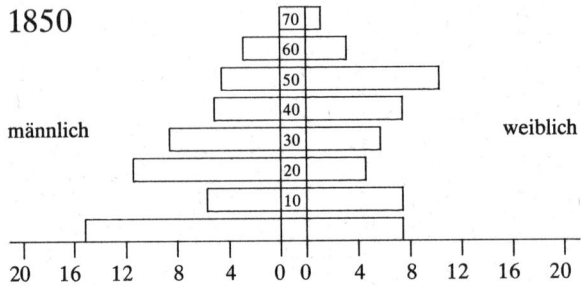

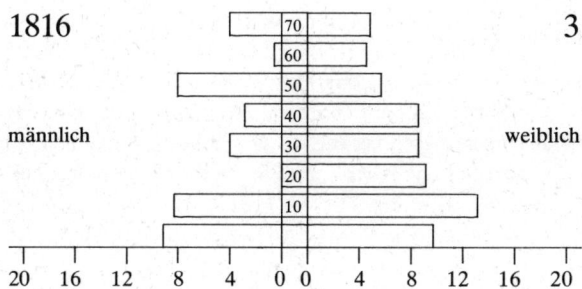

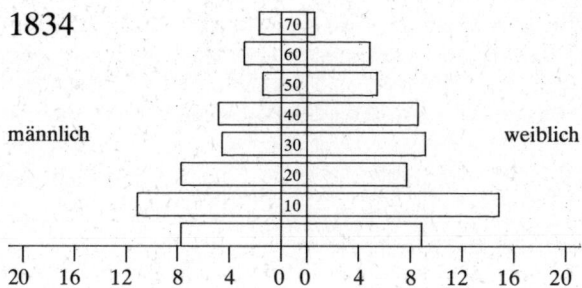

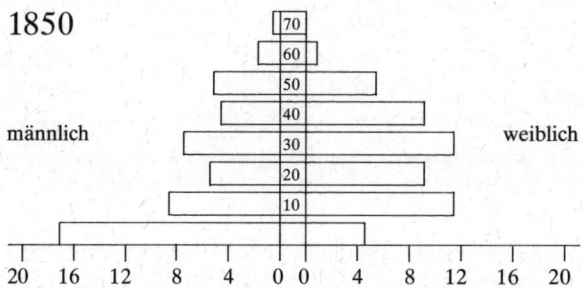

Die Alterspyramiden der Knechtsgruppe unterscheiden sich davon grundlegend. Sie bestehen hauptsächlich aus Menschen im arbeitsfähigen Alter, und der
Anteil von Kindern ist sehr niedrig. Die Schicht der Knechte konnte ihre Reproduktion nicht selbst sicherstellen und mußte ständig durch Vertreter von Wirts- und
Lostreiberfamilien ergänzt werden.

Auf Grund ihrer Alterspyramide erscheinen auch die Lostreiber als ungeeignet
für die Reproduktion der Bevölkerung. Sie zeigt nicht nur eine schmale Basis (der
Anteil der Kinder), sondern auch ungewöhnlich viele alte Leute.

Wenn wir versuchen, die Veränderung der Struktur dieser Alterspyramiden zu
verfolgen, so können wir für die Kirchspiele des Festlandes (Sangaste und Türi) folgende Tendenzen bemerken: Wie schon erwähnt, waren die Alterspyramiden der
Kategorie der Bauernwirte von Anfang bis zum Ende mehr oder weniger normale
Pyramiden der Reproduktion. Aber auch die Pyramiden des Knechtsstandes und
der Lostreiber nähern sich mit der Zeit der Form eines Dreiecks in der Weise, daß
sich ihre Basis etwas erweitert und sie sich oben verengen (besonders klar kommt
dies bei den Lostreibern des Kirchspiels Türi zum Ausdruck). Während der Periode
reiner Feudalverhältnisse waren einzelne Kategorien der Bauern demographisch
nicht selbständig (sie waren nicht imstande, sich selbst zu reproduzieren), sie stellten
Übergangs- (oder End-)stationen auf dem Wege der Entwicklung des menschlichen
Individuums dar: Zuerst war ein Individuum etwa der jüngere Sohn des Bauernwirtes, dann Knecht und letzten Endes Lostreiber. Im Laufe des Heranreifens der kapitalistischen Verhältnisse beginnen sich diese Schichten aber in Richtung einer ver-
hältnismäßigen demographischen Selbständigkeit zu bewegen. Dieser Prozeß vollzog sich parallel mit der Verstärkung der sozialen Schranken zwischen den Kategorien der Bauernschaft, von dem schon die Rede war.

IV. Der Bauernhof und die bäuerliche Familie im Prozeß des Heranreifens der kapitalistischen Produktionsverhältnisse

Die Größe und die innere Struktur eines bäuerlichen Haushaltes wurden im Rahmen des feudalen Produktionssystems durch zweierlei Faktoren bestimmt: einerseits durch die demographische und ökonomische Entwicklung der Bauernschaft,
andererseits aber durch die Forderungen, die von der Gutswirtschaft an ihn gestellt
wurden.

Schon vor der hier untersuchten Periode waren Verteilung und Nutzung aller
Gutsländereien und des dem Gute gehörenden Bauernlandes fest bestimmt und genau geregelt worden. Jeder Bauernhof hatte in den Feldlotten die für ihn bestimmten Schnurfelder, deren Größe und Zahl im Prinzip der Größe des Bauernhofes
(und der von ihm zu erfüllenden feudalen Obliegenheiten) entsprachen.

Auch nach solchen Katastrophen wie Kriegsverwüstungen oder Pest blieb das
System in Kraft. Wurde eine Bauernwirtschaft so geschwächt, daß sie ihre Schnurfelder nicht bearbeiten und ihre Obliegenheiten nicht erfüllen konnte, so verringerte man nicht die feudalen Lasten, sondern man setzte zwei geschwächte Bauernwirtschaften auf eine Stelle. In Nachkriegsperioden – Mitte des 16., Anfang des 17.

und Anfang des 18. Jahrhunderts – kann man deshalb in estnischen Dörfern die „Hälftner-Wirte" vorfinden.

In Quellen des 16. Jahrhunderts kommen Angaben vor, daß es in einem Bauernhofe zwei (manchmal sogar drei bis vier) Wirte gab. Diese Erscheinung war gleichzeitig in Lettland, Polen, Litauen, Weißrußland und in der Ukraine verbreitet. In einigen Fällen verteilte der Wirt sein Vermögen auf seine Söhne; trotzdem blieb der Bauernhof im Verhältnis zum Gutshof eine Einheit. Häufiger aber wurde „der zweite Wirt" dem Bauernhof zugegeben, damit er imstande wäre, seine Pflichten dem Gutshof gegenüber zu erfüllen.[120]

H. Palli entdeckte in dem von ihm untersuchten Kirchspiel Vändra viele Fälle, in denen es im 18. Jahrhundert auf einer Bauernstelle zwei oder mehrere Wirte gab (auf 89 Bauernstellen kamen 30 Hälftner). „Ein Bauernhof befand sich in den Händen von zwei oder mehreren Wirten", schreibt H. Palli. „Sie waren für die Obliegenheiten vor dem Gute verantwortlich. Das Ackerland war in der Regel zwischen ihnen verteilt, aber den Heuschlag benutzten sie gemeinsam. Meistens lebten die Hälftner mit ihren Familien in verschiedenen Wohnungen. In manchen Fällen waren die Bauernstellen schon faktisch geteilt, und das Hälftnersystem bestand nur auf dem Papier."[121]

Nach den Angaben der Seelenrevision gab es auch im Kirchspiele Sangaste viele solcher Hälftner (Tabelle 21).

Tabelle 21:
Hälftner im Kirchspiel Sangaste (in % der Gesamtzahl der Bauernhöfe)

Gut	1816	1834	1850
Kuigatsi	46 %	58 %	0 %
Pringi	22 %	26 %	13 %
Laatri	0 %	4 %	2 %
Restu	3 %	7 %	0 %
Tölliste	3 %	0 %	0 %
Vaalu	50 %	50 %	20 %
Sangaste	1 %	0 %	0 %

Die Analyse von Karten aus dem Anfang des 19. Jahrhunderts hat ergeben, daß die Hälftner auf einem Hofe lebten (teils in demselben Haus, teils in verschiedenen Häusern), aber verschiedene Schnurfelder bearbeiteten. Ein Ganzes stellten sie nur hinsichtlich der feudalen Obliegenheiten dar. Diese wurden summiert, wenn auch von beiden Hälftnern selbständig geleistet. Das Gesetz über die Freilassung

---

120 Travel, Vorwerk, 141.
121 H. Palli, Perede struktuurist ja selle uurimisest. Vändra kihelkonna taluperede struktuur aastal 1683, in: Esti NSV Teaduste Akadeemia Toimetised – Ühiskonnateadused, 1974, N. 1, 64. (Die Haushaltsformen der Bauernhöfe im Kirchspiel Vändra 1683, in: Publikationen der Akademie der Wissenschaften der Estnischen SSR 1, 1974, 64).

der livländischen Bauern hat die Kategorie der Hälftner radikal liquidiert. Es heißt im Gesetz, daß bei „Überführung in Freiheit" alle Hälftner dem Stand der Knechte zugerechnet würden (§ 2).

Das Institut der Hälftner ist ein krasses Beispiel dafür, wie der Gutsherr mit den Bauernwirtschaften manipulierte. Eine nicht minder auffällige Erscheinung ist auch die Überführung der Bauernwirtschaften, in denen die Zahl der arbeitsfähigen Menschen und des Arbeitsviehs zunahm, in eine höhere Kategorie. Zum Beispiel konnte ein Viertelhäkner in einen Halbhäkner umbenannt werden, wobei sich die feudalen Lasten vergrößerten, aber nicht immer neues Land zugeteilt wurde.

Diese Regelung war nicht nur für das Baltikum spezifisch. Ein ähnliches System existierte auch in den Regionen der Gutswirtschaft in Deutschland, und wir verfügen auch über Angaben aus vielen Regionen Rußlands, wo im Norden und in Sibirien die Bauernstellen in individueller Nutzung durch die einzelnen Bauernfamilien standen.[122] Die eigentliche russische Dorfgemeinde (Obschtschina) dominierte nur in Mittel-Rußland, und auch da war ihr Hauptziel keineswegs die soziale Nivellierung ihrer Mitglieder, wie W. A. Aleksandrow in seinem unlängst erschienenen Buch glänzend dargestellt hat. „Wenn irgendein Bauernhaushalt ökonomisch geschwächt war, dann war die Obschtschina nur daran interessiert, daß er nicht gänzlich zugrunde ging und pauperisierte, und darum wurden der Tjaglo (d. h. die Größe der feudalen Obliegenheiten – J. K. und H. U.) und gleichzeitig auch der Anteil des Landes kleiner gemacht . . . In diesem Sinne haben sich die Dorfgemeinden in den Fragen der Landverteilung und -wirtschaft verhalten und alles unter das Prinzip der obligaten Erfüllung der feudalen Lasten gestellt.

Darum waren sie interessiert, daß alle Bauernwirtschaften wenigstens mit minimalen Produktionsmitteln versehen waren. Erzielt wurde dies durch systematische Kontrolle . . . und teilweisen Umverteilungen, wobei die schwächeren Bauernwirtschaften einen Teil ihrer Obliegenheiten und auch den damit verbundenen Landanteil abgaben . . . und dieser ‚wohlhabenderen' Bauern zugeteilt wurde . . ."[123]

Wir haben dieses relativ lange Zitat gebracht, um zu demonstrieren, daß die Grundprinzipien der sozial-ökonomischen Tätigkeit einer Dorfgemeinde in Rußland wie auch im Baltikum eigentlich dieselben waren. In beiden Fällen war es das Hauptziel, die Erfüllung der feudalen Obliegenheiten zu garantieren. Diesbezüglich kann man durch das Baltikum keine Ost-West-Grenze im Sinne Lasletts ziehen.

Also waren es vor allem die Feudalherren, die Interesse daran hatten, daß eine Bauernwirtschaft alle Forderungen der Gutswirtschaft erfüllen konnte. In Extremfällen setzten sie ihr eine andere Bauernwirtschaft hinzu (und es entstand das Hälft-

---

122 Baklanova, Bauerngesinde. M. M. Громыко. Сельская община в Сибири XVIII — первой половине XIX в. — „Бахрушинские чтения 1973 г." вып. II. Новосибирск, 1973. (M. M. Gromyko, Bauerngemeinden in Nordrußland im 18. und in der 1. Hälfte des 19. Jahrhunderts, in: Bachrusinskije ctenija, Nowosibirsk 1973).

123 В. А. Александров, Сельская община в России (XVII — начало XIX в.), Москва 1976 (V. A. Aleksandrow, Die ländliche Gemeinde in Rußland [17. bis Anfang des 19. Jh.], Moskau 1976).

nersystem). In der Regel mußte eine Bauernwirtschaft selbst ihre Kapazität erhalten, nötigenfalls nahm sie Knechte und Mägde in Dienst. Den Status und die soziale Funktion des Knechtsvolkes kann man überhaupt nicht verstehen, wenn man den Bauernhof isoliert betrachtet: Er war ein integrierter Teil des Fronsystems und diente vor allem den Interessen der Gutswirtschaft.

Das bedeutet aber keineswegs, daß es zwischen Knechtsvolk und Wirten keine sozialen Gegensätze gab. Wie wir schon gesehen haben, bestanden sie und kamen in den Runoliedern zum Ausdruck. Die Sache ist aber noch komplizierter – Gegensätze gab es auch in den Reihen der Wirte.

Diese Welt der Vergangenheit unterschied sich sehr von der Gegenwart, und man darf bei ihrer Analyse nicht kurzerhand die Begriffe von heute benutzen. Es wurde schon darauf hingewiesen, daß die Struktur eines bäuerlichen Haushaltes sehr kompliziert war.[124] Man kann sich folgenden konzentrischen Kreis vorstellen: Wirt – seine Frau und Kinder – seine Brüder – Schwestern und ihre Kinder – Knechtsvolk – Lostreiber. Theoretisch läßt sich ein ganz klares System ausarbeiten. Sobald man aber versucht, dieses Schema bei der Analyse der geschichtlichen Realität zu benutzen, beginnen Schwierigkeiten. In welchen Kreis gehört der jüngere Sohn des Wirtes, der für den Bauernhof auf dem Gutshofe die Fron leistet? Wo endet eine Familienwirtschaft und beginnt eine andere? In der estnischen Sprache besteht ein Unterschied zwischen den Wörtern „perekond" (Familie) und „pere" (man kann es nicht kurzerhand mit „Gesinde" übersetzen, es bedeutete: „alle auf dem Bauernhofe lebenden Leute"). Vielleicht müssen wir uns mit dem Ergebnis begnügen, daß es in der geschichtlichen Realität auf dem estnischen Bauernhof bis zur ersten Hälfte des 19. Jahrhunderts gar keine Familie (weder Kern- noch Großfamilie) im heutigen Sinne gab. Es existierte nur das „pere", das aber schon im Prozeß des Zerfalls (in kleinere Produktions- und Konsumtionseinheiten) war. Darauf scheinen auch zeitgenössische Quellen hinzuweisen.

Die Texte der Bauerngesetze vom Ende des 18. und Anfang des 19. Jahrhunderts geben Aufschluß darüber, daß ein in voller Harmonie lebendes und sich der Autorität des Bauernwirtes fügendes Gesinde nur ein anzustrebendes Ideal war. Es ist symptomatisch, daß das Prinzip eines einheitlichen Haushaltes speziell betont wurde: Alle Mitglieder einer Bauernwirtschaft sollten gemeinsam speisen und sich dem Bauernwirt fügen; das früher ziemlich oft angewandte System der Hälftner wurde prinzipiell verurteilt.[125]

In einem Anfang des 19. Jahrhunderts erschienenen Privatrecht wird betont: „Jedoch steht es dem Vater oder Wirthe frei, mit seinen beweibten Söhnen oder Knechten wegen Verpflegung der Weiber und Kinder eine Verabredung zu treffen

---

124 Peter Schmidtbauer, The changing household: Austrian household structure from the seventeenth to the early twentieth century, in: Richard Wall (Hg.), Family forms in historic Europe, Cambridge 1983, 347 ff.
125 G. O. Hansen, Die privaten Bauernrechte Estlands für die Gebiete von Fickel, Kaltenbrunn, Kandel und Essemäggi, in: Verhandlungen der Gelehrten Estnischen Gesellschaft zu Dorpat, Bd. XVIII, Dorpat 1896, 79, 147.

so wie es beiden am zuträglichsten ist; auch wenn das Gericht prüft und findet, daß die Schwiegertochter oder das Knechtsweib ohne besonderen Nachteil der Gesinde selbst besser durch eigene Beköstigung ihre Kinder nähren und erziehen können, so wird ihnen von seiten des Gerichts die Erlaubnis ertheilt."[126]

Die Angaben über die Entwicklung der Bauernwohnungen scheinen davon zu zeugen, daß in der ersten Hälfte des 19. Jahrhunderts, wie wir gesehen haben, ein Drittel der Bauernwirte durch den Anbau einer zweiten Kammer die Möglichkeit bekam, mit Frau und Kindern getrennt von anderen Bewohnern des Bauernhofes zu leben.

Welche Neuerungen kann man in der Struktur der Bewohner des Dorfs und des Bauernhofs im zweiten Viertel des 19. Jahrhunderts beobachten? Wir haben gesehen, daß gerade um die Jahrhundertmitte der Anteil der Knechtsarbeit im allgemeinen Arbeitsbudget der Bauernhöfe nicht zunahm. Gleichzeitig beobachteten wir das zahlenmäßige Anwachsen von Knechts- und Lostreiberfamilien, die sozusagen aus den Bauernhöfen „ausgestoßen" wurden. Diese Erscheinung spricht aber auch dafür, daß beide Gruppen schon die Möglichkeit und auch das Bestreben hatten, selbständige Haushalte zu gründen. Im Kirchspiel Sangaste gab es im Jahre 1816 44 % verheiratete Knechte, im Jahre 1834 64 % und 1850 66 %. In den Kirchspielen Sangaste und Türi gab es im Jahre 1816 23 Knechtshaushalte, 1834 52, 1850 43. Die Zahl der Badstüberhaushalte stieg noch mehr an. Sie betrug in Sangaste: 1816 6, 1850 33 und in Türi 1816 144, 1850 176.

Wodurch wurde die Knechtsarbeit ersetzt? Allem Anschein nach durch die Arbeitskräfte der erwachsenen Brüder und Schwestern des Wirtes und ihrer Familienmitglieder. Leider können wir auch diesmal ihren Anteil nur ungenau bestimmen, nämlich an Hand von Angaben über den Anteil der Ehegatten der Brüder oder Schwestern der Wirte an der Gesamtzahl der bäuerlichen Bevölkerung. Der Anteil der Bauernhöfe mit verheirateten Brüdern und Schwestern kann etwas unter diesem Maximalwert liegen, obwohl es unwahrscheinlich ist, daß in einem Bauernhof neben der Familie des Wirtes noch mehr als eine zweite Familie leben konnte, etwa die des Bruders und der Schwester (Tabelle 22).

Tabelle 22:
Höchstmöglicher Anteil von Bauernhöfen, auf denen neben der Wirtsfamilie noch Familien der Brüder oder Schwestern des Wirts lebten

	1816	1834	1850
Sangaste	7 %	12 %	28 %
Türi	5 %	9 %	23 %
Anseküla	16 %	24 %	38 %

---

126 Ebenda 273.

Gleichzeitig scheint sich auch der Anteil der Bauernstellen, auf denen drei Generationen zusammenlebten, zu vergrößern (vgl. Tabelle 7). Auch das kann bedeuten, daß die Bauernwirte bemüht waren, mit den Arbeitskräften von Verwandten auszukommen.

Es scheint, daß auch Mitterauer auf eine ähnliche Erscheinung gestoßen ist. Gerade in der ersten Hälfte des 19. Jahrhunderts vergrößerte sich in den von ihm untersuchten ländlichen Gebieten die Zahl der mithelfenden Familienmitglieder und Hilfskräfte in den Bauernwirtschaften. Vor allem die Zahl der in der Familie lebenden Geschwister stieg stark an.[127] Höhere Illegitimität war dabei mit einer höheren Ledigenquote verbunden. „Die höheren Ledigenquoten in den heiratsfähigen Altersgruppen sind nun vor allem dadurch bedingt, daß mehr Söhne und Töchter von ländlichen Hausbesitzern länger im Elternhaus und damit unverheiratet blieben . . .“, schreibt Mitterauer. „Als Hintergrund dieser Entwicklung darf man dabei tiefgreifende Veränderungen im Agrarsektor vermuten, die einerseits einen erhöhten Arbeitskräfteeinsatz in der bäuerlichen Wirtschaft notwendig machten, andererseits aber auch die Möglichkeit boten, einen erweiterten Personenkreis zu ernähren.“[128]

Allem Anschein nach beginnt im zweiten Viertel des 19. Jahrhunderts die Zahl der Knechte und Mägde auf dem Bauernhof nicht mehr automatisch durch die von der Gutswirtschaft gestellten Forderungen geregelt zu werden. Während noch 1816 und 1834 eine ausgeprägte negative proportionelle Beziehung zwischen der Zahl der Familienmitglieder und der Zahl der Knechte sichtbar wurde, war dies 1850 nicht der Fall (vgl. Tabelle 3). Die Zahl der Kombinationen zwischen arbeitsfähigen Familienmitgliedern und Knechten war im Jahre 1850 bedeutend größer als im Jahre 1834. Das spricht wahrscheinlich dafür, daß die Proportionen nicht mehr nur von der Ergänzung der fehlenden Arbeitskräfte der eigenen Familie durch Knechte abhing.

Am Vorabend des vollständigen Sieges der kapitalistischen Verhältnisse verstärkte sich dem Anschein nach der biologisch-demographische Faktor, aber auch dabei ging man von sozialökonomischen Anforderungen aus. Um die Wirtschaften rationeller und ökonomischer zu führen, verminderten die Wirte die Zahl der Knechte, doch gleichzeitig vergrößerte sich die Zahl der mitlebenden Brüder mit ihren Familien. Der Verlust eines Teils der Knechtsarbeit wurde durch die Arbeitskräfte der eigenen Familienmitglieder und besonders der Verwandten ersetzt. Damit waren natürlich Veränderungen in der Familienstruktur verbunden, der Anteil der Bauernhöfe, auf denen gleichzeitig zwei Familien lebten, die des Wirtes und seines Bruders, stieg an.

Die Periode am Vorabend des Übergangs zum Kapitalismus kann deshalb in Estland als eine Periode der Verminderung des Anteils von Kernfamilien betrachtet werden.

---

127 Michael Mitterauer, Familienformen und Illegitimität in ländlichen Gebieten Österreichs, in: Archiv für Sozialgeschichte 19 (1979) 144.
128 Ebenda 147 f.

In der zweiten Hälfte des 19. Jahrhunderts verändert sich das Bild der sozial-demographischen Entwicklung neuerlich. Die Geburtenrate beginnt zu sinken, jüngere Geschwister ziehen in die Städte, und als Folge wächst der Anteil der Knechte wiederum an, wobei es sich nun aber schon um „kapitalistische" Knechte handelt. Eine interessante dialektische Triade: Knechtsarbeit I – Familienarbeit – Knechtsarbeit II.

Alle von uns betrachteten sozialen Prozesse spielten sich im estnischen Dorf in einer Zeit ab, in der sich verhältnismäßig schnell neue kapitalistische Verhältnisse zu entwickeln und verbreiten begannen. Sehr ausdrucksvoll sprechen darüber auch die in den Archiven der sogenannten Bauern-Gerichte befindlichen Materialien. Dabei muß man allerdings berücksichtigen, daß solche Gerichte erst nach 1820 ihre Tätigkeit begonnen haben.[129]

Bauernwirte, aber auch Knechte und Mägde, wandten sich ab 1840 in Angelegenheiten des Lohnes, des „Ungehorsams" oder der „übermäßigen" Arbeit öfter an diese Gerichte. 1840–1850 begannen die Bauernwirte Südestlands, Abkommen untereinander zu schließen, um die Höhe des Lohnes der Knechte innerhalb eines Amtsbezirks zu bestimmen. Die Bauernwirte des Gutsbezirks Holstre haben zum Beispiel 1843 eine Vereinbarung über eine einheitliche Höhe des Knechtslohns getroffen. Man kann vermuten, daß die Normierung des Knechtslohnes zu seiner Verminderung führte.

Ab 1840 versuchte ein Teil der Bauernwirte statt der ein ganzes Jahr arbeitenden Knechte und Mägde nur die für den Sommer gedungenen Lohnarbeiter zu beschäftigen. Auch der Unterhalt eines Hirten im Winter scheint für sie jetzt zu teuer, und deswegen wird er im Herbst aus der Wirtschaft vertrieben.

Die Beziehungen zwischen dem Bauernwirt und dem Knecht-Lostreiber, der ein Stückchen Boden besitzt, wachsen in die eines Pächters und eines Unterpächters hinüber.

Seit 1840 fingen die Bauernwirte Südestlands an, ihren Knechten jene Stückchen Boden wegzunehmen, die ihnen als Entlohnung zugewiesen wurden; sie vertrieben auch die Lostreiber von ihren Wirtschaften. Von allen „fremden" Leuten (Untermietern, Krüppeln, Bejahrten, Lostreibern), die in der Wirtschaft lebten, wurde unentwegt Miete gefordert. Das Streben, aus allen in der Wirtschaft lebenden Leuten Nutzen zu ziehen, zeugt vom Eindringen der kapitalistischen Verhältnisse in das Dorfleben. Mit einiger Verspätung widerspiegeln sich diese Tendenzen auch in den Siedlungsprozessen, die den Beginn der Arrondierung der Bauernhöfe und das „Ausstoßen" von Lostreibern ab der Mitte des 19. Jahrhunderts erkennen lassen.

Die Verschärfung der Wechselbeziehungen zwischen Bauernwirten und Knechten spiegelte sich in den Ansichten und der Weltanschauung der Bauern. Im Volkslied „Knecht im Paradies" heißt es, daß der Bauernwirt in die Hölle geraten wird und der Knecht in den Himmel, wo man ihn mit all den Süßigkeiten bewirten

---

129 Kahk, Die Entstehung der Landbourgeoisie, 373 ff. Kahk, Die umwälzenden vierziger Jahre.

würde, die er auf Erden vermißte.[130] In ganz Estland waren seit dem zweiten Viertel des 19. Jahrhunderts die Volkslieder „Des Knechts Rache" und „Des Knechts Fortgehen" verbreitet, in denen ein Knecht auf Ungerechtigkeit und Grausamkeit des Wirtes mit Fortgehen oder schlechten Leistungen antwortete.[131]

Wie wir schon erwähnt haben, hatten größere Bauernwirtschaften auch zur Zeit des Feudalismus die Möglichkeit, fremde Arbeitskraft zu benutzen. Diese Möglichkeit verwandelte sich in der Endperiode des Feudalismus zur Akkumulationsquelle der aufkommenden Dorfbourgeoisie; es entstanden damit materielle Möglichkeiten und Erfahrungen zur Entwicklung eines modernen, effektiveren Akkerbaus.

Der Aufstieg der „stärkeren" Bauern zur Zeit des Sieges des Kapitalismus ist auch für andere Länder charakteristisch. Nach F. M. L. Thompsons Ansicht waren in England für den wirtschaftlichen Aufschwung im 18. Jahrhundert sowohl die quantitative Zunahme der sozialen Gruppe der Farmer als auch ihre ökomomische Stärkung entscheidend.[132]

Es soll auch daran erinnert werden, daß W. I. Lenin schon im Jahre 1894 schrieb, daß die Grundlage der Entstehung der bürgerlichen Gesellschaftsordnung „sowohl im Westen als auch bei uns in Rußland der Landbesitz der Bauern war (der sich während der Feudalepoche herausgebildet hatte) . . ."[133]

---

130 ERA II−1, 100.
131 V. Pino, Sotsialsed vastuolud eesti külaühiskonnas rahvalaulu andmete pohjal. Dissert., Tartu 1953.
132 F. M. L. Thompson, Landownership and economic growth in England in the eighteenth century, in: Agrarian Change and Economic Development, ed. by E. L. Jones, London 1969, 60.
133 W. I. Lenin, Werke Bd. 1, Tallinn 1960, 243.

TAMÁS FARAGÓ

Formen bäuerlicher Haushalts- und Arbeitsorganisation in Ungarn um die Mitte des 18. Jahrhunderts

I. Ziele und Grenzen der Untersuchung

Obwohl Forschungen zur Geschichte von Familie und Haushalt seit dem Beginn der siebziger Jahre einen großen Aufschwung erfuhren, können noch kaum Thesen über Formen des Zusammenlebens formuliert werden, die für ganz Europa gültig wären. Insbesondere gilt dies für die überwiegende Mehrheit, nämlich die dörfliche Bevölkerung. Konkrete Untersuchungen über ländliche Familien- und Haushaltsstrukturen im Europa des 18. und 19. Jahrhunderts zeigten immer wieder ein wesentlich differenzierteres Bild, als dies die verschiedensten soziologischen und sozialhistorischen Modelle vermuten ließen. Aus diesem Grund begann sich von der Mitte der siebziger Jahre an die Forschung immer stärker auf die umfassende Untersuchung einzelner Regionen und Zeitabschnitte zu konzentrieren, um auf diese Weise zu Ergebnissen zu gelangen, die über Hypothesen hinausgehen und doch nicht nur lokale, sondern allgemeine Gültigkeit beanspruchen können.[1]

---

1 Vgl. dazu Rudolf ANDORKA – Tamás FARAGÓ, Pre-industrial household structure in Hungary, in: Richard WALL (Hg.), Family forms in historic Europe, Cambridge 1983, 281–308; Peter CZAP, „Eine zahlreiche Familie – des Bauern größter Reichthum". Leibeigenenhaushalte in Mišino, Rußland 1814–1858, in: Michael MITTERAUER – Reinhard

Dies ist auch das Ziel der vorliegenden Arbeit. Im Zentrum der Untersuchung stehen acht Dörfer des Bezirks Pilis, also ein kleines Untersuchungsgebiet, das jedoch von extremen Unterschieden in den ökonomischen, sozialen und ethnokulturellen Verhältnissen geprägt ist. Zeitlich wurde eine Beschränkung auf die Mitte des 18. Jahrhunderts vorgenommen, da nur für diesen Zeitraum detaillierte Quellen vorhanden sind, die die Untersuchung von Haushalts- und Familienstrukturen ermöglichen. Es handelt sich dabei um kirchliche „status animarum" aus dem Jahre 1747, um eine Komitats-Konskription von 1765 und eine grundherrschaftliche Zählung von 1767. Andere für unser Thema relevante Quellen sind in Ungarn nur unzureichend vorhanden. Sie konnten vor allem dazu benützt werden, um die herangezogenen Personenstandslisten zu überprüfen und zu verbessern. Die Quellenlage im allgemeinen und die speziellen Probleme und Bearbeitungsschritte der hier ausgewerteten Quellen werden im Anhang ausführlich beschrieben.

Die zugrundegelegten Quellen erlauben die statistische Analyse der Struktur der Haushalte, der Verwandtschaftsverhältnisse, der Stellung der Einzelperson im Haushalt und der in Wechselwirkung stehenden Lebens-, Familien- und Haushaltszyklen. Die Ergebnisse dieser Analyse sollten es ermöglichen, zusammenfassend strukturell-funktionale Typen des Zusammenlebens zu bilden und deren jeweilige sozioökonomische, ökologische und ethnokulturelle Voraussetzungen zu diskutieren. Zugleich legte aber die Entscheidung für eine bestimmte Region, einen bestimmten Zeitabschnitt und spezifische Quellen grundlegende Beschränkungen auf. Mobilität, Generationenwechsel und langfristige Veränderungen der Familien- und Sozialstruktur konnten unter diesen Bedingungen nicht Gegenstand der Untersuchung sein. Die Analyse dieser Probleme wäre aber auch dadurch sehr erschwert, daß die ungarische Gesellschaft in unserem Zeitraum in einer ständigen Umformung und Bewegung begriffen war, die sich aus der Neubesiedlung der durch Kriege und Seuchen während der türkischen Besetzung entvölkerten Gebiete ergaben.[2]

SIEDER (Hg.), Historische Familienforschung, Frankfurt/M. 1982, 192—240; Jacques DUPAQUIER — Louis JADIN, Structure of household and family in Corsica, in: Peter LASLETT — Richard WALL (Hg.), Household and family in past time, Cambridge 1972, 283—297; David GAUNT, Pre-industrial economy and population structure, in: Scandinavian Journal of History 2 (1977), 183—210; ders., Formen der Altersversorgung in Bauernfamilien Nord- und Mitteleuropas, in: MITTERAUER — SIEDER, Historische Familienforschung, 156—191; Joel HALPERN, Town and countryside in Serbia in the nineteenth century, in: LASLETT — WALL, Household and family, 401—427; E. A. HAMMEL, The zadruga as process, in: LASLETT — WALL, Household and family, 335—373; Jacek KOCHANOWICZ, The peasant family as an economic unit in the Polish feudal economy of the eighteenth century, in: WALL, Family forms, 153—166; Orvar LÖFGREN, Family and household among Scandinavian peasants: an exploratory essay, in: Ethnologia Scandinavia 2 (1974), 17—52; Frank MCARDLE, Another look at „peasant families East and West", in: Peasant Studies Newsletter 8 (1974) Nr. 3, 11—14; Andrejs PLAKANS, Peasant farmsteads and households in the Baltic Littoral, 1797, in: Comparative Studies in Society and History 17 (1975) Nr. 1, 2—35.

2 Erik FÜGEDI, Agrár jellegü szlovák település a török alól felszabadult területen (Die slowakischen agrarischen Siedlungen in den von den Türken befreiten Gebieten), in: Agrártörténeti Szemle 8 (1966) 3. sz. 313—331.

Zweitens mußten wir uns vor allem auf die Haushalte der Bauern konzentrieren und andere soziale Schichten im Dorf vernachlässigen. Für die ländliche Bevölkerung ohne Grundbesitz stehen weniger reichhaltige und genaue Informationen zur Verfügung, und überdies handelte es sich im einzelnen um zahlenmäßig so kleine Schichten, daß eine detaillierte statistische Untersuchung nicht möglich wäre.[3] Allerdings lebte in unserem Untersuchungszeitraum im allgemeinen die Hälfte der Bewohner der ungarischen Dörfer in Bauernhaushalten, und es scheint überdies, daß die Lebensformen und Normen der Bauern auch der nicht landbesitzenden Bevölkerung als Vorbild dienten.[4] Drittens standen uns keine detaillierten Angaben über für Familienstrukturen so wichtige Faktoren wie Brauchtum, Erbsysteme, Siedlungs- und Wohnverhältnisse zur Verfügung. Dazu wurden zwar in den letzten Jahrzehnten zahlreiche volkskundliche Informationen gesammelt, die vor allem auf kaum in das 19. Jahrhundert zurückreichenden Erinnerungen basieren.[5] Auf Grund des großen zeitlichen Unterschieds und der strukturellen Veränderungen schien es jedoch nicht sinnvoll zu sein, die Ergebnisse dieser sozial-ethnographischen Sammlungen in unsere Analyse einzubeziehen. Wir beschränkten uns vielmehr darauf, Schlußfolgerungen ausschließlich aus der unmittelbaren Auswertung unserer eigenen Quellen zu ziehen und andere ungarische oder ausländische Angaben und ethnographische Analogien lediglich – und auch das nur mit Vorsicht – zu ihrer Erklärung zu verwenden.

II. Das wirtschaftliche, gesellschaftliche und demographische Bild des Untersuchungsgebietes um die Mitte des 18. Jahrhunderts

1. Bevölkerung und Umwelt im Bezirk Pilis

Der alte Bezirk Pilis, in welchem sich die acht von uns ausgewählten Siedlungen befinden, lag im Gebiet um die damalige Hauptstadt Buda, von zwei Seiten von der einen Bogen beschreibe⸱⸱⸱ ⸱n Donau begrenzt (s. Karte). Dieses Gebiet, auf welchem

---

3 Nach den Untersuchungen von Bradley und Mendels könnte die Fehlergrenze bei Haushaltstypen mit weniger als 100 Ausprägungen 20 Prozent übersteigen; da die Mehrzahl der von uns analysierten Gemeinden nahe an dieser kritischen Grenze lag, hielten wir es für zweckmäßig, wenigstens einen Unsicherheitsfaktor — den der sozialen Schichtung — auszuklammern, um zu verläßlichen Ergebnissen zu kommen; Brian P. BRADLEY — Franklin F. MENDELS, Can the hypothesis of a nuclear family organization be tested statistically?, in: Population Studies 32 (1978) Nr. 2, 381–394.
4 Tamás FARAGÓ, Háztartásszerkezet és falusi társadalomfejlödés Magyarországon 1787–1828 (Haushaltsstrukturen und die Entwicklung der dörflichen Gesellschaft in Ungarn 1787–1828), in: Történeti Statisztikai Tanulmányok 3 (1977), 105–214.
5 Edit FÉL, A nagycsalád és jogszokásai a Komárom-megyei Martoson (Die Großfamilie und ihre Rechtsgebräuche in Martos — Bezirk Komarom) = Kisalföldi Közlemények I. 2, Budapest 1944; Judit MORVAY, Asszonyok a nagycsaládban. A mátraalji palóc asszonyok élete a mult század második felében (Frauen in der Großfamilie. Das Leben der Palotzen am Fuß des Matragebirges in der 2. Hälfte des vergangenen Jahrhunderts), Budapest 1956.

Donau

Dunabogdány

Tahitótfalu

Pilisszántó

Budakalász

Perbál

Tök   Nagykovácsi

B U D A P E S T

Donau

Tököl

sich im Mittelalter zahlreiche kleine, dicht gedrängte ungarische Dörfer befanden, wurde während der Türkenkriege graduell entvölkert, da beinahe das gesamte in Richtung Wien ziehende oder Buda belagernde Heer die Gegend verwüstete und jede vom Heer gebrachte Seuche die Bevölkerung dezimierte. Zu Ende des 17. Jahrhunderts war nur mehr ein Bruchteil der ursprünglichen Bevölkerung vorhanden, und auch diese zog sich zum Schutz ihres Lebens und ihres Besitzes in neue Dörfer zurück, welche in relativ größerer Entfernung von der Stadt Buda, im Bekken von Zsámbék, bzw. auf zwei großen Donauinseln lagen. Auf dem herrenlosen Land ließen sich in zwei großen Wellen (1686–1703 und 1723–1726) südslawische, deutsche und slowakische Siedler nieder. Nach kleineren Bevölkerungsbewegungen, welche auf die Verheerungen durch die Pest des Jahres 1739 folgten (die Neubesiedlung der durch die Seuche herrenlos gewordenen Häuser und Ländereien), formte sich in den fünfziger Jahren des 18. Jh. die endgültige bis heute bestimmende Siedlungsstruktur.[6] Zu dieser Zeit umfaßte der Bezirk drei größere und zwei kleinere Marktflecken sowie 41 Dörfer. Obwohl ca. 30% der Bevölkerung in Marktflecken wohnten, konnte man nur in drei größeren von ihnen (Óbuda, Szentendre und Ráckeve) von einer städtischen Lebensform sprechen und auch dort nur für einen Teil der Bevölkerung. Die beiden erstgenannten Orte lebten mehrheitlich vom Weinbau, der letztere von Mischwirtschaft. Nur in den mit wenig Ackerland ausgestatteten und keine Ausdehnung der Landwirtschaft erlaubenden Dörfern kam es – sofern es die ökologischen Gegebenheiten zuließen – zum Weinbau, zum Obstbau, zu Frachtunternehmungen und fallweise zur Gewerbeausübung.[7]

Auf Grund der Neuansiedlungen ist das ethnisch-religiöse Bild des Gebietes um die Mitte des 18. Jahrhunderts äußerst vielfältig. Von den 41 Dörfern waren ganze 35 homogen; zwanzig römisch-katholisch und deutschsprachig, acht reformiert und ungarisch-sprachig, je drei katholisch und slowakisch bzw. griechisch-orthodox und serbisch, und eines war katholisch und kroatischsprachig. In fünf Dörfern lebten Ungarn, Slowaken oder Serben mit Deutschen zusammen, in einem

---

6 Diese Darstellung fußt auf Archivalien des Bezirksarchivs Pest, die sich auf Steueraufnahmen und Grenzprozesse beziehen (processus metales); vgl. dazu Ernö LAKATOS, Pest megye Duna jobbparti települései / 1728–1828/ (Die Siedlungen auf dem rechten Donauufer im Bezirk Pest 1728–1828), in: A Dunántúl településtörténete. 1767–1848. II/1, Pécs 1977; Sándor PETRÓCI, Pest megye ujjátelepülése 1711–1760 (Die Neubesiedlung des Bezirks Pest 1711–1760), in: KELETI Ferenc – LAKATOS Ernö – MAKKAI László (szerk.), Pest megye multjából, Budapest 1965, 95–153.

7 Die ökonomischen Verhältnisse der einzelnen Wirtschaften sind aus Steueraufnahmen, aus den im Verlauf der Grenzprozesse verfertigten Vernehmungsprotokollen sowie aus den anläßlich der maria-theresianischen Urbarordnung 1768 verfaßten sogenannten „9 Punkten", die die Meinung der Bauern zu den Urbar- und Wirtschaftsverhältnissen in gekürzter Form wiedergeben, zu erschließen. Speziell zum Weinbau und zu ergänzenden gewerblichen Tätigkeiten siehe auch Tamás FARAGÓ, Dorfhandwerker im Pilis-Gebirge in der Umgebung von Buda um 1770, in: Internationales Handwerksgeschichtliches Symposium, Veszprém 1979, 20–24; ders. , Szeszipar és szeszfogyasztás Buda környékén a 18. században (Spirituosenerzeugung und -konsum im Gebiet von Buda im 18. Jahrhundert), in: IV. Kézmüvesipartörténeti Szimpózium, Veszprém 1981.

lebte neben der ungarischen Bevölkerung eine Ein-Drittel-Minderheit von Slowaken. Die ethnische Gemischtheit bedeutete in 4 Fällen auch eine religiöse Gemischtheit.[8]

Im Hinblick auf seine geographischen Gegebenheiten ist der Bezirk ähnlich
vielfältig; auf seinem Gebiet können um die Mitte des 18. Jahrhunderts fünf Teil-
räume unterschieden werden:

a) *Das Becken von Zsámbék*. Das Gebiet wird zwischen einem Marktflecken
und neun weit gestreuten Dörfern aufgeteilt. Die Dörfer zählen um 1750 durchwegs
mehr als 500 Bewohner. Ihre Gesellschaft ist relativ undifferenziert, 50% der
Haushalte sind Haushalte von Bauern, die von Mischwirtschaft leben. Die Bevölkerung besteht zu 40% aus reformierten Ungarn, die die Türkenkriege überlebten und
zu 60% aus angesiedelten Deutschen.

b) *Die Täler um Buda-Óbuda*. Vier Dörfer römisch-katholischer, deutschsprachiger Siedler und zwei Dörfer griechisch-orthodoxer, serbischer Siedler bevöl-
kern die relativ weiten Täler des Budaer Berglandes. Die Bevölkerungszahl der
Dörfer beträgt um 1750 ebenfalls durchwegs über 500 Personen, und ihre Gesellschaft ist dabei, sich langsam zu differenzieren. Ihre Bewohner leben ebenfalls von
der Mischwirtschaft, aber die Forstwirtschaft und das Gewerbe spielen eine wesentlich größere Rolle.

c) *Die Gebiete an der Donau*. In der Nähe des Donauufers befinden sich zwei
Marktflecken mit deutscher und einer mit südslawischer Bevölkerung, sowie fünf
größere Dörfer mit deutschsprachiger Mehrheit. Ihre Grenzen sind im Verhältnis
zur Bevölkerungszahl eng, und in einigen Fällen ist das Gebiet für den Ackerbau
ausgesprochen ungeeignet. Die Gesellschaft besteht zum Großteil aus Häuslern,
welche in erster Linie vom Weinbau und von handwerklichen Gewerbebetrieben
leben, wobei die Reicheren ihren Unterhalt fallweise durch Frachtbeförderung und
die Ärmeren durch Taglöhner-Arbeiten aufbessern.

d) *Das Piliser Bergland*. Am Rand des Berglandes sind vier römisch-katholische deutsche und zwei gemischte, im Bergland selbst drei slowakische, in der Mehrzahl zwischen 100−300 Personen zählende, kleine Dörfer zu finden. Ihr Gebiet ist
meist für den Ackerbau ungünstig. Die am Fuß der Berge lebenden Bewohner be-
streiten ihren Unterhalt zumeist durch den Weinbau und durch Taglöhner-Arbeiten; die primäre Unterhaltsquelle für die im Bergland Wohnenden ist der Wald. Die
Gesellschaft besteht großteils aus Häuslern, und bei vielen, die den Status eines
Bauern innehaben, entspricht ihr Besitzstand eher jenem eines Häuslers im Flachland. Ihre Lebensweise und ihre Bewirtschaftung unterscheiden sich in erster Linie
durch die größere Rolle des Waldes von der Lebensweise der Bevölkerung der Gebiete an der Donau. Auch ihre gewerbliche Betätigung, Holzschnitzerei, Kalkbrennerei, Köhlerei und die Herstellung von Halbfertigprodukten für die städtischen
Zimmerleute, Faßbinder, Wagner und Tischler, stützt sich auf den Wald. Gelernte
Handwerker befinden sich nur wenige unter ihnen.

---

8 Die Erhebung der ethnischen und konfessionellen Verhältnisse stützt sich auf die Visitationes Canonicae der Diözesen Veszprém und Esztergom.

e) *Die Donauinseln.* Die sich verlangsamende Donau bildet im Gebiet des Bezirkes mehrere Inseln. Während die kleineren in der Mehrzahl von den Bewohnern der Ufergebiete bebaut wurden, entstanden auf den beiden größeren im Mittelalter selbständige Siedlungen, und im Verlauf des 16. und 17. Jahrhunderts boten sie beinahe der gesamten überlebenden Bevölkerung eine Zuflucht. Es ist daher kein Zufall, daß die Bevölkerung der Insel Szentendre zur Gänze aus reformierten Ungarn besteht, die den Türkenkrieg überlebten. Auch auf der Insel Ráckeve machen sie den größeren Teil der Bevölkerung des namensgebenden Marktfleckens sowie zweier Dörfer aus; daneben bestehen vier kleinere deutschsprachige, zwei südslawische sowie eine gemischte, zu Anfang des 18. Jahrhunderts entstandene Siedlung. Auf beiden Inseln sind kleine Dörfer mit einer Bevölkerungszahl von unter 500 zu finden. Der nicht regulierte Fluß beeinflußte den Ackerbau wesentlich. Während er durch seine Hochwässer häufig schweren Schaden anrichtete, bot er aber auch zusätzliche Möglichkeiten für den Unterhalt: Fischerei, Schiffahrt, Schiffstauerei. Auf den Inseln war auch die Rolle der Viehzucht groß, was den Weideflächen im Überschwemmungsgebiet der Donau zu verdanken ist.[9]

In unserem Untersuchungszeitraum befanden sich nahezu die Hälfte – 19 von 41 – der Orte des Bezirks sowie alle fünf Marktflecken im Besitz der königlichen Familie bzw. der Krone, acht Dörfer gehörten zur Gänze, ein Dorf zur Hälfte der Kirche, die restlichen waren in den Händen weltlicher Grundherren. Das Ausmaß der Geld- und Naturalienabgaben der Dörfer an die Grundherren kann im allgemeinen als günstig bezeichnet werden. Die Fronverpflichtungen der Bauern erreichten in der Mehrzahl nicht das Ausmaß von einem Tag in der Woche. Schwere Fronverpflichtungen, welche bis zu zwei Tage ausmachten, lasteten lediglich auf einem Ort sowie auf einem ca. ein halbes Dorf umfassenden Teilbesitz.[10]

Wenn der Bezirk Pilis mit dem Gesamtbild des Landes verglichen wird, so kann angenommen werden, daß er im kleinen gleichsam die gesamte dörfliche Gesellschaft des Landes im 18. Jahrhundert widerspiegelt, wenn auch nicht in den Proportionen, so doch unbedingt in der Vielfältigkeit. Mit Ausnahme der lutherischen Kirche und des rumänischen und karpato-ukrainischen Ethnikums sind alle bedeutenden religiösen und ethnokulturellen Gruppen Ungarns zumindest in einer Gemeinde vertreten. Mit Ausnahme der Kleinadels- und Grenzwächterdörfer und der riesigen Marktgemeinden des Großen Ungarischen Tieflandes sowie der Streusiedlungen der Viehzüchter in den Karpaten sind hier alle im Land zur damaligen Zeit vorkommenden wichtigen Siedlungsarten anzutreffen. Die Dörfer des Bezirks repräsentieren daher im wesentlichen die gesamte Skala der ungarischen Bauerngemeinden. Ebenso können die wichtigeren bäuerlichen Wirtschafts- und Gesellschaftsformen beobachtet werden; nur die kontinuierlich besiedelten Berg-Gemeinden mittelalterlichen Ursprungs fehlen. Diese werden jedoch wahrscheinlich von den im Piliser Bergland lebenden Slowaken gut repräsentiert. Da sie sich in ei-

---

9 Vgl. dazu A dunai Alföld (Die Donauebene) = Magyarország tájföldrajza 1, Budapest 1967, die sich auf die Josephinische Militärische Landesbeschreibung stützt.
10 Nach den Angaben der „9 Punkte" (vgl. Anm. 7).

nem Gebiet mit ähnlichen ökologischen Verhältnissen niederließen, ist die Wahrscheinlichkeit hoch, daß ihre ursprüngliche Lebensweise und ihre Verhaltensmuster großteils weiterlebten und die Verhaltensmuster der in den Karpaten verbliebenen Slowaken widerspiegeln.[11]

2. Die untersuchten Dörfer: Herrschaft, Wirtschaft, Siedlung

In welcher Beziehung stehen nun die von uns ausgewählten acht Dörfer zum gesellschaftlich-wirtschaftlichen Gesamtbild des Bezirkes. Das Becken von Zsámbék wird in unserem Beispiel von zwei Dörfern repräsentiert, nämlich dem im Mittelalter gegründeten und von reformierten Ungarn bewohnten Tök und dem in den Jahren 1730 bis 1740 von römisch-katholischen Deutschsprachigen und zum geringeren Teil von Slowaken neu besiedelten Perbál. Von den Dörfern in der Gegend um Buda untersuchten wir das im Jahre 1700 gegründete, deutschsprachige Nagykovácsi sowie das von griechisch-orthodoxen Serben bewohnte und noch zur Zeit der Türkenherrschaft, um die Mitte des 17. Jahrhunderts besiedelte Kalász etwas näher. Das aus dem Gebiet an der Donau gewählte Bogdány wurde um die Mitte des 18. Jahrhunderts von Deutschen bewohnt, welche zwischen 1723 und 1725 hierher gezogen waren, 20% der Bevölkerung aber sind reformierte, ungarische Bauern mittelalterlichen Ursprungs. In unserem Sample wird das Bergland von Pilis von dem zu Anfang des 18. Jahrhunderts von katholischen Slowaken besiedelten Szántó vertreten; die Insel Szentendre von dem von reformierten Ungarn mittelalterlichen Ursprungs bewohnten Tótfalu; und die Insel Ráckeve von dem Ort Tököl, welcher von zu Ende des 17. Jahrhunderts hier angesiedelten römisch-katholischen Kroaten bewohnt wird (Tabelle 1).

Was die Besitzverhältnisse betrifft, weichen die acht ausgewählten Dörfer etwas von der Bezirksnorm ab. Die Mehrzahl der wegen des guten Quellenmaterials ausgesuchten Dörfer gehörte der Krone, lediglich zwei Dörfer gehörten einem weltlichen Grundherrn. Dies stellt jedoch in bezug auf die Lage der Bauern keinen wesentlichen Unterschied dar. Die Fronverpflichtung unter einem weltlichen Grundherrn war zwar um die Mitte des 18. Jahrhunderts etwas größer, sie erreichte aber nicht den Wert von einem Tag in der Woche, so daß die Arbeitsorganisation der Bauernwirtschaften nicht wesentlich entstellt wurde. Sie verursachte auch keine wirtschaftlichen Unterschiede zwischen den ausgewählten Dörfern, da die mit weniger Robotarbeit (zusammen etwa einen Tag pro Monat) belasteten Kronlände-

---

11 Zur landesweiten Siedlungs-, ethnischen und konfessionellen Struktur siehe Kálmán BENDA, Magyarország a 18—19. század fordulóján (Ungarn am Übergang vom 18. zum 19. Jahrhundert), in: ders., Emberbarát vagy hazafi? Tanulmányok a felvilágosodás korának magyarországi történetéböl, Budapest 1978; Tamás HOFER, Eszter KISBÁN u. Gyula KAPOSVÁRI (Hg.), Paraszti társadalom és müveltség a 18—20. században (Bäuerliche Gesellschaft und Kultur vom 18.—20. Jahrhundert), 4 Bde., Budapest-Szolnok 1974—1979; Lexicon locorum Regni populosorum anno 1773 officiose confectum, Budapest 1920; Gusztav THIRRING , Magyarország népessége II. József korában (Die Bevölkerung Ungarns im Zeitalter Josephs II), Budapest 1938.

Tabelle 1:
Ökonomische und ethno-kulturelle Charakteristika der ausgewählten Dörfer

	Ökotyp	Typ der Landwirtschaft	Ethnische Zusammensetzung	Religion	Zeitpunkt der Ansiedlung
Nagykovácsi	Beckenland-schaft (nahe Buda)	Ackerbau – Mischwirtschaft	deutsch	römisch-katholisch	1700
Perbál	Becken von Zsámbék	Ackerbau – Mischwirtschaft	deutsch-slowakisch*	römisch-katholisch	ca. 1736–1740
Bogdány	Steiles Donauufer	Ackerbau – Mischwirtschaft mit Weinbau	deutsch**	römisch-katholisch**	1723–1725**
Szántó	Bergland	Ackerbau – Mischwirtschaft mit ergänzenden Tätigkeiten	slowakisch	römisch-katholisch	ca. 1700
Tököl	Donauinsel (Rackeve)	Ackerbau und Viehzucht	kroatisch	römisch-katholisch	Ende des 17. Jahrhunderts
Kalász	Beckenland-schaft (nahe Buda)	Ackerbau und Viehzucht	serbisch	griechisch-orthodox	Mitte des 17. Jahrhunderts
Tök	Becken von Zsámbék	Ackerbau und Viehzucht	ungarisch	calvinistisch	Urbewohner
Tótfalu	Donauinsel (Szentendre)	Ackerbau und Viehzucht	ungarisch	calvinistisch	Urbewohner

* Die Gemeinde wurde Ende des 18. Jahrhunderts deutschsprechend.
** Ungefähr 20 Prozent der Bevölkerung sind calvinistische, ungarisch sprechende Urbewohner.

reien wiederum verpflichtet waren, einen größeren Anteil ihrer Produkte abzulie-
fern. Mit Ausnahme eines Dorfes waren die Bauern aller Dörfer in ihrer Bewegungsfreiheit uneingeschränkt, aber es scheint, daß dies um die Mitte des 18. Jahrhunderts so gut wie keine Bedeutung mehr hatte: Einerseits konnte mit Hilfe der die
Bedingungen einer Umsiedlung bestimmenden Vorschriften theoretisch auch die
Umsiedlung von Personen mit freier Ortswahl eingeschränkt oder zumindest jahrelang aufgeschoben werden, andererseits zeigen unsere Quellen ausnahmslos auf,
daß in der Praxis in allen Dörfern unseres Samples eine ständige Neuansiedlung und
Abwanderung der Bauern erfolgten. Es ist daher nicht verwunderlich, daß eine die
grundherrschaftlichen Dienstverhältnisse untersuchende, zu Ende der sechziger
Jahre des 18. Jh. entstandene staatliche Erhebung aus den Antworten auf die sogenannte neunte Frage, welche sich auf das Recht der freien Ortswahl bezog, schloß,
daß in drei von den sieben Dörfern mit freier Ortswahl die Bauern keine Ahnung
davon hatten, daß ihre Situation auf dem Papier vorteilhafter sei bzw. sich von der
Situation der übrigen „ewigen Lehenbauern", unterscheide.[12] Im wesentlichen beschränkten der Staat bzw. der Grundherr bis zum Anfang des 19. Jahrhunderts auch
die freie Aufteilung des Landes der Bauern unter den Erben nicht; von Einmischungen in die Eheschließung, in das Verbleiben der Kinder im Haus bzw. ihre Abwanderung oder ihren Diensteintritt, wie sie in deutschen, tschechischen, polnischen
und baltischen Gebieten vorkommen, ist hier keine Spur.[13] Ähnlich ist die Situation
auch, was die Steuerabgaben an den Staat oder den Grundherrn betrifft. Beide berücksichtigten neben der Produktion und dem Viehbestand zumeist auch die Anzahl
der in einer Bauernwirtschaft lebenden Familienvorstände, Knechte, gegebenen-
falls auch die Anzahl der arbeitsfähigen Söhne und Töchter und den Familienstand
des Haushaltsvorstandes.[14] Das heißt, im Gegensatz zum Mittelalter wurde nicht
mehr nach einem mechanischen, ausschließlich vom rechtlichen Status abhängigen
System von Kategorien vorgegangen, so daß die Bauern nicht gezwungen wurden –
aber auch nicht die Möglichkeit hatten – ihre Steuerlast durch die Manipulation ihrer Haushaltsstruktur (z. B. durch scheinbares Zusammenleben) zu erleichtern.
Man könnte also die Behauptung wagen, daß die unterschiedliche Fronbelastung
bzw. äußere Einmischungen durch den Grundherrn oder den Staat in die Sozial- und
Haushaltsstruktur praktisch zu vernachlässigen sind. Wir können ohne weiteres da-

---

12 Nach den Angaben der „9 Punkte" (vgl. Anm. 7).
13 Vgl. dazu János VARGA, Jobbágyrendszer a magyarországi feudalizmus kései századaiban
(Bauernordnungen in den späten Jahrhunderten des ungarischen Feudalismus), Budapest
1969; Witold KULA, La seigneurie et la famille paysanne dans la Pologne du 18e siècle, in:
Annales ESC (1972) N. 4–5, 949–958; Andrejs PLAKANS, Seigneurial authority and
peasant family life: the Baltic area in the 18th century, in: Journal of Interdisciplinary History 5 (1975) Nr. 4, 629–654.
14 Zu den Steuerabgaben an den Staat siehe István BAKÁCS, A dicalis összeírások, in: József
KOVACSICS (Hg.), A történeti statisztika forrásai, Budapest 1957, S. 51–81; Imre Soós,
Heves és Külsö-Szolnok megye 1772–1849. évi rovásadó összeírásai = Tanulmányok Heves megye Történetéböl 1, Eger 1973; über die grundherrlichen Steuern geben neben den
„9 Punkten" Familien- und Herrschaftsarchive Auskunft, etwa Familienarchiv Wattay,
Familienarchiv Zichy (Staatsarchiv, P 1744, P 707).

von ausgehen, daß die wirtschaftlichen, gesellschaftlichen und demographischen Unterschiede zwischen den untersuchten Siedlungen in erster Linie auf die ökologischen Gegebenheiten, auf die eng mit der jeweiligen Zeit der Ansiedlung in Zusammenhang stehende Bevölkerungsdichte und auf das mitgebrachte ethnokulturelle Erbe zurückzuführen sind.

Nach dem Zeitpunkt der Ansiedlung können die acht Ortschaften in drei Gruppen geteilt werden. Kontinuierlich-mittelalterlichen Ursprungs sind das von Ungarn bewohnte gesamte Ortsgebiet von Tök und Tótfalu sowie die ungarische Minderheit von Bogdány. Die Bevölkerung von vier Ortschaften (Kalász, Tököl, Nagykovácsi und Szántó) ließ sich zwischen 1640 und 1700 nieder, so daß sie als alteingesessen betrachtet werden kann, da um die Mitte des 18. Jahrhunderts schon die dritte bis fünfte Generation das heiratsfähige Alter erreichte. Eine Mittelposition nehmen die eine Generation später, in den zwanziger Jahren des 18. Jh., hier angesiedelten Deutschen von Bogdány ein, sie sind jedoch auf Grund ihrer Versorgung mit Land bzw. ihrer demographischen Struktur – und aus diesem Aspekt ist für uns der Zeitpunkt der Ansiedlung hier interessant – eher zu den vorgenannten Gemeinden zu zählen. In eine besondere Gruppe gehört auch Perbál, dessen Neubesiedlung zwar in den dreißiger Jahren des 18. Jh. begann, wo aber die Pest des Jahres 1739 den Großteil der ersten Siedlerfamilien dahinraffte und so praktisch die Besiedlung des Dorfes wieder neu beginnen mußte. Daher kann also dieses Dorf zum Zeitpunkt der Entstehung des „status animarum" im Jahre 1747 im wesentlichen als neu besiedelt betrachtet werden.

Was die wirtschaftlichen Verhältnisse betrifft, widerspiegeln die acht Ortschaften die Verhältnisse ihrer mehr oder weniger engen Umgebung. Betrachten wir zum Beispiel den auf einen Betrieb fallenden Bestand von Weizen nach Abzug des Zehents, des Saatgutes und der Abgaben an den Grundherrn und die Pfarrgemeinde, so bewegt sich dieser im Becken von Zsámbék, in den Tälern um Buda und in den auf den Inseln liegenden Dörfern in den Jahren um 1740 ca. auf dem Niveau der Selbstversorgung, im Fall von Nagykovácsi zeigte sich sogar ein 30%iger Überschuß. Im Gegensatz dazu konnten das an der Donau gelegene, eng begrenzte Dorf Bogdány und das in den Bergen liegende Szántó in ihren Bauernhaushalten auf Grund unserer Berechnungen nur 70%–80% ihres Bedarfs aufbringen, was bedeutet, daß hier nicht nur die Häusler nicht von der Arbeit um das Haus leben konnten, sondern auch die Bauern oft noch zusätzliche Einnahmequellen suchen mußten.[15] Im Fall von Bogdány bedeutete das in erster Linie Weinbau und gewerbliche Tätigkeit, im Fall von Szántó Köhlerei und Kalkbrennerei sowie Forstwirtschaft und gewerbliche Holzlieferungen an die Handwerksmeister der Umgebung der Stadt

---

15 Die Versorgung mit Getreide wurde durch den Vergleich der Bevölkerungsangaben in den Steueraufnahmen der Bezirke 1743/44 mit den Visitationes Canonicae berechnet. Dabei wurde von einem 40prozentigen Cerealienanteil an der Nahrung ausgegangen und ein täglicher Konsum eines Erwachsenen von 0,6 kg angenommen. Der jährliche Brotgetreidebedarf eines Haushalts läßt sich demnach – je nach Personenzahl – auf 8,5 bis 14 q schätzen.

Buda. Das darf uns jedoch nicht dazu verleiten, auf eine enge Beziehung zwischen Dorf und Stadt zu schließen. Von unseren acht Dörfern lag zwar keines weiter als 30 km von Buda entfernt, aber mangels eines ausgebauten Straßennetzes war der Weg in die Stadt nicht gerade einfach, vor allem in den niederschlagsreichen Frühlings- und Herbstmonaten. Die regelmäßige Verbindung wurde jedoch noch wesentlich dadurch erschwert, daß das wirtschaftliche Leben in Buda jenem in den Dörfern in vieler Hinsicht ähnlich war. Ebenfalls aus den vorhin erwähnten „9 Punkten" wissen wir, daß die Bauern fast überall den Wein als erstrangiges Marktprodukt betrachteten. Weizen und Vieh wurden wahrscheinlich im Rahmen der Arbeitsteilung innerhalb der Region getauscht, so daß im Bewußtsein der Bauern diese Güter zu recht nie als auf dem Markt zu handelnder Überschuß betrachtet wurden. Die Bürger von Buda hingegen betrieben zu dieser Zeit selbst noch eine ernstzunehmende landwirtschaftliche Produktion, so daß sich in dieser Gegend bis zur Mitte des 19. Jahrhunderts keine Gemüse-, Obst- und Milchwirtschaftszentren bilden konnten. Auch Trauben- und Weinbau von Buda waren im ganzen Land bekannt und drängten den bäuerlichen Weinbau sowohl qualitativ als auch quantitativ in den Hintergrund. Die Stadt stellte daher zu dieser Zeit für die meisten marktorientierten Zweige der landwirtschaftlichen Produktion noch keinen möglichen Markt dar, sondern eher eine Konkurrenz. Auch den überschüssigen Arbeitskräften der Dörfer bot die Stadt nur in beschränktem Ausmaß, und zwar in erster Linie durch den Weinbau, Arbeitsmöglichkeit, da eine für die Ausnutzung der toten Saison in der Landwirtschaft geeignete gewerbliche Hausindustrie weder im 18. noch im 19. Jahrhundert Verbreitung fand.[16] Mit anderen Worten: Im gegebenen Zeitraum wurden die wirtschaftlichen Verhältnisse der Dörfer noch in erster Linie von den natürlichen Gegebenheiten, von dem Verhältnis des verfügbaren Landes zur Zahl der Bevölkerung und von der vererbten bzw. mitgebrachten Anbauweise bestimmt; der Markt und die Auswirkungen der Stadt spielten noch eine geringe Rolle.

3. Sozialstruktur und Erbfolge

Hinsichtlich ihrer Sozialstruktur erscheinen die beiden schlecht gestellten Dörfer (Bogdány und Szántó) bzw. das einzige „reiche" Dorf (Nagykovácsi) sowie das neu besiedelte Dorf Perbál am differenziertesten (Tabelle 2). In den Dörfern, die früher besiedelt worden waren und wo sich der Getreideertrag der Bauern auf dem Niveau der Selbstversorgung bewegte, dominierte auch ihr gesellschaftliches Gewicht. In ihren Haushalten konzentrierte sich die Mehrheit der Bevölkerung, daneben ist weder eine bedeutende Anzahl von Häuslern noch eine stärkere Gruppe von Gewerbetreibenden anzutreffen. In dieser Hinsicht bildet Tököl die einzige Ausnahme, wo

---

16 Lajos NAGY — György BÓNIS, Budapest története a török kiűzésétől a márciusi forradalomig (Die Geschichte Budapests von der Vertreibung der Türken bis zur Märzrevolution) = Budapest története III, Budapest 1975; FARAGÓ, Dorfhandwerker; ders., Spirituosenerzeugung.

Tabelle 2:
Soziale Schichtung der untersuchten Dörfer um die Mitte des 18. Jahrhunderts (Verteilung der Haushalte in Prozent)

	Nagykovácsi	Perbál	Bogdány	Szántó	Tököl	Kalász	Tök	Tötfalu
	(1747)	(1747)	(1747)	(1747)	(1747)	(1765)	(1767)	(1770)
Bauern	30,6	41,9	53,4	37,4	50,3	69,7	70,1	80,3
Häusler	29,8	12,4	11,5	30,8	5,4	19,8	13,4	15,0
Inwohner	18,1	13,3	5,4	6,5	16,1	–	6,0	4,7
Gewerbetreibende	13,2	7,6	12,8	8,4	3,4	1,3	0,8*	...*
Andere	6,9	5,7	6,1	3,7	3,3	–	3,7	...
Unbekannte	1,4	19,1	10,8	13,1	21,5	9,2	6,0	...
Zusammen	100,0	100,0	100,0	100,0	100,0	100,0	100,0	100,0
Nicht-bäuerliche Haushalte zusammen	69,4	58,1	47,0	64,2	49,7	30,3	29,9	19,7
Gesamtzahl der Haushalte (N)	144	105	148	107	149	76	134	193

* Zum Teil bei den Häuslern mitgezählt.

der Anteil der Inwohner an allen Haushalten 16% erreicht. Wenn wir die Differenziertheit innerhalb der Bauernschaft betrachten, welche nach der größenmäßigen Verteilung ihrer Gründe gemessen werden kann (Tabelle 3), dann können wir sie nur in den beiden „armen" Dörfern Bogdány und Szántó bzw. in den beiden alteingesessenen ungarischen Orten Tök und Tótfalu als bedeutend bezeichnen. In Bogdány und Szántó findet somit eine allgemein weitgefächerte soziale Differenzierung auch innerhalb der Bauernschaft ihren Ausdruck. Anders in den überwiegend bäuerlichen Gemeinden Tök und Tótfalu, wo eine relative Homogenität der sozialen Stellung mit einer vermögensmäßigen Polarisierung verknüpft ist.

Innerhalb der differenzierten Gesellschaft des wirtschaftlich begünstigten Nagykovácsi und des neu besiedelten Perbál aber finden wir eine besitzende Bauernschaft mit mehr oder weniger identischen Besitzverhältnissen. Die zwei südslawischen Dörfer bilden einen vierten Typ. Bauernhaushalte bilden die Mehrheit und zeichnen sich durch in etwa die gleichen Besitzverhältnisse aus.

Neben der besitzenden Bauernschaft finden wir aber zur selben Zeit auch eine große Zahl von Inwohnern und Häuslern. Dazu gehören wahrscheinlich auch die unter „unbekannt" angeführten Haushaltsbewohner, deren Status nicht feststellbar war – während der Anteil der Gewerbetreibenden und anderer Schichten niedriger ist als in den deutschen Ortschaften bzw. in Szántó (wo aber viele Bewohner, die nicht als Gewerbetreibende aufscheinen, verschiedene hausgewerbliche Tätigkeiten ausübten). Läßt die vielschichtigere Gesellschaft der deutschen und slowakischen Dörfer noch eine differenziertere gesellschaftliche Arbeitsteilung vermuten, können wir in den südslawischen Gemeinden nur innerhalb der agrarischen Bevölkerung eine Schichtung nach Vermögen beobachten, nicht aber eine Differenzierung nach Beschäftigung.

Da die unterschiedlichen Grundbesitzverhältnisse weder mit dem herrschaftlichen Einfluß noch mit Grundverkehr – beide sind nicht nachzuweisen, letzteres war gesetzlich verboten – erklärt werden können, kann die Ursache der Schichtung innerhalb der Bauernschaft nur in den Wirtschaftsverhältnissen, in der Arbeitsorganisation der Bauernwirtschaften und in den verschiedenen Systemen der Vererbung in den Familien vermutet werden.

Auf Grund der Angaben zur Sozialstruktur können drei Formen der Erbfolge angenommen werden. Innerhalb der deutschen Bauernschaft von Nagykovácsi läßt die Erforschung einiger Familienchroniken des 18. Jahrhunderts das „Anerbenrecht" wahrscheinlich erscheinen (Vererbung an einen Sohn). Diese Vererbung des ungeteilten Grundbesitzes scheint zwar nicht die soziale Stellung der gesamten Bauernschaft, jedoch die Einheit des bäuerlichen Besitzes zu bewahren. Während die Vermögenslage der erbenden Nachkommen auf Grund des gleichgebliebenen Grundbestandes im großen und ganzen dieselbe blieb wie zur Zeit der Ansiedlung, entstand aus den den Grundbesitz nichterbenden eine bedeutende Schicht von Häuslern und Gewerbetreibenden, und die Bauernschaft wurde in der gesellschaftlichen Struktur in die Minderheit gedrängt. Die Ausformung dieses Systems kann vermutlich darauf zurückgeführt werden, daß sich in den dichter bewohnten westeuropäischen Gebieten die Bodenknappheit früher bemerkbar machte und daher die

Tabelle 3:
Schichtung der grundbesitzenden Bauern nach der Größe des Grundbesitzes (Verteilung der Haushalte in Prozent, 1770*)

	1/8	2/8	3/8	4/8	5/8–7/8	1	über 1	Zusammen	N
Nagykovácsi	23,1	–	–	–	73,8	–	3,1	100,0	65
Perbál	–	–	–	1,9	–	–	98,1	100,0	52
Bogdány	56,2	33,9	9,1	0,8	–	–	–	100,0	121
Szántó	36,4	25,4	16,4	21,8	–	–	–	100,0	55
Tököl	–	–	–	23,9	–	76,1	–	100,0	109
Kalász	–	–	–	63,8	–	34,5	1,7	100,0	58
Tök	–	65,3	2,0	–	32,7	–	–	100,0	101
Tótfalu	47,7	9,7	1,3	31,0	2,6	7,7	–	100,0	155

*Berechnet nach György Spira, A Pest megyei parasztság 1848 elötti rétegzödéséhez (Zur Schichtung der Bauernschaft im Bezirk Pest vor 1848), in: Századok 92 (1958), H. 5–6, 625–643.

städtisch-industrielle Entwicklung rascher erfolgte, die den Nichterbenden Möglichkeiten eröffnete, ihre Arbeit, Lebensweise und Wohnform zu verändern. Die deutschen Siedler haben dieses zur Tradition gewordene System mitgebracht.[17]

Obwohl uns in Ermangelung diesbezüglicher konkreter Untersuchungen die Erbfolgesysteme der ungarischen Dörfer unseres Samples nicht genau bekannt sind, ist doch anzunehmen, daß sich die Bauern an das geschriebene Recht oder das alte ungarische Gewohnheitsrecht hielten, welches in anderen Gebieten des Landes ebenfalls schriftlich festgehalten wurde und die gleichmäßige Aufteilung des Grundbesitzes unter die männlichen Nachkommen normativ vorschreibt.[18] Diese Normen wollten die gesellschaftliche Position der Gesamtheit der Nachkommen und nicht die Einheit des Besitzes konservieren; umsomehr, als in der Zeit der Entstehung dieser Normen angenommen werden konnte, daß die einzelnen Söhne durch Urbarmachung des freien Landes ihren Besitz verhältnismäßig leicht auf die Größe des ursprünglichen väterlichen Besitzes vergrößern könnten. In unserem Untersuchungszeitraum jedoch, als das freie Land zunehmend rarer und qualitativ minderwertiger wurde, hat dieses System hauptsächlich – während es die Bauernschaft quantitativ als Gesellschaftsschicht konservierte – durch die Aufteilung des Besitzes in verschieden viele Teile die Differenzierung innerhalb der Bauernschaft gefördert.

Bezüglich der Besitz- und Erbschaftsordnung in den beiden südslawischen Dörfern können wir hingegen nicht einmal eine Hypothese aufstellen, weil wir keine Beschreibung ihrer Normen und noch weniger ihrer tatsächlichen Anwendung besitzen. Aus den Daten der ersten und zweiten Tabelle können wir lediglich folgern, daß es durch dieses unbekannte System gelungen ist, bis zur Mitte des 18. Jahrhunderts sowohl die Größe des Bauernbesitzes als auch die Einheit der Bauernschaft als Gesellschaftsschicht mehr oder weniger zu bewahren.

Die Bauernschaft des beengten, von Slowaken bewohnten Dorfes Szántó und des mehrheitlich deutschen Bogdány sowie des um die Mitte des 18. Jahrhunderts besiedelten und mit Grundbesitz reichlich ausgestatteten Perbál können wir in keine der obigen Gruppen einreihen. Wir können deshalb annehmen, daß die Schichtung innerhalb der Bauernschaft in erster Linie auf die traditionellen Erbfolgesysteme zurückzuführen ist; während die soziale Schichtung der ganzen Dorfgemeinden (welche im Grunde auch den Rahmen der Schichtung der Lehenbauernschaft absteckt) – in erster Linie durch die besonders günstigen oder ungünstigen ökologischen Voraussetzungen – bzw. die mit dem Zeitpunkt der Ansiedlung eng zusammenhängende Entwicklung der Bevölkerungsdichte und die Ausstattung mit Grundbesitz bestimmt werden.

---

17 Ernö Tárkány Szücs, Magyar jogi népszokások (Ungarische rechtliche Volksbräuche), Budapest 1981, 757–774; vgl. ferner Bertalan ANDRÁSFALVY, Ellentétes értékrendek összeütközése és a polgárosodás (Der Zusammenstoß gegensätzlicher Wertsysteme und die Entwicklung des Bürgertums), in: Tiszatáj 27 (1973) H. 8, 105–110.

18 Tárkány Szücs, Rechtliche Volksbräuche, 721–725, 757–774.

In dieser Arbeit ist es nicht möglich, die Produktstruktur der Bauernwirtschaften ausführlich zu analysieren. Es ist jedoch fraglich, ob diese eine direkte differenzierende Wirkung auf die besitzende Bauernschaft bzw. auf die Sozialstruktur der Gemeinden hat. Denn in den deutschen und ungarischen Dörfern, die eine ähnliche gemischte Wirtschaft betrieben, war z. B. die besitzende Bauernschaft der ersteren mehr oder weniger homogen, während jene der letzteren stark differenziert war. Es ist viel wahrscheinlicher, daß die Produktionsstruktur indirekt, über die Arbeitsorganisation, Einfluß hatte. Es ist nämlich nicht egal, in welchem Ausmaß die einzelnen Wirtschaften Taglöhner in Anspruch nahmen bzw. in welchem Ausmaß sie sich auf die Arbeitskraft der Familie, der Verwandtschaft und des aufgenommenen Gesindes oder auf jene Arbeitskräfte, die durch Kooperation der einzelnen Wirtschaften realisiert wurden, stützen konnten. Wenn der Bedarf an Taglöhnern, sei es wegen der Produktionsstruktur, aus Tradition oder wegen der Einbeziehung in die Marktproduktion, groß war, konnte in den erwähnten Gemeinden neben der besitzenden Bauernschaft auch eine starke Häuslerschicht ihr Auslangen finden. (Und vermutlich wurde dadurch auch das Anerbenrecht, das das Erbe in die Hand eines einzigen Erben gibt, öfter angewendet.) War der Bedarf an Taglöhnern gering, dann war es wahrscheinlich, daß die arbeitsfähigen Personen, die in die Reihen der Häusler getreten waren oder schon in sie hineingeboren worden waren, zu einem großen Teil ihre Wanderstiefel anzogen; so blieben die Gemeinden ziemlich homogen, und die grundbesitzende Bauernschaft konnte auch zahlenmäßig ihr Übergewicht bewahren. Das System der ungeteilten Erbschaft ist in diesem Fall weniger wahrscheinlich.

4. Demographische Verhältnisse

Es ist wesentlich schwieriger, die Dörfer demographisch auch nur annähernd zu charakterisieren. Die Daten, die sich auf die Nicht-Bauern beziehen, sind, wie zuvor erwähnt, lückenhaft. Auch die auf die einzelnen Orte bezogenen Quellen sind nicht eindeutig. Während uns bei fünf Dörfern fast alle Daten zur Verfügung stehen, können wir die Bevölkerung von Tök und Tótfalu nur in zwei Gruppen, nämlich in über und unter 14 jährige Bewohner einteilen; genaue Altersangaben besitzen wir nur bei den Ehepaaren. Das Quellenmaterial von Kalász ist praktisch für jede demographische Analyse ungeeignet.

Im Falle der nicht-deutschen Dörfer können wir die Genauigkeit der Daten auch nicht überprüfen. Den Angaben der Volkszählung des Jahres 1785, die man heranziehen kann, können wir nur die Zahl der männlichen Kinder und ihren Prozentsatz innerhalb der gesamten männlichen Bevölkerung entnehmen, nicht aber die genaue Aufteilung nach Altersgruppen. Allerdings kann man auch anhand der spärlichen Angaben feststellen, daß unter der Bevölkerung von Perbál, Tököl, Tök und Tótfalu der Prozentsatz der Jugendlichen, in Nagykovácsi und Bogdány dagegen der Prozentsatz der Alten, im Vergleich zu den anderen Ortschaften verhältnismäßig hoch war (Tabellen 4 und 5). Es kann ferner angenommen werden, daß die Kinder zwischen null und vier Jahren in Szántó mangelhaft erfaßt wurden, weil

Tabelle 4:
Altersstruktur der Bevölkerung (Verteilung nach Altersgruppen in Prozent*)

| | Altersgruppen | | | | | | | | | Gesamtbevölkerung N |
	0–4	5–9	10–14	0–14 zusammen	15–44	45–59	60–	15– zusammen	Zusammen	
Nagykovácsi 1747	15,4	13,7	10,9	40,0	44,8	13,0	2,2	60,0	100,0	670
Perbál 1747	18,3	15,2	9,8	43,3	46,9	9,0	0,8	56,7	100,0	488
Bogdány 1747	14,8	12,6	11,4	38,8	44,6	14,9	1,7	61,2	100,0	596
Szántó 1747	6,9	13,4	12,3	32,6	55,5	10,0	1,9	67,4	100,0	479
Tököl 1747	16,1	14,9	12,8	43,8	45,0	9,3	1,9	56,2	100,0	1028
Tök 1767	...	...	...	46,3	...	...	...	53,7	100,0	661
Tótfalu 1767	...	...	...	42,1	...	...	...	57,9	100,0	986

*Nach David, Größe und Zusammensetzung, 121, 136.

Tabelle 5:

Anteil der Knaben* an der männlichen Bevölkerung nach der Volkszählung 1785**

	Anteil der Knaben (in Prozent)	Männliche Bevölkerung (N)
Nagykovácsi	47,9	259
Perbál	51,2	235
Bogdány	51,7	403
Szántó	52,9	230
Tököl	56,4	434
Kalász	51,6	178
Tök	59,2	338
Tótfalu	55,1	357

* „Nachwachs" und „Erben" zusammen.
** Nach Dányi-David, Erste ungarische Volkszählung, 118–125.

Tabelle 6:

Eheliche Fruchtbarkeit und Geburtenrate im 18. Jahrhundert

	0–4jährige Kinder pro 15–49jähriger verheirateter Frau* (1747)	Anzahl der 15–49jährigen verheirateten Frauen* N	Jährliche Geburten pro 1000 Einwohner** (Durchschnitt 1781–1783)
Nagykovácsi	0,77	30	52,4
Perbál	0,96	43	64,9
Bogdány	0,68	43	51,9
Szántó	0,45***	21	55,7
Tököl	0,95	116	66,7
Kalász	...	...	41,4***
Tök	...	...	48,2
Tótfalu	...	...	46,1

* Nur Bauernbevölkerung
** Gesamtbevölkerung
*** Unterregistrierung

die dortige Altersstruktur – aus dem Prozentsatz der Knaben in der Volkszählung 1785 zu schließen – eher durchschnittlich als stark alternd war.

Nach der Fruchtbarkeit können unsere Dörfer ebenfalls in drei Gruppen eingeteilt werden. Die Fruchtbarkeit von Tököl und Perbál ist sehr hoch, ihre Geburtenrate übersteigt im 18. Jahrhundert 60‰, die auf eine verheiratete Frau im gebärfähigen Alter fallende Anzahl von Kindern im Alter von null bis vier Jahren beträgt annähernd 1,0. Diese Zahlen sind im Vergleich mit ausländischen Daten aus der selben Zeit unerhört hoch (Tabelle 6). Auch die Fruchtbarkeit von Bogdány, Nagykovácsi und Szántó kann noch als hoch bezeichnet werden; lediglich die Daten von Tök und Tótfalu, welche den mittleren Wert der ungarischen Verhältnisse in der fraglichen Zeit widerspiegeln, können mit den Werten der westeuropäischen Bevölkerung dieser Zeit verglichen werden.[19] Das heißt, nur die Fruchtbarkeit der ungarischen Dörfer mit kontinuierlicher Bevölkerung entspricht unseren über die Fruchtbarkeit der traditionellen europäischen Gesellschaften gewonnenen Erkenntnissen, die Daten der Neusiedlungsdörfer liegen wesentlich höher. Die Tatsache, daß selbst angesichts dieser Daten der Anteil der Jugendlichen an der Bevölkerung in den deutschen Dörfern am höchsten ist, kann auf abweichende eheliche Bräuche in den verschiedenen ethnokulturellen Gruppen zurückgeführt werden.

Wenn wir die Aufteilung der Ehepaare in der Bauernschaft nach Altersgruppen heranziehen (Tabelle 7), so geht aus den Daten über die Frauen hervor, daß das Heiratsverhalten in den drei deutschen Dörfern von den anderen Dörfern abweicht: Es ist wahrscheinlich, daß das Durchschnittsalter bei der Verehelichung höher liegt. In den nicht-deutschen Dörfern ist der Anteil der Ehefrauen unter zwanzig Jahren relativ hoch, während solche Fälle unter deutschen Bauern nur ausnahmsweise vorkommen. So ist verständlich, daß der Anteil an Jugendlichen in den ungarischen Dörfern mit mittlerer Fruchtbarkeit an jenen in den deutschen Dörfern mit hoher ehelicher Fruchtbarkeit heranreicht: Die mittlere Fruchtbarkeit ist mit einer wesentlich länger bestehenden Ehe verbunden als bei den deutschsprachigen Siedlern. Bei diesen verringert die durch die späte Eheschließung verkürzte Zeit der Gebärfähigkeit im gesamten gesehen die Zahl der geborenen Kinder, trotz der Annahme, daß ihr eheliches Fruchtbarkeitsniveau höher liegt als in der ungarischen Bevölkerung.[20]

---

19 Rudolf Andorka, Determinants of fertility in advanced societies, London 1978; H. Gille, The demographic history of the Northern European countries in the 18th century, in: Population Studies 3 (1949/50) N. 1, 3–65.

20 Rudolf Andorka, A gyermekszám alakulásának társadalmi tényezöi paraszti közösségekben./18–19. század/ (Die gesellschaftlichen Faktoren der Entwicklung der Kinderzahl in bäuerlichen Gemeinschaften 18.–19. Jahrhundert), in: Ethnographia 92 (1981) H. 1, 94–110; John Hajnal, European marriage patterns in perspective, in: D. V. Glass und D. E. C. Eversley (Hg.), Population in history, London 1965.

Tabelle 7:
Altersstruktur der verheirateten Personen in Bauernhaushalten um die Mitte des 18. Jahrhunderts (Verteilung nach Altersgruppen in Prozent)

| | Männer | | | | | Gesamtzahl der verheirateten Männer | Frauen | | | | |
	15–19	20–24	25–29	30–	Zusammen	N	15–19	20–24	25–29	30–	Zusammen
Nagykovácsi	–	7,1	14,3	78,6	100,0	42	–	14,3	16,7	69,0	100,0
Perbál	–	10,2	10,2	79,6	100,0	49	2,0	12,2	18,4	67,4	100,0
Bogdány	–	6,8	16,4	76,8	100,0	73	2,7	16,4	19,2	61,7	100,0
Szántó	–	11,3	20,8	67,9	100,0	53	9,4	24,5	9,4	56,7	100,0
Tököl	–	18,0	15,8	66,2	100,0	133	12,0	24,1	24,1	39,8	100,0
Tök	–	4,5	18,2	77,3	100,0	110	13,6	20,9	18,2	47,3	100,0
Tótfalu	0,7	5,8	18,7	74,8	100,0	155	6,5	20,6	23,2	49,7	100,0

III. Die Struktur der bäuerlichen Haushalte

1. Familien- und Haushaltstypen

Am einfachsten ist es, die Haushalte nach der Zahl ihrer Angehörigen zu charakterisieren (Tabelle 8). Daraus läßt sich aber zu wenig ableiten. Obwohl unsere Dörfer auch danach zu gruppieren wären, könnten wir keine befriedigenden Ergebnisse erzielen. Aus dem Vorangegangenen wissen wir, daß unsere Gemeinden eine unterschiedliche Fertilität aufweisen. Aus der durchschnittlichen Haushaltsgröße können wir jedoch nicht feststellen, wieweit die angegebenen Werte auf die Fruchtbarkeit in den Gemeinden, auf die Struktur der Haushalte oder auf die mangelhafte Erfassung der Kleinkinder zurückzuführen sind. So kann z. B. im Falle Bogdány der verhältnismäßig hohe Anteil der Haushalte mit ein bis drei Personen zum Teil mit der niedrigeren Fruchtbarkeit zusammenhängen, die ähnlichen Verhältnisse von Szántó und Kalász jedoch können höchstwahrscheinlich auf die mangelhafte Zählung der Kinder zurückgeführt werden. Obwohl sich Perbál und Kalász bzw. Szántó und Nagykovácsi nach der durchschnittlichen Haushaltsgröße nahestehen, wird sich im folgenden herausstellen, daß hinter dieser scheinbaren Ähnlichkeit eine völlig verschiedenartige Struktur verborgen ist. Mit einem Durchschnitt von 9,71 Personen pro Haushalt sondert sich ausschließlich Tököl von den übrigen Gemeinden wirklich ab; eine Divergenz der Daten, die auf eine tatsächliche strukturelle Differenz zurückzuführen ist.

Wenn wir die Zahl der in einem gemeinsamen Haushalt zusammenlebenden Generationen prüfen (Tabelle 9), so können wir bis zu einem gewissen Grad den Störungsfaktor der Fruchtbarkeits-Differenzen ausschalten, doch nur zum Teil die Verzerrungen, die sich aus der Unter-Registrierung der Kinder ergeben. Auch über die Zusammensetzung der Haushalte gewinnen wir damit zu wenig Aussagen, um unsere Gemeinden in befriedigendem Maß klassifizieren zu können. Nach der Zahl der Drei-Generationen-Haushalte gibt es keine wesentlichen Differenzen unter den von uns untersuchten Dörfern. Unserer Schätzung nach liegt der Unterschied im Falle von Tök und Tótfalu zwischen 10% und 20%.

Es ist wieder das Dorf Tököl, welches sich wesentlich von den übrigen Siedlungen unterscheidet – wo etwa in der Hälfte der Haushalte mehr als zwei Generationen zusammenleben. In Bogdány und Szántó ist die Zahl der Ein-Generationen-Haushalte auffallend hoch, doch müssen wir hier wahrscheinlich wieder Fehler in der Bevölkerungsaufnahme suchen. Das heißt, daß für ein genaueres Erfassen der Unterschiede in der Haushaltsstruktur auch diese Methode als ungeeignet erscheint.

Eine weitere Möglichkeit besteht darin, unsere Haushalte mit Hilfe des Laslett-Hammel Schemas zu klassifizieren.[21] (Tabellen 10, 11) Die Siedlungen teilen

---

21 E. A. Hammel und Peter Laslett, Comparing household structure over time and between cultures, in: Comparative Studies in Society and History 16 (1974) N. 1, 73—109; die Grundprinzipien des hier entwickelten Schemas wurden diskutiert und erstmals am ungarischen Quellenmaterial angewandt bei Rudolf Andorka, Paraszti családszervezet a

sich nun klarer in Gruppen. Die Bauern des neubesiedelten Perbál leben eindeutig in „einfachen Familien-Haushalten", der Anteil komplexer Formen des Zusammenlebens macht nur 11 % aus. Hingegen erreicht der Anteil der „erweiterten" und „Mehrfamilien-Haushalte" in Nagykovácsi und Bogdány bereits 25 %. Es ist anzunehmen, daß ähnliche Verhältnisse wie bei den vorhin erwähnten Siedlungen auch für die Bauern-Haushalte in Tök charakteristisch sind, doch sind die Daten infolge der Mängel des Quellenmaterials nicht genau zu analysieren. Im Falle Szántós – und wahrscheinlich auch in Tótfalu – ergeben die komplexen Formen des Zusammenlebens fast 50 % unter den Südslawen, in Tököl und Kalász erreicht der Anteil der „einfachen Familien-Haushalte" nicht einmal mehr ein Drittel. Diese Verhältniszahlen führen besonders dann weiter, wenn wir die Formen der großen und zusammengesetzten Haushalte detaillierter betrachten, wo es unsere Daten erlauben. Für Szántó und Tököl kann festgestellt werden, daß „Mehrfamilien-Haushalte" das Mehrfache der „erweiterten Familien" ausmachen. Wegen der geringen Zahl der Fälle können wir bloß vermuten, daß die Struktur in Nagykovácsi und Perbál gerade das Gegenteil darstellt. Bogdány wiederum nimmt zwischen diesen beiden Gruppen eine Übergangs-Stellung ein. Der Anteil der „erweiterten" Haushalte ist ungefähr dem der „Mehrfamilien-Haushalte" gleich. Es geht hier also nicht nur um quantitative Unterschiede zwischen „einfachen" und „erweiterten" Formen des Zusammenlebens, sondern auch um Zahl und Art der in gemeinsamen Haushalten lebenden Familien in den einzelnen Gemeinden (anders formuliert: um die Unterschiede, die Unter- bzw. Überordnungsverhältnisse zwischen den gemeinsam lebenden Familien). Die vorgenommene Klassifizierung ist aber dafür nicht geeignet. Das Laslett-Hammel Schema wurde in erster Linie auf Grund westeuropäischer Erfahrungen entwickelt und stellt ein Gattenpaar in den Mittelpunkt („conjugal family unit").[22] Im Laufe der analytischen Arbeit an unserem Quellenmaterial ist dagegen offensichtlich geworden, daß für das Verständnis des verborgenen Inhaltes der Haushaltsstruktur die Zahl der gemeinsam lebenden „conjugal family units" und noch mehr die Machtverhältnisse innerhalb der gesamten Gruppe entscheidende Bedeutung haben.

Die Gliederung der Haushalte nach der Zahl der gemeinsam lebenden Familien (im Sinne Lasletts „conjugal family units") (Tabelle 12) bestätigt dies. Danach ist der tatsächliche Unterschied zwischen den deutschen, slowakischen und ungarischen bzw. südslawischen Dörfern größer, als es das Laslett-Hammel Schema zeigt.

18—19. században. Alsónyék és Kölked adatai nemzetközi összehasonlításban (Bäuerliche Familienstrukturen im 18. und 19. Jahrhundert. Die Daten von Alsónyék und Kölked im internationalen Vergleich), in: Ethnographia 86 (1975) H. 2—3, 340—367.

22 LASLETT — WALL, Household and family; Lutz K. BERKNER, The use and misuse of census data for the historical analysis of family structure, in: Journal of Interdisciplinary History 5 (1975), 721—738; Sylvia Junko YANAGISAKO, Family and household: the analysis of domestic groups, in: Annual Review of Anthropology 8 (1979), 161—205.

Tabelle 8:
Größe der Bauernhaushalte um die Mitte des 18. Jahrhunderts

	Anzahl der im Haushalt lebenden Personen (Verteilung der Personen in Prozent)					Anzahl der Haushalte N	durchschnittliche Haushaltsgröße
	1–3	4–6	7–10	mehr als 10	Zusammen		
Nagykovácsi	4,5	50,0	43,2	2,3	100,0	44	6,59
Perbál	6,8	70,5	22,7	–	100,0	44	5,61
Bogdány	23,5	55,9	20,6	–	100,0	68	4,93
Szántó	12,5	40,0	45,0	2,5	100,0	40*	6,30
Tököl	–	23,9	42,3	33,8	100,0	71	9,71
Kalász	20,8	54,7	20,8	3,8	100,0	53	5,60
Tök	13,8	60,6	22,3	3,2	100,0	94	5,57

* ohne nicht eindeutig zuordenbare Haushalte

Tabelle 9:
Bauernhaushalte nach der Anzahl der zusammenlebenden Generationen (1747)

	Anzahl der im Haushalt zusammenlebenden Generationen (Verteilung in Prozent)					Anzahl der Haushalte N
	1	2	3	4	Zusammen	
Nagykovácsi	2,3	79,5	18,2	–	100,0	44
Perbál	–	86,4	13,6	–	100,0	44
Bogdány	16,2	73,5	10,3	–	100,0	68
Szántó	14,3	66,7	16,7	2,4	100,0	42
Tököl	–	56,3	45,1	1,4	100,0	71

Tabelle 10:
Bauernhaushalte nach dem Laslett-Hammel-Schema um die Mitte des 18. Jahrhunderts

	Nagykovácsi 1747	Perbál 1747	Bogdány 1747	Szántó 1747	Tököl 1747
1. Solitaries					
a. Widowed	—	—	—	—	—
b. Single or of unknown marital status	—	—	—	—	—
2. No family					
a. Coresident siblings	—	—	—	—	—
b. Coresident relatives of other kind	—	—	—	—	—
c. Persons not evidently related	—	—	—	—	—
3. Simple family households					
a. Married couples alone	2,2	—	16,2	7,1	—
b. Married couples with child(ren)	68,2	86,4	57,3	50,0	22,5
c. Widowers with child(ren)	2,3	—	—	—	—
d. Widows with child(ren)	2,3	—	1,5	—	2,9
4. Extended family households					
a. Extended upwards	11,4	4,5	8,8	7,1	4,2
b. Extended downwards	—	—	—	—	—
c. Extended laterally	—	—	2,9	2,4	1,4
d. Combinations of 4a–4c	2,3	—	1,5	—	—
5. Multiple family households					
a. Secondary unit(s) up	6,8	2,3	—	2,4	—
b. Secondary unit(s) down	—	2,3	10,3	19,0	42,3
c. Units all on one level	—	—	—	—	5,6
d. Frérèches	—	2,3	—	4,8	11,3
e. Other multiple families	4,5	—	—	2,4	8,4
6. Indeterminate	—	2,2	1,5	54,8	1,4
Zusammen	100,0	100,0	100,0	100,0	100,0
Anzahl der Haushalte (N)	44	44	68	42	71

Tabelle 11:

Bauernhaushalte nach den Grundtypen des Laslett-Hammel-Schemas um die Mitte des 18. Jahrhunderts (Verteilung der Haushalte in Prozent)

	Nagykovácsi 1747	Perbál 1747	Bogdány 1747	Szántó 1747	Tököl 1747	Kalász 1765	Tök 1767	Tótfalu 1770
1. Solitaries	–	–	–	–	–	–	–	–
2. No family	–	–	–	–	–	–	–	–
3. Simple family households	75,0	86,4	75,0	57,1	25,4	32,1	86,2	70,5
4. Extended family households	13,7	4,5	13,2	9,5	5,6	67,9	–	–
5. Multiple family households	11,3	6,9	10,3	28,6	67,6	–	13,8	29,5
6. Indeterminate	–	2,2	1,5	4,8	1,4	–	–	–
Zusammen	100,0	100,0	100,0	100,0	100,0	100,0	100,0	100,0
Anzahl der Haushalte (N)	44	44	68	42	71	53	94	146

Tabelle 12:
Bauernhaushalte nach der Anzahl der zusammenlebenden „Kernfamilien"*** um die Mitte des 18. Jahrhunderts

	Anzahl der in einem Haushalt zusammenlebenden „Kernfamilien" (Verteilung in Prozent)								Anzahl der Haushalte	Anzahl der „Kernfamilien"	Anteil der mit anderen zusammenlebenden „Kernfamilien" in Prozent der Gesamtzahl
	1	2	3	4	5	6	7	Zusammen	N	N	
Nagykovácsi	88,6	11,4	–	–	–	–	–	100,0	44	49	20,4
Perbál	90,9	6,8	2,3	–	–	–	–	100,0	44	49	18,4
Bogdány	88,2	11,8	–	–	–	–	–	100,0	68	76	21,1
Szántó	71,4	26,2	2,4	–	–	–	–	100,0	42	55	45,5
Tököl	31,0	45,2	12,7	11,3	–	–	–	100,0	71	154	85,7
Kalász	47,2	30,2	18,8	3,8	–	1,4	1,4	100,0	53	95*	73,7
Tök	86,2	8,5	3,2	2,1	–	–	–	100,0	94	114	28,9
Tótfalu	70,6	26,7	2,7	–	–	–	–	100,0	140	193*	46,6

* Geschätzt, da die genaue Zahl nicht bekannt ist.
** Im Sinne von „conjugal family units".

In Nagykovácsi, Perbál und Bogdány leben nur etwa 20% der Bauernfamilien mit anderen Familien zusammen, hingegen liegt diese Verhältnisziffer bei den slowakischen und ungarischen Dörfern bei 30% bis 50%, bei den südslawischen Bauern sogar bei 80%. Wenn wir die Struktur der Haushalte an Hand der Zahl der zusammenlebenden Familien messen, dann kommen wir also zu folgendem Resultat: Der Anteil der komplexen Haushaltsformen ist im Fall der deutschen Dörfer niedriger, im kroatischen Tököl höher, im Fall der slowakischen und ungarischen Gemeinden hingegen ähnlich jener, die wir mit Hilfe des Laslett-Hammel Schemas feststellten. Dies läßt sich damit erklären, daß „Erweiterungen" der Haushalte in den deutschen Dörfern vorwiegend aus alleinstehenden Verwandten bestehen, in den anderen Gemeinden hingegen nicht selten drei bis vier Familien zusammenleben, was bei den deutschen Bauern praktisch unbekannt ist.[23]

Wenn wir das Verhältnis der im Haushalt lebenden Verwandten zum Haushaltsvorstand sowie die Führungsrolle innerhalb der Gruppe oder die Machtverteilung unter den Generationen betrachten (Tabelle 13), erfahren wir weitere wesentliche Unterschiede. Bei den in einem Haushalt Zusammenlebenden in Nagykovácsi und Perbál liegen Macht und Führung des Haushaltes vorwiegend in den Händen der Kinder, d. h. der jüngeren Generation. In Bogdány und Szántó ist dies eher selten; bei den Südslawen von Tököl und den Bauern der ungarischen Dörfer liegt die Führung ausschließlich in den Händen der Eltern oder der zusammenlebenden Geschwister.

Wenn wir die beiden oben ausgeführten Erscheinungen gemeinsam betrachten, so sind unsere Dörfer – nach ihrer Haushaltsstruktur – in drei Typen aufzuteilen. Der Anteil der in komplexen Haushalten lebenden Familien ist in Nagykovácsi und Perbál vergleichsweise niedrig, die in den Haushalten mitlebenden Verwandten sind meistens alleinstehende Leute, die Führung der Gruppe liegt im allgemeinen in den Händen der jungen Generation. Den zweiten Typus bilden Szántó und Tótfalu: Die Hälfte der Familien lebt in komplexen Haushalten – am häufigsten ist das Zusammenleben von zwei Familien. Die Haushalte werden in zwei Drittel der Fälle von der älteren Generation geführt, die übrigen Fälle bestehen vorwiegend im Zusammenleben von verheirateten Geschwistern. Die zwei südslawischen Dörfer Tököl und Kalász können zum dritten Typ gezählt werden. Hier ist das Leben in zusammengesetzten Haushalten für die meisten Familien charakteristisch. Oft leben drei bis vier Familien zusammen, aber es kommen auch kompliziertere, größere Haushalte vor. Die Führung der Gruppe liegt in erster Linie in den Händen der Eltern, der älteren Generation bzw. in geringerem Maß in den Händen von verheirateten Geschwistern. Diese drei Typen kann man nicht eindeutig ethnokulturellen Gruppen zuordnen, was schon daraus ersichtlich ist, daß Bogdány, mit einer deutschen Mehrheit, einen Übergang zwischen dem ersten und zweiten Typ bildet: Hinsichtlich der mitlebenden Verwandten ähnelt es eher den zwei anderen deutschen Dörfern, hinsichtlich der Führung der Gruppe jedoch eher den ungarischen und slawischen Gemein-

---

23 Vgl. Lutz K. BERKNER, Household arithmetic: a note, in: Journal of Family History 2 (1977) N. 2, 159–163.

Tabelle 13:

Verwandtschaftsbeziehung zwischen Haushaltsvorstand und mitlebenden Verwandten
(Bauernhaushalte um die Mitte des 18. Jahrhunderts)

	Position des Haushaltsvorstands zu den mitlebenden Verwandten bzw. dem Oberhaupt der mitlebenden verwandten „Kernfamilie" (Verteilung der Haushalte mit Verwandten in Prozent)					Anzahl der Haushalte mit Verwandten N
	Elternteil	Kind	Bruder/ Schwester	sonstige und nicht einordenbare Verwandtschaft	Zusammen	
Nagykovácsi	–	100,0	–	–	100,0	11
Perbál	20,0	60,0	–	20,0	100,0	5
Bogdány	68,8	18,7	12,5	–	100,0	16
Szántó	62,5	12,5	12,5	12,5	100,0	16
Tököl	75,0	–	17,3	7,7	100,0	52
Tök	76,9	–	23,1	–	100,0	13
Tótfalu	63,2	–	26,3	10,5	100,0	19

den. Tök hingegen stellt eine Übergangsform zwischen Typ zwei und drei dar. Was die Typen anlangt, so ergibt sich zwischen Typus eins und den anderen beiden eine scharfe Trennung, zwischen Typus zwei und drei bestehen jedoch eher quantitative und nicht das Wesen der Struktur berührende Unterschiede.[24]

Innerhalb der Haushalte können wir in Übereinstimmung mit den Prinzipien der damaligen Registrierung und mit den – durch diese erkennbaren – zeitgenössischen Normen und Gewohnheiten folgende Rollengruppen unterscheiden: Haushaltsvorstand und Ehefrau, Kinder des Haushaltsvorstandes, mitlebende Verwandte, Dienstboten. Als einfachsten Annäherungsversuch haben wir die durchschnittliche Größe dieser Gruppen pro Haushalt betrachtet (Tabelle 13). Obwohl dieser Durchschnittswert auch nicht viel genauer ist als die durchschnittliche Haushaltsgröße, zeigt er dennoch, daß in den einzelnen Gemeinden nicht nur nach Zahl und Art der mitlebenden Verwandten Unterschiede bestehen, sondern auch nach der Zahl der Nicht-Verwandten und nach der Größe und der demographischen Zusammensetzung der den Haushalt führenden Familien (Tabelle 14). In Nagykovácsi und Szántó z. B. ist die Zahl der Dienstboten gleichermaßen bedeutend, obwohl sich beide Dörfer hinsichtlich der Verwandten völlig unterscheiden; d. h. die Anzahl der nichtverwandten Personen korreliert weder positiv noch negativ mit der Zahl der Verwandten. Weiters zeigen die einzelnen Dörfer Unterschiede beim Anteil der zur Kategorie „Haushaltsvorstand und Gattin" gehörenden Personen: Aus dem niedrigsten Wert von Tököl z. B. kann man schließen, daß die Führung des Haushalts oft in der Hand einer Witwe (eines Witwers) liegt. Auch die Größe des Familienkerns des Haushaltsvorstandes ist differenziert, was nicht nur von Unterschieden in der Arbeitsorganisation herrühren kann, sondern auch vom Alter des Haushaltsvorstandes und seiner Frau bzw. daher, daß seine Familie einem anderen Stadium des Lebenszyklus angehört, und so fort. Um diese Unterschiede klarer zu sehen, haben wir die Mitglieder der genannten Rollengruppen mit Hilfe der Angaben über ihr Alter und ihren Familienstand im einzelnen untersucht.

---

24 Unter Beachtung dieser Gesichtspunkte haben wir versucht, das Laslett-Hammel-Schema zu modifizieren, ohne seine Grundzüge zu verändern. Dies hielten wir für notwendig, da das Schema für „conjugal units" als folgerichtig erscheint und es zugleich schade wäre, auf die Vergleichsmöglichkeiten, die ein international verbreitetes und in Publikationen verwendetes Schema bietet, zu verzichten. Nach unseren Erfahrungen lohnt es sich, die Generationenzugehörigkeit der den Haushalt führenden Person(en) einzubauen, nicht jedoch die Zahl der in den Haushalten zusammenlebenden Familien. Das derartig modifizierte Laslett-Hammel-Schema brachte folgende Ergebnisse: In erster Linie wurden die Kategorien 4a und 5a weiter aufgeteilt, bei höheren Fallzahlen erschiene auch eine Aufteilung der Kategorien 4b, 4d und 5c wahrscheinlich. Die Erklärungsfähigkeit des Laslett-Hammel-Schemas kann also mit dieser kleinen Änderung wesentlich erhöht werden. Die Teilresultate lassen sich leicht summieren, entweder nach conjugal-units oder nach Generationenzugehörigkeit der Haushaltsvorstände. Damit werden die inneren Machtverhältnisse in der Familie ins Zentrum gerückt und im zeitlichen Vergleich Unterschiede greifbar gemacht, die in der bisher üblichen Aufteilung des Schemas vor allem in den Kategorien 4 und 5 verborgen geblieben sind. Diese Ergebnisse sind in der Tabelle auf Seite 134 dargestellt.

Tabelle 14:
Angehörige der Bauernhaushalte nach ihrer Stellung im Haushalt

	Durchschnittliche Zahl der Rollenträger pro Haushalt						Familien-Kern des HV	Anzahl der Personen in Bauernhaushalten N
	Haushalts- vorstand und Ehegattin	Kinder	Verwandte	Gesinde- personen	unbekannt	Zusammen (durchschn. Haushalts- größe)		
Nagykovácsi	1,95	3,11	0,57	0,73	0,23	6,59	5,06	290
Perbál	2,00	3,05	0,34	0,14	0,09	5,62	5,05	247
Bogdány	1,91	2,15	0,54	0,22	0,10	4,92	4,06	335
Szántó*	1,95	2,50	1,15	0,68	–	6,30	4,45	252
Tököl	1,61	2,72	5,04	0,33	–	9,70	4,33	699
Kalász**	1,92	1,72	1,96	–	–	5,60	3,64	297

* Ohne Haushalte mit nicht eindeutig bestimmbarer Zusammensetzung.
** Kinder und Gesinde der mitlebenden verwandten Familien wurden wahrscheinlich nicht registriert.

Tavelle zu Anmerkung 24:

„Erweiterte" und „Mehrfamilienhaushalte" der Bauern nach dem Laslett-Hammel-Schema unter Berücksichtigung der Generationenzugehörigkeit der Haushaltsvorstände (1747)

Mitlebende Verwandte nach dem Laslett-Hammel-Schema	Generationenzugehörigkeit des Haushaltsvorstands (im Vergleich mit den Verwandten)	Nagykovácsi	Perbál	Bogdány	Szántó	Tököl
4 a (extended upwards)	jünger	5	2	2	1	—
	älter	—	—	4	2	3
b (extended downwards)	jünger	—	—	—	—	—
	älter	—	—	—	1	1
c (extended laterally)	gleichalt	1	—	2	—	—
d (combinations a—c)	jünger	—	—	1	1	1
	älter	—	—	—	—	—
	gleichalt	—	—	—	—	—
4 zusammen		6	2	9	4	4
5 a (secundary units up)	jünger	3	1	—	1	—
	älter	—	1	7	8	30
b (secundary units down)	jünger	—	—	—	—	—
	älter	—	—	—	—	4
c (units all on one level)	gleichalt	—	—	—	2	8
d (Frérèches)	jünger	2	—	—	—	—
	älter	—	1	—	1	2
e (other multiple families)	nicht einordenbar	—	—	—	—	4
5 zusammen		5	3	7	12	48
Zusammen	jünger	11	3	3	2	—
	älter	—	1	11	10	39
	gleichalt	—	—	2	3	9
	nicht einordenbar	—	1	—	1	4
Zusammen		11	5	16	16	52

2. Heiratsverhalten und Haushaltsgründung

Die mit der Geschichte von Familie und Haushalt beschäftigte Literatur ist im allgemeinen darin einig, daß Eheschließung und selbständige materielle Existenzsicherung Voraussetzungen für die Gründung eines eigenen Haushalts waren. Die Ergebnisse der westeuropäischen Forschung zeigen, daß diese beiden Bedingungen meistens eng miteinander verbunden sind.

Wenn keine Möglichkeit zur wirtschaftlichen Selbständigkeit vorhanden ist, wird die Eheschließung verschoben, und unter ungünstigen Umständen stirbt ein großer Teil der Bevölkerung, ohne jemals selbständig geworden zu sein oder eine eigene Familie gegründet zu haben.[25] Als ersten Schritt wollen wir also das Heiratsverhalten in unseren Gemeinden untersuchen. Die Untersuchung des Familienstandes der Bevölkerung über 15 Jahre (Tabelle 15) zeigt, daß das Heiratsverhalten unserer Dörfer in vielfacher Hinsicht vom westeuropäischen abweicht. Erstens: Die Eheschließung ist allgemein. Unter den Bauern finden wir praktisch keine Frau über 25 Jahre bzw. keinen Mann über 30 Jahre, die nicht geheiratet hätten. Zweitens: Die Ehen werden ziemlich früh geschlossen. Aus unseren Quellen können wir drei Muster feststellen:

a) Ohne Ausnahme heiraten die Frauen vor Erreichung ihres 25. Lebensjahres, die Männer vor ihrem 29. Rund die Hälfte der Frauen heiratet schon vor dem 20. Lebensjahr (Modell einer frühen Heirat – vertreten durch die kroatische Gemeinde Tököl).

b) Bei beiden Geschlechtern erreicht der Anteil der Verheirateten in der Altersgruppe der 25–29jährigen 100 Prozent (Übergangsmodell – in unserem Sample repräsentiert durch das slowakische Szántó und das neu besiedelte Perbál).

c) Die Erstheirat wird bei den Frauen mit dem Eintreten in die Gruppe der 25–29jährigen abgeschlossen, bei den Männern jedoch erst, wenn sie in die Gruppe der 30–34jährigen kommen (Modell einer späten Heirat – in unserem Sample trifft dies auf die deutschen Bauern von Nagykovácsi und Bogdány zu).

Auf Grund der Altersstruktur der Ehepaare ähnelt das häufigste Heiratsmuster der ungarischen Bauern von Tótfalu wahrscheinlich dem der Slowaken von Szántó, das des ebenfalls von Ungarn bewohnten Tök aber – und wahrscheinlich auch das der Serben von Kalász – ist mit dem von Kroaten bewohnten Tököl verwandt. So bestehen in diesem kleinen Gebiet drei Heiratsmuster nebeneinander: das in der Literatur „östlich" oder „osteuropäisch" genannte Modell früher Heiraten, das „westliche" Modell später Heiraten und schließlich ein Übergangsmodell, das man zwischen die vorhin genannten einreihen und analog „ostmitteleuropäisch" nennen könnte. Diese Modelle können auf der Grundlage unserer Quellen selbstverständlich nicht endgültig bestimmt werden; sie bedürfen noch weitreichender Forschungen. Es ist jedoch wert, darauf aufmerksam zu machen, daß das in den deutschen Gemeinschaften beobachtete Heiratsmuster das Wesen des westeuropäischen ei-

---

25 Peter LASLETT, Characteristics of the Western family, in: Journal of Family History 2 (1977) N. 2, 89–115.

gentlich nur in Spuren bewahrt hat. Das Heiratsverhalten der deutschen Bauern – besonders im neu besiedelten Perbál – geriet in die Nähe der anderen ethnokulturellen Gruppen; eigentlich kann man es nur dann „spätes" nennen, wenn man es mit diesen vergleicht.

Ähnlich wie das „ostmitteleuropäische" Modell vertritt es eher einen Übergang zwischen tatsächlich späten und frühen Heiraten.[26] An der Entstehung der Übergangsmodelle haben aller Wahrscheinlichkeit nach die sich gegenseitig beeinflussenden Sitten, die kulturelle Diffusion und die demographischen und sozial-ökonomischen Folgen der Neuansiedlung an der Grenze gleichen Anteil.

Tabelle 15:

Verehelichtenquote nach Altersgruppen

	Anteil der Verheirateten und der Verwitweten an den einzelnen Altersgruppen,* in Prozent				
	15—19	20—24	25—29	30—	N
			Männer		
Nagykovácsi	—	16,7	60,0	100,0	45
Perbál	—	80,0	100,0	100,0	49
Bogdány	—	38,5	92,3	100,0	76
Szántó	—	60,0	100,0	100,0	54
Tököl	—	53,3	95,5	100,0	141
			Frauen		
Nagykovácsi	—	50,0	100,0	97,5	52
Perbál	—	85,7	100,0	100,0	51
Bogdány	18,2	80,0	100,0	100,0	78
Szántó	25,0	86,7	100,0	100,0	57
Tököl	45,7	97,1	96,9	98,7	155

* Bauern und deren Verwandte (ohne Gesindepersonen).

Weiters haben wir die Altersunterschiede zwischen den Ehepaaren untersucht (Tabelle 16). In Nagykovácsi und Perbál ist der Altersunterschied zwischen den bäuerlichen Ehegatten verhältnismäßig klein, in den anderen Dörfern ist er größer. Die drei deutschen Dörfer weichen von den übrigen auch dadurch ab, daß das Alter der Ehefrau in jedem dritten oder vierten Fall entweder gleich oder höher als das des Haushaltsvorstandes ist.[27]

---

26 Hajnal, Marriage patterns; Louis Henry und Jacques Houdaille, Cèlibat et age an mariage aux 18e et 19e siècles en France, in: Population 34 (1979) N. 2, 403—442; Laslett, Western family.

27 Der Vergleich der Seelenzählungen mit den Matrikeln ergab, daß die Altersangaben nicht genau genug waren, um über die Einteilung nach Altersgruppen hinausgehende Berechnungen durchführen zu können. Durchschnittliche Altersunterschiede nach Jahren wurden deshalb nicht berechnet.

Tabelle 16:
Altersunterschiede zwischen den bäuerlichen Ehegatten*

	Altersunterschied zwischen Männern und Frauen (Verteilung der Ehepaare in Prozent)				Anzahl der Ehepaare (N)	Anteil der Ehen mit älterer oder gleich alter Frau (in Prozent)
	0–4	5–9	10– Jahre	Zusammen		
Haushaltsvorstände						
Nagykovácsi	50,0	30,9	19,1	100,0	42	28,6
Perbál	50,0	34,1	15,9	100,0	44	36,4
Bogdány	32,3	33,9	33,8	100,0	62	21,0
Szántó	17,5	37,5	45,0	100,0	40	7,5
Tököl	26,6	37,8	35,6	100,0	45	4,4
Tök	4,5	31,1	64,4	100,0	90	–
Tótfalu	23,9	49,3	26,8	100,0	134	1,5
Nichthaushaltsvorstände						
Nagykovácsi**	–	–	–	–	–	–
Perbál	50,0	50,0	–	100,0	4	25,0
Bogdány	72,7	18,2	9,1	100,0	11	9,1
Szántó	69,2	30,8	–	100,0	13	–
Tököl	48,3	40,2	11,5	100,0	87	2,3
Tök	20,0	60,0	20,0	100,0	20	–
Tótfalu	42,8	28,6	28,6	100,0	21	–

* Nur Bauernhaushalte, deren Zusammensetzung bekannt ist.
** Unter diesen sind hier keine Ehepaare vorhanden.

Diese Tendenz ist unter den Nicht-Haushaltsvorständen wesentlich geringer.. Es scheint, daß sie mit der Rolle des Haushaltsvorstandes zusammenhängt. Wahrscheinlich bestand eine Möglichkeit, die Rolle des Haushaltsvorstandes zu erreichen, darin, eine „Vernunftehe" zu schließen, die den traditionellen Altersunterschied zwischen den beiden Geschlechtern außer acht ließ. In den deutschen Dörfern finden wir dadurch in erster Linie Frauen mittleren Alters, die mit jungen Männern verheiratet sind, in den nichtdeutschen Gemeinden hingegen ist die Eheschließung zwischen jungen Frauen und älteren Männern häufiger. Die Altersunterschiede zwischen den Haushaltsvorständen und ihren Ehefrauen sind demnach nicht mit dem Muster der Eheschließung gleichzusetzen. Dies ließ drei Typen erkennen (spätes Übergangs-, frühes Übergangs- und frühes Modell), die Altersunterschiede der Ehegatten jedoch nur zwei: eine zeitweise ältere Ehefrauen einschließende aber im wesentlichen egalitäre Altersstruktur (welche wir wieder einen „westeuropäischen Typ" nennen können)[28] bzw. ein auf der Seniorität der Ehemänner gegründetes „östliches" Modell. Der Altersunterschied zwischen den Ehegatten wird demnach stärker von Bräuchen und Traditionen bestimmt (die oben erwähnte „Vernunftehe" bzw. die wegen der hohen Sterberate oft vorkommende Wiederverheiratung) als vom Heiratsalter selbst.

Auf den Zusammenhang zwischen Eheschließung und Haushaltsgründung können wir aus dem Wohnsitz der 20- bis 29jährigen, jung verheirateten Männer schließen (Tabelle 17). In den deutschen Dörfern sind beide Erscheinungen stark miteinander verbunden, in Nagykovácsi decken sie sich sogar: Die jungen verheirateten Männer sind ausnahmslos selbständige Haushaltsvorstände. In Szántó werden sie nach der Eheschließung nur zu einem Viertel der Fälle sofort oder in kurzer Zeit selbständig, in Tököl überhaupt nicht. Hier leben sie ausnahmslos in den Haushalten ihrer Eltern oder älteren Geschwister. In diesen beiden Gemeinden sind also

Tabelle 17:
Wohnsitz der 20—29jährigen Männer in den Jahren nach der Heirat
(Verteilung in Prozent)

	Selbständig	bei den Eltern	bei Geschwistern	bei den Eltern der Frau	Zusammen	N
Nagykovácsi	100,0	—	—	—	100,0	9
Perbál	55,6	22,2	—	22,2	100,0	9
Bogdány	70,6	11,8	—	17,6	100,0	17
Szántó	23,5	58,8	17,7	—	100,0	17
Tököl	—	86,7	13,3	—	100,0	45
Tök	48,0	48,0	4,0	—	100,0	25
Tótfalu	71,8	20,5	5,1	2,6	100,0	39

---

28 Laslett, Western family.

Heirat und Haushaltsgründung voneinander fast unabhängig, die in Westeuropa übliche enge Verbindung zwischen beiden kommt nicht zur Geltung. In Nagykovácsi finden Eheschließung und Haushaltsgründung in derselben Altersgruppe statt, und auch in Perbál ist der Unterschied zwischen beiden nicht sehr groß. Im Fall von Szántó und Bogdány wiederum weichen die beiden Phänomene um mehr als zehn, in Tököl aber um mehr als dreißig Jahre voneinander ab (Tabelle 18).

Tabelle 18:
Heiratsalter und Alter bei der Erlangung der Position des Haushaltsvorstands in der männlichen Bauernbevölkerung

	Altersgruppe, in der im allgemeinen alle Männer		Unterschied zwischen a und b (in Jahren)
	a) verheiratet sind	b) Haushaltsvorstand sind	
Nagykovácsi	30—34	30—34	0— 4
Perbál	25—29	30—34	5— 9
Bogdány	30—34	40—44	10—14
Szántó	25—29	35—39	10—14
Tököl	30—34	über 60	über 30

Weiters bestehen auch deutliche Unterschiede bei der Wahl des Wohnsitzes nach der Heirat. Auffallend ist die starke Patrilokalität in Szántó und Tököl. Hier finden die jungen Eheleute überwiegend bei den Eltern des Ehemannes Aufnahme, ganz im Gegensatz zu den deutschen Dörfern, wo junge Ehepaare, die keinen eigenen Haushalt gründen, gleichermaßen bei den Eltern des Ehemannes und der Ehefrau wohnen. In den deutschen Gemeinden gründet also die Mehrzahl der jungen Ehepaare einen neolokalen Wohnsitz,[29] ein kleinerer Teil beginnt sein gemeinsames Leben zum Teil bei den Eltern des Bräutigams, zum Teil bei den Eltern der Braut. Das Wohnen im Haushalt von Geschwistern kommt überhaupt nicht vor. Die zwei ungarischen Dörfer mit ihrer verhältnismäßig frühen und häufigeren Eigenständigkeit der jungen Ehepaare befinden sich in dieser Hinsicht in der Nähe der deutschen. Geht man jedoch vom Überwiegen der Patrilokalität aus und davon, daß gemeinsames Wohnen mit verheirateten Geschwistern vorkommt, ähneln sie den slawischen Gemeinden. Im Fall des Zusammenwohnens mit verheirateten Geschwistern kommt allerdings in den ungarischen Dörfern das Prinzip der Seniorität nicht so ausschließlich zur Geltung wie in Szántó und Tököl.

Da wir leider nicht genügend Matrikel-Daten besitzen, konnten wir nicht mit absoluter Sicherheit feststellen, welche Zusammenhänge zwischen der Eheschlie-

---

29 Obwohl das Haus, in dem das junge Ehepaar sein gemeinsames Leben begann, ursprünglich im Besitz eines der Elternpaare war, wurde der Mann in den meisten Fällen nach der Heirat selbständiger Haushaltsvorstand; demnach ist die Wohnsitzwahl auch dann nicht patrilokal zu nennen, wenn er den Wohnsitz im volkskundlichen Verständnis praktisch nicht wechselte.

ßung und dem Tod der Eltern bestehen, wir haben aber den Eindruck gewonnen, daß im Fall der deutschen Dörfer ein enger Zusammenhang besteht. Man kann fast mit Sicherheit annehmen, daß hier die Eheschließung erst nach dem Tod der Eltern erfolgt und mit dem Auseinandergehen der Geschwister zusammenfällt. In den nichtdeutschen Dörfern hingegen werden die Ehen in jungen Jahren, noch zu Lebzeiten der Eltern geschlossen, und die Geschwister bleiben oft auch nach dem Tod der Eltern zusammen.

Wie hängt nun die Stellung des Haushaltsvorstands mit dem Heiratsmuster zusammen? Nach der altersmäßigen Verteilung der Haushaltsvorstände scheint es (Tabelle 19), daß in den deutschen und ungarischen Dörfern auch jüngere Männer Chancen haben, diesen Status zu erreichen (40%–50% der Haushalte haben einen Vorstand unter 40 Jahren), slowakische Männer dagegen länger darauf warten müssen und die Kroaten meist erst im mittleren Alter zur Selbständigkeit kommen. Noch deutlicher wird diese Tendenz, wenn wir die männlichen Haushaltsvorstände mit der Gesamtzahl der Männer entsprechenden Alters vergleichen (Tabelle 20). In Nagykovácsi und Perbál wird jeder Mann spätestens im vierten Jahrzehnt seines Lebens ein selbständiger Haushaltsvorstand. In Bogdány und Szántó hingegen wird dieser Zustand erst zwischen dem 40. und 50. Lebensjahr erreicht. Besonders scharf ist der Kontrast bei den Männern über 60 Jahre. In Tököl erreichen erst in dieser Altersgruppe alle Männer die Selbständigkeit, in den deutschen Dörfern dagegen beginnen sie sie wieder zu verlieren. Die kroatischen und slowakischen Bauern behalten also die spät erreichte Führungsposition bis zum Ende ihres Lebens bei, auch dann, wenn sie Witwer geworden sind und wenn sie altersbedingt nur mehr leitende Tätigkeiten ausführen, nicht aber physische Arbeit leisten können. Ihre Nachfolger kommen zwar rasch zur Heirat, zum Besitz jedoch nur sehr langsam.[30] Die deutschen Bauern hingegen geben die Haushaltsführung, die sie in jungen Jahren erworben haben, nach ihrem 60. Lebensjahr, im letzten Abschnitt ihres Lebens, wieder aus den Händen. Obwohl wir dafür keine schriftlichen Unterlagen haben – die spärlichen zeitgenössischen Berichte befassen sich meistens bloß mit den Lebensgewohnheiten der ungarischen Bauern –, müssen wir annehmen, daß auch bei den nach Ungarn eingewanderten deutschen Gruppen die Praxis des Ausgedinges gepflogen wurde. Die alten Bauern übergaben, wenn ihre Arbeitsfähigkeit nachließ, das Anwesen ihren Nachfolgern und hörten mit der eigenen Wirtschaft auf. Dieser Rückzug bedeutete aber – im Gegensatz zu Westeuropa – in unseren Gemeinden im

---

30 Unsere Quellen sind zu ungenau, um diese Frage auch für die ungarische Bevölkerung zu behandeln, da die Zählungen für Tök und Tótfalu Altersangaben nur für verheiratete Männer enthalten. Wir haben aber den Eindruck, daß man den Lebensweg der ungarischen Bauernsöhne mit jenem der Slowaken von Szántó vergleichen kann, abgesehen von dem schon früher erwähnten Unterschied, daß sie etwas schneller in die Position des Haushaltsvorstands gelangten. Den genauen Grund dieses Unterschieds kennen wir nicht. Die wahrscheinlichste Erklärung scheint zu sein, daß die Ausstattung der in der Ebene lebenden ungarischen Gemeinden mit Boden günstiger, ihre Mobilität und Ausdehnungsmöglichkeiten größer waren als die der verstreut in den Bergen lebenden Slowaken.

Tabelle 19:
Haushaltsvorstände nach Alter und Geschlecht

	Verteilung der männlichen Haushaltsvorstände auf Altersgruppen, in Prozent							Gesamtzahl der männl. HV N	Weibliche Haushaltsvorstände	
	20—29	30—39	40—49	50—59	60—	Alter unbekannt	Zu-sammen		Anteil an der Gesamtzahl der HV, in Prozent	Gesamtzahl der weibl. HV N
Nagykovácsi	20,9	37,2	20,9	16,3	4,7	–	100,0	43	2,3	1
Perbál	11,4	38,6	31,8	18,2	–	–	100,0	44	–	–
Bogdány	18,5	27,7	14,9	23,1	13,8	–	100,0	65	4,4	3
Szántó	9,8	13,6	39,0	24,4	12,2	–	100,0	41	2,4	1
Tököl	–	15,1	37,7	17,0	30,2	–	100,0	53	25,4	18
Tök	13,3	27,8	37,8	10,0	11,1	–	100,0	90	–	–
Tótfalu	21,3	33,1	22,8	11,0	11,0	0,8	100,0	136	–	–

allgemeinen nicht eine Entfernung aus dem Haushalt.[31] In Nagykovácsi, wo wir durch Familienrekonstitutionen die Verhältnisse eindeutig erfassen konnten, fanden wir nur wenige Fälle, in denen die betagten Eltern in einem gesonderten Haushalt gelebt haben. Meistens bedeutete der Rückzug nur einen Rollen- und Statuswechsel innerhalb des Haushaltes. Die Analyse des individuellen Lebensweges der Männer bekräftigt und erklärt also jene Unterschiede, die wir vorhin bei der Analyse der Struktur beobachtet haben. Die junge Generation führt im allgemeinen dort den Haushalt, wo wir auf Grund der Beobachtungen der individuellen Lebenszyklen die Praxis des Ausgedinges annehmen können, und in jenen Gemeinden, in denen die Macht im Haushalt in den Händen der Älteren liegt, erfolgt das Selbständigwerden der jungen Ehepaare erst spät.

Der Lebensweg der Frauen dagegen weicht von dem der Männer völlig ab. Sie übernehmen die Haushaltsführung nur selten und auch dann nur für kurze Zeit. Eine Ausnahme bilden wieder die Kroaten, bei denen wir eine bedeutende Anzahl überwiegend älterer Witwen in dieser Position finden. Wenn wir in den einzelnen Altersstufen den Anteil der Frauen bestimmen, die die Position des „Haushaltsvorstandes" bzw. der „Ehefrau des Haushaltsvorstandes" einnehmen, so erfahren wir, daß sie in den deutschen Dörfern und in Szántó diese Position einheitlich und wesentlich früher als die Männer, zwischen ihrem 30. und 40. Lebensjahr vollzählig erreichen, aber nach ihrem 60. Lebensjahr – in Nagykovácsi noch früher – wieder verlieren (Tabelle 20). Der Verlust des Status „Ehefrau des Haushaltsvorstandes" kann auf zwei Gründe zurückgeführt werden. In den deutschen Dörfern, wo auch die Wiederverheiratung der Frau vorkommt, ist er mit Rückzug des Ehemannes von der Führung der Wirtschaft verbunden, in den nichtdeutschen Dörfern aber mit der Witwenschaft. Im Gegensatz zu den Männern, die, wenn sie Witwer geworden sind, oft und auch in hohem Alter wieder heiraten und die Führung des Haushaltes beibehalten, wird in den slowakischen und ungarischen Dörfern die Führung des Haushaltes und der Wirtschaft von der verwitweten Frau bald an die Kinder weitergegeben. Tököl geht bis zu einem bestimmten Grad auch hier einen dritten Weg, der Lebensweg der kroatischen Bäuerinnen ist deutlich anders. Ein Viertel der Haushalte wird hier von Frauen geführt (Tabelle 19). Wir finden in der Position des Haushaltsvorstands – selbständig oder als Ehefrau – ältere Frauen (mehr als 50%), deren Kinder schon erwachsen sind, die wegen ihres Alters an der physischen Arbeit nur beschränkt teilnehmen können und die deswegen wahrscheinlich die Möglichkeit haben, sich entweder allein oder gemeinsam mit ihrem betagten Mann der Führung des Haushaltes zu widmen. Ihre Rolle weicht also wesentlich von den Bauersfrauen in den anderen Dörfern ab, die zu 70%−80% ein noch erziehungsbedürftiges Kind unter sechs Jahren haben. Nach unseren Daten

---

31 Lutz K. BERKNER, The stem family and the developmental cycle of the peasant household: an 18th century Austrian example, in: American Historical Review 72 (1972), 398−418; GAUNT, Pre-industrial economy; Michael MITTERAUER und Reinhard SIEDER, The developmental process of domestic groups: problems of reconstruction and possibilities of interpretation, in: Journal of Family History 4 (1979) Nr. 3, 257−284.

scheint es dennoch, daß ein Sechstel der kroatischen Frauen praktisch niemals die Selbständigkeit, auch nicht den Status der „Ehefrau des Haushaltsvorstandes" erreichen kann.

Tabelle 20:
Anteil der Haushaltsvorstände (männliche Haushaltsvorstände und deren Ehegatten; weibliche Haushaltsvorstände) an der Gesamtzahl der einzelnen Altersgruppen (in Prozent)

	−19	20−29	30−39	40−49	50−59	60−
Männer:						
Nagykovácsi	−	25,7	94,1	100,0	100,0	50,0
Perbál	−	41,7	94,4	100,0	100,0	−
Bogdány	−	38,7	72,0	100,0	100,0	90,0
Szántó	−	11,1	66,7	100,0	100,0	100,0
Tököl	−	−	21,6	64,5	69,2	100,0
Frauen:						
Nagykovácsi	−	48,1	100,0	90,0	50,0	14,3
Perbál	−	68,8	100,0	100,0	100,0	−
Bogdány	−	62,1	90,0	100,0	100,0	55,5
Szántó	8,1	36,9	100,0	91,7	100,0	40,0
Tököl	−	15,2	44,8	72,7	90,0	85,7

3. Lebens-, Familien- und Haushaltszyklen

Die Gruppe der gemeinsam im Haushalt Lebenden ist im wesentlichen von drei Bewegungen eingebunden, die man Zyklen nennen kann:

   a) der bereits oben behandelte Lebenszyklus des einzelnen,

   b) der damit eng zusammenhängende Zyklus der Familienentwicklung und

   c) der an die Entwicklung des Gruppenkerns, der Familie des Haushaltsvorstandes, anknüpfende Haushaltszyklus.

Die ersten beiden Zyklen bauen auf demographischen Grundlagen auf, werden aber in ihrer Entwicklung in bestimmender Weise von den sozial-ökonomischen Verhältnissen, von den die Praxis des einzelnen bzw. der Familie bestimmenden Normen- und Gebräuchen und von den Strategien beeinflußt, die das Gruppenleben sichern und das Wohlergehen ihrer Mitglieder begünstigen sollen. Sie bestimmen, indem sie Heiratsverhalten, Arbeitsorganisation und Zusammenleben regeln, das Leben des Individuums und der Familie. Der Haushaltszyklus wird von den demographischen Faktoren nur mittelbar, über das Individuum bzw. über die Familie, berührt. Vielmehr bestimmt die bäuerliche Wirtschaft als ökonomische Basis und als Grundlage der Haushaltsfunktionen eine ihrer Größe entsprechende altersmäßige und geschlechtsspezifische Zusammensetzung der Arbeitskräfte.

Die drei Zyklen setzen sich folglich aus verschiedenen Bewegungen zusammen. Der Lebenszyklus des einzelnen bedeutet im wesentlichen einen sich parallel zum fortschreitenden Alter ändernden Status, eine Veränderung seiner Position und seiner Beziehungen. Der Familienzyklus bedeutet eine Veränderung in Größe und Zusammenhang der Familie als Folge der demographischen Ereignisse. Der Haushaltszyklus ergibt sich im allgemeinen aus den Bestrebungen, die Veränderungen, die sich durch den Zyklus der im Haushalt lebenden Familie (oder Familien) in der Verwandtschafts- und Rollenstruktur ergeben haben, auszugleichen und die Größe bzw. die alters- und geschlechtsspezifische Zusammensetzung der Gruppe relativ beständig zu halten. Die drei Zyklen sind eng miteinander verflochten. In ihren Zielen, in der Art und Richtung ihrer Bewegung und im Kreis der an ihnen teilnehmenden Personen weichen sie jedoch voneinander ab.[32]

Obwohl wir die konkrete Entwicklung von Struktur und Zusammensetzung der einzelnen Haushalte mit unseren sich auf einen Zeitabschnitt beschränkenden Quellen nicht nachvollziehen und so auch die für die einzelnen Siedlungen charakteristischen Haushaltszyklen nicht skizzieren können, kann der Zyklus der Familie des Haushaltsvorstandes mit Hilfe der über die individuellen Lebenswege gewonnenen Informationen aufgezeichnet werden. (Indirekt bekommen wir auf diese Weise auch für den Haushaltszyklus ein bestimmtes Bild, da seine Funktion, wie bereits oben erwähnt, die Korrektur der alters-, geschlechts- und zahlenmäßigen Schwankungen ist, die sich aus dem Familienzyklus ergeben haben.) Auf Grund unserer Quellen können wir vom Zyklus der Familie des Haushaltsvorstandes drei Idealtypen zeichnen (Tabelle 21):

1. Die jungen Haushaltsvorstände leben zu Beginn in „erweiterten" und mehrere Familien umfassenden Haushalten; mit dem Tod ihrer Eltern reduzieren sich ihre Haushalte auf Kernfamilien. Ein Teil der Haushalte macht aller Wahrscheinlichkeit nach die Phase der komplexen Struktur nicht durch (Nagykovácsi).

2. Die jungen Haushaltsvorstände leben in komplexen zusammengesetzten Haushalten. Im Alter von ca. 40 Jahren tendieren ihre Haushalte infolge des Todes oder des Auszugs der Verwandten zu Kernfamilien, mit der Zeit (wahrscheinlich als Folge der Heirat ihrer Kinder) wächst die Zahl der Haushaltsvorstände, die mit Verwandten zusammenleben, wieder an (Szántó, Bogdány, Tótfalu, Tök).

---

32 Obwohl es sich lohnt, über die von Michael Mitterauer in diesem Zusammenhang aufgeworfenen Probleme nachzudenken — wie die Beständigkeit der Familie, die häufigen Wiederverehelichungen oder das Fehlen mancher der Entwicklungsphasen der gegenwärtigen Familie bzw. der in Phasen geteilten Entwicklung überhaupt — kann ich mir Mitterauers Standpunkt nicht ganz zu eigen machen, der die Existenz des Familienzyklus vor der Industrialisierung in Frage stellt bzw. Familien- und Haushaltszyklus als identisch betrachtet. Vgl. dazu Michael MITTERAUER, Familiengröße-Familientypen-Familienzyklus, in: Geschichte und Gesellschaft 1 (1975) H. 1, 226–255; MITTERAUER – SIEDER, Developmental process.

3. Unter den jüngeren Haushaltsvorständen ist das gemeinsame Wohnen mit Verwandten relativ häufig, es kommt mit Fortschreiten des Lebensalters immer öfter vor, bis es im Alter über 50 Jahre praktisch allgemein wird. Die Mehrheit der Haushalte schrumpft vermutlich nie zu einer Kernfamilie zusammen (Tököl). (Perbál zeigt wegen der zu geringen Zahl der Fälle und wegen der Neuansiedlung keine eindeutige Tendenz.)

Tabelle 21:
Anteil der in komplexen Haushalten lebenden Personen nach Altersgruppen der Haushaltsvorstände (in Prozent)

	20—29	30—39	40—49	50—59	60—
Nagykovácsi	55,5	37,5	—	—	—
Perbál	20,0	11,8	7,1	25,0	—
Bogdány	25,0	10,5	27,2	33,3	40,0
Szántó	50,0	25,0	50,0	25,0	62,5
Tököl	—	30,0	50,0	94,1	100,0
Tök	15,4	3,8	2,9	30,0	60,0
Tótfalu	—	11,1	6,5	26,7	50,0

All das paßt mit den früher berichteten Tatsachen zusammen. Wenn der Haushaltsvorstand ungefähr 40 Jahre alt ist, leben seine Eltern nur mehr selten, seine Kinder sind aber noch nicht verheiratet, die Wahrscheinlichkeit für eine komplexe Haushaltsstruktur ist also gering. Sobald die Kinder eine eigene Familie gründen, wächst die Zahl der „Mehrfamilien-Haushalte". In Nagykovácsi übernehmen die Kinder gleichzeitig mit der Eheschließung auch die Führung des Haushaltes (und der Wirtschaft). Im Gegensatz dazu lebt in Szántó und in den ungarischen Dörfern häufig ein alter Haushaltsvorstand gemeinsam mit seinen Kindern und Verwandten. In Nagykovácsi ist dies unbekannt, nicht zuletzt deshalb, weil allgemein alte Haushaltsvorstände selten sind. Es ist interessant, daß das mehrheitlich deutsche Dorf Bogdány zwar nicht im Heiratsverhalten aber in der Form des Zusammenlebens und der Haushalts-Zyklen eher dem Beispiel der ungarischen und slowakischen Dörfer zu folgen scheint. Im Falle Tököl hingegen sind junge Haushaltsvorstände praktisch nicht anzutreffen – obgleich hier am frühesten geheiratet wird –, und so ist hier der Anteil der aus mehreren Familien zusammengesetzten Haushalte bereits zu Beginn des Zyklus verhältnismäßig groß. Wenn dann die Kinder eine Familie gründen, wird diese Form allgemein.

4. Verwandtschaftsverhältnisse

Die Gültigkeit unserer Thesen können wir am leichtesten mit der Untersuchung der mitlebenden Verwandten stützen. Wenn wir den Anteil der Verwandten an den Altersgruppen betrachten (Tabelle 22), so bekommen wir das verkehrte Spiegelbild des Vorganges, wie jemand zum Haushaltsvorstand wird, und zwar sowohl bei den

Tabelle 22:
Anteil der als Verwandte mitlebenden Personen an den einzelnen Altersgruppen
(in Prozent)

	20—29	30—39	40—49	50—59	60—
Männer:					
Nagykovácsi	17,1	—	—	—	50,0
Perbál	41,7	—	—	—	100,0
Bogdány	19,4	24,0	—	—	—
Szántó	51,9	—	—	—	—
Tököl	72,8	78,4	32,3	30,8	—
Frauen:					
Nagykovácsi	—	—	10,0	50,0	85,7
Perbál	25,0	—	—	—	100,0
Bogdány	31,0	5,0	—	—	22,2
Szántó	52,6	—	8,3	—	60,0
Tököl	81,8	51,7	27,3	10,0	—

Männern wie bei den Frauen. In Nagykovácsi und Perbál ist der Anteil der Verwandten sowohl unter den männlichen wie auch den weiblichen Alten hoch, unter
den Jungen niedrig. Es gibt wenig junge Leute, die nicht selbständig geworden sind
und deswegen als Verwandte leben. In Bogdány und Szántó differieren die Daten je
nach Geschlecht. Weibliche Verwandte sind hier häufig entweder sehr jung oder
sehr alt. Bei den Männern dagegen nimmt der Anteil der als Verwandte Lebenden
mit zunehmendem Alter ab, alte Männer finden wir überhaupt nicht in dieser Rolle.
In Tököl sieht man diese Tendenz bei beiden Geschlechtern, d. h. mit zunehmendem Alter verringert sich der Anteil der als Verwandte Lebenden langsam aber
kontinuierlich. Diese Tendenzen werden noch deutlicher, wenn wir die altersmäßige Verteilung bei der Gesamtzahl der Verwandten ansehen (Tabelle 23). In Nagykovácsi besteht ihre Mehrheit aus Personen über 50 Jahre, in Bogdány und

Tabelle 23:
Altersstruktur der mitlebenden Verwandten über 20 Jahre
(Verteilung auf Altersgruppen in Prozent)

	20—29	30—39	40—49	50—59	60—	Zu-sammen	Mitlebende Verwandte über 20 N
Nagykovácsi	33,3	—	5,6	16,7	44,4	100,0	18
Perbál	69,2	—	—	—	30,8	100,0	13
Bogdány	62,5	29,2	—	—	8,3	100,0	24
Szántó	85,7	—	3,6	—	10,7	100,0	28
Tököl	61,4	25,7	9,4	3,5	—	100,0	171

Tabelle 24:
Mitlebende Verwandte nach dem Verhältnis zum Haushaltsvorstand (in Prozent)

	Anteil der Bluts- verwandten	Nichtbluts- verwandten	Verwandten unbekannten Typs	Zusammen	Mitlebende Verwandte N	Anzahl der vorkommenden Verwandtschaftstypen
Nagykovácsi	92,0	8,0	–	100,0	25	7
Perbál	66,7	33,3	–	100,0	15	9
Bogdány	57,1	26,2	16,7	100,0	42	8
Szántó	72,3	27,7	–	100,0	47	9
Tököl	74,2	25,8	–	100,0	365	21
Tök	69,7	30,3	–	100,0	66	9
Tótfalu	73,7	26,3	–	100,0	80	14

Szántó sowie in Tököl zwischen 20 und 30 Jahren, Perbál nimmt wegen der geringen
Zahl der Fälle und der jungen Altersstruktur der Gesamtbevölkerung eine Über-
gangsposition ein. Im Grunde stimmt also auch das Bild des Lebenszyklus der Verwandten mit den früher dargestellten Beobachtungen über Haushaltsstruktur und
Lebenszyklen überein. Wenn wir versuchen, eine weitere Differenzierung der mitlebenden Verwandten nach ihrer Beziehung zum Haushaltsvorstand vorzunehmen,
so bilden unsere Dörfer wieder drei charakteristische Gruppen (Tabellen 24–27).

Das eine Extrem vertreten die Haushalte von Nagykovácsi: Mit dem Haushaltsvorstand wohnen fast ausschließlich Blutsverwandte zusammen, deren Mehrheit zu den engsten Verwandten, solchen ersten Grades, gehören (im allgemeinen
die Eltern oder Geschwister des Haushaltsvorstandes). Insgesamt nur zwei Schwiegerväter vertreten die affinale Verwandtschaft. Unter den Blutsverwandten befindet sich kein einziger Vertreter der absteigenden Linie. So ist also nicht nur die Anzahl der mitlebenden Verwandten gering, sie beschränken sich auch hinsichtlich ihrer Nähe und ihrer Abstammung auf höchst einfache Typen – zusammen auf kaum
mehr als ein halbes Dutzend. (Obwohl wir wegen der geringen Anzahl der Fälle
nichts mit Bestimmtheit sagen können, haben wir doch den Eindruck, daß Perbál
demselben Muster folgt.)

Tabelle 25:
Mitlebende Blutsverwandte des Haushaltsvorstands nach der Abstammung
(Verteilung in Prozent)

| | Patrilinear | | Patrilateral | Zusammen | Mitlebende Blutsverw. des HV N |
	aufsteigend	absteigend			
Nagykovácsi	39,1	–	60,9	100,0	23
Perbál	30,0	60,0	10,0	100,0	10
Bogdány	8,3	87,5	4,2	100,0	24
Szántó	8,8	70,6	20,6	100,0	34
Tököl	–	73,4	26,6	100,0	271
Tök	–	87,0	13,0	100,0	46
Tótfalu	3,4	71,2	25,4	100,0	59

Das andere Extrem bilden die kroatischen Bauernhaushalte von Tököl. Hier ist
der Kreis der Verwandten zu rund 26 % nichtblutsverwandt, in der Mehrzahl besteht er aus Schwiegertöchtern und Schwägerinnen. Man findet weder Schwiegerväter, Schwiegermütter noch Schwiegersöhne. Unter den Blutsverwandten gibt es
keinen einzigen in aufsteigender Linie, in ihrer überwiegenden Mehrheit sind sie
zweiten Grades mit dem Haushaltsvorstand verwandt, ja es kommen sogar einige
dritten Grades vor. Das bedeutet, daß in den Haushalten nicht nur das Zusammenleben von Verwandten dritten, sondern auch vierten Grades häufig ist; als Ausnahme wurde sogar ein Fall, wo Verwandte fünften Grades zusammenwohnten, ge-

Tabelle 26:
Mitlebende Blutsverwandte nach dem Grad ihrer Verwandtschaft zum
Haushaltsvorstand

| | Verteilung der Blutsverwandten (in Prozent) nach Verwandtschaft | | | | |
	ersten	zweiten	dritten Grades	Zusammen	N
Nagykovácsi	91,3	8,7	–	100,0	23
Perbál	80,0	20,0	–	100,0	10
Bogdány	58,3	41,7	–	100,0	24
Szántó	55,9	44,1	–	100,0	34
Tököl	32,5	64,6	2,9	100,0	271
Tök	43,5	56,5	–	100,0	46
Tótfalu	40,7	59,3	–	100,0	59

funden. Der Anteil der mit dem Haushaltsvorstand ersten Grades Verwandten beträgt weniger als ein Drittel der gesamten Verwandtschaft. Von Bedeutung sind nicht nur die Zahl und der Anteil der zusammenlebenden Verwandten, sondern auch, daß sie gleichzeitig verschiedenen Typen angehören – es gelang uns, insgesamt 21 Typen zu identifizieren.

Einen Platz zwischen den zwei oben erwähnten Gemeinden nehmen das von Slowaken bewohnte Szántó, Bogdány mit seiner deutschen Mehrheit und die zwei ungarischen Siedlungen, Tök und Tótfalu, ein. In diesen Dörfern ist der Anteil der Nichtblutsverwandten an den zusammenlebenden Verwandten ähnlich jenem von Tököl und schwankt zwischen 26% und 30%. Schwiegerväter und -mütter gibt es keine, Schwiegersöhne kommen jedoch in mehreren Fällen vor. Das Verhältnis der Blutsverwandten ersten und zweiten Grades ist 50 zu 50, mehrheitlich in seitlicher und absteigender Linie, doch finden sich auch ein paar in aufsteigender Linie. Die Zahl der Blutverwandtschaftstypen ist hier nicht so groß, sie schwankt zwischen acht und vierzehn.[33]

Die Untersuchung der in den Haushalten gemeinsam wohnenden Verwandten ergibt demnach letztendlich nicht eine, sondern zwei Analyseebenen. Die eine – an Ort und Zeit mehr gebunden und eher lokal als allgemeingültig – besteht aus jenem Gewohnheits- oder Traditionsmuster, welches die individuellen und Haushaltszyklen, die Heiratsmodelle und die Gewohnheiten bei der Wahl des Wohnsitzes bestimmt und das wir schon kennengelernt haben. Es ist jenes, welches die Anteile von verschwägerten und Blutsverwandten bzw. von Verwandten in ab- und aufsteigender Linie widerspiegelt. Aus der Aufteilung in verschiedene Verwandtschaftstypen ist jedoch auch in großen Zügen das System der verwandtschaftlichen Beziehungen

---

33 Im Fall von Tök und Tótfalu war die tatsächliche Zahl der Verwandten etwas größer, da wir den Status der gesondert von den einzelnen Haushalten angeführten verwitweten Personen bzw. deren Verhältnis zu den Haushaltsvorständen nicht kennen. Dieser Mangel beeinträchtigt jedoch unserer Meinung nach die Ergebnisse nicht wesentlich.

Tabelle 27:
Mitlebende Nichtblutsverwandte nach dem Verhältnis zum Haushaltsvorstand (Verteilung in Prozent)

	Schwieger-vater, -mutter	Schwieger-sohn	Schwieger-tochter	Sonstige	Sonstige Nicht-blutsverwandte zu verstorbenen HV und seiner Witwe	Zusammen	Mitlebende Nichtbluts-verwandte N
Nagykovácsi	100,0	–	–	–	–	100,0	2
Perbál	20,0	40,0	40,0	–	–	100,0	5
Bogdány	–	36,4	63,6	–	–	100,0	11
Szántó	–	–	76,9	23,1	–	100,0	13
Tököl	–	–	70,2	22,3	7,5	100,0	94
Tök	–	–	85,0	15,0	–	100,0	20
Tótfalu	–	9,5	66,7	23,8	–	100,0	21

und Verbindungen im weiteren Sinn erkennbar. Obwohl man von der Zahl der zusammenlebenden Verwandten nicht direkt auf Ausdehnung und Intensität der verwandtschaftlichen Beziehungen schließen kann, haben wir trotzdem den Eindruck, daß nach der auf einen Haushalt entfallenden durchschnittlichen Anzahl der Verwandten bzw. nach den Graden der gemeinsam wohnenden Verwandtschaft drei Typen von Beziehungen feststellbar sind:

a) ein auf weitläufige und intensive Verwandtschaftsbeziehungen aufbauendes Muster (Tököl);

b) ein außerordentlich engmaschiges, in erster Linie auf den Haushaltsvorstand bezogenes und auf dessen eigener prokreativer Familie aufbauendes Beziehungsmuster (Nagykovácsi und wahrscheinlich Perbál);

c) ein dazwischen liegendes Übergangsmuster, in dem die Rolle der engen Beziehungen, die sich in den zwei letztgenannten Dörfern findet, gewachsen ist, aber die Bande zu den weitschichtigen Verwandten noch nicht ganz in den Hintergrund gedrängt hat (Szántó, die zwei ungarischen Siedlungen Tök und Tótfalu und das mehrheitlich deutsche Bogdány).

Die gemeinsam lebenden Verwandten sind in jeder Gemeinde ihrer Abstammung nach überwiegend patrilinear. Dies ist bei den deutschen Bauern eine Überraschung, da laut Fachliteratur zu jener Zeit, als sie nach Ungarn kamen, in ihrer Heimat das Verwandtschaftsmuster bereits bilateral geworden war;[34] wir erwarteten daher, daß sich dies auf irgendeine Weise in der zusammenlebenden Verwandtschaft widerspiegelt. Da dies nicht erfolgt ist, müssen wir annehmen, daß entweder die Feststellung der Bilateralisierung auf Grund der Terminologie-Forschung keine Gültigkeit besitzt oder aber sie sich nur in der Verwandtschafts-Ideologie und in den persönlichen Beziehungen ausgebreitet hat und wegen des geringen Umfangs des gemeinsamen Wohnens – mehr als zweitgradig verwandte Personen trafen kaum zusammen – in diesen Daten nicht in Erscheinung tritt. Ebenfalls interessant ist das Phänomen, daß die Verwandtschaftsmerkmale von Bogdány in vieler Hinsicht jenen der ungarischen Siedlungen ähneln. Es ist möglich, daß sich dahinter eine Anpassung an die Umgebung bzw. die Übernahme gewisser ungarischer Verwandtschaftsbeziehungen verbergen. Dies könnte dadurch begünstigt worden sein, daß, wie bereits zu Beginn unserer Arbeit erwähnt, ca. 20% der Bevölkerung der Siedlung von ungarischen Bauern gebildet wurde. Es ist aber auch nicht ausgeschlossen, daß die hiesigen deutschen Siedler aus anderen Gegenden stammten als die Einwohner von Nagykovácsi und Perbál und andere Verhaltensmuster mit sich brachten.[35]

---

34 Robert T. Anderson, Changing kinship in Europe, in: The Kroeber Anthropological Society Papers 28 (1963) 1—48.
35 Vgl. dazu Tamás Faragó, Háztartás, család, rokonság./Jegyzetek a legujabb család- és rokonságkutatási eredmények alagján (Haushalt, Familie, Verwandtschaft. Subjektive Aufzeichnungen im Zusammenhang mit den Ergebnissen der neueren Familien- und Verwandtschaftsforschung), in: Ethnographia 94 (1983) H. 2, 216—254.

5. Kinder und Dienstboten

Zwei weitere, bisher unerwähnte Rollengruppen in den Haushalten bilden die Kinder und die Dienstboten. Über die erste Gruppe kann man nicht viel sagen. Jede Analyse bezüglich der Kinder ist durch zwei Fakten erschwert: Einerseits weisen die zeitgenössischen Quellen bei den Kindern die meisten Mängel auf, andererseits ist wegen der unterschiedlichen Fruchtbarkeit schwer feststellbar, wieweit Differenzen in den Anteilen auf Unterschiede des Zusammenlebens bzw. auf Familiennormen zurückzuführen sind. Zwei Dinge sind dennoch zu erwähnen. Erstens, daß in den deutschen Dörfern Jugendliche wegen der späteren Eheschließung länger im Kinder-Status gelebt haben – in Bogdány fallen auf einen Haushalt 0,68, in Nagykovácsi 0,43 „Kinder" über zwanzig Jahre. Zweitens: In Nagykovácsi und Perbál wurden insgesamt in fünf Fällen „Waisen" bzw. „Ziehkinder" erwähnt.

Da 1747 dieselben Zählungsorgane in Tököl und in Szántó gearbeitet haben, ist nicht anzunehmen, daß hier die Zählungslisten genauer gewesen wären. Entweder müssen wir annehmen, daß dahinter eine – bei anderen ethnokulturellen Gruppen weniger auffindbare – Tradition der Kinder-Aussetzung steht oder daß die deutschen Bauern die nicht blutsverwandten Kinder von den anderen betont unterschieden haben. Schließlich ist nicht ausgeschlossen, daß sie uneheliche Kinder auf diese Weise markierten. Eines ist jedenfalls wahrscheinlich: Der Status der Ziehkinder innerhalb der Familie muß irgendwo zwischen den ehelichen Kindern, den Blutsverwandten und den Dienstboten gelegen sein, sie haben gegen Arbeitsleistung und bei Anerkennung eines gewissen Verwandtschaftsgrades Versorgung und ein Dach über dem Kopf erhalten. Die andere Statusgruppe, das Gesinde, führt zur Problematik der Arbeitsorganisation innerhalb der Haushalte; darum werden wir sie ausführlich in diesem Zusammenhang untersuchen.

IV. Haushalt, Wirtschaft und Arbeitsorganisation

1. Typen der Bauernwirtschaft

Auf Grund der Steuererhebung aus den Jahren 1743/44 können wir in unseren Dörfern drei charakteristische Typen der Bauernwirtschaft unterscheiden:
    a) Ackerbau und Viehzucht – Mischwirtschaft
Durchschnittlich verfügt dieser Typ über drei Arbeitstiere; neben dem Ackerbau beschäftigt er sich in bedeutendem Maße mit Viehzucht (Schafe, Schweine und Rinderhaltung) und auch mit Weinbau. Dies ist typisch für Kalász, Tök und Tótfalu. Grundsätzlich sind auch die Wirtschaften in Tököl ähnlich, aber hier ist das Ackerland größer, und in der einen oder anderen Wirtschaft findet man auch eine höhere Anzahl Tiere. (Die Zahl der Schafe liegt etwa doppelt so hoch und erreicht pro Wirtschaft zwanzig Stück, die Zahl der Zugtiere beläuft sich auf ca. fünf Stück.)
    b) Ackerbau – Mischwirtschaft
Dieser Typ ist gekennzeichnet durch durchschnittlich 5 Arbeitstiere. Die Hauptbeschäftigung liegt im Ackerbau, der auf einer viel größeren Fläche betrieben wird als

im vorher genannten Typ. Das Ausmaß an Viehhaltung und der Weinbau sind geringer, beides ist dem Ackerbau untergeordnet. Mit Schafzucht beschäftigt man sich überhaupt nicht, mit Schweinehaltung nur wenig. In erster Linie ist dieser Typ für Nagykovácsi und nach Beendung der Ansiedlung in der 2. Hälfte des 18. Jahrhunderts, als die Felder vollkommen bebaut waren, auch für Perbál charakteristisch.

c) Ackerbau – Mischwirtschaft mit ergänzenden Tätigkeiten

Da die Äcker so klein und schlecht sind, daß sie den Bedarf an Korn nicht decken können, muß man, um die fehlende Menge ankaufen zu können, Einkommen aus ergänzenden Tätigkeiten erzielen. Die Bauern in Szántó beschäftigen sich hauptsächlich mit Kohle- und Kalkbrennerei, Holzgewinnung und der Beförderung dieser Güter. Die Zahl ihrer Arbeitstiere erreicht trotz kleinerer bebauter Felder drei Stück. Die deutschen Bauern in Bogdány beziehen ihren Nebenverdienst in erster Linie aus qualitativ hochwertigem Weinbau, sie besitzen im allgemeinen nur ein Paar Ochsen. Da sie meistens keine Transportarbeiten ausführen (laut eigener Aussage verkaufen sie auch den selbstgebauten Wein an Händler, die zu ihnen kommen), halten sie keine Pferde. Die Viehhaltung steht in beiden Dörfern, wahrscheinlich wegen Mangels an Wiesen, auf niedrigem Niveau.[36]

Natürlich sind die oben beschriebenen Typen bloß skizzenhafte Idealtypen. Das Problem besteht nicht in erster Linie darin, daß in jedem Dorf viele Ausnahmefälle vorkommen können, Wirtschaften einem anderswo typischen Beispiel folgen und dadurch vom Muster der eigenen Gemeinde abweichen, was als selbstverständlich angenommen werden könnte. Schwerer wiegt vielmehr, daß dort, wo durch Rodung weitere Flächen in die Produktion einbezogen werden, innerhalb von ein oder zwei Jahrzehnten sowohl im Gesamtvolumen der Produktion der einzelnen Wirtschaften wie auch zwischen den einzelnen Zweigen Gewichtsverlagerungen eintreten können.

Außerdem kennen wir auch den Kontakt mit dem Markt und die Rolle der ergänzenden Tätigkeiten nicht genau, da über diese zumeist steuerfreien Einkommensformen in den ausgewerteten Steuerregistern nur sehr wenig Information enthalten ist. Wir können auch nicht ausschließen, daß unsere Quellen bestimmte Fälschungen, z. B. Steuerhinterziehung oder unrichtige Steuererklärungen, in einem Ausmaß aufweisen, das wir heute nicht mehr rekonstruieren können.

Da unsere Fragestellung nicht auf die detaillierte Untersuchung der wirtschaftlichen Tätigkeit der Bauern zielt, sondern nur auf deren Arbeitsorganisation und die Auswirkungen der wirtschaftlichen Tätigkeit auf die Zusammensetzung der Haushalte, sind wir trotzdem der Meinung, daß die oben beschriebenen Idealtypen ausreichen, um Art und Ausmaß der hauptsächlichen wirtschaftlichen Tätigkeiten und den vermutlichen Bedarf an menschlichen Arbeitskräften abschätzen zu können.

Natürlich können wir die wirkliche Arbeitsorganisation in unseren Dörfern aus dem 18. Jahrhundert nicht erfassen, da weder Quellen, welche sich direkt damit be-

---

36 Die Typen der Bauernwirtschaft wurden gebildet nach den Angaben der Bezirkssteueraufnahmen von 1744 und den „9 Punkten". Zu den ergänzenden Tätigkeiten siehe FARAGÓ, Dorfhandwerker; ders., Spirituosenerzeugung.

schäftigen, noch zeitgenössische Beschreibungen vorhanden sind. Hilfe erhalten wir von den Ergebnissen der ethnographischen Forschung, die für die zweite Hälfte des 19. Jahrhunderts die Arbeitsorganisation in ähnlich gemischten Wirtschaften beschrieben hat.[37] Man kann vermuten, daß deren Technologie, Produkt-Struktur und Arbeitsorganisation ihren Vorläufern in vielem ähnlich war. Die bäuerliche Produktionstechnik begann sich erst in der zweiten Hälfte des 19. Jahrhunderts zu ändern; moderne und spezialisierte Kleinbetriebe sind allerdings auch dann noch kaum und nur vereinzelt in der Umgebung der Städte zu finden. Unterschiede zwischen den beiden Perioden könnten bloß in zweifacher Hinsicht bestehen: Einerseits erhöhte die Fronarbeit die Arbeitsaufgaben der einzelnen Wirtschaften um 10−20 Prozent (besonders die mit der Ackerbestellung und dem Fuhrwesen zusammenhängenden Arbeiten); andererseits ist die Bewegungsfreiheit der Arbeitskräfte im 18. Jahrhundert noch viel beschränkter. Es gab keine ausgebaute Infrastruktur und kein Kommunikationssystem; der Verkehr zwischen den weiter entfernten Komitaten war aus Sicherheitsinteressen im allgemeinen an Bewilligungen und Pässe gebunden, ja es kam vor, daß Gutsherren, wenn es in ihrem Interesse stand, die Arbeitsaufnahme außerhalb ihrer Wirtschaften zu verhindern versuchten, wenn es auch schon im 16. und 17. Jahrhundert, vor allem zur Zeit der Ernte, saisonbedingte Arbeitskräftewanderungen gab.[38] Es ist also wahrscheinlich, daß zwar

---

37 Bertalan ANDRÁSFALVY, A sárköziek gazdálkodása a 18. és 19. században (Die Wirtschaft der Sárközer im 18. und 19. Jahrhundert) = Dunántuli dolgozatok 3, Pécs 1965; ders., Duna mente népének ártéri gazdálkodása Tolna és Baranya megyében az ármentesítés befejezéséig (Die Wirtschaft im Überschwemmungsgebiet der Donau in den Bezirken Tolna und Baranya vor der Donauregulierung) = Tanulmányok Tolna megye Történetéböl 7, Szekszárd 1975; József HECKENAST, Szövetkezések a századforduló paraszti gazdálkodásában (Wirtschaftliche Zusammenschlüsse der Bauern zur Jahrhundertwende), Budapest 1969; Imre HEGYI, A népi erdökiélés történeti formái. / Az Északkeletti-Bakony erdögazdálkodása az utolsó kétszáz évben (Die Waldwirtschaft im nordöstlichen Bakony in den letzten 200 Jahren), Budapest 1978; Tamás HOFFMANN, Egy palóc falu földmüvelö technikájának néhány jellegzetessége a századforduló tájékán (Charakteristische Kennzeichen der Ackerbautechnik in einem palotzischen Dorf um die Jahrhundertwende), in: Ethnographia 67 (1956) H. 4, 536−560; Ambrus MOLNÁR, Egy parasztgazda élete és gazdálkodása a Bihar megyei Sápon − 1890−1896 (Leben und Wirtschaftsführung eines Bauern in Sáp − Bezirk Bihar, 1890−1896), in: Agrártörténeti Szemle 9 (1967) H. 1−2, 117−172; László SZABÓ, Munkaszervezet és termelékenység a magyar parasztságnál a 19−20. században (Die Arbeitsorganisation und die Produktivität der ungarischen Bauernschaft im 19. und 20. Jahrhundert), Szolnok 1968; vgl. ferner ANDRÁSFALVY, Zusammenstoß; Edit FÉL − Tamás HOFER, Proper peasants. Traditional life in a Hungarian village, Chicago 1969; Mária MOLNÁR, Egy parasztgazdaság munkaszervezete / Tarpa, 1940/ (Die Arbeitsorganisation einer Bauernwirtschaft − Tarpa, 1940), in: Agrártörténeti Szemle 12 (1970) H. 3−4, 497−519.

38 Gyözö EMBER, Jobbágyvándorlás és jobbágyvédelem a 18. század elsö felében (Bauernwanderung und Bauernschutz in der 1. Hälfte des 18. Jahrhunderts) = Klny. a Bécsi Magyar Történeti intézet évkönyvéböl 1936; VARGA, Bauernordnungen; Imre WELLMANN, A magyar mezögazdaság a 18. században (Die ungarische Landwirtschaft im 18. Jahrhundert) = Agrártörtèneti tanulmányok 6, Budapest 1979.

der Arbeitskräftebedarf der Bauernwirtschaften im 18. Jahrhundert nicht wesentlich höher war als der, der für die sechziger und siebziger Jahre des 19. Jahrhunderts aus Erinnerungen zu rekonstruieren ist, aber ein größerer Teil dieses Bedarfs zwangsläufig aus eigenen bzw. lokalen Quellen gedeckt werden mußte.

2. Arbeitsformen und Arbeitskräfte

Wie aber sah die Arbeitsorganisation einer mit traditioneller Technologie arbeitenden Mischwirtschaft in der Mitte des 19. Jahrhunderts aus? Wenn wir die Tätigkeiten nicht von der Technologie und der Produktion her betrachten, sondern von der Verwendung der Arbeitskräfte, dann können wir mangels genauer Messungen das Arbeitsvolumen auf zwei verschiedene Weisen schätzen: einerseits auf Grund der notwendigen Zeitgebundenheit einzelner Arbeiten, andererseits auf Grund der Zahl der notwendigen Arbeitskräfte, nach Alter und Geschlecht gegliedert.

Nach der zeitlichen Gebundenheit können wir vier Typen der Arbeit unterscheiden:

a) Tätigkeiten, die eine ständige Bereitschaft erfordern (Haushaltsarbeiten, Viehhaltung);

b) Tätigkeiten, die von der Jahreszeit bzw. vom Wetter abhängig sind, jedoch in einem flexiblen Zeitraum einteilbar sind (die meisten Arbeiten, die mit Ackerbau und Weinbau zusammenhängen);

c) ähnliche Tätigkeiten, die aber nur innerhalb einer kurzen, begrenzten Zeitspanne zu erledigen sind (Einbringung der Ernte);

d) Tätigkeiten, die jederzeit, auch in der toten Zeit des Ackerbaues, durchgeführt werden können (Werkzeugreparatur oder hausgewerbliche Tätigkeit).

Vor 1848 kommt noch die wöchentlich oder zweiwöchentlich einen Tag beanspruchende Fronarbeit dazu, die laut Vorschrift zu „Stoßzeiten" (besonders zur Erntezeit) auch wöchentlich zwei Tage ausmachen kann. Die Fronarbeit beeinflußte grundsätzlich die obige Struktur nicht. Die Gutsherrenwirtschaft unterscheidet sich zu jener Zeit in den angewandten Methoden der Produktion noch kaum von der der Bauern; in Ungarn finden wir nur selten landwirtschaftliche Großbetriebe, die für den Export arbeiten, wie sie in Deutschland, jenseits der Elbe, oder in Polen schon existieren. Aber die vom Gesichtspunkt der gesamten Wirtschaft vielleicht wichtigste Arbeit, die Einbringung der Ernte, wird durch die Fronarbeit in ihrem Zeitrahmen noch mehr eingeschränkt.

Die Verrichtung einzelner Tätigkeiten ist zum Großteil streng an Alter und Geschlecht gebunden. Die einzelnen Arbeitsphasen beanspruchen bestimmte menschliche und tierische Arbeitskräfte; die Ernte ist z. B. nur mit einem Paar Zugvieh, das Pflügen nur mit vier Ochsen und zwei Männern (bzw. einem Mann und einem älteren Buben) zu verrichten. Das heißt, die angeführten Typen der Arbeit schreiben von Fall zu Fall eine bestimmte Anzahl von Zugtieren und Menschen für ihre erfolgreiche Verrichtung vor. Davon muß ein bestimmter, sich an die Ziele und die Möglichkeiten optimal anpassender Teil ständig zur Verfügung stehen. Wenn z. B. eine Wirtschaft über eine bedeutende Viehzucht verfügt, so braucht sie – da die Tiere, die nicht im Stall gehalten werden, ständige Aufsicht und Pflege benötigen – mindestens zwei erwachsene Männer und eine Frau sowie ein oder zwei männliche oder weibliche Jugendliche zwischen 10 und 14 Jahren, die ständig zur Verfügung stehen. Wenn die Viehzucht verhältnismäßig klein ist, sodaß tagsüber auch der Gemeindehirt die Aufsicht erledigen kann, und wenn die Wirtschaft nicht ständig von Tätigkeiten außerhalb des Ackerbaus belastet wird (z. B. von Fuhrwesen), dann kann sie mit Hilfe von Kindern, eines erwachsenen Mannes und einer Frau bewältigt werden. Die arbeitsintensive Zeit der Ernte oder Weinlese beansprucht jedoch dort, wo Acker- oder Weinbau überwiegt, vorübergehend mehr Arbeitskräfte, als oben aufgezählt. Ergänzende hausgewerbliche Tätigkeit erfordert dagegen nur dort zusätzliche Arbeitskräfte, wo sie kontinuierlich betrieben wird. Das kam aber im Raum von Pilis (und im Großteil von Ungarn) im 18. Jahrhundert nicht vor. In unseren Dörfern hat man das Weben, Flechten, Holzschnitzen und ähnliche Arbeiten nur in der für den Ackerbau toten Saison ausgeübt.[39] Wenn wir also unsere wirtschaftlichen Idealtypen darauf beziehen, so können wir folgendes feststellen: Bei Typ 1, also bei der mit Ackerbau und Viehzucht beschäftigten Mischwirtschaft, sowie bei Typ 3, mit regelmäßigem Fuhrdienst (Szántó), war vermutlich der Arbeitskräftebedarf der einzelnen Wirtschaften größer als in den Gemeinden, welche nur Ackerbau betrieben haben.

Ihren Arbeitskräftebedarf konnten die einzelnen Wirtschaften aus folgenden Quellen sichern:

a) aus „eigenen Quellen", d. h. aus den Reihen der Familienmitglieder und Verwandten;

b) durch Dienstboten, die ständig im Haushalt gewohnt haben;

c) durch Arbeitskräfte zweier oder mehrerer Haushalte, welche eine ständige gemeinsame Wirtschaftsführung betrieben;

d) durch unregelmäßige, von Zeit zu Zeit betriebene Kooperation zweier Wirtschaften, die meistens durch gegenseitige Hilfe realisiert wurde;

e) durch fallweise aufgenommene fremde Arbeitskräfte, die Lohn oder Naturalvergütung bekamen (z. B. Wohnung, zur Bearbeitung überlassene Felder, Benützung besonders wertvoller Geräte wie Pflug oder Zugtiere).

Ständige Bereitschaft erfordernde Tätigkeiten können ausschließlich aus den Quellen a, b und c gedeckt werden, d. h. aus der Arbeitskraft der Haushalte. Kooperation bzw. die Aufnahme fremder Arbeitskräfte (Typ d und e) dienten eher nur zur Verrichtung der nicht eng zeitgebundenen Tätigkeiten. Für Stoßzeiten jedoch, ist auch die Kooperation ungeeignet, da der Bedarf in allen Wirtschaften gleichzeitig auftritt. In diesen Fällen kann nur die Verwendung fremder Arbeitskräfte eine Lösung bringen, wenn die eigene Arbeitskraft der Haushalte nicht ausreicht.[40]

Von den aufgezählten Arbeitsquellen können wir Typ d in unserem Zeitabschnitt auf keinerlei Art messen. Wir können bloß annehmen, daß seine Rolle grö-

---

39 FARAGÓ, Dorfhandwerker; vgl. ferner Walter ENDREI, Magyarországi textilmanufakturák
   a 18. században (Ungarische Textilmanufakturen im 18. Jahrhundert), Budapest 1969.
40 Siehe die in Anm. 37 angegebene Literatur.

ßer war als im 19. Jahrhundert, einerseits, weil nach unseren Daten die Mehrheit der Wirtschaften allein nicht über die zwei Paar Ochsen verfügte, die zur Ackerbestellung im allgemeinen nötig waren, und andererseits mußte bis zu einem gewissen Grad auf diese Weise der Arbeitskräftebedarf gedeckt werden, den man später, in den sechziger und siebziger Jahren des 19. Jh. durch Lohnarbeit befriedigte.

Fremde Arbeitskräfte (Typ e) dürften sich im 18. Jahrhundert eher lokal aus im Dorf lebenden Häuslern und Inwohnern rekrutiert haben. Formell war es oft keine gegen Bezahlung erfolgende Lohnarbeit (Tagelöhnerarbeit), sondern eine Art patriarchalisches Arbeitsverhältnis zwischen Häuslern und grundbesitzenden Bauern – „Kooperation" unter nicht gleichrangigen Partnern mit verschiedenartigen Gegenleistungen –, ein Verhältnis, das Ethnologen noch in der ersten Hälfte des 20. Jahrhunderts beobachten konnten.[41] Wie groß die Bedeutung fremder Arbeitskräfte im 18. Jahrhundert war, kann man heute nicht mehr feststellen, unserer Meinung nach aber war sie auch in der beschriebenen patriarchalischen Form der Mithilfe schwächer als am Ende des 19. Jahrhunderts. Fremde Arbeitskräfte waren weiters auf einen verhältnismäßig engen Raum beschränkt, in erster Linie auf ihre eigenen Gemeinden oder auf die unmittelbare Umgebung. Selbst die regelmäßig mit Weinbau beschäftigten Gemeinden warben ihre Arbeiter in der Gemeinde selbst oder aus nah gelegenen Dörfern an. Im Landbezirk Pilis tauchten von Nordungarn (Felvidék) stammende Wander-Landarbeiter zum Großteil erst im 19. Jahrhundert auf.

Wir begehen also wahrscheinlich keinen groben Fehler, wenn wir annehmen, daß in unseren Dörfern die Beschäftigung fremder Lohnarbeiter, von den Stoßzeiten abgesehen, allgemein eine zu vernachlässigende Größe war. Betrachten wir daher jene Gesellschaftsschicht, welche das Potential fremder Arbeitskräfte bildet, nämlich Häusler, Inwohner und deren Angehörige, nach folgenden Kriterien:

a) inwiefern sie infolge ihres Alters fähig waren, an der landwirtschaftlichen Arbeit teilzunehmen;

b) ob sie Berufe hatten, die ihnen eine mehr oder weniger ständige Beschäftigung sicherten oder ihnen zumindest eine sekundäre, unregelmäßige und saisonale Einbeziehung in die landwirtschaftliche Arbeit garantierten;

c) ob sie, waren beide obigen Bedingungen erfüllt, dann in einem Haus bzw. Haushalt wohnten, der mit einer Bauernwirtschaft gekoppelt war, und ob die Arbeitskräftebasis der erwähnten Wirtschaft es wahrscheinlich machte, daß sie mehr oder weniger ständig in deren Arbeitsorganisation miteinbezogen waren (d. h. ob die Arbeitskräftebasis der Wirtschaft offenkundig unzureichend war oder nicht).

Unsere Daten zeigen ein sehr gemischtes Bild (Tabelle 28).

In Nagykovácsi, Bogdány und Szántó lebten nur in 40%–50% der Häusler und Inwohnergruppen, in Perbál und Tököl in 75%–80% der Haushalte von Häuslern arbeitsfähige erwachsene Männer, die keinen speziellen Beruf ausübten und deswegen zur Mitarbeit in den Bauernwirtschaften zur Verfügung standen. Gerade diese

---

41 Siehe die in Anm. 71 angegebene Literatur.

Tabelle 28:
Häusler und Inwohner als potentielle Arbeitskräfte der Bauernwirtschaften

| | Haushalte von Häuslern und Inwohnergruppen nach der Anzahl der Männer im Alter von 15—59 Jahren (in Prozent) | | | | Haushalte von Häuslern und Inwohnergruppen | Inwohnergruppen mit Männern im Alter von 15—59 Jahren und ohne speziellen Beruf | Davon Inwohnergruppen von Bauernwirtschaften mit mangelhafter Ausstattung mit Arbeitskräften | Diese in Prozent der Gesamtzahl aller Haushalte von Häuslern und Inwohnergruppen |
	0	1 mit speziellem Beruf	1—2 ohne speziellen Beruf	Zusammen	N	N	N	
Nagykovácsi	33,3	13,3	53,4	100,0	30	4	4	13,3
Perbál	12,5	6,3	81,2	100,0	16	8	5	31,3
Bogdány	14,3	42,9	42,8	100,0	14	4	4	28,6
Tököl	25,0	–	75,0	100,0	24	3	1	4,2
Szántó	57,1	–	42,9	100,0	7	3	2	28,6

wohnten aber in selbständigen Häusern und nicht in denen der Bauern. Der Anteil jener Inwohnergruppen, die arbeitsfähige Männer beinhalten und die räumlich zu solchen Bauernhäusern gehören, die wegen ihrer alters- und geschlechtsmäßigen Zusammensetzung Arbeitskräfte benötigen, liegt in Perbál, Bogdány und Szántó bei 30%, in Nagykovácsi und Tököl nur bei 13% bzw. bei 4% der Gesamtzahl der Häusler-Haushalte. Dies macht es wahrscheinlich, daß einerseits in unseren Dörfern die Häusler nicht eindeutig an eine bestimmte Bauernwirtschaft gebunden waren und daß andererseits ihre Rolle in der Arbeitsorganisation der Bauernwirtschaften in unserem Zeitabschnitt eine zumeist untergeordnete war.

Ständiges gemeinsames Wirtschaften (Typ c) können wir nur im Fall Szántó mit Sicherheit annehmen. Im „status animarum" sind in drei Fällen je zwei Geschwister mit Familie, in einem Fall ein Vater mit einem verheirateten Sohn als Bewohner eines Hauses aufgezeichnet. In allen anderen Quellen, die für Steuerzwecke oder zur Fixierung des rechtlichen Status angelegt worden waren, kommen dagegen die Familienoberhäupter auch allein vor, was bei Familien in einem gemeinsamen Haushalt sonst nicht der Fall ist. Das heißt, in diesen Fällen bildeten die einzelnen Familien je eine Steuereinheit und offenbar einen getrennten Haushalt, obwohl sie, in einem gemeinsamen Haus lebend, höchstwahrscheinlich gemeinsam gewirtschaftet haben. Es ist weiters nicht auszuschließen, daß ein Teil der in getrennten Häusern lebenden und separierte Steuereinheiten bildenden Haushalte ebenfalls gemeinsam wirtschaftete (die Familienoberhäupter sind hier laut Familiennamen oft nahe Verwandte), doch dafür haben wir keine Beweise. Wir können ruhig behaupten, daß wir die Bedeutung des gemeinsamen Wirtschaftens auf Grund unserer Daten eher unterschätzen und keineswegs überbewerten. Die Zahl, den Anteil und die Rolle der Dienstboten in der Wirtschaft zu bestimmen, fällt leichter. Da sie eng an einen eine Steuereinheit bildenden Haushalt gebunden waren, haben sich sowohl die Komitats- und Staatsbehörden wie auch die kirchlichen Behörden genau mit ihnen beschäftigt. Nach unseren Quellen können wir feststellen, daß Dienstboten zum Großteil aus Männern bestanden (Tabelle 29) und daß sie zu zwei Drittel in die Altersgruppe zwischen 15 und 24 Jahren gehörten. Ihrem Familienstand nach waren sie eindeutig unverheiratet. Wir fanden nur in einem Fall in Tököl einen verheirateten Knecht und in Bogdány drei ältere, verwitwete Frauen, die möglicherweise als Dienstboten in der Familie gelebt haben. Daraus ergibt sich, daß der Gesindestand – vor allem bei Männern – auf einen bestimmten Lebensabschnitt beschränkt war, nämlich auf die jungen Jahre vor Eheschließung und Familiengründung. Dienstbotentätigkeit ist nicht für die gesamte Bevölkerung, sondern nur für eine bestimmte Gruppe charakteristisch. Der Anteil der im Dienst lebenden Personen steigt nämlich selbst in den Altersgruppen unter dreißig Jahren nicht über dreißig Prozent, d. h. es ist ungewiß, ob alle jungen Leute Gesindedienst durchmachten. Welche Schicht es allerdings ist, aus der die Mehrheit der Dienstboten kommt, konnten wir leider nicht eruieren. Deren Familiennamen werden selbst bei den Konskriptionen selten registriert, und so kann man sie kaum mit einer Familie in Verbindung bringen. Wir können gleichwohl annehmen, daß sie aus Familien grundbesitzender Bauern, aus Häuslerfamilien oder aus Familien, die demographisch oder wirtschaft-

Tabelle 29:
Gesindepersonen in Bauernwirtschaften nach Alter und Geschlecht

	Verteilung der Gesindepersonen auf Altersgruppen (in Prozent)							Anzahl der Gesindepersonen N	Anteil der Frauen an den Gesindepersonen (in Prozent)
	5–9	10–14	15–19	20–24	25–29	30–	Zusammen		
Nagykovácsi	–	19,0	35,7	40,5	2,4	2,4	100,0	42	40,5
Perbál	–	33,3	33,3	16,7	–	16,7	100,0	6	16,7
Bogdány	–	5,9	41,1	29,4	11,8	11,8	100,0	17	23,5
Szántó	–	18,5	44,5	22,2	3,7	11,1	100,0	27	3,7
Tököl	4,8	28,5	47,6	14,3	–	4,8	100,0	21	19,0
Tótfalu*	45,9		54,1				100,0	37	40,5

* Die Angaben zu Tótfalu beziehen sich auf das in den Haushalten aller sozialen Schichten lebende Gesinde.

Tabelle 30:
Stärke des bäuerlichen Gesindes

	Bauernwirtschaften mit Knechten und Mägden					Anteil der gesindehaltenden Bauernwirtschaften (in Prozent)	Anteil des gruppenweise lebenden Gesindes (in Prozent)
	0	1	2	3	Zusammen		
Nagykovácsi	16	16	10	2	44	63,6	61,9
Perbál	38	6	–	–	44	13,6	–
Bogdány	53	13	2	2	68	22,1	23,5
Szántó	23	9	6	2	40	42,5	66,7
Tököl	51	18	2	–	71	28,2	18,2

lich im Zerfall begriffen waren, kamen.⁴² Ihr Status innerhalb der Familie kann ebensowenig festgestellt werden. Auf Grund vereinzelter Quellen und ethnologischer Analogien können wir bloß annehmen, daß in deutschen Gemeinden die Grenze zwischen Dienstboten und Familienmitgliedern viel schärfer war als in den nichtdeutschen. Dies wird auch dadurch bewiesen, daß in deutschen Siedlungen der Gesindestatus stets aufgezeichnet wird, selbst dann, wenn es sich um einen entfernten Verwandten des Familienoberhauptes handelt, wogegen in den übrigen Siedlungen eher die Bezeichnung des Verwandtschaftsverhältnisses dominiert. Wenn wir die Rolle des Gesindes innerhalb der Arbeitsorganisation feststellen wollen, müssen wir vorerst die Verbreitung der Dienstbotenhaltung (Tabelle 30) untersuchen. Demnach teilen sich unsere Gemeinden in drei Gruppen:

a) Fast zwei Drittel der Haushalte beschäftigt Dienstboten. Meistens wurden mehrere Gesindepersonen aufgenommen, sie sind in der Mehrzahl älter als 15 Jahre, das Verhältnis zwischen den beiden Geschlechtern ist ausgewogen (Nagykovácsi).

b) Etwa 40% der Haushalte verfügen über Dienstboten, meistens ebenfalls über mehr als einen, jedoch ausschließlich junge Männer (Szántó).

c) Nur in jedem vierten oder fünften Haushalt finden sich Dienstboten. In einem Haushalt lebt meistens nur eine Gesindeperson, sie ist oft jünger als 15 Jahre (Perbál, Bogdány, Tököl, Tótfalu).

In der letzten dieser drei Gruppen, die sowohl nach wirtschaftlichen als auch nach Haushaltsstrukturen verschiedenartige Siedlungen enthält, ist die Rolle des Gesindedienstes für die Arbeitsorganisation offensichtlich marginal. Er dient dazu, alters- und geschlechtsmäßige Deformationen der gemeinsam lebenden Gruppe auszugleichen (z. B. als altersmäßig entsprechenden Ersatz für Kinder, als Vertretung einer kränklichen oder ihre eigenen Kinder versorgenden Hausfrau usw.).

In Bogdány und Perbál beansprucht die Wirtschaft außer der Familie des Haushaltsvorstands meistens keine Arbeitskräfte. Im ersten Fall waren die ökologischen Bedingungen dafür verantwortlich, im zweiten umfaßte die gerade neugegründete Siedlung wenig kultiviertes Land, und auch der Viehbestand war unbedeutend. In Tököl und Tótfalu (und wahrscheinlich auch in Kalász und Tök, von wo wir keine Daten haben), wo die Landwirtschaft wesentlich mehr Arbeitskräfte erfordert, bilden die Verwandten die zusätzliche Quelle für Arbeitskräfte.

Unterschiedlich sieht es bei den beiden anderen Dörfern aus. In Nagykovácsi, wo viele Zugtiere gehalten und verhältnismäßig große Flächen bebaut werden, ist es erforderlich, den Haushalt zu erweitern, was die deutschen Bauern mit der Beschäftigung von Gesinde bewältigten. Heute ist leider nicht mehr feststellbar, wieweit Tradition oder wirtschaftliche Rationalität Ursache dafür war, daß die Bauern in Nagykovácsi zu diesem Zweck nicht das Zusammenleben mit Verwandten gewählt haben. In Szántó ist die Situation anders. Hier sind mit Verwandten erweiterte

---

42 Aufgrund einer gerade laufenden Analyse der Bevölkerung von Nagykovácsi ist zu vermuten, daß die Basis des Gesindes in den beiden obigen Gruppen zu suchen ist. Damit weichen Dienstbotenverhältnisse in unserem Gebiet vom westeuropäischen Muster ab.

Haushalte nicht selten, doch ergänzende Tätigkeiten (Holzfällen, Beförderung) haben den Bedarf an Arbeitskräften (vor allem an männlichen) so erhöht, daß er nur durch Beschäftigung ganzjährigen Gesindes befriedigt werden kann. Die andere Lösung, welche genügend männliche Arbeitskräfte ergeben hätte, die Schaffung entsprechend großer Haushalte, wie dies bei den Südslawen zu finden ist, dürfte der slowakischen Tradition und auch der wirtschaftlichen Rationalität fremd sein: Die Haushalte wären dann nämlich auch durch viele in dieser Siedlung überflüssige weibliche Arbeitskräfte erweitert worden.

Wenn wir nun die Arbeitsorganisation der Bauernwirtschaften global überblikken, wobei wir Formen der Kooperation gezwungenermaßen außer acht lassen, so bekommen wir folgendes Bild: (Tabelle 31) Die Arbeitsorganisation der Bauernwirtschaften in Bogdány und Perbál beruht in erster Linie auf der Familie des Haushaltsvorstandes. In Nagykovácsi kommen am häufigsten Kernfamilien mit Ergänzung durch Dienstboten vor, in Tököl dagegen um Verwandte erweiterte Familien. In Szántó finden wir eigentlich keine charakteristische Form der Arbeitsorganisation; die Wirtschaften decken den Bedarf an Arbeitskräften mitunter selbst, mitunter durch Verwandte oder Dienstboten, doch ebenso oft wirtschaften zwei Haushalte gemeinsam. Obwohl wir keine genauen Daten besitzen, können wir aus den Angaben die sich auf die Haushaltsstruktur bzw. auf das Gesinde und die Inwohner beziehen, mit gutem Grund annehmen, daß die Arbeitsorganisation der Serben in Kalász dem Muster von Tököl, die der ungarischen Bauern in Tótfalu und Tök aber dem Muster der Slowaken in Szántó folgt. Die Verteilung der Familienmitglieder, Verwandten, Dienstboten und Inwohner nach Alter und Geschlecht innerhalb einer Wirtschaft kann sich allerdings in ziemlich weiten Grenzen bewegen. Aus diesem Grund haben wir die Zusammensetzung der erwachsenen Männer (zwischen 15 und 59 Jahren) – als der unter den gegebenen Umständen für die Bauernwirtschaften wichtigsten Gruppe von Arbeitskräften – angesehen (Tabelle 32). In Bogdány kommt am häufigsten die nur über einen erwachsenen Mann verfügende Wirtschaft vor; hier ist das bebaute Ackerland und damit der Arbeitskräftebedarf am kleinsten. Dem steht das neu besiedelte Perbál am nächsten, wo 42 Prozent der Wirtschaften ebenfalls nur mit einem, weitere 42 Prozent mit zwei Männern ihr Auslangen finden. Die Arbeitskräfteverteilung in Nagykovácsi und Szántó ist ähnlich, in den meisten Wirtschaften finden wir zwei erwachsene Männer. In Tököl bestehen zwei große Gruppen, eine mit zwei Männern und eine mit vier oder mehr Männern.

Die Verteilung der erwachsenen Männer nach Rollengruppen (Tabelle 33) entspricht im großen und ganzen dem, was wir schon über die Arbeitsorganisation der Haushalte gesagt haben. Zusätzlich wird dadurch aber die Bedeutung der Familie des Haushaltsvorstandes in der Arbeitsorganisation der Wirtschaft klarer dargelegt. In den drei deutschen Dörfern stellen engere Familienangehörige die absolut meisten Arbeitskräfte, in Szántó die relative Mehrheit. Nur in Tököl fällt die Familie des Haushaltsvorstandes als Quelle der Arbeitskräfte deutlich hinter die Verwandtschaft zurück. Außer in Tököl spielt die Verwandtschaft nur in Szántó eine einigermaßen bedeutende Rolle, die Dienstboten hingegen in Nagykovácsi und in Szántó, also genau dort, wo wir es auf Grund der Haushaltsstruktur vermutet haben.

Tabelle 31:
Rekrutierung der ständigen Arbeitskräfte der Bauernwirtschaften (Verteilung der Bauernwirtschaften in Prozent)

	Nur aus der "conjugal family unit" (=CFU) des HV	Formen der Arbeitskräfterekrutierung						Zusammen	Anzahl der Bauernwirtschaften N
		CFU und Verwandte	CFU und Gesinde	CFU, Verwandte und Gesinde	CFU und Häusler/ Inwohner	CFU Verwandte, Häusler/ Inwohner	Zwei gemeinsam wirtschaftende Bauernhaushalte		
Nagykovácsi	20,5	9,1	47,7	13,6	6,8	2,3	–	100,0	44
Perbál	56,8	9,1	9,1	2,3	20,4	2,3	–	100,0	44
Bogdány	50,0	20,6	16,2	4,4	8,8	–	–	100,0	68
Szántó*	26,2	11,9	16,7	19,0	4,8	2,4	19,0	100,0	42
Tököl	16,9	46,5	5,6	22,6	2,8	5,6	–	100,0	71

* Ohne nicht einordenbare Haushalte.

Tabelle 32:
Bauernwirtschaften nach der Zahl der erwachsenen männlicher Arbeitskräfte (Verteilung der Männer in Prozent)

	Männer im Alter von 15–59 Jahren pro Haushalt						Männer im Alter von 15–59	Durchschnittliche Anzahl der erwachsenen Männer pro Haushalt
	0	1	2	3	4 und mehr	Zusammen	N	
Nagykovácsi	–	20,5	47,7	25,0	6,8	100,0	97	2,20
Perbál	–	41,9	41,9	16,2	–	100,0	75	1,74
Bogdány	1,5	54,4	32,3	11,8	–	100,0	105	1,54
Szántó	2,5	20,0	42,5	30,0	5,0	100,0	86	2,15
Tököl	1,4	14,3	35,7	17,2	31,4	100,0	197	2,81

Tabelle 33:
Erwachsene männliche Arbeitskräfte nach der Stellung im Haushalt

| | Verteilung der 15–59jährigen Männer (in Prozent) | | | | | |
	Zur „conjugal family unit" des Haushaltsvorstands	Verwandte	Knechte	Häusler/Inwohner	Zu zwei gemeinsam wirtschaftenden Haushalten gehörend	Zusammen	Männer im Alter von 15–59
Nagykovácsi	68,1	7,2	20,6	4,1	–	100,0	97
Perbál	78,7	5,3	5,3	10,7	–	100,0	75
Bogdány	71,4	12,4	11,4	4,8	–	100,0	105
Szántó	44,2	18,6	24,4	2,3	10,5	100,0	86
Tököl	40,6	52,3	5,6	1,5	–	100,0	197

Wenn wir die Typen der Arbeitsorganisation mit den weiter oben beschriebenen Wirtschaftstypen verbinden wollen, so können wir folgendes Bild als wahrscheinlich annehmen: Ackerbau – Viehzucht – Mischwirtschaften (in unserem Beispiel Tököl) verfügten zum kleineren Teil über zwei, zur Hälfte jedoch über drei, vier, oft noch mehr erwachsene Männer als Arbeitskräfte, die in erster Linie aus der Verwandtschaft, in zweiter Linie aus der engeren Familie des Haushaltsvorstandes stammen. Ackerbau – Mischwirtschaften (in unserem Fall am klarsten durch Nagykovácsi vertreten) sind im allgemeinen auf zwei erwachsene Männer aufgebaut, die in erster Linie aus der Familie des Familienoberhauptes kommen. Wenn die entsprechende Anzahl der Arbeitskräfte aus irgendeinem Grund auf diese Weise nicht zu sichern ist, dann wird sie durch die Aufnahme von Knechten ergänzt. Ackerbau-Mischwirtschaften, welche zu ergänzenden Tätigkeiten gezwungen sind (hier Szántó), sind im allgemeinen ebenfalls auf zwei arbeitsfähige Männer aufgebaut, obgleich verhältnismäßig oft auch drei Männer vorkommen. Von diesen stammt nicht ganz die Hälfte aus der Familie des Oberhauptes, der größere Teil besteht aus Knechten, Verwandten oder Mitgliedern anderer Haushalte innerhalb der Wirtschaft. Im Bogdány – wo neben dem Ackerbau in erster Linie Weinbau betrieben wird – verfügen die Wirtschaften vorwiegend nur über einen, aus der Familie des Oberhauptes stammenden erwachsenen Mann. An und für sich ist die Situation auch im neu besiedelten, vorerst noch mit der Gründung und dem Ausbau der Wirtschaft beschäftigten Perbál ähnlich. Wenn auch die schwere Arbeit der Rodung mehr Arbeitskräfte erforderte, macht der geringe Ertrag der neu aufgebrochenen Felder die Haltung einer größeren Gesindezahl unmöglich. Um die Arbeitskapazität der Wirtschaften durch das Zusammenleben mit einem erweiterten Verwandtschaftskreis zu erhöhen – wenn diese Methode überhaupt den Traditionen der Siedler entsprochen hätte –, wäre die hier verbrachte Zeit noch zu kurz gewesen.

V. Strukturell-funktionale Typen des Zusammenlebens

Bisher haben wir das Heiratsverhalten, die Formen des gemeinsamen Wohnens, die Verwandtschaftsbeziehungen, die Lage und den Lebensweg des einzelnen sowie die Arbeitsorganisation jeweils getrennt analysiert. Ein großer Teil dieser Phänomene ist jedoch eng miteinander verknüpft. Unsere Gemeinden können nicht einfach auf Grund dieses oder jenes einzelnen Phänomens in zwei, drei (fallweise mehrere) Gruppen eingeteilt werden, sondern eher auf Grund unterschiedlicher Gruppen von Phänomenen und unterschiedlicher Strukturen. Es ist daher notwendig, die bis jetzt gesondert dargestellten Phänomene zusammenzufassen.

Für die um 1700 angesiedelte deutsche Bauerngemeinde von Nagykovácsi ist nach unserer Untersuchung für die Mitte des 18. Jahrhunderts eine relativ späte, aber für alle erreichbare Eheschließung, die mit einer hohen ehelichen Fruchtbarkeit einhergeht, charakteristisch. Der Altersunterschied zwischen den Ehepartnern ist relativ gering und in der Tendenz ausgeglichen, wenn es auch nicht selten ist, daß die Frau einige Jahre älter ist als ihr Mann. Heirat und Haushaltsgründung hängen eng zusammen, die Form der neolokalen Wohnsitzwahl nach der Heirat kann daher als typisch angesehen werden. Daß die Männer relativ früh Haushaltsvorstand werden, hängt damit zusammen, daß die betagten Eltern oft noch zu ihren Lebzeiten die Führung der Wirtschaft ihrem erwachsenen Sohn übergeben und sich zurückziehen. Letzteres geht jedoch nicht in jedem Fall einher mit der Teilung des ganzen Haushalts in zwei Teile. Trotzdem ist der Anteil an komplexen (erweiterten und Mehrfamilien-)Haushalten relativ niedrig, drei Viertel der Familien lebten allein bzw. mit ein, zwei Dienstboten zusammen. Die wenigen mitlebenden Verwandten sind zum überwiegenden Teil ältere, oft alleinstehende Personen, meist engste Verwandte in aufsteigender Linie: die Eltern des Haushaltsvorstandes, in einigen Fällen Schwiegervater bzw. -mutter. Infolge ihres Alters spielen sie in der Arbeitsorganisation des Haushalts keine wichtige Rolle. Der Familien- und Haushaltszyklus verläuft vermutlich in zwei typischen Formen:

1. Im Fall des frühen Todes der Eltern gründet der Sohn wiederum eine ähnliche Kernfamilien-Einheit.
2. Falls sich die Eltern ins Ausgedinge zurückziehen (egal, ob gemeinsam oder ein Ehegatte nach dem Tod des anderen), ist die neue Einheit, die durch die Heirat des Erben aus dem Kernfamilienhaushalt hervorgeht, eine Zeitlang erweitert oder umfaßt mehrere Familien, geht aber bald wieder in einen Kernfamilienhaushalt über.

Die für Ackerbau-Mischwirtschaften charakteristische Arbeitsorganisation stützt sich in erster Linie auf die Familie des Haushaltsvorstandes und auf das Gesinde. Letzteres besteht in der Regel aus Erwachsenen, die größtenteils zu mehreren Gruppen beschäftigt werden. Zur Hälfte sind es Frauen. Offenbar ersetzen sie die Arbeitskraft des wegen Todes oder Rückzugs aus der Produktion ausscheidenden alten Ehepaares. Die Gesellschaft der Gemeinde ist – nach Beschäftigung und Status – differenziert, wogegen die besitzende Bauernschaft verhältnismäßig schwach geschichtet ist. Zur Zeit der uns als Quelle dienenden Seelenzählung (1747) war die Versorgung mit Boden in diesem in einem der Becken der Budaer Berge gelegenen Dorf gut, zur Rodung zwecks Vergrößerung der Ackerbaufläche bot sich bis in die sechziger Jahre des 18. Jahrhunderts Gelegenheit.

Die kroatische Bauerngemeinde in dem am Ende des 17. Jahrhunderts neu besiedelten Tököl zeigt ein zu Nagykovácsi fast diametral entgegengesetztes Bild. Die Bevölkerung heiratet hier sehr früh, die Fruchtbarkeit ist außerordentlich hoch. Die Ehe beruht eindeutig auf der Seniorität des Mannes, der in allen Fällen älter als die Frau ist. Zwischen Heirat und Haushaltsgründung gibt es praktisch keinen Zusammenhang. Das junge Paar zieht nach der Heirat zu den Eltern des Mannes (patrilokale Wohnsitzwahl), zur Gründung eines neuen Haushalts kommt es nicht. Ein Teil der Männer wird erst sehr spät, im Alter, Haushaltsvorstand, da die Väter die Führung des Haushalts bis zu ihrem Tode in den Händen halten. Ihnen folgt in der Regel die Frau bzw. im Falle des Todes der Frau der älteste Sohn in der Führungsposition, ein jüngerer Bruder kommt manchmal überhaupt nicht an die Reihe. Viele sterben, ohne jemals selbständiger Haushaltsvorstand gewesen zu sein. Dieses System hat das gemeinsame Wohnen einer vielköpfigen und weitverzweigten Verwandtschaft zur Folge – die Mehrzahl der Familien wohnt nicht allein. Ein großer Teil der Verwandten ist jung und in absteigender Linie mit dem Haushaltsvorstand verwandt, oder es handelt sich um die Ehefrauen der männlichen Verwandten. Die Mehrheit der Blutsverwandten setzt sich aus Verwandten zweiten und dritten Grades zusammen, der Anteil jener ersten Grades beträgt weniger als ein Drittel. Auch hier bestehen zwei typische Formen des Familien- und Haushaltszyklus:

1. Ständig komplexe Haushalte unabhängig von der Zahl ihrer Mitglieder; die Familien innerhalb der zusammenlebenden Gruppe ändern sich kontinuierlich.
2. Der Kernfamilienhaushalt eines Mannes, der infolge einer demographischen „Katastrophe" in der Familie allein geblieben ist, wird nach der Heirat all seiner Söhne, wenn er 40 bis 50 Jahre alt ist, wieder ein Mehrfamilienhaushalt.

Die Arbeitsorganisation stützt sich auf die Familie des Haushaltsvorstandes und auf dessen Verwandte, wobei das Gewicht der letzteren entscheidend ist; die Rolle des Gesindes ist nur marginal, um vorübergehende demographische Ungleichmäßigkeiten der zusammenlebenden Gruppen auszugleichen. Die Gesellschaft des Dorfes ist relativ undifferenziert. Ein Teil betreibt Ackerbau-Mischwirtschaft, ca. die Hälfte jedoch züchtet neben dem Ackerbau in beträchtlichem Ausmaß auch Vieh (Schafe, Schweine, Rinder), indem sie die im Überschwemmungsgebiet des Dorfes gelegenen Weiden benützt. Derartige Wirtschaften verfügen über drei bis vier oder sogar noch mehr erwachsene Männer.

Die Muster des Zusammenlebens der alteingesessenen ungarischen Bauern von Tótfalu weichen beträchtlich von beiden oben beschriebenen Gemeinden ab. Das Heiratsalter ist hier niedriger als bei den Deutschen von Nagykovácsi, ebenso niedrig wie in Tököl. Beide Geschlechter sind im allgemeinen im Alter von 25—29 Jahren zur Gänze verheiratet, der Mann ist jedoch in der Regel einige Jahre älter als seine Frau. Die Fruchtbarkeit kann als durchschnittlich bezeichnet werden. Die Heirat ist manchmal mit der Gründung eines selbständigen Haushaltes verbunden, manchmal nicht; so kommen auch bei der Wahl des Wohnsitzes nach der Heirat drei Typen vor: der neo-, der patri- und der affinolokale Typ (d. h. Verselbständigung, Wohnsitz bei den Eltern des Mannes oder der Frau). Der Haushaltsvorstand gibt im allgemeinen bis zu seinem Tod die Führung nicht aus der Hand; im Gegensatz zu den Kroaten kommt es aber hier vor, daß in der Folge ein verheirateter Sohn aus dem Haushalt ausscheidet und sich verselbständigt. So lebt nur ca. eine Hälfte der Familien gemeinsam mit Verwandten, die andere lebt allein. Die Mehrheit der zusammenlebenden Verwandten ist jung, zum überwiegenden Teil sind es Blutsverwandte in absteigender Linie; aber es finden sich unter ihnen auch betagte Eltern, und es gibt sogar Beispiele für das Zusammenleben mit dem Schwiegersohn. Die hier vorkommenden Verwandten übertreffen jene von Nagykovácsi sowohl an Zahl als auch in ihrer Mannigfaltigkeit, reichen aber an den Reichtum der in den Tököler kroatischen Haushalten vorgefundenen Verwandtschaftsverhältnisse nicht heran. Typisch ist folgender Familien- und Haushaltszyklus: Der im – meist komplexen – Haushalt des Vaters lebende Sohn heiratet, sobald er erwachsen ist. Der Haushalt wird nach dem Tod der Eltern bzw. nach dem Ausscheiden der verheirateten Geschwister oft vorübergehend auf eine Kernfamilie beschränkt, mit dem Heranwachsen und der Heirat der nächsten Generation wird er aber wieder komplex.

Die typische Arbeitsorganisation einer Bauernwirtschaft von Tótfalu ähnelt jener der Kroaten von Tököl: In erster Linie stützt sie sich auf die Familie und die Verwandtschaft, die Rolle des Gesindes ist marginal. Das Gewicht der Familie in der Organisation der Arbeitskräfte jedoch wiegt – im Gegensatz zu Tököl – schwerer als jenes der Verwandten. Insgesamt ist die Zahl der einer Wirtschaft zur Verfügung stehenden männlichen Arbeitskräfte hier geringer als in Tököl, was damit zusammenhängen könnte, daß auch die Viehhaltung in Tótfalu trotz ähnlicher ökologischer Verhältnisse geringer ist. Die Dorfbewohner sind hinsichtlich der Beschäftigung und des Status relativ wenig differenziert, die besitzende Bauernschaft ist jedoch nach ihrem Besitz stark geschichtet. Es scheint, als ob die Geländeverhältnisse eine der Bevölkerungszunahme entsprechende Ausweitung des Ackerbodens nicht zulassen.

Wenn wir nun versuchen, unsere Ergebnisse in Tabellen zu erfassen (Tabellen 34 und 35), so ergeben die Formen des Zusammenlebens in den im Detail noch nicht zusammengefaßten anderen Gemeinden folgendes Bild: Szántó entspricht dem Typ von Tótfalu, einzig die entschieden patrilokale Wohnsitzwahl verbindet es mit dem Muster von Tököl. Hängt dies möglicherweise damit zusammen, daß beide slawische Bevölkerung haben? Die deutsche Bauernschaft von Bogdány hingegen nimmt im Hinblick auf die Muster des Zusammenlebens einen Platz zwischen den Nagykovácsi und Tótfalu zugeschriebenen Typen ein. Die Eheordnung, die Regelung der Wohnsitzwahl und der Rücktritt des Haushaltsvorstandes binden sie eindeutig an Nagykovácsi, die Typen der zusammenlebenden Verwandtschaft, die sich in der Führung komplexer Haushalte stärker durchsetzende Patriarchalität und auch einzelne Erscheinungen der Familien- und Haushaltszyklen deuten jedoch auf die Muster der ungarischen Bauernschaft hin. Von den Bauernhaushalten der wegen mangelnder Angaben nicht in die Tabellen aufgenommenen Siedlungen folgt Kalász wahrscheinlich dem Muster von Tököl, Tök aber eher Tótfalu, obwohl einzelne Angaben über letzteres auch eine Ähnlichkeit mit Tököl zeigen; so kann auch eine zwischen den beiden anzusiedelnde Übergangsform nicht ausgeschlossen werden. Perbál ist aller Wahrscheinlichkeit nach mit dem Muster von Nagykovácsi verbunden, auch wenn auf Grund der Neubesiedlung aus den Daten noch nicht alle Eigentümlichkeiten – insbesondere die Formen des Zusammenlebens und die Verwandtschaftsbeziehungen – eindeutig bestimmt werden können.

Wir haben jetzt im wesentlichen drei Typen von Ehe, Haushaltsstruktur und Familien- und Haushaltszyklus aufgezeichnet, die auf verschiedene Weise die zur Anpassung an die Natur, zur Sicherung der Existenz und zur Vermehrung des Besitzes notwendige Arbeitskraft der Haushaltsgruppen sichern und auf ebenso unterschiedliche Art und Weise die Reproduktion, die Zukunft der Nachkommen und die Familiengründung organisieren. In Anbetracht dessen, daß wir die ursprüngliche Bezeichnung der oben geschilderten Formen des Zusammenlebens nicht kennen, nennen wir die drei Idealtypen „Stammfamilie", „Großfamilie" und „Zadruga" entsprechend den in der sozialhistorischen und volkskundlich-anthropologischen Forschung gebräuchlichen Termini.

In unserer Interpretation ist der Typ der „Stammfamilie" mit später und altersmäßig egalitärer Heirat, mit neolokaler Wohnsitzwahl und mit dem Rückzug des Haushaltsvorstandes im Alter verbunden. Die Zahl der Verwandten in der Gruppe ist klein, oft ist es nur eine alleinstehende Person, die in der Regel dem Kreis der engsten Verwandten in aufsteigender Linie angehört. Die Haushalte bestehen im Verlauf ihrer zyklischen Entwicklung vermutlich die Hälfte der Zeit – oft noch länger – aus Kernfamilien; demnach ist die Haushaltsstruktur der gesamten Gemeinde von Kernfamilien dominiert.[43]

Den „Zadruga"-Typ verbinden wir mit der sehr früh geschlossenen Ehe, mit der Seniorität des Mannes und mit der patrilokalen Wohnsitzwahl. Die Zahl der zusammenlebenden Verwandten ist groß, es gibt mannigfaltige Typen; zum Großteil sind sie im zweiten Grad, fallweise noch entfernter verwandt. Haushalte ohne Verwandte sind in dieser Form des Zusammenlebens kaum zu finden. In der Führung der Gruppe kommen die Grundprinzipien der Patriarchalität und Seniorität außergewöhnlich stark zu Geltung; der Brauch, daß sich der Haushaltsvorstand im Alter zurückzieht, ist unbekannt. Das Leben im komplexen Haushalt drückt dem Familien- und Haushaltszyklus seinen Stempel auf. In jenen Gemeinden, wo die Tradition der „Zadruga" verwurzelt ist, ist das Vorkommen von Kernfamilienhaushalten unter der besitzenden Bauernschaft eine Ausnahme- und Übergangserscheinung.[44]

Der Typ der „Großfamilie" nimmt einen Platz zwischen den beiden oben erwähnten Typen ein, vielleicht steht er aber der „Zadruga" um eine Spur näher als der „Stammfamilie". Auch dieser Typ ist durch eine relativ frühe Heirat gekennzeichnet, aber in der Führung und Organisation der Gruppe kommen die patriarchalischen und senioritären Grundprinzipien nicht so konsequent zur Geltung wie in der „Zadruga". Auch die Wohnsitzwahl kann man eher als gemischt bezeichnen, wobei der patrilokale Typ zeitweilig ein leichtes Übergewicht hat. Daraus folgt, daß die Kernfamilien- und komplexen Haushalte gleich stark vertreten sind. Die Zahl der gemeinsam lebenden Verwandten ist, verglichen mit der „Zadruga", kleiner, die Typen sind weniger vielfältig, es kommen jedoch auch solche verschwägerte Verwandte vor, die es in der „Zadruga" nicht gibt. Der Rückzug des Haushaltsvorstandes im Alter ist auch bei diesem Typ unbekannt. Der Familien- und Haushaltszyklus beschreibt eine eigentümliche Kurve: Der junge Haushaltsvorstand lebt in der Regel in einem komplexen Haushalt; nach einer kernfamilialen Übergangsperiode erhält der Haushalt – infolge der Heirat der Kinder und des Zuzugs der Schwiegersöhne bzw. -töchter – wieder eine komplexere Struktur.[45]

---

43 Diese Formulierungen haben Versuchscharakter; beim gegenwärtigen Stand unserer Forschungen können wir einstweilen keine allgemeineren Formulierungen anstreben. Wir halten es auch für verfrüht, unsere Ergebnisse der einschlägigen Literatur gegenüberzustellen, z. B. BERKNER, Stem family; Hermann REBEL, Peasant stem families in early modern Austria: life plans, status tactics, and the grid of inheritance, in: Social Science History 2 (1978) N. 3, 255–291, Michael VERDON, The stem family: toward a general theory, in: Journal of Interdisciplinary History 10 (1979) N. 1, 87–105.

44 R. F. BYRNES (ed.), The zadruga. Essays by Philip E. Mosely and essays in his honor, Notre Dame 1976; HALPERN, Town and Countryside; HAMMEL, Zadruga.

45 FÉL, Großfamilie; MORVAY, Frauen.

Tabelle 34:
Charakteristika des Heiratsverhaltens

	Heiratsalter	Altersunterschied zwischen den Ehegatten	Wohnsitzwahl nach der Heirat	Zusammenhang zwischen Heirat und Erlangung der Position des Haushaltsvorstands	Eheliche Frucht- barkeit
Nagykovácsi	hoch	egalitär	neolokal	stark	hoch
Bogdány	hoch	egalitär	neolokal	mittelmäßig	hoch
Szántó	Übergang	Männer- seniorität	patrilokal	mittelmäßig	hoch
Tótfalu	Übergang	Männer- seniorität	gemischt	mittelmäßig	mittelmäßig
Tököl	niedrig	Männer- seniorität	patrilokal	schwach	sehr hoch

Tabelle 35:
Charakteristika der Haushaltsstruktur

	Anteil der mit anderen zusammenlebenden „Kernfamilien" (conjugal family units) an ihrer Gesamtheit (in Prozent)	Generationszugehörigkeit des Haushaltsvorstands	Häufigste Altersgruppen des Haushaltsvorstands	Idealtypischer Haushaltszyklus
Nagykovácsi	20,4	jüngere Generation	30–39, 50–59 anschließend Rückzug	a) durchgehend „einfacher Familien-Haushalt" b) zuerst „komplexer", dann „einfacher Familien-Haushalt"
Bogdány	21,1	ältere Generation	40–49, 50–59 anschließend Rückzug	komplex → einfach → komplex
Szántó	45,5	ältere Generation	von 40 an bis zum Tod	komplex → einfach → komplex
Tótfalu	46,6	ältere Generation	unbekannt	komplex → einfach → komplex
Tököl	85,7	ältere Generation	von 60 an bis zum Tod	a) durchgehend komplex b) einfach → komplex

Diese drei Typen des Zusammenlebens können unter verschiedenen Sied-
lungs-, Wirtschafts- und ökologischen Verhältnissen vorkommen; im Fall der „Zadruga" aber handelt es sich vermutlich im allgemeinen um vermehrte Viehzucht und
Streusiedlung.[46] Obwohl die natürlichen und gesellschaftlichen Bedingungen auf
die Formen des Zusammenlebens und auf deren Abweichungen voneinander von
starkem Einfluß sind, gilt es für unsere Zeit, die „Stammfamilie", die „Großfamilie"
und die „Zadruga" so zu betrachten, als ob sie Mikroorganismen wären, die auf ihren eigenen ethnokulturellen Grundlagen aufbauen, sich aber gleichzeitig dynamisch an die Umwelt anpassen. Ihre Funktionen können mehrere sein:

1. Zusätzliche Arbeitskräfte können sie dort sicherstellen, wo den mittleren oder
   kleinen Kernfamilien relativ wenig arbeitsfähige Mitglieder zur Verfügung stehen bzw. wo der Arbeitskräftebedarf den Umfang einer Familie übersteigt.
2. Mehr Arbeitskräfte ermöglichen eine bessere und differenziertere Arbeitsteilung, die Aufzucht eines größeren Viehbestandes und eröffnen so günstigere
   Möglichkeiten der Akkumulation, vergrößern den Besitz und das Prestige der
   „Familie" im genealogischen Sinn und gewährleisten besser die Zukunft der
   Nachkommen, auch wenn deren Anzahl im Falle einer größeren Fruchtbarkeit
   höher sein sollte. Zugleich kann sich die Bauernwirtschaft – in erster Linie auf
   dem Gebiet der Viehzucht – bis zu einem gewissen Maß zu einem präkapitalisti-
   schen Unternehmen entwickeln.
3. Das Zusammenbleiben der Verwandten – besonders in den Gebieten, wo der
   Boden knapp geworden ist – verhindert auch gleichzeitig die schnelle Verarmung der Nachkommen, indem es teils durch Ausnützung der oben erwähnten
   günstigeren Möglichkeiten der Arbeitsteilung, teils durch den gleichzeitigen Besitz von Grund, Zugtieren und Werkzeugen den für das damalige technologische
   Niveau optimalen Betriebsumfang sicherstellen kann. Gingen die Verwandten
   auseinander, wäre dazu nach Aufteilung des Grundes und des Werkzeugbestan-
   des keine Möglichkeit mehr vorhanden.
4. Das Zusammenleben der Verwandten sichert zugleich die Verpflegung der weniger arbeitsfähigen oder schon vollkommen arbeitsunfähigen Alten, schafft
   eine Art sozialer Fürsorge auf Familienbasis. Vermutlich erleichtert die Existenz
   der älteren Verwandten auch die Erfüllung der Aufgaben, die sich aus Betreuung, Erziehung und Sozialisation der Kinder ergeben.

Die einzelnen Funktionen hängen natürlich nicht so sehr von den diversen
Formen des Zusammenlebens, sondern eher von spezifischen Bedürfnissen ab. Wie
die Beispiele von Tököl, Szántó und den ungarischen Dörfern zeigen, können zusätzliche Arbeitskräfte sowohl von der „Großfamilie" als auch von der „Zadruga"
durch das Zusammenleben mit Verwandten gewährleistet werden. In der Praxis
können die einzelnen Funktionen nicht ohne weiteres getrennt werden: In Szántó
z. B. dienen die Verwandten höchstwahrscheinlich nicht nur als zusätzliche Arbeitskräfte, sondern das Zusammenleben in der „Großfamilie" soll in den in den
Bergen verstreuten Siedlungen die Verarmung unter diesen ungünstigen Bedingun-

---

46 Byrnes, Zadruga.

gen verhindern und wahrscheinlich auch die Funktion einer Sozialfürsorge übernehmen.

In den diversen Varianten des Zusammenlebens kann man gleichzeitig gewisse
ethnokulturelle Unterschiede entdecken. Sowohl auf Grund unserer eigenen Forschung als auch der einschlägigen Literatur scheint es, als ob für die westeuropäischen – besonders die germanischen – ethnischen Gruppen eher die von uns als
„Stammfamilie" bezeichnete Form des Zusammenlebens charakteristisch wäre, für
die Süd- und Ostslawen der „Zadruga"-Typ und für die Westslawen und Ungarn die
„Großfamilie". Dies bedeutet jedoch nicht eine eindeutige ethnische Determinierung – wir verweisen nur auf die vielen Haushalte von Bogdány, die eine Übergangs-
stellung zwischen der „Großfamilie" und der „Stammfamilie" einnehmen, sowie auf
die komplexen Haushalte von Tök, die einzelne Züge aufweisen, die an eine „Zadruga" erinnern. Hinter den ethnisch begründet erscheinenden Unterschieden kann
man abweichende Verwandtschaftssysteme und unterschiedliche ökonomisch-ge-
sellschaftlich-kulturelle Beziehungen (bzw. die Übernahme jener zu Tradition und
Norm erstarrten Beziehungen) vermuten. Die Unterschiede erscheinen dann
scharf, wenn die einzelnen Volksgruppen – von ihren ursprünglichen Siedlungsplät-
zen und ihrer alten Umgebung getrennt – nebeneinander siedeln, wie es in Ungarn
nach dem Ende der türkischen Besetzung gegen Ende des 17. Jahrhunderts der Fall
war, und sich dann die einzelnen Bräuche und Eigenheiten gegenüberstehen. In
Wirklichkeit beginnt aber rasch die Anpassung aneinander und an die Verhältnisse:
Die eingewanderten Deutschen passen das Heiratsalter dem ihrer Nachbarn an
(obwohl es vergleichsweise noch immer hoch ist), die „Zadruga" verliert unter den
geänderten Siedlungsverhältnissen ihre politische und ihre Verteidigungsfunktion
(und vielleicht wird sie auch strukturmäßig weniger kompliziert) usw.

Im allgemeinen kann man sagen, daß die aufgezählten Funktionen – und vielleicht allgemein komplexe Formen des Zusammenlebens – dort eine besondere Bedeutung erlangen, wo die wirtschaftlich-gesellschaftliche Entwicklung relativ zu-
rückgeblieben ist. In jenen Gebieten, wo die Inanspruchnahme von Lohnarbeit wenig behindert wurde, sank infolge der entwickelten Waren- und Geldbeziehungen,
der erweiterten Marktproduktion bzw. der in großer Zahl zur Verfügung stehenden
Landlosen sowie in ihrer Mobilität nicht eingeschränkten, freien Lohnarbeiter die
Bedeutung der familial-verwandtschaftlichen Arbeitsteilung und die Rolle der
Verwandtschaft als Quelle zusätzlicher Arbeitskräfte. Wo die gewerbliche und städtische Entwicklung oder der erweiterte Bedarf an landwirtschaftlicher Lohnarbeit
auch für die zahlenmäßig starken landlosen Schichten die Möglichkeit einer Existenz eröffnete, sind das Zusammenbleiben der Verwandtschaft und die Verhinde-
rung der Vermögensaufteilung nicht so wichtig. Wo sich eine gemeinschaftlich-be-
hördliche Alten- und Armenfürsorge entwickelten, wo der Schulbesuch ein größeres Ausmaß annahm, dort ist auch die Bedeutung des Zusammenlebens mit den Alten kleiner. Es ist daher kein Zufall, daß die Forschung eine größere Häufigkeit
komplexer Formen des Zusammenlebens im 18. und 19. Jahrhundert vor allem in
den Randgebieten Europas registrieren konnte. Die lokalen Gesellschaften der einzelnen Gebiete sind wahrscheinlich überall gleich elastisch in ihrer Anpassungsfä-

higkeit, aber die Gewährleistung der Arbeitskräfte, der sozialen Sicherheit, der Besitzverhältnisse, des gesellschaftlichen Status, manchmal auch der Verteidigung und der untersten Stufe der Verwaltung und der öffentlichen Sicherheit wird viel eher in den Randgebieten von Familie und Verwandtschaft organisiert als in den verstädterten, staatlich besser organisierten westeuropäischen Regionen, wo diese Aufgaben teilweise vom Markt, durch die gesellschaftliche Arbeitsteilung und die Behörden übernommen werden können.

Anhand unseres Quellenmaterials wollten wir drei strukturell-funktionale Formen des Zusammenlebens, die in der ungarischen landbesitzenden Bauernschaft zu finden sind, umreißen. Keineswegs können wir jedoch behaupten, damit sämtliche wesentliche Typen entdeckt zu haben. Es ist keinesfalls ausgeschlossen, daß es in Gemeinden, die unter abweichenden ökologischen und wirtschaftlichen Verhältnissen leben und die andere ethnokulturelle Traditionen haben, bzw. in anderen, nichtbäuerlichen Schichten, etwa in den Städten, Muster des Zusammenlebens gibt, die von den oben erwähnten abweichen.[47] Aller Wahrscheinlichkeit nach schöpft auch die Darstellung der Funktionen komplexer Formen des Zusammenlebens nichts sämtliche Möglichkeiten aus.[48] Dies würde eine weitere ausführliche Mikroanalyse erfordern, die ebenso zu den Aufgaben der künftigen Forschung gehört wie die Verbindung der dargestellten Typen der Lebens-, Familien- und Haushaltszyklen mit dem langfristigen Generationswandel und mit den ökonomisch-gesellschaftlich-demographischen Bewegungen im weiteren Sinn.

VI. Anhang: Quellen und Begriffe

Die zu einer eingehenden Analyse der Haushaltsstruktur in Ungarn geeigneten Quellen können in zwei große Gruppen geteilt werden. Zur ersten zählen jene Volkszählungen, welche detailliert – zumeist namentlich – die in einer bestimmten Gemeinde zusammenlebenden und zusammengehörenden Familien- und Haushaltsgruppen beschreiben. Zur zweiten Gruppe können jene Quellen gezählt werden, welche indirekt Daten über Familien und Haushalte liefern. Dabei kann es sich z. B. um Eheverträge, Testamente, Gerichtsakten über Erbstreitigkeiten oder andere Streitsachen handeln, die Einblick in die inneren Verhältnisse einer bestimmten Familie gewähren, ferner um volkskundliche Beschreibungen der Lebensweise und Bräuche, um Matrikelbücher und andere pfarramtliche Aufzeichnungen. Diese Quellen verhelfen uns tatsächlich oft zu Informationen, welche aus der ersten Gruppe von Quellen nicht gewonnen werden können.

---

47 Es ist z. B. möglich, daß zwar nicht in den geschlossenen Dörfern, aber in der verstreut siedelnden Bevölkerung Formen des Zusammenlebens existierten, die den von Plakans gefundenen (vgl. PLAKANS, Peasant farmsteads; ders., Seigneurial authority) des Baltikums ähnelten. An einzelnen Orten — vor allem an der Westgrenze — sind ausschließlich in Kernfamilien organisierte Gemeinden vorstellbar usw.

48 Es genügt in diesem Zusammenhang, an die „Stammfamilie" bzw. innerhalb dieser an die Rolle der im Ausgedinge lebenden Eltern als Unternehmer bzw. Geldverleiher zu erinnern; vgl. dazu REBEL, Peasant stem families.

Die erste Gruppe ungarischer Quellen zur Haushaltsstruktur zerfällt praktisch in drei Untergruppen. Die erste umfaßt die zwischen 1784 und 1787 durchgeführten staatlichen Volkszählungen.[49] Auf Grund der Einheitlichkeit der Zielsetzung, geregelter Vorschriften und der Einbeziehung des gesamten Staatsgebiets würde diese Untergruppe am besten entsprechen. Leider fiel aber, mit Ausnahme von Zusammenfassungen auf Gemeindeebene, praktisch das gesamte Volkszählungs-Quellenmaterial der Skartierung in den Archiven zum Opfer.

In die zweite Untergruppe gehören die von verschiedenen Kirchen angefertigten Seelenzählungen („status animarum"). Diese umfassen in der Regel nur ein begrenztes Gebiet bzw. eine begrenzte Bevölkerungsgruppe, nämlich jene, für welche das Erfassungsorgan in irgendeiner Form zuständig ist. Bei diesen Zählungen fehlten im allgemeinen einheitliche Vorschriften, Nomenklatur und Anweisungen. Die Seelenzählungen wurden in erster Linie von religiösen Gesichtspunkten geleitet, so daß häufig wesentliche demographische und soziale Daten (z. B. Alter, Verwandtschaftsverhältnis, gesellschaftlicher Status, Beruf) außer acht gelassen wurden.[50] Darüber hinaus waren die protestantischen Kirchen während des 18. Jahrhunderts in erster Linie mit der Sicherung ihrer Religionsfreiheit beschäftigt, da die Gegenreformation ihre administrative Tätigkeit – eine Zeitlang die Matrikelführung selbst – einschränkte, so daß sie kaum genügend Energie hatten, detaillierte Seelenzählungen vorzunehmen. Die wenigen „status animarum", die protestantische Kirchen anfertigten, entstanden auf Grund des Fehlens einer zentralen kirchlichen Organisation zu sehr verschiedenen Zeitpunkten und nach von Gemeinde zu Gemeinde abweichenden Formen und Gesichtspunkten.[51] Die griechisch-katholische und die griechisch-orthodoxe Kirche standen dagegen weder im Hinblick auf die zentrale Verwaltung noch auf die Priester bzw. Popen auf einem Niveau, das ihnen ermöglicht hätte, ernsthafte statistische Erfassungen alleine, ohne staatliche Hilfe, durchzuführen. Die zur Analyse ungarischer Haushaltsstrukturen des 18. Jahrhunderts verwertbaren „status animarum" sind daher zum überwiegenden Teil das Ergebnis der Arbeit römisch-katholischer Bistümer, und sie reichen an die von den übrigen Kirchen verfaßten vergleichbaren Konskriptionen sowohl qualitativ als auch quantitativ heran. Dies hat zwei Gründe. Einerseits ist die römisch-katholische kirchliche

---

49 Dezsö Dányi, Az elsö magyar népszámlálás és elözményei (Die erste ungarische Volkszählung und ihre Vorgeschichte), in: Történeti statisztikai Tanulmányok 4 (1980), 189–215; Dezsö Dányi – Zoltán Dávid, Az elsö magyarországi népszámlálás (Die erste ungarische Volkszählung), Budapest 1960; Thirring, Bevölkerung Ungarns.

50 Carlo A. Corsini, Gli „status animarum" fonte per le ricerche di demografia storica, in: Le fonti della demografia storica in Italia, Rom 1972, 85–126.

51 In einzelnen Gemeinden der transdanubischen reformierten Gebiete kamen bei der Sammlung von Material über die Beeinträchtigung des Protestantismus einige Seelenzählungen aus dem 18. Jahrhundert zum Vorschein; ferner wurden mitunter bei kirchlichen Streitigkeiten oder zur Ersetzung kirchlicher Dokumente, die bei Bränden verlorengegangen waren, Volkszählungen nach Haushalten durchgeführt. Vgl. dazu László Mándoki, A kölkedi népszámlálás 1816-ban (die Volkszählung in Kölked 1816), in: Janus Pannonius Muzeum Évkönyve, Pécs 1968, 215–224.

Organisation selbst sehr zentralisiert, und die Mehrheit ihrer Mitglieder verfügt in der Regel über ausreichende Bildung, um die mit einer solchen Zählung verbundenen Aufgaben erledigen zu können. Andererseits geht die Verfassung von „status animarum" in den katholischen Bistümern auf alte Gewohnheiten und Vorschriften zurück.[52] Dennoch war es unter den römisch-katholischen Diözesen in Ungarn lediglich die das Gebiet Zentral- und Südwest-Transdanubiens umfassende Diözese von Veszprém, in welcher zwischen 1745 und 1812 gleichzeitig und nach einheitlichen Gesichtspunkten – in einigen Dechanaten sogar mehrmals – „status animarum" erstellt wurden.[53] Seelenzählungen der anderen katholischen Bistümer entsprechen nur sporadisch unseren Forschungszielen. Das liegt entweder daran, daß die Bevölkerung auf Grund der Besiedelung noch in ständiger Bewegung war, als zur Mitte des 18. Jahrhunderts die Mehrheit der „status animarum" entstand, oder daran, daß die Leitung der Diözese nicht genügend Gewicht auf die konsequente Beachtung ihrer Anordnungen legte. Nach 1770 wuchs dann die Belastung der Priester durch bevölkerungsstatistische Experimente, und ihre Aufgaben wurden immer zahlreicher, was in Ungarn zu Ende des 18. Jahrhunderts dazu führte, daß, mit Ausnahme der wenigen Dechanate der Diözese Veszprém, die Erstellung von „status animarum" ein Ende fand.[54]

Leider haftet den „status animarum" der römisch-katholischen Kirche ein großer, für das 18. Jahrhundert charakteristischer Fehler an: Auf Grund der zugespitzten religiösen Gegensätze konnten sie die nicht-katholische Bevölkerung im allgemeinen nicht erfassen. Die Mehrheit der ungarischen Urbevölkerung, die die Türkenkriege überlebte, hing aber dem reformierten – in einigen Fällen dem lutherischen – Glauben an, so daß die Erschließung der Familien- und Haushaltsstruktur der Mehrheit der transdanubischen Bevölkerung, die annähernd die Hälfte des ungarischen Ethnikums ausmacht, auf große Schwierigkeiten stößt. Auch die von uns herangezogenen Zählungen der Diözese Veszprém enthalten keine Daten über die auf dem Gebiet der Diözese liegenden protestantischen Dörfer. Die Mehrheit der „status animarum" der Diözese berücksichtigt nur die zu Beginn des 18. Jahrhunderts angesiedelte katholische deutsche, slowakische und südslawische Bevölkerung.[55] Daher erforderte es die Untersuchung der Familien- und Haushaltsstruktur der ungarischen Bevölkerung, andere Quellen heranzuziehen, auch wenn diese nur bescheidenere Möglichkeiten der Analyse bieten. Sie bilden die dritte Untergruppe. Im allgemeinen sind damit Bevölkerungsverzeichnisse der Komitatsbehörde und -herrn gemeint, welche zu wirtschaftlichen, steuerlichen oder administrativen

---

52 CORSINI, Status animarum; Erik FÜGEDI, Római katolikus anyakönyvek Magyarországon 1895-ig (Römisch-katholische Matrikeln in Ungarn bis 1895), in: Történeti Statisztikai Tanulmányok 4 (1980), 217–230.
53 Zoltán DÁVID, A családok nagysága és összetétele a veszprémi püspökség területén (Größe und Zusammensetzung der Familien auf dem Gebiet der Diözese Veszprem) = Történeti Statisztikai Kötetek, Budapest 1973.
54 Erik FÜGEDI, A 18. századi lélekösszeirások története (Geschichte der Seelenbeschreibungen im 18. Jahrhundert), in: Demográfia 9 (1966), 366–380.
55 Dies zeigt die Quellenangabe bei DÁVID, Größe und Zusammensetzung, sehr klar.

Zwecken vorgenommen wurden und aus einem bestimmten Grund – oft lediglich bedingt durch die Möglichkeiten der technischen Durchführung der Konskription – die gesamte Bevölkerung namentlich oder zahlenmäßig erfaßten. Die darin enthaltenen demographischen und auf die Haushaltsstruktur bezogenen Informationen sind zumeist noch enger als die kirchlichen „status animarum", ihr Vorteil besteht jedoch darin, daß sie in der Regel nach einheitlichen Gesichtspunkten und in einheitlicher Ausführung erstellt wurden und häufig ein größeres Territorium umfaßten als die oben dargestellten kirchlichen Seelenbeschreibungen.[56]

Zur Verwendung des zweiten Quellentyps, der indirekt Informationen über Familien und Haushalte gibt, hat der sich mit der ungarischen Gesellschaft des 18. Jahrhunderts befassende Forscher wenig Gelegenheit. Einschlägige Volksbeschreibungen sind zumeist nicht vorhanden, da diese „Gattung" in Ungarn, von einigen Ausnahmen abgesehen, erst in der zweiten Hälfte des 19. Jahrhunderts modern wurde. Auch schriftliches Material aus Streitfällen ist uns kaum erhalten geblieben. Die Bauern regelten ihre Konflikte zumeist mündlich an Hand des Gewohnheitsrechts, die Rechtssprechung bei Konflikten wurde im allgemeinen dem Dorfrichter oder dem Pfarrer anvertraut, höheren Instanzen wurde ausgewichen.[57] Die schriftliche Abfassung von Testamenten und Erbschaftsangelegenheiten war eher unter Bürgern von Städten und Marktflecken üblich, nur außerordentlich wenige solcher Schriftstücke aus Dörfern des 18. Jahrhunderts sind in unseren Archiven verwahrt.[58] Mit Ausnahme einiger protestantischer Gemeinden finden wir auch keine schriftlichen Eheverträge.[59] Das heißt, daß als Ergänzungsquellen praktisch nur die Matrikelbücher verwendet werden können, aber auch diese nicht überall, da in den ungarischen Dörfern die Matrikelführung meist erst in der ersten Hälfte des 18. Jahrhunderts begann und zwischen 1770 und 1800 allgemein üblich wurde.[60] Besonders in den abgelegenen, zurückgebliebenen Bergregionen bzw. in Gemeinden mit einer der orthodoxen Kirche angehörenden Bevölkerung ist es kaum möglich, die – übrigens hier ebenfalls selten vorkommenden – „status animarum" mit Ergänzungsquellen bzw. Matrikelbüchern zu kombinieren.

Für diese Untersuchung bildete für die Orte Nagykovácsi, Perbál, Bogdány, Szántó und Tököl der vom Bistum Veszprém im Jahre 1747 erstellte „status animarum" die wichtigste Quelle, für den Ort Kalász die 1765 erstellte, die griechisch-orthodoxen Bewohner erfassende Komitats-Konskription und für die Orte Tótfalu

---

56 Solche Volkszählungen gingen aus den Konskriptionen der Griechisch-Orthodoxen, der Juden und der türkischen Untertanen hervor; die einzelnen Angaben über Familie und Haushalt wurden aber durch Zählungen fixiert, die zu Berechnungen des Bedarfs an Brotgetreide durchgeführt worden waren, und auch durch zahllose Urbarien und grundherrliche Steueraufnahmen.
57 Tárkány Szücs, Rechtliche Volksbräuche, 796–808.
58 Ebenda 726–729.
59 László Mándoki, A siklósi reformátusok házassági szerződései /1802–1862/ (Eheverträge der Sikloser Reformierten, 1802–1862), in: Néprajzi Közlemények 6 (1961) H. 1, 125–237.
60 Fügedi, Röm.-kath. Matrikeln.

und Tök die von der grundherrschaftlichen Verwaltung (nämlich der ungarischen Kammer) im Jahr 1767 durchgeführte Volkszählung (conscriptio animarum).[61]

Die Konzentration auf ein relativ kleines Untersuchungsgebiet gestattet eine fundierte Kenntnis der Quellen, was sowohl die Überprüfung ihrer Verläßlichkeit als auch ihre vielseitige Analyse ermöglichte.

Die genauesten Daten werden von den fünf „status animarum" des Jahres 1747 geliefert, und sie bilden auch die Basis unserer Forschungsergebnisse. Jeder einzelne dieser „status animarum" erfaßte der Reihe nach die gesamte Bewohnerschaft jedes Hauses, wobei das Verhältnis jedes Bewohners zum Oberhaupt des Haushaltes, das Alter und der Familienstand angeführt sind. Schwierigkeiten bereiteten lediglich zwei Faktoren:

a) Matrilineale bzw. verschwägerte Verwandte wurden nicht in jedem Fall angeführt, und es fehlten oft Angaben über Personen, welche über eigene Familien verfügten, aber in anderen Haushalten lebten.

b) Innerhalb der Häuser zog die Konskription keine klare Grenze zwischen einzelnen Haushalten.

Das erste Problem konnte relativ leicht behoben werden. In den drei katholischen, deutschsprachigen Dörfern (bzw. Dörfern mit deutschsprachiger Mehrheit) konnten in den meisten Fällen matrilineale Verwandtschaftsverhältnisse auf Grund der Eintragungen in den Heiratsmatrikeln nachgewiesen werden. In dem von Slowaken bewohnten Ort Szántó und in dem von Kroaten bewohnten Tököl, wo die Matrikelführung lückenhaft war, ist das Zusammenleben mit den Verwandten der Frau wesentlich seltener. Die Überprüfung an Hand der Matrikelbücher ergab übrigens auch, daß Personen ohne Verwandtschaftsbezeichnungen, die auch keine Dienstboten oder Inwohner waren und auf Grund ihres Familiennamens keine patrilineale Verwandtschaft vermuten ließen, im allgemeinen mit dem Haushaltsvorstand matrilineal verwandt oder verschwägert waren.

Die Haushalte voneinander abzugrenzen war ein schwieriges Unterfangen. Den Begriff „Haushalt" theoretisch zu definieren ist nicht schwer. Wir verstehen darunter jene primäre Gruppe, die zusammenlebt und gewisse Tätigkeiten (Bereitung und Verzehr der Nahrung, teilweise Instandhaltung und Sauberhaltung der Haushaltsgeräte und der Kleidung, gemeinsames Verbringen der Ruhe- und Freizeit, Sozialisation der Kinder) miteinander teilt.

Die Gruppe sichert dem Individuum den notwendigen Schutz und den teils materiellen, teils ideologisch-psychologischen Bereich des „Zuhauses". Neben den räumlichen und funktionalen Beziehungen sind die Mitglieder auch durch verwandtschaftliche und/oder rechtliche Verhältnisse miteinander verbunden.[62]

Zusammenleben ist nicht unbedingt gleichbedeutend mit einer gemeinsamen Wohnung. Zu diesem Begriff gehört einerseits das Leben auf einem geschlossenen

---

61 Országos Levéltár, Filmtár 10492. doboz /Veszprémi PL. Visitationes Canonicae 1745–1750/; Uo. Magyar Kamara Archivuma, Conscriptiones Diversae, E 160, 5. cs.; Pest megyei Levletár C. C. F. 34. Conscriptio graeci ritus hominum 1765.
62 Faragó, Haushalt, Familie, Verwandtschaft.

Grundstück aber in verschiedenen Gebäuden, andererseits aber auch das Getrenntsein vom Frühjahr bis zum Herbst auf der sogenannten „Doppel-Gewinn-Wirtschaft" mit ihren ökonomisch eine Einheit bildenden aber örtlich oft in beträchtlicher Entfernung voneinander liegenden Gründen. (Sie war besonders häufig in der Großen Ungarischen Tiefebene und in den Viehzuchtgebieten der Karpaten anzutreffen.[63]) Das Verwandtschaftsverhältnis war keine unbedingte Voraussetzung für die Zugehörigkeit zu einem Haushalt. Dienstboten zählten praktisch zu den Haushaltsangehörigen, die ungarische Sprache unterscheidet bis zu den Jahren 1830/40 nicht zwischen Familienangehörigen und Dienstboten, für beide wird der Ausdruck „cseléd" (Gesinde) gebraucht.[64] In die alters- und geschlechtsbestimmte Arbeitsteilung der Bauernwirtschaft fügten sich Bauernkinder und Dienstboten bzw. die eine Zwischenposition einnehmenden Ziehkinder gleichrangig ein, obwohl ihre Besitzverhältnisse und ihr späterer Lebensweg unterschiedlich waren. Das heißt, der Haushalt überschreitet den Begriff der zusammenlebenden Familie. Die gemeinsame Bewirtschaftung hingegen ist ein noch weiterer Begriff, obwohl er im allgemeinen den Haushalt kennzeichnet. In die Arbeitsorganisation einer Bauernwirtschaft waren auch Arbeitskräfte einbezogen, die zu anderen Haushalten gehörten. In Schichten ohne Landbesitz bzw. ohne landwirtschaftliche Tätigkeit verfügten die Mitglieder des Haushaltes nur in der Konsumtion über eine eigene wirtschaftliche Organisation, ansonsten gliederten sie sich in die Produktion jeweils anderer bäuerlicher oder nichtbäuerlicher Betriebe ein.[65]

Alle diese Überlegungen sind natürlich rein theoretischer Natur. Unserem „Haushalts"-Begriff entspricht von den zeitgenössischen Formulierungen der Begriff der „in uno pane viventes" (von einem Brot Lebenden), der in den Volkszählungen der Jahre 1784—1787 verwendet wurde. Die genaue Definition lautete in den Anweisungen zum Ausfüllen der Formulare wie folgt: „Zu einer Familie gezählt werden all jene, und folglich in die Spalte arkus familia eingetragen, welche für sich selbst nicht kochen, sondern von demselben einen Vater oder Brotherren oder -herrin gewöhnlich gemeinsam genährt werden und mit ihnen an einem Tisch bei einem Brote sind, ob sie nun Eheleute seien oder nicht . . ."[66]

Leider waren für die von uns verwendeten Quellen keine Anweisungen zum Ausfüllen und keine Begriffserklärungen erstellt worden – ebensowenig wie für die Mehrzahl der zeitgenössischen Seelen- und Volkszählungen. Daher können wir die Existenz und den Gebrauch des Begriffs der „von einem Brot lebenden Familie" nur vermuten. Die Volkszähler verwendeten das Wort „Familie" für zusammenlebende

---

63 Tamás Hofer, Eine eigenartige ungarische Siedlungsform und ihre europäischen Beziehungen, in: Europa et Hungaria (1965), 95—110; Attila T. Szabó, A magyar rokonsági rendszer (Die ungarische Verwandtschaftsordnung) = Studia folkloristica et ethnographica 4, Debrecen 1980.

64 Attila T. Szabó, Erdélyi magyar szótörténeti tár. II. kötet. Cs — Elsz (Ungarisch-siebenbürgisches Historisches Wörterbuch Bd. 2, Cs-Elsz), Bukarest 1978; A magyar nyelv történeti-etimológiai szótára I. Kötet, A-Gy, Budapest 1967, 431—472, 493.

65 Faragó, Haushalt, Familie, Verwandtschaft.

66 Thirring, Bevölkerung Ungarns, 156.

Gruppen, worunter sie aller Wahrscheinlichkeit nach den Kreis der in der oben definierten Weise untereinander verbundenen Personen verstanden. Dies scheint dadurch belegt zu sein, daß der Ausdruck „von einem Brot lebend" bereits in den Quellen des 16. und 17. Jahrhunderts vorkommt.[67] Die „Familie" der Volkszählung von 1784—1787 ist demnach aller Wahrscheinlichkeit nach kein neuer Begriff, sondern es wurde ein bereits vorhandener, alter Begriff übernommen.

In den von uns berücksichtigten fünf Seelenzählungen wurde die Bevölkerung – welchen Familienbegriff die Zählorgane auch gebrauchten – im wesentlichen häuserweise erfaßt. Warum, ist nicht schwer zu erklären. Das Haus war jene Einheit, welcher die Volkszähler vom ersten Augenblick an gegenüberstanden und mit deren Hilfe sie die Bevölkerung am leichtesten und am einfachsten gruppieren und zählen konnten. Darüberhinaus waren die Bewohner eines Hauses in vielen Fällen mit einem Haushalt (einer Familie) identisch. Komplizierter wurde die Sache erst dann, wenn zwischen der Familie und dem Haushalt keine Übereinstimmung bestand. Um Fehlern vorzubeugen, verwendeten wir von vornherein ergänzende Quellen (in erster Linie Steueraufnahmen). Wo die Haushaltsgrenze eine Streitfrage war, entschieden wir erst nach einer mit Hilfe der Matrikel vorgenommenen Überprüfung der Reihenfolge der Registrierung, des Status der fraglichen Person, des eigenständigen Aufscheinens in den Steueraufnahmen bzw. der verwandtschaftlichen Beziehung zum Haushaltsvorstand darüber, ob ein bestimmtes Individuum oder eine Familie einen eigenen Haushalt bildet.

Mit dem Haushaltsvorstand verwandte Personen und Familien, welche in den Steueraufnahmen eine eigene Einheit bildeten, betrachteten wir auch in solchen Fällen als eigenen Haushalt, wenn ein verwandtschaftliches Verhältnis ersten Grades bestand (Eltern, Geschwister). Die Steuerverzeichnisse waren ohnehin so angelegt, daß alle zu einer Familie gehörenden Steuersubjekte der Zahl nach unter einem Familiennamen angeführt wurden.

Die Zugehörigkeit der Dienstboten zu einem Haushalt ist eindeutig. Dies wird nicht nur durch die aus Textquellen bekannte Rechtslage begründet, sondern auch durch einen praktischen Beweis: In Nagykovácsi ist uns eine Konskription aus dem Jahre 1747 erhalten geblieben, wo der Priester die Bevölkerung nach Ehepaaren (paria coniugatorum) erfaßte. Dabei zählte er die Dienstboten mit den Kindern zusammen nach dem Ehepaar auf.[68]

Die Feststellung der Zugehörigkeit der Inwohner ohne eigenes Haus (subinquilini) ist jedoch nicht so eindeutig. Ein Teil der ungarischen Forscher nimmt in der Frage der Zugehörigkeit der Inwohner entweder nicht eindeutig Stellung oder betrachtet sie als Mitglieder der Bauernhaushalte.[69] Die zeitgenössischen Quellen

---

67 Ferenc Maksay, Urbáriumok. XVI-XVIII. század (Urbarien, 16.—17. Jh.) = A Magyar Országos Levéltár kiadványai 2. Forráskiadványok 7, Budapest 1959.

68 Székesfehérvári Püspöki Levéltár N. 117, AD.

69 Istvan Bársony, A zsellér a történetirás tükrében (Die Häusler im Spiegel der Geschichtsschreibung), in: Magyar történeti tanulmányok 6, Debrecen 1973, 5—73; Domokos Kosáry, A paraszti familia kérdéséhez a 18. század elején (Zur Frage der bäuerlichen Familie am Beginn des 18. Jahrhunderts), in: Agrártörténeti Szemle 5 (1963), 120—133.

aber bestätigen diese Hypothese nicht. Einige Textstellen machen deutlich, daß Inwohner vor allem frei gewählte Lohnarbeit ausführten, wenn sie auch bestimmte Arbeiten für den Hausherren verrichteten und dafür in der Regel Wohnmöglichkeit bzw. Sonderzuwendungen als Entschädigung erhielten.[70] Das bedeutet, daß sich Inwohner lediglich in die Arbeitsorganisation der Bauernwirtschaft eingliederten, nicht aber in den Haushalt des Brotherren, genauso wie dies in ethnologischen Beobachtungen aus dem 20. Jahrhundert dargestellt wird. Eigentlich ersetzten Inwohner unter feudalen Bedingungen mit beschränkter freier Bewegung der Arbeiter teilweise die Taglöhner. De facto waren es Taglöhner, die zu ihren Brotherren in einer patriarchalischen Beziehung standen.[71] Die ungarischen Siedlungsverhältnisse – aus mehreren Dutzend Gehöften bestehende Bauerndörfer – machten es möglich, daß Taglöhner sich nicht an ein einzelnes Gehöft binden mußten, sondern gleichzeitig mit mehreren in Beziehung stehen konnten.[72]

Die nicht den „status animarum" von 1747 angehörenden Quellen sind weit weniger informativ, und auch die damit verbundenen Probleme sind anders geartet. In der Seelenzählung des Jahres 1765 in Kalász, einem von orthodoxen, serbischen Bauern bewohnten Ort, wird namentlich nur das Oberhaupt des Haushaltes angeführt. Die übrigen Haushaltsmitglieder werden lediglich zahlenmäßig angegeben, wobei die Einteilung nach fünf Kategorien, „Bauer und Bäuerin", „Verheirateter Sohn und Ehefrau", „Verheiratete Geschwister und Ehefrau", „Kinder" sowie „Knechte – Mägde" erfolgt. Aus den Daten ging jedoch hervor, daß verheiratete Söhne und Geschwister mehrfach zur ersten Kategorie „Bauer und Bäuerin" gezählt wurden, so daß wir an Hand dieser Seelenzählung die Haushaltsstruktur in Kalász nur in groben Zügen rekonstruieren konnten. Weder die genaue Struktur der Haushalte noch die Verwandtschaftsverhältnisse konnten aufgedeckt werden, und ebensowenig die Zusammensetzung nach Alter, Geschlecht und Familienstand. Bei der Auswertung der Seelenzählung des Jahres 1767 in den von reformierten Ungarn bewohnten Orten Tótfalu und Tök stießen wir auf andere, aber ähnlich große Probleme. Hier ist die Grundeinheit der Konskription die jeweils um ein Ehepaar gruppierte Familie, so daß die Bestimmung der Zugehörigkeit zu einem Haushalt nur unter Zuhilfenahme der Namensangaben in der ein Jahr zuvor entstandenen Steuer-Konskription möglich war.[73] Die Haushaltsstruktur kennen wir nur in groben Zü-

---

70 Országos Levéltár, E 175. Ferberth F. iratai. 25. cs. 1771. jannuar 8; Vgl. Zsigmondné Kirilly – István N. Kiss, A XVI-XVII. századi jobbágyparasztság strukturájának vizsgálata (Untersuchungen zur Struktur der Bauernschaft im 16. und 17. Jahrhundert), in: Történelmi Szemle 10 (1967) H. 2, 201–216.

71 Edit Fél u. Tamás Hofer, Tanyakert-s, patron-client relations, and political factions in Atány, in: American Anthropologist 75, (1973) N. 3. 787–801; Judit Morvay, The joint family in Hungary, in: Europa et Hungaria (1965), 231–242.

72 Zu den ungarischen Siedlungsverhältnissen siehe Thirring, Bevölkerung Ungarns, 19–28; bei Streusiedlungen, wie z. B. im Baltikum, war die Bewegungsmöglichkeit der Häusler offensichtlich wesentlich kleiner, ihre Bindung an eine einzelne Bauernwirtschaft, die auch Wohnmöglichkeit bot, größer. Vgl. dazu Plakans, Peasant farmsteads.

73 Pest Megyei Levéltár, CP. II. 269. 1766/67.

gen. Alleinstehende Witwen und Dienstboten scheinen am Ende der Liste und auch dort nur summarisch auf. Die genaue Einteilung in Kategorien erwies sich daher als unmöglich. Nur ein Teil der Verwandten ist identifizierbar, die Anzahl der erweiterten und mehrere Familien umfassenden Haushalte ist ungewiß, nur ihre untere Grenze kann geschätzt werden. Das Alter der namentlich nicht angeführten Kinder ist ebenfalls nicht festzustellen, da nur die Anzahl der unter und über vierzehnjährigen Kinder aufgezeichnet worden war. Damit besteht keine Möglichkeit für eine tiefgehende demographische Analyse. Wir konnten deshalb eine Skizze der Haushaltsstrukturen der letztgenannten drei Orte lediglich unter Zuhilfenahme der aus den ersten fünf Orten gezogenen Schlußfolgerungen erstellen.

Abgesehen von seltenen Ausnahmen bezeichnet keine der Konskriptionen den gesellschaftlichen Status und die Beschäftigung. Die Einteilung der Haushalte nach sozialen Schichten und die getrennte Erfassung der Bauern konnten wir deshalb lediglich durch einen Vergleich der Namen aus den Seelenzählungen und der ihnen zeitlich am nächsten fallenden zwei bis drei Steuer-Konskriptionen vornehmen,[74] wobei die Einteilung nach dem Status des Haushaltsvorstandes erfolgte.

Wo es möglich war, überprüften wir die Genauigkeit der Seelenzählungen mit Hilfe des Matrikelbuches.[75] Damit konnte festgestellt werden, daß die „status animarum" des Jahres 1747 im wesentlichen alle Mitglieder der Haushalte erfaßten, einschließlich der Säuglinge. Szántó kann vielleicht als Ausnahme betrachtet werden, da auf Grund der Altersstruktur bzw. der Fruchtbarkeitsziffer angenommen werden muß, daß hier die Kleinkinder nur sporadisch erfaßt wurden. In den übrigen Dörfern zeigten sich nur bei den Altersangaben und bei der Bestimmung des Verwandtschaftsgrades kleinere Ungenauigkeiten. Darüberhinaus wurde, wie bereits erwähnt, die Verwandtschaft in weiblicher Linie selten angeführt, und da die Sprache der Konskription in allen Fällen Latein war, wurden auch die ursprünglichen deutschen, ungarischen, slowakischen, kroatischen oder serbischen Verwandtschaftsbezeichnungen nicht angegeben. Die größten Schwierigkeiten traten bei der Identifikation von Namen auf, weil die Komitatsbeamten, welche die Konskription durchführten (und die in der Regel ungarische Adelige waren), die deutschen und

---

74 Den Angaben der Seelenzählungen von 1747 wurden die Steueraufnahmen der Bezirke von 1744 und 1752, den Volkskonskriptionen von Kalász (1765) bzw. Tök und Tótfalu (1767) die grundherrlichen Steueraufnahmen von 1766, eine Bezirkssteueraufnahme von 1771 sowie das maria-theresianische Urbarium von 1770 gegenübergestellt.

75 Dazu gibt es eigentlich nur im Fall von Bogdány und Nagykovácsi Möglichkeiten. Die Matrikelführung von Perbál wurde erst wenige Jahre vor der Fertigstellung der Seelenzählung, nämlich 1743, begonnen, die Sterbe- und Heiratsmatrikeln 18. Jh. von Tököl gingen verloren, in Szántó wiederum gab es vor 1800 keine speziellen Matrikeln, da es nicht über eine eigene Pfarre verfügte. (Die Matrikel der Pfarre weist für das ganze Jahrhundert nur einige Dutzend Eintragungen auf, die sich auf Szántó beziehen — es scheint, als ob die in den Bergen wohnenden slowakischen Bauern der schriftlichen Eintragung ihrer Geburt, ihres Todes und ihrer Heirat damals noch keine große Bedeutung beimaßen.) Bei den anderen Ortschaften kennen wir wiederum die Namen der Kinder nicht, die zur Überprüfung der Richtigkeit der Eintragungen am besten geeignet sind.

slawischen Namen phonetisch niederschrieben und diese Schreibung oft wesentlich von dem abwich, was von den kirchlichen Organen, die der Sprache kundig waren, festgehalten worden war. Der große Arbeitsaufwand, der zur Namensidentifikation notwendig war, lohnte sich jedoch, da er zur Aufdeckung eines systematischen Fehlers der „status animarum" führte: Innerhalb der Bauerngemeinden wurden die Haushalte der als nicht stabil geltenden Mitglieder ohne Landbesitz (Lehrer, Gastwirte, Müller, verdingte Gewerbetreibende, Hirten, Heger – insgesamt Personen, welche Jahr für Jahr entweder von der Gemeinde oder vom Gutsherren aufgenommen wurden), von Ausnahmefällen abgesehen, im allgemeinen in keiner Seelenzählung erfaßt. In einigen Fällen ist auch die Konskription anderer Schichten ohne Landbesitz, besonders der Häusler, ungenau und lückenhaft. Im gegebenen Fall beeinflußt dieser Mangel unsere Ergebnisse jedoch nicht, da wir die Haushalte der Bauern in den Mittelpunkt der Analyse stellten.

MICHAEL MITTERAUER

Formen ländlicher Familienwirtschaft

Historische Ökotypen und familiale Arbeitsorganisation im
österreichischen Raum

I. Problemstellung und Methode

Die historische Familienforschung steht in mehrfacher Hinsicht in einem Dilemma.
Sie hat Spannungsverhältnisse zu bewältigen, wie sie in dieser Schärfe kaum in einem anderen Bereich sozialhistorischer Forschung gegeben sind. Solche Spannungsverhältnisse beziehen sich auf ihr Erkenntnisziel, auf ihre Zugangsweise und
auf ihre Quellengrundlage. Die spezifischen Schwierigkeiten in diesen verschiedenen Dimensionen sind untereinander in Zusammenhang zu sehen.

Die Sozialgeschichte der Familie ist ihrem Wesen nach Kleingruppenfor-
schung. Sie beschäftigt sich also mit gesellschaftlichen Mikrostrukturen. Diese Mikrostrukturen sind aber nicht aus sich selbst heraus interpretierbar. Historische Familienforschung, die ihr Objekt nicht nur beschreiben, sondern in seiner spezifischen Eigenart auch erklären will, muß die Analyse von Mikrostrukturen mit der
von Makrostrukturen verbinden. Familiale Reproduktion ist nur im Gesamtzusammenhang generativer Systeme sinnvoll begreifbar. Die Familie als Einheit der
Arbeitsorganisation läßt sich bloß im Kontext spezifischer Produktionsweisen verstehen. Diese Verbindung von Mikro- und Makroanalyse ist in der Forschungspra-
xis nicht leicht zu realisieren. Sofern sie als Erkenntnisziel überhaupt angestrebt
wird, stehen ihr von der Quellenlage und von der Arbeitsökonomie oft große
Schwierigkeiten entgegen. Um die Fülle einschlägigen Materials bewältigen zu können, beschränken sich viele Forscher auf Lokalstudien. Sicher läßt die örtlich begrenzte Fallstudie mitunter Schlüsse auf allgemeine Rahmenbedingungen spezifischer Familienverhältnisse zu. In der Regel bedarf es aber eines überlokalen Vergleichs, um zu einer Erklärung aus generellen Systemzusammenhängen zu kommen.
Eine an Modellkonstruktion und Theoriebildung interessierte Sozialgeschichte der

Familie wird daher den Rahmen der eher deskriptiven Lokalforschung überschreiten müssen. In dieser Hinsicht besteht trotz der in den letzten Jahren sprunghaft ansteigenden Publikationstätigkeit auf dem Gebiet der historischen Familienforschung ein starker Nachholbedarf.

Bezüglich des methodischen Ansatzes gibt es wohl kaum einen Teilbereich der Sozialgeschichte, in dem die Spannung zwischen quantifizierenden und nichtquantifizierenden Zugangsweisen derart stark ist wie in der historischen Familienforschung. Die großen Anfangserfolge sind auf diesem Gebiet sicher von seiten der quantifizierend arbeitenden Forscher erzielt worden. Man denke nur an die bahnbrechenden Ergebnisse der Familienrekonstitutionsmethode oder die radikale Revision soziologischer Familienevolutionsmodelle durch die Analyse historischer Personenstandslisten. Freilich machen sich bei den extrem quantifizierend orientierten Arbeiten Zeichen einer gewissen Sterilität bemerkbar, die zu Recht die Kritiker auf den Plan rufen.[1] Will diese Richtung der historischen Familienforschung ihre wissenschaftliche Position behaupten, so wird sie einerseits neue Fragestellungen aufgreifen, andererseits ihre Quellengrundlage erweitern müssen. Der erste Aspekt verstärkt die Forderung nach einer stärkeren theoretischen Orientierung der historischen Familienforschung. Gerade quantifizierende Studien bleiben ja vielfach in einer rein numerischen Beschreibung stecken, ohne zu einer Interpretation der erhobenen Daten in Hinblick auf allgemein bedeutsame Fragestellungen zu gelangen. Der zweite Aspekt führt hinüber zum Dilemma der Quellenproblematik. Die methodische Spannung hat ja weitgehend ihre Ursache in der Heterogenität der Quellengrundlage, auf die sich die historische Familienforschung stützt.

Standardisierbare Massenquellen haben für die Sozialgeschichte der Familie einige nicht zu unterschätzende Vorteile: Sie lassen Aussagen über Gesamtpopulationen zu, nicht nur für deren Oberschicht, wie das vielfach bei literarischen Quellen der Fall ist. Des weiteren erlauben sie verallgemeinerbare Aussagen, deren Repräsentativität sich überprüfen läßt. Schließlich ermöglichen sie den überregionalen Vergleich, der für die Erkenntnis unterschiedlicher Bewirkungsursachen und damit zur Modellbildung unerläßlich ist. Dem steht gegenüber, daß der Bereich familiengeschichtlich relevanter Themen, zu denen auf dieser Grundlage Aussagen gemacht werden können, relativ eng beschränkt ist. Es gibt andere und wichtigere Erscheinungen des Familienlebens als Generationentiefe, Heiratsalter und Kinderzahl. Auch für eine strukturgeschichtlich orientierte historische Familienforschung sind die Auswertungsmöglichkeiten der klassischen Massenquellen zu karg. Je nach Fragestellung, auf die hin dieses standardisierbare Quellenmaterial ausgewertet werden soll, werden zusätzliche Informationen heranzuziehen sein.

---

1 Zum Diskussionsstand zusammenfassend Lawrence STONE, Family history in the 1980s. Past achievements and future trends, in: Journal of Interdisciplinary History 12 (1981) Nr. 1, 51—87, Michael ANDERSON, Approaches to the history of the Western family 1500—1914, London und Basingstoke 1980, Zur Problematik der primär mit Personenstandslisten arbeitenden historischen Familienforschung: ders., Some problems in the use of census type material for the study of family and kinship systems, in: Jan SUNDIN und Erik SÖDERLUND (Hg.), Time, Space and Man, Stockholm 1979, 69 ff.

Wenn hier – trotz der berechtigten Bedenken gegen eine bloß auf bestimmte Massenquellen gestützte Zugangsweise – ganz stark von einem spezifischen Quellentypus ausgegangen wird, so bedarf das einiger erläuternder Bemerkungen. Die Basis der Untersuchung bilden Personenstandslisten aus dem österreichischen Raum von der ersten Hälfte des 17. bis ins frühe 20. Jahrhundert. Diese Listen stammen aus dem umfangreichen Bestand solcher Quellen, die im Rahmen des vom „Fonds zur Förderung der wissenschaftlichen Forschung in Österreich" geförderten Projekts „Strukturwandel der Familie in Österreich" am Institut für Wirtschafts- und Sozialgeschichte der Universität Wien in Abschriften gesammelt wurden.[2] Zu einem Großteil wurden sie für EDV-Auswertung aufbereitet. Dies ist die in der familienhistorischen Forschung gängige Form der Verwendung solcher Massenquellen. In der hier unternommenen Analyse soll darüber hinaus jedoch noch ein weiteres versucht werden: Neben der quantifizierenden Auswertung der für die lokalen Populationen vorliegenden aggregierten Daten und deren Vergleich geht es sehr stark um die Interpretation einzelner Familien- bzw. Haushaltskonstellationen aus diesen Listen.[3] Diese in der Bearbeitung solcher Quellen häufig vernachlässigte Deutung individueller Strukturen soll vor allem dort vorgenommen werden, wo sich durch entsprechende Quellenangaben – etwa Berufsbezeichnungen – Zusammenhänge mit einem besonderen Arbeitsmilieu herstellen lassen. Ganz stark tritt die Interpretation einzelner Familienstrukturen dann in den Vordergrund, wenn eine Abfolge jährlich angelegter Personenstandslisten über die Statik des einmaligen Querschnitts hinaus die Dynamik im Ablauf der Familienzyklen erkennen läßt. Solche als „serielle Seelenbeschreibungen" bezeichneten Abfolgen von Listen liegen für den österreichischen Raum in besonders reicher Fülle vor. Eine EDV-Auswertung derartiger Quellenbestände wäre zwar möglich, erscheint jedoch weder arbeitsökonomisch noch von den spezifischen Erkenntnismöglichkeiten her sinnvoll. Der individuellen Interpretation einzelner Familienzyklen ist hier der Vorzug zu geben.[4] Durch die Deutung von Einzelbeispielen, die für das Erkenntnisziel der Untersuchung interessant sind, sowohl aus einmaligen Querschnitten als auch aus „seriellen

---

2 Über dieses Projekt sowie die anderen Teilprojekte des Forschungsschwerpunkts „Familie im sozialen Wandel" Josef EHMER und Reinhard SIEDER, Familie im sozialen Wandel, in: Historical Social Research – Historische Sozialforschung 12 (Oktober 1979) 23 ff.
Ich möchte Herrn Dr. Ehmer an dieser Stelle für seine Hilfe bei der EDV-Auswertung für die hier vorgelegte Studie sehr herzlich danken.

3 Vgl. dazu Michael MITTERAUER, Familiengröße – Familientypen – Familienzyklus, Probleme quantitativer Auswertung von österreichischem Quellenmaterial, in: Geschichte und Gesellschaft 1 (1975) H. 2/3, 226 ff.

4 Zur Auswertung dieses Quellentypes Michael MITTERAUER und Reinhard SIEDER, The developmental process of domestic groups: problems of reconstruction and possibilities of interpretation, in: Journal of Family History 4 (1979) Nr. 3, 257 ff.; Reinhard SIEDER und Michael MITTERAUER, The reconstruction of the family life course: theoretical problems and empirical results, in: Family forms in historic Europe, hg. von Richard WALL, Jean Robin und Peter LASLETT, Cambridge 1983, 309 ff. Reinhard SIEDER, Strukturprobleme der ländlichen Familie im 19. Jahrhundert, in: Zeitschrift für bayrische Landesgeschichte 41 (1978) 173 ff.

Seelenbeschreibungen" wird zwar nicht über den Quellentypus selbst hinausgegangen, jedoch seine Auswertungsmöglichkeit wesentlich erweitert.

Der Kombination von Personenstandslisten mit anderen familienhistorisch relevanten Quellengattungen sind bei einem derart umfassenden Bestand wie der Wiener Datenbank gewisse Grenzen gesetzt. Nur ausnahmsweise können für einzelne Orte über die Beschreibung der Familienkonstellationen hinausgehende Detailinformationen herangezogen werden. Die für das hier gesetzte Erkenntnisziel entscheidenden Zusatzquellen sind allgemeine Angaben über die spezifische Wirtschaftsweise der behandelten Orte. Es wird versucht, verschiedene Strukturtypen ländlicher Ökonomie mit spezifischen Formen von Familienkonstellationen in Zusammenhang zu bringen. Die Ausgangshypothese der Studie ist es, daß es in historischen Zeiten im ländlichen Raum bestimmte „Ökotypen" gegeben hat, die – vermittelt über notwendige bzw. sinnvolle Formen der Arbeitsorganisation – die jeweils vorherrschenden lokalen Familienstrukturen beeinflußt haben. Unter „Ökotypen" werden dabei regional dominante Wirtschaftsweisen verstanden, wie sie durch die Anpassung der Existenzsicherung an naturräumliche Gegebenheiten entstanden sind.[5] Aus dem Vergleich familienstruktureller Merkmale in lokalen ländlichen Gesellschaften mit gleicher oder unterschiedlicher Produktionsweise soll auf ökonomische Bedingungen verschiedener Formen familialen Zusammenlebens geschlossen werden.

Bei einem derart generellen Erkenntnisziel ist es wohl erlaubt, wenn nicht sogar notwendig, die der Untersuchung zugrundegelegten Quellentypen zu beschränken. Entscheidend erscheint dabei, daß die Beschränkung der Fragestellung angemessen ist und nicht umgekehrt die Eingrenzung des behandelten Problems von den Auswertungsmöglichkeiten eines bestimmten Quellenbestands determiniert wird. Die Fragwürdigkeit der einseitig quantifizierenden Richtung in der historischen Familienforschung liegt ja vor allem im Umstand, daß sie Quellen, die nicht standardisierbar bzw. statistisch auswertbar sind, von vornherein abwertet oder aus der Untersuchung ausklammert.[6] Damit beraubt sie sich wichtiger Erkenntnismöglichkeiten. Vor allem verkehrt sie die Richtung des historischen Erkenntnisprozesses, in dem sie nicht vom Problem zur Quelle, sondern von der Quelle zum Problem geht.

---

5 Das Konzept der Ökotypen in seiner Bedeutung für die Familienstruktur wurde von Orvar Löfgren in der Vermittlung durch David Gaunt übernommen. Vgl. Orvar LÖFGREN, Peasant ecotypes: problems in the comparative study of ecological adaptation, in: Ethnologia Scandinavia 1976, 100 ff. David GAUNT, Familie, Haushalt und Arbeitsintensität: Eine Interpretation demographischer Variationen in Schweden im 17. und 18. Jahrhundert, in: Arthur E. IMHOF (Hg.), Biologie des Menschen in der Geschichte, Stuttgart 1978, 215 ff. Vgl. auch ders., Natural resources – population – local society, in: Jan SUNDIN und Erik SÖDERLUND, Time, Space and Man, 81 ff. Der Autor verwendet hier statt „Ökotyp" den Begriff „Ökosystem".

6 Solche Tendenzen etwa bei Peter LASLETT, Introduction, in: Household and family in past time, hg. von Peter LASLETT und Richard WALL, Cambridge 1972, 11 ff. Dieses Standardwerk hat die neuere historische Familienforschung stark beeinflußt. Peter Laslett und seine Mitarbeiter sind zwar dem Vorrang statistisch auswertbarer Massenquellen treu geblieben, haben aber ihre Fragestellungen seit dem Erscheinen von „Household and family in

Hinsichtlich des thematischen Dilemmas der historischen Familienforschung, das sich aus ihrer Konzentration auf die Beschäftigung mit Kleingruppen ergibt, wird in der hier unternommenen Untersuchung durch den ökotypologischen Ansatz ein Ausweg versucht. Das Konzept des Ökotypus könnte eine kausale Verknüpfung zwischen gesellschaftlichen Mikro- und Makrostrukturen ermöglichen. Am überzeugendsten ist eine solche Verbindung in der historischen Familienforschung bisher im Protoindustrialisierungsmodell gelungen.[7] Von der Hausindustrie geprägte Landschaften stellen in einem weiten Verständnis sicher auch einen Ökotypus dar. Wenn auch die heimindustrielle Produktion weniger von naturräumlichen Bedingungen abhängig ist als die landwirtschaftliche, so läßt sie sich – zumindest ihrem Ursprung nach – mehr oder minder vermittelt zumeist auch aus spezifischen Formen der ökonomischen Anpassung an natürliche Gegebenheiten erklären. Auf solche Zusammenhänge wird im einzelnen noch einzugehen sein. Freilich legt ein von Ökotypen ausgehender Ansatz innerhalb des Protoindustrialisierungsmodells eine stärkere Differenzierung nahe. Über die Hausindustrielandschaften hinaus scheint er bestens geeignet, jene Vermittlung zwischen gesellschaftlicher Arbeitsorganisation im großen und Familienkonstellationen im kleinen herzustellen, wie sie in der Protoindustrialisierungstheorie beispielhaft versucht wurde.

Eine Untersuchung des Zusammenhangs zwischen historischen Ökotypen und Formen ländlicher Familienwirtschaft wirft notwendig Fragen auf, die gängige Klischeebilder familienhistorischer Forschung relativieren: Gab es überhaupt jenen bäuerlichen Familienbetrieb historischer Zeiten, den man so gerne als ein einheitliches Modell der zünftisch-handwerklichen oder der hausindustriellen Familienwirtschaft gegenüberstellt? Als idealtypische Konstruktion mag eine solche Begriffsbildung erlaubt sein. Aus der Perspektive unterschiedlicher Produktionsweisen im ländlichen Raum wird aber – neben aller zeitlichen und räumlichen Differenzierung – vor allem nach dominanter Wirtschaftsform zu unterscheiden sein. Solche Unterschiede zu präzisieren, ist eines der Anliegen dieser Arbeit. Auch ein anderes Klischee steht zur Diskussion: War die Arbeitsorganisation im ländlichen Raum in historischen Zeiten wirklich so ausschließlich von Familienwirtschaften geprägt, wie wir es aus der Fixierung auf den bäuerlichen Familienbetrieb zu sehen gewohnt

---

past time" wesentlich erweitert. Den neueren Forschungsstand dieser Gruppe dokumentiert der Sammelband „Family forms in historic Europe" hg. von Richard WALL in Zusammenarbeit mit Jean ROBIN und Peter LASLETT, Cambridge 1983. Laslett selbst behandelt in seinem zusammenfassenden Beitrag „Family and household as work group and kin group: areas of traditional Europe compared" gerade auch jenen Problemkreis von Familie und Arbeitsorganisation, der hier im Mittelpunkt des Interesses steht.

7 Hans MEDICK, Die proto-industrielle Familienwirtschaft, und Strukturen und Funktion der Bevölkerungsentwicklung im protoindustriellen System, in: Peter KRIEDTE, Hans MEDICK und Jürgen SCHLUMBOHM, Industrialisierung vor der Industrialisierung. Gewerbliche Warenproduktion auf dem Lande in der Formationsperiode des Kapitalismus, Göttingen 1977, 90 ff. und 155. Vgl. auch Hans MEDICK, Zur strukturellen Funktion von Haushalt und Familie im Übergang von der traditionellen Agrargesellschaft zum industriellen Kapitalismus: die protoindustrielle Familienwirtschaft, in: Werner CONZE (Hg.), Sozialgeschichte der Familie in der Neuzeit Europas, Stuttgart 1976, 254 ff.

sind? Der ökotypologische Ansatz richtet das Augenmerk auf das Problem, in welchem Ausmaß bestimmte ländliche Wirtschaftsweisen über den Einsatz familialer Arbeitskräfte hinaus den von Lohnarbeitern notwendig machten. In Anschluß an solche Probleme läßt sich weiterfragen: Wieweit paßt unsere heutige Terminologie von Familienarbeitskräften und Lohnarbeitern zu den sozialen Verhältnissen vergangener Zeiten? Was ist historisch im ländlichen Raum überhaupt unter Familienbetrieb zu verstehen? Von unserem heutigen Bedeutungsfeld des Wortes ausgehend, sind dabei vor allem zwei Problemkreise interessant: zunächst die Rekrutierung der notwendigen Arbeitskräfte und die sich daraus ergebende Zusammensetzung der Familie als Einheit der Arbeitsorganisation, dann die erbliche Weitergabe des Betriebs in der Generationenfolge. Mit beiden Aspekten wird sich die Untersuchung zu beschäftigen haben, wobei das Kind als Arbeitskraft und als Erbe einen Konnex zwischen beiden herstellt. Ein von Ökotypen ausgehender Ansatz wird sowohl bei der Frage der Arbeitskräfterekrutierung als auch der der Erblichkeit zu wesentlichen Differenzierungen führen.

II. Historische Ökotypen und familiale Arbeitskräfterekrutierung

Im Unterschied zu anderen europäischen Großräumen ist es in Mitteleuropa für die ländliche Familienwirtschaft historischer Zeiten typisch, daß der Arbeitskräftebedarf nicht nur durch verwandte Personen gedeckt wird, sondern zusätzlich auch durch Gesinde, das auf Zeit in die Familiengemeinschaft aufgenommen wird. Daß bäuerliche Knechte und Mägde genauso wie Lehrlinge und Gesellen im Handwerk als Angehörige der Familie zu betrachten sind, daran besteht in der historischen Familienforschung kein ernstzunehmender Zweifel. Das Ausmaß der Gesindehaltung in einer lokalen Population stellt also sicher einen interessanten Indikator dar, aus dem erste Hinweise auf Art und Intensität familienwirtschaftlicher Formen der Arbeitsorganisation zu entnehmen sind. Bevor diesbezüglich auf die Verhältnisse in den einzelnen Pfarr- und Gerichtsgemeinden des untersuchten Samples eingegangen wird, soll eine Übersichtskarte die Bedeutung des Gesindewesens in den einzelnen Ländern und Regionen des österreichischen Raums illustrieren. Vor dem Hintergrund dieser großräumigen Darstellung werden die spezifischen Verhältnisse in den einzelnen Gemeinden besser verständlich.

Die der Karte zugrundeliegenden statistischen Daten stammen aus einer Zeit, in der in den österreichischen Donau- und Alpenländern der Höhepunkt der Gesindehaltung zwar schon überschritten war, die Zahl der Knechte und Mägde in den bäuerlichen Familienbetrieben jedoch im allgemeinen noch sehr hoch lag.[8] Insofern

---

8 Zur Entwicklung der Gesindezahlen im Zuge der Agrarrevolution des 19. Jahrhunderts Michael MITTERAUER, Auswirkungen der Agrarrevolution auf die bäuerliche Familienstruktur in Österreich, in: Michael MITTERAUER und Reinhard SIEDER (Hg.), Historische Familienforschung, Frankfurt/M. 1982, vor allem 254 ff. Einen Überblick über die Gesindehaltung in verschiedenen Großregionen des österreichischen Raumes in den letzten Jahrhunderten insgesamt gibt Peter SCHMIDTBAUER, The changing household: Austrian household structure from the seventeenth to the early twentieth century, in: Family forms in historic Europe, Cambridge 1983, 354 ff.

Karte 1:

Gesindepersonen pro landwirtschaftlichen Betrieb 1870—74

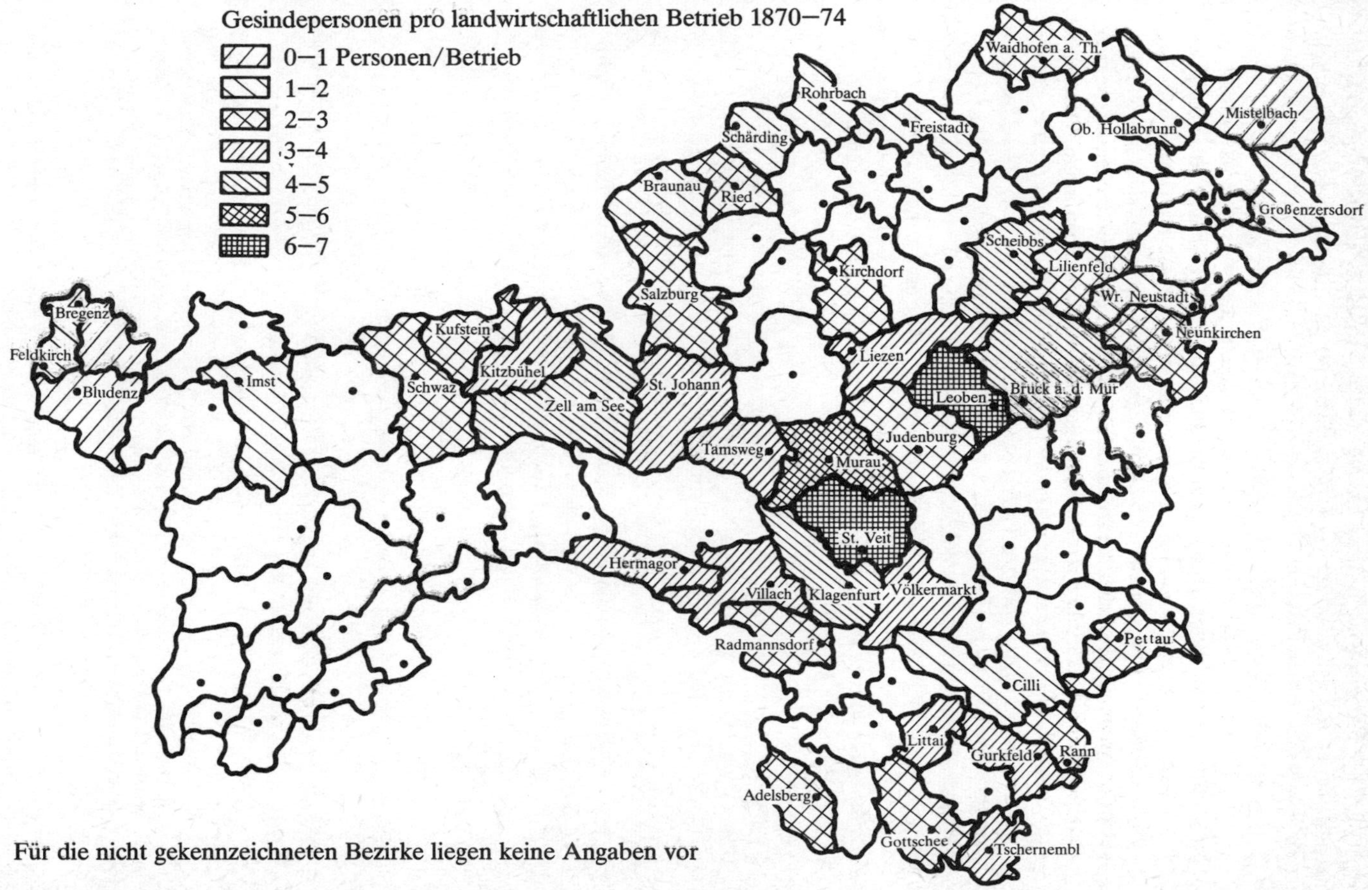

0—1 Personen/Betrieb
1—2
2—3
3—4
4—5
5—6
6—7

Für die nicht gekennzeichneten Bezirke liegen keine Angaben vor

illustriert sie recht anschaulich Extremwerte in der Häufigkeitsverteilung. Leider liegt das Erhebungsmaterial nur auszugsweise vor.[9] Trotzdem ergibt sich ein anschauliches Bild von Räumen hoher und niedriger Intensität der Gesindehaltung und dazwischenliegenden Übergangszonen.

Die Differenz zwischen den höchsten und niedrigsten Werten an Knechten und Mägden pro Bauernhof ist ziemlich beträchtlich. Den Durchschnittszahlen von 0,7 in den Bezirkshauptmannschaften Bludenz und Bregenz bzw. von 0,8 in der Bezirkshauptmannschaft Mistelbach stehen solche von 6,0 in der Bezirkshauptmannschaft St. Veit a. d. Glan und Leoben gegenüber. Die beiden letzteren sind die Zentren einer weiten Zone hoher Gesindehaltung, die sich von den alpinen Regionen des südlichen Niederösterreich über die Obersteiermark nach Kärnten einerseits, nach Salzburg und ins östliche Tirol andererseits erstreckt. Diese Zone ist naturräumlich durch ihren gebirgigen Charakter, ökonomisch durch die deutliche Dominanz der Viehzucht gekennzeichnet. Der hier großflächig faßbare Zusammenhang zwischen Gesindereichtum und Viehhaltung wird uns im Lauf der Arbeit immer wieder beschäftigen. Den alpinen „Hörndlbauern" stehen die „Körndlbauern" im Voralpengebiet und im Raum nördlich der Donau mit weit niedrigeren Durchschnittszahlen an Knechten und Mägden gegenüber. Der Gegensatz von Dominanz der Viehzucht bzw. des Getreidebaus allein vermag freilich die breite Streuung der Werte nicht zu erklären. Auch in den Gebirgsregionen des westlichen Tirol und in Vorarlberg war die Viehzucht stark entwickelt. Trotzdem liegen hier die Durchschnittszahlen sehr niedrig. Zum Unterschied von der ostalpinen Zone mit hohen Werten herrschte hier jedoch Realteilung, die zu einer starken Besitzzersplitterung führte. Es wird also auch der Gegensatz Freiteilbarkeit und Anerbenrecht bei der Frage nach den Gründen unterschiedlicher Intensität der Gesindehaltung in bäuerlichen Familienstrukturen zu berücksichtigen sein.[10] Freilich ist nicht nur Realteilung die Ursache für bäuerlichen Kleinbesitz. So herrschte in vielen der niederösterreichischen Gebiete mit niedrigen Dienstbotenzahlen zum Zeitpunkt der Erhebung schon seit Jahrhunderten das Anerbenrecht. Die hier vorliegenden geringen Besitzgrößen reichen zum Teil bis in die Zeit der Besiedlung zurück, zum Teil sind sie Resultat von Entwicklungen des Mittelalters und der frühen Neuzeit. Der in Österreich bis 1848 für die Erhaltung bzw. Veränderung der bäuerlichen Besitzgrößen maßgebliche Einfluß der Grundherrschaften wird diesbezüglich als ein entscheidender differenzierender Faktor anzusehen sein. Jedenfalls ergibt sich nach

---

9 Veröffentlichung bei Gustav SCHIMMER, Die unehelich Geborenen in Österreich 1831—74, in: Statistische Monatsschrift 2 (1876) 158 ff. Schimmer hat die Bezirkshauptmannschaften, für die er die Daten publizierte, in Hinblick auf sein Erkenntnisziel, nämlich Erklärung unterschiedlich hoher Illegitimitätsraten, ausgewählt. Auf solche Zusammenhänge zwischen Dienstbotenhaltung und unehelichen Geburten wird noch zurückzukommen sein.

10 Einen Überblick über die erbrechtliche Situation in den einzelnen österreichischen Ländern im 20. Jahrhundert bietet die Karte 2/17 des „Österreichischen Volkskundeatlas" (Wien 1965). Vgl. dazu auch den Kommentar von Ingrid KRETSCHMER und Josef PIEGLER, Bäuerliches Erbrecht.

der Erhebung von 1870/74 nicht nur eine deutlich positive Korrelation zwischen Gesindehaltung und dominanter bäuerlicher Wirtschaftsform, sondern vor allem auch eine zwischen Gesindehaltung und Besitzgröße.[11] Besonders gering ist die durchschnittliche Zahl von Knechten und Mägden in Gebieten in denen die Höfe im Durchschnitt nur mit 10−20 Joch produktivem Boden bestiftet waren, etwa im Weinviertel (BH Mistelbach 11,6 Joch, BH Ober-Hollabrunn 13,7 Joch), in den Weinbaugebieten der Südsteiermark (BH Pettau 15,5 Joch, BH Rann 15,8 Joch, BH Luttenberg 16,6 Joch, BH Cilli 16,9 Joch), im oberösterreichischen Inn- und Mühlviertel (BH Schärding 16,7 Joch, BH Rohrbach 18,7 Joch, BH Braunau 19,7 Joch) oder in Vorarlberg (BH Feldkirch 14,2 Joch). Ihnen stehen in den ostalpinen Gebirgsregionen Gegenden gegenüber, in denen zu den Bauernhöfen im Schnitt mehr als 100 Joch nutzbare Fläche gehörten (BH Liezen 111,8 Joch, BH Bruck 113,2 Joch, BH Tamsweg 116,5 Joch, BH Leoben 141,5 Joch). Bei weitem an der Spitze liegt der Salzburger Pinzgau mit etwas über 150 Joch. Die Entstehung dieser besonders großen Bauerngüter ist hier auf Sonderentwicklungen zurückzuführen. Vor allem im Verlauf des 15. Jahrhunderts wurden viele Bauernhöfe in schlechter Lage aufgegeben und ihre Bestiftung als sogenannte „Zulehen" mit besser gestellten Höfen verbunden.[12] In einem Extremfall verfügte ein Bauer über 35 solcher Zulehen.[13] Auf diese Weise entstanden Güter mit einer sehr hohen Viehhaltung. Dementsprechend groß war auch die Zahl der Dienstboten, die zur Betreuung des Viehs gebraucht wurden.[14] Ein solcher Pinzgauer „Bauernkönig" soll im Jahr 1798 43 Knechte und Mägde im Dienst gehabt haben.[15] Es ist das die höchste Zahl an Dienstboten, die in Österreich für eine bäuerliche Hausgemeinschaft überliefert ist.

Die durchschnittliche Gesindezahl pro landwirtschaftlichem Betrieb zeigt primär, welche Größenordnung bäuerliche Familienwirtschaften durch die Aufnahme von Gesinde erreichen konnten, und gibt Hinweise auf deren ökonomische Rahmenbedingungen. Sicher sind damit auch Anhaltspunkte dafür geboten, welche Bedeutung diese Form der betrieblichen Integration landwirtschaftlicher Arbeitskräfte in den einzelnen Gebieten zukam. Einen besseren Indikator stellt dafür freilich der jeweilige prozentuelle Anteil des Gesindes an einer lokalen oder regionalen Population dar. Diesbezüglich sollen in der folgenden Tabelle Daten für ein großes Sample österreichischer Gemeinden seit dem 17. Jahrhundert geboten werden.

---

11 Schimmer, Die unehelich Geborenen, 158 ff.

12 Josef Walleitner, Der Knecht, Lebens- und Volkskunde eines Berufsstandes im Oberpinzgau, Salzburg 1948, 17.

13 Derselbe, Treue Helfer am Hof, Salzburg 1850, 62.

14 Franz Vierthaler schreibt 1816 in „Meine Wanderungen durch Salzburg" (Salzburg 1816): „Es gibt Bauern im Pinzgau, welche an zahlreichen Familien und Herden kleinen arabischen Scheichs gleichen. Der Vögel zu Walchen, welcher 12 Lehen besaß, trieb vom Pferde bis zur Ziege 800 Stück auf die Alpen, Trauner war noch reicher und der alte Jud (Hofname, M. M.) übertraf beide. Bauern, welche mit 50 Kühen zu Alpen fuhren, wurden gegen 100 gezählt. Wallecker in Glem fütterte während des Winters 110 Kühe" (2. Bd., 242).

15 Walleitner, Knecht, 25.

Tafel 1:
Anteil des Gesindes und der Inwohner an der Gesamtbevölkerung in ausgewählten Gemeinden der österreichischen Länder

Ort	Bundes-land	Erhebungs-jahr	Kurzcharakteristik der ökonomischen Struktur	Einwohner-zahl	Gesinde %	Inwohner %
Pulst	Kärnten	1803	dominant Viehzucht	770	44,0	13,3
Ingolstadt	Kärnten	1757	dominant Viehzucht	374	39,0	15,0
Metnitz (Umland)	Kärnten	1757	dominant Viehzucht	2.217	36,0	5,0
Liemberg	Kärnten	1757	dominant Viehzucht	195	34,4	9,2
Taxenbach	Salzburg	1799	dominant Viehzucht	1.430	34,1	15,0
		1622	und Holzwirtschaft	1.273	24,6	12,9
St. Lorenzen-Reichenau	Kärnten	1757	dominant Viehzucht	820	33,9	7,6
Feistritz	Kärnten	1757	dominant Viehzucht	738	33,6	5,0
Obermühlbach	Kärnten	1757	dominant Viehzucht	1.386	33,0	20,0
Sirnitz-Glödnitz	Kärnten	1757	dominant Viehzucht	1.460	31,8	10,5
Andrichsfurt	Oberöst.	1813	dominant Ackerbau	820	30,3	6,0
		1823	großbäuerlich	806	29,1	5,0
		1833	frühe Agrarreformen	811	29,4	5,0
		1842	(Stallfütterung)	748	27,4	7,7
		1853		698	27,3	6,0
		1863		702	27,7	8,4
		1873		650	28,5	5,8
		1883		648	27,4	4,2
		1896		632	29,7	6,4
		1909		622	22,7	7,5
		1947		539	14,1	5,8
Raab (Umland)	Oberöst.	1816	dominant Ackerbau	1.841	27,4	11,2
		1834		1.882	24,3	9,4
		1860		1.202	29,4	3,3
Zweinitz	Kärnten	1770	dominant Viehzucht	679	27,7	10,3
		1786		608	22,0	10,4
		1798		641	24,8	9,0
		1811		676	24,9	6,8

Ort	Bundes-land	Erhebungs-jahr	Kurzcharakteristik der ökonomischen Struktur	Einwohner-zahl	Gesinde %	Inwohner %
Altenmarkt (Umland)	Salzburg	1755	Viehzucht, Holzwirtschaft	1.725	25,3	8,0
		1733		2.002	23,2	8,7
		1762		1.978	22,8	8,6
Gradenegg	Kärnten	1757	dominant Viehzucht	311	25,1	6,1
Abtenau	Salzburg	1790	Viehzucht, Holzwirtschaft	3.916	22,4	15,5
		1632		4.112	12,7	19,1
Hft Vösendorf	Niederöst.	1695/6	Ackerbau, großbäuerlich	1.146	21,6	
Oftering	Oberöst.	1703		785	20,9	11,1
St. Margareten a. d. Sierning	Niederöst.	1887		506	17,2	3,6
		1810		687	16,0	4,7
		1831		717	19,7	9,9
		1851		763	20,2	8,5
		1871		538	20,5	6,4
Koppl	Salzburg	1805		645	14,3	20,3
Thalgau	Salzburg	1647		2.570	19,6	8,8
		1750		2.949	13,4	11,7
Hft Freienstein	Niederöst.	1648		1.122	16,8	3,5
Gleink	Oberöst.	1856	besonders fruchtbares Getreidebaugebiet, vor allem Weizenbau, wenig Wiesen und Viehzucht	922	15,7	27,9
		1799		1.054	15,2	20,1
		1807		1.018	14,6	21,6
		1818		1.104	14,9	27,1
		1828		1.111	15,6	29,5
		1840		1.091	15,5	29,8
Gericht Kropfsberg	Tirol	1637	dominant Viehzucht, Bergbau	8.304	16,4	hoch
Hft Eckartsau	Niederöst.	1766		1.324	15,5	16,6
Dorfbeuern	Salzburg	1862	dominant Ackerbau, starke Kleinhäuslersiedlung	804	15,5	3,2
		1772		747	13,3	6,1
Hft Karlsbach	Niederöst.	1648		988	10,1	5,7
Berndorf	Salzburg	1695/6		1.140	15,1	1,5
		1649		1.783	15,0	20,4

Ort	Bundes-land	Erhebungs-jahr	Kurzcharakteristik der ökonomischen Struktur	Einwohner-zahl	Gesinde %	Inwohner %
Dienten	Salzburg	1711	Viehzucht, Holzarbeit, Bergbau	677	14,5	18,0
		1756		516	12,6	13,8
Perchtoldsdorf	Niederöst.	1754	Weinbau, starke Gewerbeentwicklung, Marktort	1.685	14,3	hoch
Zell am Ziller	Tirol	1857	dominant Viehzucht, Bergbau, Wanderhandel	2.930	10,3	–
		1779		2.581	13,7	26,8
Hft Freidegg	Niederöst.	1695/6		1.599	13,4	24,0
Tautendorf	Niederöst.	1835		795	12,1	8,4
		1805		766	11,4	4,2
		1815		728	11,1	8,7
		1825		750	11,9	6,5
		1844		863	7,4	11,9
		1855		897	7,5	7,7
		1864		860	7,2	6,4
		1874		790	9,6	8,4
Heiligeneich	Niederöst.	1800	Weinbau, Ackerbau, starke Gewerbeentwicklung	1.341	11,9	18,1
		1790		937	10,5	24,9
		1820		1.547	11,1	14,0
		1840		1.672	11,5	15,3
		1853		1.715	11,0	15,8
		1874		1.354	10,3	10,9
		1884		1.549	9,7	9,7
Maria Langegg	Niederöst.	1808	Mischwirtschaft, Holzfällerei	543	10,4	12,1
		1788		530	7,9	11,3
		1798		470	10,4	6,7
		1818		556	8,8	10,9
		1828		616	7,9	15,9
		1840		523	9,0	15,5
		1848		801	10,6	24,3
		1856		639	9,1	14,2
		1875		625	5,8	23,7

Ort	Bundes-land	Erhebungs-jahr	Kurzcharakteristik der ökonomischen Struktur	Einwohner-zahl	Gesinde %	Inwohner %
Villgraten	Osttirol	1781	Viehzucht	3.420	10,8	5,6
Poysdorf	Niederöst.	1890	Weinbau, Marktort mit starker Gewerbeentwicklung Poststation	3.113	10,1	–
Obergrafendorf	Niederöst.	1787	Textilindustrie mit Heimspinnerei, Gewerbe im zentr. Marktort, Ackerbau im Umland	1.980	9,9	14,0
Burgschleinitz	Niederöst.	1876	kleinbäuerlich, vorwiegend Ackerbau, Steinbruch und Steinbearbeitung	831	9,0	6,4
		1802		611	4,1	4,1
		1822		770	7,5	5,1
		1839		857	7,6	5,8
		1862		847	6,7	6,3
Laa	Niederöst.	1867		2.161	7,8	18,5
Dürrnberg	Salzburg	1647	Salzbergbau, Knappenhäuser m. Landwirtschaft verbunden	510	6,9	
Ebensee	Oberöst.	1809	Holzfällerei, Salinenarbeit, Hausindustrie (Holzbe-arbeitung)	857	5,8	hoch
		1829		1.069	5,9	hoch
		1848		1.228	4,8	hoch
		1864		1.185	3,5	hoch
Gmünd (Umland)	Niederöst.	1840	Heimweberei, Ackerbau	1.543	5,1	22,0
		1801		1.054	4,9	10,5
		1807		1.140	3,7	9,7
		1818		1.166	2,7	7,5
		1828		1.348	4,3	14,6
Lustenau	Vorarlberg	1837	textile Hausindustrie	2.980	0,5	–
Hohenems	Vorarlberg	1837	textile Hausindustrie	3.436	0,2	–
Egg	Vorarlberg	1754	textile Hausindustrie	1.194	0,2	–

Dem Gesindeanteil wird als zweiter wichtiger Indikator der Anteil von Inwohnern an der jeweiligen Gemeindebevölkerung gegenübergestellt. Ohne damit der Frage der Familienintegration der Inwohner bzw. von deren Mitarbeit in der beherbergenden Hausgemeinschaft vorzugreifen, soll damit ein Richtwert für die Höhe des Anteils potentieller Taglöhner in den Überblick Eingang finden. Daß Inwohner in der Regel saisonal oder das ganze Jahr hindurch als Taglöhner tätig waren, ist durch vielfältige Quellen hinlänglich belegt.[16] Für die Bedeutung des Taglöhnerwesens in einer Gemeinde ist daneben sicher auch der Anteil an Kleinhäuslern von Bedeutung. Bei ihnen läßt sich freilich mit geringerer Sicherheit sagen, in welchem Umfang sie in der Lohnarbeit tätig waren. Zum Unterschied von den Inwohnern besaßen sie ja im Regelfall eine eigene Landwirtschaft. So ist mit der Gegenüberstellung von Gesinde- und Inwohneranteil sicher das Spektrum zwischen voller Familienintegration der benötigten Arbeitskräfte und gelegentlicher Aufnahme nach Bedarf besser erfaßt. Um diese Polarität geht es ja sehr wesentlich bei der beabsichtigten Untersuchung des Zusammenhangs zwischen Ökotypen und Formen der Familienwirtschaft. Es soll der Frage nachgegangen werden, unter welchen ökonomischen Voraussetzungen die über die eigenen Kinder und Verwandten hinaus benötigten Arbeitskräfte eher als Gesinde oder eher als Taglöhner rekrutiert werden. Idealtypisch könnten nach diesen beiden Formen der Arbeitskräfteergänzung „Gesindegesellschaften" bzw. „Taglöhnergesellschaften" einander gegenübergestellt werden. Freilich ist kaum zu erwarten, daß einer der beiden Typen in Reinkultur auftritt. Eher wird mit sehr unterschiedlichen Mischformen zu rechnen sein. Um aufzuzeigen, welche Bedingungen der Produktionsweise Tendenzen in die eine oder andere Richtung begünstigen, wird den nach ihrem Gesinde- bzw. Inwohneranteil untersuchten Gemeinden eine Kurzcharakteristik ihres Ökotypen beigefügt.

Die für die Statistik benützten Personenstandslisten liegen fast durchgehend in Abschriften oder Kopien in der Quellensammlung des Forschungsschwerpunkts „Familie im sozialen Wandel" am Institut für Wirtschafts- und Sozialgeschichte auf. Die Originale entstammen zum größten Teil den betreffenden Pfarrarchiven. Für das westliche Niederösterreich (Viertel ober dem Wiener Wald und Viertel ober dem Manhartsberg) sind die benützten Pfarrarchive im Diözesanarchiv St. Pölten zentralisiert. Die Zählungen der Kärntner Pfarren von 1757 befinden sich in den betreffenden Pfarrakten des Diözesanarchivs Klagenfurt. Die Personenstandslisten niederösterreichischer Herrschaften von 1695/96 sind einem Bestand des Niederösterreichischen Landesarchivs (Ständisches Archiv, Alte Ständische Registratur G 15–16) entnommen. Die Zählungen der Herrschaft Kropfsberg von 1637 bzw. des Tals Villgraten und benachbarter Gebiete liegen im Tiroler Landesarchiv auf, die der Gemeinde Perchtoldsdorf im dortigen Marktarchiv. Die Daten für Vorarlberg stammen aus der Dissertation von Arno Fitz, „Die Frühindustrialisierung Vorarlbergs und ihre Auswirkungen auf die Familienstruktur" (masch., Wien 1981, Druckfassung Dornbirn 1985). Soweit auf die Angabe von Prozentzahlen der Inwohner verzichtet wurde, liegen Abgrenzungsprobleme dieser Gruppe den benützten Quellen zugrunde.

---

16 Vgl. etwa die synonyme Verwendung von „Inwohner" und „Tagwerker" bzw. „Gäste" (obersteirisch-kärntnerische Bezeichnung für Inwohner) und „Tagwerker" in steirischen Weistümern (Dieter KREUZIGER, Rechts- und sozialhistorische Entwicklung des ländlichen Dienstboten- und Gesindewesens in der Steiermark von den Anfängen bis zur Zeit Erzherzog Johanns, phil. Diss. (masch.), Graz 1969, 36).

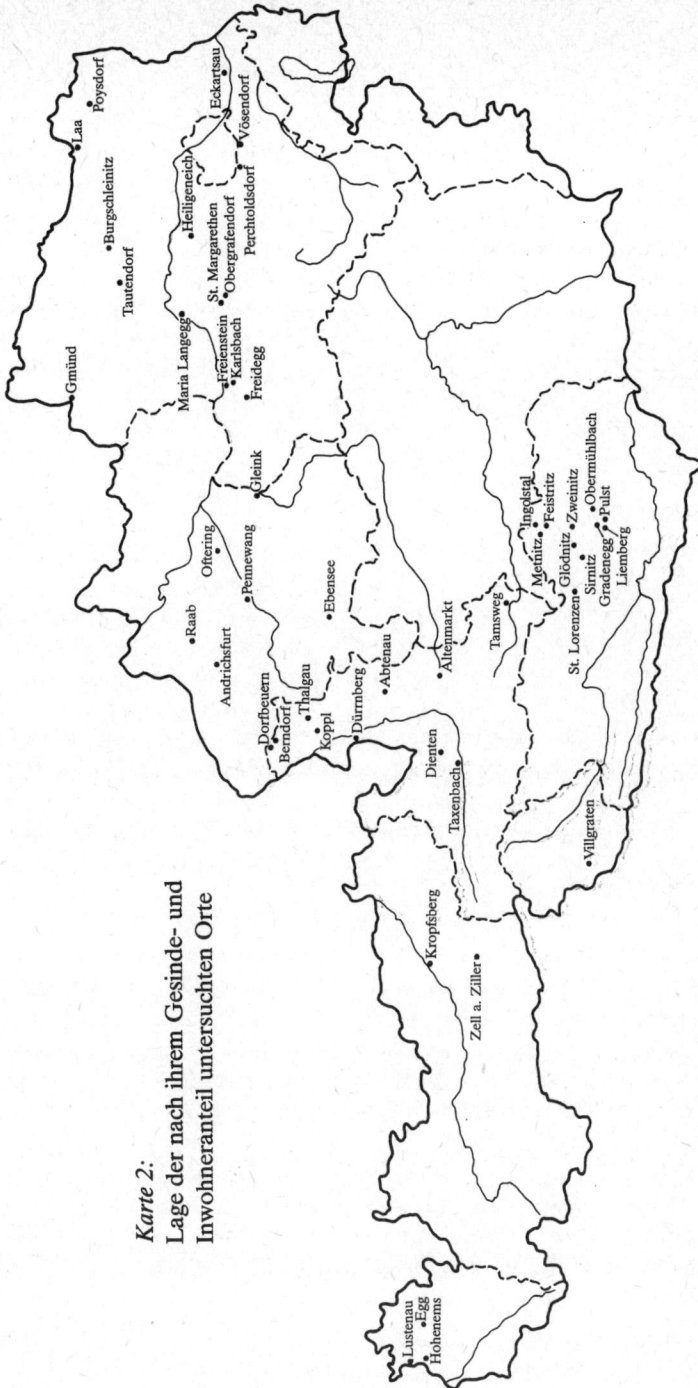

Karte 2:
Lage der nach ihrem Gesinde- und
Inwohneranteil untersuchten Orte

In der Reihenfolge der nach der Höhe des Gesindeanteils geordneten Gemeinden rangieren durchwegs solche mit Viehzucht als vorherrschender Wirtschaftsweise an der Spitze. Freilich finden sich nicht alle Viehzuchtgebiete in der Spitzen-
gruppe. Auch unterscheiden sie sich zum Teil sehr wesentlich hinsichtlich der Höhe
des Inwohneranteils. Für solche Unterschiede wird nach einer Erklärung zu suchen
sein.

1. Dominanz der Viehzucht

Der funktionale Grund für die eindeutige Entsprechung zwischen Viehzucht und
Familienbetrieben mit Gesinde liegt in den spezifischen Arbeitsbedingungen der
Viehhaltung. Die Wartung und Pflege des Viehs bedarf ständiger Arbeitskräfte. Sie
kann nicht durch Gelegenheitsarbeiter verrichtet werden. Die Notwendigkeit kontinuierlicher Betreuung geht über tägliche Tätigkeiten wie Füttern und Melken hinaus. Stallarbeit muß nicht nur tagsüber die ganze Woche hindurch – inklusive Sonn-
und Feiertage – geleistet werden, sondern mitunter auch nachts. Das gilt etwa für Situationen wie Viehkrankheiten oder Abkalben.[17] Es ist deswegen nicht nur ein Problem der Raumverhältnisse, wenn vielfach Knechte und erwachsene Bauernsöhne,
gelegentlich aber auch Mägde und Töchter ihre Schlafstellen im Stall haben. Sie
müssen eben tags und nachts einsatzbereit sein. Der stark personalgebundene Charakter der Viehhaltung ist auch noch durch andere Faktoren bedingt. So muß das
betreuende Personal vielfach mit der individuellen Eigenart der betreuten Tiere
vertraut sein. Das gilt insbesondere für das Melken – eine Tätigkeit, bei der die genaue Kenntnis der einzelnen Tiere für den Arbeitsertrag sehr wichtig ist. Aber auch
die Betreuung der Pferde kann solche spezifischen Erfahrungen erfordern, die nur
aus einer längerfristigen kontinuierlichen Pflege gewonnen werden.

Zum Unterschied vom Getreidebau bedingt die Viehzucht keine besonderen
saisonalen Arbeitsspitzen. Einzig die Heumahd bringt einen erhöhten Arbeitskräftebedarf, der gelegentlich die Aufnahme von zusätzlichen Mitarbeitern über die
Angehörigen des Familienbetriebs hinaus notwendig macht. Dies ist freilich keineswegs im selben Ausmaß erforderlich wie etwa beim Getreideschnitt. So haben
bäuerliche Betriebe von den Bedingungen der Viehzucht her stets einen geringeren
Bedarf an Taglöhnern als von denen des Ackerbaus. Dementsprechend herrschen
langfristige Arbeitsverträge vor. Zu diesen sind auch die Kontrakte mit dem Almge-
sinde zu rechnen, die zum Unterschied von den ganzjährigen mit den am Hof tätigen
Knechten und Mägden nur für die Zeit ab dem Almauftrieb geschlossen werden
konnten.

Ein deutlicher Hinweis auf den engen Konnex zwischen Viehzucht und Gesindehaltung ist der Umstand, daß die meisten Bezeichnungen der einzelnen Stufen in
der Gesindehierarchie entweder unmittelbar von den betreuten Tieren abgeleitet
sind oder mit der Stallarbeit und Weidearbeit in Zusammenhang stehen. Das gilt
keineswegs nur für vorwiegend von der Viehzucht geprägte Gebiete, sondern

---

17 WALLEITNER, Knecht, 15.

durchaus auch für solche, in denen der Feldbau im Vordergrund steht. Auch hier gab eben die Viehhaltung in stärkerem Maße als die Feldarbeit den einzelnen Gesindestufen ihr spezifisches Gepräge und bestimmte die maßgeblichen Unterscheidungskriterien. Der Zusammenhang von Viehzucht und Gesindehierarchie sei an einem Beispiel aus dem Pinzgau illustriert. Eine Aufzeichnung aus dem ausgehenden 18. Jahrhundert beschreibt für einen großen Hof dieser Gegend nicht weniger als 17 Kategorien von Knechten und sieben von Mägden.[18] Daß hier die Gesindehaltung besonders stark von der Viehzucht bestimmt war, wurde ja bereits erwähnt.

An der Spitze der Knechtehierarchie steht nach dieser Aufzeichnung der „Bauknecht", der als Vertreter des Bauern und Leiter der Dienstknechte eine undifferenzierte Bezeichnung trägt. Auf ihn folgt der „Einwerfer". Er ist nach seiner spezifischen Funktion bei der Heuernte benannt. An dritter Stelle steht der „Oberroßknecht", dem Pferdezucht und Fuhrwesen unterstellt sind. Er hat im „Unterroßknecht" oder „Roßbuben" seinen Gehilfen, der in der Gesamthierarchie den 7. Platz einnimmt. Nach dem „Oberroßknecht" werden der „Stadler" und der „Schopper" genannt, deren Bezeichnungen wiederum von spezifischen Tätigkeiten bei der Heuernte abgeleitet sind. Der auf sie folgende „Sommerer" hat mit Feld- und Holzarbeit zu tun. Der „Büscher" und „Laufer" sind jugendliche Hilfskräfte mit wenig differenzierten Aufgaben. Der an zehnter Stelle angeführte „Melker" ist der wichtigste unter den ausschließlich für die Viehzucht verantwortlichen Knechten und hat unter ihnen eine ähnliche Stellung wie der Bauknecht. Auf der Alpe leitet er die Käserei. In der Vieharzneikunde bedarf er besonderer Erfahrungen. Die sonst zumeist von Frauen ausgeübte Tätigkeit des Melkens wird nach westalpinem Vorbild damals im Pinzgau nicht nur von ihm beaufsichtigt, sondern auch selbst praktiziert. Dementsprechend hat er auch männliches wie weibliches Hilfspersonal. So wird er von der „Melkerin" unterstützt, die im Sommer die zuhausegebliebenen Kühe betreut. Sein männlicher Gehilfe heißt „Schosser". Er hat im Winter auch die Aufsicht über die Schafzucht. Der „Kühbube" muß im Winter das Galt- und Zuchtvieh betreuen, im Sommer weidet er die Kühe. Der „Gaisser" ist das ganze Jahr hindurch für die Beaufsichtigung der Ziegen zuständig, im Sommer speziell auf der Alm. Der „Schwender" wird für die Reinigung der Almen eingestellt. Er ist nur den Sommer über im Dienst. Der „Ochsner" beaufsichtigt die Ochsen auf der Weide, bei großen Bauern bis zu vierzig oder fünfzig Stück. Der „Schäfer" wird ebenso wie der „Schwender" nur den Sommer über aufgenommen, meist von mehreren Bauern oder der ganzen Gemeinde zusammen. Dasselbe gilt für den „Heimgaisser", dem Letzten unter den Knechten, der die im Sommer zuhausegebliebenen Ziegen betreut.

Nicht in gleicher Weise differenziert, aber ebenso primär an der Beaufsichtigung bestimmter Tiergattungen oder der Beschaffung des Futters für sie orientiert, sind die Gesindebezeichnungen auch in den meisten anderen Gebieten des österrei-

---

18 Franz von Paula Schrank, Naturhistorische Briefe über Österreich, Salzburg, Passau und Berchtesgaden 2, 1785, 439 ff. Vgl. dazu auch Ernst Bruckmüller, Soziale Organisationsformen ländlicher Arbeit, in: Beiträge zur historischen Sozialkunde 11/2, 1981, 58 f.

chischen Raums. Bei den Mägden wird sehr häufig zwischen der „Kuhdirn" und der „Saudirn" unterschieden.[19] Auf großen Anwesen gibt es gelegentlich ein eigenes „Hühnermensch". Häufiger begegnen Mädchen bei der Aufsicht über die Schafe, wie überhaupt in der Kleinviehhaltung nicht geschlechtsspezifisch differenzierte Bezeichnungen typisch sind. So findet sich etwa auf einem Meierhof einmal neben dem „Hühnermensch" ein „Schafbub", ein „Saubub" und ein „Gansbub".[20] Die gleichzeitig nebeneinander auftretenden allgemeinen Bezeichnungen „Halterbub" und „Haltermensch" zeigen deutlich, daß für die Beaufsichtigung des Kleinviehs Knaben wie Mädchen eingesetzt wurden. Rein männliche Gesindetypen, die sich auf die Viehhaltung beziehen, sind dann etwa noch der „Fütterer", der „Stierknecht", der „Galtacher" oder der „Lemperer". Eine systematische Erhebung dieser hier eher nach Zufallsfunden gemachten Zusammenstellung wäre eine interessante Aufgabe der im allgemeinen noch viel zu wenig erforschten Geschichte des ländlichen Gesindewesens.

Die funktionale Notwendigkeit, bei Viehwirtschaft ständig beschäftigte Arbeitskräfte einzusetzen, bedeutet in diesem Wirtschaftszweig eine besonders starke ökonomische Determination der Größe und der Struktur der Familienwirtschaft. Übersteigt die für die Betreuung des Viehstands erforderliche Arbeitskapazität die Möglichkeit des bäuerlichen Ehepaars, ihrer Kinder und der eventuell im Haus mitlebenden Verwandten, so ist die Aufnahme von Gesinde unumgänglich. In der Arbeitskräfteergänzung muß dabei auch auf eine entsprechende Altersverteilung Rücksicht genommen werden. Ein heranwachsender Sohn kann vor einem gewissen Alter nicht zu den schweren und gefährlichen Aufgaben des Roßknechts herangezogen werden. Umgekehrt ist es unökonomisch und zudem vom Sozialprestige her unzulässig, erwachsene Kinder zur Aufsicht über das Kleinvieh heranzuziehen. Bei Dominanz der Viehwirtschaft erscheint der von den Arbeitsaufgaben her gegebene Rollenergänzungszwang der Familienwirtschaft besonders zwingend. In der Zahl der Arbeitskräfte sowie in deren Verteilung nach Alter und Geschlecht muß immer wieder von neuem eine Entsprechung zu den Erfordernissen der Viehhaltung hergestellt werden. Wie eng die Familiengröße hinsichtlich der Zahl der erwachsenen Arbeitskräfte mit dem jeweiligen Viehstand korrespondiert, zeigt eine Statistik, die aufgrund der Personalbeschreibung des Villgraten-Tales und benachbarter Gebiete von 1781 für diese von der Weidewirtschaft geprägte Region in Osttirol gemacht wurde. Angaben über die jeweilige Stückzahl an Großvieh bei den einzelnen Höfen ermöglichen eine derartige Zusammenschau.

Der Anstieg der durchschnittlichen Zahl erwachsener Arbeitskräfte mit jedem zusätzlichen Stück Großvieh erscheint in dieser Zusammenstellung sehr stetig. Das weist auf eine ziemlich genaue Abstimmung zwischen jeweiligem Viehstand und betreuendem Personal. Wir werden noch sehen, daß das gerade in Villgraten aufgrund der dort bestehenden spezifischen Familienverfassung recht schwierig gewesen sein

---

19 Bauernland Oberösterreich, hg. unter der Leitung von Alfred Hoffmann, Linz 1974, 494.
20 Kommunikantenverzeichnis von Oftering 1703 (Pfarrarchiv Oftering).

Tafel 2:
Arbeitskräfte nach dem Viehstand in bäuerlichen Hausgemeinschaften des Villgraten-Tals 1781

Stückzahl Großvieh pro Hausgemeinschaft	Zahl der Fälle	durchschnittliche Arbeitskräftezahl (über 12 Jahre)			häufigste Werte			häufigste Relation(en)
		männlich	weiblich	zusammen	männlich	weiblich	zusammen	
1	20	1,0	1,1	2,1	1	1	2	1:1
2	9	1,1	1,4	2,5	1	1	2	1:1
3	13	1,2	1,7	2,8	1	1	2	1:1
4	21	1,3	1,8	3,1	1	2	3	1:1, 1:2
5	27	1,6	2,1	3,7	1	2	3	1:2
6	38	1,8	2,0	3,8	2	2	4	2:2
7	37	1,9	2,3	4,2	2	2	4	2:2
8	35	2,1	2,6	4,7	2	2/3	4	2:2
9	40	2,4	2,8	5,2	2/3	3	4	2:2
10	29	2,6	2,8	5,4	3	3	6	3:3
11	30	2,5	2,9	5,4	3	3	6	3:3
12	22	2,7	3,3	6,0	2	3	6	3:3, 2:4
13	10	3,2	3,1	6,3	3/4	3	5/7	2:3, 3:3, 4:3
14	10	3,1	3,9	7,0	3	4	7	3:4
15—19	35	3,7	3,8	7,5	3	4	7	3:3, 3:5
20—24	9	3,9	4,9	8,8	4	4	8	4:6
27	2	5,0	5,5	10,5	5	—	9	—
30	1	6,0	3,0	9,0	—	—	—	6:3
45	1	11,0	7,0	18,0	—	—	—	11:7

dürfte. Umso erstaunlicher ist die auffallende Entsprechung. Bei den männlichen Arbeitskräften ist der Anstieg mit wachsendem Viehstand etwas kontinuierlicher als bei den weiblichen. Es dürfte sich also hier um die stärker abhängige Variable gehandelt haben. Aber auch bei den Frauen ist die Entwicklungslinie ohne größere Sprünge. Die Sexualproportion ist im großen und ganzen ausgeglichen, jedenfalls bei den häufigsten Werten bzw. häufigsten Relationen. Die Durchschnittswerte zeigen meist ein leichtes Übergewicht der Frauen. Auch das weist darauf hin, daß diese Variable in etwas geringerem Maße vom Viehstand abhängig war. Ein deutliches Übergewicht der Männer zeigt sich erst bei den ganz großen Höfen – ein Phänomen, auf das in anderem Zusammenhang noch zurückzukommen sein wird.

Trotz solcher auffallender Entsprechungen zwischen dem Personalstand der Familienwirtschaft und der Stückzahl des betreuten Viehs wird man jedoch selbst in einer Gegend mit stark ausgeprägter Weidewirtschaft die Arbeitskräftekonstellation der Familienbetriebe nie von dieser allein bestimmt sehen dürfen. Selbst in Höhenregionen, die nur mit intensiver Viehzucht für die bäuerliche Siedlung erschlossen werden konnten, wurde auf ein Minimum an Ackerbau nicht verzichtet. Im Gegenteil – gerade in abgelegenen Gebirgsregionen war man besonders bestrebt, hinsichtlich der Ernährungsgrundlage des Hofes möglichst autark zu sein. Das gilt etwa auch für das hier näher untersuchte Villgratental, wo bis ins ausgehende 19. Jahrhundert der Bedarf an Brotfrucht zum größten Teil aus der eigenen Wirtschaft gedeckt wurde. Erst die Verteuerung der Arbeitskräfte und das Sinken des Getreidepreises seit den siebziger Jahren des 19. Jh. führte hier vermehrt zu einem Getreidezukauf und gleichzeitig zu einer Umwandlung von Äckern in Wiesen im Interesse einer Ausweitung der Viehzucht.[21] In anderen Gebirgsgegenden dürfte freilich dieser Prozeß zum Teil schon bedeutend früher erfolgt sein. Das für den Salzburger Pinzgau skizzierte System der Zulchen oder Zuhuben scheint bereits im 17. und 18. Jahrhundert einer stärkeren Spezialisierung auf Weidewirtschaft gedient zu haben. Trotzdem wurde sicher eine Eigenversorgung mit Brotgetreide angestrebt. Es ist also auch in extremen Höhenlagen in der Regel mit einer Kombination von Akkerbau und Viehzucht zu rechnen. Ob dadurch die für die Viehzucht charakteristische Stetigkeit des Arbeitskräftebedarfs gestört wurde, läßt sich schwer beurteilen. In den nach ihrem Gesinde- bzw. Inwohneranteil untersuchten Gemeinden des gesamtösterreichischen Samples (s. Tafel 1) fällt auf, daß die rein bäuerlichen Orte in Gebirgsregionen einen relativ niedrigen Prozentsatz von Inwohnern aufweisen. Das gilt etwa für Metnitz, Feistritz oder St. Lorenzen – Ebene Reichenau. In den weniger hoch gelegenen Pfarrgemeinden, in denen die Voraussetzungen für den Ackerbau günstiger waren, liegt der Inwohneranteil bedeutend höher. Aus der Gruppe der Kärntner Pfarren wären hier etwa Obermühlbach und Pulst zu nennen. Kalkuliert man den potentiellen Taglöhneranteil nicht nur nach den Inwohnern (in Kärnten „Gästen"), sondern auch nach den Kleinhäuslern (in Kärnten „Keuschler"), so

---

21 Hermann Wopfner, Eine siedlungs- und volkskundliche Wanderung durch Villgraten, in: Zeitschrift des deutschen und österreichischen Alpenvereines 1931, 246 ff., und 1932, 263 ff.

wird noch deutlicher, daß mit zunehmend günstigeren Bedingungen für die Landwirtschaft auch die nicht ständig im Dienst stehenden Arbeitskräfte zahlenmäßig ansteigen. Freilich wäre es zu einfach, die Relation zwischen ständigen und nichtständigen Arbeitskräften in den von der Viehzucht dominierten alpinen Regionen nur nach dem jeweiligen Anteil des Ackerbaus beurteilen zu wollen.

Ein eminent wichtiger Faktor für die Verbreitung von Lohnarbeit in den sonst so stark von der Gesindehaltung geprägten Viehzuchtgebieten des Ostalpenraums war die Holzwirtschaft. Sicherlich ist die Waldarbeit als ein integrierender Bestandteil der bäuerlichen Familienwirtschaft anzusehen, insbesondere in den Gebirgsregionen.[22] Die größten Forste gehörten jedoch nicht den Bauern, sondern den Herrschaften. Die Holzfällerei in diesen Herrschaftswäldern war nicht familienbetrieblich organisiert. Es handelte sich vielmehr um Großformen der Arbeitsorganisation. Dazu kommt, daß Holzschlag und Holztransport sehr stark saisonal gebunden waren. Die Bäume sollten möglichst dann gefällt werden, wenn sie nicht in Saft standen. Für bestimmte Verwendungszwecke war das jedenfalls Voraussetzung. Für den Holztransport auf dem Trockenen war der Winter besonders geeignet, das Holzschwemmen auf Bächen und Flüssen setzte entsprechende Wasserführung voraus. Auch durch diese starke saisonale Bindung war die Holzarbeit notwendigerweise eine Tätigkeit, die nicht mit ständig in Dienst genommenen Arbeitskräften, sondern mit auf Zeit engagierten Lohnarbeitern verrichtet wurde. In den österreichischen Alpenländern war der Bedarf an saisonalen Arbeitskräften für die Holzwirtschaft so stark, daß dadurch Arbeitswanderungen über große Distanzen ausgelöst wurden. Schon 1616 wurde im Herzogtum Bayern-Ingolstadt verboten, zum „Flußwerk" ins Gebirge nach Österreich abzuwandern, weil dadurch Taglöhnermangel beim Mähen und Dreschen im eigenen Lande verursacht würde.[23]

Von den hier näher untersuchten Pfarrgemeinden wird die Lohnarbeit in der Holzwirtschaft vor allem bezüglich des hohen Inwohneranteils in Abtenau, Taxenbach und Dienten zu berücksichtigen sein. Die Seelenbeschreibungen der Pfarre Abtenau von 1632 und 1790 verzeichnen bei vielen Personen ausdrücklich „Holzknecht" als Erwerbsarbeit. Solche Zusätze finden sich zwar auch bei Bauernsöhnen – ein Hinweis, daß auch Angehörige der Bauernfamilie in der Taglohnarbeit tätig waren; die große Mehrheit solcher Bezeichnungen bezieht sich jedoch auf Inwohner, sowohl ledige als auch verheiratete. Auch die große Zahl von Kleinhäuslern, die sich in dieser Pfarre finden, könnte mit den Erwerbsmöglichkeiten durch die Holzarbeit zusammenhängen. Vor allem die auf den Bauernhöfen einquartierten Inwohner standen in der Zeit, in der sie nicht durch Waldarbeit und Holztransporte beschäftigt waren, den Bauern als zusätzliche Arbeitskräfte zur Verfügung. Eine

---

22 Die Seelenbeschreibung von Taxenbach aus dem Jahr 1622 nennt einen der fünf Knechte eines Bauern ausdrücklich als Holzknecht. In der sonst so detaillierten Aufzählung der Gesindekategorien auf Pinzgauer Großhöfen von Schrank aus dem ausgehenden 18. Jahrhundert erscheint freilich kein speziell mit diesen Aufgaben betrauter Knecht (vgl. o.).

23 Johann PLATZER, Geschichte der ländlichen Arbeitsverhältnisse in Bayern, Altbayerische Forschungen 2/3, München 1904, 78.

starke Entwicklung der Holzwirtschaft konnte so auch in einer dominant von Viehzucht geprägten Bergbauerngesellschaft tendenziell eine Verschiebung von der Gesindehaltung zur Taglöhnerwirtschaft bedeuten.

Die bedeutende Rolle der Holzfällerei in der Pfarre Abtenau hatte mit der relativ günstigen Verkehrsverbindung des Lammertals zu der nahe gelegenen Saline
Hallein zu tun. Der Brennholzverbrauch der Sudhäuser war enorm und wirkte sich
auf die flußaufwärts gelegenen Waldgebiete sehr stark aus. Insgesamt wird die
Holzarbeit im Gebirge in Verbindung mit der Verhüttung von Bergbauprodukten
zu sehen sein. Dies trifft von den untersuchten Pfarren etwa für Dienten zu, wo in
den Seelenbeschreibungen ausdrücklich große Gruppen von Holz- und Köhler-
knechten angeführt werden. Hier stand die Waldwirtschaft im Dienste der Eisen-
verarbeitung. Gerade bei der Eisen- und Salzproduktion ist ja in den von ihnen geprägten Regionen die Zahl der Holzarbeiter höher als die der eigentlichen Montan-
arbeiter.[24] Beide zusammen bewirken in Gebirgsregionen eine Konzentration von
Lohnarbeitern, die ein starkes Gegengewicht gegen die gesindeintensiven Viehzüchter darstellen und auch die bäuerlichen Arbeitskräfteverhältnisse beeinflussen.

Eine in ihrer Bevölkerungsstruktur stark vom Bergbau geprägte Gebirgspfarre
stellt in dem hier untersuchten Sample Zell am Ziller dar. Obwohl auch hier die
Weidewirtschaft eine sehr große Rolle spielt, rangiert die Gemeinde hinsichtlich ihres Gesindeanteils in der Liste noch weit hinter Abtenau. Dafür ist der Inwohneranteil hier mit 26,8 % im Jahre 1779 besonders hoch. Wahrscheinlich lag er früher
noch bedeutend höher. Für das Gericht Kropfsberg, das das ganze Zillertal umfaßte,
liegt eine Zählung von 1632 vor. Sie weist mit 16,4 % einen etwas höheren Anteil
von Knechten und Mägden aus als die zentrale Pfarre eineinhalb Jahrhunderte später mit 13,7 %. Andererseits gab es nach dieser Liste damals 698 „unangesessene"
Männer gegenüber 752 „angesessenen". Das heißt, daß die Zahl der Inwohner fast
die der Bauern und Häusler zusammen erreichte. Der Bergbau stand damals im Zillertal zwar auch nicht mehr in voller Blüte, der Anteil der Bergknappen unter den
Inwohnern wird aber wohl noch etwas höher gewesen sein als 1779. Ein Großteil
der durch den Rückgang des Bergbaus beschäftigungslos gewordenen Personen
wandte sich dem Wanderhandel zu. Die Seelenbeschreibung von Zell am Ziller
nennt zahlreiche „Wurzengraber" sowie „Öl- und Midridatträger". Es handelt sich
dabei um die Herstellung und den Handel mit einer besonderen Art von Medika-
menten, die im ausgehenden 18. Jahrhundert zumindest 10 % der Bevölkerung beschäftigten.[25] Daneben spielte auch der Wanderhandel mit Handschuhen, Leder-
waren und Kanarienvögeln eine bedeutende Rolle. Zusammen mit dem Rest der
Bergknappen bildeten diese Wanderhändler eine breite Unterschichte, die als ergänzende Hilfskräfte den bäuerlichen Familienbetrieben zur Verfügung standen.

---

24 Michael MITTERAUER, Produktionsweise, Siedlungsstruktur und Sozialformen im österreichischen Montanwesen des Mittelalters und der frühen Neuzeit, in: ders. (Hg.), Österreichs Montanwesen, Wien 1974, 238 f. Neudruck: ders., Grundtypen alteuropäischer
   Sozialformen, Stuttgart 1974, 150 f.
25 Ernest TROGER, Bevölkerungsgeographie des Zillertales, Innsbruck 1954, 11, 43.

Das Beispiel der Pfarre Zell am Ziller zeigt, wie stark Ökotypen dem historischen Wandel unterworfen sind. Die zu Beginn der Neuzeit dominanten Wirtschaftsfaktoren Viehzucht und Bergbau sind sicher durch lokale naturräumliche Bedingungen bestimmt. Die Bedeutung, die dem Bergbau im lokalen Wirtschaftssystem zukam, war jedoch – diese Formulierung ist hier sicher berechtigt – von weltweit wirksamen ökonomischen Entwicklungen abhängig. Mit dem Rückgang des Bergbaus ergab sich im Zillertal ein radikaler Strukturwandel. Zum Unterschied von anderen Bergbauregionen bedeutete hier die Deindustrialisierung keine völlige Reagrarisierung. Die Abwanderung unterbäuerlicher Bevölkerungsgruppen scheint nicht sehr stark gewesen zu sein. Ein Großteil wandte sich einem anderen Erwerbszweig zu, nämlich dem Wanderhandel. Für die Arbeitskräfterekrutierung der bäuerlichen Familienwirtschaften ergab sich dadurch keine wesentliche Änderung. Die für die Weidewirtschaft notwendigen ständigen Dienstboten standen in ausreichendem Maße zur Verfügung. Das Tal konnte sogar Arbeitskräfte an andere Agrarregionen abgeben. Der Seelenbeschreibung von Zell am Ziller ist zu entnehmen, daß es selbst hier und schon zu diesem frühen Zeitpunkt die sogenannten „Schwabengänger" gab. Es handelte sich dabei um eine Fernwanderung landwirtschaftlicher Hilfskräfte von Frühjahr bis Herbst in die reichen Landwirtschaftsgebiete Schwabens – eine Erscheinung, die vor allem im westlichen Tirol und in Vorarlberg sehr verbreitet war und besonders im 19. Jahrhundert zu fassen ist.[26] Wenn in Einzelfällen solche Arbeitswanderungen über große Distanzen vorgekommen sind, so wird man annehmen dürfen, daß umso mehr bäuerliche Hilfskräfte in die unmittelbar benachbarten Regionen mit hohem Arbeitskräftebedarf gingen, insbesondere in den oberen Pinzgau. Die landwirtschaftliche Arbeitskräftestruktur und damit die Struktur der bäuerlichen Familienwirtschaften waren so in vermittelter Weise durch die Veränderungen überregionaler Wirtschaftsverhältnisse sehr wohl betroffen.

In dieser Hinsicht muß der Rückgang des ostalpinen Montanwesens in der frühen Neuzeit für die Bergbauerngebiete ganz allgemein starke Folgewirkungen gehabt haben. Dabei dürfte der Einfluß auf die Holzwirtschaft mehr ins Gewicht gefallen sein als die quantitativen Veränderungen in der Zahl der Berg- und Hüttenarbeiter. Durch die Holzfällerei und den Holztransport war nicht nur zahlenmäßig ein größerer Personenkreis, sondern auch regional ein größerer Einzugsbereich betroffen. Von den hier untersuchten Pfarrgemeinden könnten sich solche Entwicklungen vor allem in Abtenau und in Taxenbach ausgewirkt haben. Für beide liegt je eine Seelenbeschreibung aus der 1. Hälfte des 17. und aus dem ausgehenden 18. Jahrhundert vor, so daß ein Langzeitvergleich möglich ist. Hinsichtlich des Inwohneranteils, bei dem sich veränderte Möglichkeiten der Lohnarbeit unmittelbar auswirken könnten, ist die Entwicklung nicht einheitlich. In Abtenau läßt sich eine Abnahme, in Taxenbach eine Zunahme feststellen. Deutlich ansteigend ist jedoch in beiden

---

26 Otto Uhlig, Die Schwabenkinder aus Tirol und Vorarlberg, Tiroler Wirtschaftsstudien 23, Innsbruck 1978.

Pfarren der Gesindeanteil. Diese Zunahme ergab sich sowohl durch ein prozentuelles Anwachsen der Hausgemeinschaften mit Gesinde als auch der Gesindezahlen pro Hausgemeinschaft.[27] Die Dominanz der Viehzucht bei den Bergbauern beider Gebiete läßt vermuten, daß die verstärkte Gesindehaltung durch eine Intensivierung der Viehzucht bedingt wurde. Vermittelt über das schon skizzierte System der Zulehen könnte diesbezüglich ein Zusammenhang mit dem Rückgang der Holzwirtschaft bestehen. Manche Kleingüter dürften dadurch keine ausreichende Existenzbasis für eine Familie gegeben haben. Jedenfalls für Abtenau läßt sich feststellen, daß zwischen 1632 und 1790 zahlreiche Häuser aufgegeben wurden und ihre Bestiftung als Zulehen an Bauern fiel. Diese konnten dadurch offenbar die Viehhaltung steigern. Solche Verschiebungen zwischen Holzwirtschaft und Viehzucht könnten auch in anderen Salzburger Pfarren die Zunahme des Gesindes und die Abnahme der Inwohner erklären. Dies gilt etwa für die Entwicklung in Koppl zwischen 1647 und 1805 und in Thalgau zwischen 1648 und 1750. Aufgrund der Lage dieser beiden Pfarren ist freilich ein Zusammenhang zwischen Entwicklungen in der Holzwirtschaft und dem Rückgang des Bergbaus hier nicht anzunehmen.

Die langfristigen Veränderungen der Arbeitskräftestruktur, die sich in den Salzburger Gebirgspfarren an der Zunahme des Gesindes und dem Rückgang der Inwohner im 17. und 18. Jahrhundert beobachten lassen, haben aber wohl nicht allein mit einem ökonomischen Strukturwandel dieser Bergbauerngemeinden zu tun. Auch die landesfürstliche Bevölkerungspolitik spielte dabei eine Rolle. Ähnlich wie im benachbarten Bayern haben die Salzburger Erzbischöfe durch Ehebeschränkungen für nicht haussässige Leute dem Anwachsen der verheirateten Inleute entgegenzuwirken versucht und damit gleichzeitig das Taglöhnerwesen zugunsten der Gesindehaltung zurückgedrängt.[28] Ein Hauptgrund für diese Politik waren die Probleme, die aus der zunehmenden Verarmung der unterbäuerlichen Bevölkerungsgruppen entstanden. Hier liegt freilich wiederum ein unmittelbarer Zusammenhang mit den verminderten Erwerbschancen und damit der allgemeinen Wirtschaftsentwicklung des Territoriums vor. Auch zur Waldwirtschaft ergeben sich Verbindungslinien. Die zur Erhaltung des Waldbestands erlassenen Forstordnungen lassen erkennen, daß man im Brenn- und Bauholzverbrauch der unterbäuerlichen Schichten eine besondere Gefahr sah und daher deren Anwachsen zu verhindern trachtete. Die politischen Maßnahmen gegen die Vermehrung der Inwohner begünstigten in Salzburg die Zunahme der Gesindehaltung über die von der Viehzucht geprägten Bergbauerngebiete hinaus.

Erklärt sich der im Vergleich zu den untersuchten Kärntner Pfarren etwas niedrigere Gesindeanteil in den ebenso von der Viehzucht bestimmten Salzburger Bergbauerngemeinden durch zusätzliche Komponenten der Wirtschaftsstruktur, so bedarf es in einem anderen Viehzuchtgebiet einer besonderen Begründung, um die

---

27　Für Abtenau diesbezüglich detaillierte Daten bei Michael MITTERAUER, Vorindustrielle Familienformen, in: ders., Grundtypen alteuropäischer Sozialformen, 69.

28　PLATZER, Ländliche Arbeitsverhältnisse, 38, 108, 139. MITTERAUER, Vorindustrielle Familienformen, 74 f.

völlig abweichenden Verhältnisse in der Dienstbotenhaltung zu verstehen. Unter den Gemeinden dieses Ökotyps fällt Villgraten in Osttirol innerhalb des gesamt-österreichischen Samples völlig aus der Reihe. Der Prozentsatz der Knechte und Mägde an der Gesamtbevölkerung beträgt hier bloß 10,8. Durch die Höhe des In-wohneranteils ist dies nicht zu erklären, da dieser hier nur bei 5,6 % liegt. Analysiert man den Anteil anderer Rollen in der Hausgemeinschaft, so zeigt sich, daß der Pro-zentsatz der im Haushalt mitlebenden Verwandten mit 17,7 % weit höher ist als in allen anderen österreichischen Gemeinden, für die statistische Daten vorliegen. Dieser Sachverhalt verweist auf Besonderheiten der Familienstruktur. Für die Fa-milienverfassung der Gegend war es typisch, daß Bauernsöhne heiraten konnten, ohne den Hof übernommen zu haben. Mitunter wurde das sogar mehreren Söhnen gestattet. Es kam dadurch zur Entstehung echter Stammfamilien, gelegentlich auch von „joint-families" und Formen der „frérèche". Einige Beispiele sollen diese Strukturen an Hand von Diagrammen erläutern.

Zum Unterschied von den übrigen hier untersuchten alpinen Viehzuchtgebie-ten wurde im Villgratental offenbar der Arbeitskräftebedarf der Höfe nicht primär durch Gesinde, sondern in erster Linie durch Verwandte gedeckt. Dafür kamen zu-nächst die erwachsenen Kinder der Bauern in Frage, von denen offenbar meist meh-rere auf Dauer im Haus verblieben. Oft waren sie auch nach dem Tod des Vaters beim übernehmenden Bruder als Arbeitskräfte im Dienst, wie das etwa in den Dia-grammen d, f und g zu sehen ist. Im Falle einer Hofübergabe, die freilich in Villgra-ten nur ausnahmsweise vorkam, blieben ebenso gelegentlich Geschwister im Haus (Diagramm d). Solche Formen der Deckung des Arbeitskräftebedarfs durch Ge-schwister sind auch sonst in bäuerlichen Gebieten Österreichs nicht selten zu finden; allerdings hatten derartige Konstellationen in der Regel keine so lange Dauer (z. B. Diagramm a, f und g). Der entscheidende Unterschied aber war, daß verbleibende Geschwister nicht notwendig ledig bleiben mußten, genauso wie erwachsene Söhne bereits vor der Hofübernahme eine Ehe schließen konnten. Auch darin ist eine Lö-sung des Arbeitskräfteproblems zu sehen, und zwar in zweierlei Hinsicht. Zunächst konnten die Schwiegertöchter und Schwägerinnen zur Mitarbeit herangezogen werden, dann standen mit den heranwachsenden Enkeln und Neffen zusätzliche Arbeitskräfte zur Verfügung. Zwischen den jüngsten Kindern des Bauern und des-sen ältesten Enkeln bestand oft kein großer Altersunterschied, so daß es zu einem fließenden Übergang zwischen den Generationen kommen konnte (z. B. Diagramm d). Trotz der Rekrutierung der Arbeitskräfte aus bis zu drei Generationen war das System jedoch nicht flexibel genug, um die angestrebte Entsprechung zwischen Viehstand und betreuendem Personal herzustellen. Gelegentlich mußte doch Ge-sinde aufgenommen werden. Ein Vergleich der Personalbeschreibung von 1781 mit den aus den Pfarrmatrikeln rekonstruierten Familienbüchern, wie sie für die Pfarre Innervillgraten vorgenommen wurde, zeigt, daß es sich bei den meisten Knechten und Mägden wiederum um Verwandte gehandelt hat. Dasselbe gilt für die nicht im Gesindedienst stehenden Mitbewohner, die höchstwahrscheinlich auch auf dem Hof gearbeitet haben. Die Deckung des Arbeitskräftebedarfs durch Verwandte er-folgte also nicht nur durch deren Verbleib im Haus, sondern auch durch zusätzliche

Tafel 3:
Bäuerliche Familienkonstellationen in Innervillgraten 1781

a) Familie Schett am Kaufhof,
   Teilgut 1 (12 Stück Vieh)

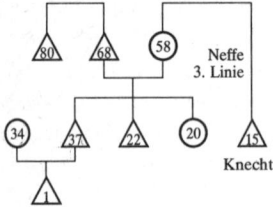

b)   Familie Bergmann am Berghof,
     Teilgut 1 (19 Stück Vieh)

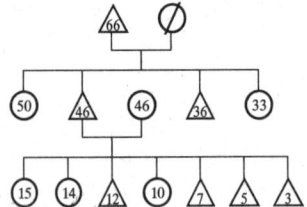

c) Familie Steidl am Nonnhof,
   Teilgut 1 (17 Stück Vieh)

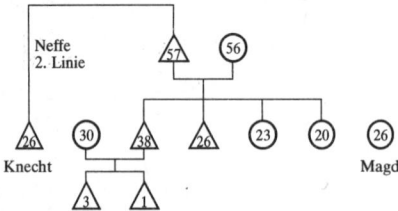

d) Familie Schett am Fürathof,
   Teilgut 3 (11 Stück Vieh)

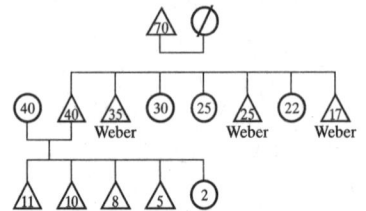

e) Familie Lanser am Haidhof,
   Teilgut 3 (19 Stück Vieh)

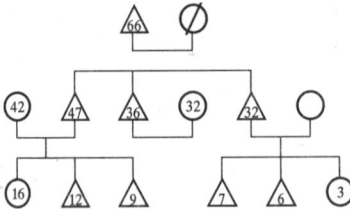

f) Familie Mühlmann am Sandhof,
    Teilgut Mühlet (24 Stück Vieh)

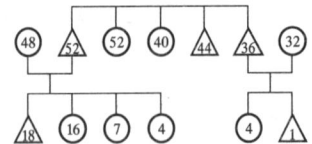

g) Familien Pranter-Schett auf den 3 Teilgütern des Gisshofes (7, 8 und 12 Stück Vieh)

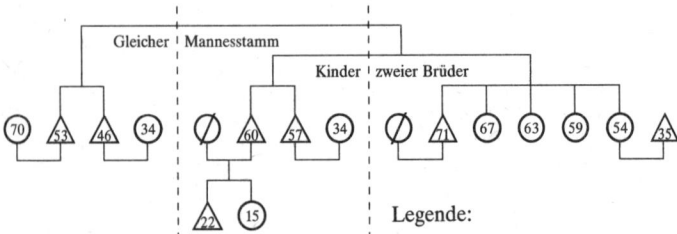

Legende:

△ männliche Person   △ Hausherr

○ weibliche Person   ⊿⌀ verstorbene Person

Aufnahme. Auch das nichtverwandte Gesinde stammte fast ausschließlich aus der Talschaft. Offenbar war es in dieser abgelegenen Bergbauerngegend schwierig, Arbeitskräfte von auswärts zu gewinnen. Das mag mit ein Grund dafür gewesen sein, daß man die Arbeitskräftefrage durch Eigenreproduktion zu lösen versuchte. Dieses System war freilich recht inflexibel. Gelegentlich mußten erwachsene Kinder oder Geschwister im Haus verbleiben, für die von den Erfordernissen der bäuerlichen Wirtschaft her kein Bedarf war. In solchen Fällen wich man zu einer gewerblichen Tätigkeit aus. Die drei als Weber tätigen Brüder des Bauern am Fürathof (Diagramm d) sind dafür ein anschauliches Beispiel. Auf solche Formen einer gemischt landwirtschaftlich-gewerblichen Familienwirtschaft wird im Zusammenhang mit den Fragen des Landgewerbes noch zurückzukommen sein.

Die Sonderform familialer Arbeitsorganisation im Villgratental stellt im österreichischen Raum eine Ausnahmeerscheinung dar. Sie verdient aber nicht zuletzt deswegen besondere Beachtung, weil sie Strukturen der Familienwirtschaft entspricht, die außerhalb dieses Raumes sehr große Bedeutung hatten. In Ost- und Südosteuropa waren komplexe Familienformen im ländlichen Raum sehr verbreitet. Ihr Prinzip der Arbeitskräftedeckung durch Verwandte stellt als Idealtypus den Gegenpol zu der in Mitteleuropa vorherrschenden Form der Familienwirtschaft mit Gesindehaltung dar.[29] Man hat daher auch überlegt, ob nicht bei den Osttiroler Großfamilien ein Zusammenhang mit der südslawischen Zadruga bestehen könnte und dabei an eine Relikterscheinung aus alpenslawischer Vergangenheit gedacht.[30] Eine solche Ableitung ist sehr unwahrscheinlich, wie überhaupt die ethnische Erklärung von Familienformen heute nicht mehr haltbar erscheint.[31] Eher ist eine Verbindung zu Gemeinerschaften und Kommunhausungen anzunehmen, wie sie im Ostalpenraum im Mittelalter sehr weit verbreitet gewesen sein dürften.[32] Gerade für das Villgratental gibt es diesbezüglich schon frühe Quellenhinweise.[33] Im benachbarten Defereggental haben sich solche Gemeinerschaften, die von einem

---

29 Michael MITTERAUER, Komplexe Familienformen, Ethnologia Europaea 12 (1981) 68 f.; Michael MITTERAUER und Alexander KAGAN, Russian and Central European family structures: a comparative view, in: Journal of Family History 7 (1982) Nr. 1, 103 ff.
30 WOPFNER, Wanderung, 254 in Anschluß an ältere Autoren wie H. J. BIEDERMANN, die Nationalitäten in Tirol 473. Beda WEBER, Das Land Tirol 3, Innsbruck 1837, 148 und 157, Johann MITTERRUTZNER, Slawisches aus dem östlichen Pustertale, Programm des Gymnasiums Brixen 1879, XIV. Gegen eine solche Ableitung hat sich vor allem Alfons DOPSCH, Die ältere Sozial- und Wirtschaftsverfassung der Alpenslawen, 150 und 164, ders., Die ältere Wirtschafts- und Sozialgeschichte der Bauern in den Alpenländern Österreichs, 38 ff., ausgesprochen. Ihm folgt auch Wopfner in seinen späteren Arbeiten (z. B. Bergbauernbuch 1/2, 137). Einen Überblick über diese Debatte sowie den Forschungsstand über die Osttiroler Mithausereien insgesamt gibt H. SENDELE, Die Almwirtschaft von Matrei in Osttirol. In geschichtlicher und rechtlicher Betrachtung mit einem Exkurs über die Hausgemeinschaft, wirtschaftswiss. Diss. (masch.), Innsbruck 1963, 344 ff.
31 MITTERAUER, Komplexe Familienformen, 62 ff.
32 Ferdinand TREMEL, Die Anfänge der Gemeinerschaften in den Ostalpen, in: Vierteljahrschrift für Sozial- und Wirtschaftsgeschichte 33, 1940, 175 ff.
33 Egon KÜHEBACHER, Die Hofmark Innichen, Innichen 1969, 79 ff.

„Vorhauser" geleitet wurden, bis ins 19. Jahrhundert erhalten.[34] In der Regel handelte es sich dabei um in ungeteilter Erbengemeinschaft zusammenlebende Söhne bzw. Brüder. Im Villgratental hat die Erbteilung dem Gemeinerschaftsprinzip stark entgegengewirkt. Die ihm entsprechende Struktur der „joint-family" konnte sich jedoch trotzdem immer wieder durchsetzen. Die ursprüngliche Einheit der Teilgüter ist bis zur Gegenwart im Landschaftsbild zu erkennen. Im Mittelpunkt der gegeneinander häufig durch Waldsäume abgegrenzten Rodungsblöcke stehen die durch die Teilung entstandenen Höfe nebeneinander. Mitunter ist es auch bei der Teilung nicht zu einem Neubau gekommen, sondern zu einer Realteilung des Althauses. Auch solche Doppelhäuser haben sich bis zur Gegenwart erhalten. Aus historischen Quellen läßt sich sehen, daß trotz Aufteilung der Güter die räumliche Lebensgemeinschaft im Haus aufrecht blieb.[35] Seitens der Grundherrschaft wurde bis zur Ablösung der Grundlasten im Jahre 1848 an der Einheit der Urhöfe festgehalten, die als Ganzes das zu Abgaben verpflichtete Objekt darstellten. Die Übergänge zwischen Urhofverband, Wohneinheit und Wirtschaftsbetrieb waren hier also ziemlich fließend. Dementsprechend erscheint es schwierig, die Familie als reale Einheit des Zusammenlebens abzugrenzen. Die Situation auf den drei Teilgütern des Gisshofes (Diagramm g) kann dies für das ausgehende 18. Jahrhundert veranschaulichen.

Auf allen drei Teilgütern lebten Angehörige der Familie Pranter. Der Bauer des 3. Teilguts hatte eingeheiratet und trug daher einen anderen Namen. Die Teilung zwischen dem zweiten und dritten Gut war erst in der Vätergeneration der Besitzer von 1781 erfolgt, zu der Abtrennung des ersten Guts muß es schon früher gekommen sein. Der kurz vor der Personalbeschreibung angelegte Kataster weist aus, daß zum ersten Teilgut nur ein halbes Haus gehörte, dessen zweite Hälfte mit dem Teilgut 3 verbunden war. Welche Teilungsprozesse hinter dieser räumlichen Situation standen, läßt sich nicht rekonstruieren. Die immer wieder zur Teilung führende Situation des Zusammenlebens mehrerer verheirateter Geschwister war zumindest auf den beiden ersten Teilgütern gegeben. In Hinblick auf die Kinderlosigkeit von fünf der sechs Paare dürfte freilich in diesem Fall eine solche Konsequenz ausgeblieben sein. Welche Faktoren bei diesen komplizierten Verhältnissen für die Gruppenrealität ausschlaggebend waren – die Abstammungs- und Siedlungsgemeinschaft, der Grad des Verwandtschaftszusammenhangs, die Wohneinheit oder die Gemeinsamkeit des Wirtschaftens –, das läßt sich aus heutiger Sicht nicht mehr rekonstruieren. Die Problematik der Abgrenzung von Familie nach den von der Quelle vorgegebenen Gliederungsprinzipien wird an solchen Beispielen bewußt.

Die Sondersituation zeigt zugleich auch die Grenzen auf, die einer Ableitung von Gegebenheiten der Familienverfassung aus den Bedingungen des Ökotypus gesetzt sind. Das Villgratental war eine von alpiner Weidewirtschaft geprägte Region

---

34 WOPFNER, Wanderung, 254. Ausführliche Einzelbelege für das Defereggental nach einer Seelenbeschreibung von 1685 bei SENDELE, Almwirtschaft, 544 f.

35 Dies ergibt sich aus den Angaben über Häuserbestand und Raumverteilung im theresianischen Kataster von 1775/80 (Landesarchiv Innsbruck).

wie viele andere Gemeinden des untersuchten Samples. Die Tendenz zur Ausbildung von Stammfamilien, „joint-families" und „frérèche"-Typen läßt sich aus der Viehzucht unmittelbar kaum erklären. Die Schwierigkeit, in dieser abgelegenen Gebirgsregion Gesinde zu bekommen, reicht als Deutungsmodell nicht aus. Vergleichbare Verhältnisse gab es in anderen Bergbauerngebieten auch. Maßgeblicher dürfte für die Familienverfassung die beharrliche Tendenz der Grundherrschaft zur Bestiftung von Gemeinerschaften im Wechselspiel mit den bäuerlichen Bestrebungen zu einer gleichberechtigten Teilung zwischen den Erben gewesen sein. Ob die Grundherrschaft in ihrer Bestiftungspolitik von besonderen ökonomischen Faktoren motiviert war, läßt sich kaum erschließen. Wenn ja, so kamen solche Faktoren jedenfalls nur in sehr vermittelter Weise zum Tragen.

2. Dominanz des Getreidebaus

Dem hohen Gesindeanteil an der Bevölkerung in den meisten der von der Viehzucht geprägten ländlichen Gemeinden steht ein zumeist geringerer Prozentsatz von Knechten und Mägden in Gegenden gegenüber, in denen der Getreidebau dominiert. Diese nehmen im Spektrum zwischen den idealtypisch konstruierten Extremen der „Gesindegesellschaften" und der „Taglöhnergesellschaften" eine Mittelstellung ein. Die Streuung der Werte ist in dieser Gruppe allerdings sehr groß. Im gesamtösterreichischen Sample reicht sie von über 30 % in der oberösterreichischen Großbauerngemeinde Andrichsfurt im Jahre 1823 bis zu 4 % in der kleinbäuerlichen Pfarre Burgschleinitz an der Grenze zwischen Waldviertel und Weinviertel in Niederösterreich im Jahre 1802. In beiden Gemeinden handelt es sich freilich auch in der zeitlichen Abfolge um Extremwerte. Lange Reihen jährlich angelegter Seelenbeschreibungen zeigen überhaupt, daß es hinsichtlich des Gesindeanteils innerhalb kurzer Zeiträume zu relativ starken Schwankungen kommen konnte. So fiel in Tautendorf der Prozentsatz von über 12 im Jahre 1835 auf 7,4 im Jahre 1844. Greift man bestimmte Krisenjahre heraus, so werden Abfall und Anstieg noch deutlicher sichtbar – vor allem wenn man von kleineren Lokalgruppen ausgeht. In größeren Populationen verläuft die Kurve des Gesindeanteils viel kontinuierlicher.[36] Weit stärkeren Schwankungen unterliegt die Entwicklung des Inwohneranteils, die ja nicht im gleichen Maß vom Arbeitskräftebedarf her bestimmt ist. Zum kurzfristigen Oszillieren der Gesindekurve kommen dann noch die langfristigen Aufwärts- und Abwärtsentwicklungen, wie sie etwa durch die verschiedenen Phasen der Agrarrevolution bedingt waren.[37] Neben echten Strukturunterschieden im Ökotypus der verschiedenen Landgemeinden mit vorherrschendem Getreidebau bewirken also auch solche temporäre Schwankungen die breite Streuung der Werte innerhalb des

---

36 Vgl. dazu etwa die Entwicklung in der eher den Getreideanbaugebieten zuzuzählenden Salzburger Pfarre Seekirchen 1813–1844 und in deren Teilgemeinde, dem „Riegat" Schöngumprechung, 1813–1883 bei Michael MITTERAUER, Familienformen und Illegitimität in ländlichen Gebieten Österreichs, in: Archiv für Sozialgeschichte 19 (1979) 170 f.
37 MITTERAUER, Auswirkungen der Agrarrevolution.

Samples. Eine durchgehend negative Korrelation zwischen der Höhe des Gesinde-
und des Inwohneranteils läßt sich nicht feststellen. Neben Gemeinden, in denen der
eine hoch und der andere niedrig liegt (z. B. Andrichsfurt), finden sich solche, in denen beide relativ hoch (z. B. Oftering, Gleink) bzw. relativ niedrig sind (z. B. Burgschleinitz). Anders als die Bedeutung der Gesindehaltung kann eben die der nichtständigen Arbeitskräfte nicht ausschließlich durch einen Wert gemessen werden.
Neben den Inwohnern sind diesbezüglich auch noch die Kleinhäusler zu berücksichtigen, deren Anteil selten mit gleicher Genauigkeit bestimmt werden kann. Versuche, deren Relation zur bäuerlichen Bevölkerung zu berechnen, werden uns noch zu
beschäftigen haben. Hier sei nur so viel vorweggenommen, daß zwar ein hoher Inwohneranteil auf Tendenzen zur „Taglöhnergesellschaft" weist, ein niedriger aber
nicht notwendig gegen diesen Typus der Arbeitskräfterekrutierung spricht.

Der stärkere Einsatz nichtständiger Arbeitskräfte beim Feldbau im Vergleich
zur Viehhaltung hängt damit zusammen, daß bei ersterem der Arbeitskräftebedarf
viel mehr saisonalen Schwankungen unterworfen ist. Vor allem zwei Arbeitsprozesse können – jedenfalls bei größeren Bauern – nicht allein mit dem ständigen Personal des Familienbetriebes bewältigt werden: die Getreideernte und das Dreschen.
Schnitter und Drescher sind daher auch die in Tagwerkerordnungen am häufigsten
genannten Kategorien ländlicher Lohnarbeiter. An weiteren Tätigkeiten, zu denen
Taglöhner herangezogen wurden, begegnen in diesen Quellen: Grasmähen, Stroh-
schneiden, Mistausführen, Dachdecken, Holzfällen und Holzhacken.[38] Dabei handelt es sich freilich nur um die wichtigsten Verrichtungen, für die aufgrund unterschiedlicher Qualifikationen und unterschiedlichem Arbeitseinsatz differenzierte
Taglohnsätze festgelegt wurden. Das breite Spektrum von Arbeiten, für die am
Bauernhof Tagwerker eingesetzt werden konnten, läßt sich aufgrund der Lohnsat-
zungen gar nicht in befriedigender Weise erfassen.[39] Soweit solche Arbeiten aus anderen Quellen zu erschließen sind, haben sie auch in erster Linie mit dem Feldbau zu
tun. Auf dem Gebiet des Pflanzenbaus sind durch die Neuerungen im Zuge der
Agrarrevolution weitere Tätigkeiten hinzugekommen. Obwohl diese Verbesserungen eher zu einer gleichmäßigeren Verteilung des Arbeitskräftebedarfs über das
ganze Jahr geführt haben,[40] gab es doch auch Faktoren saisonaler Intensivierung.
Das gilt etwa für die Kartoffelernte, zu der auf größeren Bauerngütern zusätzliche
Hilfskräfte aufgenommen werden mußten.

---

38 PLATZER, Ländliche Arbeitsverhältnisse, 96 und 266 ff. für Bayern. Für den österreichi-
    schen Raum fehlt eine zeitlich und regional so weit ausgreifende Zusammenstellung länd-
    licher Taglöhnersatzungen. Einzelbeispiele zeigen freilich, daß die Verhältnisse hier sehr
    ähnlich waren. Eine Ausnahme bilden die in österreichischen Ordnungen vielfach ge-
    nannten Weingartenarbeiten, auf die noch zurückzukommen sein wird.
39 Beispiele aus anderen Quellen etwa bei KREUZIGER, Ländliches Dienstboten- und Gesin-
    dewesen, 169 ff.
40 Roman SANDGRUBER, Die Agrarrevolution in Österreich, in: Alfred HOFFMANN (Hg.),
    Österreich-Ungarn als Agrarstaat, Wien 1978, 242; ders., Die Anfänge der Konsumge-
    sellschaft, Wien 1982, 75.

Der zusätzliche Personalbedarf bei saisonalen Spitzen konnte in unterschiedlicher Weise gedeckt werden. Eine Möglichkeit war die kurzfristige Aufnahme von auswärtigen Arbeitskräften. Die Saisonwanderung hat im Getreidebau vor allem bei der Ernte und fürs Dreschen eine große Rolle gespielt. Aus Niederösterreich wird 1835 berichtet, daß die Schnitter und Drescher von weit her aus Steiermark, Böhmen, Mähren und Schlesien kamen.[41] Der Arbeitskräfteaustausch erfolgte dabei in erster Linie zwischen gebirgigen Gebieten und Flachlandregionen, in denen der Zeitpunkt der Ernte früher war als in jenen. Solche Lösungen kamen in erster Linie für großbäuerliche Güter in guter Verkehrslage in Frage. In der Regel wurde jedoch der temporäre Arbeitskräftebedarf am lokalen Arbeitsmarkt gedeckt. Das setzte voraus, daß Gemeinden mit Dominanz des Getreidebaus über eine entsprechend breite unterbäuerliche Schicht verfügten, aus der jeweils kurzfristig Taglöhner aufgenommen wurden. Welche Rolle dabei das Moment der räumlichen Nähe spielte, zeigt der Unterschied zwischen Gebieten mit Streusiedlung und solchen mit Sammelsiedlung. In geschlossenen Dörfern scheint es für den Bedarf der Bauern an nichtständigem Personal ausgereicht zu haben, daß in den Kleinhäuslern und den Inwohnern, die wiederum vorwiegend bei ersteren einquartiert waren, ein entsprechendes Arbeitskräftereservoir zur Verfügung stand. Eigene Räume für die Aufnahme von Inwohnern gab es hier in der Regel nicht – es sei denn die Hofform sah von vornherein Ausgedingekammern vor, die dann bei Fehlen von Altenteilern mit Inwohnern besetzt werden konnten. Ganz anders ist die Situation in Streusiedlungsgebieten mit Dominanz des Getreidebaus. Größere Bauern errichteten hier häufig eigene Nebengebäude zur Beherbergung von Inwohnern.[42] Solche Inhäuser, im oberösterreichischen Hausruckviertel etwa auch „Backhäuser" genannt, konnten oft mehrere Inwohnerfamilien aufnehmen. Sehr große Bauern verfügten sogar über zwei Inhäuser.[43] Wurden sie nicht für Tagwerker benötigt, so konnten sie auch als Altenteilerwohnung genutzt werden. Diese Austauschbarkeit von Inwohnern und Altenteilern ist insoferne für die bäuerliche Familienstruktur wichtig, als der Bedarf an nichtständigen Arbeitskräften die Errichtung zusätzlicher Baulichkeiten förderte und damit die Institution des Ausgedinges begünstigte.[44] Solche Zuhäuser von Bauernhöfen konnten sich auch verselbständigen und in den Besitz von Kleinhäuslern

---

41 W. E. W. Blumenbach, Neueste Landeskunde von Österreich unter der Enns, Güns 1835, zitiert nach Heinrich Rauscher, Geschichte des bäuerlichen Wirtschaftslebens, in: Eduard Stepan, (Hg.), Das Waldviertel 7, 1937, 142.

42 Über die in Inhäusern lebenden Inwohner als Jahrestaglöhner vgl. Bauernland Oberösterreich, 496.

43 Rudolf Jungwirth, Ländliche Familienstrukturen im 19. Jahrhundert am Beispiel einer oberösterreichischen Pfarrgemeinde, Hausarbeit am Institut für Wirtschafts- und Sozialgeschichte der Universität Wien (masch.), 34 ff. und 47.

44 Eine bayerische Forstordnung von 1616 bestimmt, daß wegen des Holzmangels die „Nahrungshäuschen hinweggetan werden sollen", und spricht gleichzeitig davon, daß hier viel arme Leute mit ihren kleinen Kindern wohnen (Platzer, Ländliche Arbeitsverhältnisse). „Nahrungshäusl" ist jedoch die bayerisch-salzburgische Bezeichnung für die Altenteilerhäuser, die sich vom Begriff „Nahrungsleute" („alimentarii") für Auszügler ableitet. Ganz selbstverständlich werden hier Altenteiler- und Inwohnerzuhaus gleichgesetzt.

übergehen. Die ursprüngliche Zusammengehörigkeit ist dann meist aus korrespondierenden Hausnamen zu erkennen (z. B. „Winkelmayer" und „Winkelmayerhäusel"). Bei Bauernhöfen in Streusiedlungsgebieten finden sich häufig mehrere solcher Kleingüter. Durch Hofteilungen einerseits, die Verselbständigung ehemals zugehöriger Häusler andererseits konnte es so zur Ausbildung von Kleinweilern kommen, innerhalb derer eine ausgeglichene Arbeitskräftebalance entstand. Auch die benachbarten Kleinhäusler standen ja den Bauern bei Bedarf als Taglöhner zur Verfügung. Ein Unterschied gegenüber den Inwohnern in den Zuhäusern ergab sich nur bezüglich der Bezahlung und dem Grad der Verpflichtung zur Mitarbeit. Die Inwohner und ihre Familienangehörigen waren verpflichtet, dem Bauern bei Bedarf zur Verfügung zu stehen, und das zumeist ohne Entlohnung.[45] Die Mitarbeit wurde als Gegenleistung für das gewährte Quartier aufgefaßt. Wieviele Tage gearbeitet werden mußten, um damit die Miete abzudienen, war durch lokale Traditionen festgelegt. Die Fixierung einer bestimmten Anzahl an Tagen bedeutete jedoch eher einen Richtwert. Die starke Abhängigkeit der Inwohner vom Bauern wird kaum zugelassen haben, einen darüber hinausgehenden Einsatz im Bedarfsfall zu verweigern.

Die Errichtung von Zuhäusern, die an Inwohner vergeben wurden, ist ein deutlicher Hinweis darauf, daß in Getreidebaugebieten bei den großen Bauern über das Gesinde hinaus ein Bedarf an zusätzlichen Arbeitskräften gegeben war. Man band diese zwar nicht in gleicher Weise in die Familienwirtschaft ein wie die Knechte und Mägde, sorgte aber doch für Abhängigkeitsverhältnisse, die einen ständigen Zugriff ermöglichten. Das deutet darauf hin, daß über die saisonale Spitze der Getreideernte hinaus immer wieder Arbeiten anfielen, für deren Verrichtung man sich Personal sichern wollte, das auf Abruf zur Verfügung stand und deshalb in unmittelbarer räumlicher Nähe untergebracht werden mußte. In den dominant von der Viehzucht geprägten Gebieten ist das nicht der Fall. Eigene Zuhäuser für Inwohner wurden hier nicht errichtet. Gelegentlich läßt sich beobachten, daß Inwohner in Nebengebäuden untergebracht wurden. Das ist etwa bei den „Gästen" der Fall, die man auf den Gruppenhöfen Kärntens vielfach in den sogenannten „Badstuben" beherbergte. Diese Badstuben waren aber ihrer Funktion nach für einen anderen Zweck bestimmt und dienten nur sekundär für die Aufnahme zusätzlicher Arbeitskräfte.[46] In den Viehzuchtgebieten sind insgesamt Inwohner in den Bauernhäusern seltener. Auch die dem Hof unmittelbar benachbarten Kleinhäuser im Eigenbesitz fehlen hier zumeist. Kleinhäusler wie Inwohner konzentrieren sich eher auf den Siedlungsmittelpunkt des Gemeindegebiets, meist den Pfarrort oder den Herrschaftssitz.[47] Offenbar wurden sie als Taglöhner nicht in gleicher Weise gebraucht.

---

45 Über die Arbeitsverhältnisse der Inwohner, JUNGWIRTH, Ländliche Familienverhältnisse, 117.

46 Über diese Oskar MOSER, Das Bauernhaus und seine landschaftliche und historische Entwicklung in Kärnten, Klagenfurt 1974, 140 ff.

47 Von den hier untersuchten Pfarrgemeinden ist dies besonders gut in der Kärntner Gebirgspfarre Metnitz zu beobachten, wo sich die Kleinhäuser voll auf den Kirchort konzentrieren. Im Umland finden sich nur ganz wenige Keuschen. Die Bauern haben zwar durchgehend Badstuben, die jedoch vielfach nach den Zählungen von 1757 und 1790 unbewohnt sind.

In Sammelsiedlungen mit Dominanz des Getreidebaus stellt sich hingegen das Problem der Ansiedlung saisonal benötigter Arbeitskräfte nicht. Die notwendigen Taglöhner stehen hier auch dann im Bedarfsfall kurzfristig zur Verfügung, wenn sie nicht im Bauernhaus selbst oder in dessen unmittelbarer Nachbarschaft wohnen.

Was über die Notwendigkeit unterschiedlich starker Bindungen von Taglöhnern an das Bauernhaus bei unterschiedlicher Siedlungsstruktur ausgeführt wurde, gilt insgesamt für die Frage der Arbeitskräfterekrutierung. Wenn Bauern in Streusiedlungsgebieten aus Gründen der Abrufbarkeit interessiert sind, die Taglöhner stärker an das Haus zu binden, so werden sie auch generell größeres Interesse an der Arbeit mit ständigen Arbeitskräften gehabt haben. Aus diesem Grund ist unter den vom Getreidebau geprägten Gemeinden ein Gefälle der Gesindehaltung von Streusiedlungsgebieten zu Dorfsiedlungsgebieten anzunehmen. Innerhalb des hier untersuchten Samples trifft diese Hypothese zu. Die Bauerngemeinden mit Weiler- und Einzelhofsiedlung in Oberösterreich und im westlichen Niederösterreich liegen in der Tabelle (Tafel 1) deutlich vorne (z. B. Andrichsfurt, Raab, Oftering, St. Margareten an der Sierning, Gleink). Mit Unterschieden der Besitzgrößen allein ist dieses Phänomen nicht zu erklären, da einige von ihnen keineswegs als großbäuerlich anzusprechen sind (z. B. Raab). Die Gemeinden mit Dorfsiedlung, die vor allem dem niederösterreichischen Raum angehören, rangieren hingegen in der nach der Höhe des Gesindeanteils geordneten Liste durchwegs weiter hinten. Das unterschiedliche Interesse an einer stärkeren oder schwächeren Integration der Arbeitskräfte, das sich je nach Siedlungstyp anders darstellt, wird zumindest als einer der Gründe für diese Plazierung anzusehen sein.

Ein Einfluß der Siedlungsstruktur auf die Aufnahme ständiger bzw. nichtständiger Arbeitskräfte ist aber auch noch in anderer Hinsicht anzunehmen. Es wurde schon darauf hingewiesen, daß auch in den dominant vom Getreidebau bestimmten Gebieten primär die Viehhaltung für die Hereinnahme ständiger Mitarbeiter in die Familienwirtschaft von Bedeutung war. Es sei in diesem Zusammenhang noch einmal an die verschiedenen Bezeichnungen der Knechte und Mägde erinnert, die hier ebenso von der Betreuung bestimmter Tiere abgeleitet sind. In der Viehhaltung gibt es nun in den österreichischen Ländern einen entscheidenden Unterschied zwischen dem Dorfsiedlungsgebiet und den Regionen, in denen Weiler und Einzelhöfe vorherrschen. In den Dorfsiedlungen war die Viehhaltung kollektiv geordnet. Die Bauern der ganzen Siedlungseinheit nahmen zusammen jedes Jahr oder über mehrere Jahre hin einen „Halter" auf, der für die Betreuung des Viehs verantwortlich war.[48] Dieses Amt war gleichsam für sich genommen eine „Familienwirtschaft". Der Hirt wurde nämlich in seiner Aufgabe von seinen Familienangehörigen und, wenn diese nicht ausreichten, von eigenen Knechten bzw. „Halterbuben" unterstützt. Alle zusammen waren für die Zeit ihres Dienstes in einem gemeindeeigenen Kleinhaus, dem sogenannten „Halterhaus" untergebracht. Innerhalb einer Pfarrgemeinde gab es – je nach Zahl der Sammelsiedlungen – mehrere Halter, so etwa auch in den

---

48 RAUSCHER, Geschichte des bäuerlichen Wirtschaftslebens, 166 ff., Helmuth FEIGL, Die niederösterreichische Grundherrschaft, Horn 1964, 317.

Kleindörfern der Pfarren Maria Langegg oder Heiligeneich, die schon Übergangsformen zur Weilersiedlung darstellen. In den eigentlichen Streusiedlungsgebieten
fehlen solche kollektiven Formen der Weidewirtschaft. Die Bauern mußten einzeln
das zum Viehhüten nötige Personal aufnehmen. Bedingungen der Siedlungsform,
die in ihren Wurzeln zumindest bis ins Hochmittelalter zurückgehen, bestimmen auf
diese Weise die Intensität der bäuerlichen Gesindehaltung.

In Hinblick auf die jeweilige Höhe des Gesindeanteils sind also auch in den
stärker auf Pflanzenbau orientierten Gebieten Getreidebau und Viehzucht miteinander in Zusammenhang zu sehen. Noch weniger als den „Hörndlbauern" hat es
den „Körndlbauern" in historischen Zeiten in Reinkultur gegeben. Nicht nur bäuerliches Autarkiestreben ist als Hintergrund dieser engen Verflechtung von Wirtschaftsformen zu sehen, die hier aus analytischen Gründen getrennt behandelt werden. Es war aus dem funktionalen Zusammenhang beider notwendig ein enger
Konnex gegeben.[49] Bis zur Erfindung des Kunstdüngers bzw. vorangehender Formen mineralischer und pflanzlicher Anreicherung des Bodens stellte das Problem
der Düngung die zentrale Frage der Landwirtschaft dar. Solange man dieses Problem nicht lösen konnte, war an eine weitergehende Trennung von Ackerbau und
Viehzucht nicht zu denken. Auch bei Dominanz des Feldbaus mußte ein Mindest-
stand am Vieh gehalten werden, um die entsprechende Düngung der Felder zu gewährleisten. Den ersten Durchbruch in diesem uralten Kernproblem der traditionellen Landwirtschaft bedeutete der Kleebau, der auf natürliche Weise eine Anreicherung des Bodens ohne Düngung und Brache bewirkte. Der Klee war jedoch nur
als Futtermittel zu gebrauchen und bedingte dadurch seinerseits wieder eine Intensivierung der Viehzucht.[50] Die enge Bindung von Ackerbau und Viehzucht war damit neuerlich fundiert. Erst der Kunstdünger hat hier endgültig Lösungen gebracht,
die eine stärkere Spezialisierung des einen Zweiges ohne den anderen erlaubten.

Der Charakter traditioneller Landwirtschaft als Mischwirtschaft ist maßgeblicher Grund dafür, daß die hier idealtypisch getroffenen Zuordnungen von Viehzucht und Gesindehaltung sowie von Feldbau und Arbeitskräfterekrutierung durch
Aufnahme von Taglöhnern in der Realität nie direkt faßbar erscheinen. Beide
Komponenten treten stets nebeneinander auf. Der hier zugrundegelegte Quellentypus führt zu zusätzlichen Schwierigkeiten. Die Personenstandslisten lassen zwar
bei Knechten und Mägden eine Zuordnung zu bestimmten Bauern erkennen, weil
sie ja voll in die Familienwirtschaft integriert sind. Bei Taglöhnern jedoch sind aus
den Listen kaum unmittelbare Schlüsse auf Arbeitsbeziehungen möglich. Um die
Vorstellung der nebeneinander bestehenden Abhängigkeitsverhältnisse ständiger
und nichtständiger Arbeitskräfte von bestimmten Bauern konkretisieren zu können, bedarf es daher besonders günstiger Voraussetzungen. Der Fall, der hier zur Illustration herangezogen wird, ist insofern eine Ausnahme, als er es erlaubt, die
Entwicklung der Gesinde und Inwohnerverhältnisse in einem Kleinweiler zu beobachten, in dem sich die Wahrscheinlichkeit zusätzlicher auswärtiger Arbeitsbezie-

49 SANDGRUBER, Die Agrarrevolution in Österreich, 228 f.
50 Ebenda. 221, Roman SANDGRUBER, Die Anfänge der Konsumgesellschaft, 63 ff.

Tafel 4:
Arbeitskräfteverhältnisse in der Ortschaft Oberbuch, Pfarre Oftering, 1703–1840

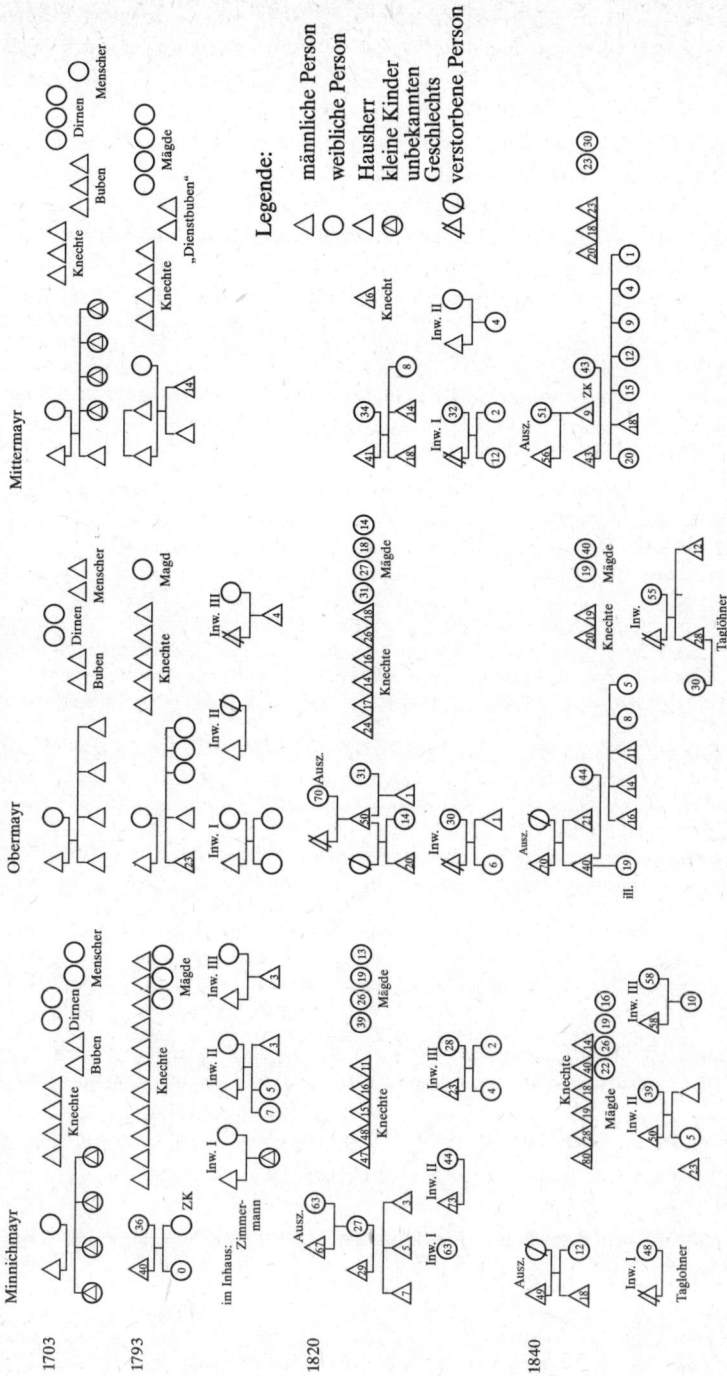

Legende:

△ männliche Person
○ weibliche Person
◁ Hausherr
⊘ kleine Kinder unbekannten Geschlechts
△⊘ verstorbene Person

Minnichmayr

Obermayr

Mittermayr

1703

1793

1820

1840

Knechte   Dirnen   Buben   Menscher

Mägde

Inw. I   Inw. II   Inw. III

ZK

im Inhaus: Zimmermann

Ausz.

Taglöhner

Knecht

„Dienstbuben"

Magd

Taglöhner

ill.

hungen mit ziemlicher Sicherheit bestimmen läßt. Es handelt sich um die Ortschaft Oberbuch in der Pfarre Oftering im reichen Getreidebaugebiet südwestlich von Linz gelegen. Der Weiler besteht bloß aus drei Bauernhöfen und ihren Zuhäusern. Kleinhäusler, die bei den Bauern Taglohnarbeit verrichtet haben könnten, hat es hier nicht gegeben. Alle drei Bauern tragen die Bezeichnung „Maier", die sich nur bei Großhöfen findet, die aus ehemaligen herrschaftlichen Eigenregiebetrieben hervorgegangen sind.[51] Alle drei verfügten sowohl über Gesinde als auch über Inwohner, so daß sich die ständigen und nichtständigen Arbeitskräfte in ihrer Entwicklung beobachten lassen.

Nach dem Kommunikantenverzeichnis der Pfarre Oftering von 1703 gab es freilich in der ganzen Ortschaft Oberbuch nur ständige Arbeitskräfte. Alle drei Bauern arbeiteten mit Gesinde und mußten die Taglöhner von außerhalb des Ortes holen. Dieser Zustand wurde offenbar als unbefriedigend empfunden. Im Verlauf des 18. Jahrhunderts errichtete man bei allen drei Bauernhöfen Zuhäuser, [52] beim Minnichmayer sogar zwei; beim Mittermayer war das Zuhaus 1793 unbewohnt. Man konnte nun selbst Inwohner aufnehmen. Pro Hof begegnen in der Folgezeit bis zu drei Inwohnergruppen gleichzeitig. Mit der Aufnahme der Inwohner dürfte man unterschiedlichen Bedürfnissen nachgekommen sein. Wenn auf dem Minnichmayerhof 1793 elf Knechte im Dienst waren, so werden die drei männlichen Inwohner nicht allzu oft gebraucht worden sein. Einer von ihnen wird auch ausdrücklich als Zimmermann bezeichnet, hatte also eine außerhäusliche Erwerbstätigkeit. Eher ging es damals um die Arbeitskraft der Inwohnerfrauen. Die Zahl der Mägde hatte sich ja im Vergleich zu 1703 von vier auf drei verringert, ohne daß erwachsene Töchter als Ersatz im Haus gewesen wären. 1820 scheint hingegen eher Bedarf nach zusätzlichen Männern gewesen zu sein. Es waren damals nur halb so viel Knechte auf dem Hof wie 1793, während die Mägdezahl wiederum auf vier angestiegen war. Einen Ersatz von ständigen Arbeitskräften beider Geschlechter wird man beim Obermayer im Vergleich der Situation von 1840 mit der von 1820 annehmen müssen. Die Zahl der Knechte war in dieser Zeit von fünf auf zwei, die der Mägde von vier auf zwei zurückgegangen. Der Bruder des Bauern und dessen heranwachsende Kinder konnten die Lücke sicher nicht ganz füllen. Vielmehr wird diese Aufgabe primär der Inwohnerfamilie mit ihren drei Männern und zwei Frauen zugekommen sein. Noch krasser erscheint die Situation beim Mittermayer 1820. Er beschäftigte einen einzigen Knecht gegenüber zehn Gesindepersonen 1793 und 1703. Neben den heranwachsenden Kindern dürften also vor allem die Angehörigen der beiden Inwohnergruppen eingesetzt worden sein. Da aber unter ihnen nur ein erwachsener Mann war und das Arbeitskräftepotential des Hofes 1840 fünf bis sechs Männer zu fünf bis sechs Frauen betrug, wird man zusätzliche Lohnarbeiter von außen gebraucht haben. Insgesamt legen die Zahlenrelationen den Schluß nahe, daß die Errichtung der Inhäuser und die Aufnahme von Inwohnern hier primär dazu gedient haben, die Zahl der dauernd verfügbaren Arbeitskräfte zu halten oder zu erweitern. Ohne auswärtige Hilfskräfte wird man gerade in der hier erfaßten Phase gesteigerter Agrarproduktion auf den drei Höfen nicht ausgekommen sein. Die Aufnahme von Inwohnern verlieh jedoch gegenüber der reinen Gesindehaltung eine größere Flexibilität. Und gerade diese größere Flexibilität scheint für die Arbeitskräftepolitik in Getreidebaugebieten im Vergleich zu Viehzuchtregionen von maßgeblicher Bedeutung gewesen zu sein.

---

51 Bauernland Oberösterreich, 36 und 587, Georg GRÜLL, Bauernhaus und Meierhof, Zur Geschichte der Landwirtschaft in Oberösterreich, Linz 1975.

52 Daß es sich hier um eine für die Zeit typische generelle Entwicklung handelt, zeigt eine Erhebung über die Ursachen der Holznot im Land ob der Enns von 1740. Vgl. dazu Alfred HOFFMANN, Wirtschaftsgeschichte des Landes Oberösterreich 1, Salzburg 1952, 293 f.

Ein so starker Wechsel zwischen dem Einsatz von Gesinde und von Inwohnern, wie er bei den drei „Mayer"-Bauern in der Ortschaft Oberbuch beobachtet wurde, war wohl nur bei sehr großen Bauern in einem ganz stark auf Getreidebau orientierten Gebiet möglich. Bei Großbauern des Voralpenraums, bei denen zwar auch der Feldbau im Vordergrund stand, die Viehzucht jedoch eine wichtige Rolle spielte, sind die Gesindezahlen weitaus stabiler. Das läßt sich etwa an Hand der langen Reihen jährlich angelegter Seelenbeschreibungen aus der Pfarre Andrichsfurt zeigen. Hier war man aufgrund des Mangels an Hutweiden schon im ausgehenden 18. oder frühen 19. Jahrhundert zur Stallfütterung übergegangen.[53] Mit dieser Wirtschaftsweise konnte man einen höheren Viehstand über die kritische Phase der Wintermonate halten, brauchte dafür aber eine größere Zahl von Knechten und Mägden. Nicht zufällig steht daher Andrichsfurt unter den Gedtreidebaugebieten hinsichtlich des Gesindeanteils an der Bevölkerung deutlich an der Spitze.

Um den sehr unterschiedlich hohen Gesindeanteil in Orten dieses Ökotyps im untersuchten Sample zu erklären, sind neben den schon genannten Gründen, nämlich stärkerer Zwang zur Aufnahme ständiger Arbeitskräfte bei Streusiedlung, kollektive oder individuelle Weidewirtschaft und Bedeutung der Viehzucht innerhalb der mischwirtschaftlichen Produktionsweise, natürlich auch die Unterschiede in den Besitzgrößen zu bedenken. Von der Größe der Güter hing es sehr wesentlich ab, ob und in welchem Ausmaß zusätzliche Erwerbsmöglichkeiten gesucht werden mußten. Dadurch ergeben sich bei den kleinbäuerlich strukturierten Gemeinden weitere Differenzierungen des Ökotyps. In der Pfarre Maria Langegg etwa, die in der Liste des Gesindeanteils weit hinten liegt, spielte die Holzwirtschaft eine sehr große Rolle.[54] In der ebenso gesindearmen Pfarre Burgschleinitz wiederum bildeten die Steinbrucharbeiten und die Bearbeitung von Stein einen Zuerwerb, der die lokalen Wirtschaftsverhältnisse prägte. Unter den verschiedenen Formen kleinbäuerlicher Wirtschaftsweise, die im untersuchten Sample vertreten sind, verdient eine besondere Beachtung, nämlich die Weinwirtschaft. Diese hat hinsichtlich der Arbeitsverhältnisse soviel spezifische Eigenarten, daß sie als ein eigener Ökotyp besprochen werden soll.

3. Weinbau

Von den hier in die Untersuchung einbezogenen Gemeinden mit Weinbau liegt hinsichtlich des Gesindeanteils keine im Spitzenfeld. Perchtoldsdorf nimmt 1754 mit 14,3 % eine Mittelposition ein, sinkt aber dann bis 1857 auf 10,3 % ab. Poysdorf und Heiligeneich gehören mit etwa 10 % eher zu den gesindearmen Pfarren. Um den Zusammenhang zwischen Wirtschaftsweise und Gesindeanteil richtig zu interpretieren, muß jedoch betont werden, daß keine dieser Gemeinden ausschließlich vom

53 Eleonore KRABICKA, Übergabemuster ländlicher Hausgemeinschaften am Beispiel der Pfarre Andrichsfurt, 1813–1873, Hausarbeit am Institut für Wirtschafts- und Sozialgeschichte der Universität Wien (masch.), 37.

54 Gertrud OSTRAWSKY, Die Zusammensetzung der Hausgemeinschaften in der Pfarre Maria Langegg im Dunkelsteinerwald 1788–1875, phil. Diss. Wien 1979 (masch.), 18 ff.

Weinbau geprägt war. Bei Perchtoldsdorf und Poysdorf handelte es sich um große Marktorte mit starker Gewerbeentwicklung. Zum Unterschied von der Zählung aus der Mitte des 18. Jahrhunderts gab es in Perchtoldsdorf um die Mitte des 19. Jahrhunderts schon eine relativ bedeutende Fabriksarbeiterschaft. Heiligeneich hingegen war viel stärker agrarisch geprägt. Vor allem in den kleineren Dörfern der Pfarre gab es neben dem dominanten Weinbau auch in beträchtlichem Umfang Akkerbau. Die Agrikultur war also stark mischwirtschaftlich. In den beiden größten Dörfern der Pfarre, Trasdorf und Moosbierbaum, waren hingegen viele Gewerbezweige vertreten. Durchgehend läßt sich feststellen, daß gerade die nicht primär im Weinbau tätigen Bevölkerungsgruppen für die Höhe des Gesindeanteils maßgeblich waren, also einerseits die Handwerker, andererseits die Bauern, die in den Seelenbeschreibungen von Heiligeneich deutlich von der Weinbau betreibenden Gruppe, den Hauern, unterschieden werden. In den Hauerfamilien aller drei Gemeinden finden sich nur sehr wenige Knechte und Mägde. In Perchtoldsdorf wird gelegentlich ein „Pürgknecht" genannt, der seine Bezeichnung wohl von der Arbeit im Wein-„gebirge" trug. Manchmal begegnen bei Hauern „Dienstbuben". Insgesamt fällt bei den wenigen in Hauerfamilien tätigen Gesindepersonen deren jugendliches Alter auf. Soweit es überhaupt Gesindehaltung gab, ging man offenbar früh zur Taglohnarbeit über. Das jugendliche Alter der Mägde erklärt sich zum Teil daraus, daß es sich um „Kindsdirnen" gehandelt hat. Auch wenn diese Bezeichnung in der Quelle fehlt, so läßt sich aus den seriellen Seelenbeschreibungen durch das Zusammenfallen der Dienstzeit mit der Zeit nach der Geburt eines Kindes diese Funktion erschließen. Die bei Hauern in Dienst stehenden Mägde hatten also vielfach gar nichts mit der Weingartenarbeit unmittelbar zu tun, sondern dienten zur Entlastung der Hausfrau, die dadurch zur Mitarbeit freigestellt werden sollte. Die langen Reihen jährlich angelegter Personenstandslisten geben auch sonst gelegentlich Hinweise, daß die wenigen Fälle der Gesindehaltung nicht primär durch den Arbeitskräftebedarf der landwirtschaftlichen Tätigkeit bedingt waren. So deuten als Dienstboten geführte ehemalige Ziehkinder oder Verwandte eher auf die Versorgungsfunktion als auf die Produktionsfunktion der Familie. Eine interessante Sondererscheinung ist es, wenn sich in Perchtoldsdorf gelegentlich „Dienstweiber" von Handwerkern finden, bei denen der Zusatz „Hauerin" beigefügt ist. Es handelt sich hier offenbar um Personal, das eigens für die Weingartenarbeit aufgenommen wurde. Die Handwerker des Marktes verfügten ja zumeist auch über Weingartenbesitz. Die Aufnahme von Hauerinnen deutet darauf hin, daß die Frauenarbeit im Weinbau eine sehr wichtige Rolle spielte. Freilich werden solche weibliche Dienstboten nicht nur im Weingarten tätig gewesen sein. Dazu hätte man sie nicht ganzjährig aufnehmen müssen. Der zahlenmäßig nicht allzu sehr ins Gewicht fallende Prozentsatz von Weingartenmägden bei Handwerkern erscheint in unserem Zusammenhang insofern interessant, als gerade der Weinbau als Nebenerwerb zu zusätzlicher Gesindehaltung führen konnte. Als Haupterwerb hat er diese Rolle sicher nicht gespielt.

Viel höher als der Gesindeanteil war in den Weinbauorten hingegen der Prozentsatz der Inwohner. Exakte Angaben lassen sich diesbezüglich freilich schwer machen. Es ist für Weinbaugebiete charakteristisch, daß sie dicht besiedelt sind.

Auch in Orten mit ländlichem Charakter finden sich oft in einem Haus soviele Mitbewohner bzw. Mitbewohnergruppen, daß das Modell der in die Hausgemeinschaft integrierten Inwohner nicht mehr paßt. Dazu kommt das Phänomen von Häusern, die nur von Inwohnergruppen bewohnt sind. In der Pfarre Heiligeneich etwa begegnet es mehrfach, daß Bauern zwei oder drei meist benachbarte Häuser besaßen, in denen sie Inwohner unterbrachten. Mit dem grundherrschaftlichen Bestiftungszwang war ein solcher Mehrfachbesitz von Häusern zwar grundsätzlich nicht vereinbar,[55] gerade in Weinbaugebieten finden sich diesbezüglich jedoch Durchbrechungen. Der Weinbau wirkte ja insgesamt – ähnlich wie der Bergbau – auf traditionelle Feudalordnungen zersetzend.[56] Kam es zu einem Zusammenleben mehrerer Inwohnergruppen in einem Haus, das vom Hausherren selbst nicht bewohnt wurde, so bestand eine Situation, die eher den städtischen Mietverhältnissen vergleichbar war als dem herkömmlichen Inwohnerwesen der bäuerlichen Hausgemeinschaften. Durchaus städtische Bedingungen finden sich diesbezüglich in großen Weinbaumärkten wie Perchtoldsdorf. Häuser mit sieben oder acht Inwohnergruppen sind hier schon im 18. Jahrhundert keine Seltenheit. Koresidenz mit dem Hausherren war oft nicht gegeben. Von der Einheit des „ganzen Hauses" kann dann keine Rede mehr sein. Ebenso wird der auf dieses „ganze Haus" bezogene Inwohnerbegriff unter solchen Umständen fraglich.[57] So erscheint es wenig sinnvoll, unter derart abweichenden Voraussetzungen gewonnene Zahlen von Inwohnern mit denen der bisher behandelten Landgemeinden zu vergleichen. Generell läßt sich jedoch sagen, daß die nicht über Hausbesitz verfügende Bevölkerungsschicht in Weinbauorten besonders breit ist. Die Weinhauer sind in ihr eindeutig die dominante Gruppe. Allerdings handelt es sich bei diesen mitwohnenden Weinhauern durchwegs um Taglöhner. Auch wenn sie nicht Hausbesitzer sind, können sie Grundbesitzer sein. Die Perchtoldsdorfer Volkszählung von 1857 weist viele der in fremdem Haus lebenden Weinhauer ausdrücklich als Besitzer von Weingärten aus. Es ist eine spezifische Eigenart von Weinbaugegenden, daß der bewirtschaftete Grund nicht notwendig mit einem Haus verbunden sein muß.[58] Innerhalb der traditionellen Agrarverfassung stellt dieses Phänomen – jedenfalls im österreichischen Raum – eine Ausnahmeerscheinung dar. Es hat damit zu tun, daß der Weinbau eine besonders intensive Kulturgattung ist, die auch bei geringer Wirtschaftsfläche relativ hohe Erträge abwerfen kann. Deswegen wurde in Weinbaugebieten die Erbschaft von Grund auch ohne Hausübernahme als Basis für eine „Hausstandsgründung" angesehen. Dementsprechend herrschte hier meist das erbrechtliche Prinzip der Freiteilbarkeit.[59]

---

55 Helmuth FEIGL, Bäuerliches Erbrecht und Erbgewohnheiten in Niederösterreich, in: Jahrbuch für Landeskunde von Niederösterreich NF 37 (1967) 165.

56 MITTERAUER, Produktionsweise, 168 f. und 183.

57 Zur Problematik der Abgrenzung von Familie und Haushalt im Übergang von ländlicher zu städtischer Siedlungsweise MITTERAUER, Familiengröße – Familientypen – Familienzyklus, 239 ff.

58 Zur Sonderstellung des Weinbergrechts für Niederösterreich FEIGL, Grundherrschaft, 185 ff.

59 Vgl. KRETSCHMER-PIEGLER, Bäuerliches Erbrecht, 13.

Weinhauer ohne Hausbesitz, die über Grundbesitz verfügten, sind daher durchaus als Inhaber einer eigenständigen Familienwirtschaft anzusehen. Freilich war ihr Kleinbesitz oft keine ausreichende Existenzgrundlage, so daß sie zusätzliche Taglohnarbeit verrichten mußten. Das gilt jedoch durchaus auch für viele Weinhauer, die selbst ein Haus besaßen. Sie standen vielfach dem Wirtschaftstypus nach den Kleinhäuslern näher als den Bauern.[60] So haben wir in Weinbaugebieten drei Arten von Taglöhnern zu unterscheiden: solche mit Haus- und Grundbesitz, solche nur mit Grundbesitz und solche, die weder über das eine noch über das andere verfügten. Nur die letzte Gruppe wäre – wenn eine solche Parallelsetzung überhaupt erlaubt ist – den sonstigen ländlichen Inwohnern vergleichbar.

Verglichen mit den bisher behandelten Ökotypen kann gesagt werden, daß die Teilpopulation der Hauer in den Weinbaugebieten am ehesten dem Typus der „Taglöhnergesellschaft" entspricht. Für diese eindeutige Dominanz der Lohnarbeit waren mehrere Gründe maßgeblich.[61] Von der Arbeitsweise her ist zusätzlich die sehr unregelmäßige Verteilung der Arbeitsintensität im Jahresablauf zu nennen. Auf den prinzipiellen Zusammenhang zwischen Lohnarbeit und Saisonarbeit wurde schon bei der Behandlung des Getreidebaus hingewiesen. Nun gibt es wohl keine andere landwirtschaftliche Spezialkultur, die in ähnlicher Weise saisonale Arbeitsspitzen bedingt wie der Weinbau. Vor allem die Weinlese war stets eine Phase, in der kurzfristig weit mehr Menschen gebraucht wurden, als die ohnehin meist dichtbesiedelten Weinbauregionen bereitstellen konnten. Für Niederösterreich läßt sich bis ins Spätmittelalter zurück beobachten, daß in dieser Zeit Wanderarbeiter in großer Zahl die Weinbaugebiete durchzogen.[62] Aber auch andere Arbeiten im Weinberg mußten wie die Lese termingebunden in allen Weingärten der Berggemeinden gleichzeitig verrichtet werden und verursachten so besondere Arbeitsspitzen. Die Ordnungen nennen folgende Arbeitsgänge: das Schneiden, das Rebklauben, das Fastenhauen, das Steckenschlagen, das Jäthauen, das Binden, das Hacken- und Bogenziehen, das Bandhauen, das Abwipfeln, das Abräumen, das Gruben, das „weiche" Hauen, Steckenziehen, Laubsammeln, Herbstgruben, Düngen und Zuräumen.[63] Ebenso wichtig wie die saisonal unregelmäßige Verteilung der Weingartenarbeit erscheint für die Begünstigung der Lohnarbeit der Umstand, daß zum Unterschied von anderen bäuerlichen Wirtschaftszweigen im Weinbau jegliche Winterarbeit fehlt. Unter diesen Umständen wäre es sinnlos gewesen, ständige Arbeitskräfte in die Familienwirtschaft aufzunehmen. Es war schon für den grundbesitzenden Hauer schwer genug, für sich selbst, seine Frau und seine Kinder diese Zeit durch Erwerbstätigkeit zu überbrücken.

Für die Dominanz von Lohnarbeit in Weinbaugebieten wesentlich ist es weiters, daß sich in keinem anderen Bereich ländlicher Wirtschaftsweise so früh und so

---

60 FEIGL, Grundherrschaft, 186; ders., Erbrecht, 167.
61 Zu der Bedeutung der Lohnarbeit im Weinbau für den österreichischen Raum allgemein Peter FELDBAUER, Lohnarbeiter im österreichischen Weinbau, in: Zeitschrift für bayrische Landesgeschichte 38 (1975) 226 ff.
62 FEIGL, Grundherrschaft, 159, FELDBAUER, Lohnarbeiter, 236.
63 RAUSCHER, Bäuerliches Wirtschaftsleben, 145.

nachhaltig kapitalistische Produktionsformen durchgesetzt haben. Die Trennung von Produktionsmittelbesitz und Arbeit hat hier – ähnlich wie im Montanwesen – eine weit zurückreichende Tradition.[64] Geistliche und weltliche Grundherren verfügten über großen Weingartenbesitz. Aber auch viele Stadtbürger, vor allem Angehörige der unternehmerischen Oberschicht, besaßen Anteile an Weinbergen. Sie alle konnten ihren Besitz nicht selbst bewirtschaften und mußten dafür Taglöhner aufnehmen. Sehr verbreitet war auch das System der Drittelpacht, das dem die Bearbeitung übernehmenden Weinhauer zwei Drittel des erwirtschafteten Ertrags als Lohn überließ.[65] Die kapitalistische Durchdringung der Landwirtschaft mit ihrer Folgewirkung, der Entstehung eines breiten Taglöhnerproletariats, war in den spezialisierten Weinbauregionen am stärksten. Aber auch in Gebieten, in denen Weinbau in Mischwirtschaft mit Ackerbau und Viehzucht verbunden war, kam es zu Erscheinungen unternehmerischer Besitzkonzentration. Die in der Pfarre Heiligeneich beobachtete Vereinigung mehrerer Häuser und ihrer Bestiftungen in der Hand von Großbauern ist ein Hinweis auf solche Tendenzen.

Gefördert wurde die Verbreitung der Lohnarbeit in Weinbaugebieten durch die relativ hoch entwickelte Geldwirtschaft. Weinbau ist eine anautarke Produktionsform. Das dominante Produkt der lokalen Wirtschaft muß verkauft werden. Dadurch verfügt der Weingartenbesitzer über Bargeld, mit dem er die von ihm beschäftigten Arbeitskräfte entlohnen kann. Sicher hat es in Weinbaugebieten auch Naturalentlohnung gegeben. Das System der Teilpacht bzw. Drittelpacht zeigt das. Der Geldlohn war hier jedoch viel stärker entwickelt als in anders strukturierten ländlichen Wirtschaftsregionen. Naturalgaben oder Gegendienste des Arbeitgebers gegenüber dem Arbeitnehmer spielten ja in der alteuropäischen Gesellschaft sonst eine sehr große Rolle.

Die entwickelte Geldwirtschaft in Weinbaugebieten hat ebenso wie mit der anautarken Bodenkultur auch mit der stärker entfalteten Arbeitsteilung zu tun. Es wurde schon darauf verwiesen, daß Weinbauorte meist über ein zahlenmäßig beachtliches und recht differenziertes Gewerbe verfügten. Oft bewirkte das einen nahezu städtischen Charakter der betreffenden Siedlung. Bei Perchtoldsdorf kann etwa durchaus davon gesprochen werden. Die starke Gewerbeentwicklung hat mit der hohen Bevölkerungsdichte zu tun, die durch die intensive Bodenkultur bewirkt wird. Sie ist aber auch in Zusammenhang mit der stark saisonalen Bindung der Weinwirtschaft zu sehen. Auf das Fehlen von Winterarbeit im Weinbau wurde schon verwiesen. Eine gewerbliche Tätigkeit bot da eine gute Ergänzung. In kleinen Bauerndörfern der Pfarre Heiligeneich finden sich unter den hausbesitzenden Weinhauern Doppelbezeichnungen wie „Hauer und Schuster", „Hauer und Weber", „Hauer und Schmied". Ebenso deutet auf temporäre Gewerbetätigkeit, wenn ein Weinhauer einen Zimmerknecht in Dienst hat. In den größeren Dörfern scheint

---

64 FELDBAUER, Lohnarbeiter, 232 ff.
65 O. D., Der Weinbau in Krems und Stein, in: 500 Jahre Hauer-Innung Krems-Stein, Krems 1947, 21, FEIGL, Grundherrschaft, S. 156, Josef BUCHINGER, Der Bauer in der Kultur- und Wirtschaftsgeschichte Österreichs, 1952, 349.

sich der Akzent bei solchen Formen des Mischerwerbs verschoben zu haben. Man war primär Handwerker und bewirtschaftete nebenbei seinen Weingarten. Auch in den großen Marktorten besitzen die Handwerker Weingärten. Ob sie sie dort noch selbst bearbeiteten, ist eine schwer zu beantwortende Frage. Jedenfalls läßt sich sagen, daß beim Ökotypus der Weinbaugemeinde die Tendenz zur gewerblichen Entwicklung immanent ist. In Perchtoldsdorf geht diese Entwicklung weiter. Während die Konskription von 1754 das Bild einer von der Weinwirtschaft geprägten Gewerbesiedlung gibt, zeigt die von 1857 schon stark industrielle Züge. Wiederholt begegnen Hauer, die zugleich Fabriksarbeiter sind. Häufiger noch werden die im Elternhaus lebenden Hauerkinder als Fabriksarbeiter genannt. Sehr stark sind unter diesen auch die ebenfalls großbetrieblich organisierten Baugewerbe vertreten. Die Taglohnarbeit im Weinbau scheint eine geeignete Basis für die Ausbildung anderer Formen der Lohnarbeit gewesen zu sein. Die gesamte Weinbauregion am Ostrand des Wiener Beckens hat sich früh zu einer Industrialisierungszone entwickelt.[66] Neben anderen Standortfaktoren war dabei sicher auch das große Arbeitskräftereservoir mitbedingend, das hier durch die Weinwirtschaft zur Verfügung stand und nur saisonal ausgelastet war. Weder in der Industrialisierungsdiskussion noch von der Landwirtschaftsgeschichte wurde bislang die Frage gestellt, wieweit Weinbauregionen gewerblich-industrielle Entwicklungen begünstigten. Die starke Komponente einer nur temporär gebundenen Lohnarbeit, die für diesen Ökotypus charakteristisch ist, läßt die Verbindung zu weiterführenden Formen der Lohnarbeit naheliegend erscheinen. Im Vergleich zur Vorläuferfunktion der ländlichen Hausindustrie wurden solche möglichen Zusammenhänge bisher jedenfalls zu wenig beachtet.

Wo Weinbau in stärkerem Maße mit Ackerbau verbunden war, hat die Taglöhnerwirtschaft auch die Arbeitskräfteverhältnisse der nicht primär vom Weinbau lebenden Bauern beeinflußt. Dies zeigt etwa die Situation in der Pfarre Heiligeneich, wo selbst große Bauern nur wenig Gesinde hielten und offenbar stark mit Taglöhnern arbeiteten. An einem Beispiel aus dem Dorf Moosbierbaum sei dies näher erläutert. Schweickhardt von Sickingen schreibt 1832 in seiner Landesbeschreibung über den Ort: „Acker- und Weinbau sind die vorzüglichsten Zweige des hiesigen gut bestifteten Landmannes, der außerdem auch noch Kleebau, eine Obstpflege und ziemlich erkleckliche Viehzucht hat."[67] Ein derart „gut bestifteter Landmann" – und wohl einer der reichsten unter ihnen war der Bauer Leopold Figl, wahrscheinlich ein Vorfahre oder Verwandter des aus dem benachbarten Rust stammenden gleichnamigen Politikers. Leopold Figl bewohnte das Haus Nr. 18 und besaß zugleich noch die beiden benachbarten Höfe Nr. 15 und Nr. 16, in die er Inwohner aufgenommen hatte. Die Entwicklung dieser Hausgemeinschaften Ende des 18. und zu Beginn des 19. Jahrhunderts gibt interessante Einblicke in die spezifischen Formen der Arbeitskräfterekrutierung in dieser Weinbauregion.

---

66 Herbert Matis, Die Manufaktur und frühe Fabrik im Viertel unter dem Wiener Wald, phil. Diss. Wien 1965 (masch.).

67 Franz Schweickhardt v. Sickingen, Darstellung des Erzherzogtums Österreich unter der Enns, Bd. 4, Wien 1836, 59.

Tafel 5:
Entwicklungszyklus der Bewohnerschaft von drei Häusern des Großbauern Leopold Figl in Moosbierbaum, Pfarre Heiligeneich, NÖ, 1790–1807

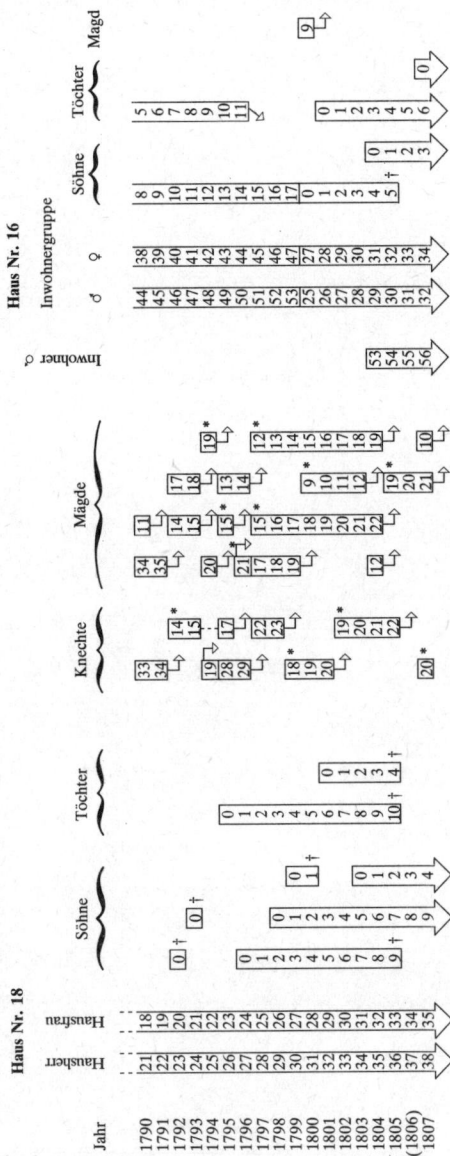

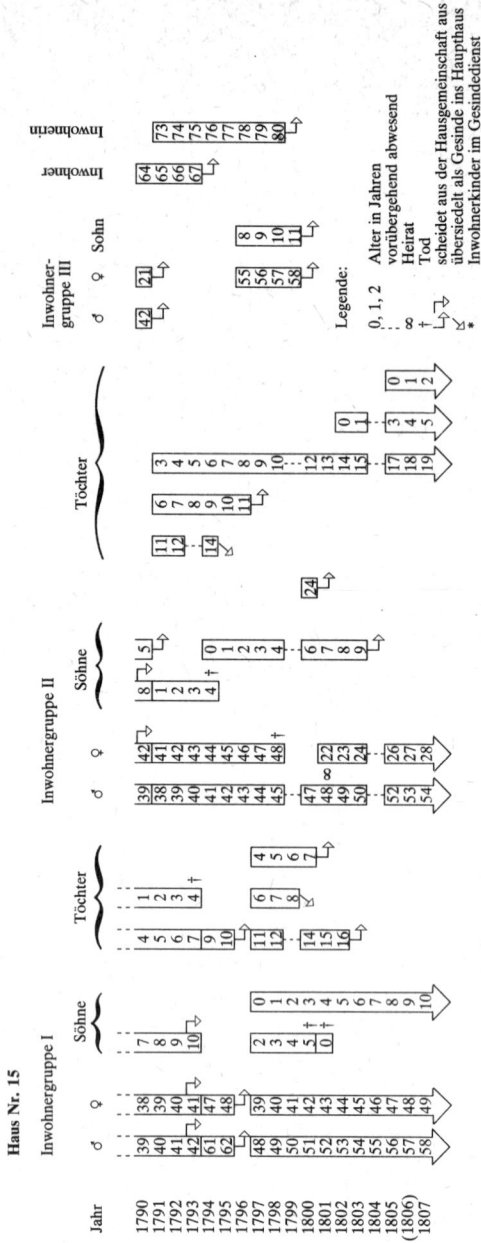

Haus Nr. 15

Trotz der Größe des Grundbesitzes, der aus der Bestiftung von drei Höfen bestand, beschäftigte Leopold Figl nie mehr Gesinde als einen Knecht und maximal drei Mägde. Eine der Mägde war jedoch sicherlich nicht in der Landwirtschaft tätig. Es wurden Mädchen mit 9, 10, 11, 12 und 13 Jahren aufgenommen. Sie hatten sicher die Funktion einer Kindsdirn. Innerhalb des Untersuchungszeitraums brachte die Bäuerin mindestens acht Kinder zur Welt. Häufig fällt die Aufnahme einer jungen Magd gerade mit der Schwangerschaft der Bäuerin bzw. mit dem Geburtsjahr eines Kindes zusammen. Von den Mägden waren also maximal zwei unmittelbar in der Landwirtschaft tätig. Der gesamte übrige Arbeitskräftebedarf mußte mit Taglöhnerinnen und Taglöhnern bestritten werden. An solchen hatte Leopold Figl in seinen zwei zusätzlichen Häusern genug.

Für die Gesinderekrutierung ergibt sich aus der Zusammenschau der drei Entwicklungszyklen ein interessanter Aspekt: Ein Großteil der im Haupthaus dienenden Knechte und Mägde stammte aus Inwohnerfamilien, die in den beiden zusätzlichen Häusern einquartiert waren: 1791 wurde die Familie Streicher aufgenommen und blieb mit einer kurzen Unterbrechung bis 1807; 1792/93 und 1795 stand der 14jährige Sohn Michael Streicher im Dienst, 1795 die 15jährige Tochter Theresia und im folgenden Jahr deren sechs Jahre ältere Schwester Anna Maria. Eine Verwandte der Familie war 1796–1799 Inwohnerin. Die 1794 aufgenommene Inwohnerfamilie Aichinger blieb nur zwei Jahre im Haus. Im ersten der beiden diente die 19jährige Tochter Maria Anna als Magd. Seit 1797 erscheint die Familie Lenghofer mit fünf kleinen Kindern im Haus Nr. 15 als Inwohner. Die 15jährige Theresia Lenghofer trat im gleichen Jahr als Magd ein und blieb acht Jahre im Dienst. Ihre jüngere Schwester übersiedelte 1800 – offenbar als Kindsdirn – mit neun Jahren ins Haupthaus. Als beide Schwestern 1803/04 kurz nacheinander ausschieden, wurde eine dritte Schwester, die 19jährige Anna Maria, aufgenommen. Im Haus Nr. 16 lebte jeweils nur eine Inwohnerfamilie. Von der zuerst hier genannten Familie Schweinsteiger übersiedelte die einzige Tochter 1797 mit zwölf Jahren ins Haupthaus, offenbar ebenfalls als Kindsdirn. Sie blieb hier bis 1804, während ihre Familie schon 1799 ausschied. Auf sie folgte die Familie Reisinger, die mit ihren Söhnen Adam, Michael und Josef bis 1807 drei Knechte stellte.

Die Situation in den drei Häusern des Leopold Figl in Moosbierbaum ist ein besonders eklatantes Beispiel dafür, wie die Rekrutierung ständiger und nichtständiger Arbeitskräfte miteinander in Zusammenhang stehen konnte. Obwohl in der Rechtsstellung unterschiedlich, war wohl in der Praxis hier der Übergang zwischen Gesinde und Taglöhnern fließend. Auch auf die Inwohner seiner benachbart liegenden Häuser bzw. deren Kinder konnte der Großbauer wahrscheinlich im Bedarfsfall jederzeit zurückgreifen. Die benachbarte Lage der Häuser verlieh dem gesamten Arbeitskräfteverband von den Wohnverhältnissen her eine gewisse Geschlossenheit. Es stellt sich die Frage, inwieweit sich der Gesamtverband als eine Familienwirtschaft verstehen läßt. Umgekehrt ist zu überlegen, ob nicht auch die Teilverbände familienwirtschaftliche Züge an sich hatten. Leopold Figls unmittelbarer Nachbar beherbergte in seinem Zweithaus eine über lange Zeit verbleibende Inwohnerfamilie, in der der Vater ausdrücklich als Hauer bezeichnet wird. Den eher sparsamen Berufsbezeichnungen der Quelle entsprechend kann vermutet werden, daß es sich hier nicht nur um einen reinen Taglöhner, sondern um einen Weingartenbesitzer ohne eigenes Haus handelte. In dieser Gegend war es durchaus üblich, daß schon die Erbschaft eines Weingartenanteils die Grundlage für eine eigene Hausstandsgründung bildete.[68] Aber auch bei Weinhauern, die über keinen eigenen

---

68 Ostrawsky, Hausgemeinschaften, 95.

Grund verfügten, kam es vor, daß ihnen von ihrem Herrn ein Stück Land zum Ei-
genbau überlassen wurde. Die Übergänge zwischen reiner Taglohnarbeit und eigen-
ständiger Familienwirtschaft sind im Weinbau also sehr differenziert zu sehen. Darüber hinaus ist zu bedenken, daß auch die reine Lohnarbeit im Familienverband
bzw. im Zusammenwirken von Mann und Frau geleistet werden konnte. Solchen
Teilgruppen familialer Zusammenarbeit steht die umfassendere arbeitsorganisatorische Einheit des beherbergenden Bauern gleichsam als Rahmenhaushalt gegenüber. Soweit dieser Terminus erlaubt ist, handelt es sich um eine übergeordnete
Einheit der Familienwirtschaft. Wenn hier die familienwirtschaftliche Komponente
durch das gewählte Beispiel so stark in den Vordergrund tritt, so ist freilich zu bedenken, daß es sich um einen bäuerlichen Haushalt in einem vom Weinbau geprägten Gebiet handelt, an dem der Einfluß von Lohnarbeit auf eine traditionell familienwirtschaftliche Ordnung untersucht werden kann. Aus dem Spektrum möglicher
Formen der Arbeitsorganisation in Weinbauregionen wird damit jener Pol heraus-
gegriffen, der dem Idealtypus des „ganzen Hauses" näher steht. Es wurde zur Genüge betont, daß der Ökotypus des ländlichen Weinbaugebietes Tendenzen in sich
hat, gerade diese Sozialform des „ganzen Hauses" radikal zu überwinden.

4. Hausindustrie

Die letzten Plätze in der Rangliste der nach ihrem Gesindeanteil geordneten Gemeinden des gesamtösterreichischen Samples nehmen durchwegs Orte ein, in denen
die Hausindustrie eine entscheidende Rolle spielt. Ebensee, das an fünftletzter
Stelle aufscheint, gehört insofern seiner Struktur nach nicht ganz zu diesem Ökotypus, als das Heimgewerbe hier nur eine ergänzende Funktion hat. Die ökonomische
Struktur der Gemeinde ist ganz von der Saline geprägt, deren Anlage im frühen
17. Jahrhundert überhaupt erst die Entstehung des Ortes bedingte. Die Mehrheit
der Bevölkerung lebte freilich nicht vom Salzsieden, sondern von der Holzarbeit.[69]
Die Verlegung des Sudhauses an diesen Ort war ja wegen des hohen Holzbedarfs erfolgt. Über spezifische Bedingungen der Holzwirtschaft wurde bereits im Zusammenhang mit den Viehzuchtgebieten gesprochen, mit denen im österreichischen
Raum häufig ein enger Konnex besteht, ebenso über die des Bergbaus. In Ebensee
freilich treten Bergbau und Holzwirtschaft losgelöst von einer bäuerlichen Grundstruktur auf. Die Landwirtschaft ist nur insofern vertreten, als Sudhausarbeiter und
Holzfäller, soweit sie ein eigenes Haus hatten, auch über einen dazugehörigen kleinen Grundbesitz verfügten. Die Situation war hier also ähnlich wie in der in der
Rangliste vor Ebensee aufscheinenden Bergknappensiedlung Dürrnberg bei der
Saline Hallein.[70] In beiden Fällen handelt es sich um eine reine Lohnarbeitergesell-

---

69 HOFFMANN, Wirtschaftsgeschichte des Landes Oberösterreich 1, 117 und 309. Carl
   SCHRAML, Das oberösterreichische Salinenwesen vom Beginn des 16. bis zur Mitte des
   18. Jahrhunderts, Bd. 1, 1932, 173, 196, 213.
70 Über diese im Zusammenhang mit den arbeitsorganisatorischen Bedingungen von Familienstrukturen in Bergbaugebieten im allgemeinen Michael MITTERAUER, Auswirkungen

schaft. Der geringfügige Gesindeanteil erscheint in Ebensee durch die Familienbetriebe der Gewerbetreibenden bedingt, die zur Versorgung einer so zahlreichen Bevölkerung notwendig waren. Mit der Hausindustrie hat er nichts zu tun. Diese beschränkte sich primär auf die Frauen und Kinder der Salinenarbeiter und Holzfäller,
für die es weder im Sudhaus noch in der Holzwirtschaft ausreichende Beschäftigung
gab. Sie hat hier also bloß eine sekundäre Bedeutung, die zwar mit dem spezifischen
Ökotypus zusammenhängt, diesen aber nicht maßgeblich bestimmt. Auch die Art
der Hausindustrie legt es nicht nahe, sie mit in die Betrachtung einzubeziehen.[71] Es
handelte sich in erster Linie um Holzverarbeitung zu Spielzeug und verschiedenen
häuslichen Gebrauchsgegenständen – eine Form, die ganz andere Arbeitsbedingungen und ganz andere Folgewirkungen auf die Familienstruktur hat, als das textile
Heimgewerbe. Auf dieses soll sich die folgende Untersuchung beschränken.

Die im Sample vertretenen Gemeinden gehören zwei völlig verschiedenen
Hausindustrieregionen an. Auf der einen Seite stehen ländliche Orte aus der Pfarre
Gmünd, im Zentrum des Webereigebiets im oberen Waldviertel. Es ist dies jenes
Gebiet, über das Lutz K. Berkner am Beispiel der Herrschaft Heidenreichstein
seine berühmte Studie über die „Austrian Stem Family" geschrieben hat.[72] Auf der
anderen Seite stehen Gemeinden aus dem bedeutendsten österreichischen Hausin-
dustriegebiet in Vorarlberg, wo neben dem Spinnen und Weben auch das Sticken
eine zentrale Rolle gespielt hat, eine Tätigkeit, die hier – freilich unter ganz veränderten Bedingungen – bis heute als Heimgewerbe betrieben wird. Innerhalb dieser
Zone vertritt Lustenau das Flachland des Rheintals, Egg das Bergland des Bregenzer Waldes.[73] Aufgrund des unterschiedlichen Charakters von Arbeitsorganisation
und Familienstruktur in diesen beiden Regionen sollen sie von vornherein verglei-
chend nebeneinander behandelt werden. Damit wird zugleich auch als wichtige
Ausgangsposition betont, daß der Ökotyp textile Hausindustrie – ganz abgesehen
von anderen Varianten ländlichen Heimgewerbes – in seinen Auswirkungen auf die
Familienverfassung sehr differenziert zu sehen ist.

Die grundsätzliche Feststellung Hans Medicks über die Familienstruktur in
protoindustriellen Gebieten trifft hinsichtlich der hier interessierenden Frage der

---

von Urbanisierung und Frühindustrialisierung auf die Familienverfassung an Beispielen
des österreichischen Raums, in: Werner Conze (Hg.), Sozialgeschichte der Familie in der
Neuzeit Europas, Stuttgart 1976, 60, 70 ff., 91 ff., 109, 192 und 127.

71 Über die heimindustrielle Holzwarenerzeugung am Beispiel der nahegelegenen Viechtau
Gertraud Liesenfeld, Zum Strukturwandel der holzverarbeitenden Hausindustrie in der
Viechtau/Oberösterreich, phil. Diss. Wien 1982 (masch.).

72 Lutz K. Berkner, The stem-family and the developmental cycle of a peasant household:
an eighteenth-century Austrian example, in: American Historical Review 77 (1972)
398 ff. Für die Frage der Hausindustrie wichtiger seine wenig bekannte Dissertation: Social structure an rural industry. A comparative study of the Waldviertel and the Pays de
Caux. Diss. Harvard 1973 (masch.).

73 Die auf Vorarlberg bezogenen Ausführungen stützen sich zum größten Teil auf die mate-
rialreiche Dissertation von Arno J. Fitz, Die Frühindustrialisierung Vorarlbergs und ihre
Auswirkungen auf die Familienstruktur, phil. Diss. Wien 1981 (masch.); Druckfassung:
Dornbirn 1985.

Gesindehaltung auf beide Untersuchungsräume zu: „Die Kernfamilie ohne Be-
dienstete stellte den vorherrschenden Typus des Haushalts der ländlichen Gewerbetreibenden dar."[74] In Lustenau und dem benachbarten Hohenems gibt es fast überhaupt kein Gesinde, in Gmünd liegt der höchste Wert der untersuchten Querschnitte im Jahr 1840 bei knapp über 5 %. Trotz der geringen Höhe verdient dieser
Wert jedoch in unserem Zusammenhang Beachtung. Er kommt nämlich nicht durch
die Gesindehaltung der für den Alltagskonsum arbeitenden Handwerker, der Bäk-
ker, Wirte, Fleischhauer, Schuster und Schneider etc. zustande, wie das etwa für die
Lohnarbeitergemeinde Ebensee festgestellt wurde. Auch in der Pfarre Obergrafendorf, in der im Stichjahr 1787 sehr viel für die Textilfabrik in Friedau gesponnen
wurde, sind die Gewerbebetriebe des Nahmarkts dafür verantwortlich.[75] In der
Pfarre Gmünd wurde die städtische Mittelpunktsiedlung aus der statistischen Erhebung ausgelassen. Der Gesindeanteil ist daher durch die Bauern und Weber des
Umlandes bedingt. Zwischen landwirtschaftlichem und gewerblichem Personal ist
dabei nicht exakt zu scheiden. Viele Bauern waren selbst nebenbei Weber und werden ihre Knechte für beide Produktionsformen eingesetzt haben. Häufig bezeichnet
die Quelle die bei Bauern in Dienst stehenden männlichen Mitarbeiter ausdrücklich
als Gesellen. Auch die Herkunftsorte deuten gelegentlich darauf hin, daß es sich
nicht um die Nahwanderung von Bauernknechten, sondern um die Fernwanderung
von Handwerksgesellen handelt. Neben den Bauern, die Webergesellen beschäftigten, finden sich diese natürlich auch bei den hauptberuflichen Webern, hier wiederum eher bei den hausbesitzenden als bei den Inwohnern. Vereinzelt kommen
Webergesellen auch bei bäuerlichen Altenteilern im Ausgedinge vor. Auch diese
Gruppe hatte also am Weberei-Boom Anteil, der im Untersuchungszeitraum die
Pfarre Gmünd erfaßte. Der Zuwachs an Gesinde ist hier primär auf Webergesellen
zurückzuführen. Daß hier die Handwerksgehilfen für die Gesindehaltung eine gewisse Rolle spielten, hängt mit der zünftischen Organisation zusammen, in die auch
die Landweber schon seit Jahrhunderten einbezogen waren.[76] Wenn auch die
Handwerkslehre häufig beim eigenen Vater gemacht wurde, so zwang doch das Ge-
sellenwandern zum Wechsel der Hausgemeinschaft. In den Vorarlberger Hausindustriegebieten fehlte eine zünftische Organisation der Weber.[77] So kam es auf dieser
Grundlage auch nicht zur Gesindehaltung.

Der Inwohneranteil an der Bevölkerung war in den beiden Untersuchungsgebieten sehr unterschiedlich. In Gmünd stieg er innerhalb des Untersuchungszeit-

---

74 Hans Medick, Die proto-industrielle Familienwirtschaft, in: Kriedte, Medick und
   Schlumbohm, Industrialisierung vor der Industrialisierung, 119.
75 Zu Obergrafendorf vgl. Mitterauer, Auswirkungen, 61.
76 Die Gmünder Weberzunft geht zumindest bis ins 16. Jahrhundert zurück (Hermann Otto
   Prinz, Zöchmeister Johann Adam Müller und seine Zunft, Heimatkundliche Schriften-
   reihe des oberen Waldviertels 1, 1954, 48). 1628 gab es im Waldviertel bereits 20 Weber-
   zünfte, deren Mitglieder auch in ländlichen Orten ansässig waren (Rauscher, Bäuerliches
   Wirtschaftsleben, 158).
77 Die zünftische Organisation fehlte hier auch bei dem ebenso stark verbreiteten Baugewerbe, das freilich im Ausland praktiziert wurde (Fitz, Frühindustrialisierung, 95).

raums stark an. Während er 1801 noch relativ niedrig lag, erreichte er 1840 einen der höchsten Werte innerhalb des hier behandelten Samples. Die Bevölkerung nahm in diesem Zeitraum um mehr als 50% zu. Die Häuserzahl hingegen stieg bei weitem nicht in diesem Maße an. So mußten die von auswärts Zuziehenden bzw. die zusätzlich heiratenden Einheimischen als Inwohner Aufnahme suchen. Der stärkste Zuwachs fällt in die zwanziger bzw. dreißiger Jahre des 19. Jahrhunderts. Er hängt mit der raschen Entwicklung der Baumwollweberei in der Gegend von Gmünd zusammen, die damals die traditionelle Leinenweberei bei weitem überflügelte.[78] Die Hausindustrie war also für die Zunahme der Inwohner maßgeblich entscheidend. Hinsichtlich der Familienstruktur wird man hier zwischen hausbesitzenden und Inwohner-Webern zu unterscheiden haben. In Vorarlberg verlief die Entwicklung hingegen anders. In der Hauptphase der protoindustriellen Entwicklung in der zweiten Hälfte des 18. Jahrhunderts stiegen zwar die Belegzahlen der Häuser an, die Ursache dafür war jedoch nicht primär die Aufnahme von Inwohnern. In den Listen von Egg aus den 50er und 60er Jahren des 18. Jahrhunderts spielen Inwohner noch kaum eine Rolle. 1782 hatten 7,8% der Haushalte „inquilini", eine nähere Analyse zeigt jedoch, daß unter ihnen viele Verwandte waren. Wichtig erscheint auch, daß es sich hauptsächlich um einzelne Mitbewohner handelte, nicht um Inwohnergruppen wie in Gmünd. Das gilt ebenso für Lustenau, wo sich 1813 nur 25 Mietzinser finden. Erst die Zählung von 1838 zeigt einen höheren Inwohneranteil, bei dem Inwohnergruppen eine größere Rolle spielen.[79] Anders als in Gmünd stieg mit der Bevölkerungszunahme in den Vorarlberger Untersuchungsgebieten auch die Häuserzahl stärker an. Dieser Unterschied hängt mit einem strukturell ganz entscheidenden Faktor zusammen. In Vorarlberg herrschte das Prinzip der Freiteilbarkeit, während das obere Waldviertel traditionell ein Gebiet des Anerbenrechts war. Die Erbrechtsgrundsätze gehen in beiden Regionen weit vor die Phase der Protoindustrialisierung zurück. Sie sind ein vorgegebenes Strukturelement, das durch die Ausbreitung der Heimindustrie nicht beeinflußt wurde. Ihrerseits haben sie freilich die Familienkonstellationen in der Phase der Frühindustrialisierung maßgeblich mitbestimmt. Das Zusammenleben mit Inwohnern ist dabei nur ein Moment unter vielen.

Mit den heimindustriellen Gegebenheiten sind die Voraussetzungen der jeweiligen Arbeitskräfterekrutierung in den beiden behandelten Regionen noch keineswegs ausreichend charakterisiert. Entscheidend erscheinen dafür die Formen der Kombination der Hausindustrie mit der Landwirtschaft bzw. mit zusätzlichen Erwerbsformen. Für das obere Waldviertel ist diesbezüglich zunächst auf analoge Bedingungen gesindearmer Bauernlandschaften in anderen Gebieten Niederösterreichs zu verweisen, von denen bereits gesprochen wurde: Sammelsiedlung mit günstigen Möglichkeiten der Taglohnarbeit ohne Aufnahme in die Hausgemeinschaft,

---

78 PRINZ, Zöchmeister, 30. In der Zeit von 1830 bis 1844 wurden insgesamt 510 Gesellen in die Weberzunft aufgenommen (ebenda 29).
79 FITZ, Frühindustrialisierung, 414 ff.

kollektive Viehhaltung durch Gemeindehirten, relativ geringe Bestiftung der Bauerngüter. Die ökologischen Bedingungen für die Weberei als bäuerlichen Zuerwerb
bestanden einerseits in den günstigen natürlichen Voraussetzungen für den Flachsbau – insbesondere hohe Niederschlagsmengen –, andererseits für dessen Weiterverarbeitung; hier ist vor allem das kalkarme Wasser zu nennen, das das Dörren des
Flachses sowie das Bleichen der Leinwand begünstigte.[80] Ähnliche naturräumliche
Gegebenheiten hatten ja auch im benachbarten Mühlviertel zu einer Blüte der Leinenweberei geführt. An die bodenständige Tradition des Flachsspinnens und der
Leinenweberei konnte dann die Verarbeitung der Baumwolle anknüpfen. Seit der
Mitte des 18. Jahrhunderts verfügte die Schwechater Kottonfabrik im oberen Waldviertel über ein dichtes Netz verlagsmäßig organisierter Spinnerleute. Die größte
Zahl von Spinnfaktoren, die für die lokale Organisation des Verlags verantwortlich
waren, finden sich in Gmünd.[81] Durch die Baumwollverarbeitung kam es zu einer
enormen Intensivierung der Heimindustrie. Diese Intensivierung ist freilich nicht
ohne parallele Veränderungen auf dem Agrarsektor zu sehen. Die Einführung der
Kartoffel bedeutete eine wesentliche Erweiterung des Nahrungsspielraums. Wie in
anderen hausindustriell geprägten Gebieten hat sie sich auch im oberen Waldviertel
früh durchgesetzt.[82] Diese agrarische Voraussetzung der Protoindustrialisierung
wird in der neueren Literatur zu Recht stark betont.[83] Für die hier interessierende
Frage der Gesindehaltung ist die neue Form des Pflanzenbaus freilich ohne Einfluß.

Das Vorarlberger Vergleichsgebiet hatte für die Entwicklung der Hausindustrie ähnlich günstige Voraussetzungen. Der im Rheintal und im Bregenzer Wald
wachsende Flachs galt seit alters als besonders gutes Rohmaterial für die Leinenherstellung.[84] Im Anbaugebiet beschränkte man sich jedoch zunächst auf das Spinnen
von Garn. Die Leinwanderzeugung erfolgte im Verlagsort St. Gallen und seinem
engeren Einzugsbereich. Mit dem Spinnen als Zusatzerwerb beschäftigten sich
Frauen wie Männer, beide vorwiegend im Winter. Trotz der guten Erträge aus dem
Garnverkauf reichte jedoch schon in der frühen Neuzeit dieser Zuerwerb zur Sicherung des Lebensunterhalts nicht aus. Durch die von der Freiteilbarkeit geförderte
Zersplitterung der Bauerngüter bedingt, mußte bereits damals ein Großteil der Bevölkerung außerhalb des Landes Verdienst suchen. Im 16. Jahrhundert verdingten
sich – ähnlich wie in den Schweizer Gebirgskantonen – sehr viele Männer als Lands-

---

80 Alfred Marks, Das Leinengewerbe und der Leinwandhandel im Lande ob der Enns von
　　den Anfängen bis in die Zeit Maria Theresias, Jahrbuch des oberösterreichischen Museal-
　　vereins 95, 1950, 175 ff.; ders., Leinengewerbe und Leinenhandel in Oberösterreich bis in
　　die Zeit Maria Theresias, in: Webereimuseum Haslach, Oberösterreich, Linz 1970, 19,
　　Rüdiger E. Vonwiller, Die industrielle Entwicklung der Weberei im Mühlviertel, ebenda
　　37.
81 Viktor Hofmann, Die Anfänge der österreichischen Baumwollindustrie in den österrei-
　　chischen Alpenländern im 18. Jahrhundert, Wien-Leipzig 1926, 111.
82 Rupert Hauer, Die Einführung der Kartoffelkultur in Niederösterreich, Unsere Heimat 6,
　　1933, 99; Sandgruber, Anfänge der Konsumgesellschaft, 63.
83 Sandgruber, Anfänge der Konsumgesellschaft, 55.
84 Fitz, Frühindustrialisierung, 83.

knechte. Der dichtest besiedelte Raum Vorarlbergs zwischen Feldkirch und Bregenz hatte damals die Bezeichnung „Landsknechtlandl".[85] Man kann den Solddienst in einem weiten Verständnis durchaus als eine Form außerhäuslicher Lohnarbeit verstehen. Er steht jedenfalls in unmittelbarer Kontinuität mit einer anderen Form der Saisonwanderung, die in der Folgezeit ökonomisch bestimmend wurde. Im 17. Jahrhundert gingen zahlreiche Vorarlberger als Maurer, Zimmerleute und Steinmetze den Sommer über außer Landes, vor allem nach Schwaben, Franken, Sachsen, in das Elsaß und nach Burgund.[86] Um 1700 ist dann auch die Arbeitswanderung von Kindern und Jugendlichen voll ausgebildet.[87] Von „Georgi" (23. 4.) bis „Martini" (11. 11.) zogen zahlreiche Kinder beiderlei Geschlechts in die reichen Bauerngegenden Schwabens, wo sie zum Viehhüten, als „Roßbuben" oder als „Kindsdirnen" eingesetzt wurden. Diese Saisonwanderung der „Schwabenkinder" hielt sich bis ins 20. Jahrhundert.[88] Nur durch die Lohnarbeit der Saisonwanderer war die Vorarlberger Bevölkerung in der Lage, das im eigenen Land fehlende Getreide zuzukaufen. Die Abwanderung so vieler Männer und Kinder gerade in der für die Landwirtschaft wichtigsten Zeit ist ein deutlicher Hinweis auf den geringen Arbeitskräftebedarf der eigenen Güter. Durch die häufige Teilung waren diese so klein, daß vielfach die Frauen allein die notwendigen Arbeiten bewältigen konnten. In einer Gesellschaft, in der so viele Personen den Sommer über abwandern mußten, stellte sich das Problem der Arbeitskräfteergänzung durch Gesinde überhaupt nicht. Größere Bauern hatten in der Unterschicht ein ausreichendes Potential an Taglöhnern zur Verfügung. Auch die Intensivierung des Feldbaus durch neue Nutzpflanzen änderte an der Situation wenig. Als in der ersten Hälfte des 18. Jahrhunderts der Maisbau eingeführt wurde, kam es zwar zu einer Erweiterung des Nahrungsspielraums, in erster Linie wurde aber dadurch ein neuer Schub der Bevölkerungszunahme eingeleitet und damit die Zersplitterung der Güter weiter vorangetrieben.[89] Die Verbreitung des Kartoffelbaus fiel bereits mit dem großen Aufschwung der Heimindustrie in der zweiten Jahrhunderthälfte zusammen. Sie war wie im oberen Waldviertel durch die Erweiterung der Flachsverarbeitung um das Spinnen und Weben von Baumwolle bedingt.[90] In der bodenständigen Wirtschaftsweise hatte freilich nur das Spinnen Tradition. Die Weberei kam hier neu hinzu. Sie gab vor allem Männern zusätzliche Erwerbschancen. Die neue Heimarbeit des Stickens hingegen war reine Frauenarbeit. Sie verbreitete sich vor allem im Bregenzer Wald, wo die Männer in der hier stärker entwickelten Viehzucht beschäftigt waren. In allen Gebieten, in denen sich die Heimindustrie durchsetzte, ging die saisonale Arbeitswanderung von Männern und Kindern zurück. Es kam dadurch also zu einem „familisierenden" Effekt.

---

85 Ebenda 70.
86 Ebenda 71 ff.
87 Ebenda 95.
88 Uhlig, Schwabenkinder, 15 ff.
89 Fitz, Frühindustrialisierung, 68 und 196 ff.
90 Ebenda 110 ff.

Ein Vergleich der beiden hier behandelten Heimindustriegebiete läßt es fraglich erscheinen, ob es sinnvoll ist, in Hinblick auf Auswirkungen der Arbeitsorganisation auf die Familienwirtschaft die textile Protoindustrie überhaupt als einen einheitlichen Ökotyp aufzufassen. Textile Heimarbeit tritt – wie das Vorarlberger Beispiel zeigt – in ein und derselben Region im Zeitablauf in sehr unterschiedlichen Formen auf. Dominanz von Spinnen, Weben oder Sticken kann – insbesondere durch seine geschlechtsspezifisch unterschiedliche Zuordnung – sehr verschiedene Familienverhältnisse zur Folge haben. Vor allem aber erscheint die jeweilige Kombination der textilen Heimindustrie mit anderen Formen der Erwerbstätigkeit für das Familienleben von hoher Relevanz. Die Frühphase der Heimindustrie in Vorarlberg, in der nur das Spinnen des hier angebauten Flachses eine größere Rolle spielte, ist durch die Wanderarbeit der Männer – sei es als Söldner oder als Bauarbeiter – charakterisiert. Daraus ergaben sich für das Zusammenleben ganz andere Bedingungen, als sie dann die Blütezeit der Heimindustrie prägten. Erst in dieser zweiten Phase wird man von einer heimindustriellen Familienwirtschaft sprechen können. Für die unterschiedlichen Kombinationen mit textiler Hausindustrie ist sicher auch die jeweilige agrarische Basis von Bedeutung. Spielte die primär von den Männern betriebene Viehhaltung eine größere Rolle, wie das etwa im Bregenzer Wald der Fall war, so traten jene Sparten der Heimindustrie in den Vordergrund, die von Frauen betrieben wurden – hier z. B. die Stickerei. Die in erster Linie von Männern getragene Weberei wiederum konnte in einer stärker von den Frauen geleisteten Landwirtschaft eine Ergänzung finden. Von maßgeblicher Bedeutung waren die Größenverhältnisse der landwirtschaftlichen Betriebe in den verschiedenen Gebieten textiler Protoindustrie. Die beiden hier verglichenen Regionen unterschieden sich diesbezüglich sehr grundsätzlich. In der Pfarre Gmünd gab es zwar keine großen Bauern. Es bestanden jedoch genug vollbäuerliche Stellen, die ohne Zuerwerb leben konnten. In den Vorarlberger Hausindustriegebieten hingegen waren diese eine Minderheit. Die Freiteilbarkeit hatte hier zu einer enormen Zersplitterung des Besitzes geführt, so daß über die Landwirtschaft hinaus verschiedene Formen des Zuerwerbs gesucht werden mußten.

Gerade dieser letzte Punkt ist für die hier interessierende Grundfrage von großer Bedeutung. Der Versuch, vom Gesindeanteil einer lokalen Bevölkerung ausgehend, das Spektrum unterschiedlicher Formen der Arbeitskräfterekrutierung zwischen den Idealtypen der „Gesindegesellschaft" und der „Taglöhnergesellschaft" in den Griff zu bekommen, ging vom Modell bäuerlicher Familienbetriebe aus, die phasenweise einer Personalergänzung bedürfen. Dieses Modell kann nur dort Anwendung finden, wo es überhaupt Vollbauernstellen gibt, die ihren Arbeitskräftebedarf durch Gesindehaltung oder durch Aufnahme von Taglöhnern decken. In Gmünd ist das durchaus der Fall. In den Vorarlberger Heimindustriegebieten hingegen wird sich dieses Problem kaum gestellt haben. Dazu war der landwirtschaftlich nutzbare Grundbesitz generell zu klein. Wenn hier von einer durch Lohnarbeit geprägten Gesellschaft gesprochen werden kann, so sicher nicht im Sinn einer Dominanz von Taglöhnern in örtlichen landwirtschaftlichen Erwerbszweigen. Lohnarbeit spielte hier in ganz anderer Weise eine Rolle – als Solddienst im Ausland, als

Lohnarbeit im Baugewerbe, die ebenfalls auswärts verrichtet wurde, als Lohndienst bei Bauern in benachbarten Regionen („Schwabenkinder") und schließlich als Lohnarbeit in der verlegten Heimindustrie. Auch durch diese Erwerbsarten entstanden Formen der ländlichen Familienwirtschaft, jedoch nicht solche, die einer Arbeitskräfteergänzung durch Taglöhner bedurften. Hier herrschten insgesamt Arten der Deckung des Lebensunterhaltes der Familie, wie sie sonst für ländliche Unterschichten typisch waren. Extrem formuliert handelte es sich um unterbäuerliche Schichten ohne Bauern.

Bei aller Eigenständigkeit heimindustrieller Produktionsweisen hinsichtlich ihrer Arbeitsorganisation und deren Auswirkungen auf die Familienstruktur sind doch die Bedingungen jener Agrargesellschaften, aus denen sie herausgewachsen sind, für die Formen des familialen Zusammenlebens zu berücksichtigen. Diesbezüglich erscheint der Ansatz des Protoindustrialisierungsmodells zu allgemein. Die beiden hier untersuchten Regionen erlauben dazu einige Illustrationen. In der Pfarre Gmünd etwa war unter den Bauern im 19. Jahrhundert und wohl schon früher das Ausgedinge allgemein verbreitet. Berkner hat dieses Muster in einer sicher nicht sehr glücklich gewählten Terminologie als die „Austrian Stem Family" beschrieben.[91] Ein Zusammenleben von drei Generationen unter der Autorität des Ältesten war, wie die seriellen Seelenbeschreibungen der Pfarre zeigen, hier nur eine seltene und im Ablauf des Familienzyklus kurzfristige Übergangserscheinung.[92] Das Ausgedinge wurde meist vom Altbauernpaar gemeinsam und dem Lebensalter nach relativ früh angetreten. So war auch für die jungen Bauern das Heiratsalter nicht allzu hoch. Für die Altenteiler gab es auf jedem Hof ein sogenanntes „Stübel". Die Rechtsinstitution hatte so in der Hausform einen räumlich-strukturellen Niederschlag gefunden.[93] Waren keine Altenteiler im Haus, so konnten im Stübel Inwohner aufgenommen werden. Die trigenerative Ausgedingefamilie bzw. die Hausgemeinschaft mit Inwohnern war also hier strukturell vorgegeben. Im Zuge der protoindustriellen Entwicklung führten die Weberbauern bzw. die hausbesitzenden Weber dieses Modell kontinuierlich fort. Die prinzipielle Aussage der Protoindustrialisierungstheorie, daß die Kernfamilie den vorherrschenden Typus des Haushalts ländlicher Gewerbetreibender darstellte, trifft hier also nicht zu.[94]

Die Durchdringung traditioneller bäuerlicher Familienstrukturen durch das Element der Hausindustrie sei am Beispiel des Entwicklungszyklus einer Hausgemeinschaft aus der Pfarre Gmünd näher veranschaulicht. Es handelt sich um den Hof Ehrendorf Nr. 2 – einen größeren Hof, wie der personelle Umfang der Hausgemeinschaft zeigt, ebenso aber auch der Umstand, daß die Inhaber innerhalb des Untersuchungszeitraums zweimal das Amt des Dorfrichters innehatten.

---

91 BERKNER, Stem-family, 398 ff.
92 Zur Kritik MITTERAUER und SIEDER, The developmental process of domestic groups, 273; SIEDER und MITTERAUER, The reconstruction of the family life course, 316.
93 Adalbert KLAAR, Die Hausformen des Waldviertels, in: Eduard STEPAN (Hg.), Das Waldviertel, Wien 1937, 7/2, 334 ff.; vor allem 345.
94 MEDICK, Familienwirtschaft, 119.

Tafel 6:
Entwicklungszyklus der Hausgemeinschaft Haider – Steininger – Hahn, Ehrendorf Nr. 2, Pfarre Gmünd, NÖ, 1801–1842

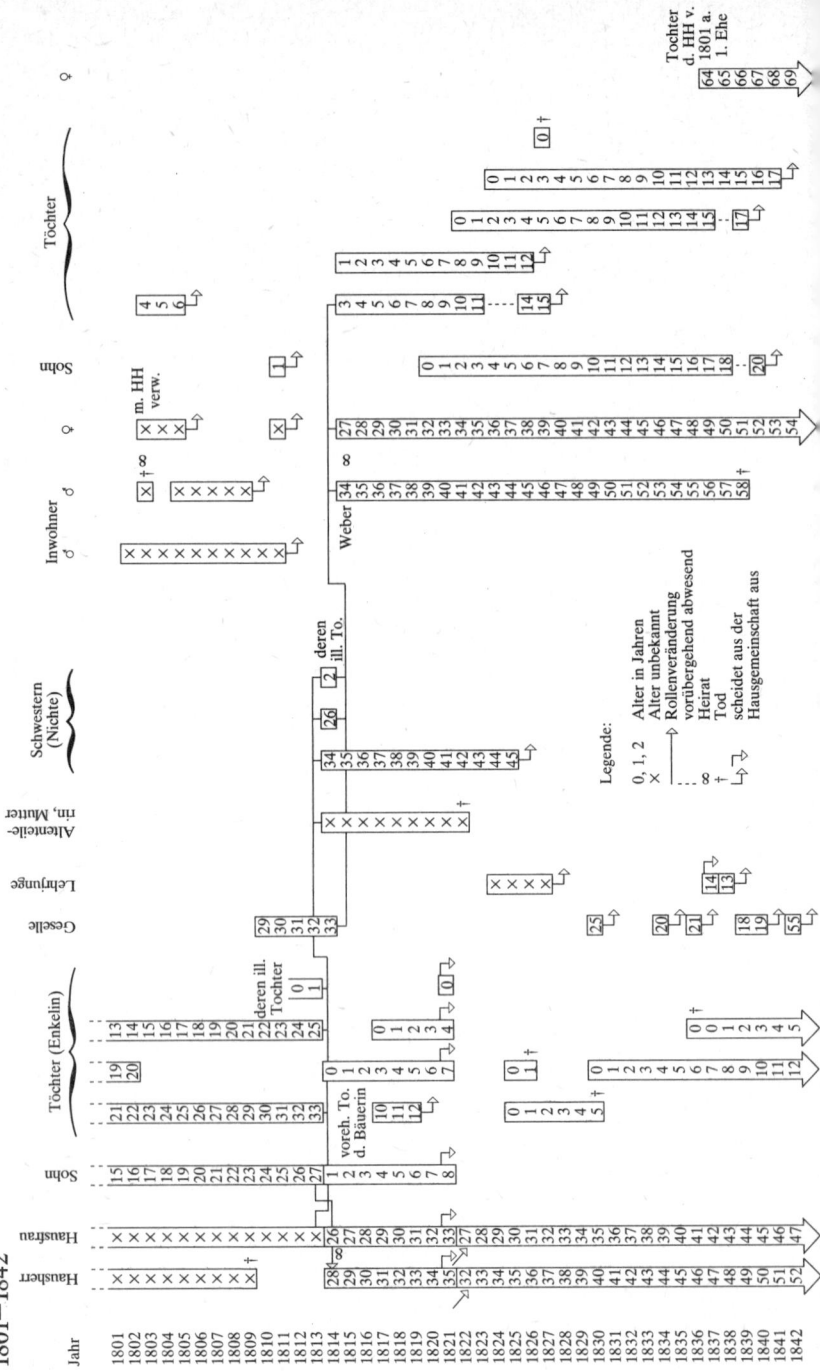

Legende:

0, 1, 2	Alter in Jahren
×	Alter unbekannt
⌐‥‥8	Rollenveränderung
⌐→	vorübergehend abwesend
∞	Heirat
†	Tod
→	scheidet aus der Hausgemeinschaft aus

Zu Beginn des Entwicklungszyklus stellt sich die Hausgemeinschaft als rein bäuerlich dar. Ob zusätzlich gewebt wurde, läßt sich zunächst nicht feststellen. Bei den beiden langjährigen Inwohnern – wohl zwei Brüdern – findet sich in den Quellen keine Berufsbezeichnung, auch nicht nach ihrer Übersiedlung in andere Häuser des Orts. Gesellen oder Knechte werden zunächst nicht genannt. Erst nach dem Tod des Altbauern Josef Haider wird der Webergeselle Josef Steininger aufgenommen. Ab nun können wir mit Sicherheit von einer Weberbauern-Familie sprechen. Der 23jährige Geselle wird aber sicher nicht nur das Handwerk ausgeübt, sondern auch in der Landwirtschaft mitgearbeitet haben. Es war ja nach dem Tod des Bauern hier eine Arbeitskraft zu ersetzen. Josef Steininger begann ein Verhältnis mit der jüngsten Bauerntochter Klara Haider, aus dem schon 1812 eine uneheliche Tochter hervorging, 1813/14 kam es zu tiefgreifenden Änderungen. Die Altbäuerin übergab und ging mit einer 34jährigen taubstummen Tochter ins Ausgedinge. Der 27jährige Übernehmer Franz Haider heiratete sofort. Die Nennung eines einjährigen Sohnes im Jahr der Übernahme deutet darauf hin, daß hier offenbar auch ein vorehelich gezeugtes Kind schon geboren oder unterwegs war. Bald darauf heirateten auch der Webergeselle Josef Steininger und Klara Haider. Sie blieben mit ihrer rasch anwachsenden Kinderschar als Inwohner im Haus – ob gemeinsam mit Mutter und Schwester im Altenteilerstübel oder in eigenen Räumlichkeiten, läßt sich nicht feststellen. Das junge Bauernpaar konnte den Hof nicht halten. 1822 erscheint als neuer Bauer der jungverheiratete Michael Hahn, ein Bauernsohn von einem anderen Hof in Ehrendorf. Dort, beim Vater des neuen Bauern, fand der abziehende Bauer Franz Haider mit seiner Familie Aufnahme. Jahre später mußte er – offenbar total verarmt ins Gemeindehaus übersiedeln. Die Altbäuerin mit ihrer behinderten Tochter und die Schwester mit ihrem Mann und ihren Kindern blieben jedoch auf dem Hof. Josef Steininger arbeitete nunmehr als selbständiger Weber und nicht mehr im Dienst des Bauern. Dieser nahm 1824 einen Lehrjungen und ab 1830 mehrfach Webergesellen auf, darunter zuletzt 1842 einen 52jährigen Witwer. Obwohl die Quelle Michael Hahn stets nur als Bauern nennt, zeigt die Gesellenhaltung deutlich, daß es sich bei ihm – der lokalen Wirtschaftsentwicklung dieser Jahre durchaus entsprechend – um einen Weberbauern gehandelt hat. Zum Unterschied vom Hausherrn hielt der wohl von der Weberei lebende Inwohner Josef Steininger keinen eigenen Gesellen. Sein einziger Sohn scheint bei ihm die Lehrzeit gemacht zu haben, da er bis zum 18. Lebensjahr im Haus verblieb. Die vier Töchter dürften für die Mitarbeit keine Rolle gespielt haben. Die beiden ältesten verließen schon mit elf und zwölf Jahren das Haus, die beiden jüngeren gingen etwas später in Dienst. Auch die 1837 zu ihrer Schwester Klara Steininger ziehende 64jährige Anna Maria Haider wurde sicher nicht als Arbeitskraft benötigt. Der Webereibetrieb der Inwohner wurde ja wahrscheinlich nach dem Tod des Josef Steininger 1839 oder nach dem neuerlichen Ausscheiden seines kurzfristig zurückgekehrten Sohnes 1841 aufgegeben. Viel eher handelte es sich um Versorgung im Elternhaus, dem jetzt freilich ein nichtverwandter Hausherr vorstand. Schon vorher war der Versorgungsanspruch der Altbäuerin und ihrer taubstummen Tochter gewahrt worden. Dadurch hatte sich die keineswegs seltene, familienhistorisch jedoch interessante Konstellation einer Ausgedingebeziehung unter nichtverwandten Personen ergeben. In der Entwicklung der Hausgemeinschaft lassen sich von der Arbeitsorganisation her wahrscheinlich folgende Phasen annehmen: Auf eine vielleicht rein bäuerliche Phase zu Beginn des Jahrhunderts folgte die eines Weberbauern, zunächst mit Gesinde, dann mit Inwohnern. Die Inwohnergruppe verselbständigte sich zu einer eigenen Familienwirtschaft. Der bäuerliche Familienbetrieb wurde bald wieder durch hausindustrielle Produktion ergänzt, so daß nun zwei Weberbetriebe nebeneinander bestanden. Der des Inwohners erlosch jedoch wahrscheinlich mit dessen Tod bzw. nach dem kurz darauf erfolgten Ausscheiden seines Sohnes.

Für das Vorarlberger Vergleichsgebiet lassen sich keine derart detaillierten Zyklusanalysen vornehmen. Aber auch hier ist erkennbar, daß vorgegebene Strukturen der Agrargesellschaft in der protoindustriellen Phase weiterwirkten. Als entscheidendes Gestaltungsprinzip der Familienverfassung zeigt sich hier, wie schon gesagt, der erbrechtliche Grundsatz der Freiteilbarkeit. Er scheint jedoch in den beiden Vergleichsgemeinden im Rheintal bzw. im Bregenzer Wald sehr unterschiedliche Konsequenzen gehabt zu haben. In Lustenau dominiert eindeutig die Kernfamilie.[95] Die für das Protoindustrialisierungsmodell als typisch postulierte Haushaltsform ist hier tatsächlich gegeben. In Egg hingegen ist eine andere Familienform besonders häufig. Es begegnen hier in allen Schnitten aus dem 18. Jahrhundert sehr oft Hausgemeinschaften, die nur aus ledigen Geschwistern, gelegentlich vermehrt um uneheliche Kinder, bestehen.[96] Die Bedeutung dieser Konstellation ist so groß, daß Egg im gesamtösterreichischen Vergleich unter den bisher untersuchten ländlichen Gemeinden den niedrigsten Prozentsatz an vollständigen Familien aufweist.[97] Diese eigenartige Erscheinung läßt sich wohl nur so erklären, daß Geschwister über den Tod beider Eltern hinaus sehr lange als Ledige beisammenblieben, um einer Besitzzersplitterung entgegenzuwirken. Das Aufkommen der Heimindustrie hatte zwar einen Rückgang dieser Familienform zur Folge, aber keineswegs deren Überwindung. Die für das Protoindustrialisierungsmodell konstitutive Tendenz zu Frühheirat und großer Kinderzahl ist hier also zum Unterschied von Lustenau nicht festzustellen.

5. Systeme der Reziprozität

Die von der Höhe des Gesindeanteils ausgehende Beschäftigung mit verschiedenen ländlichen Ökotypen hat ergeben, daß neben der Aufnahme ständiger Arbeitskräfte in die bäuerliche Familienwirtschaft die Ergänzung durch nichtständige Arbeitskräfte eine sehr große Rolle spielte. Solche landwirtschaftlichen Taglöhner waren vielfach nur kurzfristig durch die Mitarbeit bei Bauern ausgelastet. Sie mußten in der übrigen Zeit durch andere Erwerbsformen wie gewerbliche Tätigkeit oder Lohnarbeit außerhalb der bäuerlichen Familienbetriebe den Lebensunterhalt für sich und ihre Angehörigen sichern. Der bäuerlichen Bevölkerungsgruppe entspricht also in traditionellen ländlichen Gesellschaften notwendigerweise stets eine mehr oder minder starke ländliche Unterschicht. Die Kombination von Taglohnarbeit bei den Bauern und anderen Verdienstquellen ergab die für diese Schicht charakteristische Form des Mischerwerbs. Die Arbeitsverrichtungen außerhalb der bäuerlichen Familienwirtschaft sind freilich keineswegs nur als eine komplementäre Erscheinung zu diesen zu sehen. Häufig gewann dieser „Zuerwerb" so starkes Eigengewicht, daß eher die Lohnarbeit bei Bauern als die sekundär ergänzende Einnahmsquelle erscheint. Bei stark entwickelter Heimindustrie ist etwa die Schwerpunktsetzung so zu sehen. Ähnliches gilt für die Holzwirtschaft oder den Bergbau. Wenn Bauern auf Holzfäller oder Bergknappen als temporäre Arbeitskräfte zurückgreifen konnten, so war für diese die landwirtschaftliche Taglohnarbeit der Zusatzverdienst zu der außerhalb der Landwirtschaft gelegenen. Es konnte so durch die spezifische Prägung eines Ökotypus durch außeragrarische Erwerbsformen zu einer

---

95 Firz, Frühindustrialisierung, 250 ff.
96 Ebenda 249 f. und 271 ff.
97 Ebenda. 271.

Rückwirkung auf den bäuerlichen Familienbetrieb kommen. Standen viel Lohnarbeiter in der Region zur Verfügung, so konnte man die ständig gehaltenen Arbeitskräfte auf ein Minimum beschränken. Neben der Gesindehaltung war auch die
Verweildauer von erwachsenen Kindern und Geschwistern der Bauern dadurch betroffen. Zwischen Bauern und unterbäuerlichen Gruppen der Landbevölkerung
kam es also hinsichtlich des Arbeitskräfteeinsatzes zu einer ständigen Wechselwirkung. Man kann diesbezüglich von lokalen bzw. regionalen Systemen der Reziprozität sprechen.[98]

Solche Systeme der Reziprozität in der traditionellen Agrargesellschaft dürfen
nicht statisch, sondern müssen dynamisch gesehen werden. Hausindustrie, Bergbau
oder Holzwirtschaft sind von einem überregionalen Markt abhängig und dementsprechend in den Verdienstmöglichkeiten oft starken Schwankungen ausgesetzt.
Dabei kann es sich sowohl um kurzfristige konjunkturelle Einflüsse wie um langfristige Auf- und Abschwungsphasen handeln. Vor allem durch letztere wurden ländliche Ökotypen in ihrer Struktur grundlegend verändert.[99] Solche Prozesse des
Strukturwandels beeinflußten das Verhältnis zwischen Bauern und unterbäuerlicher Schicht. Neue Formen der Balance mußten gefunden werden. Aber auch innerhalb der unterbäuerlichen Schicht waren immer wieder von neuem Verhältnisse
des Gleichgewichts zu finden. Viele Erwerbsformen der Unterschicht hatten ja saisonale Bedingungen. Bei Rückgang der einen Saisonarbeit war die andere mitbe-
troffen. Auch die geschlechtsspezifische Arbeitsteilung ist in diesem Zusammenhang zu sehen. Dominant männliche Wirtschaftszweige wie Bergbau und Holzfällerei bedurften komplementärer Erwerbsformen von Frauen und Kindern. Für Ebensee wurde diesbezüglich auf die Bedeutung holzverarbeitender Heimindustrie verwiesen. Wie stark männliche und weibliche Tätigkeiten gerade in der nicht primär
von der Landwirtschaft lebenden Bevölkerung immer wieder aufeinander abge-
stimmt werden mußten, zeigen die kurz skizzierten Verhältnisse in Vorarlberg besonders deutlich. Auch die Dynamik solcher Prozesse tritt hier sehr anschaulich in
Erscheinung.

Als Indikator für die Bedeutung der Lohnarbeit in einer ländlichen Population
wurde in Gegenüberstellung zum Gesindeanteil bisher immer wieder der jeweilige
Inwohneranteil herangezogen. Sicherlich handelt es sich bei den Inwohnern um jene
Bevölkerungsgruppe, die am stärksten von Lohnarbeit abhängig war. Freilich
mußte wiederholt darauf verwiesen werden, daß als ländliche Lohnarbeiter neben
den Inwohnern auch alle jene in Frage kamen, die zwar ein Haus, aber nicht eine

---

98 Solche Austauschsysteme zwischen Bauern und Häuslern schildert für Schweden Löfgren, Peasant ecotypes; vgl. vor allem die Graphiken 102 und 104. Die Formulierung
   „System der Reziprozität" stammt von Matti Sarmela, Reciprocity systems of the rural society in the Finnish-Karelian culture area, Folklore fellows communications, Helsinki
   1969.
99 Vgl. dazu etwa Mitterauer, Agrarrevolution, 246, über den Zusammenhang zwischen
   dem Rückgang ländlicher Hausindustrie durch die Mechanisierung des Spinnens und Webens einerseits, der Zunahme ständig bediensteter Arbeitskräfte bei Bauern im Verlauf
   der Agrarrevolution andererseits.

landwirtschaftliche Vollstelle besaßen, insbesondere also die Häuselleute, Keuschler oder wie immer sie sonst in den Quellen des Untersuchungszeitraums genannt werden. Diese Gruppe ist freilich in den Quellen nicht mit gleicher Sicherheit zu fassen wie die Inwohner. Nur selten nennen Personenstandslisten einen Familienvater Keuschler oder Häusler. Manchmal läßt sich aus der Hausbezeichnung schließen, ob es sich um einen Hof oder um ein Kleinhaus handelt. Freilich ist diese Methode nicht durchgängig anwendbar. Individuelle Hausbezeichnungen finden sich nur in Einzelhof- und Weilersiedlungsgebieten, nicht aber bei Dorfsiedlung. Auch sind viele der Bezeichnungen nicht klar dem einen oder anderen Typus zuordenbar. Gerade zwischen Kleinbauern und Häuslern bestehen fließende Übergänge. Um den Anteil der hausbesitzenden ländlichen Unterschicht an der Bevölkerung näher zu bestimmen, wird daher hier eine andere Methode angewandt. Ausgangspunkt bildet die Zahl der erwachsenen Arbeitskräfte pro Hausgemeinschaft. Obwohl bei dieser Methode auch eine Reihe von Unsicherheitsfaktoren zu bedenken sind, können doch Näherungswerte erzielt werden, die eine sinnvolle Interpretation zulassen.

Als Altersgrenze für die Zurechnung zu den vollen Arbeitskräften wurden zwölf Jahre angesetzt. Die Entscheidung für diese Alterszäsur beruht in erster Linie auf Erfahrungen in der Untersuchung serieller Seelenbeschreibungen. Mit etwa zwölf Jahren verließen in der Regel Häuslerkinder ihre Herkunftsfamilie, um den Gesindedienst anzutreten. Ungefähr im gleichen Alter, mitunter sogar früher, wurden auf Bauernhöfen die eigenen Kinder als Ersatz von Gesindepersonen angesehen. Dies ergibt sich aus der Berechnung der Arbeitskräftezahl im Entwicklungszyklus bäuerlicher Hausgemeinschaften. Bis zum zwölften Lebensjahr bestand aber auch Schulpflicht. Erst 1869 wurde in Österreich die allgemeine Schulpflicht auf 14 Jahre erhöht, eine Bestimmung, die in ländlichen Gebieten noch lange durch Ausnahmeregelungen umgangen wurde. Die meisten der hier untersuchten Listen stammen jedoch aus der Zeit vor 1869, so daß auch aus dieser Perspektive ein solcher Ansatz realistisch erscheint. Obwohl voll eingesetzt, waren Zwölfjährige natürlich noch keine vollen Arbeitskräfte. Die Statistik umfaßt daher notwendig Personen mit unterschiedlicher Bedeutung für das Arbeitskräftepotential eines landwirtschaftlichen Betriebes.

Bei der Zuordnung von Hausgemeinschaften zur bäuerlichen oder zur unterbäuerlichen Schicht wurde in der Statistik die Grenze zwischen drei und vier vollen Arbeitskräften gezogen. Auch die Entscheidung für diesen Einschnitt ist sehr problematisch. Daß sie der gewünschten Abgrenzung einigermaßen nahekommt, zeigt eine Berechnung, die auf der Basis von Quellen durchgeführt wurde, die eine exakte Zuordnung von Hausgemeinschaften und Besitzgrößen zulassen. Dies ist bei den Listen aus der oberösterreichischen Pfarrgemeinde Raab möglich, aus denen die Stichjahre 1816, 1834 und 1860 ausgewählt wurden.

Läßt sich die in der Pfarre Raab feststellbare Größe des Arbeitskräftepotentials zu bestimmten Besitzgrößenklassen einigermaßen verallgemeinern, so hat es viel für sich, die entscheidende Grenze zwischen bäuerlicher und unterbäuerlicher Schicht bei drei Arbeitskräften anzusetzen. Die Gruppe der Kleinhäusler ist dadurch zur Gänze erfaßt. Die ländlichen Handwerker ohne Grundbesitz entsprechen

Tafel 7:
Durchschnittliche Zahl von Arbeitskräften über 12 Jahre in Hausgemeinschaften der Pfarre Raab 1816, 1834 und 1860 nach Besitzgrößen (1 Joch = 0,57 ha).

	1816	1834	1860
Bauern mit 40 Joch und mehr	9,79	9,41	12,80
Bauern mit 30–40 Joch	7,60	7,29	8,00
Bauern mit 20–30 Joch	6,21	6,65	6,21
Bauern mit 10–20 Joch	5,97	5,66	4,40
Bauern mit unter 10 Joch	3,43	3,53	3,38
Häusler	2,51	2,65	2,15
Landhandwerker mit Grundbesitz	3,41	4,04	4,40
Landhandwerker ohne Grundbesitz	3,00	3,00	2,50
Bauern im Marktort		4,75	8,00
Häusler im Marktort		2,90	2,19
Handwerker mit Grundbesitz im Marktort		4,62	4,18
Handwerker ohne Grundbesitz im Marktort		3,05	3,61

ziemlich genau der gesetzten Marke. Zwar erscheinen noch einige der Kleinstbauern miterfaßt. Andererseits fallen die grundbesitzlosen Handwerker des Marktorts zumindest in einem der beiden Stichjahre deutlich über die angesetzte Zäsur. Insgesamt rechtfertigt die im Zentralort der Pfarre im Vergleich zum Umland etwas höhere Arbeitskräftezahl den Ansatz bei drei. Gerade die Situation in den Mittelpunktsiedlungen der untersuchten Landgemeinden soll ja miterfaßt werden.

Die augenfälligste Erscheinung in der vorgelegten Zusammenstellung ist wohl die erstaunliche Höhe des Anteils unterbäuerlicher bzw. kleinster bäuerlicher Hausgemeinschaften. Sie liegt im untersuchten Sample grob gesprochen zwischen einem und zwei Drittel. Nur in einer sehr kleinen Gruppe geht der Anteil der bäuerlichen Vollstellen über die Zwei-Drittel-Marke hinaus. Man wird aufgrund dieses Befundes kaum sagen können, daß in der traditionellen Agrargemeinschaft die bäuerliche Familienwirtschaft schlechthin die dominante Familienform gewesen wäre. Die Frage, inwieweit es sich in der unterbäuerlichen Schicht um Familienwirtschaften gehandelt hat, wird uns noch zu beschäftigen haben. Sieht man die Zahlen unter der Perspektive der familienwirtschaftlichen Ergänzung um ständige Arbeitskräfte, so läßt sich sagen, daß der Prozentsatz an Hausgemeinschaften, die aufgrund ihrer Größe überhaupt in die Lage kamen, Gesinde aufnehmen zu müssen, keineswegs durchgehend sehr hoch war. Umgekehrt gab es in vielen Gemeinden mehr als die Hälfte Häuser, die den Bauernwirtschaften Taglöhner stellen konnten.

Als Reservoir für Taglohnarbeiten scheinen die Kleinhäusler insgesamt eine wichtigere Rolle gespielt zu haben als die Inwohner. Um das Arbeitskräftepotential der ländlichen Unterschicht in seinem Gesamtumfang zu erfassen, müßte man eigentlich beide Gruppen zusammenrechnen. Freilich wäre dabei zu bedenken, daß es sich um sehr unterschiedliche Bevölkerungseinheiten handelt. Während man die

Tafel 8:
Anteil der Hausgemeinschaften mit 1—3 ständigen Arbeitskräften an den Hausgemeinschaften ausgewählter Gemeinden („Unterschichtenindex")

Abtenau	1632	50,0		Maria Langegg	1788	64,5
	1790	38,2			1798	67,1
Altenmarkt	1733	51,7			1808	55,8
Andrichsfurt	1813	39,3			1818	62,9
	1823	28,7			1828	61,9
	1833	31,4			1840	58,7
	1842	29,7			1848	46,0
	1853	27,6			1856	49,5
	1863	29,9			1875	61,6
	1873	36,4		Moos	1821	38,9
	1883	30,4			1865	32,4
	1896	30,0		Obergrafendorf	1787	68,4
	1909	42,9		Obermühlbach	1757	29,0
Dorfbeuern	1648	54,5		Perchtoldsdorf	1754	70,4
	1671	50,0			1857	59,9
	1772	61,4		Poysdorf	1890	45,8
Dürrnberg	1647	59,2		Raab	1816	38,5
Ebensee	1809	60,0			1834	34,0
Feistritz	1757	16,5			1860	41,2
Gleink	1799	58,5		Sirnitz	1757	35,6
	1807	61,7		St. Lorenzen	1757	25,0
	1818	61,6		Thalgau	1648	34,5
	1840	60,8			1750	37,5
	1856	58,4		Villgraten	1788	38,7
Gmünd	1801	42,2		Weinzirl	1751	37,8
	1807	47,4		Zell am Ziller	1779	33,7
	1818	44,2		Zweinitz	1757	38,6
	1827	37,1			1770	30,8
	1840	46,6			1786	51,6
Hofgastein	1690	62,9			1798	37,2
Koppl	1647	40,8			1811	42,4
	1805	46,3				

Kleinhäusler grundsätzlich als hausrechtlich unabhängig ansehen kann, waren die Inwohner in unterschiedlicher Form in die Hausgemeinschaft integriert. Bei Angehörigen der bäuerlichen Hausgemeinschaft erscheint es jedoch problematisch, ob sie als eigene Schicht angesehen werden können.[100] Im Fall des Gesindes ist diese Frage wohl mit Sicherheit zu verneinen. Die Problematik kann hier offen bleiben, da es nicht um die numerische Erfassung von Schichten geht, sondern um Fragen der Arbeitsorganisation.

Der Prozentsatz der den unterbäuerlichen Gruppen zuzurechnenden Hausgemeinschaften zeigt viele Entsprechungen zu den skizzierten Ökotypen. Im wesentlichen ergibt sich eine negative Korrelation zu dem als Indikator für verschiedene

---

100 Zu dieser Frage MITTERAUER, Unterschichten, 316 ff.

Ökotypen verwendeten Gesindeanteil. Der geringste Prozentsatz von Kleinhäuslern ist in Gemeinden mit starker Gesindehaltung gegeben. Die beiden Kärntner Gebirgspfarren Feistritz und St. Lorenzen zeigen die niedrigsten Werte. Hier waren extrem hohe Gesindeanteile festgestellt worden, die sicherlich mit der Dominanz der Viehzucht zusammenhängen. Andererseits liegen die Quoten der Hausgemeinschaften mit drei und weniger Arbeitskräften in den gesindearmen Pfarren Obergrafendorf, Maria Langegg, Ebensee und Dürnberg besonders hoch. Sie vertreten die Ökotypen textile Heimindustrie, Holzwirtschaft sowie Bergbau- und Hüttenwesen. Die Entsprechung ist jedoch keineswegs durchgehend. So findet sich in der ebenso gesindearmen Pfarre Gmünd, die auch dem Typus textile Heimindustrie zuzuordnen ist, ein Anteil der unterbäuerlichen Hausgemeinschaften, der mit 37%−47% keineswegs besonders hoch liegt. Es wurde schon betont, daß das Hausgewerbe hier stark mit dem kleinbäuerlichen Grundbesitz verbunden war. Das erklärt den stärkeren Anteil von Hausgemeinschaften mit einer etwas höheren Arbeitskräftezahl. Es wird daher sinnvoll sein, über eine Interpretation der in der Tabelle zusammengestellten Richtwerte hinaus auf die spezifische Eigenart von Systemen der Reziprozität zwischen bäuerlicher und unterbäuerlicher Schicht in ländlichen Gemeinden einzugehen. Daraus ergeben sich zugleich zahlreiche Hinweise zur Beantwortung der Frage, ob und in welcher Weise es sich bei den Hausgemeinschaften der unterbäuerlichen Bevölkerung um Familienwirtschaften handelt.

Als Beispiel für den Ökotypus Bergbauernwirtschaft mit Dominanz der Viehzucht sei zunächst auf die Verhältnisse in Villgraten in Osttirol näher eingegangen, weil hier über die Personalbeschreibung von 1781 hinaus günstige Zusatzangaben vorliegen. Der Vergleich mit dem Kataster zeigt, daß sich im Untersuchungsgebiet nur wenige Kleinhäuser („Häuseln", „Sölden") befinden. Eine Konzentration nichtbäuerlicher Häuser um die Pfarrkirche fehlt. Aber auch von den Urhofverbänden bzw. deren Teilgütern wurden nur wenige Sölden abgesplittert. Andererseits weist die Statistik der Hausgemeinschaften mit ein bis drei erwachsenen Arbeitskräften den beachtlichen Anteil von fast 39% aus. Auch die Zusammenstellung nach dem Stand der Viehhaltung (vgl. oben Tafel 2) zeigt, daß es hier viele kleine Wirtschaften gab. Auf die Entstehungsbedingungen dieser Situation wurde bereits eingegangen. Dem Bestreben der Grundherrschaften, möglichst große von Gemeinerschaften bewirtschaftete Bauerngüter zu erhalten bzw. wieder herzustellen, standen Tendenzen der Bauern gegenüber, zwischen den erbenden Geschwistern gleichberechtigt zu teilen. Das Resultat dieser Entwicklung war eine Zersplitterung der Urhofverbände in mehrere Teilgüter, auf denen aber ihrerseits häufig Großfamilien lebten. Vielfach reichte die agrarische Basis für die Sicherung des Lebensunterhalts so großer Familien nicht aus. Es wurde daher ein handwerklicher Zusatzerwerb gesucht. Entweder die ganze Familie, häufiger jedoch einzelne Familienmitglieder spezialisierten sich auf ein Gewerbe. Das wirkte sich auf die gesamte Arbeitsteilung der regionalen Gesellschaft aus. Es kam nicht − wie anderwärts so häufig − zur Ausbildung einer unterbäuerlichen Schicht gewerbetreibender Kleinhäusler. Die handwerkliche Produktion blieb viel mehr in den Händen der Bauernfamilien. Solche Gewerbebauern waren freilich, wie der Vergleich mit dem Viehstand zeigt, unter den kleineren Bauern stärker verbreitet. Aber auch bei ausgesprochenen Großbauern kamen gewerbetreibende Familienmitglieder vor.[101] So wird etwa von den fünf erwachsenen Söhnen, die auf einem Hof mit dreißig Stück Großvieh blieben, der jüngste als Tischler bezeichnet. Das Gewerbe konnte auf derart großen Höfen sogar so stark in den Vordergrund treten, daß es die Quelle als primären Erwerb nennt. Um einen solchen gemischt bäuerlich-handwerklichen Betrieb handelte es sich etwa bei einem Schmied, der über 26 Stück Großvieh verfügte. Dem mitunter recht hohen Viehstand entsprechend bildeten sich auch unter den auf ein Handwerk spezialisierten Hausgemeinschaften komplexe Familienformen – sowohl in der Form echter Stammfamilien als auch von Haushaltsgemeinschaften verheirateter Brüder („frérèche"). Dies ist im ländlichen Raum in Österreich eine äußerst seltene Erscheinung und kann nur aus der Tendenz zu Großfamilienformen einerseits, zu bäuerlich-gewerblich gemischten Familienwirtschaften andererseits erklärt werden. Die handwerkliche Spezialisierung mußte sich nicht auf ein Gewerbe konzentrieren. So kommt der Fall vor, daß ein Sohn die Weberei, ein anderer die Schneiderei betrieb. Wenn sich nur ein Familienmitglied spezialisierte, so konnte seine Stellung im Familienverband sehr unterschiedlich sein. Meist handelte es sich um erwachsene, vielfach schon verheiratete Söhne. Der Tendenz zum Zusammenbleiben der Erben entsprechend kommen jedoch auch ledige oder verheiratete Brüder mit Handwerksbezeichnungen vor (vgl. Tafel 3 d). In einem Fall wird sogar der 82jährige Hausvater als Weber bezeichnet, nicht aber dessen verheirateter 42jähriger Sohn. Wahrscheinlich leitete dieser die bäuerliche Wirtschaft ohne offiziell den Hof übernommen zu haben. In einem anderen Fall wird ein 30jähriger Bauernknecht ausdrücklich als Weber bezeichnet. Weberknechte finden sich auch sonst gelegentlich auf Bauernhöfen in Bergbauerngemeinden. Gerade dieses Gewerbe scheint vielfach bei geringer Differenzierung der Arbeitsteilung von den Bauernfamilien selbst betrieben worden zu sein. Beachtenswert erscheint jedoch, daß es diesbezüglich innerfamilial zu einer Arbeitsspezialisierung kommen konnte, die mitunter eine besondere Gesindebezeichnung bewirkte. Bei der Weberei handelte es sich um ein traditionelles bäuerliches Hausgewerbe, das sich besonders als Winterarbeit eignete und damit einen saisonalen Arbeitsausgleich herstellte. Freilich ist es in Villgraten nicht nur zu einer gewerblichen Spezialisierung traditionell von Bauern betriebener Tätigkeiten gekommen. Bauernsöhne, die hier die Schneiderei betrieben, spezialisierten sich auf einen Arbeitsbereich, der herkömmlicher Weise im Bauernhaus den Frauen zukam. Auch außerhäusliche Tätigkeiten finden

---

101 Bäuerliche Großfamilien mit einem handwerklichen Zuerwerb lassen sich in dieser Gegend schon bis ins 16. Jahrhundert zurückverfolgen, wobei die Einkünfte aus dem zusätzlichen Gewerbe nicht individuell genutzt werden durften, sondern in die gemeinsame Familienkasse einzubringen waren. Im Urteil eines Rechtsstreits zwischen dem Bauern Hans Pätrer und seinem Vetter und Mithauser Blasius aus Parcell von 1558 heißt es: „. . . und Blassy sol sein arbait, was er mit zimern un sonst erobert inn das haushaben geben und sol mit des Hannsen als wirdts wissen und willen zimern oder sonst zu arbaiten ausgeen." (Sendele, Almwirtschaft, 349).

sich in Villgraten als Erwerbsquelle von Angehörigen bäuerlicher Familien. Dies gilt etwa für die Tätigkeit des Zimmermannes, die in jener Großfamilie ausgeübt wurde, die hier als illustrierendes Beispiel vorgestellt werden soll.

Tafel 9:
Struktur der Familie Schmidhofer auf den beiden Teilgütern des Neuhaushofes in Innervillgraten 1781

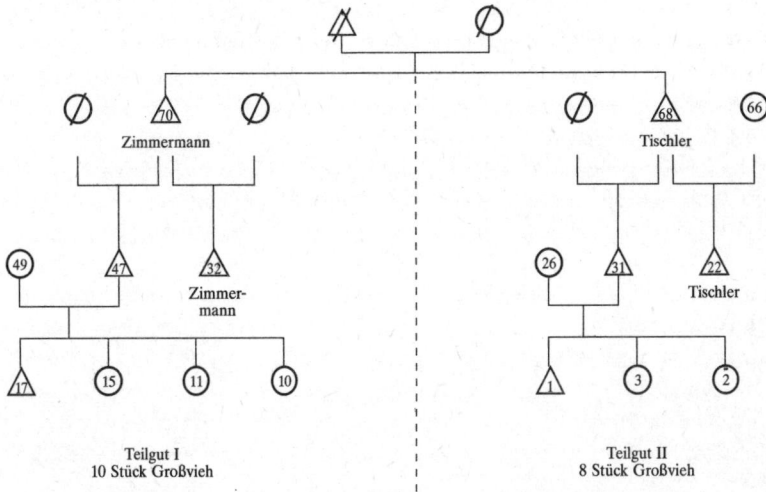

Zimmermann

Tischler

49   47   32
Zimmer-
mann

26   31   22
Tischler

17   15   11   10

1   3   2

Teilgut I
10 Stück Großvieh

Teilgut II
8 Stück Großvieh

Legende:

△   männliche Person   △   Hausherr
○   weibliche Person   △∅   verstorbene Person

Das Beispiel der Familie Schmidhofer zeigt sehr anschaulich einige Aspekte der hier behandelten Thematik. Beim Neuhaushof handelte es sich – den Namen nach zu schließen – wohl nicht um einen Urhof, jedoch sicher um eine bäuerliche Vollstelle. Auch nach seiner Teilung gehörten zu den beiden Häusern noch genug Wiesen, um damit einerseits zehn, andererseits acht Stück Rinder halten zu können. Die Teilgüter lagen damit durchaus im Mittelfeld der Villgratener Bauernhöfe. Die Gutsteilung lag noch nicht allzuweit zurück. Die teilenden Brüder lebten als Altbauern auf den Höfen. Dadurch ergab sich eine über die Hausgemeinschaft hinausreichende Familienbindung, die die ganze Siedlungseinheit umschloß – eine Situation, wie sie sonst nicht häufig erfaßbar ist. Neben der Bauernwirtschaft übten beide Brüder gewerbliche Tätigkeiten aus. Es scheint sogar, daß sie sich – ähnlich wie der schon behandelte Weberbauer – im Alter auf dieses Handwerk konzentrierten. Bei beiden blieben zwei erwachsene Söhne im Elternhaus. Je einer davon durfte heiraten. Ohne eine stärkere Spezialisierung auf das Handwerk wäre eine solche Familienerweiterung wohl kaum möglich gewesen. Die ledig gebliebenen jüngeren Söhne konzentrierten sich gemeinsam mit den Vätern auf den Zuerwerb. Bei den verheirateten älteren Söhnen stand hingegen mehr die Landwirtschaft im Vordergrund. Eine gewerbliche Berufsbezeichnung fehlt bei ihnen jedenfalls in der Quelle. Hinsichtlich der Arbeitsorganisation ergeben sich in dieser Familie sehr interessante Entwicklungen. Am Beginn steht die einheitlich bäuerliche Hausgemeinschaft des Neuhaushofes. Mit der Teilung kommt es zu einer Spezialisierung des Zuerwerbs auf Tischlerei bzw. Zimmermannsarbeit. Durch das Anwachsen beider Hausgemeinschaften entwickelt sich innerhalb derselben eine Schwerpunktsetzung – auf das Handwerk bei Vater und jüngerem Sohn, auf die Landwirtschaft beim älteren Sohn. Von zwei getrennten Familienbetrieben wird man deswegen aber sicher nicht sprechen dürfen. Vater und jüngerer Bruder unterstützten ja wohl weiterhin in der Landwirtschaft.

Gerade der Ökotypus dominant viehzüchtender Bergbauern begünstigte Bauernwirtschaften in Kombination mit einer oder mehreren gewerblichen Tätigkeiten. In Hinblick auf den vorherrschenden Bedarf an ständigen Arbeitskräften war man interessiert, auch handwerklich spezialisierte Personen in die Familienwirtschaft zu integrieren. Die ungünstigen Verkehrsverhältnisse legten es nahe, die Ansätze einer Tauschwirtschaft auf benachbarte Höfe zu beschränken. Im Prinzip herrschte die Tendenz, auch hinsichtlich der notwendigen Handwerksprodukte möglichst autark zu sein. Auch die selbst produzierten Rohstoffe trachtete man im Haus zu verarbeiten. Die bei den Bergbauern bis weit ins 19. Jahrhundert gegebene Schafhaltung begünstigte die Heimweberei. So überrascht es nicht, daß, ähnlich wie in Villgraten, innerhalb der hier untersuchten Samples auch in den Pfarren Abtenau, Altenmarkt, St. Lorenzen-Reichenau, Zweinitz und Pulst Weberknechte von Bauern vorkommen. Die weitgehende Autarkie der Bauernhöfe machte Austauschsysteme nur in geringem Umfang notwendig. Das gilt sowohl hinsichtlich gewerblicher Produkte als auch bezüglich der Arbeitskräfte. Reziprozitätsverhältnisse beschränkten sich im wesentlichen auf Beziehungen der Bauern untereinander. Tendenzen zur Besitzzersplitterung, wie sie in Villgraten durch die – freilich stark gebremste – Tendenz zur Güterteilung gegeben waren, konnten dabei zu einer Intensivierung des Handwerks in der Gruppe der Kleinbauern führen.

Ein anderes Modell arbeitsteiliger Ergänzung zwischen Familienwirtschaften finden wir in einer ebenso von Viehhaltung geprägten Landgemeinde, in der die Bauerngüter nicht teilbar waren. Auf die besondere Situation in der Pfarre Metnitz im Gebiet der Gurktaler Alpen in Unterkärnten wurde schon im Zusammenhang mit der Besprechung des hohen Gesinde- bzw. niedrigen Inwohneranteils verwiesen. Genauso wie Inwohner waren auch Kleinhäusler außerhalb des Pfarrorts sehr selten. Im Streusiedlungsgebiet im Umland von Metnitz gab es 1757 unter den 260 Häusern nur fünf Keuschen. Bei allen übrigen findet sich die Bezeichnung Hube. Dem standen 69 Häuser des Pfarrorts gegenüber, unter denen nur eine Hube und ein „Hübl" begegnen. In vielen Fällen spricht die Quelle ausdrücklich von „Keuschen". Auch sonst lassen die Handwerksbezeichnungen auf Kleinhäuser ohne wesentlichen landwirtschaftlichen Grundbesitz schließen. Hier ist also die Teilung in eine unterbäuerlich-gewerbliche Schicht im Siedlungsmittelpunkt und eine großbäuerliche in dessen Umland fast in Reinkultur gegeben. Bei der zahlenmäßigen Stärke der Kleinhäusler in Metnitz wird zu bedenken sein, daß der Pfarrsitz in wirtschaftlicher Hinsicht auch zentraler Ort für mehrere bäuerliche Pfarren der Umgebung war. Freilich wird man nicht alle Gewerbetreibenden des Pfarrorts der unterbäuerlichen Schicht zurechen dürfen. Die zahlreichen Weber, Schneider, Schuster, die wahrscheinlich als Störhandwerker auf den Bauernhöfen gearbeitet haben, sind wohl zu dieser Bevölkerungsgruppe zu zählen, nicht aber die größeren wie die Wirte, der Bäcker, der Lebzelter oder der Bader. Warum sich hier eine so starke Trennung zwischen Bauern und Keuschlern im Siedlungsbild entwickeln konnte, wurde bereits mit Gegebenheiten des Ökotyps Viehzucht argumentiert: Durch die vorwiegende Deckung des Arbeitskräftebedarfs durch Gesinde war eine Kleinhäuslersiedlung im Anschluß an die in Streulage verteilten Bauernhöfe nicht notwendig. Das System der Reziprozität beschränkte sich hier auf den Austausch landwirtschaftlicher und gewerblicher Produkte bzw. auf die handwerkliche Weiterverarbeitung der ersteren. Die tägliche Lohnarbeit, die ein räumliches Naheverhältnis erfordert hätte, scheint hier eine untergeordnete Rolle gespielt zu haben.

Eine ähnlich scharfe Trennung zwischen Bauern im Umland und Kleinhäuslern im Pfarrort, wie sich in Metnitz findet, begegnet sonst in keiner Gemeinde des Samples. Der Regelfall ist auch in den an der Viehzucht orientierten Gebieten ein Nebeneinander von Kleinhäusern im Siedlungsmittelpunkt und im Anschluß an einzelne Höfe. Ein Beispiel dafür ist etwa die große Gebirgspfarre Abtenau. Der Pfarrort selbst war Marktmittelpunkt für das ganze Lammertal. Zahlreiche Gewerbe hatten hier ihren Sitz. Die schon erwähnte Spannung zwischen großen Handwerkshäusern, die sich sicherlich mit den bäuerlichen Familienbetrieben messen konnten, und kleinen Gewerbetreibenden, die als unterbäuerlich einzustufen sind, soll hier an zwei Beispielen illustriert werden: Der Badermeister beschäftigte neben einem Gesellen und einer wahrscheinlich ebenfalls im Gewerbe eingesetzten Magd noch eine weitere, die ausdrücklich als „Felddirn" bezeichnet wird. Das deutet darauf hin, daß eine nicht unbedeutende Landwirtschaft mit dem Haus verbunden war. In einem anderen Haus des Marktorts hingegen wird der Erwerb des Hausinhabers mit „Kramer, dermalen aber auch ein Schneidermeister und Spielman" umschrieben. Hier handelte es sich also um die für unterbäuerliche Schichten charakteristische Form des Mischerwerbs, weil ein Gewerbe allein den Lebensunterhalt der Familie nicht ausreichend decken konnte. Neben den Kleinhäusern im Marktort gab es auch zahlreiche in dessen Umland. Vielfach korrespondieren die Hausnamen mit denen von Bauernhöfen. Das deutet auf eine Zuordnung, die wohl mit Arbeitsverhältnissen zusammenhängt. Primär gewerblich dürften die Bewohner dieser Kleinhäuser nicht tätig gewesen sein. Den Hausnamen sind jedenfalls diesbezüglich keine Hinweise zu entnehmen. Einschlägige Berufsbezeichnungen fehlen. Dem entspricht es, wenn noch zu Beginn des 19. Jahrhunderts Franz Vierthaler über Abtenau schreibt: „Die Bewohner der großen Au befinden sich in mancher Hinsicht noch in einem ursprünglichen Zustande. Es gibt unter ihnen weder Gärber, noch Zimmerleute und Müller. Jeder Bauer bereitet sein Leder selbst; er zimmert sich selbst sein Haus, und mahlet auf eigener Mühle sein Mehl. Die Not lehrt ihn des fernen Nachbarn entbehren."[102] Die Bauern waren hier also weitgehend autark. Die vielen Kleinhäuser des Umlandes hatten offenbar weniger mit Gewerbetreibenden als mit der Holzwirtschaft zu tun. Soweit im Haus gewerblich spezialisierte Arbeitskräfte gebraucht wurden, scheint der Bedarf in anderer Weise gedeckt worden zu sein. Die frühe Zählung von 1632 gibt diesbezüglich ein paar Hinweise. Auf einem Bauern-

---

102 VIERTHALER, Wanderungen 1, 96.

hof wird ein Knecht als „Huetter und sartor" bezeichnet. Neben der Viehhaltung war er also als Schneider tätig. Die Namensgleichheit mit dem Bauern deutet auf Verwandtschaft. Auch der auf einem anderen Hof erwähnte Weberknecht war mit der Bauernfamilie verwandt. Viel häufiger als gewerblich tätige Knechte finden sich hingegen ledige junge Inwohner, die ein Handwerk ausübten. Neben Webern, Schustern und Schneidern begegnet unter ihnen überraschenderweise auch ein Fleischer. Zum Unterschied von gewerbetreibenden Inwohnern mit Familie wird man diese jungen, ledigen Mitbewohner eher in einem gesindeähnlichen Status und stärker in die Hausgemeinschaft integriert sehen müssen. Ähnlich wie in Villgraten handelt es sich hier um Formen der Spezialisierung innerhalb der Hausgemeinschaft. Inwiefern zwischen der breiten Schicht der Kleinhäusler und den Bauern ein Austauschverhältnis von Produkten, Diensten und Leistungen gegeben war, ist schwer festzustellen. Ebenso wie die Inwohner standen die Kleinhäusler als Taglöhner bei Erntearbeiten zur Verfügung. Umgekehrt setzte die Holzarbeit ein Mitwirken der Bauern voraus. Für den Transport des Holzes brauchte man Zugvieh, über das die Kleinhäusler sicher nicht in ausreichendem Maße verfügten. Ganz allgemein ist die Fuhrwerkstätigkeit ein Bereich, in dem die unterbäuerliche Schicht, die sich kaum Ochsen oder Pferde halten konnte, auf die Bauern angewiesen war.

In Getreidebaugebieten kommt das gegenseitige Aufeinander-Angewiesensein von Bauern und unterbäuerlichen Schichten bereits im Siedlungsbild deutlicher zum Ausdruck als in den an der Viehzucht orientierten Bergbauernregionen. Das gilt freilich nur für Gegenden mit Streusiedlung. Daß sich bei großen Einzelhöfen oft sogenannte „Inhäuser" oder „Backhäuser" mit ein oder mehreren Inwohnerfamilien befanden, wurde schon erwähnt. Solche „Inhäuser" konnten sich durch Verkauf von Häuseln verselbständigen. Aber auch ohne diese Zwischenstufe entstanden oft Kleinhäuser neben den Höfen. Gerade für Gebiete mit Weilersiedlung ist das Nebeneinander von größeren und kleineren Bauernhöfen einerseits, von Sölden und Häusern kleiner Gewerbetreibender andererseits charakteristisch.[103] Ein solcher typischer Weiler in der oberösterreichischen Pfarre Waizenkirchen umfaßte etwa zwei Bauernhöfe mit zwölf und elf Joch Grund, drei Sölden mit fünfeinhalb und sieben Joch sowie ein Weber- und ein Schusterhaus, von denen zu ersterem fünf Joch Ackerland, zu letzterem nur eine Wiese gehörten.[104] Häufig war die Besitzdifferenzierung noch stärker ausgeprägt. Das Nebeneinander von Bauernhöfen und Kleinhäusern hatte die gleiche Ursache wie das von Bauernhöfen und Inhäusern: Die unterbäuerliche Schicht wurde kurzfristig zu Taglohnarbeiten bei den Bauern gebraucht. Von dem Tagwerksentgelt allein konnte eine Familie jedoch nicht leben. Die Ausstattung mit ein wenig Grundbesitz gab diesbezüglich eine minimale Sicherheit. Auch Inwohner erhielten ja gelegentlich etwas Land, um Kartoffeln oder

---

103 Für die große Pfarre Raab in Oberösterreich schildert diese Struktur sehr ausführlich Alois BREITENEDER, Zur Bevölkerungs- und Familienstruktur der Pfarre Raab im Innviertel 1816—1860, phil. Diss. Wien (masch.), 1982, 109 ff.
104 JUNGWIRTH, Ländliche Familienstruktur, 25.

Lein anzubauen. Das mußten sie freilich beim Bauern genauso wie das Quartier abarbeiten. Bei Kleinhäuslern war das nicht der Fall, da sie ja Haus und Grund selbst besaßen. Sie waren jedoch in anderer Weise von den Bauern abhängig. An Tieren konnten sie sich kaum mehr als ein oder zwei Kühe und etwas Kleinvieh halten. Ochsen und Pferde kamen für sie nicht in Frage. Auch ein eigener Pflug stand vielfach nicht zur Verfügung. Die Bearbeitung der kleinen Ackergründe von Häuslern wurde daher von den benachbarten Bauern geleistet. Ein Tag „Zug" mußte dann wiederum mit ein paar unentgeltlichen Tagen beim Bauern abgearbeitet werden. Diese Leistungen konnten sowohl vom Mann als auch von der Frau der Kleinhäuslerfamilie erbracht werden. Das letztere war vor allem dann der Fall, wenn der Mann außerhäuslich tätig war. Die eigene Landwirtschaft sowie die Arbeit beim Bauern reichte ja zum Unterhalt einer Familie meist nicht aus. Viele Kleinhäusler waren daher auch außerhalb der Ortschaft als Taglöhner bzw. als Handwerker tätig. Unter den Gewerben der Kleinhäusler dominierten außerhäusliche Aktivitäten. Von den 152 Landhandwerkern, die 1831 im Umland des oberösterreichischen Marktes Waizenkirchen wohnten, waren 28 Schuster, 26 Maurer, 25 Weber, 18 Schneider und 14 Zimmerleute.[105] Für die Bauhandwerker war die außerhäusliche Tätigkeit vorgegeben.[106] Schuster und Schneider arbeiteten in der Regel „zur Stör" in den Bauernhäusern. Auch Weber zogen gelegentlich mit zusammenklappbaren Webstühlen von Hof zu Hof, um den selbstgebauten Flachs der Bauern an Ort und Stelle zu verarbeiten. In der Regel war jedoch bei ihnen ein höheres Maß an Haussässigkeit gegeben, vor allem dort, wo für den Export gewebt wurde, wie das in der hier genannten Pfarre Waizenkirchen der Fall war. Dies führt uns zu der Frage, inwieweit Formen der Protoindustrialisierung mit Reziprozitätssystemen zwischen Bauern und unterbäuerlichen Schichten zusammenhängen konnten.

Arbeiten der textilen Heimindustrie eigneten sich besonders gut als Ergänzung von ländlicher Lohnarbeit und der Bewirtschaftung eigener Kleingüter. Weben und Spinnen waren typische Winterarbeiten. Sie füllten also die landwirtschaftlich tote Saison. Aber auch zu manchen Handwerkstätigkeiten paßten sie gut. Günstig war etwa die Kombination mit den jahreszeitlich gebundenen Baugewerben. Die Bezeichnung „Maurer und Weber", wie sie sich in Personenstandslisten, die bei Kleinhäuslern detaillierte Erwerbsangaben machen, gelegentlich findet, ist für diese Form des Mischerwerbs charakteristisch. Aber auch ganzjährig betriebene Weberei konnte für die an Taglöhnern interessierten Bauern Vorteile haben. Arbeitete der Weber für den Export, so mußte er nicht von Hof zu Hof ziehen und war damit für den benachbarten Bauern ständig erreichbar. Für Spinnerleute aus der unterbäuerlichen Schicht galt dies generell. In Zonen, in denen der Flachsbau stark verbreitet

---

105 Ebenda 35.
106 Im Zuge der Agrarrevolution nahm die Bedeutung der Baugewerbe beträchtlich zu. Wegen der Stallführung des Viehs mußten Stallgebäude erweitert werden. Die Zunahme ständiger Arbeitskräfte bedingte Umbauten, Erweiterungen bzw. ein Aufstocken der Bauernhäuser, die vermehrte Agrarproduktion machte größere Speicherräume notwendig. Auch die günstigen Einkommensverhältnisse der Bauern in der ersten Phase der Agrarrevolution begünstigten die Bautätigkeit.

war, hatte die örtliche Nachbarschaft von Bauern und spinnenden bzw. webenden Kleinhäuslern den Vorteil, daß das lokale Produkt unmittelbar am Ort verarbeitet werden konnte.

In der Protoindustrialisierungsdiskussion wird die symbiotische Beziehung zwischen Bauern und heimindustriellen Kleinhäuslern vielfach übersehen. In Österreich spielten solche Formen der ländlichen Frühindustrialisierung eine große Rolle. Gegenden, in denen die ganze Bevölkerung in der Heimindustrie tätig war, wie das für das obere Waldviertel oder Teile des Rheintals und des Bregenzer Waldes in Vorarlberg dargestellt wurde, stellten eher die Ausnahme dar. Häufiger war das Nebeneinander von Bauern und protoindustriell geprägten unterbäuerlichen Bevölkerungsgruppen. Diese Struktur gab es etwa im oberösterreichischen Hausruckviertel, einem Gebiet, in dem die Leinenindustrie als Exportgewerbe eine alte Tradition hatte.[107] Ein wichtiger Unterschied zwischen beiden Typen zeigt sich in der Weiterentwicklung während des Industrialisierungsprozesses. In Gegenden, in denen die ganze Bevölkerung heimindustriell tätig war, entstanden im Zuge der Mechanisierung des Spinnens und Webens meist textile Großbetriebe. Wo nur die ländliche Unterschicht in der Textilproduktion tätig war, kam es hingegen mit der Mechanisierung meist zu einer Deindustrialisierung und Reagrarisierung. Die Region wurde auf ihre bäuerliche Grundstruktur reduziert. Die heimindustriell tätige Unterschicht wanderte entweder ab oder ging zu agrarischen Erwerbsformen über. Das zeitliche Zusammenfallen von Zentralisierung der Textilproduktion und Agrarrevolution mit ihrem erhöhten Arbeitskräftebedarf gab zu einer solchen Umorientierung vielfach die Möglichkeit.

Für protoindustrielle Tendenzen boten bäuerliche Streusiedlungsgebiete, in denen den einzelnen Höfen Kleinhäuser zugeordnet waren, besonders gute Ansatzpunkte. In Dorfsiedlungsgebieten gab es in der Regel keine so deutliche Ausgrenzung der Unterschicht. In etwa vergleichbare Erscheinungen lassen sich jedoch auch hier feststellen. So finden sich in Niederösterreich mitunter geschlossene Ortsteile von Kleinhäusern. Wenn sie gleichzeitig angelegt wurden, tragen sie oft die charakteristische Bezeichnung Neustift. Im Zeitalter des Merkantilismus wurden auch ganze Dörfer neu geschaffen, in denen die einzelnen Häuser eine so geringe Bestiftung hatten, daß man ihre Bewohner der unterbäuerlichen Schicht zurechnen muß.[108] Für die Verbreitung textiler Heimindustrie waren solche Kleinhäuslersiedlungen besonders geeignet. In der Pfarre Gmünd, auf die hier näher eingegangen wurde, tritt sowohl die Zusiedlung von Ortsteilen als auch die Neugründung von Dörfern auf. Zu ersterem Typ gehören die beiden Vororte Böhmzeil und Nasterzeil, zu letzterem das Dorf Josefschlag. Hier wohnten fast ausschließlich Weber. Systeme der Reziprozität zwischen Bauern und Kleinhäuslern sind hier freilich nicht so direkt faßbar wie in den Streusiedlungsgebieten des Alpenvorlands. Eine ähnlich klare Zuordnung einzelner Kleinhäuser zu bestimmten Bauernhöfen fehlte.

---

107 HOFFMANN, Wirtschaftsgeschichte des Landes Oberösterreich 1, 103 ff. und 310 ff.
108 Zusammenfassend zu diesen Formen der Binnenkolonisation MITTERAUER, Ländliche Unterschichten, 323 ff., mit weiterführenden Literaturhinweisen.

Textile Heimindustrie konnte sich im Streusiedlungsgebiet natürlich in den zentralen Siedlungsmittelpunkten, den Pfarrorten, Märkten und Kleinstädten, verbreiten. Die Weberwerkstätten hatten hier freilich einen anderen Charakter als im Umland. Das Handwerk wurde als Vollerwerb ausgeübt, nicht in Kombination mit agrarischen und anderen handwerklichen Tätigkeiten, wie das im Umland der Fall war. Darin unterscheidet sich ja insgesamt das Gewerbe der Zentralorte von dem des Umlands. Die Notwendigkeit eines Zusatzverdienstes durch landwirtschaftliche Taglohnarbeit war in den Zentralorten im allgemeinen nur bei den Inwohnern gegeben. Die hausbesitzenden Handwerker waren viel weniger auf Formen des Mischerwerbs angewiesen. Das System der Reziprozität bezog sich hier gegenüber den Bauern mehr auf den Austausch von Produkten als auf den von Arbeitskräften und Dienstleistungen. Die Handwerkerschaft in den Pfarr- und Marktorten hatte auch eine andere Struktur. Das Störhandwerk spielte eine geringere Rolle. Die typischen Landgewerbe wie Maurer, Zimmerleute, Schuster und Schneider traten in den Hintergrund. Dafür gab es höher spezialisierte Handwerkszweige mit höher qualifizierter Ausbildung. So finden sich etwa im Markt Raab im Mittelpunkt der gleichnamigen Pfarre in der 1. Hälfte des 19. Jahrhunderts trotz des ländlichen Charakters der Siedlung zwei Goldschmiede.[109]

Besonders stark entwickelt erscheint der Zusammenhang zwischen unterbäuerlicher Schicht und Gewerbe in den Weinbaugebieten. Mehrere Faktoren sind diesbezüglich zu nennen. Auf die starken saisonalen Spitzen der Arbeitsintensität sowie das Fehlen von Winterarbeiten in Weinbaugebieten wurde schon hingewiesen. Gerade der Winter aber war nicht durch ergänzende landwirtschaftliche Tätigkeiten zu überbrücken, sondern primär durch gewerbliche. Kombinierte Erwerbsformen wie „Hauer und Schuster", „Hauer und Schneider", „Hauer und Weber" begegnen daher in Personenstandslisten solcher Gegenden häufig. Die Unterschiede zwischen Kleinhausbesitzern und Inwohnern sind diesbezüglich nicht groß. Es wurde ja bereits betont, daß zum Unterschied von Inwohnern anderer Gegenden die in Weinbaugebieten vielfach kleine Grundbesitzer waren. Die starken Besitzabstufungen begünstigten ebenso handwerkliche Ergänzungsformen in der breiten Unterschicht. Die hohe Bevölkerungsdichte war ein anderer Faktor, der die Gewerbeentwicklung stimulierte. Als extrem anautarke Form des Bodenbaus war der Weinbau insgesamt auf Ergänzung angewiesen. Das gilt nicht nur für gewerbliche, sondern auch für landwirtschaftliche Produkte. Getreide mußte meist von auswärts dem lokalen Markt zugeführt werden. In Gebieten, die für den Weinbau aufgrund von Bodenbeschaffenheit und Klima besonders günstig waren, konnte man es sich gar nicht leisten, die Produktion der gesamten für die Ernährung der Bevölkerungsagglomeration notwendigen Lebensmittel am Ort selbst durchzuführen. In anderen Belangen waren jedoch die Weinhauer stärker auf eine bodenständige Bauernschaft angewiesen. Der Weinbau benötigte viel Dünger, für den die geringe Viehhaltung der Hauer nicht ausreichte. Weiters war für die Trauben- und Weinfuhren Zugvieh erforderlich. Auch darüber verfügten die Hauer nicht. Für die primär vom

---

109 Breiteneder, Zur Bevölkerungs- und Familienstruktur, 25.

Weinbau lebende Bevölkerung war es daher günstig, wenn es in der Gemeinde auch einen gewissen Anteil an Bauern mit Viehhaltung gab, wie das innerhalb des untersuchten Samples vor allem in der Pfarre Heiligeneich der Fall war.

Insgesamt läßt sich sagen, daß sich die Erwerbsformen der ländlichen Unterschichten sehr wesentlich von denen der Bauern unterschieden, zu denen sie in vielfachen Austauschbeziehungen standen. Trotz tiefgreifender Unterschiede nach Ökotypen gibt es gewisse Gemeinsamkeiten. Orvar Löfgren hat sie für Schweden zusammenfassend zu charakterisieren versucht.[110] Die von ihm hervorgehobenen vier Hauptmerkmale lassen sich durchaus auch auf den hier untersuchten Raum übertragen. Das gilt insbesondere für das erste Charakteristikum des Mischerwerbs.[111] Die Unterschichten mußten ihren Lebensunterhalt durch die Kombination einer Vielfalt marginaler Verdienstmöglichkeiten sichern. Für die Problematik der Familienwirtschaft dieser Bevölkerungsgruppen ist das ein zentraler Punkt. Zweitens mußten die unterbäuerlichen Schichten bemüht sein, sich möglichst stark in der Landwirtschaft abzusichern. Die Bezeichnung „potatoe-people" trifft diese Situation gut. Der Kartoffelbau als eine sehr intensive Bodenkultur, die bei minimaler Fläche einen maximalen Ertrag an Lebensmitteln sichert, war auch in Österreich seit der Agrarrevolution die wichtigste landwirtschaftliche Existenzgrundlage der Kleinhäusler.[112] Selbst Inwohner sicherten sich damit, soweit sie von den Bauern Land zur Verfügung gestellt erhielten, eine eigenständige Ernährungsbasis.[113] Das dritte der von Löfgren genannten Charakteristika unterbäuerlicher Erwerbsformen betrifft die starke Abhängigkeit von überregionalen Märkten. Sie bedeutete die ständige Bereitschaft zu einer Schwerpunktverlagerung in der Struktur des Mischerwerbs oder überhaupt den Wechsel der ausgeübten Tätigkeit. Das hatte eine große Mobilität der unterbäuerlichen Bevölkerung zur Folge, die freilich bei den Inwohnern viel höher war als bei den durch den Hausbesitz stärker bodengebundenen Kleinhäuslern.[114] Als viertes Merkmal unterbäuerlicher Erwerbsformen nennt Löfgren die Abhängigkeit von saisonaler Lohnarbeit. Dabei ist zwischen der lokalen Tätigkeit bei den Bauern der eigenen Gemeinde und der Saisonwanderung zu unterscheiden. Beide Formen waren, wie wir gesehen haben, im österreichischen Raum stark verbreitet.

---

110 LÖFGREN, Peasant ecotypes, 106 f.
111 Zur Frage des Mischerwerbs für Österreich zusammenfassend MITTERAUER, Ländliche Unterschichten, 331 ff.
112 Roman SANDGRUBER, Produktion- und Produktivitätsfortschritte der niederösterreichischen Landwirtschaft im 18. und frühen 19. Jahrhundert, in: Helmuth FEIGL (Hg.), Die Auswirkungen der theresianisch-josephinischen Reformen auf die Landwirtschaft und die ländliche Sozialstruktur Niederösterreichs, Wien 1982, 111 ff., ders., Anfänge der Konsumgesellschaft, 48 ff. und 145 ff.
113 Hermann WOPFNER, Bergbauernbuch I/2, Innsbruck, 319 für Tirol, PLATZER, Ländliche Arbeitsverhältnisse, 196 f., für Bayern, SANDGRUBER, Auswirkungen der theresianisch-josephinischen Reformen, 118, für Niederösterreich, F. A. REISIGL, Unparteiische Gedanken über die Forstwirtschaft 1791, 75, für Salzburg.
114 MITTERAUER, Ländliche Unterschichten, 335 ff.

III. Ländlicher Familienbetrieb und Rollenergänzung

In Hinblick auf die Einbindung der ländlichen Unterschichten in vielfältige Formen der Arbeitsorganisation stellt sich die grundsätzliche Frage, inwieweit bei dieser Bevölkerungsgruppe überhaupt von Familienwirtschaft im Sinne familienbetrieblicher Strukturen gesprochen werden kann. Im selben Verständnis, wie dieser Begriff für bäuerliche Hausgemeinschaften verwendet wird, ist das sicher nicht zulässig. Ein zentrales Kriterium, von dem die hier angestellten Überlegungen ausgegangen sind, erscheint etwa nicht gegeben: In unterbäuerlichen Schichten wird die Familienzusammensetzung in der Regel nicht durch einen bestimmten Arbeitskräftebedarf determiniert, der durch die Bedingungen der Hofgröße relativ konstant bleibt. Vergröbernd könnte man sagen, daß nicht die Familienstruktur den Arbeitserfordernissen angeglichen werde, sondern die Arbeit den Familienverhältnissen. Eine Arbeitskräfteergänzung durch Gesindehaltung kommt in den ländlichen Unterschichten ja bloß bei einigen Gruppen von Handwerkern vor und auch bei diesen nur in sehr beschränktem Maße.

Unter Berücksichtigung der hier besprochenen symbiotischen Beziehungen zwischen Bauern und unterbäuerlichen Schichten gerade auf dem Gebiet der Arbeitsorganisation stellt sich zunächst die Frage der gegenseitigen Abgrenzung von Familienwirtschaften. Hier ergibt sich ein breites Spektrum an Möglichkeiten. Ein Kleinhäusler, der bei verschiedenen Bauern Taglöhnerdienste verrichtete, war sicher nirgendwo stark integriert. Anders verhielt es sich bei Kleinhäuslern, die von der Siedlungsstruktur her einem bestimmten Hof zugeordnet waren, wie das in vielen Kleinweilern oder aus dem Hofverband abgesplitterten Sölden der Fall war. Auch ohne eine solche räumliche Verbindung konnte durch Kontrakt oder Gewohnheit eine ständige Beziehung zu einem bestimmten Bauern bestehen, der mitunter die Häuslerfamilie als Ganze betraf. Diese aß dann etwa in Zeiten verstärkten Arbeitskräftebedarfs am Hof und war so temporär in die familiale Tischgemeinschaft einbezogen. Verstärkt war das bei den Bewohnern der Inhäuser der Fall, die sich von den zugeordneten Kleinhäuslern durch die obligatorische Arbeitsbindung unterschieden. Die Arbeitsverpflichtung konnte die ganze Inwohnerfamilie betreffen oder einzelne Mitglieder in stärkerem Maße. In der Buckligen Welt im südöstlichen Niederösterreich waren beispielsweise nur die Frauen der Familien im „Stübl" (hier Bezeichnung des Zuhauses) zur Mitarbeit am Bauernhof verpflichtet, diese aber kontinuierlich von Ostern bis Allerheiligen.[115] Ihre kleinen Kinder nahmen sie notwendiger Weise auf den Hof mit, so daß diese hier weitgehend im Familienverband mitlebten. In Bergbaugebieten wiederum finden wir die Einrichtung, daß die Knappen am „Blauen Montag" die Quartierkosten abarbeiteten.[116] Lebten die Inwohner nicht in einem eigenen Haus, sondern unmittelbar auf dem Hof, so waren sie noch stärker in den Hofverband als Arbeits- und Lebensgemeinschaft integriert. Sie

---

115 Diese Verhältnisse schildert sehr anschaulich Maria GREMEL, Mit neun Jahren im Dienst, Mein Leben im Stübl und am Bauernhof 1900–1930, Wien 1983, 15 ff.

116 MITTERAUER, Produktionsweise, 193

bildeten dann sozusagen ein Subsystem der bäuerlichen Hausgemeinschaft, ähnlich wie die Altenteiler, die ja vielfach auch neben der Mitarbeit auf dem Hof eine selbständige Kleinwirtschaft führten und übrigens mitunter auch in den Quellen als „Inwohner" bezeichnet werden.[117] Am stärksten war die Integration sicher bei einzelnen Inwohnern, bei denen die Grenze zum Gesinde fließend sein konnte. Am Beispiel der Weberknechte bzw. der ledigen jungen Inwohner mit Handwerksbezeichnungen auf den Bauernhöfen der Pfarre Abtenau wurden solche fließende Übergänge bereits behandelt. Auch wenn die selbständige Erwerbstätigkeit solcher Mitbewohner stark entwickelt war, kann man bei ihnen keinesfalls von einer eigenen Familienwirtschaft neben der bäuerlichen sprechen.

Das Hauptproblem in der Beurteilung des familienwirtschaftlichen Charakters ländlicher Unterschichtshaushalte liegt sicher in der Frage, inwieweit hier Familienmitglieder in der Bewältigung von Arbeitsaufgaben kooperiert haben. Eine solche Zusammenarbeit als konstitutiver Faktor des Familienlebens konnte nur dann gegeben sein, wenn die einzelnen Angehörigen der Familie ihre Tätigkeiten primär an ihrem Wohnort verrichteten. Die Dauerhaftigkeit der Koresidenz ist für eine Familienwirtschaft als betriebliche Einheit sicher eine wesentliche Voraussetzung. Nun wurde schon mehrfach darauf hingewiesen, daß viele der Tätigkeitsbereiche, aus denen sich der Mischerwerb ländlicher Unterschichten zusammensetzte, außerhäusliche Arbeitsverrichtungen bedingten. Die extremsten Erscheinungen sind diesbezüglich sicher Formen der langjährigen Saisonwanderung, wie wir sie etwa in Vorarlberg vorgefunden haben. Die Arbeit als Maurer oder Zimmerleute hat hier bewirkt, daß viele Männer einen Großteil des Jahres außer Landes waren und keinen Kontakt mit ihrer Familie hatten. Dasselbe gilt in dieser Region für den Solddienst. Es gibt eine Vielfalt anderer Erwerbsformen ländlicher Unterschichten, die eine ähnliche Auswirkung auf das familiale Zusammenleben hatten. Die ebenfalls schon erwähnten Wanderhändler aus dem Zillertal machten Reisen, die sie durch ganz Europa führten.[118] Hier konnte es sogar zu mehrjähriger Abwesenheit kommen. Nur über den Winter zu Hause waren etwa die „Schweinsschneider" aus dem Lungau, die bis an die Grenzen des Osmanischen Reiches zogen.[119] In manchen Pfarren ging ein Großteil der Bewohner diesem Wandergewerbe nach. Allerdings zogen hier häufig Väter und Söhne zusammen. In allen diesen Fällen bedingte die Saisonarbeit eine langfristige Abwesenheit. Kurzfristige Saisonarbeit über große Distanzen ergab sich bei Erntearbeiten, z. B. bei der Weinlese oder beim Getreideschnitt. Bei letzterem konnte es wiederum zu gemeinsamer Wanderung mehrerer Familienangehöriger kommen. Die sogenannten „Schnitterpartien" umfaßten zwei, vier oder mehr Personen, jeweils gleichgewichtig Männer und Frauen. Die Kombi-

---

117 Das ist etwa bei den Seelenbeschreibungen der Pfarre Maria Langegg im Dunkelsteiner Wald der Fall.
118 TROGER, Zillertal, 43 f.
119 Joseph Benedikt HUEBER, Topographische Beschreibung der Landschaft Lungau, Salzburg 1886, 51 f., Ignaz KÜRSINGER, Lungau, historisch, ethnographisch und statistisch, 1853, 775 f.

nation mehrerer solcher Saisonarbeiten konnte freilich auch zu längerer Abwesenheit führen, insbesondere der Familienväter. Langfristige Absenz der Frauen aus ländlichen Unterschichten war seltener. Sie begegnet vorwiegend im Wanderhandel. Die „Öltragerinnen" und „Wurzengraberinnen" aus dem Zillertal wären hier als Beispiel zu nennen.[120] Hatten solche weibliche Wanderhändler kleine Kinder, so zogen diese zumeist mit. Selbständige Arbeitswanderung von Kindern über größere Distanzen war eher ein seltenes Phänomen. Daß auch diese Form zu einer Massenerscheinung werden konnte, zeigt jedoch das Beispiel der „Schwabenkinder" aus Vorarlberg und Tirol.

Wanderungen über kurze Distanzen, die zur Abwesenheit von Familienmitgliedern führten, waren durch sehr viele Erwerbsformen der ländlichen Unterschichten bedingt. In den ostalpinen Gebirgsregionen spielte da etwa der Bergbau eine große Rolle. Lagen die Abbaustätten weit von den Siedlungen entfernt, so blieben die Bergknappen die ganze Woche über aus.[121] Auch für Frauen und Kinder gab es hier außerhäusliche Erwerbstätigkeiten, etwa als Erzwäscherinnen und Säuberbuben.[122] Für diese Arbeiten mußte man aber nicht auswärts übernachten. Die mit dem Bergbau eng verbundene Holzarbeit führte ebenso wie die Knappenarbeit häufig zu mehrtägiger Abwesenheit der Männer. Größere Distanzen waren bei allen Transportgewerben zu bewältigen. Die im Ostalpenraum so weit verbreitete Tätigkeit des Säumens ist hier zu nennen – eine Arbeit, die nicht nur von Männern ausgeübt wurde. Von den handwerklichen Tätigkeitsbereichen war jedenfalls das Baugewerbe mit längerer Abwesenheit verbunden. Wir haben gesehen, daß gerade unter den Kleinhäuslern und Inwohnern in Bauernweilern solche Erwerbsformen weit verbreitet waren. Zum Unterschied von den Zimmerleuten konnten die Maurer auch Frauen und Kinder als Hilfsarbeiter beschäftigen.[123] Andere handwerkliche Tätigkeiten, die im Umland ländlicher Zentralorte verbreitet waren, hatten ebensowenig den Charakter von Werkstattgewerben. Von den in den Bauernhäusern arbeitenden Schustern und Schneidern war schon die Rede. Aber auch zahlreiche andere Gewerbe gehörten in ländlichen Gebieten zu den sogenannten „Störhandwerkern". Für das oberösterreichische Innviertel etwa nennt eine Beschreibung für das frühe 20. Jahrhundert daneben die Sattler, „Zäuner" (Korbflicker), Kleesamputzer, Strohdecker, Besenbinder, Glaserer und Binder.[124] Die einzige weibliche Arbeiterin, die „auf die Stör" ging, war die Näherin. Störhandwerker nahmen von ihren Angehörigen mitunter Gesellen, Lehrlinge oder das Handwerk lernende Söhne

---

120 Über diese Beda WEBER, Das Land Tirol 3, Innsbruck 1838, 528 und 531.
121 MITTERAUER, Produktionsweise, 151.
122 Ebenda 188.
123 Über Kinder, die vom westlichen Tirol aus als Mörtelträger die im Maurergewerbe tätigen Väter auf ihren weiten Saisonwanderungen begleitet haben dürften, MITTERAUER, Unterschichten, 335, in Anschluß an UHLIG, Schwabenkinder, 95.
124 Käthe KOLLER, Die gute alte Zeit, Leben und Brauchtum aus dem Innviertel, Ried o. J. Als ein frühes Gegenstück sei die Tiroler Landesordnung von 1658 erwähnt, die Zimmerleute, Maurer, Schneider, Schuster, Strickemacher, Wagner und Strohdecker als ins Haus kommende Gewerbetreibende nennt (WOPFNER, Bergbauernbuch I/3, 600).

mit. Gewerbliche Mitarbeiter waren freilich bei den unter den Bauern wohnenden Handwerkern viel weniger verbreitet als in den zentralen Pfarr- und Marktorten, wo die Tendenz eher zur Werkstattarbeit ging.

Die mehr oder minder langfristige Abwesenheit einzelner Mitglieder hatte zur Folge, daß es in vielen ländlichen Unterschichtenfamilien gar nicht zu einer dauerhaften Kooperation kommen konnte. Die erwerbsbedingte Absenz betraf fast immer den Familienvater. Auch bei langfristiger Saisonwanderung gab es stets wieder Phasen im Jahresablauf, in denen die Männer zu Hause waren und die Möglichkeit für eine familiale Kooperation bestand. Eine konstant verrichtete außerhäusliche Lohnarbeit am Ort konnte gelegentlich eine Zusammenarbeit in der Familie stärker beeinträchtigen. Die für ländliche Unterschichten so charakteristische Existenzsicherung durch Mischerwerb macht es so sehr schwierig, die Phasen der Koresidenz in den jeweiligen Familien zu bestimmen. In derselben Gemeinde konnte von Haus zu Haus die Situation völlig unterschiedlich sein.

Geht man vom Problem der temporären Absenz einzelner Mitglieder von Unterschichtenfamilien aus, so läßt sich von dieser Seite her ohnehin nur der zeitliche Rahmen für die Möglichkeit familienwirtschaftlicher Kooperation erfassen. Wichtiger ist der positive Aspekt, nämlich die Bedingungen notwendiger Zusammenarbeit innerhalb der Unterschichtenfamilien. Zwei Bereiche sind diesbezüglich besonders zu berücksichtigen, nämlich die landwirtschaftliche Eigenproduktion und die heimindustrielle Tätigkeit.

Hinsichtlich der landwirtschaftlichen Tätigkeiten läßt sich sagen, daß der Umfang des zu Kleinhäusern gehörigen Grundes und die Art von dessen Bewirtschaftung kaum eine familiale Kooperation notwendig machten. In der Regel gab es keine besonderen Arbeitsspitzen und keine Arbeitsverrichtungen, die aufgrund zwingender Bedingungen geschlechtsspezifischer Arbeitsteilung das Zusammenwirken von Frau und Mann erfordert hätten. Meist war die kleine Landwirtschaft der ländlichen Unterschichten so beschaffen, daß sie von der Frau allein bewältigt werden konnte. In diesem Sinn handelte es sich sehr häufig um einen Einpersonenbetrieb. Natürlich mußten kleinere Kinder, wo solche vorhanden waren, der Mutter helfen. Auf Kinderarbeit angewiesen waren die Kleinhäusler jedoch nicht. Erwachsene Kinder standen meist ohnehin nicht zur Verfügung. Die seriellen Seelenbeschreibungen zeigen deutlich, daß in Kleinhäuseln die Kinder schon zu einem möglichst frühen Zeitpunkt aus dem Haus gegeben wurden. Oft blieb nicht einmal der zukünftige Erbe daheim. Wir werden auf diese Gegebenheiten noch in anderem Zusammenhang zurückzukommen haben.

Geradezu als Inbegriff familienwirtschaftlicher Zusammenarbeit im ländlichen Raum gelten die Familien der Heimindustrie. Karin Hausen schreibt über die Auswirkung der Protoindustrialisierung: „. . . Diese Produktionstätigkeit erzwang . . . ein Höchstmaß an familialer im Haushalt zentrierter Kooperation."[125] Hans Me-

---

125 Karin HAUSEN, Die Familie als Gegenstand Historischer Sozialwissenschaft, in: Geschichte und Gesellschaft 1 (1975) H. 2/3, 200.

dick greift diesen Satz auf und überträgt ihn auf das ländliche Gewerbe insgesamt.[126] Letzteres ist sicher unzulässig. Das für den lokalen Bedarf arbeitende Landgewerbe ist unbedingt von den für überlokale Märkte produzierenden heimindustriellen Arbeitern zu unterscheiden. Man denke in diesem Zusammenhang nur an die gerade nicht im Familienverband arbeitenden Störhandwerker, zu denen übrigens gelegentlich auch die Weber gehörten. Die pauschale Gleichsetzung von ländlichem Gewerbe und Hausindustrie erscheint insgesamt als eine Schwäche der Protoindustrialisierungstheorie. Aber auch innerhalb des breiten Spektrums der heimindustriellen Tätigkeiten muß in Hinblick auf das Ausmaß familialer Kooperation sehr stark differenziert werden. Einige Beispiele aus dem österreichischen Raum mögen das illustrieren. Die Stickerei im Bregenzer Wald war reine Frauenarbeit.[127] Die Männer beteiligten sich daran nicht. Die Weberei im oberen Waldviertel hingegen scheint auf Männer beschränkt gewesen zu sein. Jedenfalls begegnet in den Seelenbeschreibungen keine einzige Weberin. Auch wurden nur Gesellen und Knechte, nicht aber Mägde zur Mitarbeit aufgenommen. Diese Beschränkung auf Männer läßt sich wohl nicht ausschließlich durch die zünftische Organisation erklären, in der hier die Heimindustrie geordnet war und die Frauenarbeit nicht zuließ. Auch vom Krafteinsatz her, den die Bedienung der Webstühle notwendig machte, scheint es hier zu einer geschlechtsspezifischen Arbeitsteilung gekommen zu sein.[128] Das heißt nicht, daß die Frauen hier an der textilen Heimindustrie keinen Anteil gehabt hätten. Soweit sie als Spinnerinnen tätig waren, arbeiteten sie freilich nicht in direkter Kooperation mit den Männern der Familie. Weben und Spinnen war ja in getrennten Verlagsformen organisiert. Als drittes Beispiel sei auf die Situation in Ebensee verwiesen. Zur Entstehung der Heimindustrie kam es hier, gerade weil die lokal dominanten Erwerbsformen, nämlich Holzfällerei und Arbeit in den Sudhäusern der Saline, auf Männer beschränkt waren. Die hausindustrielle Tätigkeit war also ein Zuerwerb der Frauen und Kinder. Das dürfte kein Ausnahmefall gewesen sein. Hausindustrie eignete sich ja besonders gut als eine ergänzende Erwerbsform. Das gilt nicht nur im Sinne eines Ausgleichs zwischen weiblichen und männlichen Familienmitgliedern, sondern auch im zeitlichen Ablauf. Textile Heimarbeiten waren als Winterarbeit besonders gut geeignet. So gibt es etwa aus Vorarlberg schon frühe

---

126 MEDICK, Die proto-industrielle Familienwirtschaft, in: Industrialisierung vor der Industrialisierung, 133.

127 FITZ, Frühindustrialisierung, 173. Erst in der ab 1868 in Vorarlberg eingeführten Handmaschinenstickerei wurden Männer beschäftigt.

128 Für das oberösterreichische Mühlviertel, in dem ganz ähnliche Verhältnisse der Heimindustrie herrschten, schreibt Erich M. MEIXNER, Wirtschaftsgeschichte des Landes Oberösterreich 2, Salzburg 1952, 255: „So erforderte der alte Handwebstuhl in der Regel kräftige, ausdauernde Männer zur Bedienung und es ist kein Zufall, daß sich gerade Bauern in den Wintermonaten dieser Arbeit widmeten. Ihnen bot die Sommerarbeit am Feld wie die Holzarbeit im Wald auch genügend Ausgleich, um nicht durch diese anstrengende und einförmige Hand- und Beinarbeit auf Dauer körperliche Schäden davonzutragen, welche bei hauptberuflichen Webern fallweise auftraten. Dagegen können mechanische Webstühle bereits von geschulten weiblichen Arbeitskräften bedient werden."

Zeugnisse, daß Männer, Frauen und Kinder in den Wintermonaten Flachs spannen.[129] Den Sommer über waren hingegen viele Männer und Kinder außer Landes.
Es handelte sich also nur um eine Familienwirtschaft auf Zeit. Überall wo Heimindustrie als Zusatzverdienst in Ergänzung zu einer dominanten Wirtschaftsform betrieben wurde, kann man demnach bloß partiell von einem Familienbetrieb sprechen – sei es in zeitlicher oder personeller Hinsicht. Die Protoindustrialisierung
mußte keineswegs notwendig rein familienwirtschaftliche Strukturen zur Folge haben. Gerade in dieser Hinsicht erscheint das Modell der protoindustriellen Familienwirtschaft besonders stark einer Revision bzw. Differenzierung bedürftig.

Zweifellos aber war die textile Heimindustrie jener Faktor, der in den ländlichen Unterschichten am stärksten ein Zusammenleben der Familienangehörigen
begünstigt hat. In Kombination mit einer kleinen Landwirtschaft, durchaus aber
auch ohne eine solche, konnte auf dieser Basis eine relativ dauerhafte Kooperation
zustande kommen. Stark entwickelte Hausindustrie konnte von der Notwendigkeit
einer außerhäuslichen Lohnarbeit einzelner Familienmitglieder entlasten und damit
die sonst für diese Bevölkerungsgruppe so typische Form des Mischerwerbs überwinden. Generell wird man jedoch die Frage nach der Verbreitung familienwirtschaftlicher Strukturen in der ländlichen Unterschicht sehr vorsichtig und sehr differenziert zu beantworten haben. Im Regelfall waren nur einzelne Elemente bzw. Ansätze zu einer familienbetrieblichen Arbeitsorganisation gegeben. Der Zwang zu
Lohnarbeit und außerhäuslicher Gewerbetätigkeit ließ es im allgemeinen nicht zu,
daß diese zur bestimmenden Organisationsform wurde.

Auch ein zweites Merkmal, das zu unserem Verständnis des Begriffs Familienbetrieb gehört, war bei der unterbäuerlichen Schicht nicht in gleicher Weise gegeben
wie bei den Bauern, nämlich die Erblichkeit der Produktionsmittel. Gewerbliche
Produktionsmittel spielten bei den vielen kleinen Störhandwerkern eine geringe
Rolle. Wo es stabile gewerbliche Einrichtungen gab, wie bei Müllern, Bäckern, Wirten oder Schmieden, dort ist wiederum die Zurechnung zur ländlichen Unterschicht
unzutreffend. Als wichtigste Produktionsmittel kamen also – soweit vorhanden –
das Kleinhaus und der zugehörige Grundbesitz in Frage. Die seriellen Seelenbeschreibungen zeigen nun deutlich, daß eine Weitergabe an den Sohn oder die Tochter bei diesen Kleinhäusern viel seltener vorkam als bei Bauernhöfen derselben
Gemeinde.[130] Insbesondere in Gegenden mit stärker entwickelter Geldwirtschaft,
z. B. in Weinbaugebieten, wechselten die Kleinhäuser häufig ihre Besitzer außerhalb des Erbgangs. Auch in dieser Hinsicht war also der familienbetriebliche Charakter in der unterbäuerlichen Schicht viel schwächer ausgeprägt als bei den Bauern.

---

129 Fitz, Frühindustrialisierung, 84.
130 Krabicka, Übergabemuster, 77, Sieder und Mitterauer, The reconstruction of the family life course, in: Family Forms in historic Europe, 311 ff., Sieder, Strukturprobleme, 198.

1. Gesinde als Rollenergänzung

Das entscheidende Merkmal des traditionellen bäuerlichen Familienbetriebs ist seine Eigenschaft als Produktionsgemeinschaft. Er basiert stets auf der Zusammenarbeit mehrerer Personen. Daß eine Einzelperson die Landwirtschaft führt, wie das bei so vielen Kleinhäuslerfrauen der Fall ist, kommt bei Bauern in historischen Zeiten in der Regel nicht vor. Die dauerhafte Kooperation einer Arbeitsgruppe ist hier der Normalfall. Die Zusammensetzung des gemeinsam wirtschaftenden Personenverbands wird primär von Verwandtschaftskriterien bestimmt. Das bäuerliche Ehepaar steht im Zentrum der Produktionsgemeinschaft. Seine Kinder sind die wichtigsten Hilfskräfte. Geschwister, Eltern und sonstige Verwandte spielen in der Arbeitskräfteergänzung eine bedeutende Rolle. Die genealogischen Faktoren von •
Heirat und Fortpflanzung stellen also die Grundstruktur dar, durch die sich die Regeneration der Arbeitsgemeinschaft ergibt. Die genealogische Familie ist freilich ein im Ablauf des Familienzyklus in ihrer Größe wechselnder Personenverband. In Hinblick auf die Bewirtschaftung eines im Umfang gleichbleibenden Grundbesitzes ist aber ein relativ konstanter Arbeitskräftestand erforderlich. So muß über den Kreis der verwandten Personen hinausgegangen und zusätzliches Personal aufgenommen werden. In ländlichen Unterschichten ist das nicht der Fall. Hier stellt sich im Gegenteil das Problem, wie genügend Erwerbsmöglichkeiten am gleichen Ort genützt werden können, um ein möglichst konstantes Zusammenleben der Kernfamilie sicherzustellen. Während im einen Fall der Zusammenhalt der Eltern-Kind-Gruppe durch die Bedingungen der Arbeitsverhältnisse stets gefährdet erscheint, muß dieser im anderen Fall aus Gründen der Arbeitsorganisation immer wieder ergänzt werden. Es stellt sich nicht das Problem der Absenz von Angehörigen des engsten Familienkreises, sondern es ergibt sich die Notwendigkeit, diesen Kreis durch die Präsenz zusätzlicher Arbeitskräfte zu erweitern. Die Aufnahme zusätzlicher Arbeitskräfte in die Familie ist ein Aspekt jener sozialen Gegebenheit, die sich als Rollenergänzungszwang des bäuerlichen Familienbetriebs charakterisieren läßt.[131]

Rollenergänzung in der Familie kann durch verschiedene Momente bestimmt sein. So ist ein verwitweter Vater kleiner Kinder aufgrund der Sozialisationsfunktion der Familie zur Wiederverehelichung gezwungen. Wiederverehelichung als Rollenergänzung kann auch ökonomisch bedingt sein. So übte die Notwendigkeit,

---

131 Trotz der von Heidi Rosenbaum, Formen der Familie, Frankfurt/M. 1981, 507, Anm. 78, geäußerten Bedenken möchte ich am Begriff „Rollenergänzungszwang" festhalten. Die durch bestimmte Arbeitsaufgaben determinierte Struktur der bäuerlichen Familienwirtschaft macht ja nicht nur die Ersetzung ausgefallener Positionen notwendig, wie das bei der Wiederverehelichung von Witwen und Witwern der Fall ist. Darüber hinausgehend muß immer wieder eine bestimmte Rollenverteilung hergestellt werden. Eine Altenteilerin, die für die verstorbene Hausfrau einspringt, bleibt ihrer Position nach Altenteilerin, übernimmt jedoch die Rolle der Hausfrau. Ebenso wird ein Knecht, der für die verwitwete Bäuerin die Wirtschaft führt, nicht der Position nach Hausherr, obwohl er dessen Rolle ausfüllt. Besonders deutlich wird der Sachverhalt in der Substituierbarkeit von Gesinde und Kindern. Der Rolle nach wird der Sohn Roßknecht oder Meierknecht, ohne deswegen die Position als Hauskind zu verlieren.

Tafel 10:
Entwicklungszyklus der Hausgemeinschaft Kitzler, Wielands Nr. 17, Pfarre Gmünd, NÖ (1801–1842)

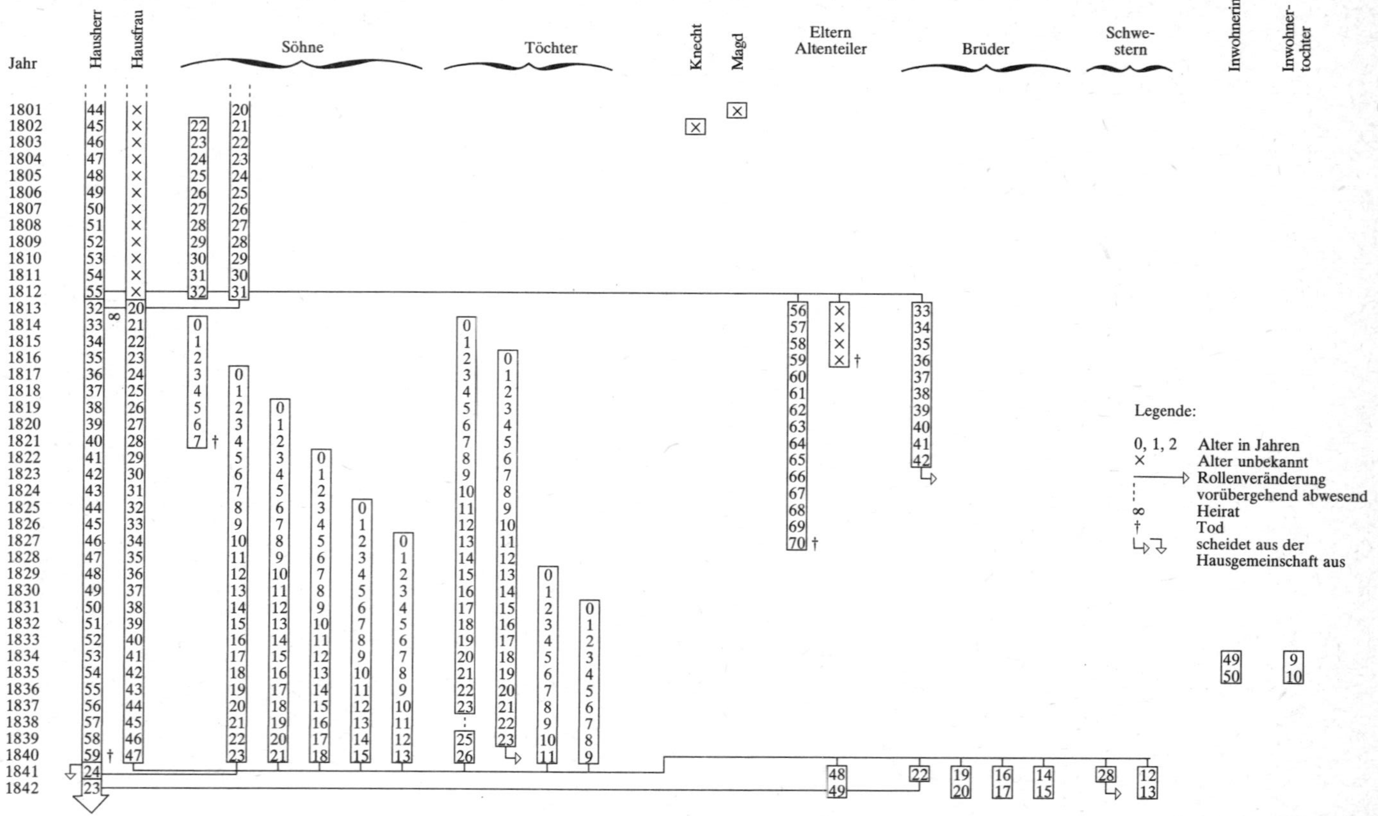
Jahr
Hausherr
Hausfrau
Söhne
Töchter
Knecht
Magd
Eltern Altenteiler
Brüder
Schwe-stern
Inwohnerin
Inwohner-tochter
Legende:
0, 1, 2 Alter in Jahren
× Alter unbekannt
Rollenveränderung
vorübergehend abwesend
∞ Heirat
† Tod
scheidet aus der Hausgemeinschaft aus

eine Kleinlandwirtschaft mit Einkünften aus Lohnarbeit und gewerblichen Tätigkeiten zu verbinden, in unterbäuerlichen Schichten einen starken Druck aus, sich im Fall der Verwitwung neuerlich zu verheiraten. Der Rollenergänzungszwang der bäuerlichen Familienwirtschaft ist ein ganz spezifischer. Er ist von bestimmten Arbeitsaufgaben vorgegeben, die je nach Gutsgröße und Bewirtschaftungsform variieren. Hinsichtlich des Umfangs sowie der alters- und geschlechtsspezifischen Zusammensetzung steht die bäuerliche Familie in besonderer Weise unter dem Druck ökonomischer Bedingungen. Der Spielraum möglicher Familienkonstellationen ist hier enger als in anderen Bevölkerungsgruppen.

Solche generelle Aussagen bedürfen freilich einer Differenzierung. Nicht alle Formen bäuerlicher Wirtschaftsweise sind für die personelle Zusammensetzung der Familienwirtschaft in gleicher Weise bindend. Es gibt auch innerhalb der Bauernschaft ein breites Spektrum an Möglichkeiten familialen Zusammenlebens zwischen relativer Freiheit in der personalen Zusammensetzung und striktem Rollenergänzungszwang. Die idealtypischen Konstrukte der „Gesindegesellschaften" bzw. „Taglöhnergesellschaften" können dabei helfen, dieses Spannungsverhältnis besser in den Griff zu bekommen.

In welchem Ausmaß die Familienstruktur in einer bestimmten Gesellschaft von einem feststehenden Arbeitskräftebedarf bestimmt ist, läßt sich sehr gut aus dem Ablauf des Entwicklungszyklus von Hausgemeinschaften ersehen. Die seriellen Seelenbeschreibungen erweisen sich für die Behandlung dieser Frage als eine vorzügliche Quelle. Als Beispiel für bäuerliche Familienverhältnisse in einer besonders gesindearmen Gegend sei der Zyklus einer Bauernfamilie aus der Pfarre Gmünd zur Illustration herangezogen.

Der Bauer Michael Kitzler arbeitete zuletzt in den Jahren 1801 und 1802 mit einer Magd bzw. einem Knecht. Bis zur letzten überlieferten Seelenbeschreibung aus dem Jahr 1842 findet sich dann nie mehr Gesinde am Hof. Es wurden ausschließlich verwandte Personen zur Mitarbeit herangezogen. Michael Kitzler hatte neben seiner Frau seine beiden erwachsenen Söhne Josef und Martin als Unterstützung, von denen der jüngere 1813 den Hof übernahm. Die Übergabe änderte freilich wenig an der Arbeitskräftekonstellation. Der erst 56jährige Altbauer und seine wahrscheinlich etwas jüngere Frau arbeiteten sicher weiter mit. Es wurde ja schon darauf hingewiesen, daß in dieser Gegend deutliche Indizien gegen ein Ausscheiden aus dem Arbeitsprozeß bei der Übergabe sprechen. Der ältere Bruder blieb ebenfalls am Hof. Hinzu kam bloß die neue Bäuerin. Das Arbeitskräftepotential des Hofes stieg von drei Männern und einer Frau auf drei Männer und zwei Frauen. 1816 starb die Altbäuerin, der Schwager schied 1822 aus, der alte Bauer wird in der letzten Zeit vor seinem 1827 mit 70 Jahren erfolgten Tod auch nicht mehr voll einsetzbar gewesen sein. Andererseits waren die Kinder der jungen Bauern noch nicht herangewachsen. Mitte der zwanziger Jahre dürfte sich das Arbeitskräftepotential des Hofes auf das Ehepaar reduziert haben. Durch die kurzen Geburtenintervalle der Kinder bedingt, traten diese jedoch in der Folgezeit kurz hintereinander in das volle Arbeitsleben ein. Insgesamt standen fünf Söhne und vier Töchter zur Verfügung, die – soweit sich das verfolgen läßt – relativ lange im Haus blieben. Mit 24 Jahren trat die älteste Tochter ihren ersten Gesindedienst an, kehrte aber schon im folgenden Jahr nach Hause zurück. Zu diesem Zeitpunkt erreichte das Arbeitskräftepotential des Hofes mit neun Personen über 12 Jahre seinen Höhepunkt. 1840 starb der Bauer. Seinen beiden ältesten Söhnen, die mit 24 bzw. 23 Jahren unmittelbar hintereinander den Hof übernahmen, standen mit der Mutter und den im Haus verbliebenen Geschwistern noch immer sieben bzw. fünf zusätzliche Arbeitskräfte zur Verfügung.

Eine Schwankung zwischen zwei und neun vollen Arbeitskräften auf einem Hof innerhalb von eineinhalb Jahrzehnten ist sicher eine ungewöhnliche Erscheinung. Um verdeckte Arbeitslosigkeit scheint es sich nicht gehandelt zu haben. Aus anderen Häusern der Pfarre gingen zur gleichen Zeit zahlreiche Kinder in jungen Jahren auswärts in Dienst. Wenn die Bauernkinder auf diesem Hof lange im Haus behalten wurden, so hatte das gewiß nicht mit reiner Versorgung zu tun. Es muß also Arbeitsmöglichkeiten gegeben haben, die für eine so große Familie ausreichend Lebensunterhalt boten. Die eigene Landwirtschaft kann sicher nicht alle Kinder beschäftigt haben. Sie konnte in Krisenzeiten mit einem Minimalbesatz von zwei Personen bewältigt werden – es sei denn, daß in dieser Phase Taglöhner aufgenommen wurden. An Taglohnarbeiten auf benachbarten Höfen ist auch bei den vielen Bauernkindern auf diesem Hof als primäre Erwerbsbasis zu denken. Daneben kommen heimindustrielle Tätigkeiten in Frage, die – wie gezeigt werden konnte – gerade in diesen Jahren vielfache Möglichkeiten des Zuerwerbs boten. Die erste Variante würde bedeuten, daß die Arbeit der Familienmitglieder die familienwirtschaftliche Kooperation überschritt, die zweite, daß es zu einer Erweiterung eines landwirtschaftlichen Familienbetriebs um gewerbliche Tätigkeiten gekommen wäre. Wie dem auch immer sei – Hausindustrie und die Möglichkeit zu Taglohnarbeit scheinen eine relativ freie Form des familialen Zusammenlebens hinsichtlich der personellen Konstellation begünstigt zu haben. Auch bei Dominanz der Familienwirtschaft bedeutet also die Tendenz zum Idealtyp der Taglöhnergesellschaft eine geringere Determinierung der Familienzusammensetzung.

Das Gegenbeispiel soll einer ländlichen Gemeinde mit starker Gesindehaltung entnommen werden. Die oberösterreichische Pfarre Andrichsfurt liegt diesbezüglich innerhalb des hier untersuchten Samples weit vorne. Die Seelenbeschreibungen dieser Pfarre ermöglichen es, Entwicklungszyklen über sehr lange Zeiträume kontinuierlich zu verfolgen.

Zum Unterschied vom Entwicklungszyklus der Bauernfamilie Kitzler aus Oberwielands zeichnet sich der der Familie Kurzwernhard aus Albertsedt durch seine außerordentliche Konstanz der Arbeitskräfte aus. Deren Zahl sinkt nie unter sieben und übersteigt nie neun – sieht man von den Altenteilern ab, die auf einem derart reichen Hof kaum ständig mitgearbeitet haben dürften.[131a] Auch die Sexualproportion wird über den ganzen langen Untersuchungszeitraum stets ziemlich konstant gehalten. Der Normalfall sind fünf oder vier Männer zu vier Frauen. Das Bemerkenswerte an dem gewählten Beispiel ist, daß dieser gleichbleibende Arbeitskräftebedarf in manchen Phasen des Entwicklungszyklus nur durch Gesinde, in anderen wiederum nur durch Kinder gedeckt wurde. Zahl und Geschlecht der Kinder entsprachen so genau dem benötigten Personenstand, daß trotz der Größe des Hofes kurzfristig ganz auf Gesinde verzichtet werden konnte. Die Austauschbarkeit von Kindern und Gesinde wird dadurch in besonders anschaulicher Weise sichtbar.

131a Die einzige Ausnahme innerhalb des langen Untersuchungszeitraums bildet das Jahr 1883, in dem zehn Personen über zwölf Jahre auf dem Hof lebten. Der Bauer starb freilich in diesem Jahr, so daß bei ihm nicht unbedingt mehr mit einem vollen Arbeitseinsatz gerechnet werden kann. Zwei Gesindepersonen waren überdies damals erst fünfzehn Jahre.

Tafel 11:

Entwicklungszyklus der Hausgemeinschaft des Hofes Blingansing, Albertsedt Nr. 1, Pfarre Andrichsfurt, OÖ, 1813–1889

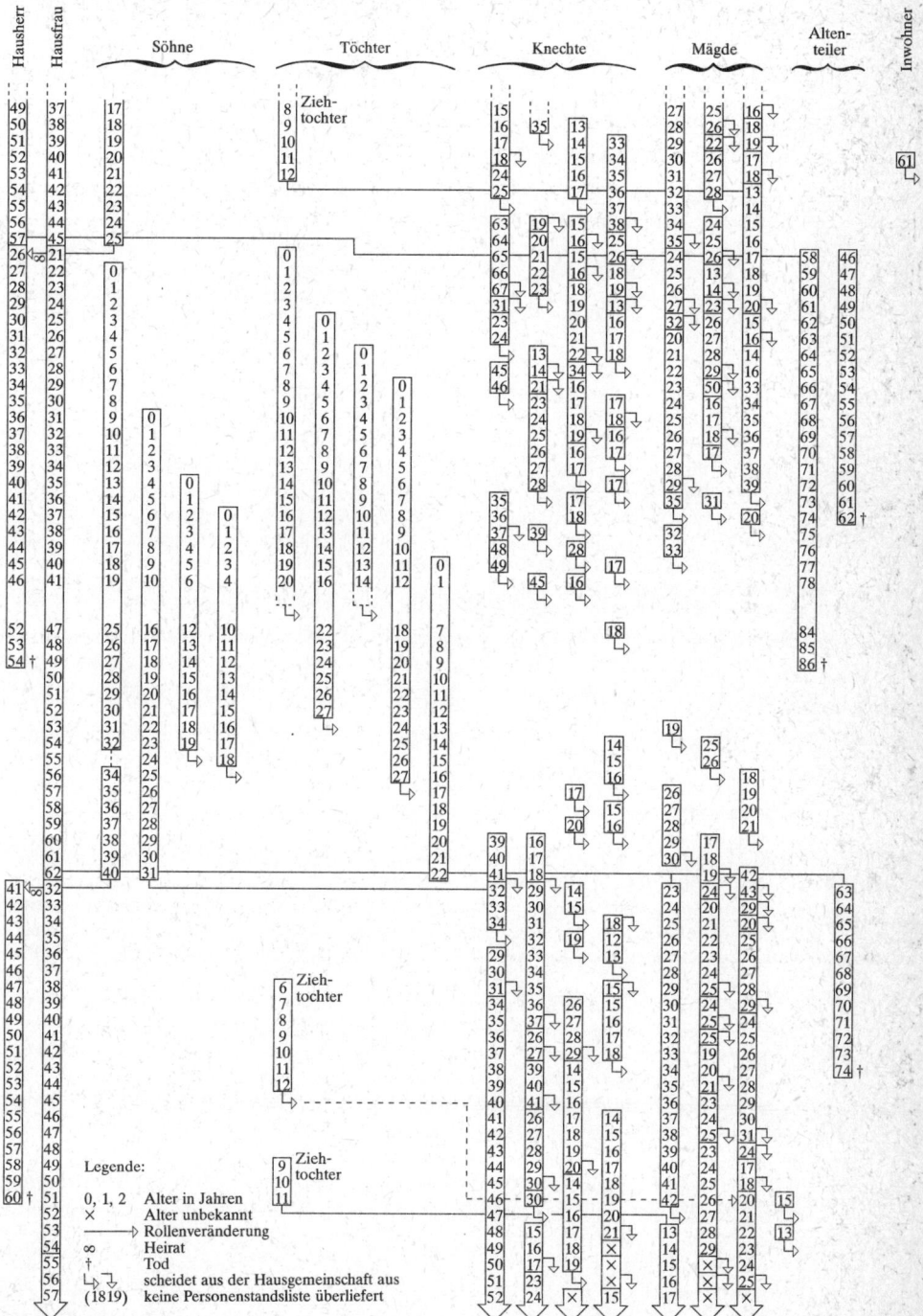

Hausherr | Hausfrau | Söhne | Töchter | Knechte | Mägde | Altenteiler | Inwohner

Legende:

0, 1, 2 Alter in Jahren
× Alter unbekannt
——▷ Rollenveränderung
∞ Heirat
† Tod
↳ ↴ scheidet aus der Hausgemeinschaft aus
(1819) keine Personenstandsliste überliefert

Das Ehepaar Kurzwernhard arbeitete 1813 mit drei Knechten und drei Mägden. Der einzige Sohn war mit 17 Jahren auch schon voll einsatzfähig. Darüber hinaus gab es noch eine neunjährige Ziehtochter im Haus. Sie wird ab ihrem 13. Lebensjahr als Magd angeführt und blieb als solche noch acht Jahre in der Familie. Ziehkinder wurden später noch zweimal aufgenommen. Die sieben Jahre in Kindesposition geführte Elisabeth Friedl schied 1876 mit 13 Jahren aus und kehrte aber wenige Jahre später auf den Hof zurück, wo sie sechs Jahre als Magd diente. Die 1881 aufgenommene Therese Ecker blieb durchgehend am Hof. Ab ihrem zwölften bzw. dreizehnten Lebensjahr wurde auch sie als Magd geführt. Dieser Positionswechsel der Ziehkinder illustriert besonders anschaulich die fließenden Übergänge zwischen der Stellung von Kindern und Gesinde. Auch die für die volle Mitarbeit entscheidende Alterszäsur ist dabei klar erkennbar.

Die Bedeutung dieser Altersgruppe wird auch durch das Ausscheiden von Knechten und Mägden beim Heranwachsen der Bauernkinder betont. Die Reduktion von drei Knechten auf zwei, ebenso von drei Mägden auf zwei erfolgte von 1834 auf 1835, als der älteste Sohn zwölf bzw. die älteste Tochter 13 Jahre alt wurden. Die zweite Tochter mußte 1838 schon mit zwölf Jahren die zweite Magd ersetzen. Als 1840 die dritte Tochter zwölf geworden war, wurde auch die letzte Magd aufgegeben. Das Alter des zweiten Sohns beim Verzicht auf den zweiten Knecht läßt sich aufgrund einer Unterbrechung der jährlichen Seelenbeschreibungen nicht exakt feststellen. Er muß zwischen zehn und 16 Jahren gewesen sein. In dem Jahr, als der dritte Sohn zwölf wurde, begegnet zum letzten Mal ein Knecht. Das Heranwachsen des vierten Sohnes kam der Familie insofern zustatten, als der Bauer kurz nach dessen zwölftem Geburtstag starb. Es konnte der Normalstand von vier männlichen Arbeitskräften gehalten werden, ohne daß man einen Knecht aufnahm. Die Witwe führte die Wirtschaft nun einige Jahre allein mit ihren vier Söhnen und drei Töchtern.

Nicht ganz so ausgeglichen verlief der Prozeß des Ersatzes der erwachsenen Kinder durch Gesinde. Die neuerliche Aufnahme einer Magd fällt 1854 noch unmittelbar mit dem Ausscheiden der ältesten Tochter zusammen, die inzwischen 27 Jahre alt geworden war und wahrscheinlich als Bäuerin auf einen anderen Hof ging. Im folgenden Jahr kam ein Knecht ins Haus, noch bevor 1856 der erste und der dritte Sohn den Hof verließen. Beim ältesten war das eine aus den Listen schwer erklärbare Absenz. Als künftiger Hoferbe kehrte er auch kurz darauf wieder zurück. Gleichzeitig schied der jüngste Sohn aus, und zwar mit 18 Jahren – ein Jahr früher als sein älterer Bruder. An eine Heirat war kaum zu denken. Beide werden wohl als Knechte auf andere Höfe gegangen sein. In ihrem Elternhaus wurden sie zunächst nur durch einen Knecht ersetzt, dem aber schon bald ein zweiter folgte. Der Weggang einer Tochter hingegen wurde 1858 sofort durch die Aufnahme einer zweiten Magd kompensiert. Neben dem Hoferben blieben je ein Sohn und eine Tochter im Haus, die ab der Übergabe durch die Witwe als Knecht und Magd geführt wurden. Das hatte in dieser Gegend weniger mit der Versorgung unverheirateter Geschwister zu tun. Gerade bei Brüdern läßt sich in der Pfarre an mehreren Beispielen beobachten, daß sie sich auf diese Weise eine Anwartschaft auf den Hof sicherten. Starb der Jungbauer kinderlos, so konnte der Hof unmittelbar weitergegeben werden. Waren beim eventuellen frühen Tod des Bauern kleine Kinder da, so hatten sie in ihrem Onkel einen berufenen Sachwalter. So haben beim Verbleib von Geschwistern als Gesinde gerade auf großen Höfen auch Familieninteressen eine Rolle gespielt. Tatsächlich blieb die Ehe des jungen Bauern zu Blingansing kinderlos. Zum Unterschied von der Schwester gab jedoch der Bruder schon bald das Warten auf. Das Ehepaar führte nun durch lange Zeit den Hof nur mit Knechten und Mägden, wobei die Gesindezahl konstant blieb. Erst 1878 wurde ein zusätzlicher Knecht aufgenommen – wohl zur Entlastung des Bauern, der schon wenige Jahre darauf mit erst sechzig Jahren starb. Ein Ersatz durch einen weiteren Knecht war jetzt nicht mehr notwendig. Die Hofführung scheint für die Witwe der älteste Knecht übernommen zu haben, der schon über ein Jahrzehnt am Hof diente und ein Verwandter der Familie war.

Gerade die Schlußphase des hier besprochenen Entwicklungszyklus der Familie Kurzwernhard auf dem Blingansinghof zu Albertsedt in der Pfarre Andrichsfurt zeigt deutlich, daß Gesinde auch andere Rollen in der bäuerlichen Hausgemeinschaft übernehmen konnte als die von erwachsenen Kindern. In Gegenden, wo im Interesse der Erhaltung des Mannesstammes oder der baldigen Übernahme durch heranwachsende Söhne eine Wiederverehelichung der verwitweten Bäuerin nicht stattfand, begegnen als Übergangslösung sehr häufig Knechte als interimistische Leiter der Wirtschaft. Wie im beschriebenen Fall handelte es sich in der Regel um ältere Knechte, die schon länger auf dem Hof waren, häufig auch um verwandte. Umgekehrt wurde in manchen Gebieten die Wiederverehelichung des verwitweten Bauern nicht gerne gesehen, wenn die Übernahme durch den Sohn bald möglich war. Die Hausfrauenrolle konnte dann durch eine ältere Magd ausgefüllt werden. In den Quellen aus Tirol findet sich für sie die Bezeichnung „oeconoma", also Wirtschafterin. Auch ledige Bauern wirtschafteten mitunter durch längere Zeit gemeinsam mit einer Magd. Obwohl dies sicher aus sittlichen Gründen bedenklich erschien, kam es in manchen großbäuerlichen Gebieten im 19. Jahrhundert recht häufig vor. Die Pfarre Andrichsfurt ist dafür, wie noch zu besprechen sein wird, ein auffallendes Beispiel. Bei großen Höfen, die bloß von einem ledigen Bauern mit Gesinde geführt wurden, lassen sich konjunkturelle Schwankungen des Gesindearbeitsmarkts besonders deutlich beobachten. Krisenjahre sind dann an der Verminderung des Personalstands zu erkennen, weil sie ohne Verzerrung durch eventuelle Veränderungen in der genealogischen Familie auftreten. Eine solche Konstanz der Knechte- und Mägdezahlen, wie sie auf dem Hof Blingansing beobachtet werden konnte, ist ja eine seltene Ausnahme. Meist kommt es unabhängig von der Entwicklung des Familienzyklus durch Bedingungen des Arbeitsmarkts zu Verschiebungen des Gleichgewichts. Neben den Haushalten lediger Bauern sind auch die von kinderlosen Ehepaaren in dieser Hinsicht interessante Indikatoren. Haushalte lediger Bauern, die nur mit Knechten und Mägden wirtschaften, lassen sich aus unserem heutigen Wortverständnis von Familie nicht ohne weiteres als Familienbetriebe verstehen. Im Sinne der Zeit waren sie es sicher. Das Gesinde wurde eben voll in die Familie integriert gesehen. Im Extremfall ist die Bezeichnung Familienbetrieb wohl auch für Höfe zulässig, die ausschließlich von Gesinde geführt wurden. Bei Zulehen und Zuhuben, wie sie in Salzburg und Kärnten vorkommen, war dies mitunter der Fall. Freilich stellt sich in solchen Situationen die Frage, inwieweit die räumlich gesonderte Hausgemeinschaft des Zulehens auch eine vom Haupthof abgesonderte Wirtschaftseinheit darstellte. Wie immer diese Frage zu beantworten ist – der Extremfall solcher mit Gesinde besetzter Nebenhöfe zeigt, wie weit die Ersetzung familialer Rollen durch Gesinde gehen konnte. In der Rollenergänzung bäuerlicher Familienbetriebe war sicher das Gesinde die flexibelste und daher am häufigsten eingesetzte Personengruppe.

Wenn auch Knechte und Mägde die Vertretung von Bauer und Bäuerin übernehmen konnten – am häufigsten fungierten sie in Gebieten mit stark gebundener familienwirtschaftlicher Struktur doch als Ersatz von erwachsenen Kindern. Mit diesen hatten sie ja auch ihrem Alter nach die meiste Gemeinsamkeit. Von Sondererscheinungen abgesehen, auf die noch einzugehen sein wird, war das Gesinde ja eine Altersklasse, die primär die Jugendphase umfaßte. Wie stark die Gesindehal-

tung mit der Anzahl erwachsener Kinder im bäuerlichen Familienbetrieb zusammenhing, soll wieder an statistischen Daten aus ausgewählten österreichischen
Landgemeinden illustriert werden.

Erwartungsgemäß zeigt die Tabelle, daß die durchschnittliche Zahl der
Knechte und Mägde in der Regel dann besonders hoch liegt, wenn keine erwachsenen Kinder im Haus sind. Mit zunehmender Zahl herangewachsener Kinder sinken
die Durchschnittswerte ab. Diese negative Korrelation tritt freilich nur in den besonders gesindereichen Gemeinden deutlich in Erscheinung. Eine gewisse Verzerrung der Statistik stellt sich dadurch ein, daß unter den Hausgemeinschaften mit
mehr erwachsenen Kindern auch die personalintensiveren Höfe stärker vertreten
sind. Daraus ergibt sich ein gegenläufiger Trend, der mitunter sogar das Abfallen
der durchschnittlichen Gesindezahlen in Relation zu den Kinderzahlen aufwiegt. In
den gesindearmen Gemeinden läßt sich überhaupt kein Zusammenhang zwischen
Knechte- und Söhnezahlen bzw. Mägde- und Töchterzahlen erkennen. Die Ursache
dieser Erscheinung wurde schon erörtert. Wo die Taglohnarbeit die Gesindehaltung
überwiegt, dort ist die Familie von Zwängen der Rollenergänzung frei. Wenn keine
erwachsenen Kinder im Haus sind, muß dann nicht unbedingt ständiges Personal
aufgenommen werden. Umgekehrt können Bauernkinder im Elternhaus verbleiben, auch wenn sie hier nicht zur ständigen Mitarbeit gebraucht werden. Durch Taglohnarbeit ist ihnen ja eine zusätzliche Betätigungsmöglichkeit gegeben. Diese größere Freiheit in der Familienzusammensetzung kommt im Fehlen einer Entsprechung zwischen den durchschnittlichen Zahlen von Gesinde und erwachsenen Kindern zum Ausdruck.

Daß Gesinde- und Taglöhnerhaltung keine sich ausschließenden Formen
der Arbeitskräfterekrutierung darstellen, sondern in verschiedensten Mischungs-
verhältnissen auftreten, wurde schon zur Genüge betont. Durch ein Nebeneinander
unterschiedlicher Arten der Personalergänzung kann es im Entwicklungszyklus einer Hausgemeinschaft zu Schwankungen in der Zahl der ständigen Arbeitskräfte
kommen. So gibt es Fälle, wo die Abfolge der jährlichen Personenstandslisten die
Vermutung sehr nahelegt, daß Knechte oder Mägde durch die Aufnahme von Inwohnern ersetzt wurden. Wenn dieselbe Person einmal im Gesindestatus, dann wieder als Inwohner genannt wird, so ist es eindeutig, daß auch zwischen diesen Rollen
Ergänzungsmöglichkeiten bestanden. Der Regelfall war dies freilich nicht. Inwohner waren zwar je nach ihren Aufnahmebedingungen in einem bestimmten Umfang
zur Mitarbeit verpflichtet, konnten jedoch wohl Gesinde nicht voll ersetzen. Immerhin wird ein Grund für Schwankungen des ständigen Arbeitskräftestandes
bäuerlicher Familienbetriebe, wie sie in den seriellen Seelenbeschreibungen auftreten, im Nebeneinander des Einsatzes von Gesinde und Taglöhnern gesucht werden
können.

Auch eine Reihe anderer Faktoren wird zu berücksichtigen sein, wenn selbst in
Gebieten mit starker familienwirtschaftlicher Bindung in den Entwicklungszyklen
bäuerlicher Hausgemeinschaften vielfach Abweichungen gegenüber dem Normalstand an ständigen Arbeitskräften auftreten. Hier sind zunächst makrostrukturelle
Bedingungen zu bedenken. Konjunkturelle Schwankungen machten es manchmal

Tafel 12:
Durchschnittliche Zahl von Knechten bzw. Mägden nach Zahl der erwachsenen Söhne bzw. Töchter (über 12) in bäuerlichen Hausgemeinschaften (nur solche mit Gesinde)

		keine erw. Söhne	1 erw. Sohn	2 erw. Söhne	keine erw. Töchter	1 erw. Tochter	2 erw. Töchter
Abtenau	1632	1,21	1,16	0,86	1,13	0,90	0,33
	1790	1,45	1,31	0,75	1,55	1,10	0,96
Altenmarkt	1733	1,12	1,20	1,38	1,25	1,50	0,60
	1755	1,61	2,11	1,71	1,60	2,11	1,36
	1762	1,52	0,95	1,87	1,70	1,70	1,70
Andrichsfurt	1813	1,53	1,86	1,29	2,21	1,85	1,00
	1823	1,82	1,00	1,00	1,88	1,61	1,00
	1833	1,64	1,56	1,67	1,89	1,80	1,20
	1842	2,23	1,39	0,67	1,98	1,47	2,00
	1853	1,98	1,54	1,00	1,85	1,12	0,50
	1863	1,88	1,75	1,14	1,79	1,33	0,80
	1873	1,87	1,15	0,75	1,84	1,42	1,25
	1883	1,73	1,38	1,00	1,74	0,91	0,12
	1896	2,04	1,50	1,20	1,44	1,50	0,50
	1909	1,50	1,75	0,33		1,00	0,50
Dorfbeuern	1648	0,82	0,88	0,50	0,93	0,57	0,29
	1772	1,02	0,71	1,00	1,12	0,44	0,66
Gleink	1799	1,36	1,50	0,25	1,59	0,57	0,75
	1807	1,09	1,71	1,00	1,53	1,50	0,66
	1818	1,30	2,38	0,60	1,77	0,50	1,00
	1840	1,46	1,40	1,40	1,63	1,00	–
	1856	1,27	1,00	1,00	1,43	2,20	–
Gmünd	1801	0,92	0,55	0,80	0,54	0,50	0,50
	1807	0,60	1,22	0,67	0,60	0,33	0,50
	1818	0,36	0,66	–	0,89	0,71	–
	1827	0,97	1,11	1,00	0,46	0,27	–
	1840	0,66	1,00	1,00	0,58	0,62	–

		keine erw. Söhne	1 erw. Sohn	2 erw. Söhne	keine erw. Töchter	1 erw. Tochter	2 erw. Töchter
Koppl	1647	0,94	0,83	0,50	1,30	0,40	0,25
	1805	1,60	1,00	–	1,39	1,00	–
Maria Langegg	1788	0,58	0,50	1,00	0,92	–	0,50
	1798	0,58	0,33	1,00	0,92	1,00	–
	1808	0,68	0,71	1,00	0,83	0,62	–
	1818	0,68	0,43	–	0,87	0,33	–
	1828	0,88	1,00	–	0,87	0,25	1,00
	1840	0,89	1,00	0,33	0,62	0,66	0,33
	1848	1,05	0,86	0,60	0,71	0,67	0,50
	1856	0,73	0,86	0,66	0,75	0,77	0,20
	1875	0,67	0,75	0,67	0,68	0,60	1,00
Moos	1821	0,57	1,33	1,00	1,12	0,33	–
	1865	2,67	2,00	1,00	1,66	2,60	2,57
Obergrafendorf	1787	1,25	1,25	0,33	1,06	0,82	0,20
Obermühlbach	1757	2,72	1,97	1,50	1,88	1,50	1,33
Perchtoldsdorf	1754	0,96	0,73	1,00	0,89	0,83	0,50
	1857	0,97	0,83	0,60	0,91	0,73	2,00
Poysdorf	1890	0,92	1,24	0,94	0,91	1,10	0,75
Raab	1816	1,71	1,48	1,55	1,61	1,26	1,06
	1834	1,66	1,10	0,92	1,67	1,15	0,87
	1860	1,73	2,81	1,36	1,51	1,52	1,40
Sirnitz	1757	2,25	1,23	1,40	1,85	1,21	1,22
St. Lorenzen	1757	2,57	1,47	2,25	2,05	1,57	1,22
Thalgau	1648	1,01	0,85	0,38	1,10	0,89	0,36
	1750	1,51	1,00	0,60	1,35	0,83	0,60
Villgraten	1781	0,71	0,77	0,59	1,20	1,24	1,24
Zell/Ziller	1779	1,66	1,39	1,19	1,36	1,03	0,91
	1757	2,29	2,00	2,00	1,30	0,67	0,33
Zweinitz	1770	1,95	1,09	1,33	1,21	1,33	0,33
	1786	1,86	1,33	1,00	1,28	–	0,57
	1798	2,65	1,22	1,50	1,48	0,50	0,50
	1811	1,31	1,29	2,50	1,22	2,12	2,25

unmöglich, den Personalbedarf voll zu decken. In Krisenjahren nahmen die Bauern oft weniger Dienstboten auf oder verlängerten die Kontrakte nicht. Auf Verknappungserscheinungen auf dem Arbeitsmarkt des Gesindes wurde schon hingewiesen. Bei den Knechten wirkten sich diesbezüglich vor allem Kriegszeiten stark aus. Neben kurzfristigen Schwankungen sind langfristige Auf- und Abschwungsbewegungen zu bedenken. Die erste Phase der Agrarrevolution in der zwar die landwirtschaftliche Produktion, aber nicht die Arbeitsproduktivität anstieg, führte im allgemeinen zu einer Gesindezunahme, die zweite durch Technisierung und Rationalisierungsmaßnahmen bestimmte zu einem Rückgang.[131b] Eine derart langfristige Konstanz, wie sie im Entwicklungszyklus des Blingansinghofs in der Pfarre Andrichsfurt begegnet ist, erscheint in Hinblick auf solche makrostrukturelle Entwicklungen eher als die Ausnahme. Mikrostrukturelle Bedingungen von Abweichungen gegenüber dem „Soll-Stand" an ständigen Arbeitskräften sind vor allem in individuellen Gegebenheiten der Familienentwicklung zu suchen. Dabei ist etwa zu bedenken, daß der Gesindestatus nicht allein der Deckung des notwendigen Arbeitskräftebedarfs diente, sondern mitunter auch Versorgungsfunktion hatte. Behinderte Geschwister und Verwandte wurden beispielsweise in der Rolle von Knechten und Mägden in die Hausgemeinschaft eingegliedert, auch wenn ihre Arbeitsleistung nicht wesentlich ins Gewicht fiel. Ebenso konnte im Alter diese Versorgungsfunktion zum Tragen kommen. Sie ist mit ein Grund dafür, daß man bei verwandtem Gesinde eine besonders lange Verweildauer feststellen kann.[132] Eine Versorgungsfunktion konnte die Familie freilich auch gegenüber heranwachsenden Kindern haben. In der Beobachtung langer Reihen serieller Seelenbeschreibungen fällt häufig auf, daß bei großen Kinderzahlen mehr erwachsene Söhne und Töchter im Haus behalten wurden, als in Zeiten ohne Präsenz von Kindern Knechte und Mägde eingestellt waren. Man gab eben Kinder nicht so ohne weiteres aus dem Haus, wenn ein bestimmter notwendiger Minimalstand an Arbeitskräften überschritten war. Hinter großen Zahlen erwachsener Bauernkinder steht weiters mitunter verdeckte Arbeitslosigkeit. Vor allem bei größeren Bauern ist zu bedenken, daß man Kinder deswegen auf dem Hof behielt, weil Gesindedienst für sie einen Abstieg bedeutet hätte. Sie warteten dann im Elternhaus auf die Heirat, auch wenn hier für sie keine unmittelbare Notwendigkeit zur Mitarbeit gegeben war. Solche Wartezeiten konnten ebenso auf der Gesindeseite zu einem Überhang führen. Nach der Hofübergabe wurden ja Geschwister des jungen Bauern im allgemeinen dem Gesinde zugerechnet. Besonders in Gebieten mit Ältestenerbrecht wurde die Gesindezahl dadurch beeinflußt. Einen Störfaktor für die Ausgewogenheit der Relation zwischen erwachsenen Kindern und Gesinde allein auf der Basis des Arbeitskräftebedarfs stellt die Gesindehaltung aus Prestigegründen dar. Manche Großbauern wollten auch dann nicht auf Knechte und Mägde vollkommen verzichten, wenn ausreichend Söhne und Töchter auf dem Hof waren. Ebenso ist bei Kleinbauern zu überlegen, ob

---

131b Vgl. Mitterauer, Agrarrevolution.
132 Ostrawsky, Zusammensetzung der Hausgemeinschaften, 196, Breiteneder, Bevölkerungs- und Familienstruktur, 213.

ihr Selbstbewußtsein als Angehörige des Bauernstandes nicht gerade durch die Aufnahme von Dienstboten gefestigt wurde, wenn dies vom wirtschaftlichen Bedarf her gar nicht gerechtfertigt war.[133] Schließlich sind phasenspezifische Bedingungen des Familienzyklusablaufs zu bedenken, die die Konstanz des Pesonalstandes beeinträchtigten. Über den Besitz an landwirtschaftlichen Hilfskräften hinaus mußte eine „Kindsdirn" aufgenommen werden, wenn ein Kind zur Welt kam. Das war vor allem bei den ersten Geburten notwendig, wenn diese Aufgabe noch nicht von einer älteren Schwester wahrgenommen werden konnte. Auch in der Zeit der Schwangerschaft bedurfte die Bäuerin einer Entlastung, wodurch sich zusätzlicher Bedarf an weiblichem Personal ergeben konnte. Andererseits war es gerade in der ersten Ehephase für das junge Paar schwierig, Gesinde aufzunehmen. Weichende Erben mußten ausgezahlt werden; im Fall eines Ausgedinges ergaben sich auch dadurch Belastungen. Der Hof war daher in dieser Zeit besonders verschuldet, so daß Lohnzahlungen an das Gesinde nicht so ohne weiteres geleistet werden konnten. Größerer Gesindebedarf ergab sich dann auch in der Altersphase des Bauernpaares. Ein solcher Bedarf war sicher dann stärker gegeben, wenn die Inhaber den Hof lebenslänglich führten. Im Gegensatz dazu ist bei einer früheren Übergabe seitens der Altbauern nicht mit einer Entlastung durch Gesinde zu rechnen. Kalkulationen des jeweiligen Arbeitskräftepotentials aufgrund serieller Seelenbeschreibungen legen sogar die Vermutung nahe, daß Altenteiler vielfach noch voll mitgearbeitet haben. Das gilt vor allem für Gegenden, in denen der Übergabetermin eher vom Alter des Übernehmers als dem des Übergebers abhängig war.

Diese Vielfalt phasenspezifischer Faktoren, die zum Teil einander zuwiderlaufende Auswirkungen hatten, kommen in Daten zum Ausdruck, die sich aus der Berechnung des durchschnittlichen Gesindestandes nach Altersgruppen des Familienvaters ergeben. Eine diesbezügliche Zusammenstellung für ausgewählte Gemeinden des gesamtösterreichischen Samples läßt trotz solcher einander entgegenwirkender Bedingungen im wesentlichen doch klare Tendenzen erkennen.

Trotz einiger Abweichungen ist der Trend in allen untersuchten Gemeinden im Grund ziemlich einheitlich. Mit zunehmendem Alter des Hausvaters geht die Gesindehaltung zurück. Daraus ergibt sich klar, daß der weitaus stärkste Faktor für die unterschiedliche Aufnahme von Hilfskräften im Ablauf des Familien- bzw. Lebenszyklus das Vorhandensein oder Fehlen erwachsener Kinder ist. Dieser Faktor scheint alle anderen deutlich zu überlagern. Das verweist wiederum auf die Wechselwirkung von Kinderzahl und Gesindehaltung als Zentralproblem familienwirtschaftlicher Rollenergänzung.

Die stärksten Abweichungen gegenüber der generellen Tendenz abnehmender Gesindezahlen mit zunehmendem Alter des Hausvaters zeigen sich in den beiden ersten Altersgruppen. Von den 20–29jährigen zu den 30–39jährigen ist in manchen Gemeinden ein Anstieg zu beobachten. Hier spielen zunächst Quellenprobleme eine Rolle. Manche Seelenbeschreibungen verzeichnen im Haus verbleibende Geschwister des Jungbauern als Kinder der Altenteiler und nicht als Gesinde.

---

133 Jungwirth, Ländliche Familienstrukturen, 94.

Tafel 13:
Durchschnittliche Gesindezahl pro Hausgemeinschaft nach Altersgruppen der Hausväter

		Altersgruppen der Hausväter							
		20—29	30—39	40—49	50—59	60—69	70—79	80 und darüber	insgesamt
Abtenau	1632	1,50	1,09	0,96	0,75	0,70	0,52	0,66	0,97
	1790	2,86	1,60	1,78	1,34	0,97	0,30	2,00	1,70
Altenmarkt	1733	1,42	1,90	1,33	1,04	1,61	0,50	0,50	1,57
	1755	3,00	2,83	2,01	1,22	0,88	1,60	–	1,96
	1762	2,00	2,33	1,65	1,30	1,15	1,33	2,33	1,71
Andrichsfurt	1813	2,92	2,46	2,17	1,88	0,33	–	–	2,12
	1823	2,88	2,78	1,88	2,20	1,84	1,66	–	2,28
	1833	3,80	2,81	1,71	1,30	2,54	–	–	2,06
	1842	–	4,12	2,43	1,67	1,60	1,28	1,00	2,22
	1853	3,00	3,81	2,55	1,73	1,22	0,66	2,00	2,44
	1863	0,57	1,80	3,34	2,23	1,30	2,25	1,00	2,18
	1873	3,08	1,66	1,78	2,28	1,57	2,50	4,50	2,15
	1883	2,37	2,86	1,00	1,90	1,92	2,00	–	1,99
	1896	3,50	3,42	2,50	2,81	2,86	2,12	1,00	2,13
	1904	2,44	1,68	1,22	1,39	2,18	–	2,00	1,63
Dorfbeuern	1648	0,64	0,92	0,35	0,30	0,76	0,40	0,36	0,58
	1772	1,05	1,00	0,59	0,70	–	2,00	–	0,68
Dürrnberg	1647	0,60	0,55	0,55	0,26	0,20	0,50	–	0,45
Ebensee	1809	0,36	0,28	0,13	0,22	0,17	–	0,25	0,26
Feistritz	1757	4,43	3,31	2,67	2,53	1,52	3,66	3,00	2,93
Gleink	1799	0,93	1,70	0,53	0,88	1,10	1,00	–	1,08
	1807	1,10	0,78	1,24	0,76	1,50	2,00	–	1,00
	1818	1,75	1,16	1,00	0,83	0,25	1,50	1,29	0,96
	1840	1,93	0,96	1,04	1,08	0,74	0,77	–	1,07
	1856	1,13	2,04	1,07	1,12	0,56	0,20	1,00	1,14

		Altersgruppen der Hausväter							ins-gesamt
		20–29	30–39	40–49	50–59	60–69	70–79	80 und darüber	
Gmünd	1801	0,20	0,38	0,13	0,17	–	–	–	0,28
	1807	0,28	0,24	0,17	0,30	–	–	–	0,22
	1818	0,50	0,18	0,04	0,05	0,33	0,50	–	0,17
	1827	0,30	0,41	0,18	0,19	0,22	–	0,50	0,28
	1840	0,44	0,45	0,26	0,34	0,31	–	0,15	0,35
Koppl	1648	2,00	1,56	0,70	1,16	2,00	1,00	1,13	1,22
	1805	2,44	1,50	1,33	1,33	–	–	–	1,42
Laa	1864	0,33	0,49	0,60	0,29	0,33	0,47	–	0,44
Maria Langegg	1788	0,95	0,38	0,32	0,16	0,33	–	–	0,43
	1798	0,42	0,53	1,00	0,40	0,50	–	–	0,54
	1808	0,56	0,77	0,44	0,33	1,33	–	–	0,96
	1818	0,89	0,63	0,37	0,35	–	–	–	0,53
	1828	0,60	0,74	0,48	0,35	–	1,00	–	0,52
	1840	1,12	0,64	0,39	0,50	–	–	–	0,58
	1848	1,00	0,84	1,24	0,57	0,54	–	0,50	0,85
	1856	1,80	0,96	0,46	0,43	0,50	–	0,50	0,58
	1875	1,50	0,72	0,13	0,21	0,08	0,33	–	0,36
Moos	1821	1,67	0,55	0,50	0,86	–	–	–	0,56
	1865	2,33	1,00	4,57	1,57	2,33	–	–	2,25
Obermühlbach	1757	4,66	2,68	3,57	2,72	2,44	2,46	3,14	2,93
Perchtoldsdorf	1754	0,74	0,92	0,57	0,51	0,61	0,18	1,00	0,59
	1857	1,10	0,70	0,50	0,51	0,39	0,18	1,00	0,59
Poysdorf	1890	0,58	0,62	0,58	0,49	0,53	0,29	0,50	0,54
Raab	1816	2,00	1,90	2,02	1,83	1,35	0,47	2,28	1,61
	1834	4,00	2,58	2,20	1,01	1,37	1,02	1,00	1,57
	1860	3,75	2,82	0,90	1,50	1,64	1,45	1,33	1,71
Sirnitz	1757	3,00	3,48	2,66	2,49	1,79	1,78	1,83	2,43
St. Lorenzen	1757	4,56	3,45	3,72	2,33	2,33	1,50	2,75	3,19

Altersgruppen der Hausväter

		20—29	30—39	40—49	50—59	60—69	70—79	80 und darüber	insgesamt
Thalgau	1648	1,68	0,96	1,04	0,67	0,45	0,50	–	0,98
	1750	1,81	2,04	1,36	1,00	0,65	1,30	1,50	1,37
Villgraten	1781	0,96	1,00	0,81	0,50	0,59	0,68	0,87	0,72
Zell a. Ziller	1779	1,83	2,18	1,04	1,10	0,80	0,21	1,00	1,26
Zweinitz	1757	4,18	2,67	1,40	0,84	–	–	–	1,94
	1770	3,27	1,45	1,35	2,00	1,56	0,66	–	1,81
	1786	1,67	1,04	1,81	0,52	2,14	2,00	–	1,42
	1798	2,54	3,46	2,08	0,45	1,00	0,50	–	1,80
	1811	1,90	1,80	3,00	0,94	0,90	–	–	2,25

Trotzdem muß angenommen werden, daß sie primär den Bauern und nicht die Altenteiler als Hilfskräfte unterstützt haben. Die Ausgedingewirtschaft war ja von marginaler Bedeutung und wurde in der Regel weitgehend in die Gesamtwirtschaft des Hofes integriert. In Einzelfällen wird zu berücksichtigen sein, daß auf dem Hof verbleibende Geschwister des Bauern zwar voll mitarbeiteten, aber tatsächlich keine gesindegleiche Position hatten. Das gilt etwa für Villgraten in Osttirol, wo die Quelle Brüder und Schwestern fast nie als Knechte und Mägde bezeichnet. Hier hatte ja die Gemeinschaft eine starke Tradition. Die Geschwister waren eher Mitbesitzer als Dienstboten des Bruders. Sicherlich wurden sie im Regelfall für ihre Mitarbeit nicht entlohnt. Die Frage der Entlohnung von verwandten Hilfskräften erscheint insgesamt als ein Problem, das für deren Stellung innerhalb der Hausgemeinschaft Relevanz gehabt haben könnte. Wir wissen darüber aus schriftlichen Quellen sehr wenig. Ob die Seelenbeschreibungen bei der Kategorisierung verwandter Mitarbeiter die Frage des Entgelts von deren Dienstleistungen berücksichtigten, läßt sich nicht feststellen. Die Wahrscheinlichkeit ist hoch, daß gerade in der ersten Phase des bäuerlichen Familienzyklus an Verwandte wenig Lohn gezahlt wurde. Die Schuldenlast war ja in dieser Zeit besonders drückend. Gerade bei jungverheirateten Bauern spielte jedoch die Mitarbeit von Angehörigen eine sehr große Rolle – übrigens nicht nur seiner eigenen, sondern auch von denen seiner Frau.[134] Auch die Altenteiler unterstützten in dieser Phase die Hofübernahme am stärksten.[135] Der hohe Anteil verwandter Mitarbeiter in den frühen Ehejahren des jungen Bauernpaares, die von den Quellen nicht als Knechte und Mägde bezeichnet werden, dürfte der Hauptgrund dafür sein, daß die Statistik in einigen Gemeinden zwischen den beiden ersten Altersgruppen keinen Abfall, sondern einen Anstieg der durchschnittlichen Gesindezahlen ausweist.

Weniger stark sind die Abweichungen von der generellen Tendenz abnehmender Gesindezahlen in den höheren Altersgruppen der Bauern. Das deutet darauf hin, daß man in der bäuerlichen Familienwirtschaft so lange als irgendwie möglich den Arbeitskräftebedarf mit eigenen Kindern zu decken versuchte. Wenn ein Bauer mit über 80 noch die Führung des Hofes behielt, so erscheint es verständlich, daß außer dem zukünftigen Erben kaum mehr Söhne und Töchter auf dem Hof blieben. Von den 60- zu den 70jährigen ist freilich der Trend der durchschnittlichen Gesindezahlen fast durchgehend fallend. Der Ersatz von Gesinde durch Kinder spielte in diesen Altersgruppen also durchaus noch eine beachtenswerte Rolle. Die letzten

---

134 Bei Eheschließungen zogen häufig Geschwister der Frau in den neuen Haushalt mit. Die Heirat war so mitunter auch mit einem Arbeitskräfteausgleich zwischen den beiden Familien verbunden. Vgl. dazu KRABICKA, Übergabemuster, 65 f.

135 Mitunter wird in Ausgedingeverträgen ausdrücklich eine Entlohnung für die Mitarbeit der Altenteiler vereinbart. Es handelt sich dabei um ein Geldpauschale bzw. um Kleidung. OSTRAWSKY, Zusammensetzung der Hausgemeinschaften 246. Solche Verhältnisse zeigen Analogien zu Gesindedienstbeziehungen. Sie könnten auch erklären, warum in seltenen Ausnahmefällen der Vater bzw. die Mutter des Bauern in Seelenbeschreibungen als Knecht bzw. Magd verzeichnet wird.

Kinder kamen ja oft erst zur Welt, wenn der Vater über 50 Jahre alt war – insbesondere, wenn im Falle der Verwitwung eine Zweitehe mit einer jüngeren Frau eingegangen wurde. Die Daten lassen jedenfalls keine deutliche Tendenz in die Richtung erkennen, daß das Ausscheiden erwachsener Kinder eine verstärkte Aufnahme von Gesinde notwendig gemacht hätte. Erst die Übergabe des Hofes oder der Tod des alten Bauern waren die entscheidenden Zäsuren für den Weggang der Kinder. Diesbezüglich gab es freilich starke Unterschiede zwischen Gebieten, in denen das Ältesten- bzw. Jüngstenerbrecht dominierte. Bei Minoratserbfolge trachtete man, schon vor diesem Zeitpunkt möglichst viele Kinder zu versorgen.

Wenn die Statistik zeigt, daß Bauern bis ins hohe Alter den Arbeitskräftebedarf des Hofes eher durch erwachsene Kinder deckten als durch Gesinde, so ist damit ein Grundprinzip bäuerlicher Familienwirtschaft angesprochen. Knechte und Mägde wurden in der Regel nur dann aufgenommen, wenn keine Söhne und Töchter zur Verfügung standen, die die erforderlichen Arbeiten verrichten konnten. Es liegt auf der Hand, diese Strategie mit den unterschiedlichen Kosten zu erklären. Otto Brunner hat als Wesensmerkmal der bäuerlichen Familienwirtschaft hervorgehoben: „Sie beruht im Kern auf der lohnlosen Arbeit der Familienmitglieder."[136] Dieser Satz bedarf freilich einer Differenzierung. Abgesehen davon, daß auch Knechte und Mägde manchmal nur gegen Kost und Quartier arbeiteten, läßt sich nicht generell sagen, daß Bauernkinder für ihre Tätigkeit am elterlichen Hof kein Entgelt erhielten. Schon im frühen 16. Jahrhundert bestimmte eine bayerische Gesindeordnung: „Wenn Kinder bei ihren Eltern um Lohn dienen, so soll ihnen dieser an ihren Heiratsgütern und Erbschaften aufgerechnet und davon abgezogen werden."[137] Auch für hier untersuchte österreichische Landgemeinden läßt sich zeigen, daß erwachsene Kinder, die bei ihren Eltern arbeiteten, ihnen gegenüber Anspruch auf „Lidlohn" hatten.[138] Der Lohn wurde ihnen freilich oft erst bei der Heirat oder der Regelung des Erbes ausbezahlt. Es ist dies ein Problemkreis, für den kaum Quellenzeugnisse vorliegen und der in Untersuchungen über bäuerliche Familienverhältnisse bisher keine Beachtung gefunden hat. Für die Frage familienbetrieblicher Strukturen im ländlichen Raum erscheint das Thema sehr wichtig. Wenn es hier im Zusammenhang mit der Arbeitskräftedeckung alter Bauern berührt wird, so nicht um das massive materielle Interesse am Verbleib von erwachsenen Kindern zu bezweifeln. Sicher war ihr Einsatz billiger als der von Gesinde. Es soll bloß darauf hingewiesen werden, daß erwachsene Kinder nicht grundsätzlich als kostenlose Arbeitskräfte angesehen werden dürfen. Sie konnten durchaus ab einem gewissen Alter einen Anspruch auf die Bezahlung von Lohn in Geld oder Naturalien gegenüber ihren Eltern haben. Wenn solche Ansprüche nicht regelmäßig erfüllt, sondern oft auf einen späteren Zeitpunkt aufgeschoben wurden, so bestand diesbezüglich auch kein so wesentlicher Unterschied gegenüber dem Gesinde. Den Knechten und

---

136 Otto Brunner, Das „Ganze Haus" und die alteuropäische „Ökonomie", in: ders., Neue Wege der Sozial- und Verfassungsgeschichte, Göttingen, 1958, 107.

137 Platzer, Ländliche Arbeitsverhältnisse, 89.

138 Ostrawsky, Zusammensetzung der Hausgemeinschaften, 77.

Mägden blieben die Bauern den Geldlohn ja oft auch über viele Jahre schuldig. Der Abstand zwischen erwachsenen Kindern und Gesinde bezüglich ihrer Stellung in der bäuerlichen Familienwirtschaft war in mancher Hinsicht nicht so groß, wie das aus heutiger Perspektive erscheinen mag.

Gewisse Gemeinsamkeiten zwischen erwachsenen Kindern und Gesinde dürften sich beispielsweise auch aus der Stellung in der Arbeitskräftehierarchie des Hofes ergeben haben. Es wurde schon darauf hingewiesen, daß gerade auf Höfen mit einer hohen Zahl ständiger Mitarbeiter eine strenge Zuordnung gewisser Verrichtungen zu bestimmten Positionen des Dienstpersonals bestand. Am Beispiel der Verhältnisse im Salzburger Pinzgau konnte ein solches System hierarchisch abgestufter Positionen in besonders differenzierter Weise veranschaulicht werden. In Hinblick auf die Austauschbarkeit von Gesinde und erwachsenen Kindern stellt sich die Frage, inwieweit Söhne und Töchter in dieses System eingeordnet waren. Wenn ja, so mußte das für die familienwirtschaftliche Rollenergänzung durch Gesinde starke Auswirkungen im Sinne einer ausgeprägten alters- und qualifikationsspezifischen Bindung haben. Mit dem Heranwachsen eines Sohnes erübrigte sich dann etwa die Aufnahme eines Kleinknechts oder wie sonst die unterste Stufe der männlichen Gesindehierarchie jeweils benannt wurde. War der Sohn in der Lage, den Roßknecht zu ersetzen, so mußte dieser den Hof verlassen usw. Die hier analysierten Quellen geben über diesen Problemkreis nicht allzuviel Auskunft. Einige Hinweise deuten in die Richtung, daß tatsächlich mit einer derart streng gebundenen Rollenergänzung gerechnet werden muß. In diesem Zusammenhang ist zunächst auf eine besondere Form der Aufzählung der Familienangehörigen im Kommunikantenverzeichnis der oberösterreichischen Pfarre Oftering von 1703 zu verweisen. Normalerweise nennen die Personenstandslisten nach dem hausbesitzenden Ehepaar deren Kinder in der Reihenfolge des Alters, mitunter nach Geschlechtern getrennt; dann schließt das Gesinde an. Hier ist die Abfolge anders: Nur die noch nicht kommunizierenden kleineren Kinder werden direkt nach den Eltern angeführt, übrigens ohne Namensnennung. Die größeren Söhne und Töchter erscheinen hingegen mitten unter dem Gesinde. In einem Fall heißt es dabei ausdrücklich „Eva Tochter ein Diern". Die Einreihung der herangewachsenen Kinder unter das Gesinde scheint auch insofern System zu haben, als der Schreiber der Liste streng nach „Knecht" und „Bue" bzw. „Diern" und „Mensch" ordnet. Diese primär nach Alters- und entsprechenden Funktionskriterien erfolgende Reihung findet sich in Seelenbeschreibungen des 17. und frühen 18. Jahrhunderts auch sonst gelegentlich. In Oftering werden im Kommunikantenverzeichnis von 1703 die Söhne und Töchter genau nach dieser Ordnung plaziert. Es scheint hier also eine hierarchische Gesindereihung vorzuliegen, in die die voll arbeitsfähigen Kinder miteinbezogen wurden. Die Grenze der Arbeitsfähigkeit ist dabei übrigens das Kommunikantenalter. Daß mit dem Zeitpunkt der Erstkommunion oder bald danach Kinder Gesindepersonen ersetzen konnten, ergibt sich auch aus seriellen Seelenbeschreibungen. Häufig fällt dieser Termin mit der 12-Jahre-Grenze zusammen.

Analogien zu dem im Kommunikantenverzeichnis der Pfarre Oftering von 1703 angewandten Aufzählungssystem der erwachsenen Kinder unter dem Gesinde gibt es im hier untersuchten Vergleichsmaterial sonst kaum. Zu erwähnen ist in diesem Zusammenhang, daß in den Seelenstandsbüchern der Kärntner Pfarre Zweinitz, die sich in der Aufzählung des Gesindes streng an dessen hierarchische Ordnung halten, Geschwister der Bauern in ähnlicher Weise eingeordnet werden. So erscheinen etwa 1811 auf dem größten Hof der Pfarre, dem „Zehner zu Aiding", die beiden jüngeren Brüder des Bauern unter den Knechten an sechster und neunter Stelle. Der Bauer selbst wurde 25 Jahre früher noch als Hoferbe in der Position des Meierknechts an der Spitze des Gesindes angeführt. In seriellen Seelenbeschreibungen aus gesindereichen Pfarren fällt mitunter auf, daß mit dem Heranwachsen der Söhne und Töchter zunächst das jüngere Gesinde ersetzt wurde. Es ist dies freilich kein durchgehendes Prinzip. Die Positionen der Gesindehierarchie sind ja auch nur beschränkt mit Altersstufen gleichzusetzen.

Gerade auf gesindereichen Höfen läßt sich beobachten, daß Altersränge und Ränge innerhalb des Dienstpersonals nicht notwendig zusammenfallen. Beispiele dafür wurden in anderem Zusammenhang aus der Pfarre Oftering bereits gebracht.[139] Ergänzend sei ein Fall aus der Kärntner Pfarre Pulst angeführt. Auf dem Meierhof der Deutschordenskommende waren hier neben dem 40jährigen Meierknecht zwei Hausknechte mit 52 und 54, ein Roßknecht mit 37 ein „Ochsner" mit 38, ein „Handknecht" mit 25 sowie drei „Staller" mit 60, 8 und 36 Jahren im Dienst. Beim letzten von ihnen findet sich der Zusatz „unweltläufig". Die niedrigste Tätigkeit des Stallknechts konnte also von sehr jungen, sehr alten, aber auch von geistig Behinderten ausgeübt werden. In Gegenden, in denen man lebenslänglich im Gesindedienst bleiben konnte, wird man gerade bei den Knechten in fortgeschrittenem Alter nicht mehr mit den höchstrangigen Positionen rechnen dürfen. War der Gesindedienst eine altersspezifische Durchgangsphase, was im österreichischen Raum häufiger der Fall gewesen zu sein scheint, dann ergab sich eher ein positiver Zusammenhang zwischen Alter und Rang innerhalb des bäuerlichen Dienstpersonals.

Die beiden Tabellen zeigen nicht nur eine recht deutliche Altersstaffelung nach Gesindepositionen allgemein, sondern auch nach Gesindeposition und Hofgröße. Erster Knecht unter vier zu sein war deutlich mehr als erster unter zwei. Man konnte daher diese Position durchschnittlich erst in einem höheren Alter erreichen. Auch die Stellung eines Roßknechts, eines Ochsners etc. bedeutete nicht auf jedem Hof gleich viel. Der jeweilige Rang in der Gesindehierarchie war nicht nur eine Frage des Prestiges bzw. der Macht, über Jüngere befehlen zu können, es war auch eine Frage des Verdienstes. Nach Erhebungen des Ackerbauministeriums aus dem ausgehenden 19. Jahrhundert verdiente ein Meierknecht im Durchschnitt zwischen 80 und 250 Gulden, ein Oberknecht zwischen 70 und 120, ein Pferdeknecht zwischen 70 und 120, ein Ochsenknecht zwischen 50 und 85, ein Hausknecht zwischen 40 und 100 und ein Viehhüter zwischen 20 und 60. Die Maximallöhne männlicher Dienstboten lagen also mehr als zehnmal so hoch wie die Minimallöhne. Auch bei den weiblichen Dienstboten zeigen sich große Unterschiede zwischen den einzelnen Rängen, freilich nicht ganz mit derselben Spannweite. Während eine Hausdirn oder

---

139 Vgl. o. S. 220 und 278.

Tafel 14:
Durchschnittsalter von Knechten nach Rangpositionen in der Gesindehierarchie auf Höfen mit 1 bis 4 Knechten

| | | einziger Knecht | 1. Knecht | 2. Knecht | 1. Knecht | 2. Knecht | 3. Knecht | 1. Knecht | 2. Knecht | 3. Knecht | 4. Knecht |
			von zwei Knechten		von drei Knechten			von vier Knechten			
Abtenau	1632	23,5	25,0	16,7	30,3	23,0	16,3	29,7	25,5	18,7	14,2
	1790	29,1	34,6	21,3	36,4	28,6	21,0	42,1	31,1	26,4	23,4
Altenmarkt	1733	29,4	31,4	23,2	39,7	26,5	20,8	43,7	34,4	26,3	22,9
	1755	29,8	32,4	22,1	33,5	26,8	19,2	35,8	29,8	23,4	18,3
	1762	28,7	28,4	21,7	37,2	27,2	22,5	43,3	32,8	27,0	22,9
Andrichsfurt	1813	27,5	38,7	16,1	43,6	32,5	21,5	47,2	22,6	24,0	17,0
	1823	28,1	34,6	16,0	44,4	26,4	15,5	49,2	28,7	21,7	15,1
	1833	30,6	40,9	24,8	34,9	22,1	16,0	55,4	35,4	25,8	18,4
	1842	37,5	37,7	17,3	42,5	30,3	18,1	47,1	36,0	24,7	18,4
	1853	35,5	38,8	22,0	42,4	26,8	15,2	48,1	41,0	28,1	18,6
	1863	32,6	42,6	27,0	40,2	24,7	18,2	49,6	35,0	21,1	14,3
	1873	31,1	43,8	26,3	28,8	28,4	13,7	50,0	35,1	29,0	16,6
	1883	36,5	40,5	21,6	42,5	32,1	21,0	50,2	38,0	20,2	17,0
	1896	21,8	43,7	24,0	46,1	30,4	16,9	52,3	40,2	31,5	15,3
	1909	28,3	34,9	21,7	40,0	24,8	14,4	41,0	28,0	21,6	12,8
Feistritz	1757	29,1	43,7	22,9	29,5	23,1	17,8	48,6	34,2	27,5	20,4
Obermühlbach	1757	32,9	30,6	21,0	40,4	25,7	17,9	42,9	33,6	26,1	19,6
Raab	1816	38,0	43,6	25,4	36,7	26,0	19,1	46,8	36,1	28,7	20,4
	1834	31,8	43,0	23,3	44,5	27,8	16,3	51,2	40,0	26,4	17,2
	1860	36,3	42,5	27,3	45,3	27,4	17,1	48,8	40,4	26,6	23,4
Sirnitz	1757	30,5	39,7	21,4	40,4	27,4	19,3	47,5	36,8	28,2	22,5
St. Lorenzen	1757	31,7	35,7	20,9	37,0	27,1	14,8	42,8	34,1	29,8	23,8
Thalgau	1648	24,4	25,9	16,9	35,0	24,0	14,8	–	–	–	–
	1750	26,4	32,0	20,2	35,9	26,5	14,4	37,7	29,3	26,3	20,0
Villgraten	1781	27,3	30,3	18,3	29,5	20,0	8,0	41,5	35,5	27,0	24,5
Zell/Ziller	1779	34,0	39,8	25,0	37,9	23,1	16,8	36,8	31,7	23,5	19,8

Tafel 15:
Durchschnittsalter von Mägden nach Rangpositionen in der Gesindehierarchie auf Höfen mit 1 bis 4 Mägden

		einzige Magd	1. Magd von zwei Mägden	2. Magd	1. Magd von drei Mägden	2. Magd	3. Magd	1. Magd von vier Mägden	2. Magd	3. Magd	4. Magd
Abtenau	1632	21,7	25,3	17,8	34,3	21,7	14,4	29,0	23,0	21,0	20,0
	1790	28,1	34,2	24,0	34,8	24,1	18,5	41,8	32,6	24,0	20,6
Altenmarkt	1733	31,3	34,2	23,9	33,6	25,0	17,9	40,0	32,0	27,5	20,5
	1755	26,5	34,8	22,8	28,4	25,1	17,8	36,6	28,5	23,3	18,3
	1762	30,7	34,3	21,6	36,1	27,6	17,1	38,4	27,4	22,9	19,8
Andrichsfurt	1813	28,4	35,1	19,1	37,5	22,7	15,1	38,7	27,7	20,6	16,6
	1823	26,5	33,5	22,0	37,2	27,5	19,4	49,0	28,5	22,0	18,5
	1833	28,9	29,6	21,1	40,8	22,6	17,5	32,0	27,3	19,7	14,7
	1842	35,4	37,3	18,8	34,1	23,8	18,2	39,0	32,2	22,5	17,3
	1853	35,9	40,0	22,0	39,7	27,5	20,0	46,8	34,2	21,8	14,8
	1863	32,1	38,6	26,4	46,3	35,0	16,2	50,0	40,8	25,7	21,2
	1873	31,3	35,5	26,9	39,6	29,8	20,5	64,0	36,7	24,0	18,0
	1883	37,0	34,0	23,4	42,5	32,1	21,0	56,2	37,8	25,3	15,5
	1896	33,3	35,1	19,2	27,3	23,9	17,2	–	–	–	–
	1909	28,6	30,2	21,0	34,4	19,0	15,0	46,0	26,5	24,5	17,5
Feistritz	1757	28,7	34,9	21,3	39,3	27,0	17,2	42,7	30,3	25,7	19,7
Obermühlbach	1757	28,7	34,9	21,3	39,3	27,0	17,2	42,7	30,3	26,2	19,7
Raab	1816	31,4	37,7	24,1	35,9	26,6	17,6	43,3	32,3	26,6	20,4
	1834	33,1	31,3	21,8	35,9	28,7	22,5	44,4	35,4	28,5	19,1
Sirnitz	1757	29,9	33,0	20,7	39,1	25,9	14,4	47,5	33,8	26,9	18,8
St. Lorenzen	1757	24,4	27,1	19,2	38,0	26,9	14,2	43,4	27,8	22,0	19,4
Thalgau	1648	25,1	31,8	22,0	36,2	28,0	21,2	–	–	–	–
	1750	27,5	29,1	19,6	28,9	22,5	14,4	–	–	–	–
Villgraten	1781	29,4	35,3	22,4	33,0	28,0	20,7	34,3	25,0	23,3	19,3
Zell/Ziller	1779	27,0	30,0	20,4	32,8	23,0	15,8	51,3	33,3	24,0	20,7

Schweinedirn mit 30 Gulden anfing, konnte eine Meierin bis zu 200 Gulden erreichen.[140] Die großen Schwankungen innerhalb der einzelnen Rangstufen haben wohl
mit den Unterschieden der Hofgröße zu tun. Sicher wird man solche Daten aus Zeiten einer Verknappung auf dem Arbeitsmarkt der ländlichen Dienstboten nicht
ohne weiteres zurückprojizieren dürfen. Aber auch Lohnangaben aus älterer Zeit
zeigen sehr starke Differenzen in der Lohnhöhe.[141]

Die großen Unterschiede in der Entlohnung und im Prestige nach verschiedenen Rängen der Gesindehierarchie mußten einen starken Anreiz geben, sich durch
Wechsel des Dienstplatzes zu verbessern. Daraus erklärt sich ein für die Zusammensetzung bäuerlicher Familienwirtschaften wichtiges Phänomen. Die seriellen Seelenbeschreibungen zeigen deutlich, daß der größte Teil der Knechte und Mägde nur
relativ kurze Zeit auf einem Hof verblieb. Viele wechselten schon nach einem Jahr,
also der Minimalzeit, für die sich ein Dienstbote verpflichten mußte. Eine diesbezügliche Erhebung für die oberösterreichische Pfarre Raab aus der ersten Hälfte des
19. Jahrhunderts ergibt folgendes Bild:[142]

Tafel 16:
Verweildauer von Gesinde nach Hofgrößen in der Pfarre Raab 1816—1834

	Knechte bei:			
	Großbauern in %	Mittelbauern in %	Kleinbauern in %	Häuslern in %
Aufenthaltsdauer von				
1 Jahr	44,9	43,9	31,5	41,2
2—4 Jahren	45,1	47,2	53,6	35,3
5—9 Jahren	7,6	7,2	11,1	5,9
über 9 Jahren	2,4	1,7	3,8	17,6
	100,0	100,0	100,0	100,0

	Mägde bei:			
	Großbauern in %	Mittelbauern in %	Kleinbauern in %	Häuslern in %
Aufenthaltsdauer von				
1 Jahr	46,3	42,9	35,5	24,2
2—4 Jahren	46,6	47,7	49,4	45,8
5—9 Jahren	6,0	7,4	11,4	12,5
über 9 Jahren	1,1	2,0	4,7	12,5
	100,0	100,0	100,0	100,0

140 Bauernland Oberösterreich, 497.
141 z. B. KREUZIGER, Dienstboten- und Gesindewesen, Tabellen im Anhang.
142 BREITENEDER, Bevölkerungs- und Familienstruktur, 214 f.

Die Fluktuation des Gesindes erscheint in allen Besitzschichten sehr groß. Auf den reichen Höfen ist sie etwas stärker ausgeprägt als auf den ärmeren. Die Differenzen sind jedoch nicht sehr beträchtlich. Auch in der geschlechtsspezifischen Mobilität ergeben sich keine wesentlichen Unterschiede. Große Gegensätze sind hingegen festzustellen, wenn man das Verhalten von verwandtem bzw. nichtverwandtem Gesinde vergleicht. Unter den nur ein Jahr verbleibenden Dienstboten waren nur 3,5 % der Knechte und 2,1 % der Mägde mit dem Hausherren oder der Hausfrau verwandt, bei einer Verweildauer von 2−4 Jahren betrugen die entsprechenden Prozentsätze auch erst 5,4 und 6,1, bei 4−9 Jahren hingegen 20,0 und 14,3 und bei über 9 Jahren sogar 49,0 und 50,5.[143] Einige schon angesprochene Faktoren werden bei der Interpretation dieser Zahlen zu berücksichtigen sein: die Versorgungsfunktion, die der Gesindestatus für Familienangehörige haben konnte, vor allem wenn sie körperlich behindert waren, der Verbleib von Kindern im Elternhaus in Gesindepositionen auch nach der Übergabe des Hofes an den Bruder oder der Ersatz des verstorbenen Ehepartners durch eine als Magd oder Knecht ins Haus genommene verwandte Person. Zusätzlich verdient Erwähnung, daß der erste Dienstplatz für Mädchen und Knaben, die früh aus dem Haus gegeben wurden, häufig bei Verwandten gesucht wurde, um die heranwachsenden Kinder vor Ausbeutung zu schützen. Auch Patenschaftsverhältnisse konnten dabei übrigens eine Rolle spielen.

Die Verweildauer des Gesindes in einer Hausgemeinschaft hatte sicher für den Grad der Integration in die Familie Bedeutung. Verwandte Knechte und Mägde, die ohnehin schon vorher Beziehungen zu den Hausleuten hatten, wurden durch ihr längeres Verbleiben noch stärker einbezogen. Freilich soll man auch kurzfristige Aufenthalte von Gesinde in ihrer Bedeutung für die Gruppenzugehörigkeit nicht unterschätzen. Wenn zum Beispiel in einem Testament ein Knecht und eine Magd bedacht werden, die jeweils nur zwei Jahre auf dem Hof waren, so deutet das darauf hin, daß auch in relativ kurzer Zeit dauerhafte Sozialbeziehungen entstehen konnten.[144]

Die Verweildauer von Knechten und Mägden auf einem Hof wurde sicher nicht nur von deren Chancen, sich zu verbessern, beeinflußt. Auch von Seite der Dienstherren sind Verhaltensweisen anzunehmen, die sich auf den häufigen Dienstbotenwechsel auswirkten. Unter dem Aspekt der Rollenergänzung ist es etwa von besonderer Bedeutung, daß mit dem Heranwachsen eines Sohnes oder einer Tochter notwendig ein Knecht oder eine Magd das Haus verlassen mußte. Wenn es galt, Verwandte zu versorgen, wird man ähnlich vorgegangen sein. Sicher haben sich die Bauern auch bemüht, besser qualifizierte Hilfskräfte zu bekommen. Die häufigen Klagen, daß es so schwierig sei, geeignete Dienstboten zu finden, vermitteln jedenfalls ein einseitiges Bild. Hier kommt eben in den überlieferten schriftlichen Quellen nur die Seite der Dienstgeber zu Wort.

Der starke Wechsel in der Zusammensetzung bäuerlicher Hausgemeinschaften, der durch die hohe Fluktuation des Gesindes zustandekam, ist ein Charakteri-

---

143 Ebenda 213.
144 OSTRAWSKY, Zusammensetzung der Hausgemeinschaften, 206.

stikum jener Gegenden, in denen eine starke Bindung in der personellen Ergänzung der Familienwirtschaft durch ständige Arbeitskräfte bestand. Serielle Personenstandslisten aus Gebieten, die weniger von der Gesindewirtschaft geprägt waren, zeigen ein ganz anderes Bild. Das Zusammenleben in den bäuerlichen Familienwirtschaften ist dort von einer weit größeren Stetigkeit gekennzeichnet. Die verschiedenen hier vorgestellten Ökotypen haben damit die Formen bäuerlicher Familienwirtschaft auch in Hinblick auf die Konstanz oder Fluktuation der jeweils zusammenlebenden Personen in ganz unterschiedlicher Weise geprägt.

Anders als die bäuerlichen Familienwirtschaften waren die Familienbetriebe der Landhandwerker nicht von verschiedenen Ökotypen abhängig, so daß hier eine einheitliche Behandlung möglich erscheint. Auch bei ihnen gab es Gesindehaltung. Auch für sie stellte sich das Problem, den Stand zusammenlebender Personen mit dem Arbeitsanfall einerseits, den der Familie zur Verfügung stehenden Ressourcen andererseits in Einklang zu bringen.

Geht man von der gemeinsamen Bewältigung von Arbeitsaufgaben durch die Familienangehörigen aus, so ergibt sich zwischen Landhandwerk und Bauern ein ganz grundlegender Unterschied. Bei Bauern ist der Bedarf an mithelfenden Arbeitskräften aufgrund des spezifischen Charakters ihrer Produktionsmittel ziemlich konstant. Der zu betreuende Viehbestand läßt sich nicht beliebig vermehren, da die Futtermittel des Hofes begrenzt sind. Andererseits ist es nicht sinnvoll, den aufgrund des Umfangs der Wiesengründe möglichen Viehstand wesentlich zu unterschreiten. Die Möglichkeiten des Getreidebaus sind ebenso durch die zur Verfügung stehenden Ackerflächen klar vorgegeben. Dementsprechend ist der Arbeitskräftebedarf – bei allen differenzierenden Einschränkungen, die zu dieser Feststellung gemacht wurden – im Prinzip doch gebunden. Anders beim Handwerker: Er kann seinen Kundenkreis ausweiten oder einschränken und dementsprechend zusätzliche Mitarbeiter aufnehmen oder nicht. Natürlich sind gerade im ländlichen Raum diesbezüglich auch recht enge Grenzen gesetzt. Ein Handwerker, der nicht für überregionale Märkte arbeitet, konnte in der Zahl der Gesellen und Lehrlinge nicht viel variieren. Trotzdem fällt bei einer Beobachtung der Entwicklungszyklen von gewerblichen Hausgemeinschaften auf, daß die Konstanz des Personalstandes hier wesentlich geringer ist als in den bäuerlichen. Eine kontinuierlich gleichbleibende Zahl von Gesellen, Lehrlingen, Knechten oder von weiblichem Hilfspersonal findet sich eher selten. Vor allem ist jene Austauschbarkeit von nichtverwandten Mitarbeitern und heranwachsenden Kindern nicht gegeben, die für Bauernhöfe mit ständigen Arbeitskräften so charakteristisch erscheint.

Eine gewisse Konstanz der Arbeitskräfte erscheint am ehesten bei jenen vielen kleinen Landhandwerkern gegeben, die „auf der Stör" arbeiteten. Freilich wurde schon darauf hingewiesen, daß in diesen Fällen kaum von Familienbetrieben gesprochen werden kann. Es handelte sich in der Regel um Einmannbetriebe. Auch die außerhäusliche Tätigkeit erscheint mit dem Charakter des Familienbetriebs unvereinbar. Gelegentlich kam es vor, daß Störhandwerker mit einem Gesellen oder einem Lehrbuben arbeiteten, der in ihrem Kleinhaus mitwohnte und sie auf ihren Wanderungen begleitete. Ein Zusammenhang mit der Präsenz oder Absenz von heranwachsenden Kindern, die für eine Mitarbeit in Frage kamen, läßt sich bei einer solchen gelegentlichen Aufnahme von Gesellen in den Familienzyklen kleiner Landhandwerker nie feststellen. Ein Beispiel soll dies erläutern:

Tafel 17:

Entwicklungszyklus der Schusterfamilie Ölschuster, Felling Nr. 9, Pfarre Pennewang, OÖ, 1801−1852

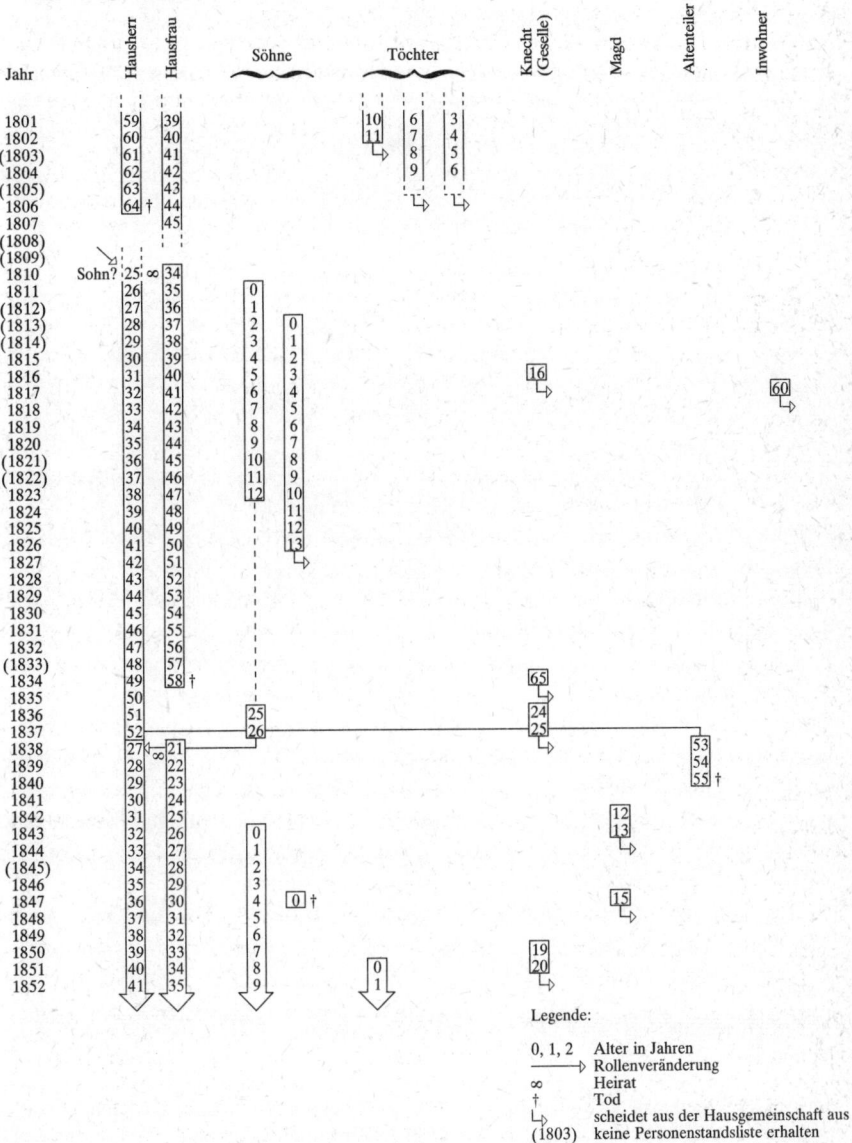

Jahr	Hausherr	Hausfrau	Söhne	Töchter	Knecht (Geselle)	Magd	Altenteiler	Inwohner
1801	59	39		10 6 3				
1802	60	40		11 7 4				
(1803)	61	41		8 5				
1804	62	42		9 6				
(1805)	63	43						
1806	64 †	44						
1807		45						
(1808)								
(1809)								
1810	Sohn? 25 ∞	34						
1811	26	35	0					
(1812)	27	36	1					
(1813)	28	37	2	0				
(1814)	29	38	3	1				
1815	30	39	4	2				
1816	31	40	5	3	16			60
1817	32	41	6	4				
1818	33	42	7	5				
1819	34	43	8	6				
1820	35	44	9	7				
(1821)	36	45	10	8				
(1822)	37	46	11	9				
1823	38	47	12	10				
1824	39	48		11				
1825	40	49		12				
1826	41	50	13					
1827	42	51						
1828	43	52						
1829	44	53						
1830	45	54						
1831	46	55						
1832	47	56						
(1833)	48	57						
1834	49	58 †			65			
1835	50							
1836	51		25		24			
1837	52		26		25			
1838	27 ∞	21					53	
1839	28	22					54	
1840	29	23					55 †	
1841	30	24						
1842	31	25				12		
1843	32	26	0			13		
1844	33	27	1					
(1845)	34	28	2					
1846	35	29	3					
1847	36	30	4	0 †		15		
1848	37	31	5					
1849	38	32	6					
1850	39	33	7		19			
1851	40	34	8		20			
1852	41	35	9	0 1				

Legende:

0, 1, 2	Alter in Jahren
⟶	Rollenveränderung
∞	Heirat
†	Tod
↳	scheidet aus der Hausgemeinschaft aus
(1803)	keine Personenstandsliste erhalten

Viermal begegnen im Verlauf der fünf beobachteten Jahrzehnte Schusterknechte als Angehörige der Hausgemeinschaft: 1815 wurde auf ein Jahr ein 16jähriger aufgenommen, 1834 auf
ein Jahr ein 65jähriger, 1836 auf zwei Jahre ein 24jähriger und 1850 auf zwei Jahre ein 19jäh-
riger. Zusammenhänge mit dem Familienzyklus lassen sich dabei nur in einem Fall feststellen,
und auch da ersetzt der Knecht nicht einen ausgefallenen Familienangehörigen. Im Gegenteil:
Der Knecht Johann Seitzer kommt 1836 ins Haus, als nach dem Tode der Hausfrau die Übergabe an den Sohn Johann Ölschuster vorbereitet wurde. Dieser kehrte im selben Jahr ins Elternhaus zurück und entließ zwei Jahre später nach vollzogener Übergabe den Knecht wieder.
Kurzfristig arbeiteten damals also sogar drei Männer zusammen, die das Handwerk ausübten.
Sonst hatte es sich durchwegs um einen Einmannbetrieb gehandelt – mit Ausnahme der wenigen Jahre, in denen ohne erkennbaren Grund ein Knecht aufgenommen wurde. Eine Mitarbeit
von Kindern scheint es nie gegeben zu haben. Von den beiden Söhnen des seit 1810 nachweis-
baren Matthias Ölschuster ging der ältere, Johann, schon mit zwölf Jahren aus dem Haus und
kehrte erst zur Übernahme von Haus und Gewerbe wieder zurück, genauso wie das schon bei
seinem Vater der Fall gewesen war. Nicht einmal der als Erbe vorgesehene Sohn blieb also hier
im Verband der Familie. Der zweite Sohn Georg schied mit 13 Jahren aus. Auch für einen längeren Verbleib der Töchter bestand weder von der Arbeit her eine Notwendigkeit, noch hinsichtlich der Subsistenzmittel eine Möglichkeit. Von den drei Töchtern des in den ersten Jahren des Untersuchungszeitraums tätigen Schustermeisters Josef Ölschuster verließ die älteste
mit elf oder zwölf, die zweite zwischen zwölf und fünfzehn und die dritte zwischen neun und
zwölf Jahren das Elternhaus. Matthias Ölschusters einzige Tochter Maria ging mit 14 Jahren
und kehrte mit 18 zurück, kurz bevor die Mutter starb. Durch vier Jahre übte sie nun die Hausfrauenrolle aus, ging jedoch sofort wieder weg, als ihr Bruder 1838 heiratete. Die beiden in der
Folgezeit kurzfristig aufgenommenen Mägde hatten nichts mit dem Gewerbebetrieb zu tun. Es
handelte sich, wie aus dem Familienzyklus zu ersehen und aus ihrem Alter zu erschließen ist,
um Kindsmägde.

Bei anderen kleinen Landhandwerkern ist die Mitarbeit von Gesellen oder
Lehrlingen ähnlich inkonstant, wenn auch solche in manchen Fällen häufiger aufgenommen werden als im hier behandelten Beispiel. Auch die Zahl der Gehilfen kann
größer sein. Vor allem bei Webern finden sich oft zwei oder drei Gesellen. Charakteristisch ist für die meisten dieser Landhandwerker, daß kein wechselseitiger Ersatz
zwischen Knechten bzw. Gesellen und erwachsenen Söhnen gegeben ist. Die Frage,
ob Töchter Mägde ersetzen können und umgekehrt, stellt sich in Hinblick auf die geringe Bedeutung der Mitarbeit von Frauen im Landhandwerk gar nicht. Als Landgewerbe ohne Rollenergänzung erweisen sich nach den hier beobachteten Familienzyklen vor allem die Schuster, Schneider, Weber, Tischler, Zimmerleute und
Maurer, die die große Masse der Landhandwerker ausmachten. Bei einigen anderen
hingegen ist eine größere Konstanz der in Dienst stehenden ständigen Mitarbeiter
erkennbar. Zugleich ergeben sich bei diesen dann Ansätze zu einer wechselseitigen
Ersetzbarkeit von Gesellen und heranwachsenden Söhnen, gelegentlich auch von
Mägden und Töchtern. Es gilt dies vor allem für die Bäcker, Müller und Wirte. Am
Beispiel des Entwicklungszyklus der Hausgemeinschaft eines Müllers seien solche
Zusammenhänge erläutert.

Auf der Obermühle in Breitenau wurde schon in den sechziger Jahren des 18. Jahrhunderts
konstant mit fünf erwachsenen Arbeitskräften gewirtschaftet. Da das Ehepaar Haslinger keine
Kinder hatte, nahm es Knechte und Mägde ins Haus. Als solche arbeiteten damals die Geschwister Stürzlinger, zwei Brüder und eine Schwester, offenbar Verwandte des Mühlenbesit-
zers. Der Knecht Philipp Stürzlinger trat nämlich das Erbe an und erscheint 1801 als Inhaber

el 18:
twicklungszyklus der Müllerfamilien Haslinger − Stürzlinger − Übleis, Breitenau Nr. 6, Pfarre Pennewang,
), 1763−1881

Hausherr	Hausfrau	Söhne	Töchter bzw. Enkelinnen	Knechte	Mägde	Altenteiler ♂ ♀ Tochter	Inwohner ♂ ♀ Tochter

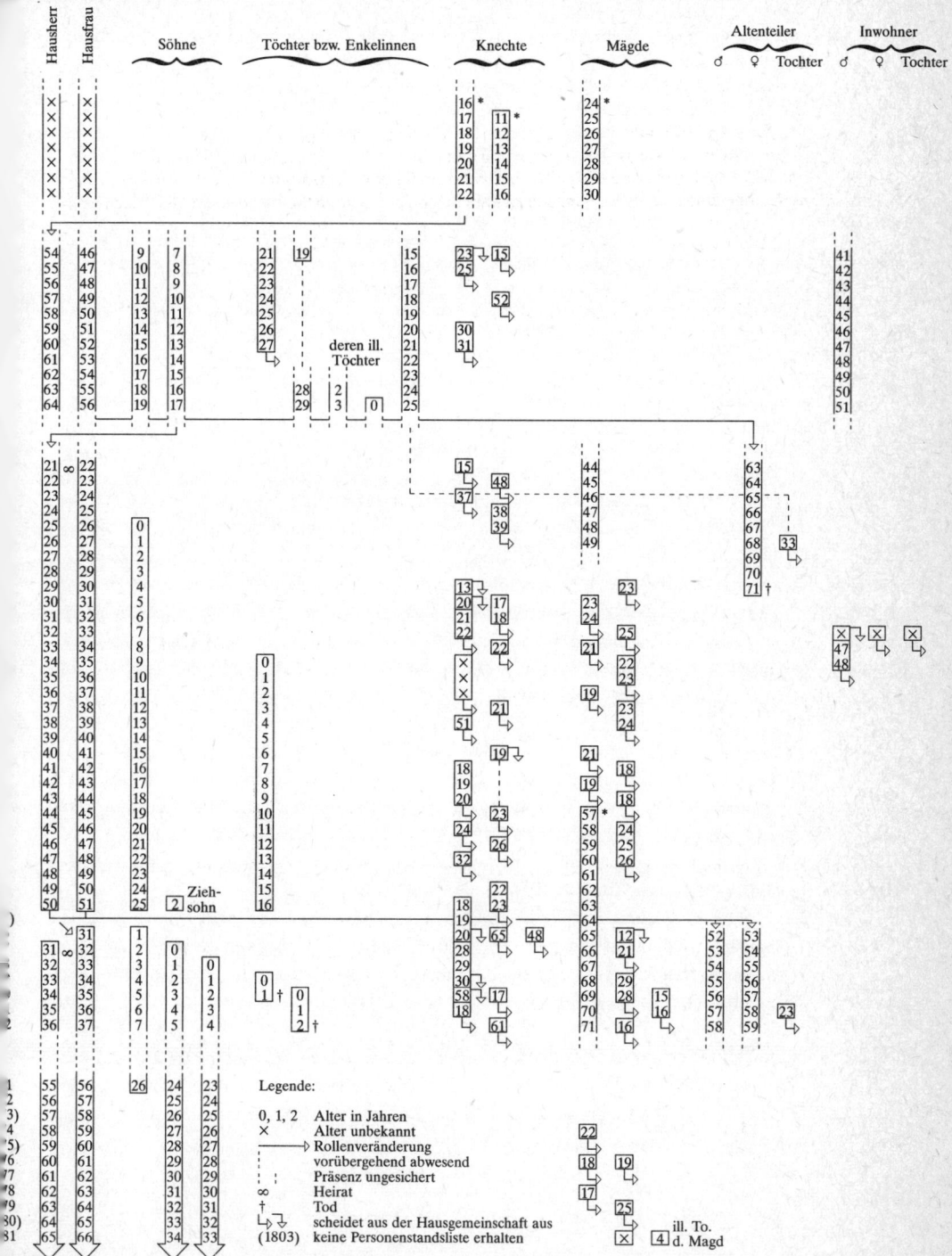

Legende:

0, 1, 2	Alter in Jahren
×	Alter unbekannt
—→	Rollenveränderung
	vorübergehend abwesend
┊ ┊	Präsenz ungesichert
∞	Heirat
†	Tod
↳ ↴	scheidet aus der Hausgemeinschaft aus
(1803)	keine Personenstandsliste erhalten
	ill. To.
⊠ ☐4	d. Magd

der Mühle. Er hatte damals drei erwachsene Töchter und zwei noch nicht voll arbeitsfähige Söhne. Dementsprechend hielt er zwei Mühlknechte aber keine Magd. Daß bis zur Übergabe zwei erwachsene Töchter im Haus bleiben, hat nicht nur mit Arbeitskräftebedarf, sondern auch mit Versorgungsproblemen zu tun. Die mit 19 ausgeschiedene zweite Tochter kehrte nämlich mit einem unehelichen Kind zurück und gebar kurz darauf ein zweites. Die beiden Söhne des Müllers ersetzten bald die Knechte. Als der ältere zwölf Jahre war, schied der eine Knecht aus, nachdem der jüngere 13 geworden war der zweite. Mit der Übernahme der Mühle änderte sich die Arbeitskräftesituation ein wenig. Der junge Müller arbeitete konstant mit einem Knecht und einer Magd. Nur zweimal wurde für ein einziges Jahr ein zweiter Knecht aufgenommen, das zweite Mal unmittelbar bevor Johann Stürzlinger mit seiner Frau ins Ausgedinge ging. Freilich war inzwischen der einzige Sohn des Paares herangewachsen. Seine Mitarbeit führte nicht zur Entlassung eines Knechtes. Auf die Magd wurde hingegen verzichtet, als die Tochter das vierzehnte Lebensjahr erreicht hatte. Die Übergabe der Mühle erfolgte überraschenderweise nicht an eines der beiden Kinder, sondern an eine junge Witwe, die bis zu ihrer Wiederverehelichung sogar mit drei Knechten arbeitete. Der neue Müller reduzierte jedoch sofort auf einen Knecht. Eine Magd wurde neuerlich aufgenommen. Als die Quellen nach einer Unterbrechung von fast zwanzig Jahren 1871 wieder einsetzen, arbeitete das Müllerehepaar Übleis mit drei erwachsenen Söhnen ohne Magd. Als einer der drei kurz darauf ausschied, setzte wiederum die konstante Aufnahme von Mägden ein. Sollte hier eine Substitution einer weiblichen durch eine männliche Arbeitskraft bzw. umgekehrt vorliegen? Solche Fälle sind selten, kommen jedoch vereinzelt vor. Jedenfalls war um die Mitte der siebziger Jahre wieder die Arbeitskräftekonstellation hergestellt, mit der 110 Jahre vorher der Entwicklungszyklus eingesetzt hatte.

Eine relativ hohe Konstanz von Arbeitskräften und zugleich eine gewisse Ersetzbarkeit von Gesinde durch erwachsene Kinder und umgekehrt, findet sich dann, wenn vom Gewerbebetrieb her eine Zusammenarbeit mehrerer Personen notwendig oder günstig erscheint, vor allem aber, wenn dieser mit einer Landwirtschaft verbunden ist. Der zweite Faktor rückt ländliche Gewerbebetriebe in die Nähe bäuerlicher Familienwirtschaften. Eine solche Verbindung ist bei Mühlen die Regel, kommt aber auch bei anderen Landhandwerkern vor. Funktional bedingt erscheint sie etwa bei Schmieden, die für den Eisentransport ein Fuhrwerk brauchen, für die Pferdehaltung wiederum eine Landwirtschaft. Auch bei Fleischhauern und Wirten war eine eigene Viehhaltung für den Gewerbebetrieb günstig. Bei Bäckern ergab sich Landbesitz oft aus der Verbindung mit einer Mühle. Kombinationen mehrerer Gewerbe untereinander bzw. dieser mit einer Landwirtschaft sind überhaupt eine häufige Erscheinung, insbesondere in den alpinen Streusiedlungsgebieten. Der Gastwirtschaft kommt dabei eine Schlüsselposition zu. Sie begegnet in Verbindung mit Fleischhauerei, Bäckerei, vor allem auch Brauerei.

In allen diesen Kombinationen findet sich dann eine Landwirtschaft als Zubehör. Diese großen „Wirtsbauern", „Müllerbauern" etc. sind von den kleinen Landhandwerkern aus der Häuslerschicht grundsätzlich zu unterscheiden. Bei ihnen findet sich wie bei Bauern starke Gesindehaltung. Wie bei Bauern besteht Interesse am Kind als Arbeitskraft. Erwachsene Kinder bleiben hier oft lange im Haus. Es kann dabei zu einer Substitution von Gesinde durch erwachsene Kinder und umgekehrt kommen. Die Regel ist das freilich nicht. Die Dominanz der Gewerbebetriebe bedingt prinzipiell eine größere Flexibilität des Arbeitskräftepotentials. Auch das soll an einem Beispiel erläutert werden.

Tafel 19:

Entwicklung der Zahl erwachsener Arbeitskräfte im Gamsenwirtshaus in Tamsweg, Salzburg, 1816—1869

Jahr	Wirt	Wirtin	erw. Söhne	erw. Töchter	Knechte	Mägde	Inwohner m.	w.	Kommunikanten insgesamt
1816	1	1	2	—	3	4	—	1	12
1817	1	1	1	—	3	5	—	3	14
1818	1	1	—	—	3	5	—	2	12
1819	1	1	—	—	3	6	1	—	12
1820	1	1	—	—	3	5	1	1	12
1821	1	1	—	—	4	4	1	1	12
1822	1	1	—	—	5	4	1	1	13
1823	1	1	—	—	4	5	—	—	11
1824	1	1	—	—	4	5	1	—	12
1825	1	1	—	—	4	5	—	—	11
1826	1	1	—	—	4	6	—	—	12
1827	1	1	—	—	4	5	—	—	11
1828	1	1	—	—	4	5	—	—	11
1829	1	1	—	—	4	5	—	—	11
1830	1	1	—	—	4	5	1	—	12
1831	1	1	—	—	5	5	—	—	12
1832	1	1	—	—	5	5	—	—	12
1833	1	1	—	—	3	5	1	1	12
1834	1	1	—	—	3	5	1	1	12
1835	1	1	—	—	4	5	—	1	12
1836	1	1	—	2	3	6	1	1	15
1837	1	1	1	2	4	6	1	1	17
1838	1	1	1	3	4	6	1	1	18
1839	1	1	1	3	3	6	1	1	17
1840	1	1	2	2	6	6	—	1	19
1841	1	1	3	2	5	6	2	1	21
1842	1	1	3	2	7	6	—	2	22
1843	1	1	3	3	8	7	—	2	25
1844	1	1	3	4	7	5	—	1	22
1845									21
1846									25
1847	1	1	4	4	4	7	—	1	22
1848									25
1849									26
1850	1	1	5	3	7	7	1	1	26
1851	1	1	7	2	7	7	1	1	25
1852	1	1	7	5	7	6	1	1	29
1853									25
1854	1	1	7	5	7	7	1	1	30
1855	1	1	7	5	7	7	1	1	30
1856									26
1857									23
1858	1	1	4	4	14	10	—	—	34
1859									33
1860									30
1861									34
1862									32
1863									36
1864									33
1865									31
1866									31
1867									37
1868									32
1869									32

Im Gamsenwirtshaus in Tamsweg im salzburgischen Lungau hatte schon nach einer Seelenbeschreibung von 1635 das Wirtsehepaar neben einem Sohn und einer Tochter drei Knechte und vier Mägde als Mitarbeiter. 1816 setzen hier serielle Seelenbeschreibungen ein, die freilich nur die Kommunikantenzahl pro Haus nach Rollen aufgeschlüsselt bringen, für viele Jahre sogar nur die Kommunikantenzahl allein. Für die Zeit von 1816 bis 1869 ergibt sich daraus folgendes Bild der Verteilung erwachsener Arbeitskräfte.

In ihrem Umfang und ihrer Struktur unterscheidet sich diese Hausgemeinschaft natürlich ganz wesentlich von den bisher behandelten ländlichen Gewerbebetrieben. Sie stellt auch sicher einen Extremfall dar. Obwohl aus einem Marktort stammend, kann sie durchaus als Beispiel für ländliche Verhältnisse herangezogen werden. Gerade entlang der wichtigen Alpenstraßen – auch Tamsweg liegt an einer solchen – entwickelten sich besonders große Wirtshäuser in Verbindung mit Fuhrwerksbetrieben und Landwirtschaft. Solche Familienwirtschaften konnten in einer Weise expandieren, wie das bei bäuerlichen aufgrund der begrenzten Produktionsmittel nie möglich war.

In den ersten zwei Jahrzehnten des Beobachtungszeitraums blieb die Zahl der erwachsenen Arbeitskräfte mit 10 bis 13 ziemlich konstant. Die ein bis drei Inwohner wird man gegenüber der Kommunikantenzahl wohl in Abzug zu bringen haben. Ab 1836 traten die heranwachsenden Kinder ins Arbeitsleben ein. Trotz kurzfristigen Ausscheidens einzelner wurden sie im Prinzip alle im Haus behalten. Dadurch kam es in den Jahren 1851 bis 1855 zu einem Stand von sieben erwachsenen Söhnen und fünf erwachsenen Töchtern. Die Zahl des Gesindes ging jedoch deswegen nicht zurück. Im Gegenteil: Sie stieg im gleichen Zeitraum von vier Knechten und fünf Mägden auf sieben Knechte und sieben Mägde. Während nach 1855 einige der erwachsenen Kinder ausschieden, nahm das Gesinde weiter zu – und zwar in einem Ausmaß, das deutlich über ein Ersetzen der ausgefallenen Personen hinausging. 1858 läßt sich zum letzten Mal der Personalstand aufgeschlüsselt fassen. Es lebten damals je vier erwachsene Söhne und Töchter sowie 14 Knechte und zehn Mägde in der Hausgemeinschaft mit. Damit war aber der Höhepunkt noch nicht erreicht. Für das Jahr 1867 verzeichnet die Seelenbeschreibung 37 Kommunikanten. Wenn in der Zwischenzeit die Inwohnerzahl nicht stark zugenommen hatte, handelte es sich dabei im wesentlichen um ständige Mitarbeiter.

Bei Größenordnungen wie den in diesem Fall vorliegenden stellt sich die Frage, ob man hier überhaupt noch von einem Familienbetrieb sprechen kann. Gerade das beschriebene Beispiel erlaubt aber wohl die Verwendung dieser Bezeichnung. Noch bei sehr hohem Personalstand ist ein Gleichgewicht zwischen Gesinde und mitarbeitenden Kindern gegeben. Wichtiger noch: Die Gastwirtschaft ist ein Gewerbezweig, in dem es auch bei starker Expansion in relativ geringem Ausmaß zu einer Differenzierung zwischen familialer und betrieblicher Sphäre kommt. Das hängt sehr wesentlich damit zusammen, daß Ehefrau, Tochter und Mägde voll in den betrieblichen Arbeitsbereich integriert sind. Bei anderen ländlichen Gewerbebetrieben, die ähnliche Größenordnungen erreichen, ist dies nicht in gleicher Weise der Fall. Bei Radwerken oder Sensenhämmern wie überhaupt in den eisenverarbeitenden ländlichen Großbetrieben ist die geschlechtsspezifische Arbeitsteilung viel stärker ausgeprägt. Auch sind Werkstätte und Wohnhaus in höherem Maße voneinander separiert. Die zugehörige Landwirtschaft stellt freilich auch hier ein Bindeglied zwischen gewerblichem und häuslichem Wirtschaftsbetrieb dar.[145] Als Beispiel eines ländlichen Gewerbebetriebs mit stärker familienwirtschaftlichem Charakter, bei dem ebenso ein sehr hoher Personalstand erreicht werden kann, wäre auf die Brauerei zu verweisen.

Zum Unterschied von den Familienwirtschaften der Großbauern ist bei allen großen Gewerbebetrieben auf dem Lande eine weit höhere Flexibilität des Personalstands gegeben. Auf die Struktur der Arbeitskräfte wirkt sich das derart aus, daß die Aufnahme von Knechten, Gesellen oder anderen gewerblichen Hilfskräften nicht unmittelbar auf Veränderungen in der genealogischen Familie reagiert. Die Mitarbeit heranwachsender Kinder ist natürlich auch hier erwünscht, der Dominanz männlicher Arbeitskräfte im gewerblichen Bereich entsprechend vor allem die der Söhne. Die Zahl der von auswärts hereingenommenen Hilfskräfte wird aber durch das Erreichen des arbeitsfähigen Alters seitens der eigenen Kinder nicht so stark beeinflußt, wie das bei Bauern der Fall ist, die primär mit ständigen Arbeitskräften wirtschaften. Auch das Ausscheiden der Kinder führt keineswegs durchgehend zu einer Reaktion in der Gesindehaltung.

Ein solcher Rollenergänzungszwang kann hingegen im ländlichen Raum auch bei Personengruppen auftreten, die nicht der bäuerlichen Bevölkerung angehören. Es sei dies am Beispiel einer niederösterreichischen Hirtenfamilie erläutert.

Tafel 20:
Entwicklungszyklus der Hirtenfamilie Pölzinger, Trasdorf Nr. 20, Pfarre Heiligeneich, NÖ, 1791–1807

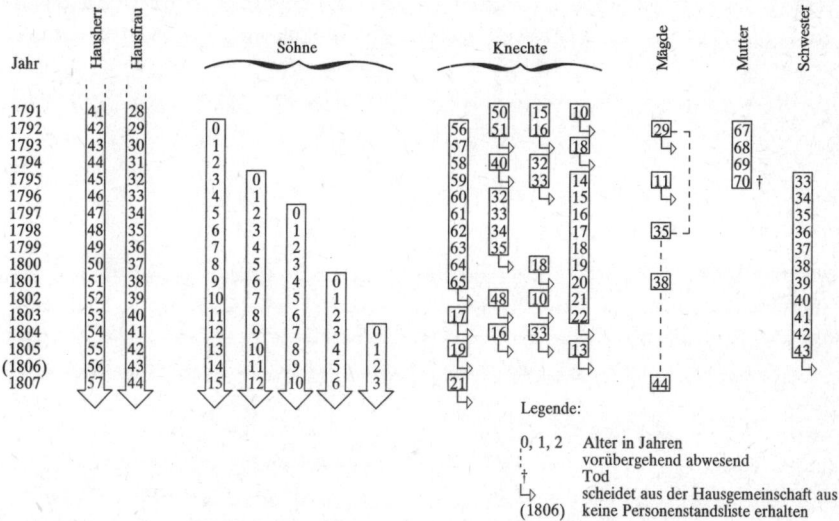

Jahr	Hausherr	Hausfrau	Söhne	Knechte	Mägde	Mutter	Schwester
1791	41	28		50 15 10			
1792	42	29	0	56 51 16 10	29	67	
1793	43	30	1	57 ↳ ↳ 18	↳	68	
1794	44	31	2	58 40 32 ↳		69	
1795	45	32	3 0	59 33 14	11	70 †	33
1796	46	33	4 1	60 32 15	↳		34
1797	47	34	5 2 0	61 33 16			35
1798	48	35	6 3 1	62 34 17	35		36
1799	49	36	7 4 2	63 35 18			37
1800	50	37	8 5 3	64 18 19			38
1801	51	38	9 6 4 0	65 20	38		39
1802	52	39	10 7 5 1	48 10 21			40
1803	53	40	11 8 6 2	17 22			41
1804	54	41	12 9 7 3 0	16 33			42
1805	55	42	13 10 8 4 1	19 13			43
(1806)	56	43	14 11 9 5 2				
1807	57	44	15 12 10 6 3	21	44		↳

Legende:

0, 1, 2	Alter in Jahren
⋮	vorübergehend abwesend
†	Tod
↳	scheidet aus der Hausgemeinschaft aus
(1806)	keine Personenstandsliste erhalten

---

145 Zur familienbetrieblichen Struktur der Sensenschmiede Michael Mitterauer, Zur familienbetrieblichen Struktur im zünftischen Handwerk, in: ders., Grundtypen alteuropäischer Sozialformen, Stuttgart 1979, 110 ff. Hier auch allgemein zu Problemen der Familienwirtschaft im ländlichen Handwerk.

Bei Trasdorf handelt es sich um eine relativ große Dorfsiedlung mit 55 Häusern. Dementsprechend waren für die kollektive Viehhaltung der Gemeinde mehrere erwachsene Männer notwendig. Der von der Gemeinde aufgenommene Viehhirt mußte daher seinerseits Knechte einstellen. Ein Arbeitskräftebedarf von vier Männern war für die Aufgaben der Viehhaltung relativ hoch. Er wurde den ganzen Untersuchungszeitraum hindurch konstant eingehalten. Der Hirt Martin Pölzinger hatte jedoch fünf Söhne, die die Knechte sukzessive ersetzen konnten. Das geschah zunächst, als der älteste Sohn neun Jahre alt war – ein relativ früher Zeitpunkt, der aber durchaus für die Beaufsichtigung der Schafe oder der Schweine von der Aufgabenstellung her angemessen gewesen sein kann. Der zweite Knecht wurde entlassen, bevor der zweite Sohn zwölf Jahre geworden war. Wahrscheinlich wurde auch der dritte Knecht bald darauf durch einen Sohn substituiert. Die ledige Schwester der Frau des Hirten wird in den Listen abwechselnd als Verwandte und als Magd geführt. Ob sie mit der Viehhaltung zu tun hatte, läßt sich nicht feststellen.

Daß sich bei einem Gemeindehirten eine derartige Rollenergänzung im Ablauf des Familienzyklus feststellen läßt, ist ein Ausnahmefall. Martin Pölzinger stand in Trasdorf ungewöhnlich lange im Dienst. Viehhirten waren sonst sehr mobil. Sie wechselten in der Regel alle paar Jahre von Gemeinde zu Gemeinde, so daß sich der Ablauf des Familienzyklus kaum langfristig beobachten läßt. Sie waren ja im Prinzip Lohnarbeiter, die nicht auf Dauer aufgenommen wurden. Ihre Arbeitsorganisation stellt daher das interessante Sonderphänomen einer Familienwirtschaft von ländlichen Lohnarbeitern dar. Um eine echte Familienwirtschaft im Sinne familienbetrieblicher Arbeitsorganisation handelt es sich hier ja. Eine dauerhafte Kooperation der Familienmitglieder zur gemeinsamen Sicherung des Lebensunterhalts ist eindeutig gegeben. Auch das Prinzip der Rollenergänzung entspricht dem familienwirtschaftlichen Charakter. Es erscheint sonst in den ländlichen Unterschichten selten. Insgesamt wird die Familienwirtschaft der Viehhirten als eine Ausnahmeerscheinung anzusehen sein. Als Beispiel für die Möglichkeit familienwirtschaftlicher Arbeitsorganisation auch unter ländlichen Lohnarbeitern erscheint sie in dem hier behandelten Zusammenhang jedoch von Interesse.

2. Kinder als Arbeitskräfte und Erben

Die Untersuchung der wechselseitigen Substituierbarkeit von Gesinde und erwachsenen Kindern hat gezeigt, daß die Präsenz der letzteren für die verschiedenen Formen ländlicher Familienwirtschaft von entscheidender Bedeutung ist. Die Verweildauer von Kindern im Elternhaus erscheint dementsprechend als ein wichtiger Indikator. Deshalb soll im folgenden auf diesbezügliche Unterschiede näher eingegangen werden. Eine Aufgliederung der mit ihren Eltern zusammenlebenden Kinder nach Altersgruppen ergibt für das hier untersuchte Sample österreichischer Landgemeinden folgendes Bild.

Das Überraschende am Vergleich dieser Daten ist der Umstand, daß die auffallenden Unterschiede der Altersgruppenanteile bzw. des Durchschnittsalters nicht zwischen den einzelnen Gemeinden zu finden sind, sondern innerhalb derselben zwischen einzelnen Jahresschnitten. So schwankt etwa das durchschnittliche Alter der Söhne in Andrichsfurt innerhalb von einem halben Jahrhundert zwischen 10,17

Tafel 21:
Im Elternhaus lebende Söhne nach Altersgruppen (in Prozent) sowie deren Durchschnittsalter

		0—4	5—9	10—14	15—19	20—24	25—29	30—34	Durchschnittsalter
Abtenau	1632	31,5	21,2	17,3	12,8	7,7	5,3	2,5	10,81
	1790	26,4	24,6	19,0	14,1	7,6	2,3	2,1	10,56
Altenmarkt	1733	27,3	26,1	20,8	12,4	7,5	3,1	0,9	9,87
	1755	26,1	31,3	22,1	10,4	5,9	1,6	1,3	9,83
	1762	18,3	25,7	22,1	15,3	10,4	4,1	1,4	11,84
Andrichsfurt	1813	22,3	26,2	23,3	18,4	5,8	1,9	—	10,17
	1823	20,7	18,0	18,0	12,6	9,9	13,5	3,6	13,19
	1833	21,2	27,9	21,2	6,7	8,7	6,7	1,9	13,16
	1842	13,1	18,7	20,6	18,7	14,0	8,4	1,9	15,95
	1853	16,7	18,8	16,7	15,6	10,4	10,4	6,3	15,20
	1863	17,2	14,1	11,1	16,2	9,1	9,1	10,1	18,54
	1873	21,1	23,7	17,1	10,5	13,2	6,6	2,6	13,95
	1883	27,6	17,1	18,4	10,5	9,2	9,2	5,3	12,69
	1896	18,3	16,9	19,7	11,3	11,3	4,2	1,2	12,47
	1909	27,2	31,6	18,4	10,5	3,5	3,5	2,6	11,20
Dorfbeuern	1648	24,2	25,3	20,2	13,6	8,1	3,0	0,5	10,45
	1671	25,1	23,2	19,7	19,7	10,3	0,5	1,5	10,60
	1772	31,9	26,1	15,1	6,7	10,9	5,0	1,7	10,47
Dürrnberg	1647	28,7	27,7	19,8	13,4	4,0	5,0	1,0	9,77
Ebensee	1809	24,7	23,4	22,1	15,5	8,2	3,2	2,8	11,86
Feistritz	1757	22,2	29,1	14,8	15,9	10,6	3,2	3,2	
Gleink	1799	29,2	27,9	20,1	5,2	4,5	5,2	2,6	9,35
	1807	22,5	33,3	22,5	5,0	9,2	2,5	1,7	10,78
	1818	27,3	26,5	16,7	12,1	9,1	4,5	2,3	12,00
	1840	29,5	27,3	22,3	3,6	7,9	5,8	1,4	11,79
	1856	31,6	24,5	17,3	12,2	7,1	2,0	2,0	8,53
Gmünd	1801	26,7	15,2	21,5	17,6	14,1	2,3	0,4	11,25
	1807	17,5	24,4	17,9	21,4	11,1	6,0	1,3	12,19
	1818	24,9	23,3	18,3	12,5	11,3	6,2	3,1	11,44

		0—4	5—9	10—14	15—19	20—24	25—29	30—34	Durchschnittsalter
Gmünd	1827	24,2	22,2	19,5	16,9	8,9	4,3	2,0	11,77
	1840	30,2	19,8	17,9	13,7	13,0	3,4	1,5	10,71
Koppl	1647	25,4	27,2	24,6	11,4	9,6	0,9	—	
	1805	42,2	28,4	16,7	4,9	3,4	2,9	—	
Laa	1864	21,9	23,9	22,1	15,3	9,7	4,5	2,3	11,45
Maria Langegg	1788	23,5	29,6	22,4	14,3	3,1	4,1	1,0	
	1798	35,7	29,6	14,3	11,2	4,1	5,1		
	1808	25,9	23,2	25,9	17,9	6,3	0,9	0,4	
	1818	25,0	26,9	23,1	12,0	6,5	4,6	2,8	
	1828	17,8	32,7	19,6	13,1	13,1	0,9	1,2	
	1840	26,8	28,0	11,0	17,1	11,0	4,9	2,1	
	1848	30,1	22,6	17,8	13,0	5,5	4,8	2,3	
	1856	21,7	25,6	27,1	12,4	10,9	—	0,4	
	1875	31,9	15,4	15,9	15,0	12,4	5,3	1,4	
Obergrafendorf	1787	29,8	26,5	18,9	12,5	7,0	3,1	2,6	9,75
Obermühlbach	1757	23,3	23,3	21,1	13,0	9,3	5,6	1,3	
Perchtoldsdorf	1754	29,8	25,1	19,0	13,7	9,5	1,3	2,7	9,94
	1857	23,3	17,6	19,4	16,3	12,2	8,3	2,8	12,70
Poysdorf	1890	18,8	21,8	19,6	16,0	11,0	7,3	1,3	13,23
Raab	1816	25,3	26,8	22,9	11,1	7,9	2,1	2,0	9,84
	1834	27,2	25,7	20,2	11,4	8,5	3,2	3,0	10,81
	1860	20,0	23,0	21,1	13,6	9,4	5,7	3,1	12,08
Sirnitz	1757	24,4	26,9	20,0	12,5	6,3	5,0	3,3	
St. Lorenzen	1757	18,7	27,6	15,4	13,8	12,2	4,9	0,2	
Thalgau	1648	26,5	26,1	19,3	14,7	7,9	2,0	1,3	9,76
	1750	26,1	20,4	18,4	14,2	11,5	5,3	4,7	11,74
Villgraten	1781	19,9	22,4	18,9	11,6	9,5	6,4	9,5	14,24
Zell/Ziller	1779	23,8	20,0	22,6	13,2	7,8	5,8	2,4	12,49
	1757	26,2	27,4	17,9	15,5	7,1	3,6	1,1	10,44
	1770	17,2	26,9	20,4	12,9	11,8	4,3	2,4	11,73
Zweinitz	1786	17,6	29,4	16,4	14,1	9,4	3,5	2,5	13,88
	1798	26,6	22,8	20,3	11,4	5,1	3,8	—	10,10
	1811	26,9	32,7	20,2	7,7	6,7	3,8		9,75

Tafel 22:
Im Elternhaus lebende Töchter nach Altersgruppen (in Prozent) sowie deren Durchschnittsalter

		0–4	5–9	10–14	15–19	20–24	25–29	30–34	Durchschnittsalter
Abtenau	1632	24,8	27,7	24,2	11,5	7,3	2,6	0,9	10,15
	1790	23,8	26,0	19,3	13,5	8,3	2,2	0,7	10,55
Altenmarkt	1733	27,3	27,6	17,7	12,3	7,2	2,7	1,7	10,02
	1755	29,7	26,2	18,2	12,2	5,9	3,8	2,1	10,53
	1762	24,0	23,7	20,1	15,5	9,4	2,4	2,4	11,66
Andrichsfurt	1813	29,8	21,9	21,1	13,2	7,0	2,6	0,9	9,93
	1823	14,2	27,4	22,6	12,3	13,2	0,9	5,7	13,50
	1833	21,1	24,4	12,2	18,7	14,6	5,7	3,3	12,21
	1842	16,8	22,4	18,7	13,1	7,3	9,3	6,5	14,47
	1853	22,0	16,0	20,0	20,0	11,0	11,0	4,0	14,55
	1863	21,6	13,4	17,5	12,4	11,3	5,2	4,1	16,08
	1873	24,7	29,2	19,1	7,9	13,5	4,5	1,1	10,61
	1883	15,0	20,0	18,8	21,2	10,0	7,3	7,5	13,97
	1896	19,2	23,1	20,5	12,8	3,8	3,8	1,3	11,17
	1909	18,3	28,0	19,4	11,8	14,0	1,1	4,3	11,00
Dorfbeuern	1648	26,0	24,7	17,2	15,8	9,8	—	0,9	10,00
	1671	21,8	20,8	18,3	24,8	9,4	4,0	1,0	11,72
	1772	29,3	29,3	21,6	12,9	7,8	4,3	—	10,19
Dürnberg	1647	25,6	34,6	19,2	7,7	10,3	1,3	1,3	9,67
Ebensee	1809	28,6	26,2	19,3	12,8	6,1	4,2	1,3	10,42
Feistritz	1757	21,1	28,7	15,8	16,4	12,7	3,5	1,8	
Gleink	1799	28,0	31,3	18,7	10,7	4,0	2,7	2,0	9,69
	1807	19,1	25,7	22,8	19,1	7,4	4,4	—	11,14
	1818	26,1	24,8	17,8	10,2	8,3	10,2	1,9	11,43
	1840	28,8	28,0	14,4	12,8	6,4	4,8	1,6	12,94
	1856	20,7	20,7	26,7	14,7	6,9	6,0	1,7	12,58
Gmünd	1801	24,7	23,4	18,6	13,0	12,6	3,0	—	10,74
	1807	25,7	22,7	18,6	13,8	11,2	6,7	1,1	11,43
	1818	27,1	19,8	18,4	17,0	7,6	6,3	1,0	11,64

		0—4	5—9	10—14	15—19	20—24	25—29	30—34	Durchschnittsalter
Gmünd	1827	20,7	15,1	25,5	16,3	11,6	6,4	1,6	12,87
	1840	29,2	24,5	18,3	14,0	8,9	3,9	0,4	10,27
Koppl	1647	30,3	31,8	18,9	12,9	3,0	1,5	—	
	1805	33,3	31,3	21,9	5,2	3,1	2,1	—	
Laa	1864	23,6	21,1	20,4	15,0	11,8	4,1	2,5	11,95
Maria Langegg	1788	28,8	26,0	21,2	10,6	8,7	3,8	1,0	
	1798	22,2	26,7	26,7	11,1	8,9	3,3	—	
	1808	20,5	25,3	20,5	16,9	10,8	3,6	1,2	
	1818	27,4	30,2	17,9	12,3	5,7	5,7	—	
	1828	22,1	23,7	29,0	15,3	5,3	1,5	0,8	
	1840	31,3	19,8	21,9	12,5	9,4	4,2	1,0	
	1848	26,8	25,5	15,3	11,5	9,6	7,0	1,9	
	1856	21,0	26,1	21,0	13,8	10,1	5,8	0,7	
	1875	25,8	21,0	16,9	10,5	14,5	7,3	1,6	
Obergrafendorf	1787	26,4	29,6	21,0	9,5	8,9	2,6	1,1	9,97
Obermühlbach	1757	24,3	26,3	17,4	14,6	10,1	4,9	2,0	
Perchtoldsdorf	1754	27,1	29,6	17,4	14,6	8,8	2,4	—	9,79
	1857	20,1	20,5	15,4	16,8	13,1	7,9	3,5	13,58
Poysdorf	1890	21,2	22,3	19,5	15,5	11,3	5,2	1,6	12,69
Raab	1816	25,4	25,1	18,5	16,2	6,9	4,1	1,0	10,91
	1834	26,0	22,5	19,6	14,5	10,5	2,9	2,1	11,66
	1860	21,4	23,3	23,3	9,9	10,3	4,6	3,8	12,69
Sirnitz	1757	24,4	26,9	20,0	12,5	6,3	5,0	3,1	
St. Lorenzen	1757	35,4	24,2	16,2	12,1	4,0	5,1	1,6	
Thalgau	1648	27,8	25,4	20,5	14,7	5,6	1,3	0,6	9,76
	1750	27,3	20,2	18,5	14,4	11,7	3,6	1,7	11,74
Villgraten	1781	22,1	21,6	19,5	15,2	12,0	3,5	3,7	12,39
Zell/Ziller	1779	17,4	23,1	24,6	15,4	9,1	5,1	2,3	12,28
	1757	27,7	31,3	21,7	9,6	6,0	2,4	—	9,35
Zweinitz	1770	24,5	30,9	18,1	14,9	4,3	—	4,3	10,07
	1786	19,1	33,0	20,2	11,7	10,6	3,2	2,1	11,67
	1798	29,8	16,7	19,0	10,7	6,0	7,1	1,2	10,23
	1811	31,7	26,0	23,1	11,5	4,8	1,0	1,0	8,84

und 18,54, das der Töchter im gleichen Zeitraum zwischen 9,92 und 16,08. Derartige Differenzen lassen sich im Vergleich der Gemeinden untereinander nirgends feststellen. Bei den hier zusammengestellten Daten fallen offenbar andere Faktoren stärker ins Gewicht als die durch den Arbeitskräftebedarf der Familienwirtschaften bedingte unterschiedliche Verweildauer. So muß das Phänomen, daß höhere Altersgruppen der Kinder mitunter stärker vertreten sind als niedrigere mit starken zeitlichen Schwankungen der Fruchtbarkeit bzw. der Kindersterblichkeit zusammenhängen. Der keineswegs seltene Anstieg der Prozentzahlen zwischen der Gruppe 0−4 und 5−9 Jahren hat sicher auch mit einer unvollständigen Registrierung der Kleinkinder zu tun. Das starke Auf und Ab in den höheren Altersgruppen der Kinder ist wiederum mit Schwankungen des durchschnittlichen Heiratsalters bzw. des korrespondierenden Termins der Hofübergabe zu erklären. Für die eigenartige Entwicklung in Andrichsfurt ist beispielsweise eine solche Interpretation sicher zutreffend.[146]

Eine deutliche Entsprechung zwischen der Altersgruppenverteilung und bestimmten Ökotypen läßt sich aus den beiden Tabellen nicht ersehen. Auch dieser negative Befund ist wichtig und bedarf einer Erklärung. Zwei Faktoren, auf die schon ausführlich eingegangen wurde, werden dabei zu bedenken sein.

Im Zusammenhang mit den Strukturmerkmalen jener beiden Grundtypen ländlicher Arbeitsorganisation, die einander als „Gesindegesellschaften" und „Taglöhnergesellschaften" gegenübergestellt wurden, konnte beobachtet werden, daß auch bei letzteren Kinder oft lange im Haus verblieben, ohne daß sie dort ständig oder gelegentlich als Arbeitskräfte gebraucht wurden. Die Verweildauer erwachsener Kinder hat also nicht nur mit familienwirtschaftlichem Bedarf zu tun. Solche Verhältnisse sind etwa in der Weinhauersiedlung Perchtoldsdorf anschaulich zu beobachten. Von 1754 bis 1857 stieg dort das Durchschnittsalter der Söhne von 9,94 auf 12,70, das der Töchter von 9,79 auf 13,58. In den entscheidenden Altersgruppen der 25−29jährigen ist eine Zunahme von 1,3% auf 8,3% bzw. von 2,4% auf 7,9% zu beobachten. Die Zählung von 1857 nennt nun ausführlich die Erwerbstätigkeit der im Elternhaus mitlebenden Kinder. Viele der Söhne sind Fabriksarbeiter – der Ort hatte sich in der Zwischenzeit stark industrialisiert –, ebenso aber Gehilfen im Baugewerbe oder Taglöhner. Auch Mitarbeiter in Werkstattgewerben werden mitunter genannt, was auf eine Auflösung der traditionellen familienbetrieblichen Struktur des zünftischen Handwerks deutet. Bei den Töchtern begegnen ebenso viele Fabriksarbeiterinnen und Taglöhnerinnen. In einer Zeit weitgehender Pauperisierung reichten diese Erwerbsarten zu einer frühen Familiengründung nicht aus. Die Kinder verblieben also lange im Elternhaus, wo sie mit Ausnahme der saisonalen Weingartenarbeiten nicht benötigt worden sein dürften. Zum gemeinsamen Familienverdienst trugen sie durch ihren Lohn bei. Von einer Familienwirtschaft im Sinne familienbetrieblicher Arbeitsorganisation wird man deswegen je-

---

146 Die Entwicklung in dieser Gemeinde dokumentiert im Detail Peter Schmidtbauer, Modell einer lokalen Krise. Zur Sozialgeschichte einer Innviertler Gemeinde, in: Zeitschrift für bayerische Landesgeschichte 41 (1978) 219 ff.

doch sicher nicht sprechen dürfen. Daß erwachsene Kinder ihren Lohn an die Eltern ablieferten, kam ja auch bei Dienstboten sehr häufig vor, die von ihren Eltern getrennt in fremdem Haushalt lebten. Solche Zusammenhänge durch Beiträge in eine gemeinsame Familienkasse sind für ökonomische Aspekte des Familienlebens sehr interessant. In einem weiten Verständnis des Wortes kann hier von Familienwirtschaft gesprochen werden, ein Familienbetrieb als arbeitsorganisatorische Einheit ist jedoch nicht gegeben.

Der zweite Faktor, der die relativ geringen Differenzen im Anteil erwachsener Kinder, die mit ihren Eltern zusammenleben, in den hier untersuchten Gemeinden sehr wesentlich mitbedingt haben dürfte, scheint mit jenem Sachverhalt in Verbindung zu bringen sein, der als System der Reziprozität bereits angesprochen wurde. Die berechneten Durchschnittswerte gleichen die Unterschiede in der Verweildauer von Kindern aus, die zwischen Bauernhäusern einerseits, Kleinhäusern der Unterschichten andererseits bestanden haben dürften. Die relative Stärke dieser Unterschichten in allen untersuchten Gemeinden, auf die schon mit Nachdruck verwiesen wurde, hatte zur Folge, daß die lange im Elternhaus verbleibenden Bauernkinder nicht so stark ins Gewicht fielen. Die schichtenspezifischen Unterschiede in der Verweildauer seien am Beispiel der oberösterreichischen Pfarrgemeinde Raab illustriert.

Tafel 23:
Übertritt von Kindern in den Gesindedienst nach Größenklassen des väterlichen Besitzes in der Pfarrgemeinde Raab 1816–1834[147]

| | durchschnittliches Alter beim Antritt d. Gesindedienstes | | Dienstbeginn in Prozent d. Kinder insges. | | |
| | | | bis zum 10. Lebensjahr | bis zum 15. Lebensjahr | |
	Söhne	Töchter	Söhne	Söhne	Töchter
Großbauern	18,7	19,8	8,8 %	38,2 %	29,1 %
Mittelbauern	21,4	21,7	3,4 %	23,5 %	23,9 %
Kleinbauern	19,7	21,9	4,9 %	31,8 %	21,5 %
Handwerker	18,5		9,6 %	41,3 %	
hausbesitzende Taglöhner	14,2	20,1	16,2 %	80,8 %	31,2 %
Inwohner	16,9		22,3 %	60,3 %	

Bei der Interpretation der ersten beiden Kolumnen der Tabellen ist zu berücksichtigen, daß hier die Verweildauer von Kindern in ländlichen Hausgemeinschaften nur insofern erfaßt ist, als sie durch den Antritt des Gesindedienstes beendet wurde. Gerade bei größeren Bauern aber schied ein hoher Prozentsatz der Kinder nicht aus diesem Grund aus dem Elternhaus aus. Viele Töchter heirateten ohne vorangehende Gesindedienstphase. Für sie ist dann das Heiratsalter für die Verweil-

---

147 Nach Breiteneder, Bevölkerungs- und Familienstruktur, 200 u. 203.

dauer entscheidend. Auch Söhne, die eine Erbtochter ehelichten oder den Hof eines kinderlosen Bauern übernehmen konnten, verließen das Elternhaus nicht, um als Knecht zu dienen. Kinder, die über den Übergabetermin hinaus auf dem Hof blieben, traten zwar in den Gesindedienst ein, schieden aber nicht aus der Hausgemeinschaft aus. Der Hoferbe schließlich beendete seinen Status als „Kind" durch die Übernahme und nicht durch Dienst in fremdem Haus. Anders bei den Kleinhäuslern: Hier diente der zukünftige Erbe häufig auswärts als Knecht und kehrte erst ins Elternhaus zurück, um die Erbschaft anzutreten.[148]

Das durchschnittliche Alter beim Antritt des Gesindedienstes zeigt ein gewisses Gefälle von den Bauern zu den Kleinhäuslern – bei den Söhnen deutlicher als bei den Töchtern. Markanter sind die Werte, die sich bei der Berechnung des Anteils von Söhnen und Töchtern ergeben, die bis zu einem bestimmten Alter den Gesindedienst angetreten haben. Bei den Taglöhnern sind es bis zum 15. Lebensjahr rund vier Fünftel der Söhne, bei den Mittelbauern nicht einmal ein Viertel. Unerwartet erscheint, daß Großbauernsöhne – sofern sie Knechte werden – den Dienst in einem früheren Alter antreten als Söhne von Mittelbauern. Dasselbe zeigt sich bei den Töchtern. Bei den Mittelbauern ist auch der Prozentsatz jener Kinder am geringsten, die bis zum 10. bzw. 15. Lebensjahr Dienste in fremdem Haus übernommen haben. Offenbar waren die Mittelbauern am stärksten auf die Unterstützung der eigenen Kinder in der Familienwirtschaft angewiesen. Bei den Großbauern war zwar der Arbeitskräftebedarf höher, er konnte aber leichter durch Gesindeaufnahme gedeckt werden, weil mehr Geld im Hause war. Man konnte daher eher die eigenen Kinder in Dienst schicken, die dann Ersparnisse für ihre Zukunft anlegten. Es ist bezeichnend, daß 76 % der Großbauernsöhne und 72 % der Großbauerntöchter ihren ersten Dienst wiederum bei Großbauern antraten, wo sie mit der günstigsten Bezahlung rechnen konnten.[149] Bei den Mittelbauern mußten die Kinder wohl lohnlos oder gegen geringes Entgelt möglichst lange aushelfen. Bei den Kleinbauern war überhaupt nicht genügend Bedarf für die Mitarbeit mehrerer Kinder. Deswegen verließen sehr viele von ihnen zu einem früheren Zeitpunkt das Elternhaus.

Stärker noch als in der bäuerlichen Familienwirtschaft soll sich der Bedarf an Kindern als Arbeitskräfte in der Familienwirtschaft der ländlichen Hausindustrie ausgewirkt haben. So wird es jedenfalls von Seite der Protoindustrialisierungstheorie angenommen. Hans Medick schreibt dazu: „Kinderarbeit, die in ihrer Intensität wie in ihrer Dauer im Lebensabschnitt des heranwachsenden Jugendlichen weit über die dementsprechende Praxis des bäuerlichen Haushalts hinausging, bedeutete für die gewerbetreibende Familie auf dem Lande eine Lebensnotwendigkeit"[150] und „Doch zeigt ein schichtspezifischer Vergleich, daß die durchschnittliche Haushaltsgröße bei ländlichen Gewerbetreibenden signifikant höher liegt als bei Landarbeiterfamilien. Nach den bisher vorliegenden Analysen dürfte der dafür ausschlaggebende Faktor die erhöhte Zahl ko-residierender Kinder sein. Diese scheint

---

148 Vgl. o. Tafel 18.
149 Breiteneder, Bevölkerungs- und Familienstruktur, 206.
150 Medick, Die proto-industrielle Familienwirtschaft, 121.

weniger durch eine erhöhte innereheliche Fertilität der gewerbetreibenden Familien bedingt zu sein. Die höhere durchschnittliche Kinderzahl ist vielmehr auf das frühere Heiratsalter und möglicherweise auf ein verändertes Muster altersspezifischer Mobilität in proto-industriellen Regionen zurückzuführen. R. Schofield, D. Levine und L. Berkner jedenfalls haben nachgewiesen, daß der traditionelle Gesindestatus als eine altersspezifische Durchgangsphase für Angehörige bäuerlicher Bevölkerungen bei ländlichen Gewerbetreibenden seine Bedeutung weitgehend verlor. Kinder ländlicher Gewerbetreibender blieben länger im elterlichen Haus und heirateten trotzdem früher als Angehörige bäuerlicher und unterbäuerlicher Schichten . . . Die Arbeit im Produktionszusammenhang der eigenen Familie trat für die jugendlichen Weber, Spinner und Wirker häufig an die Stelle des Gesindedienstes in einem anderen Haushalt."[151]

Nach der Analyse der hier untersuchten Personenstandslisten aus österreichischen Landgemeinden bedürfen diese Aussagen einer mehrfachen Differenzierung. Es wurde schon betont, daß es einen einheitlichen Typus der Familienstruktur ländlicher Gewerbetreibender nicht gibt. Für die Masse der kleinen Landhandwerker, die für den lokalen Markt arbeiteten, trifft die Feststellung eines längeren Verbleibs der Kinder bei den Eltern als bei den Bauern sicher nicht zu. Das Gegenteil ist vielmehr der Fall. Das Postulat der langen Koresidenz zwischen Eltern und Kindern bezieht sich aber eigentlich auf eine spezielle Gruppe, nämlich die für überregionale Märkte arbeitenden verlegten Hausindustriellen, unter ihnen wiederum vor allem die der Textilgewerbe. Ob und in welchem Ausmaß ein längeres Verbleiben der Kinder im Elternhaus an die Stelle des Gesindedienstes bei Bauern als altersspezifische Durchgangsphase trat, wird für die hier untersuchten Gebiete unterschiedlich zu beantworten sein. In Vorarlberg war etwa der Gesindedienst überhaupt schwach entwickelt – sowohl in den bäuerlichen als auch in den heimindustriellen Gebieten. Soweit die Intensivierung der Hausindustrie hier Veränderungen bewirkt hat, geschah dies nicht durch eine Einschränkung des Gesindedienstes bei Bauern, sondern der saisonalen Wanderarbeit ins Ausland. Im Spinnereigebiet der Pfarre Obergrafendorf in Niederösterreich war 1781 – in der Blütezeit der Heimindustrie – der Gesindedienst bei den Bauern schwach entwickelt. In Zählungen aus der Mitte des 19. Jahrhunderts – nach Rückgang der Handspinnerei – finden sich in bäuerlichen Hausgemeinschaften viel mehr Knechte und Mägde.[152] Ob das vor dem Aufschwung des Spinnens hier ebenso war, können wir quellenmäßig nicht feststellen. Die sichersten Aussagen lassen sich aufgrund der langen Serien jährlich angelegter Seelenbeschreibungen für das Webereigebiet der Pfarre Gmünd machen. Hier trifft die Annahme einer längeren Verweildauer heranwachsender Kinder bei Hausindustriellen im Vergleich zu Bauern eindeutig nicht zu. Dieser Vergleich ist hier insofern gut möglich, als trotz der starken hausindustriellen Prägung der Gegend viele rein bäuerliche oder dominant bäuerliche Familienwirtschaften gegeben waren. Vor

---

151 Ebenda 120 f.
152 MITTERAUER, Auswirkungen, 109 und 146.

allem für die Stichjahre 1827 und 1840 läßt sich aufgrund der Angaben über die Erwerbstätigkeit in den Quellen diesbezüglich eine Gegenüberstellung der beiden Gruppen vornehmen.

Tafel 24:
Anteil der Hausgemeinschaften mit Kindern unter bzw. über 12 Jahre an den Hausgemeinschaften von Bauern und Webern in der Pfarre Gmünd 1827 und 1840

Kinderzahl	Bauern			Weber		
	Hausgemeinschaften mit			Hausgemeinschaften mit		
	Kindern 2—11	Kindern 12 u. dar.	Kindern insges.	Kindern 2—11	Kindern 12 u. dar.	Kindern insges.
1827	(70 Hausgemeinschaften)			(44 Hausgemeinschaften)		
0	34,3	47,1	11,4	29,5	56,8	18,2
1	27,1	11,4	14,3	29,8	13,6	11,4
2	20,0	21,4	17,1	20,5	11,4	25,0
3	12,9	10,0	18,6	11,4	11,4	11,4
4	5,7	8,6	18,6	6,8	4,5	9,1
5		1,4	12,9	2,3	2,3	11,4
6			4,3			4,5
7			2,9			9,1
1840	(79 Hausgemeinschaften)			(73 Hausgemeinschaften)		
0	35,4	51,9	7,6	56,2	64,4	28,8
1	14,0	10,1	12,7	26,0	15,1	26,0
2	22,8	22,8	30,4	8,2	9,6	16,4
3	11,4	7,6	13,4	6,8	5,5	11,0
4	10,1	5,1	20,3	1,4	2,7	8,2
5	1,3	1,3	8,9	1,4	2,7	4,1
6		1,3	2,5			2,7
7			1,3			1,4
8			2,5			1,4

Die erhobenen Werte zeigen, daß die Landweber in Gmünd generell weniger Kinder im Haus hatten als die Bauern ihrer Nachbarschaft. Bei den 2—11 jährigen haben 1827 die Weber ein leichtes Übergewicht, 1840 jedoch die Bauern ein viel deutlicheres. Bereits die Annahme einer höheren Fertilität der Heimindustriellen ist hier also unzutreffend. Der Abstand zwischen Webern und Bauern vergrößert sich dann in der Gruppe der voll arbeitsfähigen Kinder. Von einer durch längere Koresidenz bedingten „signifikant höher liegenden Haushaltsgröße" der Weberfamilie ist hier nichts zu merken. Die geringere Verweildauer der Weberkinder im Vergleich zu den Bauernkindern würde noch augenfälliger, bezöge man auch die als Inwohner lebenden Weberfamilien in die Untersuchung ein. Die hier vorgelegte Statistik geht von Hausgemeinschaften aus und inkludiert daher bloß die hausbesitzenden Weberfamilien. Wie allgemein bei den Inwohnern verließen auch bei den nicht über ein Haus verfügenden Webern in Gmünd die Kinder besonders früh ihre Eltern. Wie die Kinder der Bauern und die übrigen Weberkinder gingen sie zumeist auswärts in Dienst. Da die seriellen Seelenbeschreibungen der Pfarre Gmünd auch die abwesenden Kinder mit ihrem jeweiligen Dienstort verzeichnen, ist die Gesindedienstphase hier besonders gut faßbar. Sie fehlte bei den Weberkindern keineswegs und wurde in der Regel in Bauern- und Bürgerhäusern außerhalb der Pfarre verbracht. Auf diese starke Abwanderung in der Jugendphase wird noch zurückzukommen sein.

Die jeweilige Bedeutung des Kindes als Arbeitskraft in traditionellen Familienwirtschaften des ländlichen Raums hat sicher etwas damit zu tun, ob und in welcher Zahl hier Kinder erwünscht waren.[153] Inwieweit solche Wünsche tatsächlich realisiert werden konnten, ist für Zeiten, in denen Geburtenplanung bzw. -verhütung nur in beschränktem Maß möglich waren, eine nicht leicht klärbare Frage. Es soll hier auf diese von der historischen Demographie breit diskutierte Frage nicht näher eingegangen werden. Dazu eignen sich die benützten Quellen auch nicht besonders gut. Sie lassen ja keine Schlüsse auf die tatsächlichen Geburtenzahlen in den einzelnen Ehen zu, da der Faktor der Säuglings- und Kleinkindsterblichkeit nicht erfaßt werden kann. Die vorgelegten Daten sollen bloß dazu dienen, in groben Zügen Zusammenhänge zwischen Arbeitskräftebedarf und Kinderzahlen herzustellen. Die Beschränkung auf Kinder zwischen zwei und elf Jahren erfolgt dabei, um einerseits mögliche Unterschiede in der Exaktheit der Registrierung von Kleinkindern aus dem Vergleich auszuschalten, andererseits um Verzerrungen durch frühzeitiges Ausscheiden von Kindern zu verhindern. Vor dem 12. Lebensjahr verließen ja Kinder von hausbesitzenden Paaren in der Regel das Elternhaus nicht.

Die Tabelle zeigt nicht unbeträchtliche Unterschiede in der Reproduktion bäuerlicher Hausgemeinschaften, sowohl im regionalen wie im zeitlichen Vergleich. Als eine durchschnittliche Fruchtbarkeit kann es angesehen werden, wenn die Zahl der Kinder zwischen zwei und elf Jahren pro Hausgemeinschaft bei 1,00 bis 1,20 liegt. Werte unter 1,00 bzw. über 1,20 wird man als Indiz für niedrige bzw. hohe Fertilität einstufen dürfen.

Geht man von der Annahme aus, daß gesindereiche Regionen einen hohen Bedarf an Arbeitskräften haben und daher besonders an hohen Kinderzahlen interessiert sein müßten, so wären – die Realisierbarkeit dieses Interesses vorausgesetzt – gewisse Entsprechungen der Durchschnittswerte mit der Rangfolge der Orte nach ihrem Gesindereichtum zu erwarten, wie sie in der Tafel 1 dargestellt wurde. Zum Teil trifft dies zu. Hohe Werte finden sich etwa in den gesindereichen Kärntner Gebirgspfarren Feistritz und St. Lorenzen. Die aus der gleichen Zeit für die ebenso gesindereichen Kärntner Pfarren Sirnitz, Zweinitz und Obermühlbach erhobenen Daten liegen jedoch im Mittelfeld und noch darunter. Eine positive Korrelation zwi-

---

153 In der Regel wird dabei angenommen, daß große Kinderzahlen in ländlichen Familienwirtschaften das allgemeine Ziel waren. So schreibt GAUNT, Familie, Haushalt und Arbeitsintensität (220) stellvertretend für viele: „Traditionell wurden große Kinderscharen angestrebt. Sie bildeten eine gewisse Sicherheitsgarantie für das Alter, stellten billige Arbeitskräfte für die landwirtschaftliche Produktion in Eigenregie dar usw."

Tafel 25:
Durchschnittliche Kinderzahl zwischen 2 und 11 Jahren pro Hausgemeinschaft

Abtenau	1632	1,25		Koppl	1647	1,87
	1790	1,19			1805	1,45
Altenmarkt	1733	1,02		Laa	1864	1,21
	1755	1,47		Maria Langegg	1788	1,24
	1762	1,27			1798	1,22
Andrichsfurt	1813	1,00			1808	0,92
	1823	0,98			1818	1,29
	1833	1,07			1828	1,32
	1842	0,81			1840	1,10
	1853	0,84			1848	1,42
	1863	0,64			1856	1,34
	1873	0,78			1875	1,10
	1883	0,64		Obergrafendorf	1787	1,09
	1896	0,54		Obermühlbach	1757	1,16
	1909	1,16		Perchtoldsdorf	1754	0,83
Dorfbeuern	1648	1,23			1857	0,82
	1671	1,15		Poysdorf	1890	1,95
	1772	0,82		Raab	1816	1,15
Dürnberg	1647	1,30			1834	0,96
Ebensee	1809	1,14			1860	0,87
Feistritz	1757	1,33		Sirnitz	1757	0,90
Gleintz	1799	1,11		St. Lorenzen	1757	1,28
	1807	0,82		Thalgau	1648	1,42
	1818	0,95			1750	1,02
	1840	0,97		Villgraten	1781	1,04
	1856	0,92		Zell a. Ziller	1779	1,31
Gmünd	1801	1,18		Zweinitz	1757	0,96
	1807	1,13			1770	0,92
	1818	1,23			1786	1,01
	1827	1,10			1798	0,71
	1840	1,15			1811	1,24

schen Gesindeanteil und durchschnittlichen Kinderzahlen zwischen zwei und elf Jahren pro Haus zeigt sich in den Salzburger Gebirgspfarren, insbesondere für das 17. Jahrhundert, so in Abtenau, Koppl und Thalgau. Allerdings weisen auch gesindearme Pfarren im Salzburger Raum in dieser Zeit hohe Werte auf, so etwa die Bergknappengemeinde Dürrnberg bei Hallein. Der Unterschied im Zeitablauf wird in Thalgau besonders deutlich, wo der Abfall von 1,42 auf 1,02 einen radikalen Wandel des generativen Verhaltens andeutet. Unter den Gebirgsgemeinden fällt auch der hohe Wert der Pfarre Zell am Ziller auf, die sicher nicht zu den gesindereichen Gemeinden zählt. Die höhere Fruchtbarkeit von Bergbauerngemeinden in extremer Lage wurde auch aufgrund anderer Quellen festgestellt.[154] Die überdurch-

---

154 Die höhere Fruchtbarkeit der Berggemeinden im Vergleich zu den Talgemeinden zeigt TROGER, Bevölkerungsgeographie, 75 f., an Hand von Matrikelanalysen für das Zillertal. Ein Indiz für diese Fertilitätsdifferenz ist auch das im Ostalpenraum mehrfach beobachtete Phänomen des „Talwärts-Wanderns" von bäuerlichen Familiennamen (WOPFNER, Bergbauernbuch, 303, Dieter NEUMANN, Das Lesachtal, Klagenfurt 1977, 149).

schnittlichen Werte von Gebirgspfarren im untersuchten Sample wären dann nicht
mit dem Arbeitskräftebedarf dieser Gegenden schlechthin zu erklären, sondern mit
den besonderen Problemen, ihn zu decken. Man könnte annehmen, daß in hochgelegenen Regionen aufgrund der Schwierigkeiten der Arbeitsverhältnisse schwer
Hilfskräfte aus den Talgemeinden zu bekommen waren. Auch Probleme der Entlohnung könnten dabei eine Rolle gespielt haben. Bergbauern waren dementsprechend wohl mehr auf Eigenreproduktion angewiesen. Die relativ niedrigen Durchschnittswerte an Kindern zwischen zwei und elf aus dem extrem hochgelegenen Gebiet von Villgraten sprechen nicht gegen eine solche Vermutung. Die Besonderheit
der Familienstruktur bewirkte ja hier, daß in der betreffenden Altersgruppe vielfach
schon die Enkel der Bauern vertreten waren.

Daß nicht die Höhe des Arbeitskräftebedarfs schlechthin das generative Verhalten ländlicher Familien bestimmte, zeigt deutlich die Situation in der reichen
Großbauernpfarre Andrichsfurt im oberösterreichischen Innviertel. Hier fand sich
einerseits der höchste Gesindeanteil unter den dominant vom Getreidebau geprägten Landgemeinden; andererseits fallen hier im 19. Jahrhundert die durchschnittlichen Kinderzahlen pro Haus auf ein Niveau, das noch unter dem der in ihrer Eigenreproduktion besonders schwachen Kleinstädte liegt. Die seriellen Seelenbeschreibungen geben deutliche Hinweise darauf, daß die Bauern hier trotz ihres hohen Ge-
sindebedarfs an eigenem Nachwuchs wenig interessiert waren. Viele Bauern blieben
nach der Hofübernahme lange Zeit ledig. Witwen und Witwer führten nach dem
Tod des Gatten den Hof weiter, ohne sich neuerlich zu verehelichen, wobei dadurch
die Heirat des Erben hinausgeschoben wurde. In manchen Familien gibt es auch
deutliche Zeichen der innerehelichen Geburtenbeschränkung, etwa wenn nach der
Geburt eines Sohnes in der Frühphase der Ehe keine weiteren Kinder zur Welt kamen. Auch manche der durchgehend kinderlosen Ehen mögen das nicht aus Gründen natürlicher Hindernisse gewesen sein.[155] Offenbar waren hier die Voraussetzungen für die Gesindehaltung so günstig, daß die Nachteile einer Substitution
durch eigene Kinder die Vorteile dieser Form der Arbeitskräftedeckung überwogen.[156] An der Wende vom 19. zum 20. Jahrhundert scheint diesbezüglich freilich
ein radikaler Wandel eingetreten zu sein. Durch die Konkurrenz des ausländischen

---

155 1853 waren fast 30 % der Familien ohne Kinder (KRABICKA, Übergabemuster, 21).
156 Helmuth FEIGL bringt das generative Dilemma der großbäuerlichen Familienwirtschaft
   auf die prägnante Formel: „Für den Inhaber eines größeren Hofes mag es wohl ein Glück
   gewesen sein, viele Kinder zu haben, da diese im allgemeinen verläßlicher als Knechte und
   Mägde arbeiteten. Für einen den elterlichen Hof übernehmenden Bauernsohn war es aber
   ein Unglück, viele Geschwister zu besitzen" (Die Dorfgemeinde zu Langenlebarn im 17.
   und 18. Jahrhundert, Jahrbuch für Landeskunde von Niederösterreich, NF 37 (1957)
   30). Die Interessenkollision wird hier als ein Generationenproblem gesehen. Daß die Frage der Erbschaft auch die Einstellung der Eltern beeinflußte, zeigt die vielzitierte Aussage
   des bayerischen Statistikers Hazzi „Beim vierten Kind, das den Eltern geboren wird, treten
   schon Sorgen an Stelle der Freude. Alle nachkommenden Kinder sehen die Eltern für
   feindliche Geschöpfe an, die der vorhandenen Familie das Brot wegnehmen. Jede Familie,
   wo viele Kinder sind, wird für unglücklich und arm gehalten und sie ist es auch" (zitiert
   nach PLATZER, Ländliche Arbeitsverhältnisse, 189 f.).

Getreides hatte sich die wirtschaftliche Lage der Bauern verschlechtert. Die Landflucht führte zu einer Verknappung auf dem Arbeitsmarkt der Dienstboten. Den Arbeitskräftebedarf der großen Höfe stärker durch eigene Kinder zu decken, erschien unter diesen veränderten Voraussetzungen ökonomisch rational. Der sprunghafte Anstieg des Durchschnittswerts von 0,54 auf 1,16 ist wohl mit diesen Entwicklungen in Zusammenhang zu bringen. Er zeigt zugleich, daß das vorangegangene Tief seit den vierziger Jahren des 19. Jahrhunderts mit willentlich intendierten Maßnahmen zu tun hat.

Die Entwicklung in Andrichsfurt steht nicht allein. Auch in der großen Pfarre Raab, nicht weit von Andrichsfurt entfernt, zeigt sich eine fallende Tendenz – freilich nicht in der gleichen Intensität. Auch Raab liegt in der Rangfolge nach dem Gesindeanteil weit vorne. Hier hat offenbar ebenso der hohe Arbeitskräftebedarf nicht zu hoher Fruchtbarkeit der Bauernfamilien geführt. Geburtenbeschränkende Maßnahmen sind hier freilich nicht in gleicher Weise beobachtbar, weil die seriellen Seelenbeschreibungen nur von 1816–1834 reichen.

Gegen einen starken Kausalzusammenhang zwischen Arbeitskräftebedarf der Familienwirtschaft und Fruchtbarkeit sprechen auch die Daten der Waldbauerngemeinde Maria Langegg. In sechs der neun untersuchten Stichjahre deuten die Werte auf hohe Fertilität. Die Gesindehaltung war hier jedoch durchgehend schwach. Der Eigenbedarf an Arbeitskräften kann das generative Verhalten also kaum maßgeblich beeinflußt haben.

Ein besonders hoher Nutzen der Arbeitskraft eigener Kinder wird für die heimindustrielle Familienwirtschaft angenommen.[157] Ob diese Annahme für protoindustrielle Zonen Gültigkeit beanspruchen darf, erscheint aufgrund des hier analysierten Materials fraglich. Die Weberdörfer um Gmünd liegen in der Statistik der durchschnittlichen Kinderzahlen im Mittelfeld. Dasselbe gilt für die von der Spinnerei geprägte Pfarre Obergrafendorf 1781. Eine deutliche Zunahme der Geburtenzahlen in Zusammenhang mit einem starken Absinken des Heiratsalters läßt sich hingegen in der Zeit der Frühindustrialisierung in Vorarlberg feststellen.[158] Freilich wird hier auch ein Konnex mit der Erweiterung des Nahrungsspielraums durch die Einführung von Mais und Kartoffel vermutet.

In den untersuchten Weinbaugebieten liegen die Fertilitätsindikatoren völlig unterschiedlich hoch. Während Poysdorf 1890 mit 1,95 den höchsten Wert überhaupt zeigt, rangiert Perchtoldsdorf sowohl im 18. als auch im 19. Jahrhundert mit nur 0,82 bzw. 0,83 sehr weit hinten. Der für Poysdorf berechnete Extremwert könnte dadurch mitbedingt sein, daß die Erhebung gerade in eine Zeit fällt, in der die Kindersterblichkeit stark zurückging. Besonderes Interesse an Kindern in Hinblick auf ihre Einsatzfähigkeit im Familienbetrieb scheint in Weinbaugebieten nicht gegeben gewesen zu sein. Der Bedarf an ständigen Arbeitskräften war ja hier aufgrund der spezifischen Produktionsweise sehr gering. Gerade die in Weinbauregio-

---

157 Medick, Strukturen und Funktion der Bevölkerungsentwicklung im proto-industriellen System, in: Industrialisierung vor der Industrialisierung, vor allem 167 ff.
158 Fitz, Frühindustrialisierung, 186 ff.

nen verbreitete Taglöhnerwirtschaft müßte aber eher fertilitätsfördernd gewirkt haben. Die relativ günstigen Verdienstchancen durch Lohnarbeit verbesserten die Heiratsmöglichkeiten der Nicht-Besitzenden. Klein- und Kleinstbesitz war, wie schon erwähnt, durch die Teilbarkeit der Güter stark vertreten. Auch ohne ein Haus zu besitzen, konnten Erben eines Weingartenanteils heiraten. Sie lebten dann – ebenso wie die besitzlosen Taglöhner – als Inwohner. Die Fertilität der Inwohner ist aber hier in der auf Hausgemeinschaften bezogenen Statistik nicht erfaßt.

Für Weinbaugebiete könnten in Hinblick auf die Analogien in den Voraussetzungen der Heiratsmöglichkeit ähnliche generative Strukturen angenommen werden wie für protoindustrielle Regionen. Die geringe Bedeutung der Erbschaft für die Eheschließung und die demgegenüber hohe von Eigenverdienst durch Lohnarbeit sind genauso gegeben. Es wäre ein interessantes Unternehmen, die für heimindustrielle Populationen erschlossenen Regeln des Zusammenwirkens von Produktionsweise und Bevölkerungsentwicklung auf Weinhauergesellschaften zu übertragen. Für die quellenmäßige Überprüfung eines solchen Analogiemodells fehlen hier freilich ausreichende Grundlagen.

Der Vergleich von Fertilitätsindikatoren verschiedener Landgemeinden aus dem österreichischen Raum zeigt jedenfalls eines mit aller Deutlichkeit: Ein unmittelbarer Zusammenhang zwischen dem Bedarf an ständigen Arbeitskräften in der Familienwirtschaft und der Eigenreproduktion der Familie läßt sich nicht herstellen. Andere Faktoren dürften das generative Verhalten mindestens ebenso maßgeblich, wenn nicht noch stärker, beeinflußt haben. In der bäuerlichen Familienwirtschaft scheint der Wunsch, möglichst wenige Kinder bzw. Geschwister auszahlen zu müssen, einer hohen Fruchtbarkeit entgegengewirkt zu haben. Für die Bevölkerungsentwicklung insgesamt ist das Heiratsalter eine entscheidende Variable. Dabei dürfen jedoch in ländlichen Gebieten nicht nur die Heiratsmöglichkeiten der Bauern gesehen werden, wie das in der klassischen „Vollstellentheorie" immer wieder geschieht, sondern auch die der Kleinhäusler und vor allem auch die der nicht hausbesitzenden Inwohner. In diesen Bevölkerungsgruppen spielen Kinderwünsche im Sinne einer Arbeitskräfteergänzung von Familienwirtschaften sicherlich keine Rolle.

Von der Protoindustrialisierung wird angenommen, daß sie das „demo-ökonomische Regelsystem traditioneller Agrargesellschaften" durchbrach.[159] Medick charakterisiert dieses Regelsystem in folgender Weise: „Die agrarische ‚Bevölkerungsweise' war im Gegenteil (zum ‚demographischen Treibhaus der Proto-Industrialisierung', M. M.) durch einen eigentümlichen Zusammenhang ‚sozialer Wachstumskontrolle' charakterisiert. Er regelte das Zusammenspiel ökonomischer, demographischer und sozialstruktureller Variablen tendentiell auf dem Niveau eines status quo und stellte damit die relative Stabilität der Bevölkerung im Verhältnis zu den begrenzten und relativ inflexiblen ökonomischen Ressourcen sicher. Dieses Regelsystem war strukturell auf der Ebene von Haushalt und Familie und deren Voraussetzungen in der bäuerlich-gewerblichen Produktionsweise sowie in der

---

159 MEDICK, Strukturen, 161.

Herrschafts- und Besitzstruktur der jeweiligen Agrargesellschaft verankert. Es garantierte den Ausgleich von Bevölkerung und relativ knappen Ressourcen dadurch, daß Heirat und Familiengründung an den Besitz einer in der Regel ererbten bäuerlichen und gewerblichen Vollstelle gebunden waren. Diese Bindung wurde durch herrschaftliche Kontrollen und die Erzwingung eines sozial differenzierten generativen Verhaltens durchgesetzt: Ein relativ hohes Heiratsalter, das sich schichtenspezifisch von oben nach unten erhöhte, bewirkte, als die ‚eigentliche Waffe der Geburtenkontrolle im Europa des Ancien Regime' (P. Chaunu), eine eingeschränkte Fertilität und im Grenzfall den Ausschluß der Unterschichten von der Heirats- und Fortpflanzungsmöglichkeit überhaupt."[160] An diesen Ausführungen, die in vieler Hinsicht in dieser Studie behandelte Probleme berühren, interessieren hier vor allem zwei Fragestellungen. Zunächst: Gab es überhaupt diese postulierte einheitliche „agrarische Bevölkerungsweise"?; dann: Regelte wirklich das generative Verhalten im ländlichen Raum den Bevölkerungsstand auf dem Niveau des status quo? Diesen beiden Fragen soll an Hand einer statistischen Übersicht nachgegangen werden, die die Altersgruppe der 2–11jährigen zu der der 12–21jährigen bzw. der 22–31jährigen in Beziehung setzt. Die Begrenzung auf Personen über zwei Jahre wird, wie schon erläutert, in Hinblick auf die unterschiedliche Registrierung von Kleinkindern gewählt. Mit zwölf Jahren begann, wie ebenfalls schon ausgeführt, der Einsatz als volle Arbeitskraft. Die beiden dieser Altersgruppe gegenübergestellten Teileinheiten repräsentieren die Gesindedienstphase. Die jeweilige Relation zeigt an, in welchem Ausmaß die Eigenreproduktion einer lokalen Population zur Deckung des Arbeitskräftebedarfs ausreichte bzw. in welchem Ausmaß eigene Kinder nicht gebraucht oder nicht ernährt werden konnten.

Es ist kaum möglich, Indexwerte zu ermitteln, die einer relativ stabilen Bevölkerungsweise entsprechen. Dazu wissen wir zu wenig über die orts- und epochenspezifische Sterblichkeit von Kindern und Jugendlichen. Die enorme Streuung der Indexwerte zeigt jedoch, daß solche stabile Populationen, die ohne Ab- und Zuwanderung eine dem Arbeitskräftebedarf entsprechende Eigenreproduktion hatten, im österreichischen Raum sehr selten waren. Mit Sicherheit kann man bei einem Index über 100 mit einer unzureichenden Eigenreproduktion rechnen. Umgekehrt ist kaum anzunehmen, daß ein Absinken der Indizes unter 80 bei den 12–21jährigen bzw. unter 70 bei den 22–31jährigen, allein durch die Kinder- und Jugendsterblichkeit zu erklären wäre. Abwanderung muß bei solchen Werten schon eine gewisse Rolle gespielt haben.[160a]

---

160 Ebenda 159 f.

160a Man wird durchaus auch damit rechnen müssen, daß diese Werte durch das Zusammenwirken von Zu- und Abwanderung zustandekommen. So kann etwa in der Pfarre Maria Langegg im Dunkelsteiner Wald festgestellt werden, daß einerseits viele Jugendliche als Knechte und Mägde zu den reicheren Bauern im sogenannten „Landboden" (östliches Tullnerfeld) in Dienst gingen, andererseits Gesinde aus ärmeren Gegenden des Waldviertels zuzog. Es zeigt sich hier die für Gesindeemigranten typische Tendenz von Agrarlandschaften mit weniger günstigen Arbeitsbedingungen zu solchen mit günstigeren. Der „Reproduktionsindex" gibt in diesem Fall die tatsächliche Abwanderung nicht in ihrer vollen Höhe wieder.

Tafel 26:
Grad der Eigenreproduktion ländlicher Populationen

		Index für 12—21jährige (2—11jährige = 100)	Index für 22—31jährige (2—11jährige = 100)
Abtenau	1632	94,1	73,9
	1790	84,9	71,6
Altenmarkt	1733	85,9	77,9
	1755	82,9	73,9
	1762	98,3	78,8
Andrichsfurt	1813	127,9	82,5
	1823	133,1	105,9
	1833	112,7	90,0
	1842	158,3	100,9
	1853	180,0	101,9
	1863	171,1	120,3
	1873	120,7	112,9
	1883	134,7	103,2
	1896	186,2	118,5
	1909	88,9	68,9
Dorfbeuern	1648	98,3	67,7
	1671	103,6	61,9
	1772	67,6	74,5
Dürrnberg	1647	86,8	55,0
Ebensee	1809	74,4	66,3
Feistritz	1757	129,1	89,7
Gleink	1799	63,2	58,1
	1807	85,1	78,1
	1818	61,3	70,0
	1840	66,1	69,4
	1856	68,6	75,4
Gmünd	1801	71,5	33,9
	1807	77,2	53,2
	1818	64,6	39,3
	1827	93,7	54,6
	1840	79,8	68,0
Koppl	1647	65,8	39,2
	1805	40,5	36,5
Laa	1890	85,9	58,7
Maria Langegg	1788	71,1	52,1
	1798	80,2	61,3
	1808	92,2	73,9
	1818	66,0	53,7
	1828	73,0	50,9
	1840	83,8	82,9
	1856	80,7	44,0
	1875	71,4	67,9
Obergrafendorf	1787	68,3	60,0
Obermühlbach	1757	95,1	93,7
Perchtoldsdorf	1754	103,0	90,3
	1857	113,1	99,8
Poysdorf	1890	97,4	68,5

		Index für 12—21jährige (2—11jährige = 100)	Index für 22—31jährige (2—11jährige = 100)
Pulst	1803	141,7	150,5
Raab	1816	93,3	64,3
	1834	95,2	74,4
	1860	102,1	75,1
Sirnitz	1757	103,4	100,4
St. Lorenzen	1757	83,5	98,9
Thalgau	1648	81,0	42,1
	1750	126,7	100,9
Villgraten	1781	80,8	57,0
Zell/Ziller	1779	85,4	65,4
Zweinitz	1757	106,8	78,9
	1770	112,9	90,3
	1786	85,8	74,2
	1798	94,6	76,3
	1811	62,2	59,0

Anders als die als Fertilitätsindikatoren benutzten durchschnittlichen Kinderzahlen zwischen zwei und zwölf Jahren korrelieren die Werte über die Eigenreproduktion der ländlichen Gemeinden ganz deutlich mit der Höhe des Gesindeanteils und damit mit bestimmten Ökotypen. Vergleicht man die Rangabfolge der gesindereichen Pfarren (Tafel 1) mit der Höhe der Verhältniszahlen (Tafel 26) zwischen den Altersgruppen der 12—21jährigen bzw. der 22—31jährigen zu den 2—11jährigen (Tafel 26), so ist Altenmarkt im Pongau die erste Gemeinde, bei der diese Werte die Möglichkeit einer Eigenreproduktion der erforderlichen Arbeitskräfte zulassen.[161] In der Pfarre St. Lorenzen fällt der Index zwar zunächst auf 83,5, steigt aber für die 22—31jährigen auf 98,9. Hier erfolgte die Zuwanderung des Gesindes offenbar vorwiegend erst in höheren Altersstufen. In Obermühlbach liegen zwar beide Indexwerte unter 100, jedoch so knapp, daß eine Eigenreproduktion ausgeschlossen erscheint. Dies trifft für alle Kärntner Pfarren zu, deren Gesindereichtum mit der Dominanz der Viehzucht in Zusammenhang gebracht werden konnte. Extrem sind die Werte für Pulst, den Spitzenreiter in der Rangliste des Gesindeanteils. Im Jahre 1803 waren hier nur 12,2 % der Knechte und 14,2 % der Mägde aus der Pfarre gebürtig. Beim übrigen Gesinde zeigen die Herkunftsangaben zum Teil eine Zuwanderung aus weit entfernten Gebieten. Aus Krain gebürtige Knechte und Mägde sind hier keine Seltenheit. Weiter im Gebirge ist der aus der eigenen Pfarre bzw. deren näherer Umgebung stammende Teil des Gesindes weit höher – ein neuerlicher Hinweis auf die Schwierigkeit der Gesinderekrutierung bei Bergbauern, die zu verstärkter Eigenreproduktion zwang. Freilich war diese – wie schon betont – in keinem der Kärntner Viehzuchtgebiete ausreichend. Bemerkenswert erscheint, daß

---

161 Der starke Anstieg der Indexwerte zwischen 1733 und 1762 hat damit zu tun, daß die erste Aufnahme unmittelbar nach der großen Protestantenaustreibung erfolgte. Die Kinder der Neusiedler fielen daher 1762 besonders ins Gewicht.

hier die außerehelichen Geburten an der Eigenreproduktion einen besonders hohen Anteil hatten.[162] Sie stammten zu einem Großteil aus Verbindungen von Knechten und Mägden und bildeten wiederum ein Reservoir für deren Rekrutierung. Hohe Illegitimitätsquoten sind insgesamt für gesindereiche Gegenden mit geringer Eigenreproduktion typisch.

Die beiden Tiroler Gebiete mit vornehmlich viehzüchtenden Bergbauern, nämlich Villgraten und Zell am Ziller, erweisen sich deutlich als Zonen mit zu hoher Reproduktion und dementsprechender Abwanderung. Aufgrund der skizzierten Erwerbs- bzw. Familienstruktur war das durchaus zu erwarten. In einem Fall ist es die breite unterbäuerliche Schicht, im anderen die Heiratsmöglichkeit der Söhne vor der Hofübergabe, die zu einem Ausmaß der Fruchtbarkeit führte, das ein Überangebot am lokalen Arbeitsmarkt bewirkte. Beide gehören zu den Gemeinden mit relativ geringer Gesindehaltung.

Nicht ganz einheitlich ist das Bild im Salzburger Raum. Von den beiden benachbarten Pfarren Thalgau und Koppl war das relativ hoch gelegene Koppl offenbar schon im 17. Jahrhundert ein Abwanderungsgebiet und blieb es bis ins frühe 19. Die Gesindehaltung war hier eher hoch. Das gilt auch für Thalgau. Hier war mit einer starken Gesindezunahme von der Mitte des 17. zur Mitte des 18. Jahrhunderts ein radikaler Umschlag von einer ausreichenden Eigenreproduktion zu einer völlig ungenügenden verbunden. Für die Entwicklung im Salzburger Hochstiftsterritorium dürfte eher die Situation in der großen Pfarre Thalgau charakteristisch sein. Allein in der Regierungszeit des Erzbischofs Hieronymus (1777–1812) ging die Bevölkerung des Landes um $1/14$ zurück.[163] Aus dem Pinzgau wird in dieser Zeit berichtet, daß bereits die Hälfte der Dienstboten Ausländer seien.[164]

Nicht nur gesindereiche Viehzuchtgebiete waren auf Zuwanderung angewiesen. Auch in Gemeinden, in denen der Ackerbau dominierte, läßt sich bei starker Gesindehaltung dieses Phänomen beobachten. Besonders anschaulich zeigen das wieder die Zahlen für das großbäuerliche Andrichsfurt. Auch die aus der Altersgruppenrelation berechneten Indexwerte markieren deutlich die Zeit der Jahrhundertwende als Umschwungsphase zur Eigenreproduktion.

Als Abwanderungsgebiete erweisen sich nach den Indexwerten vor allem jene gesindearmen Gemeinden, bei denen Tendenzen zur Lohnarbeit stark wirksam waren. Dies gilt für die Bergknappensiedlung Dürrnberg genauso wie für die Salinen- und Holzarbeitergemeinde Ebensee. Relativ gering ist die Zahl der am Ort verbleibenden Jugendlichen auch in Maria Langegg, wo ebenfalls die Holzarbeit eine große Rolle spielte. Bemerkenswert erscheint, daß beide Pfarrgemeinden mit starker textiler Heimindustrie zu den Abwanderungsgebieten zählten. In Obergrafendorf ist die Tendenz weniger stark, aber doch eindeutig. In Gmünd hingegen wird mit 33,9 im Jahre 1801 der niedrigste Wert des ganzen Samples überhaupt erreicht. Dies

---

162 MITTERAUER, Familienform und Illegitimität.
163 Benedikt PILLWEIN, Das Herzogtum Salzburg, Linz 1819, 96.
164 WALLEITNER, Treue Helfer, 62.

spricht für jenen Teilansatz des Protoindustrialisierungsmodells, der in der Hausindustrie einen Faktor der Bevölkerungsvermehrung sieht, sehr deutlich aber gegen jenen, der ein besonders langes Verbleiben der Kinder im Elternhaus annimmt. Die für den Gesindedienst charakteristische Altersphase wurde gerade nicht primär in der Heimatgemeinde verbracht. Einschränkend ist freilich zu bemerken, daß mit der Intensivierung der Baumwollweberei in der Pfarre Gmünd die Verweildauer der heranwachsenden Kinder und Jugendlichen deutlich zunahm. Die höchste Abwanderungsquote fällt vor diese Zeit und hatte wohl insgesamt mit der im Vergleich zu den Ressourcen dieses kargen Hochlandgebiets zu starken Reproduktion zu tun.

Die Weinbaugebiete des untersuchten Samples zeichnen sich trotz der Tendenz zu Lohnarbeit nicht durch Überreproduktion der Bevölkerung aus. Im Gegenteil, in Perchtoldsdorf ist eindeutig Zuwanderung zu erschließen. Das hat aber wohl nichts mit generativem Verhalten und Arbeitskräftebedarf der Weinhauerfamilien zu tun. Es wurde schon darauf hingewiesen, daß Weinbaugemeinden häufig starke städtisch-gewerbliche Strukturen entwickeln. Handwerkerbetriebe und Oberschichtenhaushalte aber konnten überschüssige Arbeitskräfte der Unterschichten auffangen und als Werkstatts- oder Haushaltsgesinde familial einbinden. Städte und größere Märkte waren fast immer über die Eigenreproduktion hinaus auf Zuwanderung angewiesen.

Die breite Streuung der Verhältniszahlen zwischen nicht voll arbeitsfähigen Kindern und voll arbeitsfähigen Jugendlichen verschiedener Altersgruppen zeigen deutlich, daß es in den untersuchten Landgemeinden in der Regel keine entsprechende Balance zwischen Eigenreproduktion der Bevölkerung und lokalem Arbeitskräftebedarf gab. Ein Ausgleich durch Zu- oder Abwanderung war der Normalfall. Eine soziale Wachstumskontrolle, die den Bevölkerungsstand auf dem Niveau des Status quo geregelt hätte, scheint es nicht gegeben zu haben. Die für protoindustrielle Gebiete typische Tendenz zu einem Anwachsen der Bevölkerung über die Grenzen des örtlichen Nahrungsspielraums hinaus dürfte auch unter ganz anderen ökonomischen Voraussetzungen zustande gekommen sein. Den Gebieten mit einer über den Eigenbedarf an Arbeitskräften hinausgehenden Reproduktion standen solche gegenüber, die auf Zuwanderung angewiesen waren. Arbeitskräftezuwanderung spielte nicht nur in Städten und anderen Zentralorten eine maßgebliche Rolle. Manche Landgemeinden waren in noch stärkerem Maße von der Migration abhängig. Im Ostalpenraum gilt dies für ganze Wirtschaftszonen, so etwa die großbäuerlichen Gebiete der Obersteiermark, in Unterkärnten oder dem Salzburger Pinzgau. Die Eigenreproduktion der Landbevölkerung reichte hier vielfach zur Deckung des Arbeitskräftebedarfs nicht aus. In Hinblick auf solche grundlegenden Unterschiede erscheint es zu undifferenziert, von einem „demo-ökonomischen Regelsystem traditioneller Agrargemeinschaften" oder einer „agrarischen Bevölkerungsweise" schlechthin zu sprechen.

Wir haben gesehen, daß eine möglichst weitgehende Abdeckung des familienwirtschaftlichen Arbeitskräftebedarfs durch eigene Kinder das generative Verhalten von Bauern vor allem deswegen nicht primär bestimmt haben dürfte, weil die dadurch entstehende Erbproblematik größeres Gewicht hatte. Auch diese Komponente der Reproduktion ist also mit der familienwirtschaftlichen Struktur bäuerlicher Hausgemeinschaften in Zusammenhang zu sehen. Viele Kinder konnten unerwünscht sein, wenn dadurch die Gefahr einer Zersplitterung des Familienbesitzes entstand. Diese Gefahr war sowohl bei Freiteilbarkeit als auch bei Anerbenrecht gegeben. Wo der Hof mit dem dazugehörigen Grundbesitz ungeteilt weitergegeben wurde, dort mußten an die weichenden Geschwister Erbportionen ausgezahlt werden. Dadurch konnte es zu einer Verschuldung kommen, die im Extremfall zum Verkauf führte. Aber auch wenige Kinder zu haben, war unter dem Aspekt des Erbes nicht unbedenklich. In einer Zeit hoher Mortalität unter Kindern und Jugendlichen bestand durchaus das Risiko, daß selbst bei drei oder vier Kindern, die das Säuglingsalter überlebt hatten, ein Erbgang an die leiblichen Nachkommen durch deren vorzeitigen Tod ausgeschlossen wurde. Die erbliche Weitergabe des Familienbesitzes in direkter Linie war nur durch eine größere Kinderzahl zu sichern.

Solche Überlegungen setzen freilich voraus, daß es so etwas wie „Stammhalterdenken" in bäuerlichen Familien grundsätzlich gegeben hätte. Über derartige Mentalitätsfragen ist aufgrund der hier benützten Quellen schwer ein eindeutiges Urteil abzugeben. Sowohl die Einzelquerschnitte als auch die seriellen Seelenbeschreibungen erlauben jedoch einige Beobachtungen, die es bedenklich erscheinen lassen, Erbhofideologien der jüngeren Vergangenheit als Wesensmerkmal familienwirtschaftlichen Denkens von Bauern in die Geschichte zurückzuprojizieren.

Ein besonders starkes Indiz gegen die Annahme eines Stammhalterdenkens ist die Häufigkeit der Wiederverehelichung von Witwen, die bereits herangewachsene Kinder hatten. Gerade Personenstandslisten aus älterer Zeit, insbesondere aus dem 17. Jahrhundert, lassen den Schluß zu, daß viele Bauernhöfe, aber auch viele Kleinhäuser, durch eine neuerliche Heirat der Hausfrau an deren zweiten Mann übergingen. Diesbezügliche Hinweise sind einerseits dem hohen Anteil von Ehepaaren an der Spitze von Hausgemeinschaften, andererseits deren Alterskonstellationen zu entnehmen. Wiederverehelichungen führten meist zu auffallender Ungleichheit des Alters der Partner.[165] Manchmal ist aber auch der Sachverhalt der Zweitheirat in den Quellen ausdrücklich erwähnt. Mit dem Einsetzen serieller Seelenbeschreibungen im ausgehenden 18. und frühen 19. Jahrhundert werden die diesbezüglichen Verhältnisse noch klarer faßbar. Die Weitergabe des Hauses durch Wiederverehelichung ist freilich damals schon ein im Rückgang begriffenes Phänomen.[166] Es be-

---

165 Diese oft sehr hohen Altersunterschiede bei Zweitheiraten könnten aus heutiger Perspektive leicht durch die höhere sexuelle Attraktivität des jüngeren Partners interpretiert werden. Eine ältliche Witwe, die einen Hof in die Ehe mitbrachte, konnte sich quasi den Luxus eines zwar armen aber in den besten Jahren stehenden zweiten Mannes leisten. Ebenso mußte ein Witwer bei der Partnerwahl weniger auf die Mitgift achten und konnte sich eine attraktive junge Frau aussuchen. Solche Motivationen standen wohl kaum bei den altersungleichen Heiraten im Vordergrund. Es dürfte vielmehr die höhere Arbeitsfähigkeit des jüngeren Partners ausschlaggebend gewesen sein (SIEDER, Strukturprobleme, 182). Auch hier ist also die familienwirtschaftliche Rationalität der Entscheidung einzukalkulieren.
166 In der Pfarre Raab wären etwa 1834 noch 31,1 % der Frauen älter als ihre Männer, 1860 nur mehr 21,3 % (BREITENEDER, Bevölkerungs- und Familienstruktur, 197).

gegnet länger und stärker ausgeprägt bei Kleinbauern und Häuslern.[167] Großbauernfamilien trachteten damals mitunter schon, auch bei Minderjährigkeit des Sohnes, diesem das Erbgut zu erhalten.[168] Der Rückgang der Wiederverehelichung korrespondiert mit einer Zunahme des Ausgedinges als Form der Versorgung verwitweter Bauern und Bäuerinnen.[169] Das Ausgedinge ist ja insgesamt eine Einrichtung, die die lineare Familientradition betont.

Welche Faktoren den Bedeutungsrückgang der Wiederverehelichung von verwitweten Bäuerinnen bedingt haben, wäre einer eingehenden Untersuchung wert, weil damit wichtige Prozesse des Strukturwandels bäuerlicher Familien in Zusammenhang stehen. Über Vermutungen ist diesbezüglich einstweilen nicht hinauszukommen. Der abnehmende Einfluß der Grundherrschaft könnte dabei eine Rolle gespielt haben. In Gegenden, wo bei Besitzwechsel Abgaben zu zahlen waren, hatte der Grundherr starkes Interesse an der Weitergabe von Höfen durch Wiederverehelichung der Witwe.[170] Er konnte dann häufiger mit solchen Leistungen rechnen als bei der Übernahme durch eines der Kinder. Von Seite der Bauern könnte einerseits das Interesse an altersgleicher Heirat, andererseits das Bedürfnis nach geringe-

---

167 JUNGWIRTH, Ländliche Familienstrukturen, 66. Vgl. auch OSTRAWSKY, Zusammensetzung der Hausgemeinschaften, 101 ff.
168 KRABICKA, Übergabemuster, 102, SIEDER, Strukturprobleme, 202.
169 Thomas HELD, Rural retirement arrangement in seventeenth to nineteenth-century Austria: A cross-community analysis, Journal of Family History 7 (1982) Nr. 3, 143.
170 In Oberösterreich etwa zählten die Veränderungsgebühren, hier „Freigelder" genannt, zu den einträglichsten Einnahmen der Grundherren (Georg GRÜLL, Bauer, Herr und Landesfürst, Linz 1963, 198 ff.). Welche Vorteile für die Herrschaft die Wiederverehelichung von Witwen und Witwern hatte, zeigt ein Ratschlag eines alten Herrschaftsbeamten an junge Praktikanten aus dem ausgehenden 18. Jahrhundert: „Meine Untertanen machen lauter gescheide Heiraten, das ist, sie heiraten nicht nach Schönheit, Jugend oder Tugend, sondern nach Geld. Es ist dies für die Herrschaft, für mich, und meine Schreiber, selbst für den Amtmann weit nützlicher. Ein alter Mayer oder Mayerin stirbt natürlich früher als ein jüngerer: es gibt also mehr Gutsveränderungen und Laudemien. Ein junger Mann erzeugt bei einem alten Weibe keine Kinder: Das Gut wird also mit Kinder nit beschwert und wird der Herrschaft leichter heimfällig. Es entstehen in meinem Gericht mehr Irrungen und Streitigkeiten, und selbst mehr Ehebrüche, wovon jeder hundert Pfennige einträgt." Darauf wird geschildert wie man vorging, wenn einmal „ein junger Mensch nach einer jungen Schönen, die nicht viel Vermögen hatte, tappte". Es heißt da: „Wir fordern allerlei alte Ausstände an Fristen, Laudemien und anderen Abgaben und kommen mit einer großen Zeche angestiegen. Dadurch wird der Kerl gezwungen, dem unvermöglichen Liebchen Abschied zu geben und die Hand einem alten oder sonst garstigen, aber reichen Zustand zu bieten. Auf solche Art erhält mancher alte Geck ein hübsches Töchterlein und eine häßliche Trude einen frischen wackeren Kerl zu ihrem Troste. Es hält oft hart, die jungen Leute zu so verzweifelten Entschließungen zu bewegen: aber mein Oberschreiber weiß ihnen schon aufzudamen, daß sie endlich in den saueren Apfel beißen." (ROTTMANNER, Unterricht eines alten Beamten an junge Beamte. Candidaten und Praktikanten 1, Linz 1973, zitiert nach PLATZER, Ländliche Arbeitsverhältnisse, 186 f.). Im Salzburger Hochstiftsterritorium übte die geistliche Obrigkeit im Zusammenwirken mit dem Pfleggericht Druck auf die Wiederverehelichung von Witwen aus. So fügte der Pfarrer von Altenmarkt in der Seelenbeschreibung von 1762 bei zwei älteren Witwen, die beide schon erwachsene Söhne hatten, den Zusatz an: „urgenda ad matrimonium".

rer Arbeitsbelastung im Alter als Motiv angenommen werden. Wie immer dem sei –
der Rückgang des Phänomens ist auffällig und für die Kontinuität der Familienwirtschaft von entscheidender Bedeutung. Als Bruch der Kontinuität erscheint die Wiederverehelichung der Witwe freilich nur aus der Perspektive moderner Erbhofideologie. Für die Zeitgenossen sah das wohl anders aus. Diese Abfolgeform hatte ihre
eigene Rationalität familialer Ökonomie: Nur eine Position innerhalb der Hausgemeinschaft mußte ausgewechselt werden. Sonst blieb alles beim alten. Die Übergabe der Witwe an den Sohn hingegen hatte zur Folge, daß dieser heiraten mußte,
seine Geschwister eine Abfertigung zu erhalten hatten und für die Mutter ein Ausgedinge einzurichten war – insgesamt also ein weitaus aufwendigerer Prozeß der
Neuformierung des Familienverbands.[171]

Ein anderes Indiz gegen ein familienwirtschaftliches Stammhalterdenken ist
die Weitergabe des Hofes an eine Tochter, auch wenn Söhne als Erben in Frage kamen. Freilich ist das eine relativ seltene Erscheinung. Töchter kamen als Erbinnen
von Höfen meist nur dann in Frage, wenn keine männlichen Nachkommen vorhanden waren.[172] Bei Kleinhäusern hingegen ist der Erbgang über Töchter etwas häufiger. Gerade wenn das Haus mit einer Gewerbeausübung verbunden war, konnte
dieser Fall leicht eintreten. Söhne, die beim Vater das Gewerbe gelernt hatten, verließen in der Wanderzeit das Elternhaus.

Für die Frage des Zusammenhangs zwischen erblicher Weitergabe des Familienbetriebs und generativem Verhalten erscheint es besonders interessant, daß in
manchen Gegenden eine nicht unbeträchtliche Zahl von Bauern nach der Hofübernahme durch längere Zeit oder überhaupt lebenslänglich ledig blieben. In ländlichen Gesellschaften, in denen ein solches Verhalten möglich war, kann der Wunsch
nach familienbetrieblicher Kontinuität im Mannesstamme nicht sehr stark gewesen
sein. Ein bäuerliches Stammhalterdenken ist hier wohl auszuschließen.

Das Phänomen von Bauern, die auf Zeit oder auf Dauer ledig blieben, begegnet
zeitlich, räumlich und schichtenspezifisch beschränkt. Es kommt kaum vor der
2. Hälfte des 18. Jahrhunderts vor und tritt verstärkt um die Mitte des 19. Jahrhunderts auf. Im 17. Jahrhundert weisen die Personenstandslisten ledige Bauern nur
ganz selten aus – praktisch bloß in der damals ganz kurzen Phase zwischen Übernahme und zeitlich mit ihr eng verbundenen Hochzeit. Räumlich stehen in der Verbreitung des Phänomens die gesindereichen Regionen im Vordergrund. Hier
konnte leicht eine Magd die Rolle der Hausfrau übernehmen. Wie wir am Beispiel
der Pfarre Egg im Bregenzer Wald gesehen haben, begegnen ledige Hausherren in

---

171 Die Weitergabe des Gutes über die Witwe an den zweiten Mann kam allerdings nur dort in
    Frage, wo das eheliche Güterrecht dies zuließ, indem es Gütergemeinschaft mit Aufgriffs-
    recht der Witwe vorsah. Im österreichischen Raum war das in Niederösterreich, Ober-
    österreich, Steiermark und den meisten Gebieten Salzburgs der Fall. In Vorarlberg, Tirol,
    Kärnten und dem Salzburger Lungau gab es keine Gütergemeinschaft mit Aufgriffsrecht
    (Josef BUCHINGER, Der Bauer in der Kultur- und Wirtschaftsgeschichte Österreichs, 1952,
    153).
172 Für die Pfarre Andrichsfurt diesbezüglich ausführlich KRABICKA, Übergabemuster, 45.

größerer Zahl allerdings gelegentlich auch in völlig gesindelosen Gebieten. Hier mußte die Rollensubstitution durch die Mutter oder eine Schwester erfolgen. Das Zusammenleben lediger Geschwister bestimmte in der Pfarre Egg und wohl auch in benachbarten Gebieten des Bregenzer Waldes die Besonderheit der Familienstruktur. Nach der Schichtzugehörigkeit sind ledig verbleibende Hausherren ein typisch bäuerliches, vor allem ein großbäuerliches Phänomen. Bei Kleinbauern und Häuslern fehlt es fast vollkommen. Auch das hat mit den besseren Möglichkeiten der Rollenergänzung in den gesindereichen Bevölkerungsgruppen zu tun.[173]

Die Zunahme der Haushaltskonstellationen um ledige Bauern im ausgehenden 18. und vor allem im 19. Jahrhundert hängt sicher mit der Abnahme des grundherrschaftlichen Einflusses zusammen, der insgesamt in älterer Zeit den hohen Prozentsatz von vollständigen Familien maßgeblich beeinflußt haben dürfte. Derselbe Pfarrer von Altenmarkt im Pongau, der sich bei zwei älteren Witwen „urgenda ad matrimonium" vormerkte, schrieb bei einem jungen, ledigen Bauern hinzu: „modo uxoratus". Bauern die dieser Verehelichungspflicht nicht nachkamen, wurden im Salzburger Hochstiftsterritorium mit dem Entzug ihrer Güter bedroht. Einen indirekten Schluß auf solche Zusammenhänge ermöglicht auch der Umstand, daß mit der Grundentlastung die Zahl ledig bleibender Bauern stark zunahm.[174] Freilich scheint schon vor der endgültigen Aufhebung des Untertänigkeitsverhältnisses im Jahre 1848 die Einflußnahme der Grundherrschaften auf die bäuerlichen Familienverhältnisse stark nachgelassen zu haben.

Das Interesse der Grundherrschaft an einer geordneten Wirtschaftsführung der Bauernfamilien, die eine Besetzung der beiden Zentralrollen voraussetzte, erscheint in seiner Motivation ziemlich klar. Weniger einsichtig ist das Interesse von Bauern, diesen Ordnungsvorstellungen nicht zu entsprechen. Für Bayern hat Hazzi in seinen Ortsbeschreibungen verschiedene solcher Motive für die geringe Ehelust junger Bauern zusammengestellt, die zumindest für jene Gebiete Österreichs Geltung beanspruchen dürften, in denen eine ähnliche Agrarverfassung gegeben war.[175] Für die Zeit grundherrlicher Abhängigkeit sind hier vor allem die hohen Gerichtstaxen zu nennen, die an Grundherren bzw. landesfürstliche Beamte bei der Verehelichung zu entrichten waren. Diese Abgaben waren ein so schwerwiegender Faktor, daß sie zu Heiraten mit reichen Partnerinnen zwangen, die vielfach nicht die Zuneigung des Hoferben hatten. Auch die Zahlungen an die weichenden Erben machten es oft notwendig, eine reiche, aber ungeliebte Braut zu wählen. Die Abneigung gegen solche reine Geldheiraten wirkte sich auf die Heiratsbereitschaft der Übernehmer negativ aus. Die Abfindung der Geschwister wurde vor allem mit zunehmender Bedeutung des Gleichheitsgedankens unter den Erben in Gebieten mit

---

173 In der oberösterreichischen Pfarre Waizenkirchen etwa betrugen die Prozentsätze der Konstellationen um ledige und verwitwete Bauern im Jahre 1831 19,4 bei den Bauern, 7,1 bei den Söldnern und 0,4 bei den Häuslern (JUNGWIRTH, Ländliche Familienstrukturen, 76).
174 KRABICKA, Übergabemuster, 63.
175 PLATZER, Ländliche Arbeitsverhältnisse, 186 ff.

Tafel 27:
Entwicklungszyklus der Hausgemeinschaft Walketseder auf dem Bergerhof, Krammern Nr. 7, Pfarre Andrichsfurt, OÖ, 1838–1889

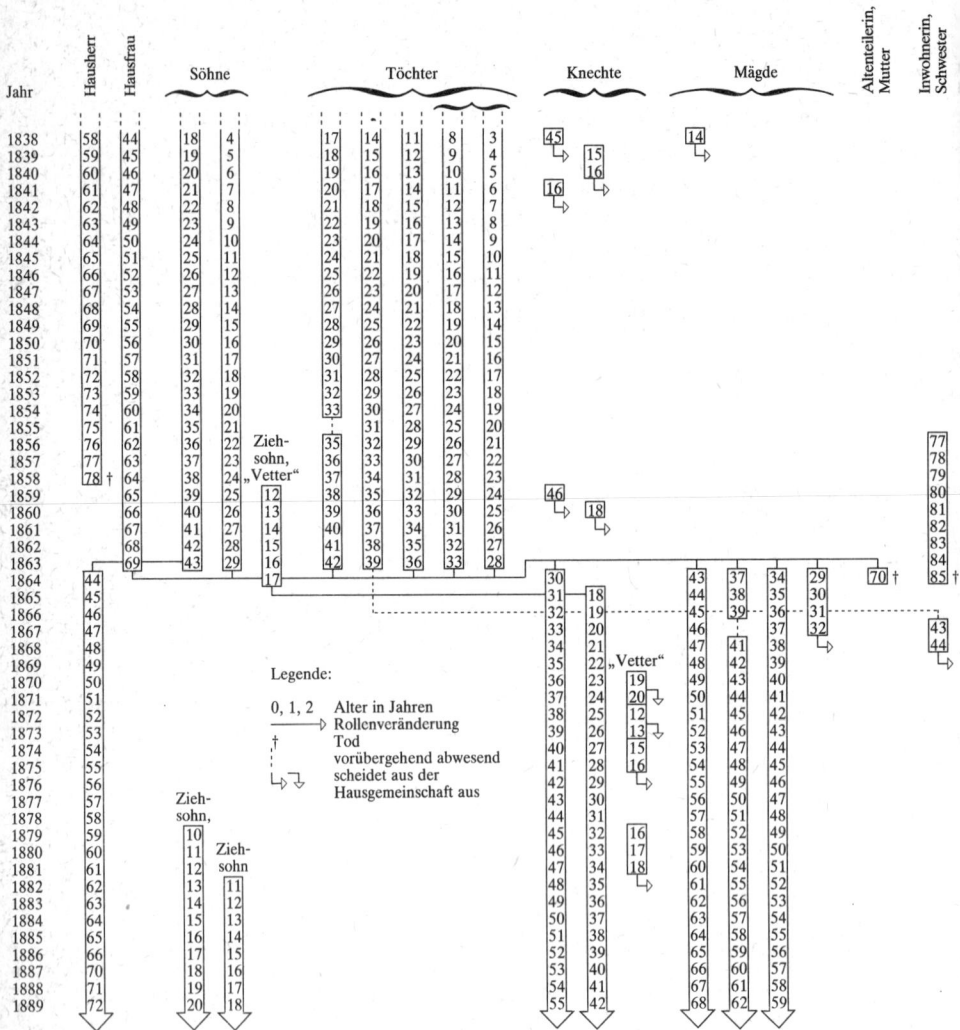

Jahr	Hausherr	Hausfrau	Söhne			Töchter					Knechte		Mägde				Altenteilerin, Mutter	Inwohnerin, Schwester
1838	58	44	18	4		17	14	11	8	3	45		14					
1839	59	45	19	5		18	15	12	9	4		15						
1840	60	46	20	6		19	16	13	10	5		16						
1841	61	47	21	7		20	17	14	11	6	16							
1842	62	48	22	8		21	18	15	12	7								
1843	63	49	23	9		22	19	16	13	8								
1844	64	50	24	10		23	20	17	14	9								
1845	65	51	25	11		24	21	18	15	10								
1846	66	52	26	12		25	22	19	16	11								
1847	67	53	27	13		26	23	20	17	12								
1848	68	54	28	14		27	24	21	18	13								
1849	69	55	29	15		28	25	22	19	14								
1850	70	56	30	16		29	26	23	20	15								
1851	71	57	31	17		30	27	24	21	16								
1852	72	58	32	18		31	28	25	22	17								
1853	73	59	33	19		32	29	26	23	18								
1854	74	60	34	20		33	30	27	24	19								
1855	75	61	35	21			31	28	25	20								
1856	76	62	36	22 (Zieh-sohn, „Vetter")		35	32	29	26	21								77
1857	77	63	37	23		36	33	30	27	22								78
1858	78 †	64	38	24		37	34	31	28	23								79
1859		65	39	25	12	38	35	32	29	24	46							80
1860		66	40	26	13	39	36	33	30	25		18						81
1861		67	41	27	14	40	37	34	31	26								82
1862		68	42	28	15	41	38	35	32	27								83
1863		69	43	29	16	42	39	36	33	28								84
1864	44				17						30		43	37	34	29	70 †	85 †
1865	45										31	18	44	38	35	30		
1866	46										32	19	45	39	36	31		
1867	47										33	20	46	40	37	32		43
1868	48										34	22 „Vetter"	47	41	38			44
1869	49										35	19	48	42	39			
1870	50										36	20	49	43	40			
1871	51										37	12	50	44	41			
1872	52										38	13	51	45	42			
1873	53										39	15	52	46	43			
1874	54										40	16	53	47	44			
1875	55										41		54	48	45			
1876	56										42		55	49	46			
1877	57	Zieh-sohn,									43		56	50	47			
1878	58	sohn,									44		57	51	48			
1879	59	10									45	16	58	52	49			
1880	60	11	Zieh-								46	18	59	53	50			
1881	61	12	sohn								47		60	54	51			
1882	62	13	11								48		61	55	52			
1883	63	14	12								49		62	56	53			
1884	64	15	13								50		63	57	54			
1885	65	16	14								51		64	58	55			
1886	66	17	15								52		65	59	56			
1887	70	18	16								53		66	60	57			
1888	71	19	17								54		67	61	58			
1889	72	20	18								55		68	62	59			

Legende:

0, 1, 2	Alter in Jahren
——→	Rollenveränderung
†	Tod
	vorübergehend abwesend
↳ ⇗	scheidet aus der Hausgemeinschaft aus

Anerbenrecht zu einem Problem. Über die Rolle des Ausgedinges für den geringen Ehewillen schreibt Hazzi: „. . . Als eine der Hauptursachen der sehr mittelmäßigen Ehelust (wird) angegeben, daß die Eltern das Gut so lange nicht übergeben wollen, die Kinder darüber auch alt werden und meistens erwachsene uneheliche Kinder haben, ehe sie auf das Gut kommen, wo dann bei ihnen alle Ehelust erloschen ist."[176]

Die Altenteilsregelungen, die im 19. Jahrhundert allgemein an Bedeutung stark zunahmen, könnten auch in anderer Hinsicht die bäuerlichen Familienverhältnisse derart beeinflußt haben, daß sich daraus das Phänomen ledig bleibender Bauern erklären läßt. Ausgedingeverträge sicherten nicht nur die Versorgung des Altbauern und seiner Gattin auf dem Hof. Auch für Geschwister, insbesondere für ledige Schwestern, wurden Regelungen getroffen. Die seriellen Seelenbeschreibungen zeigen dementsprechend mit Zunahme der Ausgedinge auch eine Zunahme der in der Hausgemeinschaft verbleibenden ledigen Schwestern. Daraus konnten sich Arrangements ergeben, die sowohl für den jungen Bauern als auch für seine Schwester Vorteile brachten. Die Schwester war auf Dauer im Haus mitversorgt, eventuell sogar zusammen mit unehelichen Kindern. Der Bauer ersparte sich die Mitgift. Zugleich hatte er jemanden, der für ihn den Haushalt führte. Die Schwester ersetzte so in der Familienwirtschaft die Ehefrau.

Mit zunehmenden Schwierigkeiten, den Geschwistern entsprechende Erbportionen auszuzahlen, scheint im 19. Jahrhundert das Zusammenbleiben lediger Geschwister gerade auf großen Bauernhöfen an Bedeutung gewonnen zu haben. Ein Beispiel aus Andrichsfurt soll diese Konstellation der Familienwirtschaft erläutern.[177]

Nicht weniger als sieben Kinder – zwei Söhne und fünf Töchter – lebten hier noch als Erwachsene auf Dauer mit ihren Eltern in Hausgemeinschaft. Als achtes kam noch ein Ziehsohn aus der Verwandtschaft hinzu. Der Vater führte den Hof bis zu seinem Tod im hohen Alter von 78 Jahren. Aber auch dann übergab die Witwe nicht und behielt weiterhin die Rolle der Hausfrau. De facto wird damals schon der älteste Sohn die Wirtschaft geführt haben. De iure wurde er aber erst sechs Jahre später Bauer, als die fast siebzigjährige Mutter ins Ausgedinge ging. Er war damals schon 44 Jahre alt und dachte wohl nicht mehr an eine Heirat. Auch nach der Übergabe blieben nicht weniger als vier Schwestern im Haus, von denen die älteste die Hausfrauenrolle übernommen haben dürfte. Sie alle mit einer Mitgift auszustatten, wäre für den Hof sicher eine große Belastung gewesen. Eine einzige könnte später geheiratet haben. Sie hatte ein uneheliches Kind bekommen, das auf einige Zeit auf dem Hof behalten wurde. Auch der Bruder und der als „Vetter" bezeichnete Ziehbruder blieben als Ledige im Haus. Je drei erwachsene Männer und Frauen dürften dem Arbeitskräftebedarf des Hofes im wesentlichen entsprochen haben. Gelegentlich nahm man zusätzlich ein „Knechtl" ins Haus. Durch mindestens zweieinhalb Jahrzehnte wirtschafteten die sechs ledigen Geschwister gemeinsam, ein Zustand, an den sie sich wohl in der langen Wartephase auf den Generationswechsel schon gewöhnt hatten.
Neben der sicher ungewöhnlichen Konstellation einer langfristigen Haushaltsgemeinschaft lediger Geschwister ist an dieser Familienwirtschaft auch die Lösung des Erbfolgeproblems in-

176 Ebenda 188.
177 Krabicka, Übergabemuster, 104.

teressant. Man ging diese Frage an, als der Bauer immerhin schon 58 Jahre alt war. Ein Ziehsohn wurde ins Haus genommen, drei Jahre später folgte ein zweiter. Die Verbindung von Erbstrategie und Arbeitskräftebedarf ist dabei unübersehbar. Man nahm nämlich nicht Kleinkinder auf, sondern solche, die bald voll zur Mitarbeit einsetzbar waren. Tatsächlich entließ man unmittelbar bevor der zweite Ziehsohn ins Haus kam den Kleinknecht. Der ältere Ziehsohn war damals eben zwölf Jahre geworden. Auch der zweite konnte bald darauf voll in den Arbeitsprozeß eintreten. Sicher war auch an eine Verjüngung des insgesamt überalterten Arbeitskräftepotentials gedacht.

Trotz der extremen Verhältnisse zeigt der skizzierte Ablauf der Hausgemeinschaft Berger einige Gegebenheiten, die für Familienkonstellationen um ledige Bauern charakteristisch sind. Hinsichtlich der Ergänzung der Hausfrauenrolle sind alle drei wesentlichen Varianten – Mutter, Schwester oder Magd – repräsentiert. Die Schwestern wurden hier ja durchgehend in den Seelenbeschreibungen als Mägde geführt. Die Rollenergänzung durch die Mutter dürfte vor allem für die Frühphase nach der Übernahme des Hofes charakteristisch gewesen sein. In manchen Gebieten Kärntens ging das so weit, daß der junge Bauer mit der Heirat sogar den Tod der Mutter abwarten mußte.[178] Die Einrichtung des Ausgedinges war dort nicht üblich. Das Nebeneinander von älterer und jüngerer Hausfrau stellte aber sicher eine besondere Spannungssituation dar, die man vermeiden wollte. Die Schwester als Hausfrau erschien für ledige Bauern als eine langfristige Lösung. Aus der Pfarre Raab ist ein Fall überliefert, wo nach dem Tod der Mutter vier ledige Schwestern nacheinander für zwei ledige Brüder als Bauern den Haushalt führten. Jede der Schwestern bekam zumindest ein uneheliches Kind. Ehelosigkeit schloß also sexuelle Beziehungen keineswegs aus – auch nicht bei den ledigen Bauern. Sie sind hier nur quellenmäßig nicht so deutlich faßbar, weil die illegitimen Kinder jedenfalls die ersten Jahre bei der Mutter verblieben. Es war jedoch keineswegs ausgeschlossen, daß sie später der Vater ins Haus nahm, etwa als Ziehkinder, die dann durchaus als Erben in Frage kamen.

Die völlig problemlose Übergabe von Bauernhöfen an Ziehsöhne zeigt neuerlich, daß der Wunsch nach leiblichen Erben in der bäuerlichen Bevölkerung des Untersuchungsgebiets für das generative Verhalten keineswegs entscheidend war. Charakteristisch für Ziehkinder, die als Erben vorgesehen sind, erscheint die relativ späte Aufnahme. Man nahm sie nicht schon als Kleinkinder ins Haus, wie das in Versorgungsfällen – etwa bei Waisenkindern – üblich war. Manchmal kam der vorgesehene Erbe nicht mehr in die Position des Ziehsohns, sondern gleich in die des Knechts. Daran ist der fließende Übergang zwischen Ziehkindern und Gesinde ersichtlich. Die in den seriellen Seelenbeschreibungen keineswegs seltenen Fälle der Hofübergabe an einen Knecht sind so zu erklären, daß die Rolle des Erben in dieser Weise substituiert wurde. Meist stand der präsumtive Übernehmer zum Hofinhaber in einer verwandtschaftlichen Beziehung. Auch geistliche Verwandtschaft durch Patenschaft konnte für die Erbfolge nach ledigen oder kinderlosen Bauern maßgeblich sein. Hinweise auf ein Geblütsdenken lassen sich bei solchen Sukzessionsformen nicht finden.

---

178 Mitterauer, Familienformen und Illegitimität, 142 und 148.

Die große Bedeutung von Kindern als Arbeitskräfte sowie deren vielfach überschätzte Bedeutung als Erben in ländlichen Familienwirtschaften lassen leicht übersehen, daß die Weitergabe an Kinder keineswegs ein konstitutives Merkmal solcher Familienwirtschaften ist. Sicher trifft es zu, daß im bäuerlichen Familienbetrieb im Vergleich zum städtisch-handwerklichen eine viel stärkere Tendenz zur Erblichkeit bestand.[179] Das hängt auch mit Unterschieden in der Rolle von Kindern als Arbeitskraft und dementsprechend mit ihrem Verbleib im Elternhaus zusammen. Es sollte darüber aber nicht vernachlässigt werden, daß es auch im ländlichen Raum viele Familien und viele Familienwirtschaften gab, die nicht patri- oder uxorilokal, sondern neolokal waren. Bei Neolokalität aber spielte das Erbe von Produktionsmitteln eine geringe Rolle. Kam es zu einer neolokalen Ansiedlung, so wurde das Haus bzw. der dazugehörige Grundbesitz in der Regel gekauft.

Neolokale Ansiedlung hatte vor allem für ländliche Unterschichtenfamilien Bedeutung. Bei Bauern spielte sie eine viel geringere Rolle. So wurde für die Pfarre Andrichsfurt aus den seriellen Seelenbeschreibungen berechnet, daß zwischen 1813 und 1873 51,2% der Kleinhäusler, aber nur 17,6% der Bauern auf der Basis des Hauskaufs eine Familie begründeten.[180] Freilich nahm hier in der zweiten Hälfte des Untersuchungszeitraums auch bei den Bauern diese Form der Hausstandsgründung im Vergleich zur ersten Hälfte deutlich zu. Bei der Problematik Neolokalität und Familienwirtschaft wird also nicht nur schichtenspezifisch, sondern auch zeitlich stark zu differenzieren sein. Daneben sind regionale Unterschiede zu beachten, die einerseits mit Schichtungsfragen, andererseits mit Ökotypen zusammenhängen.

Die schichtenspezifischen Unterschiede hinsichtlich neolokaler Ansiedlung sind relativ einfach zu erklären. Ein Kleinhaus ließ sich aus den Ersparnissen bzw. Erbanteilen eines Knechts und einer Magd durchaus erwerben. Die Voraussetzungen dafür konnten zwar meist erst nach langen Dienstzeiten geschaffen werden, was im Vergleich zu Bauern zu späterer Heirat führte, das Ziel schien jedoch immerhin auf dieser Grundlage erreichbar. Einen Bauernhof zu kaufen, war auf der Basis von Gesindelöhnen jedoch auch bei größter Sparsamkeit praktisch ausgeschlossen. Wechselte ein Bauernhof seinen Besitzer, so geschah das meist als Verbesserung vom Klein- zum Mittelbauern oder vom Mittelbauern zum Großbauern. In solchen Fällen handelte es sich aber eigentlich nicht um Neolokalität, da der Hauskauf ja nicht die Basis der Familiengründung darstellte. Dies war nur dann der Fall, wenn ein reicher Bauer für ein nicht im Haus verbleibendes Kind ein Gut erwarb.

Während bei Kleinhäusern der häufige Besitzwechsel eine weit zurückreichende Erscheinung darstellt, gewann er bei Bauernhöfen im Lauf des 19. Jahrhunderts zunehmend an Bedeutung. Das hat nicht nur mit dem Vordringen der Geldwirtschaft zu tun. Eine wichtige Rolle spielte dabei auch die zunehmende Verschul-

---

179 MITTERAUER, Zur familienbetrieblichen Struktur.
180 KRABICKA, Übergabemuster, 77 ff. JUNGWIRTH, Ländliche Familienstrukturen, 42, formulierte im gleichen Sinn: „Die Trendstärke zur Neolokalität ist umgekehrt proportional zur Besitzgröße."

dung im Anschluß an die Grundentlastung und als Auswirkung der besitzrechtlichen Gesetzesregelungen der liberalen Ära.

Der Zusammenhang zwischen Neolokalität und Intensität der Geldwirtschaft läßt sich auch im Vergleich der Ökotypen beobachten. So sind die relativ autarken Bergbauernregionen des österreichischen Raums durch eine hohe familiale Besitzkontinuität charakterisiert, die freilich nicht Erblichkeit im Mannesstamm bedeuten mußte. In stärker dem Markt geöffneten Gebieten ist die Grundbesitzmobilität viel höher. Insbesondere gilt dies für Weinbaugebiete. Hier ist nicht nur die Geldwirtschaft besonders entwickelt. Auch die Dominanz des Kleinbesitzes fördert die Neolokalität. Die häufig anzutreffende Verbindung von Weinbau und Handwerk wirkt sich in dieselbe Richtung aus. Bei ländlicher Heimindustrie ist ebenso vorwiegend Kleinbesitz gegeben. Auch hier begünstigt verstärkte Geldwirtschaft die Neolokalität.

Durchaus auch in wissenschaftlichen Publikationen findet sich das Klischeebild der traditionellen Landfamilie, die vom „ehernen Gesetz von Besitz und Erbschaft" geprägt wird. Dem ist entgegenzuhalten, daß im ländlichen Raum in historischen Zeiten Neolokalität keineswegs eine seltene Erscheinung war. Sie begegnet vor allem in den ländlichen Unterschichten, deren Bedeutung in historischen Agrargesellschaften vielfach stark unterschätzt wird. In diesen Schichten spielte freilich, wie gezeigt werden konnte, das familienbetriebliche Element eine weit geringere Rolle als bei den Bauern. Neolokalität korrespondiert im ländlichen Raum also weniger mit den Formen familialer Kooperation und Arbeitsorganisation als mit individueller Erwerbstätigkeit.

Die Residenzmuster der Neolokalität sind für die gesamte Familienstruktur von entscheidender Bedeutung. Neolokalität ist stets mit der Tendenz zur Kernfamilie verbunden. Patrilokalität hingegen fördert erweiterte Familienformen, bei denen das Ehepaar mit Eltern, Elternteilen oder sonstigen Verwandten zusammenlebt.[181] Für die familiale Arbeitsorganisation sind diese Unterschiede von zentraler Bedeutung. Auf die Frage des Zusammenwirkens mit Geschwistern wurde schon mehrfach eingegangen – sei es, daß diese als Knechte und Mägde im Haus des übernehmenden Bruders blieben, sei es, daß sie im Ausgedinge mitlebten, sei es, daß sie eine Arbeitsgemeinschaft lediger Geschwister bildeten, wie das in Vorarlberger Heimindustriegebieten beobachtet werden konnte. Auch die Frage der Stellung von Altenteilern in der ländlichen Familienwirtschaft wurde schon gestreift. Einige Ergänzungen sind diesbezüglich noch am Platz.

Unsere Kenntnisse über die Situation von Altenteilern entstammen primär den Ausgedingeverträgen. Diese Rechtsquellen erwecken im großen und ganzen den Eindruck, daß sich der Altbauer mit der Hofübergabe zur Ruhe setzte und nicht

---

181 Aus der Sicht historischer Familienverhältnisse in Europa muß dieser von Ethnologen und Anthropologen benützten Typologie der Typ der Haushaltsgründung durch Heirat mit einer Witwe hinzugefügt werden. Es handelt sich dabei um einen speziellen Fall der Uxorilokalität, der als Familienstruktur die rekonstruierte vollständige Kernfamilie zur Folge hat.

mehr mitarbeitete. In diesem Sinne wären Altenteiler zur bäuerlichen Familie, nicht aber zum bäuerlichen Familienbetrieb zu rechnen. Die Realität scheint freilich vielfach anders gewesen zu sein, als es die Ausgedingeverträge als Norm beschreiben. Mitunter geben aber selbst diese Rechtsquellen Hinweise auf eine Zusammenarbeit zwischen dem jungen und dem alten Paar. Der Fall einer vereinbarten Entlohnung der Auszügler aus Maria Langegg für Mitarbeit wurde schon erwähnt. Aus derselben Pfarre stammt der Übergabevertrag eines 62jährigen Schneidermeisters und seiner 65jährigen Gattin, in dem es heißt, die beiden Eheleute sollten „sowohl bei der Profession als auch in anderen Fällen fleissig und nach ihren Kräften arbeiten, nicht minder den in fremder Arbeit verdienten Taglohn dem neuen Stifter jederzeit alsogleich zu behändigen verbunden" sein.[182] Die Stelle zeigt, daß bei kleinen Landhandwerkern die Mitarbeit der Altenteiler im Familienbetrieb durchaus erwartet wurde, im Falle der Schneiderei auch der alten Frau. Die über die Profession hinausgehenden „anderen Fälle" betrafen wohl die kleine Landwirtschaft der Häuslerfamilie. Interessant erscheint jedoch vor allem der Hinweis, daß über die Mitarbeit im Familienbetrieb hinaus Taglohnarbeiten der Altenteiler berücksichtigungswürdig erschienen. Beim Vater dürfte es sich dabei vor allem um Holzarbeit gehandelt haben. Ein anderer Altenteiler der Pfarre behielt sich ausdrücklich sein Holzhackerhandwerkzeug vor. Auch dieser nicht aus der Familienwirtschaft stammende Zusatzverdienst ging im behandelten Fall in die gemeinsame Familienkasse.

Soweit bei Landhandwerkern, Häuselleuten und Kleinbauern überhaupt ein Ausgedinge vereinbart wurde, scheint die Mitarbeit der Altenteiler keineswegs eine Ausnahme gewesen zu sein. So verzeichnen etwa die Seelenbeschreibungen der Pfarre Gmünd bei den Altenteilern sehr häufig Berufsangaben, die manchmal auch von denen der Hausbesitzer abweichen. Auch kommen Hinweise vor, daß Altenteiler als Weber arbeiteten und in diesem Beruf Lehrlinge ausbildeten. Bei Bauernfamilien sind hinsichtlich der Mitarbeit der Altenteiler nur indirekte Schlüsse möglich. Eindeutig ist die Situation, wenn der Übernehmer nicht sofort heiratete und außer der Mutter keine andere Frau im Haus war, die die Hausfrauenrolle übernommen hätte können. Gerade bei der Altenteilerin ist allgemein mit einer weitgehenden Mitarbeit zu rechnen. Nicht ihre Leistungsfähigkeit, sondern die des Altbauern war ja in erster Linie für den Übergabetermin maßgeblich, soweit dieser überhaupt vom Gesundheitszustand der Eltern abhing. Eine über den Hofwechsel hinausgehende Mitarbeit der Mutter ist auch aus anderen Gründen wahrscheinlich. Sie war meist jünger als der Altbauer, insbesondere bei Zweitehen. Häusliche Arbeiten konnten auch im Alter noch leichter bewältigt werden als die schwere Feldarbeit. Zumindest in der Kinderaufsicht dürfte die Altenteilerin oft mitgeholfen haben. Wenn nach den seriellen Seelenbeschreibungen bei mitlebenden Altenteilern zum Zeitpunkt der Geburt der ersten Kinder vom jungen Bauernpaar keine Kindsdirn aufgenommen wurde, so deutet das auf eine solche Unterstützung. Schwieriger ist es, über die Mitarbeit des Altbauern Aussagen zu machen. Aber auch diesbezüglich sind aus den

---

182 OSTRAWSKY, Zusammensetzung der Hausgemeinschaften, 280.

seriellen Seelenbeschreibungen Schlüsse möglich. Wenn etwa nach der Hofübergabe sofort ein zusätzlicher Knecht aufgenommen wurde, so deutet das klar darauf
hin, daß der alte Vater nicht mehr einsatzfähig war oder nicht mehr mitarbeiten
wollte. Solche Fälle sind freilich selten. Häufiger kommt es vor, daß bei fortgeschrittenem Alter des Altenteilers oder unmittelbar nach dessen Tod ein weiterer Knecht
hinzukam. Daraus kann dann wohl auf eine Mitarbeit über den Übergabetermin
hinaus geschlossen werden. Wahrscheinlich handelte es sich dabei um eine graduell
immer mehr abnehmende Unterstützung – dem jeweiligen Arbeitsvermögen des
Altenteilers angemessen. In Hinblick auf solche gleitende Übergänge ist die Frage:
Mitarbeit oder Ruhestand, in dieser alternativen Form wohl überhaupt falsch gestellt. Generelle Aussagen lassen sich insgesamt zu diesem Problemkreis schwer
machen. Sehr viel hing ja vom jeweiligen Einvernehmen zwischen der älteren und
der jüngeren Generation ab. Als allgemeine Regel wird man bloß festhalten können, daß die Altenteiler wahrscheinlich bei Kleinbesitzern eher mitarbeiteten als bei
Großbauern. Bei letzteren bestand dazu ja nicht in gleichem Maße die Notwendigkeit. Auch kam es bei Großbauern häufiger zu einer räumlichen Separierung, was
die Kooperation sicher nicht begünstigte.

Altersgrenzen der Mitarbeit in ländlichen Familienbetrieben festzustellen, erscheint insgesamt als ein sehr schwieriges Problem. Ebenso wie für Altenteiler gilt
dies für Kinder und Jugendliche. Der Übergabetermin ist als Zäsur ebenso fragwür-
dig wie die 12-Jahres-Grenze. Einen klar faßbaren Einschnitt, ab dem bzw. bis zu
dem mitgearbeitet wurde, gab es eben in ländlichen Familienwirtschaften nicht. Der
Zwang, Abgrenzungen vorzunehmen, entsteht für den Historiker vor allem durch
die Anwendung quantifizierender Methoden. Bei der Arbeit mit Massenquellen lassen sich gleitende Übergänge in bestimmten Altersphasen schwer berücksichtigen.
Die Auswertung individueller Entwicklungszyklen auf der Basis serieller Seelenbeschreibungen kommt da der Realität schon viel näher. Sie macht die Vielfalt unterschiedlicher Arrangements in der familialen Arbeitsorganisation deutlich.

Die Übergänge zwischen vollem Einsatz im Familienbetrieb und Noch-nicht-
bzw. Nicht-mehr-Mitarbeit klar zu fassen, wäre vor allem für eine zentrale Frage
familienwirtschaftlicher Ordnung wichtig: Wie verhielt sich die Familie als Produktionseinheit zur Familie als Konsumtionseinheit? Gerade in der ländlichen Familienwirtschaft war ja die Produktion sehr unmittelbar an den Bedürfnissen des Kon-
sums orientiert. Eine angemessene Balance zwischen Produzenten und Konsumenten innerhalb der Kleingruppe herzustellen, dürfte eines der Grundprobleme familialer Ökonomie im ländlichen Raum gewesen sein.[183] In diese Richtung weiter zu
forschen, wäre sicher eine lohnende Aufgabe. Die bisherige Beschäftigung mit historischen Formen der Landfamilie hat dazu noch wenig konkrete Quellenarbeit geleistet. Über die in der vorgelegten Studie zentrale Fragestellung ginge eine solche
Weiterführung des Themas freilich hinaus.

---

183 Zu dieser Frage mit besonderer Berücksichtigung der Altenteilerproblematik David
GAUNT, Formen der Altersversorgung in Bauernfamilien Nord- und Mitteleuropas, in:
MITTERAUER und SIEDER (Hg.), Historische Familienforschung, 175 ff.

Formen ländlicher Familienwirtschaft sollten hier als Einheit der Arbeitsorganisation behandelt werden. Verbindungen zwischen sozialen Makro- und Mikrostrukturen standen dabei im Vordergrund. Das Konzept der Ökotypen als Ausgangspunkt hat diesbezüglich manche Zusammenhänge erkennen lassen. Aber auch die Grenzen dieses Erklärungsansatzes wurden sichtbar. So sehr die historischen Formen der Familie gerade im ländlichen Raum von Gegebenheiten des Arbeitslebens geprägt erscheinen – die Vielfalt bedingender Faktoren des familialen Zusammenlebens ist in einer Beschränkung auf diesen Ansatz sicher nicht in befriedigender Weise zu erfassen.

NORBERT ORTMAYR

Ländliches Gesinde in Oberösterreich 1918–1938

I. Problemstellung und Methode

Eine Folge der seit dem späten 18. Jahrhundert einsetzenden gesamtgesellschaftlichen Wandlungsprozesse war die Umwandlung eines wachsenden Teiles der geleisteten Arbeit in freie Lohnarbeit. In einem langwierigen Prozeß kam es zur Transformation traditioneller Unterschichtgruppen in die sich herauskristallisierende freie Lohnarbeiterschaft. Lohnarbeit auf Lebenszeit wurde zur vorherrschenden Form unselbständiger Arbeit.[1]

Das ländliche Gesinde zählte zu jenen traditionellen Unterschichtgruppen, in denen sich bis ins 20. Jahrhundert das Prinzip der freien Lohnarbeit nicht oder nur sehr begrenzt durchgesetzt hatte. Das Thema dieser Arbeit ist die Analyse der Lebenswelt dieser Gruppe in einem regional und zeitlich begrenzten Rahmen.

1980 wurden in Oberösterreich 554 in der Hausgemeinschaft ihres Arbeitgebers lebende Landarbeiter gezählt. 1869 waren es 161.233 „stabile Dienstleute". 1934 betrug die Zahl des bäuerlichen Gesindes immerhin noch 62.499, das sind

Für Anregungen und kritische Bemerkungen danke ich J. Ehmer, M. Mitterauer, R. Sieder und Nicolai Wandruszka. Ebenso möchte ich Herrn Mayerhofer (Landesarchiv Linz) für seine Hilfsbereitschaft danken.
Die in der Arbeit zitierten Familiennamen der Interviewpersonen sind Pseudonyme.
  1 Jürgen Kocka, Lohnarbeit und Klassenbildung, Berlin 1983.

33,2 % der in der Land- und Forstwirtschaft unselbständig Beschäftigten und 17,7 % der unselbständig Beschäftigten aller Wirtschaftssektoren zusammen.[2] Die Modernisierung des agrarischen Bereichs nach dem 2. Weltkrieg hatte eine gesellschaftliche Großgruppe fast völlig zum Verschwinden gebracht.

Die Geschichte des ländlichen Gesindes wie auch die Geschichte der ländlichen Unterschichten insgesamt wurde bis jetzt von der Geschichtswissenschaft stark vernachlässigt. Auch die Geschichte der Arbeiterschaft hatte an den rein quantitativ bis ins frühe 20. Jahrhundert so bedeutenden vorindustriellen Arbeitskräftekategorien (mithelfende Familienmitglieder, Gesinde, Taglöhner) bisher kein Interesse und tendierte in ihrer weitgehenden Konzentrierung auf die gewerbliche Arbeiterschaft dazu, die Geschichte der politischen durch die der sozialen Sieger abzulösen.[3] Diese Nichtbeachtung steht in starkem Kontrast zu dem im späten 19. und frühen 20. Jahrhundert existierenden großen wissenschaftlichen Interesse an der „Landarbeiterfrage". Es waren vor allem die Fragen der Landflucht, des reaktionären Gesinderechts und der sozialen Not am Land, die die zeitgenössische wissenschaftliche Diskussion bestimmten.[4] Mit der abnehmenden Bedeutung der in der Landwirtschaft Beschäftigten verminderte sich auch das Interesse an der ländlichen Arbeiter-

---

2 Land- und forstwirtschaftliche Betriebszählung 1980, Wien 1982; Alfred Hoffmann, Das Gesindewesen, in: ders. (Hg.), Bauernland Oberösterreich, Linz 1974, 493; Die Ergebnisse der österreichischen Volkszählung vom 22. 3. 1934, Wien 1935.

3 H. G. Husung, Zur ländlichen Sozialschichtung im norddeutschen Vormärz, in: Hans Mommsen und Winfried Schulze (Hg.), Vom Elend der Handarbeit, Stuttgart 1981, 259.

4 Hugo Morgenstern, Gesindewesen und Gesinderecht in Österreich, Wien 1902; Franz Berger, Über die Landarbeiterverhältnisse der Steiermark, in: Der Arbeitsnachweis, Jg. 7, Heft 4/5, 177 ff., Wien 1913; J. Lukas, Öffentliche Fürsorge für Dienstboten, Gesinde und ländliche Arbeiter, in: Geschichte der österreichischen Land- und Forstwirtschaft und ihrer Industrien, Bd. 4, Wien 1899, 685 ff.; Michael Hainisch, Die Landflucht, Jena 1924; Karl Theodor von Inama Sternegg, Die landwirtschaftlichen Löhne in den im Reichsrathe vertretenen Königreichen und Ländern, in: Österreichische Statistik 44 (1896). Ders., Die landwirtschaftlichen Arbeiter und deren Löhne in den im Reichsrathe vertretenen Königreichen und Ländern, in: Statistische Monatsschrift 21 (1895) 319–359; Franz Markitan, Die österreichische Saisonwanderung, Wien 1913; Ernst Mischler und Hubert Wimbersky, Die landwirtschaftlichen Dienstboten in der Steiermark, Graz 1907; Ernst Mischler, Zur Abhilfe der Leutenot auf dem Lande, Wien 1903; Richard von Pflügel, Die Lohn- und sonstigen Verhältnisse der land- und forstwirtschaftlichen Arbeiter, in: Statistische Monatsschrift, N. F. 9 (1904); Albert Schäfer, Zur Landarbeiterfrage, in: Der Kampf XIII (1920), 220 ff.; Hermann von Schullern-Schrattenhofen, Die Lohnarbeit in der österreichischen Landwirtschaft und ihre Verhältnisse, in: Zeitschrift für Volkswirtschaft, Socialpolitik und Verwaltung, 5 (1896); Hugo E. Vogel, Innere Kolonisation und Landarbeiterfrage in Österreich nach dem Kriege, Berlin 1918; ders., Die agrarstatistischen Grundlagen einer Innenkolonisation und Erhöhung der landwirtschaftlichen Produktion in Österreich nach dem Kriege, in: Statistische Monatsschrift, N. F. 22 (1917); H. K. Zeßner-Spitzenberg, Landarbeiter und ländliches Arbeitsrecht, in: Volkswohl, Jg. 10 (1919), Heft 3; ders., Arbeiterfürsorge im Rahmen ländlicher Wohlfahrtspflege, in: Nachrichten der deutschen Landwirtschaftsgesellschaft für Österreich, Heft 30 (1919); ders., Einführung in die Landarbeiterfrage, Wien 1919; August Kaiser, Die Leutenot in Österreich, 1901.

frage.[5] In jüngster Zeit ist vor allem bei zwei Forschungsrichtungen eine gewisse Beschäftigung mit der Geschichte des bäuerlichen Gesindes festzustellen. Einerseits ist es die Historische Familienforschung, die auf diesen Rollentypus aufmerksam gemacht hat.[6] Andererseits kann auch in der neueren deutschen volkskundlichen Literatur ein Interesse an dieser Thematik festgestellt werden.[7] Die letztgenannte Forschungsrichtung erfuhr entscheidende Impulse aus der Auseinandersetzung mit einer vor allem durch W. H. Riehl geprägten älteren Fachtradition, die aus einer rückwärtsgewandten Optik zu groben Verzeichnungen der historischen Realität gelangt war.[8]

Die folgende Untersuchung ist aufgrund der besonders ungünstigen Quellenlage durch die Kombination höchst unterschiedlicher Quellen und Verfahrensweisen gekennzeichnet. Zentrales methodologisches Instrument ist die Gemeindeforschung. Das einerseits durch die Techniken der „Oral History" in einer oberösterreichischen Landgemeinde erhobene mündliche Quellenmaterial und das andererseits in der Gemeinde vorhandene schriftliche Quellenmaterial bilden die hauptsächliche empirische Basis der Untersuchung. Entscheidend ist dabei, daß die Untersuchungsgemeinde nicht als Forschungsobjekt dient, sondern als Forschungsfeld, als Paradigma, innerhalb dessen etwas anderes als die Gemeinde selbst erforscht wird. Die Untersuchungsgemeinde bildet also bloß den Rahmen für die Erforschung der historischen Lebenswelt des ländlichen Gesindes. Am lokalen Quellenmaterial interessiert primär das, was von überregionaler Bedeutung ist.[9]

---

5 Nach dem 2. Weltkrieg wurden noch einige Dissertationen zur gestellten Thematik verfaßt. Dann erlosch für fast drei Jahrzehnte das wissenschaftliche Interesse daran fast völlig. Vgl. etwa J. Burger, Landarbeiterverhältnisse und Landarbeiterprobleme in Oberösterreich, phil. Diss., Innsbruck 1951; V. Lang, Landarbeiter − Landflucht in Österreich, phil. Diss., Wien 1956.

6 Michael Mitterauer und Reinhard Sieder, Einleitung, in: dies., Historische Familienforschung, Frankfurt 1982, 20; Ann Kussmaul, Servants in husbandry in early modern England, Cambridge 1981; Peter Laslett, Characteristics of the Western family considered over time, in: Journal of Family History 2 (1977) Nr. 2, 89−115.

7 Dietmar Sauermann (Hg.), Knechte und Mägde in Westfalen um 1900, Münster 1972; Karl Siegfried Kramer, Einiges über die Lage des Gesindes in einem ostholsteinischen Gutsbezirk, in: Zeitschrift für Volkskunde 70 (1974); Martin Scharfe, Bäuerliches Gesinde im Württemberg des 19. Jahrhunderts: Lebensweise und Lebensperspektiven. Erste Annäherung an das Problem, in: Heiko Haumann (Hg.), Arbeiteralltag in Stadt und Land, Berlin 1982, 49 ff.; ders., Dienstbotensprüche, Dienstbotenlieder oder Zweite Annäherung an das Problem: Bäuerliches Gesinde im Württemberg des 19. Jahrhunderts, in: Allmende, Heft 1 (1983) 48 ff.

8 Karl Sigismund Kramer, Das Haus als geistiges Kraftfeld im Gefüge der alten Volkskultur, in: Rheinisch-westfälische Zeitschrift für Volkskultur XI (1964).

9 Conrad M. Arensberg, Die Gemeinde als Objekt und als Paradigma, in: Rene König (Hg.), Handbuch der empirischen Sozialforschung, Band 4, Stuttgart 1974, 83. Das mündliche Quellenmaterial umfaßt 80 teils lebensgeschichtlich und teils thematisch fokussierte Interviews. Sofern im folgenden ausführlichere Passagen aus diesen Interviews zitiert werden, sind sie im Text in einer der tatsächlichen Sprechweise der Interviewpartner möglichst angenäherten Transkription wiedergegeben; diese wird in den Anmerkungen auf freie und inhaltsbezogene Art ins Hochdeutsche übersetzt.

Die Ergebnisse der Mikroanalyse werden durch die Analyse zeitgenössischer Diskurse zur „Landarbeiterfrage" ergänzt, weiters wird statistisches Quellenmaterial und vereinzelt vorhandenes Aktenmaterial der politischen Behörden herangezogen. Das Land Oberösterreich bildet den regionalen Rahmen dieses Quellenbestandes. Es sind also Quellen unterschiedlicher Reichweite, die miteinander kombiniert werden müssen. Daraus ergibt sich der spezifische Charakter dieser Arbeit. Sie geht von einer lokalen Fallstudie aus und versucht gleichzeitig, die Ergebnisse dieser Fallstudie in übergreifende Prozesse und Strukturen einzuordnen. Dabei sollen auch Probleme der Ungleichzeitigkeit sozialen Wandels herausgearbeitet werden.

In einem einführenden Kapitel wird zunächst versucht, Gesindedienst in der alteuropäischen Wirtschafts- und Sozialordnung und freie Lohnarbeit in der industriellen Gesellschaft modellhaft gegenüberzustellen. Die beiden folgenden Kapitel betrachten die Institution „Dienst im Bauernhaus" im Zusammenhang mit jenen Sozialformen, die die dominierenden Formen menschlicher Vergesellschaftung in der alteuropäischen Welt darstellten: die ländliche Gemeinde und die Hausgemeinschaft. Die lokale Gesellschaft der ländlichen Gemeinde wird dabei als ein nach bestimmten Regeln geordnetes System sozialer Beziehungen betrachtet, innerhalb dessen der Institution „Dienst in fremdem Haus" eine spezifische systemreproduzierende Funktion zukommt. In einem abschließenden Kapitel wird der Versuch gemacht, eine Synthese zwischen den Ergebnissen der lokalen Fallstudie und den überregional wirksamen Prozessen sozialen Wandels zu finden.

Exkurs: Gestern und Heute –
Ein erster Blick auf die Untersuchungsgemeinde

Ein Blick auf die Gegenwart der Untersuchungsgemeinde soll uns zu Beginn helfen, unsere Wahrnehmung der Vergangenheit zu schärfen. Pollham – so der Name der untersuchten Gemeinde – liegt im oberösterreichischen Alpenvorland. 1971 wurden 837 Einwohner gezählt, und noch immer waren 52,7 % der Berufstätigen in der Land- und Forstwirtschaft beschäftigt.[10] Trotzdem hat sich seit dem Zweiten Weltkrieg auch hier ein Wandel vollzogen, der unübersehbare Spuren im sozialen Profil dieser Gemeinde hinterlassen hat: Der Bauer von einst ist heute sein eigener Knecht, und die Bäuerin zählt aufgrund ihrer Mehrfachbelastung zur kränksten sozialen Gruppe in der gesamten Bevölkerung.[11] Aus den ländlichen Unterschichten ist eine kleinbürgerliche Arbeiter- und Angestelltenschicht hervorgegangen.

Die ehemaligen Dienstboten und Taglöhner, die ich befragt habe, sind heute Pensionisten und leben entweder allein in dem lang ersehnten „eigenen Häusl" oder

---

10 Volkszählung 1971, Wien 1971.

11 Systemanalyse des Gesundheitswesens in Österreich; durchgeführt im Auftrag des Bundeskanzleramtes am Institut für Höhere Studien und wissenschaftliche Forschung, 2. durchgesehene Auflage, Wien 1978, Bd. 1, 26, zitiert nach A. E. Imhof, Die gewonnen Jahre, München 1981, 151.

zusammen mit ihren Kindern in einem neu erbauten Haus. Diese heute das Bild der Gemeinde so prägenden, oft überdimensional großen Neubauten sind der wohl deutlichste Ausdruck der veränderten sozialen Stellung der früheren ländlichen Unterschichten. Gleichzeitig vermitteln sie dem Beobachter, der versucht, Landschaften zu „lesen", eine Vorstellung von den Sehnsüchten dieser Bevölkerungsgruppe, die in der damaligen gesellschaftlichen Situation darauf gerichtet waren, die Lebensführung der über ihnen stehenden bäuerlichen Schichten zu erreichen. Frau Lehner wohnt heute in dem von ihrem Sohn neuerbauten Haus: Es ist ein stolzer Bungalow, eine Rasenanlage soll noch dazukommen. Das fünfzig Meter entfernt stehende Bauernhaus macht dagegen einen fast ärmlichen Eindruck. Nichts mehr erinnert heute an das ehemalige „Holzhäusl", das bis vor zwei Jahren dort stand. Frau Lehner ist aber die Taglöhnerfrau geblieben, mit der vielfach geflickten Schürze, der von der schweren Arbeit etwas gebückten Haltung und den Schmerzen in den Knien, gegen die man angeblich nichts mehr machen kann. „Abg'nützt, soagt da Dokta." Ein Schicksal vieler Frauen auf dem Land. Damit muß man sich abfinden. Die alte Taglöhnerfrau in diesem schönen, großen Haus – fast ein Stilbruch, ist man versucht zu sagen. Und sie betont es auch selbst. Es ist nicht mehr ihre richtige Heimat wie das alte Holzhaus mit den kleinen Fenstern. Auch Fließwasser hat es darin keines gegeben. Zwanzig Jahre mußte sie um jeden Tropfen Wasser einen halben Kilometer den Hügel hinuntergehen zu einer Waldquelle und dann mit den vollen Eimern wieder herauf. Und dazu zehn Kinder und ein Mann, der trank. Sie mußte darum auch alles selber in die Hand nehmen: Die Kinderbeihilfe, neben dem Geld, das sie durch Taglohnarbeiten bei den umliegenden Bauern verdiente, das oft einzige Bargeldeinkommen der Familie, und dann die Rechnungen, die zu bezahlen waren, das alles lag in ihrer Hand. Sie organisierte das Überleben ihrer Familie. Heute hängt im neuen Wohnzimmer ein großes Bild, das den übrigen Wohnzimmerschmuck dominiert. Es ist ein Geschenk ihrer Kinder mit der Aufschrift: Der guten Mutter zum Muttertag.

Frau Lehner wurde 1924 geboren. Ihr Schicksal ist nicht untypisch für das vieler „kleiner Leute" von damals.[12] Sie wurde als viertes Kind einer Kleinhäuslerfamilie geboren. Die Eltern hatten eine kleine Wirtschaft mit zwei Hektar Grund. Zwei Kühe, ein Kalb, dazu zwei Schweine und das übliche Kleinvieh; Hühner, Hasen und Enten konnten sie mit den Erträgnissen ihres Grund und Bodens durchfüttern. Da-

---

12 Zur Definition des Begriffs „Die kleinen Leute" vgl.: Werner K. BLESSING, Umbruchskrise und Verstörung. Die napoleonische Erschütterung und ihre sozialpsychologische Bedeutung, in: Zeitschrift für bayerische Landesgeschichte (ZBLG) 42 (1979) 76. Der Begriff der „kleinen Leute" hat in den letzten 200 Jahren eine entscheidende Wandlung durchgemacht. Bis ins 19. Jahrhundert meinte man damit jene sozialen Gruppen, die durch Rechtsnormen als Unterschichten charakterisiert waren. Er war damit weiter gefaßt. Erst in der 2. Jahrhunderthälfte, nachdem diese Rechtsnormen sich gelockert hatten oder gefallen waren, trat das Fehlen von Besitz oder sicherer Einkünfte als Definitionskriterium in den Vordergrund. Vgl. auch Werner K. BLESSING, Zur Analyse polit. Mentalität und Ideologie der Unterschichten im 19. Jahrhundert. Aspekte, Methoden und Quellen am bayerischen Beispiel, in: ZBLG 34 (1971) 775.

mit zählten sie auch nicht mehr zu den armen Leuten in der Gemeinde. Allgemein hieß es ja: „Mit drei Joch Grund hoat scho wer glebt." (1 Joch=0,575 Hektar). Die Bewirtschaftung des Kleinhauses besorgte die Mutter. Der Vater betrieb eine kleine Binderwerkstatt.

Mit dreizehn Jahren kam Frau Lehner zu einem Bauern in Dienst. Elf Jahre arbeitete sie als „Bauerndirn" auf mehreren Höfen. In dieser Zeit brachte sie ein lediges Kind zur Welt. Dann wurde geheiratet. 25 Jahre war sie inzwischen alt geworden. Das Elternhaus hatte mittlerweile einer ihrer Brüder geerbt. Und da weder das in der Dienstzeit ersparte Geld zum Kauf eines Kleinhauses reichte noch ihr Ehemann einen Besitz hatte, mußte die neugegründete Familie die ersten Jahre zur Miete wohnen.

Nach einigen Jahren brachte es das junge Ehepaar doch zu einem „eigenen Häusl". Weil nur wenig Eigengrund dabei war, mußte Frau Lehner jedes Jahr den benachbarten Bauern fragen, ob er ihr kleine Teile seiner Hofgründe als Futteranger und als Kartoffeläcker zur Nutzung überließ. Als Gegenleistung mußte sie dem Bauern einige Tage im Jahr ihre Arbeitskraft zur Verfügung stellen.

Frau Lehner ist heute 60 Jahre alt. Immer noch füttert und melkt sie jeden Tag ihre beiden Ziegen und freut sich darüber, daß ihre Hühner wieder genügend Eier gelegt haben. Die Ziegenmilch, die Eier und das für eine große Familie selten ausreichende Fleisch von einem Schwein, dazu noch die Kartoffeln vom Bauernacker, dann die wenigen Sachen vom Krämer, wie Salz, Germ und manchmal vor Feiertagen etwas Zucker, die sie mit dem erarbeiteten Taglohn bezahlte, und dann noch die milden Gaben vom Pfarrer und von den Bauern, damit hatte sie ihre 10 Kinder großgezogen. Darum versteht sie auch heute ihre Schwiegertochter nicht mehr, die ihre Arbeit nicht zu schätzen weiß, und die sich ihre Eier im vier Kilometer entfernten Supermarkt kauft.[13]

Frau Lehner ist auch eine jener Häuslerfrauen, die immer noch zu den Bauern als Taglöhnerinnen arbeiten kommen. Aber sie alle wissen, daß ihre Lebensform in kurzer Zeit ganz verschwunden sein wird. Und deshalb sehen heute viele aus der Erfahrung einer gewandelten Welt ihre frühere Lebensweise aus der Distanz und können oft selbst Prinzipien und Zusammenhänge formulieren, die früher unreflektiert und unausgesprochen geblieben wären.[14] „Ma sogt oilweu, de guade oide Zeit, i denk mir iewö, i woaß net, wos doa so guat gwen ist", meint heute Frau Meier: ein Grundtenor vieler Erzählungen und zugleich aber auch ein Aufatmen über eine erreichte Emanzipation aus vergangenen Abhängigkeitsverhältnissen.[15] Dieses Aufatmen ist aber gleichzeitig oft begleitet von einem Gefühl des Traurigseins über eine Welt, die sie verloren haben. Verständlich, hat ihnen die neue Welt neben der größeren materiellen Sicherheit doch auch die oft schmerzliche Erfahrung der Isolierung im Alter gebracht.

---

13 Interview mit Frau Lehner am 14. 8. 1982.
14 Edit Fél und Tamás Hofer, Bäuerliche Denkweise in Wirtschaft und Haushalt, Göttingen 1972, 17.
15 Interview mit Frau Meier am 9. 8. 1982.

II. Gesindedienst und freie Lohnarbeit

Durch den Prozeß der Industrialisierung war freie Lohnarbeit zur vorherrschenden Form unselbständiger Arbeit geworden. Grundlage dafür war die Ablösung der familienbetrieblich dominierten Arbeitsorganisation durch eine großbetrieblich-industrielle. Damit war das allmähliche Aussterben der Dienste und anderer durch hausrechtliche Abhängigkeit gekennzeichneter Arbeitsverhältnisse verbunden.

Dieser Transformationsprozeß der alteuropäischen Wirtschafts- und Sozialordnung verlief in einzelnen Regionen höchst unterschiedlich. Das Land Oberösterreich kann insgesamt als Land mit stark verzögerter Modernisierung bezeichnet werden.[16] So waren hier 1923 noch mehr als die Hälfte aller unselbständig Beschäftigten in hausrechtlich abhängige Arbeitsverhältnisse eingebunden, das heißt, daß sich bei dieser Gruppe das Prinzip der freien Lohnarbeit noch kaum oder überhaupt nicht durchgesetzt hatte.[17] Von den einzelnen Wirtschaftssektoren hat die Landwirtschaft, die 1923 noch 60 % aller Berufstätigen umfaßte, die familienbetriebliche Struktur am längsten bewahrt. Auch in der Zwischenkriegszeit blieb im Untersuchungsgebiet die bäuerliche Familie die wesentliche Einheit der Arbeitsorganisation. Großbetriebliche Arbeitsorganisationsformen in der Landwirtschaft wie herrschaftliche Gutshöfe und klösterliche Meierhöfe machten in Oberösterreich nur einen Bruchteil der landwirtschaftlichen Betriebe aus. Dementsprechend blieb auch

---

16 Ernst BRUCKMÜLLER, Die verzögerte Modernisierung, in: Wirtschafts- und sozialhistorische Beiträge, hg. von Herbert KNITTLER, Wien 1979; Rudolf KROPF, Oberösterreichische Industrie (1873–1938). Ökonomisch-strukturelle Aspekte einer regionalen Industrieentwicklung, Habilitationsschrift, Linz 1979, (masch.).

17 Der hier genannte Anteil hausrechtlich abhängiger Arbeitskräfte wurde folgendermaßen berechnet: von den insgesamt 369.874 unselbständig Beschäftigten wurden die Gruppen „Mithelfende Familienmitglieder" (99.847; 26,9 %), „Häusliche Dienste" (16.447; 4,4 %) und „Landwirtschaftliches Gesinde" (89.820; 24,2 %) abgezogen. Diese beiden Gruppen umfassen insgesamt 206.114 Personen; dies bedeutet einen Anteil von 55,7 % an allen unselbständig Beschäftigten. Da bei der Volkszählung 1923 die Zahl des landwirtschaftlichen Gesindes nicht extra ausgewiesen wurde, sondern nur die Zahl der landwirtschaftlichen „Arbeiter" angegeben ist, mußte sie mittels der Volkszählung 1934 rückberechnet werden. 1934 waren 71,6 % aller „Arbeiter" in der Land- und Forstwirtschaft Arbeiter im Gesindestatus. Dieser Anteil wurde auch für 1923 angenommen, was natürlich eine gewisse Unschärfe impliziert. Weiters konnte von den 16.447 Personen, die zur Kategorie „Häusliche Dienste" zählen, der Anteil der mit dem Arbeitgeber in Hausgemeinschaft mitlebenden Personen nicht isoliert werden. Da diese Gruppe jedoch nur 4,4 % aller unselbständig Beschäftigten ausmacht, würde sie das Ergebnis nur unwesentlich verändern. Von den 68.865 „Arbeitern" in Industrie und Gewerbe und von den 11.944 Lehrlingen konnte die Zahl der „hausrechtlich Abhängigen" nicht berechnet werden. Da jedoch im Untersuchungszeitraum die handwerkliche Produktion noch über die industrielle dominierte, ist anzunehmen, daß der oben berechnete Anteil der hausrechtlich abhängigen Arbeitskräfte (55,7 %) noch um einiges höher liegt. Das rein quantitative Dominieren alteuropäischer Arbeitsverhältnisse bedeutet jedoch nicht, daß diese traditionellen Strukturen den ihnen in vorindustriellen Gesellschaften innewohnenden Inhalt zur Gänze bewahrt hatten. Vgl. Statistisches Handbuch der Republik Österreich VIII, Wien 1927; Ergebnisse der österreichischen Volkszählung 1934, Wien 1935; Josef EHMER, Familie und Industrialisierung. In: Beiträge zur historischen Sozialkunde (BZHSK) 4/2 (1974).

reine Lohnarbeit in der Landwirtschaft ein Minderheitsphänomen. Die Arbeitskräfterekrutierung der bäuerlichen Familienwirtschaften erfolgte primär aus der
Familie selbst und erst sekundär durch auf Zeit aufgenommenes Gesinde und durch
landwirtschaftliche Taglöhner. Das Gesinde, das in Oberösterreich quantitativ
mehr als zwei Drittel aller lohnabhängigen familienfremden Arbeitskräfte ausmachte, unterschied sich vom freien Lohnarbeiter durch seine Einbindung in den
herrschaftlich strukturierten bäuerlichen Haushalt. Diese Zugehörigkeit des Gesindes zum Haushalt seines „Arbeitgebers" war auch rechtlich durch die Dienstbotenordnung festgelegt, die in Oberösterreich bis 1921 als Sonderrecht dieser Gruppe
erhalten blieb. Aber auch beim Großteil der landwirtschaftlichen Taglöhner, die
generell als freie Lohnarbeiter bezeichnet werden, hatte sich das Prinzip der freien
Lohnarbeit nur sehr begrenzt durchgesetzt, denn die meisten dieser Taglöhner blieben entweder doch ans Land gebunden, da sie selbst oft ein Haus mit einem kleinen
Grundstück besaßen, oder sie waren durch eine spezifische Form der Naturalentlohnung, die entweder in Form der Verfügung über ein kleines Stück Land, das sie
selbst bestellen konnten, oder in Form einer Unterkunft auf dem Bauernhof oder
einem dem Bauern gehörenden Kleinhaus (Inwohner) erfolgte, dem Einfluß ihres
„Arbeitgebers" umfassender unterworfen, als dies für freie Lohnarbeiter typisch
ist.[18]

Der Gesindedienst hatte den Charakter einer Übergangsphase im individuellen
Lebenszyklus und betraf fast ausschließlich die Altersgruppe der noch ledigen Jugendlichen. So waren 1934 in Oberösterreich 68,8 % aller Dienstboten jünger als
30 Jahre; 93,4 % der Knechte und 94 % der Mägde waren unverheiratet.[19] In ausgewählten oberösterreichischen Landgemeinden betrug noch zu Beginn des
20. Jahrhunderts der Anteil des Gesindes an der 15–24jährigen Bevölkerung bis zu
62 %.[20]

Dienst in fremdem Haus war also jenes Stadium im Leben vieler Jugendlicher,
das zwischen dem Verlassen des Elternhauses und der Heirat lag. Der Jugendliche
wurde dabei für die Zeit der Vertragsdauer ein Mitglied der Hausgemeinschaft seines „Arbeitgebers".

Dienstboten in der hier beschriebenen Form oder, um eine Formulierung Peter
Lasletts zu gebrauchen, Dienstboten als „life-cycle servants" waren ein typisch
nord-, mittel- und westeuropäisches Phänomen und traten, soweit man bis jetzt

---

18 KOCKA, Lohnarbeit, 73 ff.
19 Ergebnisse der österreichischen Volkszählung vom 22. 3. 1934, Heft 1, Wien 1935, 190 ff.
20 Datenbank des Forschungsprojekts „Familie im sozialen Wandel" am Institut für Wirt-
schafts- und Sozialgeschichte der Universität Wien. Die Werte variieren je nach vorherrschender Wirtschaftsweise. In ausgesprochenen Viehzuchtgebieten liegen die Werte generell höher als in reinen Getreideanbaugebieten oder in Weinbaugebieten.
Andrichsfurt: 1896: 62,7 %, 1909: 61,1 %
Weinzierl: 1751: 39,6 %
Raab: 1860: 49,1 %
Ann Kussmaul hat für das frühmoderne England (16.–19. Jahrhundert) ebenfalls den
Durchschnittswert von 60 % errechnet; KUSSMAUL, Servants, 3.

weiß, in Ost- und Südosteuropa und auch in der außereuropäischen Welt nicht oder zumindest nicht in der Häufigkeit auf.[21] Zwar gab es in manchen osteuropäischen Regionen komplexe Familienformen mit Gesinde. Doch die Mehrzahl dieser Knechte und Mägde waren verheiratete Arbeitskräfte, die innerhalb eines Großhaushaltes lebten und deshalb nicht mit den jugendlichen unverheirateten Dienstboten vom nord-, mittel- und westeuropäischen Typus vergleichbar sind.[22]

Dienst in fremdem Haus war somit ein charakteristisches Merkmal der nord-, mittel- und westeuropäischen Familienverfassung. Diese war weiters durch das Dominieren der Kernfamilie und ein im Vergleich zu Ost- und Südosteuropa, aber auch zu vielen außereuropäischen Kulturen, ungewöhnlich hohes Heiratsalter gekennzeichnet.[23]

Das zentrale Problem jeder Familienwirtschaft lag darin, daß die Zahl der arbeitsfähigen Familienmitglieder im Lauf des bäuerlichen Familienzyklus ständig wechselte. Da nun der bäuerliche Familienbetrieb im Hinblick auf die Bewirtschaftung eines im Umfang gleichbleibenden Grundbesitzes immer auf einen relativ konstanten Arbeitskräftestand angewiesen war, mußten in Zeiten, in denen die arbeitsfähigen Familienmitglieder für die Bewirtschaftung des Hofes nicht ausreichten, familienfremde Arbeitskräfte aufgenommen werden. In Oberösterreich waren 1930 39,2 % aller land- und forstwirtschaftlichen Betriebe auf familienfremdes Gesinde angewiesen.[24]

Strukturell gesehen stellt der Gesindedienst ein den spezifischen Bedingungen des vorindustriellen Nord-, Mittel- und Westeuropa angepaßtes Lösungsmodell dar, um innerhalb einer ländlichen Familienwirtschaft zwischen vorhandenen und benötigten Arbeitskräften einen Ausgleich zu finden. Familienwirtschaften, die mehr arbeitsfähige Familienmitglieder hatten, als sie benötigten, schickten ihre überschüssigen jugendlichen Arbeitskräfte in Familien, die zuwenig familieneigene Arbeitskräfte hatten. Die Familien der ländlichen Unterschichten konnten sich so der Last der Versorgung ihrer heranwachsenden Kinder entledigen, größere Familienwirtschaften wiederum die fehlende familieneigene Arbeitskraft ergänzen. Die für die österreichische Agrargesellschaft typische Mischung von kleinsten, kleinen und mittelgroßen Wirtschaften hob also sowohl das Angebot als auch die Nachfrage nach landwirtschaftlichen Dienstboten.

Es waren primär die Armen, Landlosen und Kleinbauern, die ihre Kinder in Dienst schickten. Aber auch Bauernkinder mußten, wenn sie den Hof nicht erbten und dort nicht gebraucht wurden, in Dienst gehen. Bei Vorhandensein einer breiten ländlichen Unterschicht, wie dies im Untersuchungsgebiet der Fall war, stellte natürlich diese das Gros der Dienstboten.

21　John HAJNAL, Two kinds of pre-industriel household formation system, in: Richard WALL (Hg.), Family forms in historic Europe, Cambridge 1983, 93.

22　HAJNAL, Two kinds, 97.

23　John HAJNAL, European marriage patterns in perspective, in: D. V. GLASS und D. E. C. EVERSLEY (Hg.), Population in History, London 1965, 101–146.

24　Eigene Berechnung nach: Landwirtschaftliche Betriebszählung der Republik Österreich vom 14. 6. 1930, Wien 1932.

Beim Gesindedienst handelte es sich um einen Austausch zwischen Familienwirtschaften, der nicht notwendigerweise an die Existenz von Geld und überlokalen
Waren- und Arbeitsmärkten gebunden war. Die typische Art der Entlohnung der
Dienstboten, die einen Teil des Naturallohnes den Eltern des Dienstboten zuwies,
zeigt noch deutlich an, daß es sich beim Gesindedienst nicht um ein reines Lohn-
verhältnis, also um den Tausch von Arbeitsleistung gegen Lohn zwischen zwei von
außerökonomischen Zwängen freigesetzten Individuen handelte, sondern um einen
Austausch zwischen zwei Kollektiven, die einander verpflichteten.

1934 waren in Oberösterreich 62.499 Personen als landwirtschaftliche Dienst-
boten beschäftigt. Damit betrug ihr Anteil an der Gesamtzahl der in der Land- und
Forstwirtschaft Beschäftigten 26,9%. Von den insgesamt 206.887 „Arbeitern" aller
Wirtschaftssektoren waren 30,2% Arbeitskräfte im Gesindestatus, 11,9% sonstige
Lohnarbeitskräfte in der Land- und Forstwirtschaft und 39% gewerbliche Arbeiter.

Der Anteil des ländlichen Gesindes an der Gesamtzahl aller Berufstätigen betrug 14,2%, sein Anteil an der Wohnbevölkerung 6,92%. Oberösterreich hatte damit gesamtösterreichisch den höchsten Anteil an landwirtschaftlichen Dienstboten.
Neben der Obersteiermark gehörte es zu den klassischen Ländern der Dienstbo-
tenwirtschaft. Das Gesinde bildete hier die Hauptform lohnabhängiger familienfremder Arbeitskräfte in der Landwirtschaft. 1934 belief sich der Anteil der Dienstboten an der Gesamtzahl der familienfremden landwirtschaftlichen Arbeitskräfte
auf 71,6%.[25]

Es waren hier vor allem die spezifischen Arbeitsbedingungen der Viehwirt-
schaft, die ständige Arbeitskräfte erforderten. Stallarbeit muß jeden Tag, auch
sonn- und feiertags, in besonderen Fällen, wie etwa bei Viehkrankheiten oder beim
Abkalben, auch nachts geleistet werden. Sind die ständigen Familienarbeitskräfte
zu wenig, so müssen sie durch ganzjährig aufgenommenes Gesinde ergänzt werden.
Sinnfälligster Ausdruck dieses engen Zusammenhangs zwischen Viehzucht und
Gesindehaltung ist der Umstand, daß die meisten Bezeichnungen der einzelnen
Stufen in der Gesindehierarchie von dem durch den Dienstboten betreuten Vieh abgeleitet wurden („Roßknecht", „Stallbub", „Kuhdirn", „Saudirn", „Hühner-
mensch" . . .).[26]

Dazu kam eine für die gesamten Donau- und Alpenländer typische Betriebs-
struktur: Vorherrschen des Mittel- und Kleinbesitzes. Landwirtschaftlicher Groß-
grundbesitz spielte keine bedeutende Rolle.

Dominieren der Viehzucht und vorherrschender Mittel- und Kleinbesitz führten also zu der für die gesamten Alpen- und Donauländer charakteristischen
Dienstbotenhaltung als Hauptform der Gewinnung landwirtschaftlicher Arbeitskräfte. Taglohnarbeit spielte hier im Vergleich zu Ungarn und den Sudetenländern
eine untergeordnete Rolle. Lediglich in Zeiten saisonaler Arbeitsspitzen (Heuern-

---

25 Volkszählung 1934.
26 MITTERAUER, Formen ländlicher Familienwirtschaft, in diesem Band, 200.

te, Getreideernte . . .) mußten zusätzliche nichtständige Arbeitskräfte aufgenommen werden.[27]

Die an den Ledigenstatus gebundene Gesindearbeit war die für die spezifischen Produktionsverhältnisse der österreichischen Landwirtschaft adäquateste Form der Rekrutierung fremder Arbeitskräfte. Einerseits war die ökonomische Basis der bäuerlichen Familien zu klein, um verheiratete Personen oder gar Familien in ihren Haushalt aufnehmen zu können. Andererseits wurden Dienstboten nur dann benötigt, wenn die Bauernfamilie nicht über genügend eigene Arbeitskräfte verfügte. Gesindearbeit mußte also mobil sein. Der ungebundene Status lediger Knechte und Mägde erfüllte diese Bedingungen am ehesten.[28]

Charakteristisch für die Landwirtschaft der österreichischen Donau- und Alpenländer war auch das europaweit vergleichsweise ungewöhnlich lange Andauern ausgeprägter Gesindeverhältnisse bis ins 20. Jahrhundert.[29] Dies war neben den oben genannten Gründen mit auch die Folge des österreichischen Weges der Modernisierung des Agrarbereichs. Die österreichische Landwirtschaft hatte seit dem 18. Jahrhundert mehrere Phasen der Modernisierungsverzögerung erfahren, die sowohl zur Beibehaltung der überkommenen landwirtschaftlichen Betriebsgrößen geführt als auch die innerbetriebliche Innovationsbereitschaft gebremst hatten. Anders als beim englischen oder beim preußischen Weg der Modernisierung des Agrarbereichs blieben in Österreich große Scharen mittel- und kleinbäuerlicher Besitzungen erhalten, die im wesentlichen auch in der Zwischenkriegszeit ihre vorkommerzielle Orientierung beibehielten. Der Bauernhof blieb auch im Untersuchungszeitraum eine im Innern durch paternalistische Ordnungsprinzipien geregelte multifunktionale Sozialform und wandelte sich in der Mehrzahl der Fälle nicht

---

27 Alfred HOFFMANN, Grundlagen der Agrarstruktur der Donaumonarchie, in: ders. (Hg.), Österreich-Ungarn als Agrarstaat, Wien 1978, 19 ff.; Karl Theodor v. INAMA STERNEGG, Die landwirtschaftlichen Löhne der im Reichsrathe vertretenen Königreiche und Länder, in: Österreichische Statistik 44 (1896) II.

28 Regina SCHULTE, Bauernmägde in Bayern am Ende des 19. Jahrhunderts, in: Karin HAUSEN (Hg.), Frauen suchen ihre Geschichte. Historische Studien zum 19. und 20. Jahrhundert, München 1983, 111. Ich danke Frau Schulte, daß ich das Manuskript bereits vor der Drucklegung einsehen durfte.

29 Während in Oberösterreich 1934 der Anteil der landwirtschaftlichen Dienstboten an der Wohnbevölkerung noch 6,92 % betrug, fiel dieser Anteil in Preußen schon im 19. Jahrhundert unter diese Marke. Er betrug 1846: 7,89 %, 1861: 5,7 %, 1871: 3,6 %. Als weitere Beispiele für die Höhe des Gesindeanteils an der Bevölkerung seien genannt: Deutsches Reich 1882 3,5 %; Bayern 1846 11,67 %, 1882 ca. 7 %; Sachsen 1846 7,3 %; Thüringen 1846 1,96 %; Baden 1846 6,6 %; Hessen 1846 5,63 %; Nassau 1846 4,52 %; Österreich 1934 3,25 %; Niederösterreich 1934 3,52 %; Salzburg 1934 5,34 %, Steiermark 1934 4,99 %; Kärnten 1934 5,72 %, Tirol 1934 2,83 %, Vorarlberg 1934 1,2 %, Burgenland 1934 1,72 %.
Volkszählung, 1934; Klaus TENFELDE, Ländliches Gesinde in Preußen. Gesinderecht und Gesindestatistik 1810 bis 1861, in: Archiv für Sozialgeschichte (1979) 213; R. SCHULTE, Bauernmägde, 110.

zu einem gewinnorientierten landwirtschaftlichen Betrieb mit freien Arbeitsverhältnissen.[30]

Worin liegen nun die strukturellen Unterschiede zwischen Gesindedienst und
freier Lohnarbeit? Freie Lohnarbeit – in ihrem massenhaften Auftreten im wesentlichen ein Produkt des Industrialisierungsprozesses und der sich herausbildenden
Arbeits- und Warenmärkte – ist gekennzeichnet durch die Trennung der Arbeitskraft von den Produktionsmitteln.[31] Das Lohnarbeiterverhältnis der industriellen
Arbeiterschaft ist ein lebenslängliches; deren Lebenschancen und Lebensrisiken
werden von Märkten und deren Schwankungen bestimmt. Bestimmendes Merkmal
des freien Lohnarbeiters ist die freie Verfügung über seine Arbeitskraft, die er auf
dem Arbeitsmarkt im Tausch gegen Lohn anbieten muß. Die Beziehung zwischen
Lohnarbeiter und Arbeitgeber beruht auf der Grundlage eines beiderseits kündba-
ren Vertrags über den Tausch von Arbeitsleistung gegen Lohn und nicht auf außerökonomischen Zwängen oder bloßer Tradition.[32]

Die Autorität des Arbeitgebers gegenüber dem Arbeitnehmer begrenzt sich im
freien Lohnarbeiterverhältnis in der Regel auf die Arbeitszeit und auf das Verhalten
während der Arbeit. Es handelt sich also um eine *funktionalspezifische,* d. h. auf bestimmte Sphären des Lebens beschränkte Autorität. Diese Form der Herrschaftsausübung unterscheidet sich von der *paternalistischen* Autorität in alteuropäischen
Arbeitsverhältnissen, die sich auf das *ganze Leben* der Arbeitskraft bezog. Während
also der freie Lohnarbeiter – abgesehen von paternalistischen Übergangsformen –
nur seine Zeit und seine Arbeitskraft verkauft, beruhte das vorindustrielle Dienstverhältnis auf der persönlichen, nicht gegenstandsspezifischen und nicht nach Stunden gemessenen Arbeitsverpflichtung.[33] Die paternalistische Autorität hatte ihren
harten strukturellen Kern in der Familienwirtschaft des „ganzen Hauses", die auch
die familienfremde Arbeitskraft vollständig in die Hausgemeinschaft einband. Das
„ganze Haus" war sowohl Produktionsform als auch Sozialform. Es übte ursprünglich Funktionen in den Bereichen Wirtschaft, Schutz, Kult, Gerichtsbarkeit und Sozialisation aus, die es in einem sich über Jahrhunderte erstreckenden Prozeß an
übergeordnete Sozialgebilde abgab.

Dienst in fremdem Haus bedeutete demnach nicht nur Gehorsam, sondern im-
plizierte auch ein Minimum an Schutz. Das alteuropäische Dienstverhältnis war ein
auf dem Prinzip der Gegenseitigkeit von Schutz und Dienstleistung basierendes Un-

---

30 Ernst BRUCKMÜLLER, Die verzögerte Modernisierung, 306; ders., Landwirtschaftliche Organisation und gesellschaftliche Modernisierung. Vereine, Genossenschaften und politische Mobilisierung der Landwirtschaft Österreichs vom Vormärz bis 1914, Salzburg 1977,
  35.
31 Wieland HELD, Ländliche Lohnarbeit im 15. und 16. Jahrhundert unter besonderer Beachtung Thüringens, in: Jahrbuch für Wirtschaftsgeschichte 1978/I, 176.
32 KOCKA, Lohnarbeit, 24.
33 B. MOORE, Ungerechtigkeit, 46; Josef MOOSER, Rebellion und Loyalität 1789–1848. Sozialstruktur, sozialer Protest und politisches Verhalten ländlicher Unterschichten im östlichen Westfalen, in: P. STEINBACH (Hg.), Probleme politischer Partizipation im Moderni-
  sierungsprozeß, Stuttgart 1982, 62.

tertänigkeitsverhältnis. Es war deshalb auch alles andere als ein durch die Willkür des Dienstherren gekennzeichnetes Arbeitsverhältnis, so wie uns dies vielleicht heute das Bild vom untertänigen Knecht suggerieren will. Das patriarchalische Dienstverhältnis war viel mehr ein in hohem Maß durch die Ansprüche einer moralischen Ökonomie gerechten Lohnes, gerechter Arbeitsformen und gerechter Arbeitszeit geregeltes Arbeitsverhältnis.

Durch die Wandlung von der alteuropäischen Ökonomie des „ganzen Hauses" zur modernen Volkswirtschaft büßte dieses Regelsystem immer mehr an Wirksamkeit ein. Dieser Transformationsprozeß, der den patriarchalischen „Hauswirt", den Bauern, zum Landwirt und den Dienstboten zum Landarbeiter wandelte, ist Ausdruck eines gesellschaftlichen Differenzierungsprozesses, der die multifunktionale Sozialform des „ganzen Hauses" auflöste und die vom „ganzen Haus" ursprünglich allein wahrgenommenen Funktionen einerseits an die sich erst durch diesen Prozeß herausbildende Familie und an den Betrieb, andererseits an neu entstehende überregionale gesellschaftliche Organisationsformen abgab.[34] Dieser seit dem späten 18. Jahrhundert sich abzeichnende und bis ins 20. Jahrhundert andauernde Prozeß verlief insgesamt regional und schichtenspezifisch sehr ungleichzeitig.

In großbäuerlich und gutswirtschaftlich dominierten Gebieten, wie zum Beispiel in weiten Teilen Preußens, war es durch die früher einsetzende Marktintegration der Wirtschaften auch früher zur Erosion der paternalistischen Beziehungen zwischen Bauern und Dienstboten gekommen. Im klein- und mittelbäuerlich strukturierten süddeutsch-österreichischen Raum blieb das durch die Vorstellung vom ausgewogenen Wechselbezug zwischen Rechten und Pflichten, Fürsorge und Disziplin durch die hausväterliche Gewalt gekennzeichnete ältere Modell bis ins 20. Jahrhundert wirksam.[35]

In dieser alteuropäischen Ökonomie des „ganzen Hauses", die primär eine Subsistenzwirtschaft darstellte, waren die Dienstboten durch ihre Integration in die bäuerliche Hausgemeinschaft auch kaum von Warenmärkten abhängig. Da der Geldlohn nur den kleineren Teil des Einkommens ausmachte – der größte Teil des Einkommens bestand aus Unterkunft und Verpflegung –, waren die Dienstboten auch relativ unabhängig von Marktschwankungen.[36] Diese relative Unabhängigkeit von Warenmärkten ist wohl einer der wesentlichen Unterschiede zwischen dem Gesindedienst in der alteuropäischen Wirtschafts- und Sozialordnung und der freien Lohnarbeit in der modernen Welt. Ein weiterer Unterschied besteht in der Form der Arbeitskräfterekrutierung. Diese wird in der Lohnarbeitergesellschaft durch einen freien Arbeitsmarkt geregelt. Anders beim Gesindedienst in der alteuropäischen Gesellschaft: Der Zugang zu einem Dienstplatz wurde hier primär nicht durch den Markt im Sinne eines unpersönlichen, kommerziellen Tauschverkehrs geregelt, sondern viel häufiger durch persönliches Bekanntsein, durch Verwandtschaft,

34 BRUCKMÜLLER, Landwirtschaftliche Organisationen, 33.
35 TENFELDE, Ländliches Gesinde, 207.
36 KOCKA, Lohnarbeit, 41.

Nachbarschaft und Klientelbeziehungen. Zwar spielten am Rande auch Dienstbotenmärkte und Dienstbotenvermittler als moderne, für marktintegrierte Gesellschaften typische Elemente eine Rolle bei der Vermittlung von Arbeitsplätzen. Trotzdem fehlte in den alteuropäischen Lokalgesellschaften ein wirklich freier Arbeitsmarkt mit frei verfügbaren Arbeitskräften. In den familienwirtschaftlich organisierten Produktionsverhältnissen waren die Arbeitskräfte durch Verwandtschaft und Klientelbeziehungen gebunden.[37] Die Mobilität der Dienstboten war eingeschränkt. Dienstverträge wurden in der Regel auf ein Jahr abgeschlossen. Ein Wechsel während des Jahres, war er nicht durch eine ungerechte Behandlung seitens des Dienstherrn gerechtfertigt, galt im lokalen Verhaltenskodex als unehrenhaft und wurde auch mit den traditionellen Sanktionsmitteln geahndet.[38] Die Arbeitskräfteressourcen der lokalen Teilgesellschaften waren begrenzt.[39] Das Angebot an frei und schnell verfügbaren Dienstboten war deshalb immer gering. Die jahrhundertealten Klagen über Dienstbotenmangel können so auch als Ausdruck des Fehlens eines freien Arbeitsmarktes gesehen werden.

III. Gesindedienst und lokale Gesellschaft

Die Analyse der Institution „Dienst im Bauernhaus" soll zuerst im Zusammenhang mit der Sozialform ländliche Gemeinde vorgenommen werden. Dabei geht es um die grundlegende Frage nach der Art der Beziehungen, die die Menschen in der ländlichen Gemeinde eingingen, um ihr Überleben zu organisieren, d. h. um Pro-

---

37 Karl POLANYI, The Great Transformation. Politische und ökonomische Ursprünge von Gesellschaften und Wirtschaftssystemen, Baden-Baden 1978, 225 ff.

38 Weiters existierten eine Reihe rechtlicher, durch die Dienstbotenordnungen festgelegter Mobilitätsbeschränkungen. So enthält noch die 1874 für das Erzherzogtum „Österreich ob der Enns" erlassene und bis 1921 gültige Dienstbotenordnung folgende Strafbestimmung für vorzeitiges Verlassen der Dienststelle: § 28. Dienstboten, die vor der Dienstzeit ohne gesetzmäßigen Grund den Dienst eigenmächtig verlassen, sind dem Gemeindevorsteher anzuzeigen, von diesem zu verfolgen und auf Verlangen des Dienstherrn selbst durch Zwang zur Rückkehr in den Dienst anzuhalten. Sie sind überdies einer angemessenen Strafe zu unterziehen und sind verpflichtet, den aus der unerlaubten Dienstverlassung entstandenen Schaden zu ersetzen. Will der Dienstgeber den entlaufenen Dienstboten nicht wieder aufnehmen, so kann er statt desselben einen anderen Dienstboten aufdingen und von dem entlaufenen die Vergütung der dadurch verursachten mehreren Kosten verlangen (Gesetz womit für das Erzherzogtum Oesterreich ob der Enns eine Dienstbotenordnung erlassen wurde, Wien 1874).
Solche Bestimmungen erinnern in gewissem Sinn an leibherrliche Verhältnisse, wenngleich auch die schriftlich fixierten rechtlichen Rahmenbedingungen nur sehr bedingt Aussagen über den Alltag des bäuerlichen Gesinde zulassen. Für zeitlich nicht festgelegte Dienstverträge mußte dann in den nach 1850 erlassenen Dienstbotenordnungen angesichts der allgemeinen Entwicklung eine sechswöchige Kündigungsfrist zugestanden werden (HOFFMANN, Das Gesindewesen, 501).

39 Dies wird auch durch die Tatsache verdeutlicht, daß sich der Großteil der Dienstboten aus der Gemeinde und den Nachbargemeinden rekrutierte. Schriftliche Quellen aus der Jahrhundertwende ergeben, daß 75 % der Dienstboten aus diesem engen Umkreis kamen; P. SCHMIDTBAUER, Modell einer lokalen Krise, in: ZBLG 41 (1978) 236.

duktion und Verteilung der Güter und Dienstleistungen zu regeln. Im Hinblick auf die gestellte Thematik liegt der Schwerpunkt der Untersuchung auf der Beziehung der bäuerlichen zur unterbäuerlichen Bevölkerung. Gefragt wird also nach der Wirtschafts-, Sozial- und Herrschaftsordnung in der ländlichen Gemeinde. Dieser Frage werde ich im folgenden am Beispiel der im oberösterreichischen Alpenvorland gelegenen Gemeinde Pollham nachgehen.

1. Zur Sozialstruktur der Untersuchungsgemeinde

1934 waren in der 898 Einwohner zählenden Gemeinde 66,7 % der Wohnbevölkerung in der Land- und Forstwirtschaft tätig. Die restlichen 299 Einwohner verteilten sich auf die Sektoren Industrie und Gewerbe, Handel und Verkehr, Freie Berufe, Öffentlicher und Häuslicher Dienst.[40] Auch sie hatten aber ihre teilweise agrarische Existenz nicht aufgegeben. Ein Großteil dieser Gruppe war entweder im ländlichen Gewerbe oder im Dienstleistungssektor beschäftigt, oder er verrichtete landwirtschaftliche bzw. außerlandwirtschaftliche Lohnarbeit. Nebenbei aber bewirtschafteten sie mit der Familie ein kleines Grundstück, das häufig noch zum Kleinhaus gehörte, oder die vom Bauern gepachteten Kleingrundstücke. Die vorindustrielle Wirtschafts- und Sozialordnung kannte eben keine scharfe Trennung zwischen agrarischer Produktion einerseits, gewerblicher Produktion, Beschäftigung im Dienstleistungssektor oder außerlandwirtschaftlicher Lohnarbeit andererseits – so wie uns dies die Statistik vermuten ließe.[41]

Auch im Pfarrort konnte sich kein von der Landwirtschaft verselbständigtes Gewerbe ausbilden, da der Pfarrort keine Zentralortsfunktion für eine größere Region hatte und andererseits die Arbeitsteilung zwischen den in Streusiedlung gelegenen Hausgemeinschaften nicht jenes Ausmaß erreichte, wie dies etwa bei Dorfsiedlungen üblich war.[42] Selbst der Dorfschullehrer und die Hebamme hielten sich ihre Ziegen, und auch der Schneider, der Bäcker und der Tischler gingen im Sommer zum Bauern, um die gepachteten Gründe abzuarbeiten.[43] Nur der Krämer und der Pfarrer scheinen in der Zwischenkriegszeit ohne agrarische Subsistenz ausgekommen zu sein. Von der Ausbildung einer von der Landwirtschaft verselbständigten Mittelschicht (Dorfbourgeoisie) kann also nicht die Rede sein.

Die lokale Ökonomie beruhte primär auf der agrarischen Produktion unter vorindustriellen Bedingungen. In dieser Produktionsweise waren Grund und Boden neben der menschlichen Arbeitskraft das wichtigste Produktionsmittel. Der Zugang zu diesem Produktionsmittel war allerdings in hohem Maß ungleich verteilt. Genaueren Aufschluß darüber gibt uns die landwirtschaftliche Betriebszählung 1951.

---

40 Volkszählung 1934.
41 A. Hoffmann, Zur Problematik der agrarischen Nebengewerbe und der Reagrarisierung, in: H. Kellenbenz (Hg.), Agrarische Nebengewerbe und Formen der Reagrarisierung im Spätmittelalter und im 19./20. Jahrhundert, Stuttgart 1975, 29.
42 Ernst Bruckmüller, Soziale Organisationsformen ländlicher Arbeit, in: Beiträge zur historischen Sozialkunde 11/2 (1981) 55.
43 Interview mit Herrn Eder am 30. 7. 1982.

Tabelle 1:

Zahl und Gesamtfläche der land- und forstwirtschaftlichen Betriebe in der
Untersuchungsgemeinde, 1951

a) Zahl der Betriebe

insgesamt	0—5 ha	in %	5—20 ha	in %	20—100 ha	in %
120	71	59,1	33	27,5	16	13,3

b) Fläche in ha

insgesamt	0—5 ha	in %	5—20 ha	in %	20—100 ha	in %
1006	151	15	399	39,6	456	45,3

Quelle: Eigene Berechnung nach: Ergebnisse der land- und forstwirtschaftlichen Betriebszählung vom 1. 6. 1951, Wien 1953.

Die eigentlichen Vollbauern, die über genügend Nutzfläche verfügten, um mit
ihrer Familie davon zu leben, waren längst zur Minderheit geworden. So galten von
den in der Volkszählung 1934 genannten 166 Häusern nur 49 als Bauernhäuser. Im
selben Jahr wurden 175 Wohnparteien gezählt.[44] Die bäuerlichen Hausgemeinschaften umfaßten also nur mehr etwas mehr als ein Viertel aller Familien, besaßen
aber ca. vier Fünftel des gesamten Bodens in der Gemeinde. Die Grenze zwischen
vollbäuerlich und unterbäuerlich lag bei einer Betriebsgröße um 6 ha. Diese Grenze
variierte etwas mit der Ertragslage der bewirtschafteten Nutzfläche. Die darunter
liegenden Betriebsgrößen wurden allgemein als Kleinhäusler bezeichnet.

Die Inwohner verfügten über weniger Prestige als die Gruppe der Kleinhäusler.
Sie verfügten über kein eigenes Haus und wohnten entweder bei Bauern oder
Kleinhäuslern in Miete, die sie in der Regel nicht in Geld, sondern in Arbeitsleistung
abgalten. Für diese Gruppe liegen keine Angaben über ihre zahlenmäßige Stärke
vor. Ihr Anteil an der Gesamtbevölkerung der Untersuchungsgemeinde dürfte zwischen 10% bis 20% gelegen sein.[45]

Gemeinsames Charakteristikum der unterbäuerlichen Bevölkerung war ihre
Landarmut bzw. Landlosigkeit, die einen Nebenerwerb notwendig machte, sei es in
handwerklicher oder gewerblicher Tätigkeit oder in landwirtschaftlicher oder außerlandwirtschaftlicher Lohnarbeit.

In dem hier vorgeschlagenen Schichtungsmodell, das sich am Kriterium Verfügungsgewalt über Grund und Boden orientiert, verliefen im wesentlichen zwei markante Schichtungsgrenzen. Die eine Schichtgrenze lief entlang jener Grundbesitzer,

---

44 Volkszählung 1934.
45 MITTERAUER, Formen, 194 ff.

die über eine volle Ackernahrung verfügten. Die zweite, nicht minder wichtige, verlief innerhalb der unterbäuerlichen Bevölkerung. Sie schied die landarmen Gemeindebewohner von den völlig landlosen Inwohnern und Häuslern, die über keinen wesentlichen Grundbesitz verfügten. Die letztgenannte Gruppe war zur Gänze auf den Verkauf ihrer Arbeitskraft, auf handwerkliche oder gewerbliche Tätigkeit und/oder auf das Pachtland der Bauern angewiesen.

Die lokale Gesellschaft bot also das Bild einer in hohem Ausmaß geschichteten Gesellschaft. Dieser differenzierten Sozialpyramide entsprach auch eine differenzierte Begrifflichkeit der diesen Sachverhalt benennenden Sprache der Gemeindebevölkerung. Man sprach in absteigender Linie einerseits von den Bauern, den „Pointlern", den „Häuselleuten" und den „Stiwöleuten", andererseits vom „Bauernhaus", vom „Pointhaus", vom „Pointhäusl", vom „Goaßhäusl" und/oder „I-Häusl".[46]

Interessant dabei erscheint, daß die Statuszuordnung durch die Metapher „Haus/Häusl", die für Besitz und Sozialprestige steht, erfolgt. Dies verweist auf eine spezifische Wahrnehmungsform der Gemeindebewohner. Die Wahrnehmung der lokalen Gesellschaft erfolgte sehr stark räumlich konkret. Das Haus bildete dabei die zentrale Orientierung, ordnete es doch auch ohne abstrakte Prinzipien, allein durch die sinnliche Wahrnehmung die sozialen Beziehungen in der lokalen Gesellschaft.

2. Reziprozität in der lokalen Gesellschaft

Das Siedlungsbild der Untersuchungsgemeinde glich dem vieler anderer Gebiete des damaligen Oberösterreich. In Streu- und Weilersiedlung liegende Bauernhöfe waren umgeben von einer ungleich größeren Anzahl von Kleinhäusern. Diese Kleinhäuser beherbergten die unterbäuerliche Bevölkerung, die Häuselleute und Taglöhner, hier wuchs auch der Großteil der zukünftigen Bauernknechte und Bauernmägde auf.

Dieses Siedlungsbild spiegelt eine bestimmte Form der lokalen Arbeitsteilung und ein spezifisches System der Reziprozität.[47] In der lokalen Gesellschaft existierte eine Arbeitsteilung zwischen einer landbesitzenden primär agrarisch produzierenden bäuerlichen Bevölkerung und einer landarmen beziehungsweise landlosen ländlichen Unterschicht, die gewerblich-handwerkliche Produkte herstellte, Aufgaben im Dienstleistungssektor übernahm und landwirtschaftliche oder außerwirtschaftliche Lohnarbeit verrichtete.

---

46 Pointler = Kleinhäusler mit einem Grundbesitz zwischen einem halben und sechs Hektar
Häuselleute = a) Kleinhäusler mit weniger als einem halben Hektar Eigengrund
b)   Inwohner, die in einem dem Bauern gehörenden Kleinhaus wohnten
Stiwöleute = Stübelleute, Inwohner
I-Häusl = Inwohnerhaus
Goaßhäusl = a)   Inwohnerhaus
b) Kleinhaus mit weniger als einem halben Hektar Eigengrund.
Zum Folgenden vgl. Hermann Heidrich, Das Haus und die Volkskultur in der frühen Neuzeit, in: Richard van Dülmen (Hg.), Kultur der einfachen Leute, München 1983, 19.
47 Mitterauer, Formen, 250.

Innerhalb der bäuerlichen Bevölkerung bestand keine ausgeprägte Arbeitsteilung. Nur einzelne Dienstleistungen wie der Gasthaus- und Mühlenbetrieb, der
Vieh- und Holzhandel waren an bäuerliche Anwesen gebunden.[48]

Der oberösterreichische Gewerbekataster nennt insgesamt 14 in der Untersuchungsgemeinde ausgeübte Gewerbe, die der ländlichen Unterschicht zuzuordnen
sind. Darunter befinden sich ein Tischler, ein Kleidermacher, ein Brunnenmacher,
zwei Bäcker, drei Schuster, drei Binder und drei Hufschmiede. Weiters werden an
Dienstleistungen vier Tabak-Trafikanten, zwei Viktualienhändler, ein Butter-
händler, eine Hebamme und zwei Krämer erwähnt.[49] Daneben spielten auch noch
eine Fülle anderer Tätigkeiten eine Rolle, die im Gewerbekataster wohl deshalb
nicht erwähnt wurden, weil ihnen weniger der Charakter eines Berufes als vielmehr
der einer Nebenbeschäftigung zukam. Solche Nebenberufe waren der Besenbinder,
der Holzschuhmacher, der Korbflechter, der Rechenmacher, der Strohdachdecker
oder die Stoffärberin. Viele Angehörige der ländlichen Unterschichten waren auch
als Maurer oder Zimmerleute tätig. An Dienstleistungen sind das Schlachten der
Schweine, der Handel mit Wallfahrtsartikeln, das Krauteinhobeln und das sogenannte „B'segn" zu erwähnen. Die letztgenannte Beschäftigung betraf primär
Kleinhäusler- und Inwohnerfrauen, die dann, wenn eine Bäuerin ein Kind zur Welt
gebracht hatte, ca. fünf bis sechs Wochen auf dem Bauernhof aushalfen. Auch die
Tätigkeiten des Futterschneiders, des Leichenanziehers und des „Viehpfuschers"
waren an die unterbäuerliche Bevölkerung gebunden. Unterschichtfrauen fanden
auch im Waschen und Reinigen der Kleider von Knechten einen Zusatzverdienst,
ebenso im Aufziehen der ledigen Kinder von Bauernmägden. Daneben spielten
auch Arbeiten im Dienste der Gemeinde wie die des Mesners, des Totengräbers und
des Gemeindedieners eine gewisse Rolle.

Funktionen, die nicht von der lokalen Gesellschaft einer Gemeinde ausgeübt
wurden, sondern an den größeren Einzugsbereich einer Region gebunden waren,
die aber auch primär in den Händen der ländlichen Unterschichten lagen, waren die
Dienstvermittlung („Werbler" oder „Seelenhändler") und die Tierkörperverwer-
tung („Schinder"). Weiters zählten Arbeiten im Transportgewerbe wie das „Boten-
fahren" und der Rahmkannentransport dazu.

Auch die in der Gemeinde anfallende Gesinde- und Taglohnarbeit lag, bedingt
durch den hohen Unterschichtanteil und die geringe Zahl von Groß- und Mittelbauern, fast zur Gänze in der Hand der ländlichen Unterschichten.

Der in der Untersuchungsgemeinde auftretende Ökotypus machte sowohl
ständige Arbeitskräfte als auch nichtständiges Personal notwendig. Die Viehzucht
erforderte aufgrund ihrer spezifischen Produktionsbedingungen ständige Arbeitskräfte. Diese wurden nun einerseits von der bäuerlichen Familie selbst, andererseits
von den unterbäuerlichen Hausgemeinschaften, die ihre Jugendlichen als Knechte
und Mägde in bäuerlichen Dienst schickten, gestellt. Getreidebau wiederum weist

---

48 Österreichischer Zentralkataster sämtlicher Handels-, Industrie- und Gewerbebetriebe,
    Wien 1908.
49 Ebenda.

einen saisonal sehr schwankenden Arbeitskräftebedarf auf. In Zeiten hoher Arbeitsintensität bedurften die bäuerlichen Familienwirtschaften noch der zusätzlichen nicht ständigen Arbeitskraft der Taglöhner, die sich aus der Gruppe der meist verheirateten Kleinhäusler und Inwohner rekrutierten. Größere Bauern beschäftigten im Sommer für einige Monate sogenannte „Ahmdzudinger". Es waren dies häufig jugendliche Handwerker (z. B. Tischlergesellen), die während der Sommerzeit in die bäuerliche Hausgemeinschaft aufgenommen wurden. Zur Sicherung der für die Getreidewirtschaft so notwendigen Taglohnarbeit hatten vor allem größere Bauern oft ein bis zwei zum Bauernhof gehörige Kleinhäuser („I-Häuseln") entweder selbst errichtet − besonders seit dem späten 18. Jahrhundert wurden.viele zum Bauernhof gehörige Backhäuser, die vorher zum Brotbacken gedient hatten, zu Wohnzwecken umgebaut − oder sie durch Kauf oder Vererbung erworben.[50] Hier brachten sie die Inwohner unter, die ihnen dann jederzeit als zusätzliche Arbeitskräfte zur Verfügung standen.

Die Bauern waren also von der unterbäuerlichen Bevölkerung abhängig, die die gewerblich-handwerklichen Produkte herstellte, die in der Gemeinde notwendigen Dienstleistungen verrichtete und die Gesinde- und Taglohnarbeitskräfte bereitstellte. Die ländlichen Unterschichten waren wiederum in hohem Maße auf die Bauern angewiesen, die über den Großteil der landwirtschaftlichen Nutzfläche und des Waldes (mit Ausnahme des Herrschaftswaldes), einen Teil der bewohnbaren Behausungen (I-Häuseln; „Stübeln" im Bauernhaus) und die meisten für die landwirtschaftliche Produktion wichtigen Arbeitsmittel (Zugtiere, Wägen, Pflüge, Eggen, Sämaschinen, . . .) verfügten.

Da die gewerbliche Produktion oder die Tätigkeit im Dienstleistungssektor keine ausreichende Subsistenz bot, waren die ländlichen Unterschichten stets auf eine Absicherung durch landwirtschaftliche Eigenproduktion angewiesen. Hier mußten sie nun in Austausch mit den Bauern treten. Hatte ein Kleinhäusler oder ein Inwohner wenig oder keinen landwirtschaftlich nutzbaren Eigengrund, so mußte er sich beim Bauern eine landwirtschaftliche Nutzfläche pachten. Es waren in der Regel kleine, abschüssige Wiesen („Anger") und schmale Feldraine („Loastacker"), die der Bauer an den Kleinhäusler oder Inwohner verpachtete, damit dieser seine Ziegen füttern und Kartoffeln anbauen konnte. Der Kartoffelanbau und das Halten von Kleinvieh wie Ziegen, Hühner und Kaninchen waren die wichtigsten Charakteristika der landwirtschaftlichen Eigenversorgung der ländlichen Unterschichten. Der Kartoffelanbau ist eine sehr intensive Bodenkultur, die bei geringem Platzbedarf einen maximalen Ertrag sichert. Er wurde deshalb in Österreich seit der Agrarrevolution auch zur wichtigsten landwirtschaftlichen Absicherung der ländlichen Unterschichten.[51] Auch die Ziegenhaltung bedarf nur relativ kleiner Weideflächen. Wie sehr die Ziege das Nutztier der kleinen Leute schlechthin war, zeigen auch die

50 Kurt HOLTER, Bauernhausforschung im Gerichtsbezirk Wels, Linz 1983, 142.
51 MITTERAUER, Formen, 254; ders., Lebensformen und Lebensverhältnisse ländlicher Unterschichten, in: Herbert MATIS (Hg.), Von der Glückseligkeit des Staates, Berlin 1981, 320.

Ergebnisse der landwirtschaftlichen Betriebszählung. So wurden 1930 in Oberösterreich 72% aller Ziegen in Betrieben zwischen 0 bis 5 ha gehalten.[52]

Auch Kleinhäusler mit eigener Ackerwirtschaft waren auf die Bauern angewiesen. Da sie selbst meist keine Zugtiere besaßen, mußten sie die Bearbeitung ihrer
Felder dem Bauern bzw. dessen Sohn oder dessen Knecht überlassen.[53] In der Versorgung mit Brennholz war die unterbäuerliche Bevölkerung ebenfalls von den
Bauern abhängig, die über eigenen Waldbesitz verfügten.

Dieses hier beschriebene System der Reziprozität war typisch für Getreidean-
baugebiete (oder Mischwirtschaften) mit Streusiedlung. Es bezog sich auf den Austausch von landwirtschaftlichen Produktionsmitteln, landwirtschaftlichen, forstwirtschaftlichen und gewerblichen Produkten und auf den Austausch von Arbeitskräften und Dienstleistungen. Der Getreideanbau mit seinem hohen Taglöhnerbe-
darf machte die Ansiedlung von Kleinhäuslern und Inwohnern, die in eigenen, zum
Bauernhof gehörigen Zuhäusern lebten, notwendig. Anders sieht dies in geschlossenen Dorfsiedlungen aus. Hier kam es nur selten zur Errichtung eigener Inwohnerhäuser. Anscheinend war hier, bedingt durch die räumliche Nähe von Bauern und
Kleinhäuslern, das Angebot an schnell verfügbaren Arbeitskräften ausreichend gewesen, sodaß die Errichtung eigener Zuhäuser zur Ansiedlung von Inwohnern nicht
notwendig war.

Auch in ausgesprochen reinen Viehzuchtgebieten findet sich dieses Nebeneinander von Bauernhöfen und Kleinhäusern im Pfarrort und im Umland nicht, da
durch die spezielle Wirtschaftsweise kein Bedarf an nichtständigen Arbeitskräften,
an Taglöhnern also, bestand. Die gewerblich produzierende unterbäuerliche Bevölkerung befand sich in solchen Gebieten meist nur im Pfarrort. Das System der Reziprozität beschränkte sich dann auch nur auf den Austausch landwirtschaftlicher und
gewerblicher Produkte. Durch die fast ausschließliche Deckung des Arbeitskräftebedarfes mit Gesinde spielte die Taglohnarbeit, die eine Kleinhäusler- und Inwoh-
nersiedlung im Anschluß an die in Streulage verteilten Bauernhöfe notwendig gemacht hätte, keine wesentliche Rolle.[54]

Das Siedlungsbild der Untersuchungsgemeinde mit ihren in Streusiedlung nebeneinander gelegenen Bauernhöfen und Kleinhäusern spiegelt also bereits die
Struktur der Reziprozitätsbeziehungen, das gegenseitige Aufeinanderangewiesen-
sein von Bauern und unterbäuerlicher Bevölkerung.

In diesem lokalen System der Reziprozität nahmen Austauschbeziehungen
zwischen den Bauern einen vergleichsweise geringen Stellenwert ein. Sie beschränkten sich auf den Gasthausbesuch, das Mahlenlassen des Getreides beim

---

52 Landwirtschaftliche Betriebszählung in der Republik Österreich vom 16. 6. 1930, Wien
   1932.
53 Ebenda, 1930 verfügten in Oberösterreich die Kleinhäusler und Kleinbauern mit einem
   Grundbesitz bis fünf Hektar — das waren immerhin 48,7 % aller land- und forstwirtschaftlichen Betriebe — nur über 3,5 % des gesamten Pferde- und 1,8 % des gesamten
   Zugochsenbestandes.
54 MITTERAUER, Formen, 249.

Müller und auf den fallweisen Austausch von Arbeitskräften beim Dreschen nach der Ernte („zaumsoagn") und bei Unglücksfällen.

Zusammenfassend kann gesagt werden, daß die Sozialform Gemeinde zugleich ein relativ geschlossenes Wirtschaftssystem darstellte. Die meisten Funktionen in der landwirtschaftlichen und gewerblichen Produktion und im Dienstleistungsbereich wurden von der Gemeinde selbst wahrgenommen. Zwar waren überregionale Marktanschlüsse und Zugänge zu den fortgeschritteneren Waren- und Geldzirkulationssystemen vereinzelt vorhanden und zweifellos in der Zwischenkriegszeit wieder im Zunehmen begriffen, nachdem sie durch die Agrarisierung der Industriebauern und die Verlagerung der landwirtschaftlichen Modernisierungszentren nach dem Osten und Norden der österreichisch-ungarischen Monarchie im 19. Jahrhundert abgenommen hatten. Trotzdem bildete auch noch in der Zwischenkriegszeit die lokale Gesellschaft der Untersuchungsgemeinde jenen Rahmen, in dem sich Produktion und Verteilung des Großteils der Güter und Dienstleistungen vollzog.[55]

Nichts spiegelt diese starke lokale Integration deutlicher als das engmaschige Netz innergemeindlicher Verbindungswege. Meist waren es nur kleine Feldwege, die die Häuser miteinander und mit dem Pfarrort verbanden. „Steige" und „Anger" wurden sie im Volksmund genannt. Hier gingen die Taglöhner zu ihren Bauern zur Arbeit, hier gingen die Menschen zur Kirche, die Bauern ins Gasthaus, und hier gingen die Kinder zur Schule und zur bekannten Bäuerin, um eine milde Gabe zu erbitten. „Friaher hand joa gaunze Zeuln gaunga . . ." erinnert sich Frau Binder mit einem fast wehmütigen Unterton.[56] Heute verirrt sich nur mehr selten jemand auf diese kleinen Wege. Nur ab und zu sieht man morgens noch ein altes „Häuselweib" oder eine alte Bäuerin zur Frühmesse in den Pfarrort gehen. Deshalb sind heute auch die meisten dieser Wege verschwunden, sie sind zugeackert oder mit Gras bewachsen. Sie sind ja auch nicht mehr notwendig. Heute sind die Hauptstraßen wichtiger geworden, die die Verbindung mit den größeren Zentralorten herstellen. Dorthin fahren die Nachkommen der früheren ländlichen Unterschichten in die Fabrik oder ins Büro. Die Bauern beliefern die zentralen Märkte mit ihren Produkten, und beide Gruppen kaufen in den Geschäften der Stadt die Dinge des alltäglichen Bedarfs.

Diese völlige Verlagerung des Verkehrs von den innergemeindlichen Wegen zu den Hauptverbindungsstraßen mit den städtischen Zentren spiegelt gleichzeitig die zunehmende Integration der Landgemeinde in überregionale Zusammenhänge und die Ausgliederung von Funktionen, die früher vom Gemeindeverband selbst wahrgenommen worden sind.

---

55 Roman Sandgruber, Konsumgüterverbrauch, Lebensstandard und Alltagskultur im Österreich des 18. und 19. Jahrhunderts, Wien 1982; Siegfried Mattl, Agrarstruktur, Bauernbewegung und Agrarpolitik in Österreich 1919–1929, Wien–Salzburg 1981, 304 ff.
56 Interview mit Frau Binder am 15. 8. 1982.

3. Bäuerlicher Paternalismus und moralische Ökonomie

3.1. Patron-Klientbeziehungen als Modell der Organisation sozialen und ökonomischen Austausches

Sehen wir uns nun die Beziehungen, die die Menschen in der lokalen Gesellschaft eingingen, um den Austausch von Gütern und Dienstleistungen zu organisieren, etwas näher an. Bedingt durch das quantitative Verhältnis der sozialen Schichten vollzog sich die in der Gemeinde häufigste Form des Austausches zwischen Bauern und ländlichen Unterschichten. Es ist die These dieser Arbeit, daß der Austausch zwischen Bauern und ländlichen Unterschichten in Form von Patron-Klientbeziehungen organisiert war. Dieses Patron-Klientmodell weist eine schichtenspezifische und eine zeitliche Variable auf. In Lokalgesellschaften vom beschriebenen Typus gab es Schichten mit unterschiedlich starker Klientelbindung. Die stärkste Bindung an den bäuerlichen Patron wiesen die in die bäuerliche Hausgemeinschaft integrierten Gruppen auf: die Dienstboten und die im Bauernhaus lebenden Inwohner. Das Verhältnis zwischen bäuerlichen und unterbäuerlichen Hausgemeinschaften war durch weniger starke Klientelbindungen gekennzeichnet. Andererseits gab es auch eine zeitliche Verschiedenheit im Grad der Klientelbindung. Wir werden im Laufe der Untersuchung auf Zeiten mit stärkerer und Zeiten mit weniger starker Klientelbindung stoßen.

Folgende Merkmale sind Patron-Klientbeziehungen eigen:[57]

1. *Dominieren nichtmonetärer Tauschgewohnheiten.* Die ländlichen Familienwirtschaften waren primär Subsistenzwirtschaften. Der überwiegende Teil der Produktion wurde auch im Haus konsumiert. Nur ein verhältnismäßig kleiner Teil fiel für den Markt ab. Bargeld als Tauschmittel war darum auch dementsprechend knapp. Die Familienwirtschaften bevorzugten bargeldlose Austauschbeziehungen. Ein Kleinhäusler, der sich vom Bauern einen Tag lang seine Felder bearbeiten ließ, war diesem dafür fünf Arbeitstage schuldig. Die „Loastäcker" und Wiesenanger, die die Bauern an die Kleinhäusler und Inwohner verpachteten, ließen sie sich ebenfalls mit zwei bis vier Tagen unentgeltlicher Taglohnarbeit bezahlen. Benötigte ein Taglöhner Brennholz, so konnte er dieses ebenfalls im Sommer beim Bauern abarbeiten. Für das gewährte Quartier ließen die Bauern ihre Inwohner 25 bis 35 Tage im Jahr am Hof arbeiten. Umgekehrt verlangten auch die Taglöhner häufig für ihre

---

57 S. N. Eisenstadt und L. Roniger, Patron-client relations as a model of structuring social exchange, in: Comparative Studies in Society and History 22 (1980) 42 ff.; A. Hall, Concepts and terms, patron-client relationship, in: Journal of Peasant Studies 1 (1974); W. E. Mühlmann und R. J. Llaryora, Klientschaft, Klientel und Klientelsystem in einer sizilianischen Agrostadt, Tübingen 1968; Edit Fél und Tamás Hofer, Tanyakert-s. Patron client relations and political factions in Atány, in: American Anthropologist 75 (1973); Pierre Bourdieu, Entwurf einer Theorie der Praxis, Frankfurt 1979, 357 ff.; Edward P. Thompson, Patrizische Gesellschaft, Plebejische Kultur, in: ders., Plebejische Kultur und moralische Ökonomie, Frankfurt/M. 1980, 168 ff.; Marcel Mauss, Die Gabe. Form und Funktion des Austausches in archaischen Gesellschaften, Frankfurt 1968.

Arbeit vom Bauern Naturalien wie Getreide, Obst oder Most. Auch der Störhandwerker (Schuster, Schneider . . .) ließ sich seine Arbeit beim Bauern oft mit einem Acker an Pachtland bezahlen.

Die Dienstleistungen an der Gemeinde wurden zu einem Teil von den Hausgemeinschaften kollektiv in Naturalien entlohnt. So bekam zum Beispiel der Mesner für seine Dienste an der Pfarrgemeinde einmal jährlich von jedem Haushalt soviele Eier wie dieser Haushalt an Mitgliedern aufwies. Der Mesner holte sich seine Eier jedes Jahr vor Ostern anläßlich des sog. „Beichtaufschreibens".[58] Auch der Tierkörperverwerter („Schinder") erhielt für seine Arbeit keine Barbezahlung, sondern von jedem Bauern beziehungsweise Kleinhäusler für den er zuständig war, einen beziehungsweise einen halben „Kleestidel" voll mit getrocknetem Klee.[59]

Am ausgeprägtesten war der Naturaltausch natürlich bei den Austauschbeziehungen innerhalb der bäuerlichen Hausgemeinschaft, dem Dienst in fremdem Haus. Bäuerliche Dienstboten erhielten neben dem relativ geringen Barlohn Kost, Quartier und andere Naturalien als Entgelt für ihre Arbeit.

2. *Der Austausch enthielt sowohl soziale als auch ökonomische Elemente.* Er vollzog sich nicht als unpersönlicher kommerzieller Tauschverkehr zwischen zwei Individuen, die in keinerlei persönlichen Bindungen zueinander standen, sondern als Tausch zwischen Bekannten. Die Beziehungen zwischen den Tauschpartnern existierten bereits vor dem Tauschakt und erfuhren durch diesen nur ihre Fortsetzung. Der Austausch sollte eine schon bestehende persönliche Beziehung weiter bekräftigen. Darin liegt der entscheidende Unterschied zwischen dem marktregulierten Austausch und den Reziprozitätsbeziehungen.

3. *Patron-Klientbeziehungen zeichnen sich durch ein hohes Maß an gegenseitiger Verpflichtung aus.* Einerseits mußte der Klient seine Arbeitskraft dem Patron jederzeit und meistens sofort zur Verfügung stellen. Er war zu persönlichem Dienst und zu Gehorsam verpflichtet. Andererseits war der bäuerliche Patron verpflichtet, seinem Klient persönlichen Schutz zu gewähren, wenn dieser in Not geraten war. Dies bedeutete sowohl die Pflege des erkrankten Dienstboten als auch die Pflicht, der verarmten Taglöhnerfamilie materielle Fürsorge zukommen zu lassen. Bedingt durch bestimmte, weiter unten näher zu erörternde Entwicklungen waren im frühen 20. Jahrhundert vor allem die landlosen Inwohner und Kleinhäusler in große existentielle Not geraten. In ihrer Subsistenz waren sie deshalb immer auch auf die Bauern angewiesen. Vor allem im Winter mußte von armen Taglöhnerfamilien die paternalistische Fürsorge der Bauern in Anspruch genommen werden. Oft verging kein Tag in der Woche, ohne daß die Taglöhnerkinder zu den bekannten bäuerli-

---

58 Alois HAHN, Zur Soziologie der Beichte und anderer Formen institutionalisierter Bekenntnisse: Selbstthematisierung und Zivilisationsprozeß, in: Kölner Zeitschrift für Soziologie und Sozialpsychologie 1982, 410.
59 Kleestideln sind senkrecht in den Boden gesteckte Stangen mit Querstäben zum Aufhängen des Klees, auch Hieflstangen genannt; Olaf BOCKHORN. Alte Geräte und Arbeitsmethoden, in: A. HOFFMANN, Bauernland Oberösterreich. 534; Interview mit Herrn Oberndorfer am 29. 12. 1982.

chen Patronen der Familie gingen und im Auftrag der Mutter um milde Gaben baten. Es waren vor allem Nahrungsmittel des alltäglichen Bedarfes, Kraut, Schmalz, Brot und Obst, aber auch alte Kleider und Schuhe, die als Almosen gegeben wurden.

Obwohl im Winter beim Bauern in der Regel keine Taglöhner gebraucht wurden, wurde die bekannte Taglöhnerklientel häufig aus moralischer Verpflichtung für kleinere Arbeiten eingestellt. Die Rentabilitätserhebungen der zwanziger Jahre sind voll von Klagen über diese „unrationelle" Betriebsführung der Bauern.[60] Neue Maschinen wurden oft nicht zur Gänze eingesetzt. Bauern ließen das Getreide im Herbst nur teilweise mit der Dreschmaschine dreschen. Damit die Taglöhner im Winter nicht völlig arbeitslos waren, wurde ein Teil des Getreides für den Flegeldrusch behalten. Selbst in zeitgenössischen landwirtschaftlichen Betriebslehren und in Arbeiten zur Landarbeiterfrage wurde die teilweise Beibehaltung des Flegeldrusches als Mittel zur Hintanhaltung der Winterarbeitslosigkeit landwirtschaftlicher Taglöhner diskutiert.[61]

Auch als Erbschaften hinterlassene Geldstiftungen verstorbener Bauern für die „verschämten Armen" kamen in der Untersuchungsgemeinde vor.[62]

Aber es gab nicht nur die individuelle Schutzverpflichtung des bäuerlichen Patrons gegenüber seiner Klientel, es gab auch die kollektive Verpflichtung aller Besitzenden in der Gemeinde gegenüber den Armen. Dies betraf sowohl alte, nicht mehr voll arbeitsfähige und nicht durch einen Familienverband abgesicherte Personen als auch verarmte Unterschichtfamilien. Ersteren wurde als Einleger bei jedem Grundbesitzer des Dorfes für einen bestimmten von der Besitzgröße abhängigen Zeitraum Kost und Logis gewährt. Verarmte Unterschichtfamilien wiederum durften an bestimmten, rituell besonders hervorgehobenen Tagen im Jahr von Bauernhaus zu Bauernhaus gehen und dort um Almosen bitten. Es begann zu Allerheiligen mit dem „Selweckerlgehen", fand in der Weihnachtszeit mit vier Tagen (21. 12. / 24. 12. / 31. 12. / 6. 1.) für die Umgänge der Armen seinen Höhepunkt und wurde zu Ostern mit dem sog. „Eierbitten" abgeschlossen. Bis zu hundert Brote oder Krapfen wurden von manchen Bauern an die Armen verteilt. Auch in der Kirche wurde während jeder Sonntagsmesse für die Armen in der Gemeinde gesammelt. In den zwanziger Jahren veranstaltete der Lehrer in der Untersuchungsgemeinde jedes Jahr zu Weihnachten eine „Schulchristbaumfeier". Dabei wurden auch immer Gaben an die „Armenkinder" verteilt.[63] Offizielle Institution der Armenversorgung

---

60 Bericht über die Rentabilität oberösterreichischer Bauerngüter im Jahre 1927, hg. vom Landeskulturrat in Oberösterreich, Linz 1928, 32; Interview mit Herrn und Frau Oberndorfer am 9. 5. 1982.

61 H. K. ZEßNER-SPITZENBERG, Einführung, 34; G. KRAFFT, Lehrbuch der Landwirtschaft auf wissenschaftlicher und praktischer Grundlage, 4. Bd., Betriebslehre, Berlin 1908, zit. nach ZEßNER-SPITZENBERG, Einführung, 34.

62 Geschichtliche Notizen über die Patronatspfarre Pollham 1867 ff., 1894 (Pfarrarchiv Pollham).

63 Schulchronik Pollham, 1921 ff. (Schularchiv Pollham).

war der Armenrat der Gemeinde. Seit 1930 unterhielt dieser in der Untersuchungsgemeinde ein Armenhaus.[64]

Eine für die Subsistenzwirtschaft der kleinen Leute ebenfalls wichtige kollektive Sicherungseinrichtung bestand in einer beschränkten Nutzung der Bauerngründe. Dies betraf sowohl das Einsammeln der auf dem Getreidefeld der Bauern
liegengebliebenen Restähren („Ähern"), die Nachlese des Fallobstes im Herbst, das
Einsammeln des Laubes, das die Taglöhner dann für ihre Haustiere als Streu verwendeten, als auch das Reisigklauben im Bauernwald, die sog. „kleine Forstnut-
zung".[65] Es waren dies Restformen traditioneller Ansprüche der ländlichen Unterschichten auf einen Teil der ländlichen Ressourcen, die ihnen zwar 1849 durch die
Servitutenregelung rein rechtlich entzogen worden waren, de facto aber als moralische Ansprüche erhalten blieben.

Die ländliche Gemeinde übte also gleichzeitig alle wesentlichen Funktionen sozialer Sicherung aus. Dazu war eine Fülle von Institutionen entwickelt worden.[66]
Das Kernelement dieser Sicherungsformen lag in der Gegenseitigkeitsverpflichtung. Das hohe Maß an gegenseitiger Verpflichtung lag wiederum im naturalwirtschaftlichen Tauschmodell strukturell begründet. Die wesentliche Funktion des
Geldes liegt ja darin, einen gemeinsamen Nenner für den Austausch zwischen zwei
Personen zu finden. Und wo es einen gemeinsamen Nenner gibt, ist es prinzipiell
möglich, eine Rechnung glatt zu machen. Der Naturaltausch hingegen erschwerte
es, eine exakte Gleichung zwischen den getauschten Gütern und Diensten zu finden.[67] Und da die Transaktionen in der Gemeinde und im Haus soziale und ökonomische Elemente gleichzeitig enthielten, wurde auch meist gar nicht versucht, eine
exakte Gleichung zu finden. Im Gegenteil; der Bauer, der seinem Taglöhner als
Entgelt für dessen Dienste einen Sack mit Weizen gab oder einen Acker Pachtland
zur Nutzung überließ, wußte genau, daß er durch eine großzügigere Bemessung der
Menge zwar einen materiellen Nachteil, aber dafür einen in dieser vorindustriellen
Ökonomie schwerer wiegenden immateriellen Vorteil gewann. Denn jede nichter-
widerte Gabe erzeugte die Verpflichtung zur Gegengabe. Sie löste *Schuldabhängig-*
keit aus, die der Taglöhner nur durch jederzeitige Verfügbarkeit sowie durch ständige kleine Dienste und Beweise der Ehrerbietung kompensieren konnte. Und auch
dem Taglöhner, der morgens zum Dienst gerufen wurde, dann um zehn Uhr vormit-
tags aber, da es zu regnen begonnen hatte, ohne Entgelt heimgeschickt wurde, weil
die Arbeit der Taglöhner ja nicht in Stunden, sondern höchstens in Halbtagen berechnet wurde, oder der ein anderes Mal bis spät in den Feierabend hinein mitarbei-

---

64 Geschichtliche Notizen, 1930.
65 Walter SCHIFF, Die Regulierung und Ablöse der Wald- und Weideservituten, in: Geschichte der österreichischen Land- und Forstwirtschaft, 1. Bd., 1899, 111. Oberösterreichische Landwirtschaftszeitung, Jg. 1/42 (1936) 2.
66 Ernst BRUCKMÜLLER u. a., Soziale Sicherheit im Nachziehverfahren. Die Einbeziehung
   der Bauern, Landarbeiter, Gewerbetreibenden und Hausgehilfen in das System der österreichischen Sozialversicherung, Salzburg 1978, 38 ff.
67 MÜHLMANN und LLARYORA, Klientschaft, 35.

tete, ohne dafür mehr als einen Tag-Lohn bezahlt zu bekommen, auch ihm war klar, daß der Bauer dem eisernen Gesetz der Gegenseitigkeitsverpflichtung nicht entgehen konnte.

Nichtmonetäre Tauschgewohnheiten verhindern also eine glatte Rechnung. Der gepachtete Acker, der nicht genau bemessen wurde, der nicht nach Stunden gemessene Dienst des Taglöhners und des Dienstboten, all dies konstituierte gegenseitige Schuldabhängigkeit.

4. *Die gegenseitige Schuldabhängigkeit war asymmetrisch.* Mitbedingt durch die gesellschaftlich unterschiedlich hohe Bewertung der ausgetauschten Güter und Dienste blieb beim Klient immer ein Gefühl der Restschuld zurück. Wenn das 12jährige Taglöhnerkind beim Bauern in Dienst genommen wurde, wenn der Taglöhner im Herbst den Bauern um die Pachtung der Kartoffeläcker und Wiesenanger bat oder wenn der verheiratete Knecht nach langjähriger Dienstzeit beim Bauern als Inwohner ein „Stübel" zugewiesen bekam, immer erfuhr der Klient diesen Austausch als *Gunsterweis* seitens seines bäuerlichen Patrons.

5. *Der Austausch in einer Patron-Klientbeziehung fand nicht zwischen Individuen statt, sondern zwischen Kollektiven.* Die Gegenseitigkeitsverpflichtung bezog sich auf die ganze Familie des Patrons und des Klienten. Kam im Sommer die Taglöhnerin zum Bauern, so liefen die Kinder meistens mit. Sie wurden dann auch wie ihre Mutter beim Bauern verpflegt. Waren sie alt genug, so mußten sie natürlich mitarbeiten oder, wenn ein Elternteil krank war, an dessen Stelle die gepachteten Gründe abarbeiten. Wurde das Taglöhnerkind neun oder zehn Jahre alt, so kam es häufig in den Ferien für zwei Monate zum Bauern in Verpflegung: das Mädchen als „Kindsmensch", der Bub zur Verrichtung anfallender Hilfsdienste. Und wenn das 12- oder 14jährige Taglöhnerkind dann beim Bauern in Dienst genommen wurde, so erhielten dessen Eltern immer auch einen Teil der Naturalentlohnung des Dienstboten. Dies war in der Regel ein Kartoffelacker zur Nutzung, bei Mägden ein Sack Weizen oder ein Laib Brot nach einem jeden Mal Brotbacken und Eier zu Ostern („Schulsaumsta-oar").

Auch die Familie des Bauern war zur Gänze in die Gegenseitigkeitsverpflichtung eingeschlossen. Wurde zum Beispiel für das Taglöhnerkind ein Tauf- oder Firmpate gesucht, so übernahm diese Verpflichtung oft ein schon erwachsenes Kind des Bauern.

6. *Patron-Klientverkettungen wurden formal freiwillig eingegangen und konnten auch freiwillig wieder aufgehoben werden.* In der Realität hatten sie aber einen sehr stark bindenden Charakter. Es waren relativ stabile, oft Generationen überdauernde Beziehungen. Häufig wurde ein in der Dienstzeit eingegangenes Klientelverhältnis vom verheirateten Inwohner oder Kleinhäusler fortgesetzt und übertrug sich dann oft auf dessen Nachkommen.

7. *Die Patron-Klientbeziehung basierte auf einem mündlichen Übereinkommen.* Nicht ein schriftlicher Vertrag mit präzisen Sanktionen garantierte die Einhaltung der Abmachung, sondern allein die von der Ehre geforderte Treue, das gegebene Wort. Die Dienstbotenordnung stellte zwar einen obrigkeitlichen Eingriff in das Dienstverhältnis dar. Die Realität des Gesindealltags war davon aber weitge-

hend unberührt. Dienstbotenbücher wurden kaum verwendet, die Dienstbotenordnung war den Dienstboten weitgehend unbekannt. Die lokale Gesellschaft regulierte ihre Arbeitsbeziehungen selbst.[68]

8. *Ein bäuerlicher Patron hatte in der Regel mehrere Klienten.* Umgekehrt konnte auch ein Klient mehrere meist ungleich starke Bindungen an Bauern haben. Dies scheint einer der wesentlichsten Unterschiede zu den weit besser erforschten süditalienischen Klientelsystemen zu sein, die sich dadurch auszeichneten, daß ein Klient in der Regel nur einen Patron hatte. Der Hauptgrund dieser Verschiedenheit lag in der unterschiedlichen Form der Besitzverteilung, die im Untersuchungsgebiet durch eine weniger starke Konzentration der Produktionsmittel gekennzeichnet war als in den süditalienischen Latifundienwirtschaften. Die hier untersuchten Patrone waren zahlreicher, dafür aber weniger mächtig.[69]

War der Bauer bestrebt, sich durch die Vergabe von Wohnung und Pachtland eine möglichst zahlreiche Taglöhnerklientel zu sichern, so war umgekehrt der Taglöhner bestrebt, sich nur bei zwei oder drei Bauern Hofgründe zu sichern, da sonst das potentielle Konfliktfeld in der arbeitsintensiven Zeit für ihn zu groß wurde. Denn in dieser Zeit sollte er dann oft bei sämtlichen Patronen gleichzeitig die gepachteten Gründe abarbeiten, was notwendigerweise zu mehr oder weniger intensiven Konflikten führte.

9. *Ein weiteres Charakteristikum von Patron-Klientbeziehungen besteht in ihrer kultischen Absicherung.* Dies bedeutete einerseits die Integration der im Bauernhaus lebenden Klientel in die religiöse Praxis des Hauses. Bauernfamilie und Dienstboten, aber auch die im Sommer beim Bauern arbeitenden Taglöhner beteten gemeinsam, bevor sie die Mahlzeiten zu sich nahmen. Der Dienstbote saß am Sonntag in der Kirche am Sitzplatz des „Bauernhauses“, in dem er in Dienst stand; wurde eine Messe für das Haus gelesen, so ging „jemand vom Haus“ – das konnte auch der Knecht oder die Magd sein – zur Kirche. Und auch bei den Bittprozessionen gingen die Dienstboten – meistens die Mägde – mit, um für eine gedeihliche Ernte zu beten.[70]

1894 hinterließ ein verstorbener Großbauer zwei Stiftungen. Eine davon hatte folgenden Inhalt:

Eine Stiftung per 952 Kronen ist für die Jahrbitten für verstorbene Besitzer und Dienstboten seines Hauses und zugleich zum ewigen Licht vor dem allerheiligsten Altarsakrament.[71]

---

68 Christlicher Landarbeiterbote, 1. 2. 1927, 3, und 1. 3. 1928. MISCHLER und WIMBERSKY, Die landwirtschaftlichen Dienstboten, 7. Bei Überprüfung der Ansuchen um Dienstbotenprämien hatten Statistiker der Steiermark festgestellt, daß die Vorschriften der Dienstbotenordnung betreff Anmeldung und Abmeldung beim Gemeindevorsteher oft gar nicht, oft nur in mangelhafter Form beachtet wurden. Oft stand beim Gesuch dabei, daß der Dienstbote, weil er in der Heimatgemeinde diente, kein Dienstbotenbuch braucht. Das Dienstbotenbuch wurde als Wanderdokument angesehen, das erst dann in Wirksamkeit trat, wenn der Dienstbote seine Heimatgemeinde verließ.

69 MÜHLMANN und LLARYORA, Klientschaft, 3.

70 Interview mit Frau Hinterberger am 29. Mai 1982.

71 Geschichtliche Notizen, 1894.

Die bäuerliche Hausgemeinschaft war also nicht nur eine soziale und ökonomische, sondern auch eine kultische Einheit. Andererseits hat die lokale Gesellschaft auch Instrumente entwickelt, um Patron-Klientbeziehungen zwischen selbständigen Haushalten kultisch zu untermauern. Das wichtigste davon war die rituelle Verwandtschaft, die Patenschaft.

In stark geschichteten ländlichen Gesellschaften zählte die Patenschaft zu den klassischen Mitteln, mit denen arme Familien sich durch die Herstellung künstlicher Verwandtschaften an höhere Schichten binden konnten.[72] Die ländlichen Unterschichten wählten in der Regel Bauern, Bäuerinnen oder deren erwachsene Kinder zu den Paten ihrer Nachkommen. Die Patenschaft beinhaltete nämlich neben dem spirituellen Schutzverhältnis auch ein ökonomisches. So mußten sowohl der Taufpate als auch der Firmpate einer Reihe von Geschenksverpflichtungen nachkommen. Bei der Taufe des Kindes gab der Taufpate der Mutter seines Patenkindes in der Regel ein Huhn und hundert Eier, dazu noch etwas Geld. Wurde das Kind größer, so mußte es an großen kirchlichen Feiertagen – zu Ostern, Allerheiligen und Neujahr – zum Taufpaten gehen, um dort die Geschenke – Eier zu Ostern, ein Störbrot zu Neujahr, einen Wecken zu Allerheiligen und in der Regel auch eine Mahlzeit – entgegenzunehmen. Nicht selten konnte ein Patenkind auch zum Hoferben eines kinderlos gebliebenen Bauernehepaares werden.

10. *Patron-Klientbeziehungen basierten auf dem gleichzeitigen Austausch unterschiedlichster Typen von Ressourcen auf der einen Seite und dem Versprechen von Solidarität und Loyalität auf der anderen Seite.* Diese Loyalität war eng an Vorstellungen von persönlicher Ehre und Identität gebunden. Eine Verletzung der Gegenseitigkeitsverpflichtung wurde durch den anderen Teil als persönliche Kränkung oder als Ehrverletzung erfahren.

Auch die politische Mobilisierung der Parteien scheint sich an diesem soziokulturellen Muster der Patron-Klientbeziehung orientiert zu haben. Die politische Gefolgschaft gehörte ja zu den klassischen Loyalitätsverpflichtungen in Patron-Klientbeziehungen.[73] Dies deuten auch die Wahlergebnisse aus der Untersuchungsgemeinde an. Zwischen 1920 und 1931 betrug hier der Anteil der Christlich-Sozialen an den abgegebenen Stimmen immer zwischen 85 und 87 Prozent.[74] Der geringe Anteil sozialistischer Stimmen – er lag immer zwischen 5 und 6 Prozent – drückt die

---

72 David SABEAN, Aspects of kinship behaviour and property in rural Western Europe, in: Jack GOODY et. al., (Hg.), Family and inheritance: rural society in Western Europe 1200–1800, Cambridge 1976, 97; Alan MACFARLANE, The family life of Ralph Josselin, Cambridge 1970, 144.

73 EISENSTADT und RONIGER, Patron-client relations, 48.

74 Ergebnisse der Wahlen zur Nationalversammlung am 17. 10. 1920 in Oberösterreich, hg. von der Landesregierung für Oberösterreich, o. O., o. J.; Ergebnisse der Wahl in den Nationalrat am 9. 11. 1930 in Oberösterreich, hg. vom Amte der oberösterreichischen Landesregierung, Linz 1930; Ergebnisse der Wahl in den oberösterreichischen Landtag am 19. 4. 1931, hg. von der OÖ Landesregierung in Linz, 1930; Ergebnisse der Wahl in den Nationalrat am 21. 10. 1923 in Oberösterreich, hg. von der Landesregierung für Oberösterreich, Linz, o. J.

starke Klientelbindung der quantitativ so dominierenden ländlichen Unterschichten an die Bauern aus. In nicht oder nur partiell modernisierten Gesellschaften war ja auch der Gedanke unbekannt, daß der politische Standpunkt einer Person unabhängig von ihren persönlichen Verpflichtungen sein konnte.[75]

11. *Eine jener informellen Institutionen, in der sich der soziale Austausch zwischen Patron und Klient vollzog, war der Feierabend im Bauernhaus.* Taglöhner und Dienstboten, Nachbarn und Freunde des Bauern trafen sich hier und verbrachten gemeinsam den Abend; im Sommer auf der Hausbank (Heimgarten), im Winter in der geheizten Stube beim Kartenspiel. Hier wurden die Tagesereignisse besprochen und beurteilt, wichtige gemeindepolitische Nachrichten verbreitet und Geschichten erzählt. Die Dienstboten erfuhren hier von freien Stellen, die Taglöhner von eventuellen Arbeitsmöglichkeiten. Hier bildeten sich Dorftratsch und öffentliche Meinung. Der Feierabend im Bauernhaus war ein Ort des Lagerns, des Austauschens und Zirkulierens von in der Gemeinde existierendem Wissen und in der Gemeinde gemachter Erfahrung. Die Stube und der Heimgarten waren hier kein privater Raum, sondern eine Institution lokaler Öffentlichkeit. Gleichzeitig bot der Feierabend im Bauernhaus Anlässe, wo sich Patron und Klient ihrer gegenseitigen Loyalität versicherten. Deshalb war der Ablauf auch in hohem Maß ritualisiert: Betrat der Taglöhner die Stube, so wurde er vom Hausherren aufgefordert, am gemeinsamen Tisch Platz zu nehmen. Dort stand meist schon Most, Brot und vielleicht auch eine kalte Mahlzeit („Jausn") bereit, die zum gemeinsamen Konsum bestimmt waren. Das gemeinsame Essen war als Medium sozialen Austausches jenes zentrale Ritual, das die Zugehörigkeit zu einer in spezifischer Weise verbundenen moralischen und sozialen Gemeinschft symbolisierte.[76] Machte sich der Gast dann auf den Heimweg, so verließ er meist das Bauernhaus nicht, ohne vorher von der Bäuerin einige Schnitten Brot für die daheimgebliebene Frau und die Kinder mitbekommen zu haben. Und der Gast erwiderte dann auch die empfangene Gabe mit einem ehrerbietigen „Vergelt's Gott!". Gott möge der Bäuerin die Gabe entlohnen, da der arme Taglöhner dazu nicht imstande war. Das war mehr als eine Geste der Dankbarkeit. Es bedeutete gleichzeitig, daß der Nehmende das Prinzip der Gegenseitigkeit auch dann beachtete, wenn er ökonomisch gesehen nicht mehr in der Lage war, es zu erfüllen. Die Gegenseitigkeitsverpflichtung wurde vom Klienten so gleichsam in den Bereich des Überirdischen delegiert.

Das Bauernhaus war also gleichzeitig ein Ort lokaler Öffentlichkeit und *paternalistischer Intimität,* der gemeinsame Tisch das Symbol der Integrationskraft des ganzen Hauses.[77] Und darin unterschied sich das Haus von jenen Orten lokaler Öf-

---

75 Fél und Hofer, Tanyakert-s. Patron client relations, 795; Bruckmüller, Landwirtschaftliche Organisationen, 236.

76 Hans Medick und David Sabean, Neue Themen in der historisch ethnologischen Familienforschung, in: Sozialwissenschaftliche Informationen für Unterricht und Studium 2 (1982) 95.

77 Robert M. Berdahl, Preußischer Adel: Paternalismus als Herrschaftssystem, in: Geschichte und Gesellschaft. Sonderheft 6, 140.

fentlichkeit, die schon für die Zeitgenossen zu Metaphern dörflicher Besitzhierar-
chie und bäuerlicher Herrenhaltung geworden waren: dem Dorfwirtshaus und dem
Platz vor der Kirche. Hier traten die sozialen Grenzen in der Gemeinde unverhüllt
zutage. Es waren Orte repräsentativer Öffentlichkeit und einer klaren Trennung in
Besitzende und Nichtbesitzende, in Bauern und Taglöhner, Bauernsöhne und
Knechte, Patrone und Klientel.

3.2. Sozioökonomische Bedingungen für das Entstehen von Patron-Klientelsystemen

Obwohl Patron-Klientbeziehungen weit in die Geschichte zurückverfolgt werden
können, war es erst die Zeit des entstehenden Feudalismus, in der Beziehungen von
persönlichem Schutz und persönlicher Unterordnung zwischen Adeligen und Bauern die Basis für die soziale, ökonomische und politische Organisation wurden. Wie
ich zeigen konnte, blieben Patron-Klientbeziehungen auch nach dem Verschwinden
des Feudalsystems das entscheidende Organisationsprinzip der landwirtschaftlichen
Produktion innerhalb der ländlichen Gesellschaft.

Patron-Klientbeziehungen zwischen verschiedenen Haushalten haben sich in
ländlichen Regionen entwickelt, wo Landbesitz in den Händen einer relativ kleinen
und mächtigen Gruppe konzentriert war. Diese Gruppe kontrollierte Reichtum, politische Macht und die Institution der Erziehung in der Gemeinde. Gemeinden, in
welchen der Landbesitz ausgeglichener verteilt war, tendierten dazu, sehr wenige
solcher Patron-Klientverkettungen zu entwickeln. Sie sind hingegen durch Austauschbeziehungen unter Gleichen charakterisiert. M. Foster spricht hier von „col-
league contracts".[78]

Beide Typen haben ihren Ursprung in spezifischen, sozialen und ökonomischen
Umweltbedingungen. Sie entstanden einerseits in Situationen wirtschaftlicher Not
und Unsicherheit und hatten die Funktion Schutz zu bieten, wenn dies weder der
Staat noch die Familie konnten. Andererseits erforderten die agrarisch-vorindu-
striellen Produktionsbedingungen, die durch eine große Abhängigkeit des Arbeitskräftebedarfes von nicht planbaren Faktoren gekennzeichnet waren, eine bestimmte Regelung der Arbeitskräftesicherung. Diese konnte nur in einer engen
Klientelbindung der Arbeitskräfte an den Wirtschaftsbetrieb bestehen.

Zusammenfassend kann folgendes festgestellt werden:

a) Patron-Klientbeziehungen strukturierten die ländliche Gesellschaft in ver-
tikal gegliederte Teilsysteme dichtester Interaktion. Die Unterschichtangehörigen
fühlten sich stärker ihren Patronen zugehörig als ihren eigenen Schichtangehörigen.
Obwohl es neben diesen vertikalen Loyalitäten auch das horizontal verbindende
Bewußtsein, zu den „kleinen Leuten" zu gehören, gab, verhinderte das Fortbeste-

---

78 HALL, Concepts, 506; M. FOSTER, The dyadic contract. A modell for the social structure of
a Mexican peasant village, in: American Anthropologist 63 (1963).

hen von Patron-Klientsystemen die Transformation der ländlichen Gesellschaft in eine Klassengesellschaft.[79]

b) Die lokale Ökonomie war eine Wirtschaftsform, die einen Großteil ihrer Arbeitsbeziehungen als Untertanenbeziehungen regelte. Sie blieb auch in der Ersten Republik eine *Untertanenökonomie* ohne wirklich freie Arbeitsverhältnisse.[80]

3.3. Soziale Kontrolle in der lokalen Gesellschaft

Der Austausch zwischen Patron und Klient war in hohem Maße strukturiert, er basierte auf komplizierten Regeln der Reziprozität. Patron-Klientbeziehungen waren alles andere als willkürlich, obwohl der Austausch nicht durch rationale Strategien wie schriftliche Dienstverträge u. a. geregelt war. Wer kontrollierte nun aber die Einhaltung der Regeln? Wer bestrafte jene, die die Regeln nicht beachteten? Was geschah, wenn Patron oder Klient die Reziprozitätsverpflichtung verletzten? Um diese Frage beantworten zu können, müssen wir uns den grundlegenden Bedingungsrahmen der lokalen Gesellschaft noch einmal vor Augen halten. Der Großteil des Austausches von Gütern und Dienstleistungen vollzog sich im lokalen Rahmen. Der Austausch zwischen Bauern und ländlichen Unterschichten war in Form von Patron-Klientbeziehungen organisiert. Diese Austauschbeziehungen unterschieden sich vom marktregulierten Austausch darin, daß ökonomisches Verhalten im heutigen Sinn noch nicht ausdifferenziert war. Die wirtschaftlichen Aktivitäten blieben in die sozialen Beziehungen eingebettet.[81]

Patron und Klient waren in hohem Maße und alltäglich erfahrbar aufeinander angewiesen. Deshalb fühlte sich auch jeder der Teile für den anderen verantwortlich. Die Norm gegenseitiger sozialer Verantwortung prägte das Verhältnis von Patron und Klient. Die in eine Fülle von einander überlappender Patron-Klientelsysteme segmentierte lokale Ökonomie war eine *moralische Ökonomie*.[82] Sie unterschied sich von der kapitalistischen Marktökonomie darin, daß in ihr nicht gewinn-, sondern bedürfnis- und konsumorientierte Produktionsziele vorherrschten. Ihren harten Kern hatte sie in der Familienwirtschaft des ganzen Hauses, die auch die familienfremde Arbeitskraft ganz oder teilweise ans Haus band.[83] Auf diese Weise sicherte sie dem Knecht auch im Winter einen Arbeitsplatz, den Inwohnern und Kleinhäuslern ihre traditionellen Ansprüche auf einen Teil der ländlichen Ressour-

---

79 Kocka, Lohnarbeit, 47 ff.; Werner K. Blessing, Umwelt und Mentalität im ländlichen Bayern, in: Archiv für Sozialgeschichte (1979) 6; Ernst Bruckmüller, Wirtschaftsentwicklung und Sozialstruktur, in: Karolyi Gaal (Hg.), Tadten, Eisenstadt 1976, 51 ff. Sigrid Khera, Social stratification and land inheritance among Austrian peasants, in: American Anthropologist 75 (1973) 814–823.
     Fél und Hofer, Tanyakert-s, 799; Eisenstadt und Roniger, Patron client-relations, 49.
80 Edward P. Thompson, Patrizische Gesellschaft, 173.
81 Karl Polanyi, The Great Transformation. Politische und ökonomische Ursprünge von Gesellschaften und Wirtschaftssystemen, Baden-Baden 1978, 89.
82 Edward P. Thompson, Die moralische Ökonomie der englischen Unterschichten im 18. Jahrhundert, in: ders., Plebejische Kultur, 66 ff.
83 Peter Kriedte, Hans Medick und Jürgen Schlumbohm, Industrialisierung vor der Industrialisierung, Göttingen 1977, 140.

cen und den Armen materielle Unterstützung. Das standesgemäße Überleben aller war so in der Regel gesichert. Während sich also im Untersuchungszeitraum auf der Ebene überregionaler ökonomischer Austauschbeziehungen längst kapitalistische Ordnungsprinzipien durchgesetzt hatten, blieben auf den beiden unteren Ebenen ökonomischer Handlungszusammenhänge (lokaler und innerhäuslicher Austausch) weiterhin die Regeln der moralischen Ökonomie handlungsleitend.

Tradiert wurden die Normen der moralischen Ökonomie durch die traditionellen Aufbewahrungstechniken mündlicher Kulturen, durch Volkssagen und Lieder, durch zu „Geschichten" gewordene Erzählungen alltäglicher und besonderer Ereignisse in der Gemeinde und nicht zuletzt durch die Religion.[84] Kontrolliert wurde die Einhaltung dieser Normen primär durch die lokale Gesellschaft selbst. Die Transparenz der Austauschbeziehungen im lokalen und innerhäuslichen Rahmen sicherte gleichzeitig die soziale Kontrolle dieser Transaktionen.

In der lokalen Gesellschaft war das gegenseitige Kennen so umfänglich, daß jeder über eine quasi totale Information hinsichtlich seines Tauschpartners verfügte. Jeder Gemeindebewohner war daher mit einem bestimmten standesspezifischen Maß an symbolischem Kapital ausgestattet. Er hatte einen *Ruf* mit jedermann bekannten, strikt an seine Person gebundenen Eigenschaften.[85] Verletzte der Patron die Regeln der moralischen Ökonomie oder erfüllte der Klient seine Reziprozitätsverpflichtungen nicht, so wurden sie öffentlich angeklagt, dem Gerede und Gespött ausgesetzt, ihr Ruf wurde geschädigt. Und diesem Gerede kam durchaus sanktionierende und verhaltenssteuernde Funktion zu, denn in jeder kleinen, eng zusammenhängenden Gemeinschaft mit intensiven persönlichen Wechselbeziehungen erregen Gespött und Beschimpfung Scham- und Reuegefühle und sorgen so für eine wirksame Verhaltenskontrolle.[86] Nichts zeigt die Macht des Geredes deutlicher als die Tatsache, daß in der Dienstbotenordnung „ehrenrührige Nachreden" des Gesindes als Entlassungsgrund angeführt wurden.[87]

In der Gemeinde ins Gerede zu kommen bedeutete aber nicht nur Ehrverlust und Prestigeeinbuße. Der Verlust von symbolischem Kapital war in der beschriebenen Gesellschaftsform immer auch begleitet von einem Verlust an ökonomischem Kapital. Denn war ein Bauer einmal als geizig und gnadenlos verschrieen, so wurde es für ihn schwierig, gute Dienstboten und genug Taglöhner zu bekommen. Kein Dienstbote kam gern zu einem Bauern, der den Ruf hatte, seine Dienstboten ungerecht zu entlohnen, sie bis nach Feierabend arbeiten zu lassen, der die Bauernfeiertage nicht einhielt und dessen Bäuerin eine schlechte und magere Kost zubereitete.[88] Auch die Taglöhner vermieden es, wenn es möglich war, Klientelverhältnisse

---

84 Josef MOOSER, Rebellion, 72.
85 BOURDIEU, Entwurf, 360.
86 Simon ROBERTS, Ordnung und Konflikt. Eine Einführung in die Rechtsethnologie, Stuttgart 1981, 41.
87 Dienstbotenordnung 1874, § 24, Abs. 3.
88 Georg ERNST, Die ländlichen Arbeitsverhältnisse im rechtsrheinischen Bayern, Regensburg 1907, 76: „Wenn aber einmal ein Bauer in Verruf ist, bekommt er auch mit großem Lohn keinen Dienstboten mehr."

mit Bauern einzugehen, die für ihre verpachteten Gründe unmoralisch viele Arbeitstage vom Taglöhner als Bodenrente verlangten oder diese Gründe nicht oder nur ungenügend düngten.

Einem geizigen Bauern konnte es auch geschehen, daß jene ihm die „letzte Ehre" verweigerten, die er einst geschädigt oder ausgebeutet hatte. Das Begräbnis war ja einer jener traditionellen Anlässe, an denen das Maß der Ehrung, das der einzelne und dessen Familie durch die Anteilnahme der Gemeinde erfuhr, abgelesen werden konnte.[89] Wenn eine ehemalige Magd ihrer toten Bäuerin kein „Weihwasser" mit ins Grab gab, so verweigerte sie ihr damit das zentrale Ritual sozialer Anerkennung und Reputation. Oder wenn aus dem Inneren eines Hofes dem fahrenden Leichenzug nachgerufen wurde: „Hauts eine!", so konnte jeder Gemeindebewohner dieses Symbol, das im kognitiven System der lokalen Gesellschaft einer Ehrenminderung des Toten und dessen Familie gleichkam, decodieren.[90] Als während des Zweiten Weltkriegs ein Großbauer in seinem Wald eine Tafel mit dem Inhalt „Reisigklauben verboten" aufstellte − ganz im Sinne der rationell geführten Landwirtschaft, wonach das Klaubholz als Dünger dem Waldboden nicht entzogen werden durfte −, bekam er von anonymer Seite die Antwort auf seine Regelverletzung in Form eines Gedichtes auf einer zweiten Tafel präsentiert. Das Gedicht hatte folgenden Inhalt:

> Ich bin der Großmuat N.
> Reisigklauben darf kein armer Häusler
> bin doch selbst ein armer Schlucker
> weil mich der Neid tuat dadrucka.[91]

In kurzer Zeit war in der Gemeinde ein Gerede über den Vorfall entstanden. Es war gerade Erntezeit. Die Taglöhner, die bei den Bauern arbeiteten, erzählten den Vorfall weiter. Was geschehen war, wurde nun öffentlich bekannt. In dem sich bildenden öffentlichen Diskurs wurde das Verhalten des Bauern beurteilt, von den Bauern belächelt, von den Dienstboten und Taglöhnern verurteilt. Dabei wurde auch der Grundkonsens über die Klaubrechte der ländlichen Unterschichten in der Gemeinde wieder reproduziert. Der Bauer, der ein moralisches Recht verletzt hatte, war als Geizhals angeklagt, an sein Verbot hielt sich niemand.[92]

Die lokale Öffentlichkeit war also jene Instanz, vor der Verletzungen der Reziprozität eingeklagt wurden. Sie bestrafte Regelverletzungen mit Rufschädigung, mit Verlust an symbolischem Kapital, der meistens begleitet war von Verlust an ökonomischem Kapital. Der lokalen Öffentlichkeit kam in diesem Regelnetz also eine klar erkennbare sanktionierende und verhaltenssteuernde Funktion zu.[93]

---

89 Josef Mooser, Gleichheit und Ungleichheit in der ländlichen Gemeinde, in: Archiv für Sozialgeschichte (1979) 247. Karl Sigismund Kramer, Grundriß einer rechtlichen Volkskunde, Göttingen 1974, 89.
90 Interview mit Frau Hofer am 2. 8. 1982. Interview mit Herrn Oberndorfer am 4. 9. 1982.
91 Interview mit Herrn Oberndorfer am 4. 9. 1982.
92 Interview mit Herrn und Frau Bauer am 30. 3. 1983.
93 Heidrich, Das Haus, 31.

Diese Beispiele sollen zweierlei Tatbestände verdeutlichen. Zum einen zeigen sie, daß die Sozialkontrolle nie so vollkommen sein konnte, daß sie zu einem völlig regelkonformen Verhalten und damit zu einem totalen Funktionieren der lokalen Gesellschaft geführt hätte. Regelverstöße und die davon ausgelösten Konflikte gab es ständig. Konflikte im Haus und zwischen Hausgemeinschaften waren, wie wir später am Beispiel des Lebens im „ganzen Haus" sehen werden, latent vorhanden, schwammen oft dicht unter der Oberfläche und brachen zweitweilig offen aus. Immer wieder kam es vor, daß ein Patron oder ein Klient die in der lokalen Gesellschaft als Norm akzeptierten Grenzen überschritt. Regelverstöße waren ein integraler Bestandteil der Reproduktion des bestehenden Regelsystems. Sie waren ein Teil des permanent stattfindenden gegenseitigen Grenzziehens, des ständigen Sondierens der Herrscher wie der Untertanen, um herauszufinden, was sie sich leisten können. Es war ein Testen und Entdecken der Grenzen von Macht und Gehorsam. Denn niemand weiß solange genau, wo die Grenzen liegen, bis er sie durch eigene Erfahrung herausfindet.[94] Und deshalb gab es in jeder Gemeinde immer auch Beispiele von geizigen Bauern und liederlichen Dienstboten. Der Bauer mußte die Nichtbeachtung lokaler Normen damit bezahlen, daß er sich alle zwei Wochen wieder um neue Dienstboten umsehen mußte und daß er im Sommer nur wenige Taglöhner hatte. Der Dienstbote wieder mußte sich mit schlechten Dienstplätzen begnügen. Beide aber stellten das Regelsystem nicht grundsätzlich in Frage; sie bestätigten es vielmehr, denn sie führten jedem vor Augen, welche Folgen ein Regelverstoß hatte. Der Hof des geizigen Bauern mit den „liederlichen" Dienstboten wurde zur „verkehrten Welt" in der Gemeinde, zeigte damit aber gleichzeitig, wie die Ordnung auszusehen hatte.

Zum anderen zeigen die oben genannten Beispiele auch deutlich, daß das Patron-Klientsystem die ländlichen Unterschichten nicht mit eisernen Ketten an ihre Patrone zu binden vermochte.

Verletzte ein Bauer seine Reziprozitätsverpflichtungen, so kam es zu Konflikten, Unmuts- oder Protestäußerungen, die jedwede Form der Ehrerbietung gegenüber dem ungerechten Patron zunichte machten.[95] Protest fand in vielfältigen Formen statt. Es war dies allerdings kein revolutionärer Protest, der die soziale Ordnung insgesamt in Frage gestellt hätte. Vielmehr sollte er die Herrschenden an ihre paternalistischen Verantwortlichkeiten erinnern. Und da das traditionelle Regelsystem auch in der Zwischenkriegszeit weitgehend funktionsfähig blieb, fehlte auch der entscheidende Motor für systemverändernden Protest. Der Bauer, der geizig, sprich marktorientiert handelte, seine Dienstboten und Taglöhner ausbeutete, sprich die Gegenseitigkeitsverpflichtung verletzte, blieb eher die Ausnahme als der Regelfall. Deshalb konnte man ihm auch ausweichen: als Dienstbote, indem man sich einen anderen Dienstplatz suchte, als Taglöhner, indem man ein Klientelverhältnis zu einem anderen Patron einging. Die herrschende Sozialordnung behielt im

---

94 Moore, Ungerechtigkeit, 39.
95 Thompson, Patrizische Gesellschaft, 193.

großen und ganzen ihre Legitimität, indem sie den Unterschichten ein Minimum an Schutz bot. Systemverändernder Protest lag aber auch weit außerhalb des Bereiches des historisch Möglichen, zu sehr waren das paternalistische Sozialsystem und die in ihm bestehenden Herrschaftsverhältnisse abgesichert.

3.4. Paternalismus als Herrschaftssystem

Im folgenden soll der Frage nach der Reproduktion der bestehenden Herrschaftsverhältnisse in der lokalen Gesellschaft nachgegangen werden. Dazu bediene ich mich eines von Pierre Bourdieu am Beispiel der kabylischen Gesellschaft entwickelten Modells von Herrschaftssicherung.[96] Dieses Modell, das kürzlich auch für die paternalistische Herrschaftspraxis des Adels im frühmodernen Preußen angewendet wurde, scheint in seinen Grundstrukturen Allgemeingültigkeit für alteuropäische Kontrollsysteme zu besitzen.[97]

Bourdieu geht davon aus, daß in modernen Gesellschaften die Reproduktion der bestehenden Herrschaftsbeziehungen objektiven institutionalisierten Mechanismen überlassen wird. Instrumente der Herrschaftssicherung sind der sich selbst regulierende Markt (Polanyi), das Unterrichtssystem und der bürokratisch-juristische Apparat des Staates. Vorkapitalistischen Ökonomien hingegen fehlten solche indirekte Kontrollmechanismen mehr oder weniger. Herrschaftsbeziehungen bildeten sich hier durch die alltäglichen Interaktionen der Handlungssubjekte. Die physische Nähe zwischen Herrscher und Beherrschten machte eine direkte Kontrolle möglich. Während sich im Untersuchungszeitraum auf der Ebene überregionaler Herrschaftsbeziehungen längst objektive Mechanismen der Herrschaftssicherung entwickelt hatten, waren auf den beiden unteren Autoritätsebenen (Herrschaft in der lokalen Gesellschaft der ländlichen Gemeinde und Herrschaft im Haus) derartige Mechanismen nicht ausgebildet.[98] Das Unterrichtssystem hatte – obwohl vorhanden – noch nicht jenen gesellschaftlichen Stellenwert erreicht, daß es zum dominanten Instrument der Regelung des Zugangs zu bestimmten Positionen in der ländlichen Gesellschaft geworden wäre. Der Zugang zum Beruf wurde nicht durch die Schule, sondern durch Geburt und Dienst im Haus geregelt. Auch der bürokratisch-juristische Apparat existierte, aber Arbeitsbeziehungen wurden, wie wir am Beispiel der sozialen Kontrolle in der lokalen Gesellschaft gesehen haben, weitgehend ohne Hilfe des staatlich-juristischen Apparates geregelt.

Außerdem fehlte ein wirklicher Arbeitsmarkt mit frei verfügbaren Arbeitern. Der Großteil der Arbeitskräfte war durch Verwandtschaft und Klientelbeziehungen gebunden. Das Reservoir an Dienstboten war begrenzt. Bis zu Beginn der dreißiger Jahre gab es deshalb immer wieder Klagen über den Mangel an Dienstboten.[99] Auch die Zahl der Taglöhner war in der arbeitsintensiven Jahreszeit immer zu ge-

---

96 Bourdieu, Entwurf.
97 Robert M. Berdahl, Preußischer Adel.
98 Bourdieu, Entwurf, 367.
99 Felix Kern, Oberösterreichischer Bauern- und Kleinhäuslerbund, Linz 1955, 1155.

ring.[100] Die Konkurrenz zwischen den Bauern um Dienstboten und Taglöhner war ein fester Bestandteil des Alltags in der Gemeinde. Die Unsitte des gegenseitigen „Abredens" von Dienstboten war so verbreitet, daß selbst im oberösterreichischen Landtag darüber diskutiert wurde und ein Paragraph in der Dienstbotenordnung dies als strafbare Handlung ahndete.[101] Jeder Bauer war deshalb auch an einer starken Klientelbindung interessiert, war dies doch die einzige Möglichkeit, sich ausreichend Arbeitskräfte zu sichern. Er konnte sich die Dienste, Ehrbezeugungen und den Respekt der ländlichen Unterschichten nur aneignen, wenn er sie persönlich gewann und an sich band, wenn sich also ein persönliches Band von Person zu Person knüpfte.[102] Daraus folgt, daß es in diesem System nur zwei Arten gab, jemand dauerhaft an sich zu binden: die Schuld und das Geschenk, die offene ökonomische Schuldverpflichtung und die vom Austausch hervorgebrachten moralischen und affektiven Verpflichtungen oder, um mit Bourdieu zu sprechen, die *offene Gewalt* und die *sanfte Gewalt*.[103] Wir haben oben gesehen, daß nichtmonetäre Tauschgewohnheiten ökonomische Schuldabhängigkeit und paternalistische Sozialkontrolle begünstigten.[104] Am umfassendsten war deshalb auch die im Haus des Patrons lebende Klientel dessen Herrschaft unterworfen. Am Tisch des Patrons zu essen und unter seinem Dach zu schlafen schuf die größte Schuldabhängigkeit. Durch die Reproduktion im Bauernhaus wurde die Schuldabhängigkeit des Dienstboten ständig erneuert. Auch im Bauer-Taglöhner-Verhältnis war der Bauer ständig bestrebt, die ökonomische Schuld des Taglöhners dauern zu lassen. Benötigte der Bauer seinen Taglöhner zum Beispiel bereits im Frühling, so wurde dieser in der Regel in Geld ausbezahlt, damit er dem Bauern den Acker, den er von ihm gepachtet hatte, weiter schuldig blieb und so dem Bauern die Arbeitskraft des Taglöhners für die arbeitsintensive Zeit im Sommer gesichert blieb. Im Vergleich zu diesen Strategien ökonomischer Machtausübung spielten die vielfältigsten Formen symbolischer Gewalt eine viel größere Rolle. Und diese waren auch in Gesellschaften ohne wirklich freien Arbeitsmarkt viel ökonomischer, als es die rein ökonomische Gewalt gewesen wäre,[105] denn einem gnadenlosen Patron gelang es kaum, eine zahlreiche Klientel an sich zu binden. Und meistens war auch einem Bauern, der seine Macht grenzenlos und willkürlich ausübte, sein Knecht vor der Ernte davongelaufen. Auch die anderen Bauern halfen dann nur ungern aus oder sagten höchstens: „Schau dir selber auf d'Leit."[106] Das Geschenk hingegen, das die Dienstboten zum Geldlohn erhielten, die Almosen, die die Taglöhnerkinder von der Bäuerin bekamen oder der Kartoffelacker, für den der Bauer von seinem Taglöhner einmal ausnahmsweise nichts verlangte, außer „netta, daß't mir kimst", schufen dauerhafte persönliche Abhängigkeitsverhältnisse.

---

100 Christlicher Landarbeiterbote Jg. 10/8.
101 Dienstbotenordnung 1874, § 5.
102 Bourdieu, Entwurf, 367.
103 Ebenda 369.
104 Thompson, Patrizische Gesellschaft, 171.
105 Bourdieu, Entwurf, 368.
106 Interview mit Herrn Eder am 12. 4. 1983.

Unter solchen Verhältnissen konnte sich Herrschaft auf Dauer nur durch ständig erneuerte und fortwährend angewandte Strategien und durch Handlungen halten, die die Autorität aufgrund ihrer Konformität mit den von der Gruppe anerkannten Normen wieder bekräftigen. „Dies bedeutet", so meint Bourdieu, „daß in einem solchen System die Großen noch weniger als die anderen sich Freiheiten gegenüber den offiziellen Normen leisten können, daß sie, anders gesagt, das Mehr an Geltung und Wert, über das sie verfügen, mit einem Mehr an Konformität gegenüber den Werten der Gruppe . . . bezahlen müssen."[107] Die wichtigste Stütze der Herrschaft der Bauern bestand also in ihrer Tugend, d. h. darin, daß sie sich ihres Ranges würdig erwiesen und materiell wie symbolisch denen Schutz gewährten, die ihrer Herrschaft unterstanden. Wollte ein Bauer als Patron gelten, so mußte er auch im Besitz einer zahlreichen Klientel sein. Diese konnte er jedoch nur gewinnen, wenn er seine Tugenden öffentlich zur Schau stellte, wenn er den Ruf hatte, ein großzügiger und gerechter Patron zu sein.

Dies bedeutet nun nicht, daß sich paternalistische Herrschaft nicht auch des Hervorkehrens offener Gewalt bedient hätte. *Strenge* war ebenso ein integraler Bestandteil paternalistischer Herrschaft wie *Milde*. So schwebte im Streitfall zwischen Bauer und Inwohner stets die Drohung, das Quartier verlassen zu müssen, wie ein Damoklesschwert über dem Inwohner. Auch zur Erntezeit wurde Druck ausgeübt, weil die Taglöhner dann oft bei mehreren Bauern gleichzeitig ihre Kartoffeläcker und Wiesenanger abarbeiten sollten. Und auch dem Knecht wurde auf eine Unmutsäußerung, wenn nicht gerade Erntezeit war, schnell vom Bauern erwidert: „Kannst eh geh, wennst net wüllst . . ."[108] Insgesamt gesehen bestand die Kontrolle der Patrone jedoch primär in der Ausübung symbolischer Macht und erst sekundär im Hervorkehren offener Gewalt.

Systeme symbolischer Herrschaft schufen soziale Distanz zwischen Patron und Klient und legitimierten so die Struktur von Über- und Unterordnung.[109] Symbolische Herrschaft war allgegenwärtig in der Gemeinde und im Haus. Sie manifestierte sich in den bäuerlichen Attitüden der Macht ebenso wie in den Mentalitäten der Unterordnung bei der Klientel. Das Ritual der Jagd im Herbst, der gesonderte Stehplatz vor der Kirche, der eigene Tisch im Gasthaus, Pferd und Wagen („'s Feichtawagö"), mit dem am Sonntag die reicheren Bauern zur Kirche, in die Stadt oder auf Verwandtenbesuch fuhren, das Anschaffen der Arbeit, der Gasthausbesuch am späten Nachmittag und nicht zuletzt die Almosenverteilung, all diese bäuerlichen Attitüden verliehen ihnen eine Aura der Autorität, beim Klient lösten sie Respekt und Gesten der Ehrerbietung aus.

Die paternalistische Herrschaft der Bauern in den Landgemeinden wurde seit der zweiten Hälfte des 19. Jahrhunderts durch die kommunalpolitischen Kompetenzen, die sie durch die Gemeindeordnungen von 1849 und 1862 erhielten, weiter

---

107 Bourdieu, Entwurf, 373.
108 Interview mit Herrn Eder am 14. 8. 1983.
109 Berdahl, Preußischer Adel, 138 ff.

gestärkt.[110] Durch die neuen lokalen Körperschaften (Gemeinderat, Ortsschulrat) erhielten sie auch öffentlich-politische Autorität über die ländlichen Unterschichten, denen gegenüber sie schon hausväterliche Autorität als Arbeitgeber besaßen. So wurde durch das Reichsgemeindegesetz 1862 den Gemeinden die Kompetenz über Sittlichkeits-, Gesinde- und Arbeiterpolizei und das Armenwesen übertragen. Dem Gemeindevorsteher stand die exekutive Gewalt zu. Der Ortsschulrat wiederum bot den Bauern Einflußmöglichkeit auf die Bestellung des Lehrers und erlaubte ihnen damit die Kontrolle der außerhäuslichen Erziehung.[111]

Gemeinde- und Ortsschulrat wurden fast ausschließlich durch Bauern besetzt. Die Gemeindeordnungen der Monarchie schlossen den größten Teil der Bevölkerung vom Wahlrecht aus.[112] Auch das 1919 eingeführte allgemeine Wahlrecht für Gemeinderat und Landtag hatte keine entscheidenden Auswirkungen auf die soziale Zusammensetzung des Gemeinderates.[113] In dieser Ökonomie verfügten also nur jene über die volle politische Teilhabemöglichkeit, die niemandem untertänig waren, die keinem Patron ehrerbietig gegenüberstehen mußten. Die Unterschichtenklientel besaß keine politische Identität. Sie hatte nur politische Gefolgschaftsdienste zu leisten.[114]

Die verstärkte innerdörfliche Machtstellung der Bauern fand auch ihren kultischen Ausdruck. So wurden seit der Mitte des 19. Jahrhunderts von Bauern immer wieder neue Kapellenbauten errichtet.[115] Meist in der Nähe des Bauernhauses oder an Weggabelungen. 1876 errichtete ein Großbauer eine Hauskapelle mit Glockenturm.[116] Religiosität war hier gleichzeitig Ausdruck der Herrschaft. Dies war nun aber nichts Ungewöhnliches. Es entsprach der Logik der ländlichen Gesellschaft, in der der ökonomisch Stärkere auch eine stärkere religiöse Präsenz für sich verlangte. Und dies sowohl in der Gemeinde wie auch im Haus, wie wir später noch sehen werden.[117]

E. P. Thompson hat am englischen Beispiel aufgezeigt, daß eine wirksame paternalistische Herrschaft nicht nur eine weltliche, sondern auch eine geistliche und psychische Macht verlangte, die hierzulande vom Katholizismus ausgeübt wurde.[118] Kirche und Kirchturm beherrschten nicht nur architektonisch das Dorfbild. Die Ideologie der katholischen Religion selbst war ein direktes Abbild der paternalistischen Ordnung in der Gemeinde. Sie lieferte den Menschen einen passenden Orientierungsrahmen, ein System von Bedeutungsinhalten, mit deren Hilfe sie ihre jewei-

---

110 BRUCKMÜLLER, Die verzögerte Modernisierung, 292.
111 Jiři KLABOUCH, Die Lokalverwaltung in Cisleithanien, in: Die Habsburgermonarchie 1848−1918, hg. von Adam WANDRUSZKA und Peter URBANITSCH, 2 (1975) 270 ff.
112 Ebenda.
113 Geschichtliche Notizen, 1919
114 THOMPSON, Patrizische Gesellschaft, 187.
115 Geschichtliche Notizen, 1850 ff.
116 Geschichtliche Notizen, 1876.
117 Hermann HEIDRICH, Die Ordnung des Wohnens. Familie und ländliche Kultur im 18. und frühen 19. Jahrhundert, phil. Diss., München 1982, 169.
118 THOMPSON, Patrizische Gesellschaft, 181 ff.

lige soziale Welt wahrnehmen und ordnen konnten.[119] Predigte der Pfarrer von der natürlichen Hilflosigkeit der Menschheit, von der Notwendigkeit menschlicher und göttlicher Beschützer und Gönner, vom strafenden und milden Gottvater, in dessen dauernder Schuldabhängigkeit die Menschheit stehe, so antizipierte er damit auf ideologischer Ebene das paternalistische Herrschaftsmodell. So wie der Patron Intermediärfunktion gegenüber seiner Klientel hatte, genauso besaßen auch die Heiligen Mittlerfunktionen zu Gott. Gott, Jesus Christus, die jungfräuliche Maria und die vielen Heiligenpatrone wurden gesehen als Geber von Begünstigungen und Schutz gegen die alltäglichen Unsicherheiten und Krisen. Als Gegenleistung schuldete man ihnen Gebete, Gaben und Buße.

Die kirchliche Architektur, die Ordnung des Innenraumes der Kirche – Orientierung der Gläubigen auf einen zentralen Altar hin, räumliche Trennung nach Geschlechtern – und das Ritual der Meßfeier symbolisierten die Ordnung des Paternalismus. Kirchenlieder, liturgische Texte und die kultische Ausgestaltung der Kirche transportierten gleichzeitig paternalistische Inhalte. Diese Rolle der Kirche als Stütze der paternalistischen Herrschaftsordnung war auch manchen Zeitgenossen sehr deutlich bewußt. 1874 artikulierte dies ein konservativer Landtagsabgeordneter bei der Debatte über die Reform der Dienstbotenordnung auf folgende Weise:

Es wäre da jener Punkt einzufügen, welcher in der alten Dienstbotenordnung eingefügt gewesen ist und den Hausherrn berechtigt, die Dienstboten zum Besuche des Gottesdienstes an Sonn- und Feiertagen anzuhalten. Ich halte es nicht für notwendig weiter zu begründen, daß der Besuch des Gottesdienstes zur Hausordnung gehört, weil ich der Meinung bin, daß überhaupt keine Ordnung, noch weniger eine Dienstbotenordnung herzuhalten sein wird mit Leuten, die keine Religion haben. Wer einmal nicht mehr in die Kirche geht oder überhaupt eine Religionsausübung nicht mehr mitmacht, von dem kann man auch voraussetzen, daß er sich in anderer Beziehung der Hausordnung schwer fügen wird.[120]

Die Kirche leistete aber nicht nur einen wesentlichen Teil der Legitimationsarbeit der herrschenden Sozialordnung. Sie erfüllte gleichzeitig selbst eine Reihe paternalistischer Verpflichtungen. Wurde sonntags im Gottesdienst für die Armen in der Gemeinde gesammelt oder verhalf der Pfarrer einem begabten Taglöhnerkind durch Begünstigung zum sozialen Aufstieg, indem er es für den Priesterberuf auserwählte, so handelte er als Patron der kleinen Leute.

Auch die Umgänge der Gemeindearmen hatte die Kirche seit jeher an ihren Kalender gebunden.[121] Diese Umgänge fanden immer an bestimmten Heiligenfe-

---

119　Robert Berdahl, Anthropologie und Geschichte: Einige theoretische Perspektiven und ein Beispiel aus der preußisch-deutschen Geschichte, in: ders. u. a., Klassen und Kultur. Sozialanthropologische Perspektiven in der Geschichtsschreibung, Frankfurt 1982, 263 ff.

120　Stenographischer Bericht der oberösterreichischen Landtagsverhandlungen, V. Periode, III. Session, 17. Sitzung am 8. 1. 1874. Linz, 413; Hall, Concepts, 507.

121　Thompson, Patrizische Gesellschaft, 182. Das Geben von Almosen zählte in der katholischen Glaubenslehre neben Beten und Fasten zu den „drei vornehmsten guten Werken" (Großer Katechismus. Im kaiserlich-königlichen Schulbücher Verlage, Wien 1893, 203.)

sten statt. Die Termine dieser Umgänge, wie auch die kirchliche Liturgie selbst, waren in auffallender Weise auf die rhythmisierte Not der kleinen Leute bezogen. So fiel die kirchliche Fastenzeit genau mit jenem Zeitraum zusammen, in dem die Nachfrage nach Arbeit gering war und auch die Vorräte der Armen meist schon aufgebraucht waren.[122]

Das entscheidende Herrschaftsinstrument bestand jedoch darin, daß die Kirche durch ihre Rituale die Feste und Übergangsriten der Menschen beherrschte. Die Sonntagsmesse war immer auch ein sozialer Nexus und dies verstärkt im Streusiedlungsgebiet, da sich hier das Wir-Bewußtsein primär an der Pfarre orientierte.[123] Der gemeinsame Gang zur Messe, der Aufenthalt am Platz vor der Dorfkirche und im Dorfwirtshaus boten Gelegenheit für vielfältigsten Austausch. Der Dienst im Gotteshaus als Ministrant brachte auch manchem Kind armer Leute Ehrung vor der versammelten Pfarrbevölkerung. Und das feierliche Fronleichnamsfest in der prunkvoll geschmückten Kirche mit den Böllerschüssen am Morgen, der weißgekleideten Mädchenschar und dem sich an den Gottesdienst anschließenden Gasthausbesuch – für die kleinen Leute eine der wenigen Gelegenheiten im Jahr – ließ vielleicht auch für Momente das Elend in den Holzhütten, die magere Ernährung und die Schwere der Arbeit vergessen.

Für die Dienstboten bedeuteten die zahlreichen Bauernfeiertage, Beicht- und Kirchtage nicht nur eine von Arbeit entlastete Zeit. An diesen Tagen wurden die Eltern besucht, die Knechte brachten ihre Wäsche heim oder zur Wasch- und Flickfrau, und abends nahm man vielleicht auch an einem öffentlichen Tanz teil. Genug Gelegenheiten also für die Dienstboten, um sich zu treffen, zu tanzen, anzubandeln und sich seiner Stellung innerhalb der Gemeinde neu zu versichern – Reproduktionsarbeit im Schatten der Kirche. Diese hatte ihre Verbindung mit dem emotionalen Kalender der Menschen noch nicht verloren.[124] Im Gegenteil: Viele Anzeichen deuten darauf hin, daß die Kirche ihre Herrschaft über die ländliche Bevölkerung seit dem letzten Drittel des 19. Jahrhunderts eher noch festigen konnte. Die katholische Massenmobilisierung gegen Liberalismus und Sozialdemokratie, die Gründung katholischer Vereine und neue technische Verfahren zur Herstellung billiger Drucksorten führten zu einem intensiveren Zugriff der Kirche auf die ländliche Bevölkerung. Auch im Untersuchungszeitraum scheint die Autorität der Kirche gefestigt wie nie zuvor.[125]

---

122 Ebenda 183.
123 Ernst BRUCKMÜLLER, Bäuerlicher Konservativismus in Oberösterreich, in: ZBLG 37 (1974); THOMPSON, Patrizische Gesellschaft, 182.
124 THOMPSON, Patrizische Gesellschaft, 183.
125 Hans RIGHART, Das Entstehen der katholischen Versäulung in Österreich 1887–1907, in: Zeitgeschichte 11/3 (1983) 69 ff.

4. Rationalisierung in der Landwirtschaft und die Ökonomie des Notbehelfs

Wir wechseln jetzt unseren Blick von der synchronen zur diachronen Ebene. Galt bisher unser Interesse der Rekonstruktion des Regelsystems, dem die historischen Akteure folgten, so soll jetzt der Genese und dem Wandel dieses Regelsystems nachgegangen werden.

Systeme der Reziprozität sind einem ständigen Wandel unterworfen. Dieser Wandel kann sowohl durch Veränderungen in der Struktur ländlicher Ökotypen als auch durch Veränderungen im technologischen Standard der Landwirtschaft ausgelöst werden.[126]

Obwohl die Vollmechanisierung der österreichischen Landwirtschaft erst nach dem Zweiten Weltkrieg einsetzte, können wir bereits seit dem letzten Drittel des 19. Jahrhunderts einen begrenzten technischen Fortschritt feststellen. Zu den wichtigsten arbeitssparenden Maßnahmen zählten die Einführung der Dresch- und Sämaschinen, Getreidemähmaschinen, Futterschneidmaschinen, der Göppelantrieb und, nach dem Ersten Weltkrieg, die Einführung der elektrischen Energie sowie der Übergang von der Sichel zur Sense beim Getreideschnitt und die Ausdehnung und Umstrukturierung des Zugviehbestandes mit dem vermehrten Einsatz von Pferden statt der Zugochsen.[127] In der Untersuchungsgemeinde wurde bereits 1870 die erste dampfbetriebene Dreschmaschine von einer Genossenschaft mehrerer Bauern gekauft. Die siebziger Jahre des 19. Jahrhunderts waren auch jener Zeitraum, in dem in Oberösterreich der Landmaschineneinsatz größeren Umfangs begonnen hatte. 1875 befanden sich in Oberösterreich bereits 1292 Dreschmaschinen im Einsatz. 1930 hatte sich deren Zahl fast vervierfacht.[128] Von allen technischen Neuerungen vor der Vollmechanisierung brachte die Dreschmaschine die meiste Arbeitsersparnis. So konnte eine Arbeitskraft pro Tag mit dem Flegel ca. 20 Garben dreschen, mit einer Dreschmaschine einfachster Bauart schaffte sie 72 Garben.[129] Auch die Futterschneidmaschine begann schon seit den siebziger Jahren des 19. Jahrhunderts, verstärkt aber nach der Einführung der elektrischen Energie 1922 bei immer mehr Bauern den Futterschneider, häufig ein älterer Taglöhner, der die ganze Woche bei verschiedenen Bauern Heu, Klee und Stroh für Kühe, Pferde und Ochsen händisch geschnitten hatte, zu ersetzen.[130] Der Übergang vom Sichel- zum Sensenschnitt brachte ebenfalls eine Arbeitsersparnis von ein bis zwei Dritteln und entlastete in der Erntezeit von der Aufnahme fremder Arbeitskräfte. In Oberösterreich war die Wende zum 20. Jahrhundert die erste Phase gehäuften Über-

---

126 Mitterauer, Formen, 241.
127 Roman Sandgruber, Der Wandel der Agrartechnik, in: Beiträge zur historischen Sozialkunde 11/2 (1981) 67.
128 Alfred Hoffmann, Bauernland Oberösterreich, 743.
129 Roman Sandgruber, Die Agrarrevolution in Österreich, in: Alfred Hoffmann (Hg.), Österreich-Ungarn als Agrarstaat. Wirtschaftliches Wachstum und Agrarverhältnisse in Österreich im 19. Jahrhundert, Wien 1978, 246, ders., Der Wandel der Agrartechnik, 69.
130 Hoffmann, Bauernland Oberösterreich, 557, 743.

gangs zur Sensenmahd. In der Untersuchungsgemeinde gingen in den späten zwanziger Jahren die letzten Bauern zur Arbeit mit der Sense über.[131] Die Einführung von Sämaschinen und Getreidemähmaschinen brachte nur geringe Arbeitsersparnis. Die Sämaschinen verbesserten vor allem die Verteilung des Saatgutes auf dem Feld. Die erstmals 1922 von einem Großbauern in der Untersuchungsgemeinde eingeführte Mähmaschine brachte eine Ersparnis von einem Männer- und einem Frauenarbeitstag pro Hektar Getreidefeld.[132]

Neben diesen arbeitssparenden Neuerungen kam es auch zur Verringerung einiger typischer Winterarbeiten. So verschwanden in den zwanziger Jahren des 20. Jahrhunderts der Flachs und dessen Weiterverarbeitung (Spinnen, Weben) völlig.

Zusammenfassend läßt sich feststellen, daß die im Untersuchungszeitraum bekannten Arbeitsmaschinen keine durchgängige Rationalisierung erlaubten, jedoch einzelne Arbeitsgänge wesentlich erleichterten und verkürzten. Obwohl es zu keiner entscheidenden Freisetzung von Arbeitskräften kam, wurden die Bauern doch von der Einstellung familienfremder Arbeitskräfte spürbar entlastet. Vor allem die Dreschmaschine reduzierte den früher sich den ganzen Winter hinziehenden Flegeldrusch auf wenige Tage nach der Ernte. Die landwirtschaftliche Arbeit nahm immer mehr den Charakter einer Saisonarbeit an.

Der unterbäuerlichen Bevölkerung wurde damit aber gleichzeitig wichtige Taglohnarbeit entzogen. Dieser Verlust von Beschäftigungsmöglichkeiten im Winter wog umso stärker, weil die unterbäuerliche Bevölkerung schon im 19. Jahrhundert wichtige gewerbliche Nebenerwerbe verloren hatte. Die wichtigsten waren zweifellos das Spinnen und die Leinenweberei, die als verlegte Hausindustrie eine große Rolle für die ländlichen Unterschichten gespielt hatten. Durch die Zentralisierung der Textilindustrie verloren viele Kleinhäusler und Inwohner eine wichtige Erwerbsquelle.[133] In der Untersuchungsgemeinde gab Mitte der zwanziger Jahre dieses Jahrhunderts der letzte Weber seinen Beruf auf. Heute erinnern nur mehr einzelne Hausnamen und einige Kirchensitzschilder an die einst so bedeutende Leinenweberei (Stanglweber, Gererweber, Krennweber, Weber in der Scheiben). Der Verlust traditioneller Tätigkeiten der unterbäuerlichen Bevölkerung auf dem sekundären und tertiären Sektor setzte sich in der Zwischenkriegszeit weiter fort. Der um die Jahrhundertwende einsetzende Übergang von Strohdächern zu Ziegeldächern machte die Strohdecker, die sich ebenfalls aus der unterbäuerlichen Bevölkerung rekrutierten, überflüssig.[134] Die neu entstehenden Molkereigenossenschaften wiederum entzogen dem „Oarman" einen wichtigen Nebenerwerb.[135]

---

131 SANDGRUBER, Die Agrarrevolution, 245; Interview mit Herrn Oberndorfer am 6. 1. 1983.
132 SANDGRUBER, Der Wandel der Agrartechnik, 69.
133 A. HOFFMANN, Die Agrarisierung der Industriebauern in Österreich, in: Zeitschrift für Agrargeschichte und Agrarsoziologie 20 (1972) 66—81.
134 Geschichtliche Notizen, 1900 ff.
135 Oberösterreichische Landwirtschaftszeitung, 1. 7. 1936.

Insgesamt war die Zeit zwischen der Mitte des 19. und des 20. Jahrhunderts für die unterbäuerliche Bevölkerung vom Verlust landwirtschaftlicher Lohnarbeit und traditioneller Tätigkeiten auf dem sekundären und tertiären Sektor begleitet. Die Winterarbeit schrumpfte auf ein Minimum zusammen. Für die landlosen Inwohner und Kleinhäusler war nur mehr einige Monate im Jahr Arbeit vorhanden.[136] Die parallellaufende Bevölkerungszunahme führte zu einer verstärkten Pauperisierung der ländlichen Unterschichten. Als der im letzten Drittel des 19. Jahrhunderts einsetzende Industrialisierungsschub alternative Arbeitsmöglichkeiten schaffte, kam es zu einer rapiden Abwanderung. So verringerte sich zwischen 1880 und 1910 die Bevölkerung der Untersuchungsgemeinde um fast ein Fünftel. Der stärkste Einschnitt vollzog sich im Jahrzehnt zwischen 1890 und 1900. Die Bevölkerung verringerte sich von 967 auf 872 Personen. Eine nähere Analyse der Bevölkerungsentwicklung der Untersuchungsgemeinde zeigt, daß die unterbäuerlich strukturierten Ortschaften den höchsten Bevölkerungsrückgang aufwiesen, während die rein bäuerlichen Ortsteile die Bevölkerung weitgehend halten konnten. Es waren also vor allem die nicht durch Landbesitz gebundenen Bevölkerungsgruppen, die Dienstboten, Inwohner und grundbesitzlosen Kleinhäusler, die den Weg in die Stadt suchten (vgl. Tabelle 2).

Diese Entwicklung hatte nun entscheidende Auswirkungen auf das lokale System der Reziprozität. Einerseits verkleinerte sich dadurch das Reservoir landwirtschaftlicher Arbeitskräfte. Die den Bauern zur Verfügung stehenden Dienstboten wurden knapp. Noch 1930 klagte der oberösterreichische Bauernbund in einer Erhebung über die Landflucht, daß in Oberösterreich 4813 Dienstplätze wegen Mangels an Dienstboten unbesetzt wären. Allein in der Untersuchungsgemeinde fehlten 31 Dienstboten.[137] Auch die für die landwirtschaftliche Produktion so entscheidende Arbeitskraftreserve für die arbeitsintensiven Sommer- und Herbstmonate war stets zu gering. Dieser für die Untersuchungsgemeinde erstellte Befund dürfte auch von überregionaler Gültigkeit sein. Im „Christlichen Landarbeiterboten" vom 1. August 1928 findet sich darüber ein ausführlicher Artikel:

Mangel an Landarbeitern?

Juni, Juli und August sind die drei Monate, in welchen auch Hochkonjunktur herrscht an Arbeitsmöglichkeiten in der Landwirtschaft. Gilt es doch, den Erntesegen zu bergen. . . . Wir sagen daher, daß es hauptsächlich an Erntearbeitern mangelt . . . Es sind dies in der Hauptsache die Taglöhner, die in keinem dauernden Dienstverhältnis stehen. Ja, diese Taglöhner sind tatsächlich heute schwer zu bekommen, früher kam es um diese viel leichter an. Wenn dies so gekommen ist, so tragen daraus bestimmt die Landarbeiter im allgemeinen und diese Taglöhner im besonderen die wenigste Schuld. Früher hatten diese Taglöhner ein ganzes Jahr Arbeit in der Landwirtschaft, wenn auch nicht bei einem Arbeitgeber, aber wovon sollen sie jetzt neun Monate im Jahr leben, wenn es nur 3 Monate Arbeit und Verdienst gibt. Es bleiben nur mehr Kleinhäusler übrig, welche hie und da aus Gelegenheit Taglöhnerdienste verrichten, oder eventuell von Bauern beigestellte Zugdienste abarbeiten. Sonst geeignete Erntearbeiter sind wahrlich schwer aufzutreiben.

---

136 Christlicher Landarbeiterbote, Jg. 10/8 (1928).
137 Kern, Oberösterreichischer Bauern- und Kleinhäuslerbund, 1152 ff.

Tabelle 2:

Bevölkerungsentwicklung der Gemeinde Pollham, 1869–1971

	Gemeinde Pollham		Aigen*		Edt		Egg*		Eigelsberg		Forsthof		Gerstdopl		Hainbuch*		Hornesberg		Kaltenbach		Kolbing		Pollham*		Pollham-merwald		Schmid-graben		Schonau		Wackers-buch		Wimm*	
	Sp.1	Sp.2	Sp.1	Sp.2	Sp.1	Sp.2	Sp.1	Sp.2	Sp.1	Sp.2	Sp.1	Sp.2	Sp.1	Sp.2	Sp.1	Sp.2	Sp.1	Sp.2	Sp.1	Sp.2	Sp.1	Sp.2	Sp.1	Sp.2	Sp.1	Sp.2	Sp.1	Sp.2	Sp.1	Sp.2	Sp.1	Sp.2	Sp.1	Sp.2
1869	971	184	103	20	34	6	162	30	36	7	91	18	26	4	87	18	41	10	95	18	59	8	153	23	24	6	5	1	12	2	29	9	14	4
1880	987	—	95	—	29	—	183	—	37	—	92	—	20	—	78	—	39	—	104	—	59	—	159	—	19	—	3	—	14	—	39	—	17	—
1890	967	182	95	18	25	6	167	30	33	7	109	20	24	4	83	16	37	9	98	17	58	8	153	23	17	6	3	1	12	2	39	10	14	5
1900	872	186	80	18	32	6	146	30	30	7	99	20	27	4	75	17	39	9	91	18	53	8	127	25	18	6	4	1	8	2	34	10	14	5
1910	826	181	71	17	29	6	132	29	33	7	99	20	18	4	68	16	37	9	83	17	53	8	140	24	21	6	3	1	7	2	32	10	12	5
1923	880	169	92	15	42	6	147	26	23	4	96	20	14	4	68	14	38	9	87	17	53	8	130	23	26	6	4	1	14	2	33	10	13	4
1934	898	166	—	—	—	—	—	—	—	—	—	—	—	—	—	—	—	—	—	—	—	—	—	—	—	—	—	—	—	—	—	—	—	—
1939	838	—	—	—	—	—	—	—	—	—	—	—	—	—	—	—	—	—	—	—	—	—	—	—	—	—	—	—	—	—	—	—	—	—
1951	857	170	82	17	33	7	138	27	20	4	96	18	16	3	61	13	40	9	61	15	61	9	160	26	23	6	6	1	7	2	40	10	13	3
1961	824	173	87	17	35	7	127	27	17	4	87	20	13	3	79	14	31	8	66	14	63	9	132	29	21	6	5	1	5	2	37	9	19	3
1971	837	176	104	16	29	7	117	30	17	4	92	19	15	3	74	14	37	7	81	14	57	9	148	32	15	6	0	1	0	2	35	9	16	3

Legende: Sp. 1 = Einwohnerzahl
Sp. 2 = Häuserzahl
* = dominant unterbäuerliche Sozialstruktur

Quelle: Ortsrepertorium 1869 ff., Wien 1871 ff.;
Ortsverzeichnis von Österreich 1923 ff., Wien 1930 ff.

Der im Winter meist arbeitslose Taglöhner wurde also im Sommer zur gesuchten Kraft. Der Bauer war in dieser Jahreszeit auf die geringer gewordene Zahl an landarmen und landlosen Taglöhnern in hohem Maße angewiesen, weil er für eine kurze Zeit im Jahr schnell verfügbare Arbeitskräfte benötigte. Umgekehrt befanden sich diese Taglöhner im Winter in großer Abhängigkeit von den Bauern, die ihnen helfen mußten, die erwerbslose Jahreszeit zu überleben. Beide Seiten waren also an einer starken Klientelbindung interessiert, da nur durch sie ein Überleben in der Gemeinde möglich war.

Mir scheint, daß in dem hier beschriebenen ökonomisch-demographischen Wandel der entscheidende Grund für das hohe Maß an Reziprozität und die relative Konfliktruhe, die wir in der ländlichen Gesellschaft des späten 19. und frühen 20. Jahrhunderts feststellen können, liegt. Dieser Zusammenhang scheint auch bereits den Zeitgenossen aufgefallen zu sein. So stellte der sozialdemokratische Landeshauptmannstellvertreter von Oberösterreich 1921 in der Debatte über die Abänderung der veralteten Dienstbotenordnung folgendes fest:

Es tritt mit einer gewissen Schärfe ein neuer Zustand der Landflucht auf, die den Bauern, ohne daß ihn ein geschriebenes Recht dazu nötigt, veranlaßt, seine Dienstboten gut zu halten und entsprechend zu entlohnen . . . Faktisch besteht das geschriebene Recht schon lange nicht mehr. Die wirtschaftlichen Verhältnisse waren stärker. Der Dienstbote konnte eine günstigere Behandlung verlangen, ohne daß er sich stützte auf irgendein geschriebenes Recht.[138]

Wenn für das 18. und frühe 19. Jahrhundert in protoindustriellen Regionen häufig eine Erosion paternalistischer Bindungen zwischen Bauern und ländlichen Unterschichten nachgewiesen wurde, so erfuhren diese Bindungen durch die Reagrarisierung im 19. Jahrhundert und den durch die Abwanderung im späten 19. Jahrhundert verursachten Arbeitskräfteengpaß eine neue Konsolidierung.[139]

138　Bericht über die Verhandlungen des Oberösterreichischen Landtages nach den stenographischen Aufzeichnungen 23. 6. 1919–19. 12. 1922, Linz, 660. Ähnliche Belege über die Wirkungslosigkeit obrigkeitlicher Verhaltensnormen in Gebieten mit Dienstbotenmangel finden sich auch für das 18. und frühe 19. Jahrhundert. Exemplarisch sei hier ein Auszug aus einer Beschreibung des Tales Neuberg (Mürztal in der Steiermark) zitiert, in dem im späten 18. Jahrhundert der Ausbau der Eisenindustrie einen außerordentlichen Mangel an landwirtschaftlichen Dienstboten zur Folge hatte: „Der Befehl, an abgebrachten Feiertagen zu arbeiten, und andere gegen die Gewohnheit streitende und den Dienstboten zur Last fallende Verordnungen sind auf keine Weise durch alle angewandten Zwangsmittel in Ausübung zu bringen möglich, wenn damit auch einer anderen Seite nicht mehr Nachteil verursacht werden sollte, weil jener Bauer, welcher auf die Erfüllung solcher Verordnungen streng halten wollte, sicher nie mehr einen Dienstboten zur gewöhnlichen Dienstzeit bekomme, folglich, da er seine Gründ allein unmöglich bearbeiten kann, sich seinem Untergang nahe bringen würde. . .“ (Beschreibung des sittlichen und politischen Zustandes der Bewohner des Thales Neuberg im Mürzthale Steyermarks. 1803. Steiermärkisches Landesarchiv, HS 134). Ähnliche Belege vgl. M. MITTERAUER, Familienformen und Illegitimität in ländlichen Gebieten Österreichs, in: Archiv für Sozialgeschichte 1979, 182 ff.

139　W. MAGER, Protoindustrialisierung und agrarisch-heimgewerbliche Verflechtung in Ravensberg während der frühen Neuzeit. Studien zu einer Gesellschaftsformation im Übergang, in: Geschichte und Gesellschaft, 8/4 (1982) 471 ff.; HUSUNG, Zur ländlichen Sozialschichtung, 263.

Obwohl diese neue ökonomisch-soziale Statik im wesentlichen bis 1938 aufrechterhalten blieb, kam es in der Zwischenkriegszeit doch zu einer graduellen Verschärfung der sozialen Lage der ländlichen Unterschichten. Vor allem landlose Taglöhnerfamilien wurden von verstärkten Pauperisierungserscheinungen betroffen, die wiederum im Winter oft unbeschreibliches Elend hervorriefen.

Beginnen wir wieder mit der demographischen Entwicklung, die ja immer einen guten Indikator für die sozioökonomische Gesamtsituation einer Population darstellt (vgl. Tabelle 2). Einmal fällt auf, daß es zwischen 1910 und 1934 zu einem beträchtlichen Bevölkerungszuwachs gekommen ist. Dieser ging einerseits auf Kosten des seit den 1890er Jahren voll einsetzenden demographischen Übergangs – die erste Hälfte des 20. Jahrhunderts war die Zeit der kinderreichen Familien: Taglöhnerfamilien mit 10,11 Kindern waren keine Seltenheit –, andererseits auf den seit Mitte der 20er Jahre durch Stockungen am gewerblich-industriellen Arbeitsmarkt verursachten Abwanderungsrückgang.[140] Der zwischen 1934 und 1939 konstatierbare Bevölkerungsrückgang wird, wenn nicht zur Gänze so doch zum überwiegenden Teil, nach dem Anschluß im März 1938 eingesetzt haben. Ein durch die Kriegskonjunktur ausgelöster Wirtschaftsaufschwung schuf für die ländlichen Unterschichten neue Arbeitsmöglichkeiten in Industrie und Gewerbe außerhalb der Gemeinde. Die Bevölkerung pendelte sich 1939 wieder auf das Niveau der Zeit kurz vor dem Ersten Weltkrieg ein.

Dieser Bevölkerungsüberschuß drückte enorm auf das Existenzniveau der unterbäuerlichen Bevölkerung. Als 1920 eine ärztliche Untersuchung in der Schule durchgeführt wurde, war das Ergebnis erschütternd: Von 77 Schulkindern waren 44 unterernährt.[141] Und dies, obwohl die Untersuchung im September und nicht in den viel härteren Wintermonaten durchgeführt wurde. Der Hunger nach dem Ersten Weltkrieg – eine Folge der Stabilisierungskrise – kommt auch in vielen mündlichen Erzählungen zum Ausdruck. Zwischen 1922 und 1932 erhöhte sich die in der Schule gezählte Zahl an Armenkindern von 11 auf 26. Auch die Armenausgaben der Gemeinde erhöhten sich beträchtlich. 1930 wurde von der Gemeinde ein Armenhaus eingerichtet.[142] Die Eigentumsdelikte, immer unter den deutlichsten Indikatoren für soziale Spannungen, nahmen beträchtlich zu. Zwischen 1918 und 1938 wurden in der Gemeinde 11 Einbrüche gezählt. Und nicht immer wurde nach Geld und Wertsachen gesucht. Häufig entwendeten die Diebe Nahrungsmittel und Kleidungsstücke. So gesehen wird auch die Errichtung eines Ortskerkers im Jahre 1937 kein Zufall gewesen sein.[143]

Die durch den Bevölkerungsdruck bewirkte Verknappung lokaler Ressourcen hatte vor allem auf die landlosen Taglöhnerfamilien, wenn diese durch eine hohe Kinderzahl oder einen alten oder arbeitslosen Vater verarmten, verheerende Aus-

---

140 SANDGRUBER, Konsumgüterverbrauch, 30; Landarbeiterbote, 15. 4. 1926.
141 Schulchronik Pollham, 1920.
142 Geschichtliche Notizen, 1930.
143 Ebenda 1937.

wirkungen. Im Winter wurde Hunger für sie zur Alltagserfahrung. Taglohnarbeit war in dieser Zeit schwer zu bekommen. Das bedeutete nun aber auch, daß das Essen, das der Taglöhner vom Bauern erhielt, wegfiel. Und auch die Ziegen gaben in dieser Zeit keine Milch, da sie im Frühjahr ihre Jungen bekamen. In dieser Situation gewannen die marginalsten Tätigkeiten in der Organisierung des Überlebens an Gewicht. Sie reichten vom Waschen und Kleiden verstorbener Gemeindebewohner bis zum Fangen von Maulwürfen, eine in der Zwischenkriegszeit vor allem bei den Unterschichten verbreitete Tätigkeit, da jedes Maulwurffell den damals ansehnlichen Preis von einem Schilling hatte. Die peinlichst genaue Ausbeutung auch der kleinsten lokalen Ressourcen, das Ährenlesen und Reisigklauben, das Annehmen jeder sich bietenden Gelegenheitsarbeit wurden zum Gebot der Stunde. Taglöhnerfrauen sparten Geld, indem sie das Brot nicht dem Bäcker, sondern den seit den späten zwanziger Jahren die Landgemeinden überflutenden Bettlern abkauften, nachdem diese es von den Bauern als Almosen erhalten hatten.[144] Und nicht nur die Kinder gingen ihrer eigenen „Ökonomie des Beutemachens" nach, wenn sie beim Ährenlesen auf den Feldern der Bauern auch von den Getreidemandeln reife Ähren wegstahlen.[145] Die Verzweiflung des Hungers trieb manchen armen Dorfbewohner in den Hühnerstall des Bauern oder ließ ihn bei Nacht einen vollen Apfelbaum abräumen. Und im Schutz einer verschneiten Winternacht fiel auch ab und zu ein dürrer Baum, um etwas später die Holzhütte einer frierenden Taglöhnerfamilie zu erwärmen.[146] Diesen Kampf gegen den Hunger und die Kälte der Wintermonate konnte die Taglöhnerfamilie nicht ohne die Einbeziehung der Kinder führen. Sie waren als Produzenten vollständig in die Familienökonomie der kleinen Leute integriert. Die Kinder sammelten die Ähren im Sommer, halfen der Mutter beim Reisigklauben, holten die milden Gaben von der Bäuerin und sammelten Eicheln, Pilze und Beeren, um sie in der Stadt zu verkaufen. Kamen sie mit 12 oder 13 Jahren in Dienst, so erhielten die Eltern nicht nur einen Kartoffelacker vom Bauern zur Nutzung und einmal im Jahr einen Sack mit Weizen; von Zeit zu Zeit konnten die armen Eltern auch kleine Lebensmittelgeschenke von ihren Kindern erwarten, Krapfen zur Ernte, ein Störbrot zu Weihnachten und ab und zu auch etwas Fleisch oder Schmalz. Das Überleben war für die ärmeren Schichten der unterbäuerlichen Bevölkerung nur durch die Kombination unterschiedlichster Tätigkeiten möglich. Der Ernteverdienst im Sommer und im Herbst, Gelegenheitsarbeiten aller Art, hausväterliche Wohltätigkeit und öffentliche Armenunterstützungen, die kollektive Nutzung eines Teils der ländlichen Ressourcen und die Kinder, die in Dienst gingen, bildeten die Subsistenz der ärmeren Gemeindebewohner. Eine *„Ökonomie des Notbehelfs"* also, die viele Elemente einer Jäger-Sammler-Subsistenz enthielt, aber nicht ein Überbleibsel eines älteren Musters war, sondern das Produkt der Anpas-

---

144 Interview mit Frau Binder am 15. 8. 1982; Interview mit Frau Meier am 10. 8. 1982.
145 THOMPSON, Patrizische Gesellschaft, 174; ZEßNER-SPITZENBERG, Einführung, 137.
146 Interview mit Frau Kugler am 4. 12. 1983.

sung an den ökonomisch-demographischen Wandel des 19. und frühen 20. Jahrhunderts.[147]

Diese Problematik wurde nach dem Ersten Weltkrieg auch auf gesellschaftspolitischer Ebene verstärkt wahrgenommen, bildete sie doch auch einen der Hauptgründe für die in dieser Zeit wieder einsetzende Landflucht. Nun war man aber nach 1918 bestrebt, den kriegsbedingten Produktionsausfall wieder auszugleichen und die Produktivität der österreichischen Landwirtschaft zu heben, um die Ernährung der Bevölkerung sicherzustellen. Da man dieses Ziel jedoch durch die verstärkte Landflucht gefährdet sah, suchte man Mittel und Wege, um die Landflucht zu bekämpfen und die Lebenshaltung der Taglöhner zu verbessern. In zeitgenössischen Diskursen zur Landarbeiterfrage wurde die Frage diskutiert, wie ein Ausgleich zwischen der arbeitsschwachen winterlichen Jahreszeit und den arbeitsintensiveren Sommermonaten gefunden werden könnte. Dabei wurde an die Förderung oder Neueinführung von Winterbeschäftigungen, Heimarbeiten und Hausindustrie gedacht. Auch eine allgemeine, großzügig angelegte Dezentralisation der Industrie und eine Werkverlegung aufs Land hinaus wurden vorgeschlagen.[148] Im Landarbeiterboten vom 20. Februar 1920 heißt es dazu:

Dann muß die winterliche Arbeitslosigkeit bekämpft werden. Es gibt verschiedene Mittel dazu. Ein Beispiel nur. Wir werden auf lange Zeit damit rechnen müssen, daß alles, was wir vom Ausland kaufen, schwer erhältlich und sündteuer ist. Deshalb müssen wir trachten, soviel als möglich im Innern zu erzeugen. Der Flachsbau muß wieder gepflegt werden. Wie wäre es, wenn die bäuerlichen Genossenschaften die Fabrikation von Seilen und Stricken selbst in die Hand nehmen würden, um damit ihren Bedarf billiger zu beschaffen und den Taglöhnern im Winter Beschäftigung bieten zu können? Weberei und Spinnerei wird wieder aufkommen. Taglöhnerfamilien sollten und könnten hierin eine Winterbeschäftigung finden. Viele andere Gegenstände, die wir heute um ein riesiges Geld aus Frankreich oder England beziehen, könnten wir im Inland hervorbringen. Es kommt nur darauf an, daß die bäuerlichen Genossenschaften die Erzeugung selbst in die Hand nehmen und nicht wieder ein paar Juden zu Millionären werden lassen. Auf solche Weise kann gut entlohnte Winterarbeit geschaffen werden, die den Taglöhnern Verdienst gibt und sie aus der Not rettet.
Der christliche Landarbeiterbund tritt mit diesen Vorschlägen an die maßgebenden Stellen heran und so hoffen wir, daß langsam und in zäher Arbeit auch für das himmelschreiende Elend der Taglöhner Abhilfe geschaffen werden kann.

Hauptsächlich bewegten sich die agrarpolitischen Debatten der Nachkriegszeit um die Frage der Errichtung neuer Siedelstellen, der inneren Kolonisation. Diese Siedelstellen sollten mit einer ausreichenden naturalwirtschaftlichen Basis verknüpft werden, um den Taglöhnern die Eigenversorgung zu sichern. Zwar wurde bereits 1919 zu diesem Zweck das sogenannte Wiederbesiedlungsgesetz erlassen.

---

147 Owen HUFTON, The poor of eighteenth-century France 1750–1789, Oxford 1974, 25, zit. nach David SABEAN, Unehelichkeit. Ein Aspekt sozialer Reproduktion kleinbäuerlicher Produzenten, in: BERDAHL u. a., Klassen und Kultur, 67; Orvar LÖFGREN, Peasant ecotyps. Problems in the comparative study of ecological adaptation, in: Ethnologia Skandinavia, 1977, 107.
148 ZEßNER-SPITZENBERG, Einführung, 42.

Erfolg war diesem Gesetz jedoch keiner beschieden. So wurden in Oberösterreich bis 1927 nur 410 solcher neuer Siedelstellen mit einer Fläche von insgesamt 652 ha errichtet.[149]

Von den Landarbeiterorganisationen wurde zwar während der zwanziger und dreißiger Jahre immer wieder die Forderung nach einer Verbesserung des Wohn- und Siedlungswesens erhoben.[150] Der nötige Druck zur Durchsetzung dieser Forderungen ging jedoch mit der Abnahme der Landflucht verloren.

5. Ökonomische Wandlungsprozesse in der Zwischenkriegszeit

Die Landwirtschaft der österreichischen Alpenländer war im 19. Jahrhundert im Vergleich zu Ungarn, den Karpaten- und Sudetenländern zunehmend rückständiger geworden. Dies hatte zur Folge, daß die österreichische Landwirtschaft nur einen geringen Anteil an der Nahrungsmittelversorgung der nichtlandwirtschaftlichen Bevölkerung hatte. Nach dem Ersten Weltkrieg war Österreich, bedingt durch den Zerfall des Wirtschaftsraumes der Habsburgermonarchie, nun aber in wachsendem Maße darauf angewiesen, die Ernährung der heimischen Bevölkerung durch die eigene Landwirtschaft sicherzustellen.[151] Dazu bedurfte es einer Intensivierung und stärkeren Kommerzialisierung der landwirtschaftlichen Produktion. „Hebung der landwirtschaftlichen Produktion" war ein vielgebrauchtes Schlagwort in den Debatten der Zwischenkriegszeit. Die Milch-, Getreide- und Zuckerrübenproduktion erfuhr eine intensive staatliche Förderung. Genossenschaftsmolkereien wurden gegründet, und der Lagerhaussektor wurde weiter ausgebaut. Vor allem die Milchwirtschaft konnte sich besonders gut entwickeln. Die Anzahl der Kühe wurde gesamtösterreichisch zwischen 1923 und 1934 von 1.074.865 auf 1.209.874 aufgestockt. Die durchschnittliche Jahresleistung einer Kuh erhöhte sich von 1.300 Liter im Jahre 1919 auf 2.000 Liter im Jahre 1930.[152] Sehr rasch erreichte man auch eine fast vollständige Deckung des inländischen Bedarfes bei Milch und Milchprodukten. 1937 mußten bereits für 24 Millionen Schilling Molkereiprodukte ausgeführt werden.[153] Auch die Getreideproduktion wies erhebliche Steigerungsraten auf. Während 1922 die österreichische Landwirtschaft nur 28,4 Prozent des inländischen Weizen- und 74,1 Prozent des Roggenbedarfs decken konnte, betrug 1936 die Deckung des Inlandsmarktes bei Weizen bereits 63 und bei Roggen 81 Prozent.[154]

Parallel zur Produktionssteigerung kam es zu einer Zunahme der Arbeitsproduktivität. Diese lag 1937 bereits 14 Prozent über dem Durchschnitt von 1926–1935.[155] Eine Steigerung der Produktivität kann nun sowohl durch erhöhten

149 Mattl, Agrarstruktur, 56; Bruckmüller, Die verzögerte Modernisierung, 300.
150 Landarbeiterbote, 15. 5. 1926, 15. 6. 1926.
151 Bruckmüller, Die verzögerte Modernisierung, 299.
152 Gustav Otruba, Bauer und Arbeiter in der Ersten Republik, in: Geschichte und Gesellschaft. Festschrift für Karl R. Stadler, hg. von Gerhard Botz u. a., Wien 1974, 71.
153 Ebenda 71; Bruckmüller, Die verzögerte Modernisierung, 300.
154 Otruba, Bauer, 65.
155 Bruckmüller u. a., Soziale Sicherheit, 19.

Kapitaleinsatz als auch durch intensiveren Arbeitseinsatz erreicht werden. Steigende Kapitalintensität bedeutet vor allem vermehrten Maschineneinsatz. Zweifellos ist auch für den Untersuchungszeitraum eine leichte Zunahme der Mechanisierung anzunehmen. Aus den Rentabilitätserhebungen der zwanziger Jahre geht allerdings hervor, daß bereits seit 1928, also noch vor Einbruch der eigentlichen Agrarkrise, ein erheblicher Teil der österreichischen Landwirtschaft passiv bilanzierte.[156] Für die Mehrheit der klein- und mittelbäuerlichen Betriebe wird deshalb im vermehrten Einsatz des Faktors Arbeit die eigentliche Quelle des Produktivitätszuwachses gelegen sein. Der erhöhte Arbeitseinsatz entspricht ja auch der Logik des familienwirtschaftlichen Regelsystems, in dem Schwierigkeiten traditionell durch Überarbeit und Unterkonsumation ausgeglichen werden und nicht durch einen Wechsel des Erwerbszweiges. Die Zunahme der Arbeitsintensität wurde auch von zeitgenössischen Beobachtern immer wieder festgestellt.[157]

Die Steigerung der landwirtschaftlichen Produktion hatte aber noch eine zweite Auswirkung. Der Bedarf an Spezialarbeitern stieg nun auch in der Landwirtschaft wesentlich an. Seit der Jahrhundertwende waren die Klagen über den Mangel an geschulten Fachkräften ein fester Bestandteil in den zeitgenössischen Diskursen.[158] Vermehrt wurden in der Zwischenkriegszeit landwirtschaftliche Fortbildungskurse abgehalten. In der Untersuchungsgemeinde wurden sie seit 1923 vom Schullehrer durchgeführt.[159] 1926 wurde in Ritzlhof bei Linz vom Landeskulturrat eine Melker- und Viehhaltungsschule errichtet. Dadurch sollten die fachlichen Kenntnisse der Milchgewinnung und Milchbehandlung unter der Bevölkerung verbessert werden.[160] Auf größeren Höfen mit vermehrter Viehhaltung wurden in dieser Zeit statt der Stallmägde, die traditionell für Betreuung und Pflege der Kühe verantwortlich gewesen waren, männliche Melker eingestellt. Die Volkszählung 1934 nennt für Oberösterreich 936 Melker und Meier. 68,8 % davon waren Männer.[161] Es kündigt sich hier also bereits die Vermännlichung eines traditionell weiblichen Arbeitsbereiches an. Der Melker war nur mehr für die Arbeit im Stall zuständig, er arbeitete für genau umschriebene Leistungen und hatte meistens eine spezielle Ausbildung. Dadurch hob er sich von den übrigen Gesindekategorien ab, deren Arbeitsbereich viel weniger differenziert war.[162]

Die gesteigerte Produktion mußte nun auch vermarktet werden. Die Marktverflechtung der österreichischen Landwirtschaft nahm in der Zwischenkriegszeit wesentlich zu. Für das späte 19. Jahrhundert existieren keine genauen Zahlen, die den

---

156 Mattl, Agrarstruktur, 207.
157 Bruckmüller, Die verzögerte Modernisierung, 296; Ernst, Die ländlichen Arbeitsverhältnisse, 18 ff.; Mattl, Agrarstruktur, 209 ff. 429; Anm. 96, 97; Zeßner-Spitzenberg, 51, 141.
158 Landarbeiterbote, 15. 4. 1926; Beilage 222 zu den stenographischen Protokollen des oberösterreichischen Landtages, 1904.
159 Geschichtliche Notizen, 1923; Hoffmann, Bauernland Oberösterreich, 689.
160 Hoffmann Bauernland Oberösterreich, 169 ff.
161 Volkszählung 1934.
162 Zeßner-Spitzenberg, Einführung 138.

Kommerzialisierungsgrad angeben. Von landwirtschaftlichen Fachleuten wurde jedoch die Marktverflechtung als sehr gering bezeichnet und betont, daß der Konsum im Haus den größten Teil der Produktion aufgebraucht hätte. Untersuchungen aus der Zeit knapp vor dem Ersten Weltkrieg ergaben eine Marktleistung von 36 % des Rohertrags. Für die Zwischenkriegszeit ist ein deutliches Hinaufschnellen der Marktverflechtung belegt. Untersuchungen für die Jahre 1928/29 ergaben eine Marktleistung, die bei 70 % des Rohertrags lag.[163] Nun stammen diese Daten allerdings aus Buchführungsbetrieben. Dies waren zweifellos landwirtschaftliche Betriebe, bei denen ein gestiegenes Marktinteresse und Marktbewußtsein vorauszusetzen sind. Für die Mehrheit der klein- und mittelbäuerlichen Betriebe dürften sie deshalb nicht als repräsentativ anzusehen sein. Das bedeutet, daß bei diesen Betrieben auch im Untersuchungszeitraum weiterhin der überwiegende Teil der Produktion im Haus konsumiert worden ist, was einen gewissen Kommerzialisierungsschub jedoch nicht ausschließt. Ein höherer Grad an Marktverflechtung ist natürlich bei großbäuerlichen Betrieben anzunehmen. Insgesamt wurde die kommerzielle Modernisierung auch in der Zwischenkriegszeit durch die industrielle Dauerkrise und die agrarprotektionistischen Maßnahmen der zwanziger und dreißiger Jahre stark verzögert.[164]

Welche Folgen hatte nun die wirtschaftliche Entwicklung der Zwischenkriegszeit auf die Gestaltung der Arbeitsbeziehungen im Bauernhaus? Welche Gruppen in der bäuerlichen Hausgemeinschaft wurden durch die steigende Arbeitsintensität am stärksten belastet? Führte der Kommerzialisierungsschub zu einer Schwächung des paternalistischen Herrschaftsmodells? Gibt es Anzeichen dafür, daß die Bauern begannen, ihre multifunktionale Hausherrenrolle abzulegen und zu landwirtschaftlichen Unternehmern zu werden, die einen gewinnorientierten Betrieb mit freien Arbeitsverhältnissen führten? Diesen Fragen soll unter anderem in den nächsten Kapiteln nachgegangen werden.

IV. Gesindedienst und bäuerliche Hausgemeinschaft

1. Dienstantritt

nau und daun hoat mi d'Muata in Dienst gweist, hoat man friaher gsoagt, hoats mi en Bauknecht übergeben, so, doa hoast en Buam, doa richt' dir'n, hoam darf er net.
(Herr Bauer[165])

Wir schreiben das Jahr 1928. Herr Bauer war zwölf Jahre alt geworden. Die sechsjährige „Alltagsschule" hatte er nun beendet. Wie die meisten anderen Dienstboten trat auch Herr Bauer zu Beginn des 7. Schuljahres den Dienst beim

---

163 BRUCKMÜLLER u. a., Soziale Sicherheit, 19; MATTL, Agrarstruktur, 304 ff.
164 BRUCKMÜLLER, Die verzögerte Modernisierung, 301 ff.
165 „Daraufhin hat mich meine Mutter zum Bauern geführt, sie hat mich dem ersten Knecht übergeben mit der Aufforderung: ‚So, da hast du den Buben, erziehe ihn dir gut, zurück nach Hause darf er nicht.'" Interview mit Herrn und Frau Bauer am 30. 3. 1983.

Bauern an. „Feichtaschule" nannte man dieses letzte Schuljahr, das man mit Beginn des 14. Lebensjahres abschloß: Unterricht war aber nur mehr Samstag vormittag, und auch der mußte häufig der Arbeit am Bauernhof geopfert werden. Bauer und Lehrer kannten sich ja. Sonntag nachmittags hieß es dann noch die „Christenlehr" in der Kirche besuchen.[166] Der Stellenwert der Schule war nur mehr gering. Der Schule kam wenig Bedeutung für die Zukunft eines Taglöhnerkindes zu, wurde doch auch der Zugang zu einem „Beruf" nicht durch die Schule geregelt. Zukunftsbestimmender war der alltägliche Mangel im Elternhaus. Für den Unterschichthaushalt bedeutete es eine große Erleichterung, wenn ein „Esser" weniger zu ernähren war. „Daß hoid wieder oans aus da Kost gwen ist", hieß es meistens, wenn mir die ehemaligen Knechte und Mägde die Begleitumstände ihres Dienstantrittes verstehbar machen wollten.[167] „Dahoam haums joa a nix ghoat, de hand joa froh gwen, wauns wieda oans weida ghoat haumd", erinnert sich heute auch Herr Holzinger[168]. Und deshalb wurde die Aufnahme des Taglöhnerkindes in den bäuerlichen Haushalt von der Taglöhnerfamilie immer auch als Gunsterweis erfahren.

. . . o heilig, mia warn unser elf gwen, oawa gstorbn hand a oan, iat mit sovü Kinda, . . . 1915 is d'Muata gstorben, net, selbstverständlich, wias hoid is, a poar so Buam hama gwen, iat hoat man a net so gfoligt, wias hoid geht, iat hoat da Voata en Silva bitt, ob er mi net nam.[169]

Dem Dienstantritt ging also kein Prozeß der „Berufsfindung" voraus. Dienstbote-Sein war auch kein „Beruf" im eigentlichen Sinn des Wortes. Es war eine Übergangsphase in der Jugendzeit. Die Entscheidung dazu war deshalb auch nicht an speziellen arbeitsinhaltlichen Überlegungen und Interessen orientiert.[170] Der Zwang der Not und der begrenzten Möglichkeiten ließ die Unterschichtjugend den Dienstantritt als vorgegebene Notwendigkeit erfahren. Überlegungen nach Alternativen kamen selten auf.

Doa hoats net vü überlegen gem, weils eh koan Oarbeit net geben hoat, nur bei de Bauern.[171]

---

166 Die starke Integration des Lehrers in die lokale Gesellschaft kommt auch in Redewendungen dieser Zeit zum Ausdruck: „Wird geschlachtet wo ein Schwein, befindet sich das Dorfschulmeisterlein." Interview mit Herrn Eder am 10. Juli 1984. Schulchronik Pollham. Am 1. Mai 1923 wurde die 7jährige Schulpflicht eingeführt, nachdem sie am 11. 2. 1923 in einer Elternkonferenz von den Eltern gebilligt worden war.

167 „Damit wieder ein Kind weniger versorgt werden mußte." Interview mit Frau Hofer am 11. 8. 1982.

168 „Meine Eltern waren ja auch arm, sie waren deshalb froh, wenn wieder ein Kind weg war von zu Hause." Interview mit Herrn Holzinger am 12. 8. 1982.

169 „. . . o je, wie waren elf Kinder, einige davon sind aber gestorben, so viele Kinder also, . . . 1915 starb die Mutter, wir Buben waren natürlich auch nicht immer folgsam, jetzt hat dann mein Vater den Bauern Silver gebeten, ob er mich nicht nehmen wolle." Interview mit Herrn Hofer am 19. 4. 1981.

170 Sozialwissenschaftliche Informationen für Unterricht und Studium 9/2 (1980) 71.

171 „Zu überlegen gab es damals nicht viel, es gab ja ohnehin keine Arbeit, außer bei den Bauern." Interview mit Herrn und Frau Bauer am 30. 3. 1983.

Kam der Tag des Dienstantrittes, so hatten die Eltern bereits mit dem Bauern über das Entgelt des Dienstboten verhandelt. Der Dienstantritt bedeutete dann einen entscheidenden Einschnitt im Leben des heranwachsenden Jugendlichen. Er wurde deshalb im Gedächtnis meist auch sehr genau aufbewahrt.

... af Mittag is zan Deanstweisen gwen. . . ., doa hoat man so auntroagn miassn, daß man vorn Essen hiekemma is, und en Neijoarstoag hoat ma joa zwoa Fleisch ghoat bei den Baun, a Schweiners und meistens a Rindfleisch ... doa is ma glei in d'Stuben einekema, und bei de Bauern haumds eh de launga Bengan ghoabt bis hintere, haumds gsoagt, „doa, sitzts euch af de laung Beng, daß laung doableibts", und doa hamma uns hergsitzt und danoa is hoid zan Essen wordn ...[172]

„Einstand" wurde dieses Aufnahmeritual, das sich bei jedem Antritt einer neuen Dienststelle wiederholte, bezeichnet: Der Dienstbote wurde vom Dienstbotenweiser – meistens einem Elternteil, Bruder, Schwester oder einem Verwandten des Dienstboten – kurz vor Mittag zum Bauern begleitet. Beide nahmen dann in der Stube auf der sogenannten „langen Bank" Platz. War es ein größerer Bauer mit vielen Dienstboten, so saßen dort meist auch schon andere Neulinge. Kurze Zeit später kam der Bauer herein, begrüßte die Angekommenen, redete mit ihnen, scherzte vielleicht auch. Dann folgte aber gleich die Einladung zum Mahl am gemeinsamen Tisch. Das gemeinsame Mahl wurde zum Integrationsritual, es symbolisierte die Zugehörigkeit des neuen Dienstboten zur Bauernfamilie. Der Dienstantritt war ja auch mehr als der Beginn eines Lohnverhältnisses. Der Dienstbote wurde in die bäuerliche Hausgemeinschaft aufgenommen, er gehörte nun zu den „Hausleuten". In Zukunft saß er jetzt auch in der Kirche auf einem Sitzplatz des Hofes. Seine soziale Identität in der Gemeinde wurde primär über den Bauern definiert. Bei den Leuten hieß es nun nicht mehr nur der Sohn/die Tochter des Häuslers X, sondern immer auch der „Bua" oder Knecht/das „Mensch" oder die „Dirn" des Bauern Y. Und je länger ein Dienstbote bei einem Bauern blieb, umso stärker bezog er seine Identität aus der Zugehörigkeit zu seinem Bauernhaus und umso mehr wurde er in der Gemeinde seinem Bauern zugerechnet. Bei älteren Dienstboten, die lange auf einem Hof gedient hatten und dort ihren Lebensabend verbrachten, wurde sie zur alleinig bestimmenden.

Kam das Taglöhnerkind mit 11, 12 oder 13 Jahren zum Bauern in Dienst, so war ihm in der Regel die Welt des Bauernhofes nicht mehr völlig fremd. Der erste Dienstplatz war häufig in der Nähe des Elternhauses, bei bekannten Bauern. Sicher hatte es oft die Eltern, die als Taglöhner auf den Bauernhöfen der Umgebung arbeiteten, dorthin begleitet, hatte dort mit anderen Kindern gespielt und war mittags

---

172 „... zu Mittag wurden die Dienstboten zu ihren Bauern geführt, ... man mußte darauf achten, daß man kurz vor dem Mittagessen beim Bauern ankam; am Neujahrstag wurden bei den Bauern zwei Arten von Fleisch gegessen, Schweinefleisch und Rindfleisch, ... man kam in die Stube des Bauern. Bei den Bauern hatten sie damals die langen Bänke; dann wurde gesagt: ‚So, setzt euch auf die lange Bank, damit ihr auch lange bleibt.' Und dann haben wir uns hingesetzt und nachher wurde gleich gegessen ..." Interview mit Frau Huber am 17. 6. 1983.

und abends zusammen mit seinen Eltern, den anderen Taglöhnerfamilien, den Dienstboten und Bauersleuten beim Mahl gesessen. Wurde das Kind neun oder zehn Jahre alt, so mußte es am Bauernhof schon mitarbeiten. Typische Kinderarbeiten waren das Garbenzusammentragen und das Nachrechen im Sommer, Viehhüten, Kartoffel- und Obstklaubcn im Herbst. Selbst die Schulferien waren der ländlichen Arbeitsorganisation, die Kinderarbeit notwendig machte, angepaßt. Die Sommerferien wurden nämlich nicht in geschlossener, sondern in geteilter Form abgehalten, der erste Teil der Ferien zwischen Mitte Juli und Ende August, der zweite zwischen Ende September und Ende Oktober. Letztere nannte man „Erdäpfel- und Obstferien", weil in dieser Zeit die Schulkinder zur Kartoffel- und Obsternte herangezogen wurden.[173] In den arbeitsintensiveren Monaten mußten die Töchter der Taglöhner ab dem vierten Schuljahr bei den Bauern auf die Kleinkinder aufpassen, wenn dort die Großmutter nicht mehr lebte und ältere Geschwister fehlten. „Kindsdirn geben" nannte man diese Tätigkeit, sie wurde meistens nachmittags nach Schulschluß ausgeübt. In den Ferien mußten viele Taglöhnerkinder schon vollständig ihr Elternhaus verlassen, denn sie erhielten dann für ihre Mitarbeit am Bauernhof Kost und Quartier.

Der Übergang vom Kindsein zum Dienstboten vollzog sich also meist fließend. Der Heranwachsende wurde bereits in der Kindheit auf seine zukünftige Rolle in der ländlichen Gesellschaft vorbereitet. Trotzdem scheint der Übergang nicht bruchlos erfolgt zu sein. Dies deutet auch der in der Erinnerung immer wieder vorkommende Auftrag der Eltern an die Bauersleute „Hoam derf er net" an.

2. Arbeit auf dem Bauernhof

Will man das Phänomen Gesindedienst und die paternalistischen Arbeitsbeziehungen zwischen Bauer/Bäuerin und Gesinde verstehbar machen, so muß man bei einer genauen Strukturanalyse vorindustrieller Arbeitsprozesse beginnen. Um es noch einmal zu wiederholen: Unter paternalistischer Arbeitsbeziehung verstehe ich einerseits die enge, persönliche Bindung der Arbeitskraft an den Wirtschaftsbetrieb und die damit verbundene paternalistische Sozialkontrolle des Bauern über das ganze Leben seiner von ihm abhängigen Arbeitskräfte. Andererseits hatte dies keineswegs ein völlig willkürliches und vom Bauern einseitig gelenktes Arbeitsverhältnis zur Folge. Die Arbeit war vielmehr in hohem Maße geregelt, sie hatte eine spezifische Ordnung.

Agrarisch vorindustrielle Produktionsverhältnisse waren gekennzeichnet durch ein relativ niedriges technologisches Entwicklungsniveau und durch eine große Abhängigkeit von nicht planbaren Faktoren. Die Kuh, die während der Nacht kalbte, das Pferd, das plötzlich krank wurde, beide verlangten nach sofortiger Pflege und Betreuung. Die Einbringung des getrockneten Heus und der reifen Getreideäh-

---

173 Schulchronik Pollham 1931. Erst 1931 kam es zur Einführung des Septemberschulbeginnes, nachdem sich der Ortsschulrat jahrelang dagegen gestellt hatte.

ren erforderte oft Sonntagsarbeit oder Arbeit nach Feierabend, damit das Unwetter nicht die Anstrengung von Wochen, manchmal die eines ganzen Jahres wieder zunichte machte.[174]

Permanente Dienstbereitschaft erforderte vor allem die Viehzucht, denn Stallarbeit mußte jeden Tag geleistet werden. Deshalb traten auch in reinen Viehzuchtgebieten die höchsten Gesindezahlen auf.[175] Außerdem erfordert die Betreuung der Tiere ein spezifisches Erfahrungswissen, das erst aus einer längerfristigen kontinuierlichen Arbeit mit den Tieren gewonnen werden konnte.[176] Auch müssen sich die Tiere immer erst an den Menschen gewöhnen, der mit ihnen umgeht. So wird jede Kuh weniger Milch geben, wenn sie nicht von der Person gemolken wird, an die sie gewöhnt ist. Bei der Betreuung der Pferde verhält es sich ähnlich. Zugleistung und Gesundheit eines Pferdes hängen sehr stark mit der richtigen Fütterung und der individuellen Behandlung zusammen. Kam ein Fohlen zur Welt, so bedeutete dies für den Betreuer des Pferdes oft über mehrere Nächte hindurch ständige Bereitschaft. Pferdeknechte hatten deshalb ihre Schlafstätte häufig in einer Kammer neben dem Pferdestall („Roßstoalkammerl").[177] Die Pflege der Tiere war also fest an eine Person gebunden. Die Bauern waren deshalb auch bestrebt, einen zu häufigen Wechsel ihrer Dienstboten zu vermeiden.

Insgesamt betrachtet erzwangen die Produktionsverhältnisse von der landwirtschaftlichen Arbeitskraft die ständige Verfügbarkeit. Sie machten eine enge Klientelbindung der Arbeitskraft an den Wirtschaftsbetrieb notwendig. Nicht Dienst nach der Uhr, sondern Dienstbereitschaft zu jeder Tages- und Nachtzeit war überlebenswichtig. Die Arbeitsorganisation konnte nur familienwirtschaftlich geregelt sein – auch landwirtschaftliche Großbetriebe wie klösterliche Meierhöfe waren am familienwirtschaftlichen Modell orientiert.[178]

2.1. Ordnung der Arbeit
2.1.1. Arbeitsteilung

Die am Bauernhof zu verrichtende Arbeit war unter den vorhandenen Arbeitskräften aufgeteilt. Die Arbeitsteilung war nach Alter und Geschlecht der Arbeitskräfte geregelt. Der Grad der Arbeitsteilung hing von der Hofgröße ab. Je größer der Hof, umso differenzierter war die innerhäusliche Arbeitsteilung.

Beginnen wir mit der geschlechtsspezifischen Arbeitsteilung. Die bäuerliche Arbeitsorganisation unterschied deutlich zwischen „Mauna-Oarwat" und „Wei-

---

174 Zeßner-Spitzenberg, Einführung.
175 Mitterauer, Formen, 200.
176 Landarbeiterbote, 8. 8. 1919; Landtagsprotokolle 1921, 695.
177 Oberösterreichisches Landesarchiv. Landesausschußakten fasc. G 10–6 45 (1921). Das Schlafen im Pferdestall gehörte nach dem 1. Weltkrieg in den meisten oberösterreichischen Gemeinden bereits der Vergangenheit an.
178 Zeßner-Spitzenberg, Einführung, 119 ff.; Edward P. Thompson, Zeit, Arbeitsdisziplin und Industriekapitalismus, in: ders., Plebejische Kultur, 38; Gesetz vom 10. 3. 1921 über die Regelung der Dienstverhältnisse der häuslichen, land- und forstwirtschaftlichen Dienstnehmer in Oberösterreich (Haus- und Landarbeitsordnung), § 7.

wa-Oarwat". Dementsprechend muß man sich die bäuerliche Hausgemeinschaft auch als in zwei Subgruppen geteilt vorstellen. Primär war der Bauer für die Knechte bzw. seine Söhne, die Bäuerin für die Mägde bzw. ihre Töchter zuständig. Die Bäuerin besorgte die Arbeit im Haushalt. Der Bauer koordinierte die auf dem Hof anfallende Arbeit. Ein Großbauer mit 40 ha Grund und Boden konnte sich völlig aus dem Bereich der Produktion zurückziehen. Nur wenige Großbauern aus der Untersuchungsgemeinde arbeiteten auch selbst mit. Die Mägde verrichteten die Arbeiten in Kuh- und Schweinestall. Sie waren auch für einen Teil der Hausarbeit im engeren Sinne zuständig. Dazu zählten das Brotbacken, das alle 14 Tage erledigt werden mußte, weiters das Waschen der Hand- und Tischtücher und die Reinigung der Knechtswäsche, wenn dies vertraglich festgelegt war. Außerdem waren sie für das tägliche „Betten-Machen" und für die Putzarbeit am Samstag verantwortlich. Für die eigentliche Kocharbeit wurden sie auf größeren Höfen nicht herangezogen. Mägde, die nur bei Großbauern in Dienst standen, mußten deshalb das Kochen oft erst nach der Heirat erlernen.

Neben den regelmäßig zu verrichtenden Haus- und Stalldiensten wurden Mägde auch zu den saisonal wechselnden Feld- und sonstigen Außenarbeiten herangezogen. Wiesenräumen im Frühjahr, Distelstechen im April und Mai, das sogenannte „Aufheben" beim Getreideschnitt, Kartoffel- und Obstklauben im Herbst waren klassische Frauenarbeiten. Die Knechte wiederum waren primär für die Außenarbeiten, die Betreuung der Zugtiere und für Reparaturarbeiten an Haus und Arbeitsgeräten zuständig. Weibliche und männliche Arbeitssphäre waren nicht strikt voneinander getrennt, sie ergänzten sich häufig. Knechte und Mägde gingen bei der Ernte gemeinsam aufs Feld. Beim Weizen- und Haferschnitt mähten die Knechte, die Mägde banden die Getreideähren zusammen. Das Gras wurde zur Heumahd von Knechten und Mägden gemeinsam geschnitten, gewendet und als getrocknetes Heu auch gemeinsam eingebracht. Im Herbst wurden die Kartoffeln von den Knechten ausgegraben und von den Mägden eingesammelt. Auch die meisten Winterarbeiten wurden von Knechten und Mägden gemeinsam verrichtet. Die Knechte fällten die Bäume und zerteilten sie, die Mägde sammelten die Äste ein. Gemeinsam beförderten sie auch im Winter den während des Jahres anfallenden Stalldünger („Mist") auf die Felder hinaus.

Die Aufteilung der Arbeit in Männer- und Frauenarbeit konnte aber nicht immer strikt eingehalten werden.[179] Waren beim Wiesenräumen zuwenig weibliche Arbeitskräfte am Hof, so mußten die Männer mithelfen. Genauso verhielt es sich bei anderen Frauenarbeiten, beim Unkrautjäten, beim Kartoffelklauben und beim „Aufheben" zur Getreideernte. Umgekehrt mußten auch die Mägde bestimmte Männerarbeiten übernehmen, wenn zuwenig männliche Arbeitskräfte vorhanden waren. Es konnte ja immer geschehen, daß entweder zuwenig männliche Taglöhner zur Verfügung standen oder die Knechte gerade durch eine dringende Arbeit verhindert waren. Dann schnitten Mägde das Getreide, pflückten die Äpfel und gruben

---

179 SCHULTE, Bauernmägde, 118.

die Kartoffeln aus. Im konkreten Einzelfall war es immer die *Logik des Notwendigen,* die die Arbeitsaufteilung regelte. Drei Gesetzmäßigkeiten fallen dabei auf:

1. Jüngere Arbeitskräfte übernahmen eher Arbeiten des anderen Geschlechts als ältere.
2. Frauen übernahmen eher Männerarbeiten als umgekehrt.
3. Auf kleineren Höfen war die geschlechtsspezifische Arbeitsteilung weniger differenziert als auf größeren.

Die zweite wichtige Trennungslinie verlief zwischen den Altersstufen. Der Gesindedienst bildete keineswegs eine Einheit. Er war vielmehr stark untergliedert. Zwischen den Dienstboten bestand eine ausgeprägte Hierarchie. Diese Hierarchie war umso ausgeprägter, je größer der Hof war.

Nehmen wir als Modellfall ein großbäuerliches Anwesen mit 40 ha Wirtschaftsfläche an. Ein solcher Betrieb beschäftigte im Normalfall neben dem Bauern und der Bäuerin noch sechs ständige Arbeitskräfte, entweder Dienstboten oder mithelfende Kinder, je nach der Phase des Familienzyklus, in dem sich die Bauernfamilie gerade befand. Jede Dienstbotenlaufbahn begann als „Stallbub" oder „Hühnermädchen". Beide waren jugendliche Hilfskräfte mit einem noch wenig differenzierten Arbeitsbereich. In der bäuerlichen Arbeitsorganisation mit ihrem Fehlen der Arbeitszerlegung existieren eine Unzahl von Füllarbeiten. Es waren dies alle Arten von Hilfsdiensten, Botengängen und anderen Arbeiten, für die man jemanden brauchte, der sofort verfügbar und rasch abrufbar war und auch schnell wieder aus der Arbeit entlassen werden konnte.

Primär war der Stallbub dem Pferdeknecht unterstellt, er mußte diesem bei der Pflege der Pferde behilflich sein. Auch im Kuhstall hatte er bestimmte Arbeiten zu übernehmen, wie das Ausmisten und Strohherbeibringen. Das junge Mädchen wiederum mußte vor allem der Bäuerin in Haus und Küche alle anfallenden Hilfsdienste erledigen. Es begann in der Früh mit dem Anheizen des Ofens. Dann folgten das Geschirrabwaschen, das Bodenreinigen, die Betreuung des Kleinviehs und das Mostholen zu Mittag. Mit 15 Jahren konnte das Mädchen dann bereits „kleine Dirn" werden. Nun erhielt es die Betreuung der Schweine als primären Aufgabenbereich zugeordnet. Nach weiteren drei bis vier Jahren konnte es dann schon zur obersten Magd, zur Kuhdirn, werden. Ähnlich verlief der Aufstieg in der Dienstbotenhierarchie auf der männlichen Seite. Mit 15 Jahren wurde der Stallbub zum „Mitfahrer". Er übernahm nun die Verantwortung über das zweite Paar Pferde. Dieser Übergang, der sich je nach körperlicher Kraft, Geschicklichkeit und Dienststellenangebot um das 15. Lebensjahr vollzog, war in jeder Dienstbotenkarriere die wichtigste Zäsur. Der „Bua" wurde zum „Knecht", das „Mensch" zur „Dirn". Dieser Übergang war mit einer zwei- bis dreifachen Steigerung des Geldlohnes und bedeutenden Statusverbesserungen verbunden.

Als 19- bis 20jähriger konnte der „Mitfahrer" zum „Roßknecht" werden. Dieser hatte die wichtigsten Feldarbeiten wie das Pflügen, das Eggen und das Säen mit der Sämaschine zu verrichten. Den obersten Rang in der Gesindehierarchie nahm der „Bauknecht" ein. Er war Vorarbeiter bei den Feldarbeiten, mußte das Gras für das tägliche Grünfutter der Haustiere mähen und die tägliche Arbeitszuteilung vornehmen. Die hier beschriebene Zahl unterschiedlicher Gesindestufen war nur auf einem Hof mit 40 ha und mehr notwendig. Ein kleinerer Bauer leistete sich dementsprechend weniger Dienstboten. Natürlich waren auf solchen Höfen auch die Aufgabenbereiche weniger differenziert.

Die hier beschriebene Ordnung der Arbeit fand beim gemeinsamen Mahl ihre direkte Abbildung. Nehmen wir als Beispiel wiederum unseren oben beschriebenen Modellhof.

Graphik 1:
Sitzordnung beim Mair zu Kickendorf, 1. Hälfte des 20. Jahrhunderts.[180]

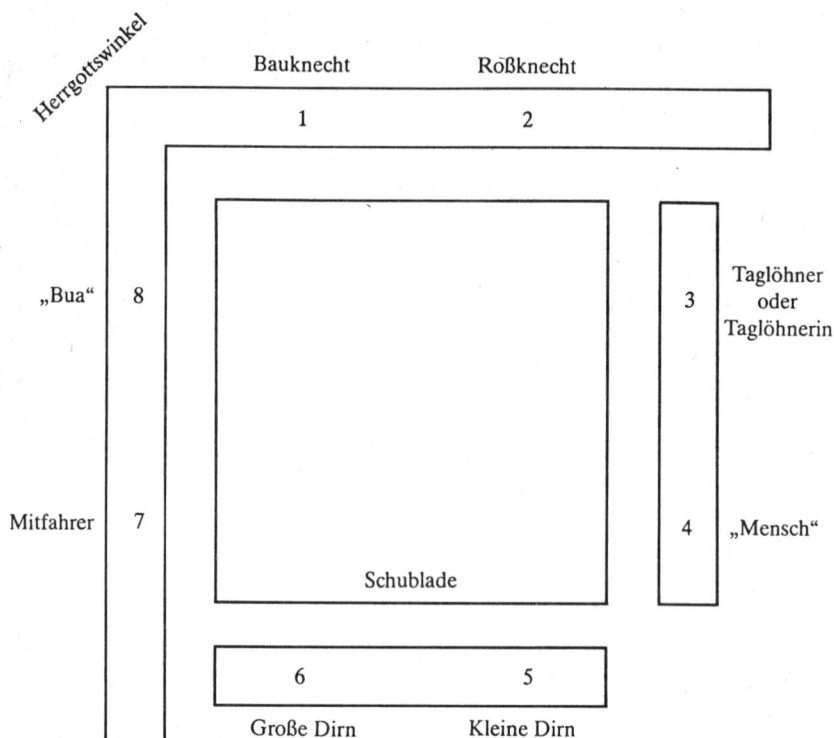

---

180 Brief von Frau Meier am 1. 11. 1982 an den Verfasser.

Deutlich erkennbar ist die Trennung nach Geschlechtern. Der männliche Bereich zerfällt in einen Teil mit den oberen Rängen in der Gesindehierarchie und einen Teil mit den unteren. Genauso verhält es sich beim weiblichen Bereich. In der Sitzordnung manifestierte sich also zum einen die Grenze der Geschlechter, sie symbolisierte die Teilung des Hauses in einen weiblichen und einen männlichen Arbeitsbereich, zum anderen zeigte sich in der Sitzordnung auch die Hierarchie der Altersstufen. Das gemeinsame Mahl bei Tisch war Ausdruck der gemeinsamen Arbeitswelt.

Auf kleineren Höfen wie dem hier beschriebenen muß man sich die Sitzordnung entsprechend modifiziert vorstellen. Die Gliederungsprinzipien Alter und Geschlecht waren jedoch dieselben. Allgemein gilt, daß auf Höfen gleicher Größe die Sitzordnung in der Regel auch die gleiche war.[181]

2.1.2. Arbeitszeit

Der Arbeitstag am Bauernhof war lang. Knechte und Mägde arbeiteten in der Regel 12 bis 17 Stunden am Tag und 80 bis 100 Stunden pro Woche, je nach Jahreszeit und Witterungsverhältnissen.[182] Wer käme da nicht auf den Gedanken, die ländliche Arbeitswelt als Ort barbarischer Selbst- und Fremdausbeutung zu betrachten? Sehen wir aber etwas genauer hin. Versuchen wir mit dem „Auge des Ethnographen" das strukturell andere dieser Arbeitswelt wahrzunehmen, das dem oberflächlichen, oft evolutionistisch gefärbten Blick von außen entgeht.

Es erscheint einleuchtend, daß die strukturellen Gegebenheiten vorindustrieller Landarbeit keine einheitliche nach Stunden geregelte Tagesarbeitszeit erlaubten, war doch die Abhängigkeit der Arbeitsmöglichkeit und Arbeitsnotwendigkeit von der Natur zu groß. Das bedeutet nun aber keineswegs Regellosigkeit im Wechsel von Arbeitszeit und arbeitsfreier Zeit. Ungeschriebene Regeln, Tradition und ortsübliche Gewohnheiten ordneten die Tages-, Wochen- und Jahresarbeitszeit. Man könnte auch von einer *moralischen Arbeitszeit* sprechen. Diese moralische Arbeitszeit war flexibler als die nach Stunden geregelte Arbeitszeit. Sie orientierte sich immer an der Jahreszeit und der Notwendigkeit der zu verrichtenden Arbeiten. In den arbeitsintensiven Sommermonaten mußte länger und härter gearbeitet werden als in den arbeitsschwächeren Wintermonaten. Zeiteinteilung und Zeiterfahrung waren nicht primär durch die Uhr bestimmt, sondern durch die zu erledigenden Arbeiten. Die Zeiteinteilung war aufgabenorientiert.[183] Im Winter begann die Stallarbeit zwischen fünf und halb sechs Uhr früh, um sieben Uhr setzten beim Hellwerden die Außenarbeiten ein. Diese wurden um ca. fünf Uhr abends beendet. Dann folgte wieder die Stallarbeit bis sieben, halb acht Uhr. Im Sommer begann die Arbeit ca. eine Stunde früher, zur Heumahd aber schon um zwei oder drei Uhr nachts. Auch abends wurde eine Stunde länger, meistens bis sechs Uhr gearbeitet. Die Stallarbeiten dauerten dann noch bis acht Uhr abends.

---

181 HEIDRICH, Das Haus, 38.
182 Die Feiertage sind hier nicht miteinberechnet.
183 THOMPSON, Zeit. 34 ff.

Während des Tages wurden fünf Pausen gemacht, an denen eine Mahlzeit eingenommen wurde. Um sechs Uhr wurde die Morgenmahlzeit, um neun Uhr die Vormittagsjause, zwischen 11 und halb 12 das Mittagessen, um drei Uhr nachmittags wiederum eine Jause und schließlich um halb acht oder acht Uhr die Abendmahlzeit eingenommen.

Bestandteil dieser moralischen Arbeitszeit war auch die Einhaltung der Sonn- und Feiertage sowie der Bauernfeiertage. Die Einhaltung dieser Bauernfeiertage, 1921 noch 36 an der Zahl, wurde zwar seit Joseph II. immer wieder verboten – in den Dienstbotenordnungen des 19. Jahrhunderts finden sich sogar Strafandrohungen für Arbeitsverweigerung an diesen Tagen –, trotzdem hielten sie sich zählebig bis ins 20. Jahrhundert. Am 26. November 1920 wurden sie in der Debatte über die Reform der Dienstbotenordnung im oberösterreichischen Landtag von den bäuerlichen Abgeordneten und den Vertretern des christlichen Landarbeiterbundes gegen die sozialistische Forderung nach der Einführung eines ein- bis dreiwöchigen Urlaubs im Jahr verteidigt. In der Landarbeiterordnung vom Jahre 1921 wurde die Einhaltung der Bauernfeiertage schließlich wieder gesetzlich festgelegt. Bei Nichteinhaltung mußte ein Urlaub gewährt werden.[184]

Sowohl die kirchlichen Feiertage als auch die Bauernfeiertage waren dem saisonalen Rhythmus der landwirtschaftlichen Arbeiten angepaßt.

Graphik 2:
Jahreszeitliche Verteilung der Feiertage: 36 Bauernfeiertage und 12 kirchliche Festtage

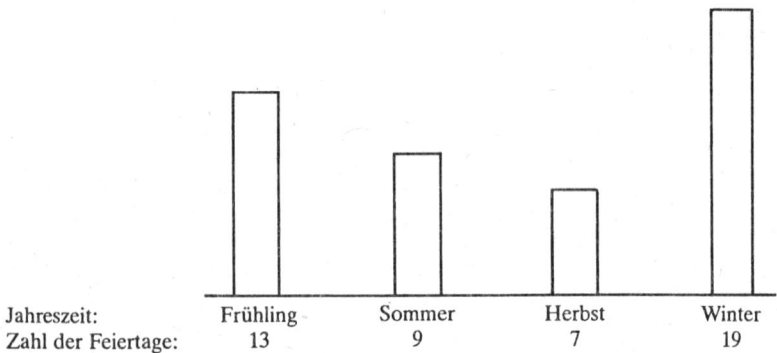

Jahreszeit:	Frühling	Sommer	Herbst	Winter
Zahl der Feiertage:	13	9	7	19

---

184 Landtagsprotokolle, 1919–1922, 692, Haus- und Landarbeitsordnung 1921. § 7, Abs. 9 und 10.

Den saisonalen Produktionsrhythmen entsprach also eine Rhythmisierung der Reproduktion: Sommer und Herbst als die arbeitsintensivsten Jahreszeiten wiesen wesentlich weniger Feiertage auf als die arbeitsschwächeren Winter- und Frühlingsmonate. Diese Regelung der Jahresfreizeit – Freizeit wird hier in einem weiteren Sinne verwendet, denn auch Feiertage waren nicht gänzlich von Arbeit entlastete Freizeit im heutigen Sinn – war Ausdruck des vorindustriellen Produktions- und Reproduktionssystems. Einerseits garantierte der Bauernfeiertag die Aufrechterhaltung der landwirtschaftlichen Produktion, weil die Arbeitskraft sich nicht über einen längeren Zeitraum vom Wirtschaftsbetrieb entfernte. Die tägliche Stallarbeit wurde auch an Bauernfeiertagen verrichtet. Andererseits sicherte diese alteuropäische „Urlaubsregelung" auch die Reproduktion der unverheirateten Arbeitskraft. Denn diese erfolgte ja als kollektive Reproduktion im Haus und in der Gemeinde. Der Dienstbote erhielt auch an den Feiertagen Kost und Logis beim Bauern und verbrachte die arbeitsfreie Zeit gemeinsam mit den übrigen „Hausleuten", anderen Dienstboten, die ebenfalls arbeitsfrei hatten, oder seinen Eltern. Eine individuelle Urlaubsregelung fern vom Hof hätte dem Dienstboten weder seine biologische noch seine soziale Reproduktion gesichert.[185]

Soweit der äußere Rahmen der moralischen Arbeitszeit. Diese war ebenfalls genau begrenzt. Die lokale Gesellschaft hatte ein sensibles Gespür dafür entwickelt, was als moralische, als gerechte Arbeitszeit anzusehen war. Dazu nun einige Quellenzitate. So heißt es zum Beispiel am 15. Mai 1921 im christlichen Landarbeiterboten:

... Daß in Zeiten großer Trawigkeit, wie beim Heumachen, in der Erntezeit usw. die Arbeit früher anfangen muß und länger dauert, sehen wir ja ein. Aber wenn einer (ein Bauer, d. Verf.) Sommer und Winter schon v o r d e r Z e i t (Hervorh. d. Verf.) herumlichtert und abends immer noch etwas weiß und dabei doch nichts vom Fleck geht, das ist ein Unfug.

Die ehemalige Magd Anna Eder erinnert sich:[186]

... doa hoat ma oilweu zan Kiritoag woas kriagt, ... des is a so gwen, a Anerkennung, a Weisbüd muaß joa do mehr oarwatn, a u ß e r Z e i t (Hervorh. d. Verf.) a nu mehr oarwatn, ... doa hoast nu wo putzt af d'Noacht ..., woann d'Mannsbüder scho fort gwen hand, ... d'Ammerin (die Bäuerin, d. Verf.) is iberhaupt net neidi gwen, doa hoat ma oilweu woas kriagt ...
... de hoat dir's eh net umasunst geben, af Deitsch gsoagt, de hoats eh a gwißt, so, dera, woanns iat amoa paßt, kaf i ihr woas, des hoats daun a u ß e r Z e i t (Hervorh. d. Verf.) und des hoats daun ...

---

185 Landtagsprotokolle, 1919–1922, 692.
186 „ ... zum Kirchtag hat man immer kleine Geschenke bekommen, ... das war so eine kleine Anerkennung, eine Magd muß ja doch mehr arbeiten, auch außerhalb der normalen Arbeitszeit, ... da gab es abends noch allerlei Reinigungsarbeiten, ... wenn die Knechte schon weg waren, ... die Ammerbäurin war überhaupt nicht geizig, man hat von ihr immer etwas bekommen ... sie hat dir es ja ohnehin nicht umsonst gegeben, sie wußte ja genau, das und jenes hat die Magd außerhalb der normalen Arbeitszeit getan, so, wenn sich einmal die Gelegenheit ergibt, kauf ich ihr etwas, und das hat sie dann auch getan ..." Interview mit Frau Anna Eder am 15. 6. 1983.

Herr und Frau Eder erzählen im folgenden über einen Bauern, der bereits eine moderne für Industriegesellschaften typische Zeiteinteilung eingeführt hatte:[187]

Frau E.: . . . Doa hoats joa Bauern geben, wia beim Schmied z'Dobl a, en Winter haums mit da Loatern – Koit gführt.
Herr E. (leise): Joa, bin i dabeigwen, Scheidaklöben mit da Loatern, joa, – um sechse (in der Früh, d. Verf.) is eingspaunt worn, um sechse is zan aussigeh gwen, Winter und Summer, Winter genauso wia im Summer.

Die Kritik am Verhalten des Bauern, der traditionelle Gebräuche, die im natürlichen Jahreszeitenrhythmus begründet waren, umstieß, wird hier nicht direkt artikuliert. Sie liegt vielmehr bereits in der Intonation, in der Wortfolge und im Gebrauch eines Bildes: Die Laterne, eigentlich Symbol für den Feierabend, das gemütliche Beisammensein bei Kerzenschein, steht hier in einem neuen, ungewöhnlichen Zusammenhang und läßt so die vom Bauern gesetzte Ordnung als Groteske erscheinen. Der, der über ähnliche Erfahrung verfügt, kann die immanente Kritik entschlüsseln.

Alle drei Quellenbelege verdeutlichen, daß eine Vorstellung davon existierte, was als Arbeitszeit und was als arbeitsfreie Zeit anzusehen war. Jedermann kannte die Grenze. Zwar war diese flexibler, als dies bei der modernen Arbeitszeitregelung der Fall ist, sie änderte sich auch mit den Jahreszeiten und konnte beziehungsweise mußte im Einzelfall überschritten werden. Jede Grenzüberschreitung mußte aber durch ein Ritual, das die prinzipielle Anerkennung der Grenze an sich signalisierte, abgesichert werden. Dies bestand meist in einer Geste des Ersuchens durch den Bauern oder die Bäuerin und in einer Belohnung für die Überarbeit, die Arbeit „außer Zeit". Konnte ein Bauernfeiertag aus Witterungsgründen nicht eingehalten werden, so wurde den Dienstboten dafür an einem anderen Tag freigegeben. Mußte an einem Sonntag oder Feiertag im Sommer gearbeitet werden, um die Ernte vor einem Unwetter zu bewahren, so wurde in der Regel vom Pfarrer in der Kirche der Bevölkerung dazu die Erlaubnis erteilt.[188]

Die Normen der moralischen Arbeitszeit fanden in unzähligen Sagen, Märchen und Geschichten ihren Niederschlag und wurden so weitertradiert. Bauern, die ihre Dienstboten zur Sonntagsarbeit zwangen, wurden von den Dämonen bestraft. Eine herausragende Rolle spielte das Problem des rechtzeitigen Beginns des Feierabends in den Sagen. Auch hier wandten sich wieder die Dämonen und Geister gegen jene, die nach Feierabend weiterarbeiteten. Eine oberösterreichische Sage handelt von einem Mäher, der beim Ertönen der Feierglocke mit der Arbeit aufhörte, während die anderen ihr Wiesenstück vollendeten. Als Lohn für sein konsequentes Beenden

---

187 „Frau E.: . . . Da hat es ja Bauern gegeben, wie zum Beispiel der Schmied z'Dobl, bei denen wurden im Winter bei Laternenlicht Erdarbeiten durchgeführt.
Herr E. (leise): Ja, ich war dabei, Holz spalten bei Laternenlicht, ja, – um sechs Uhr morgens wurden die Pferde eingespannt, um sechs Uhr begannen die Außenarbeiten, im Winter genauso wie im Sommer." Interview mit Herrn Eder am 16. 8. 1982.
188 Oberösterreichische Landwirtschaftszeitung, Jg. 2/24 (1937) 6.

der Arbeit fand er am Montag früh ein Goldstück im Gras; es war ein Geschenk Mariens. Wieder eine andere Sage berichtet von einem Knecht, der abends auf dem Futterstock nicht weiterschneiden konnte, weil sich ein Lichtlein auf den Stock gesetzt hatte.[189] In der Untersuchungsgemeinde wurde in der Zwischenkriegszeit immer die Geschichte einer Magd erzählt, die die Nacht durchgesponnen hatte. Einmal errichteten die Burschen vom Ort ein Holzgerüst vor ihrem Fenster, stellten einen Ziegenbock darauf und zwickten ihn in die Hoden, so daß dieser so schrie, daß die Magd glaubte, es sei der Teufel. In Zukunft ließ sie die nächtliche Spinnarbeit sein.[190]

Verstöße gegen die moralische Arbeitszeit wurden als moralische Vergehen erfahren. Ein Bauer, der die Bauernfeiertage nicht einhielt und die Dienstboten bis spät abends arbeiten ließ, kam in der Gemeinde schnell ins Gerede. Er war bald verschrieen („ausgschrian") als einer, der seine Leute ausbeutete, als ein Leuteschinder. Für ihn wurde es dann schwer, weiterhin gute Dienstboten zu bekommen.[191]

Jetzt noch kurz einige Gedanken zur Arbeitsintensität und zur Arbeitsgeselligkeit. Ein Vergleich vorindustrieller mit moderner Arbeitszeitregelung muß diese beiden Elemente ebenfalls berücksichtigen. Vorindustrielle Lebenswelten zeichneten sich dadurch aus, daß ihnen die strikte Trennung zwischen Produktion und Reproduktion, Arbeit und Leben, fremd war. Arbeitsprozesse ließen immer auch Raum für die Reproduktion der Arbeitskraft. Das Erzählen bei der Flickarbeit in der Stube und das Singen am Feld, beim Distelstechen, beim Kartoffel- und Obstklauben waren ebenso ein fixer Bestandteil der ländlichen Arbeitswelt wie die Härte der Landarbeit. Außerdem ließ die vorindustrielle Arbeitsorganisation der Arbeitskraft viel mehr Freiräume für eigensinniges Handeln, da die Kontrolle nicht durch die Maschine oder die objektiven Mechanismen der Betriebsorganisation erfolgte, sondern direkt durch den Bauern, die Bäuerin oder den ersten Knecht.

2.2. Intensivierung der Arbeit

Herr Kroiher: Hohes Haus! Der § 7, der von der Majorität vorgelegt wird über die Arbeitszeit und die Ruhezeit in der Landwirtschaft, wird den Arbeitern der landwirtschaftlichen Betriebe keine Erleichterung in punkto der Arbeitszeit bringen ... Wir alle wissen, welche Schädlinge da vorhanden sind. Die Herren müssen zugeben, daß ein Teil von Landwirten vorhanden ist, die die Arbeitszeit ins Unendliche ausdehnen, die sogenannten Krabbler.[192]

---

189 Herbert Weißer, Die unterbäuerliche Schicht in der deutschen Volkssage, phil. Diss., Göttingen 1954, 81 ff.
190 Interview mit Herrn Oberndorfer am 24. 12. 1983.
191 Landtagsprotokolle, 1919–1922, 696: „ ... und darum sage ich Ihnen aus eigener Erfahrung, derjenige Bauer, der diesen Kautschukparagraphen auseinanderziehen will, dem wird er eben reißen. Der Bauer muß sich schon selber helfen, daß er mit seinen Leuten gut auskommt, das läßt sich nicht genau fixieren, und wenn er nicht gut auskommt, muß er es am eigenen Leib spüren, weil er keine Arbeiter hat."
192 Landtagsprotokolle, 1919–1922, 701.

Soweit ein Ausschnitt aus der Debatte über die Reform der Dienstbotenordnung im Landtagsplenum am 26. 11. 1920. Die Diskussion über die Regelung der Arbeitszeit war einer der Schwerpunkte in der Monsterdebatte, die von 9.05 Uhr früh bis 22.28 Uhr abends dauerte.[193] Dies spiegelt deutlich die Brisanz des Arbeitszeitproblems. Die Ordnung der Arbeitszeit war bereits seit dem frühen 19. Jahrhundert mit dem Einsetzen der Agrarrevolution in Bewegung geraten. Verbesserungen im Feldbau, neue Hackfrüchte und die Einführung der Stallfütterung hatten zu einer erheblichen Steigerung der Arbeitsintensität und des Arbeitseinsatzes geführt.[194] Ein weiterer Intensivierungsschub scheint sich seit dem frühen 20. Jahrhundert und dann vor allem in der Zwischenkriegszeit vollzogen zu haben. Die landwirtschaftliche Produktion wurde erheblich vermehrt. Die Marktintegration nahm zu. Gleichzeitig kam es zwischen 1923 und 1934 zu einer Abnahme der Berufstätigen in der Land- und Forstwirtschaft.[195] Es mußte also zu einer wesentlichen Steigerung der Arbeitsintensität gekommen sein.

Vor allem die Stallarbeit vermehrte sich. Viele Bauern in der Untersuchungsgemeinde stockten ihren Viehbestand auf. Reinlichkeit im Stall wurde nun immer größer geschrieben. Bei manchen Bauern mußte nun bereits jeden Tag das Vieh geputzt werden. Vorher wurden die Kühe nur ein- bis zweimal in der Woche gereinigt. Jeden Tag mußten nun zu einer bestimmten Zeit am Vormittag Milch und Rahm für den Transport in die Molkerei nach Grieskirchen abgeliefert werden. Dies schärfte zweifellos das Terminbewußtsein bei der landwirtschaftlichen Arbeitskraft. Es machte eine gewisse Orientierung an der Uhrzeit notwendig.[196] Die rein aufgabenorientierte Zeiteinteilung wurde also bereits geringfügig modifiziert.

Der Stellenwert der Milchwirtschaft innerhalb der Ökonomie des Bauernhofes gewann an Bedeutung. Damit war eine Aufwertung jener Rolle im Bauernhaus verbunden, die für die Pflege und Betreuung der Kühe verantwortlich war. Das war nun in der Untersuchungsgemeinde wie auch in weiten Teilen Oberösterreichs traditionell die „Kuhdirn", die gleichzeitig oberste Magd gewesen war. Ihre soziale Stellung im Haus erfuhr eine bedeutende Stärkung, was sich nicht zuletzt in einer besseren Bezahlung bemerkbar machte. Auf Höfen mit einer intensivierten Viehzucht erhielt die Stallmagd nun den gleichen Lohn wie der oberste Knecht. Dies ist zweifellos ein

---

193 Landtagsprotokolle,1919—1922; Harry SLAPNICKA, Oberösterreich — Von der Monarchie zur Republik 1918—1927, Linz 1979, 154.

194 SANDGRUBER, Der Wandel der Agrartechnik, 65.

195 Vgl. Tabelle 3. Die Ergebnisse von Volkszählung und Betriebszählung differieren etwas, da bei der Volkszählung jeder Berufstätige nur eine Position angeben konnte. Während die Volkszählungsergebnisse zwischen 1923 und 1934 eine Abnahme der in der Land- und Forstwirtschaft Beschäftigten von 287.077 auf 232.321 Personen ergeben, zeigen die Betriebszählungsergebnisse einen geringen Anstieg von 290.449 auf 295.829 an (Landwirtschaftliche Betriebszählung 1930). Ernst BRUCKMÜLLER, Sozialstruktur und Sozialpolitik, in: Österreich 1918—38. Geschichte der Ersten Republik, hg. von Erika WEINZIERL und Kurt SKALNIK, Graz-Wien-Köln 1983, 392.

196 BRUCKMÜLLER, Landwirtschaftliche Organisationen, 253.

ungewöhnliches Phänomen, waren Mägdelöhne doch seit Jahrhunderten immer niedriger gewesen als Knechtslöhne.[197]

Immer stärker wurde in der ländlichen Arbeitswelt die Rationalisierung spürbar. Das Zeitbewußtsein begann sich langsam zu schärfen. Jene Bauern, die im Sommer und im Winter bereits um sechs Uhr morgens „herumlichterten" und abends nicht zu arbeiten aufhörten, die „Krabbler" also, wurden immer mehr. Nichts drückt dies deutlicher aus als die Tatsache, daß 1921 durch die neue Landarbeitsordnung die Ruhezeit gesetzlich mit neun Stunden festgelegt wurde.[198]

Pausenzeiten wurden eingeschränkt, wo immer es möglich war. Bei manchen Bauern wurde auch im Herbst und im Winter den Dienstboten die Jause zum Arbeitsplatz gebracht, damit diese nicht extra in die Stube gehen mußten und so Zeit gespart werden konnte.[199] Das „Gugerl" in der Kammertür, ein Sehloch, das es dem Bauern erlaubte, die Dienstboten von der Kammer aus bei ihrer Mahlzeit in der Stube zu beobachten, war für die Dienstboten längst zur Metapher der Eile geworden.

Manche Bauern begannen allmählich, gewisse Bauernfeiertage nicht mehr zu halten oder den Dienstboten nur mehr einen halben Tag frei zu geben. In zeitgenössischen Schriften zur „Landarbeiterfrage" wurde diskutiert, wie man die „bestmöglichste Tüchtigkeit der Arbeitskräfte erzielen" könnte.[200] So heißt es dazu in der von dem Agrarfachmann Zeßner-Spitzenberg im Jahre 1920 verfaßten „Einführung in die Landarbeiterfrage":

. . . man darf da nicht vergessen, welche Hindernisse diesem Streben durch alteingelebte Einrichtungen und Gebräuche des Arbeitslebens, Arbeitsvertrages und der Arbeiterhaltung entgegengestellt werden und wie sehr umgekehrt gerade die richtige Organisation und Anordnung der Arbeit hiebei leistungsfördernd und fähigkeitsausbildend eingreifen kann. Besonders die Gedanken landwirtschaftlichen Lehrlingswesens, der Ausbildung von Spezial- und Facharbeitern, die Anwendung von Akkordlöhnen und richtigen wohldurchdachten Lohnsystemen finden in den Einzelheiten der konkreten Arbeitsverfassung Hindernisse oder fruchtbaren, dankbaren Boden.[201]

---

197 Hugo Morgenstern, Gesinderecht, 201 ff.; Anton Staudinger, Pfarrchroniken als Quelle der Zeitgeschichte, in: Aspekte und Kontakte eines Kirchenhistorikers. Kirche und Welt in ihrer Begegnung, hg. von Franz Loidl, Wien 1976, 213 ff. In den aus oberösterreichischen Pfarrchroniken entnommenen Verzeichnissen von Dienstbotenlöhnen ist diese Angleichung von Knechtlohn und Magdlohn bereits sichtbar; z. B. Chronik Aspach, 153: „Dienstbotenlöhne von Lichtmeß 1918 bis Lichtmeß 1919 . . . Großknecht: 500 Kronen und Holzschuhe zum Umbaschen . . . Groß-Dirn: 500 Kronen (400 plus 100 Kronen für Jahrrock) . . ." In anderen Gemeinden waren noch die alten Lohnunterschiede aufrecht; z. B. Chronik Meggenhofen, 194:„ Für den Bezirk Grieskirchen wurden dieser Tage (Juni 1920) zwischen den Landwirten und dem christlichen Landarbeiterbund folgende Löhne vereinbart: . . . Großknecht und Roßknecht 2040 Kronen pro Jahr, Große Magd 1500 Kronen pro Jahr . . ."
198 Haus- und Landarbeitsordnung 1921, § 7, Abs. 2.
199 Interview mit Herrn Eder am 16. 8. 1982.
200 Zeßner-Spitzenberg, Einführung, 111.
201 Ebenda.

Abschließend seien noch zwei Thesen zur Arbeitsintensivierung formuliert, wie sie sich aus dem mündlichen Quellenmaterial ergaben.

1. Von der zunehmenden Arbeitsintensivierung waren Mägde stärker betroffen als Knechte. Auf die Intensivierung der Stallarbeit als dominant weiblichen Tätigkeitsbereich wurde bereits hingewiesen. Mägde mußten aber auch noch abends jene Hausarbeiten verrichten, die während des arbeitsreichen Tages liegengeblieben waren.[202]

2. Insgesamt gesehen wirkte sich die Arbeitsintensivierung jedoch auf die Dienstboten weniger stark aus als auf die mithelfenden Familienmitglieder, die Kinder des Bauern. Diese waren zweifellos die durch die Modernisierung des Agrarbereichs am stärksten betroffene Gruppe. Wurde bei Dienstboten eingespart, so mußten die Kinder länger im Haus bleiben. Die quantitative Zunahme der mithelfenden Familienmitglieder in der ersten Hälfte des 20. Jahrhunderts ist sowohl für Deutschland als auch für Österreich belegt.[203] Bei den eigenen Kindern hielt man es auch mit der Arbeitszeit nicht so genau. Längere Arbeitszeiten und Nichteinhaltung der Bauernfeiertage kamen bei dieser Gruppe häufiger vor als bei Dienstboten. Bei den Dienstboten fiel es dem Bauern schwerer, die traditionelle Arbeitsordnung zu brechen; zu schnell war sein Haus verrufen, und er bekam dann nur mehr sehr schwer verläßliche Dienstboten. Die Bauersleute waren deshalb auch meistens froh, wenn endlich die eigenen Kinder alt genug waren, damit sie die Dienstboten ersetzen konnten.[204]

3. Leben im „ganzen Haus"

Im vorigen Kapitel habe ich versucht, die objektiven Strukturen der Arbeitsorganisation, die Ordnung der Arbeit im Haus zu rekonstruieren. Nun geht es um die Innenseite ländlicher Arbeitsprozesse, um die *„Erfahrung Familienwirtschaft".*[205] Dabei wird ein Problembereich, nämlich die Frage des Herrschaftsprozesses im „ganzen Haus", nähere Behandlung finden.

3.1. Herrschaft im Haus

Der Austausch im Haus zwischen Bauer und Dienstboten war in Form von Patron-Klientbeziehungen organisiert. Das in diesen Austauschbeziehungen bestehende Herrschaftsverhältnis war ein paternalistisches. Physische Nähe zwischen Herrscher und Untergebenen kennzeichnete die paternalistische Herrschaftsbeziehung. Im ganzen Haus manifestierte sich die Herrschaft in ihrer elementarsten Form, d. h. in der handgreiflichen Herrschaft einer Person über die andere.[206] Hier

---

202 Schulte, Bauernmägde, 118.
203 Landwirtschaftliche Betriebszählung 1930.
204 Interview mit Frau Oberndorfer am 10. 2. 1984.
205 Robert Berdahl u. a., Report on the history and anthropology roundtable and workshop. Paper for the history and anthropology roundtable II: Family and kinship. Material interest and emotion, Max-Planck-Institut für Geschichte, Göttingen (MS) 1979, 18.
206 Bourdieu, Entwurf, 367.

hatten sich noch nicht jene indirekten Kontrollmechanismen ausgebildet, wie sie für industrielle Großbetriebe charakteristisch sind. Die Herrschaftsausübung konnte hier nicht jenen objektiven Mechanismen der industriellen Produktion mit ihrem hohen Grad an Arbeitszerlegung, dem damit zusammenhängenden hohen Maß an gegenseitiger Verflechtung und Abhängigkeit der Arbeitskräfte im Betrieb, der Betriebsorganisation und der Maschine überlassen werden. Kleinbetriebliche Strukturen und das weitgehende Fehlen der Arbeitszerlegung in der alteuropäischen Landwirtschaft erforderte die direkte Kontrolle der Arbeitskraft.[207] Die Integration der Arbeitskraft in das Haus ermöglichte dem Bauern die Kontrolle über das ganze Leben des Dienstboten.

3.1.1. Kontrolle und Eigensinn

Herr Hafner (Sozialdemokratischer Landtagsabgeordneter): Sehr geehrte Herren! Sie verlangen von den landwirtschaftlichen Dienstnehmern, daß sie alle ihre Arbeit mit Fleiß und Gewissenhaftigkeit verrichten und weiter verlangen sie von den landwirtschaftlichen Dienstnehmern, daß sie gegen den Arbeitgeber und seine Familie sowie gegen alle Dienstgenossen sich gesittet und anständig benehmen . . . Meine verehrten Herren! Wir verstehen, daß der landwirtschaftliche Arbeitnehmer, wenn er im Hause des Landwirtes lebt, wenn er dort wohnt, ißt und schläft, wenn er also gewissermaßen zur Familie des Bauern gehört, ein Glied seiner Hausgenossenschaft ist, sich an die Gepflogenheiten und Gebräuche des bäuerlichen Haushaltes zu halten haben wird. Wir denken aber, daß das genügen müßte. Unter dem Titel einer Hausordnung jedoch könnte der bäuerliche Dienstherr von seinen Leuten Dienste verlangen, Unterlassungen einerseits und Handlungen und Werke andererseits, die geeignet wären, die Gewissensfreiheit, die persönliche Freiheit und die staatsbürgerlichen Rechte des Gesindes aufs schwerste zu beeinträchtigen. Es besteht die Gefahr, daß sie durch ihre Hausordnung dem Knechte an Freiheiten wieder wegnehmen, was ihm durch das Gesetz hier gewährleistet werden soll. Wir haben diese Befürchtung im Verfassungsausschusse zur Geltung gebracht und die Streichung des ganzen Absatzes verlangt. Wir sind niedergestimmt worden. Ich habe dann den Antrag gestellt, die Hausordnung dürfe wenigstens die Gewissensfreiheit und die staatsbürgerlichen Rechte nicht beeinträchtigen, aber auch diese bloße Selbstverständlichkeit hat ihren Beifall nicht gefunden. Die Bauern im Ausschusse haben sofort herausgefunden, daß es sich hier um das Beten handelt (Zwischenruf links: „Rosenkranz beten!"), einen Brauch, auf den sie viel geben und der bei uns in Oberösterreich überall stattfindet, vor Tisch und nach Tisch und beim Essen, und gegen den wir auch, was ich mit allem Nachdruck sage, hier nicht ankämpfen und den wir nicht antasten wollen. . . . wogegen wir aber ankämpfen, das ist der Zwang zum Beten.[208]

Was hier im oberösterreichischen Landtag 1921 diskutiert wurde, war in den Bauernhäusern der Untersuchungsgemeinde damals noch kein Streitpunkt. Der sonntägliche Kirchgang, das Gebet vor und nach der Mahlzeit, das Rosenkranzgebet im Advent und in der Fastenzeit waren Bestandteile der paternalistischen Ordnung im Haus und selbstverständliche Pflicht eines jeden Gemeindebewohners.

---

207 Gespräch des Verfassers mit Reinhard Sieder.
208 Landtagsprotokolle, 1919–1922, 678 ff.

„Des kaun i mir goar net denga, daß doa a Deanstbod net in d'Kircha gaunga war."[209] Die Religion wurde nicht als individuelle Erfahrung und Entscheidung des einzelnen betrachtet. Sie war nicht Ergebnis subjektiver Reflexion, konnte es auch nicht sein in einer Welt, in der der einzelne noch nicht freigesetzt war von traditionellen Bindungen in Haus und Gemeinde. Die Teilnahme am gemeinsamen Gebet war vielmehr die Erklärung der Zugehörigkeit zu einer Gruppe, war Integrationsritual in einer noch nicht „entzauberten Welt" (M. Weber).

Es wurde deshalb auch als Pflicht der Bauersleute angesehen, den jungen Dienstboten zu den religiösen Übungen anzuhalten.

. . . weils so streng gwen is, friaher, religiös so deir, woannst in an Sonntoag net in'd Achter-Meß gaunga wärst, oder soagma, zu da österlichen Zeit, doa haums nu a jeds Moal gfroagt, wo hast den s'Büdl, doa hoast a Büdl kriagt van Pfoarrer, des hoast herzogn miassn.[210]

Die Institution „Dienst im Bauernhaus" ermöglichte es dem Bauern, das *ganze Leben* des Dienstboten unter seine Kontrolle zu bekommen und nicht etwa nur seine Arbeitskraft zu kaufen. Diese Kontrolle betraf aber nun nicht alle Dienstboten in gleicher Weise. Am umfassendsten war der junge Dienstbote der Herrschaft im Haus unterworfen. „Bua" und „Mensch" galten als Kinder. Bauer und Bäuerin besaßen die Erziehungspflicht über sie. Häufig erhielten die Bauersleute einen speziellen Erziehungsauftrag von den Eltern des jungen Dienstboten. „D'Oitern haumd scho an Auftroag en de Baunleit geben, daß 's Mensch net fortgeh derf . . ."[211] Kamen die Bauersleute dieser Verpflichtung nicht nach, so konnte ihnen das eine Ermahnung seitens der Eltern des Kindes einbringen.[212] Der junge Dienstbote durfte sich abends natürlich nicht vom Haus entfernen. Wurde der „Bua" zum Knecht, so brachte ihm dies eine wesentliche Zunahme seiner Eigenverantwortung. Wollte er abends weggehen, so benötigte er dafür nicht mehr die Erlaubnis des Bauern. Anders verhielt es sich bei den Mägden. Diese waren länger und intensiver ans Haus gebunden.

. . . Und wennst 26 Joar gwen bist, hoast a froagn miassn, du kaunst net eigenmächtig davonrenna, . . . A Maunsbüd net, woan er Knecht worn is, so gegen 20 is er fortgaunga, woanns eam paßt hoat, oawa a Weisbüd scho . . .[213]

---

209 Interview mit Frau Berger am 4. 8. 1982.

210 „. . . früher wurde man ja viel strenger erzogen, auch in religiösen Belangen, unvorstellbar, wenn man sonntags nicht in die 8-Uhr-Messe gegangen wäre; zu Ostern wurde man als junger Dienstbote noch jedes Mal gefragt: ‚Wo hast du denn das Beichtbild?' Man hatte damals bei der Beichte vom Pfarrer ein Beichtbild erhalten, und das mußte man beim Bauern vorzeigen." Interview mit Herrn Humer am 15. 8. 1982. Das Beichtbild war ein seit der Gegenreformation eingeführtes kirchliches Kontrollinstrument. Alois HAHN, Zur Soziologie der Beichte, 406 ff.

211 Interview mit Frau Lehner am 14. 8. 1982.

212 Interview mit Frau Oberndorfer am 9. 8. 1982.

213 „. . . Und wenn man 26 Jahre alt gewesen ist, mußte man auch noch fragen, man konnte ja nicht einfach davonlaufen, . . . anders war dies bei den Männern, wenn einer Knecht geworden war, so um das 20. Lebensjahr, dann ist er fortgegangen, wenn er wollte, aber eine Frau mußte schon fragen . . ." Interview mit Frau Meier am 9. 8. 1982.

Mägde verbrachten ihre arbeitsfreie Zeit ohnehin in der Regel im Bauernhaus. Nur der Sonntag nachmittag, wenn sie ihre Eltern aufsuchten, der sonntägliche Kirchgang, die Bauernfeiertage und die wenigen Feste im Jahr waren Zeiten, die sie außerhalb des Hauses verbrachten. Die übrige Zeit waren sie der Kontrolle durch Bauer und Bäuerin unterworfen, und zwar Tag und Nacht. Die Aufsicht über das Sexualleben der Mägde scheint einen wesentlichen Teil der Kontrollanstrengungen der Bäuerin beansprucht zu haben.

In an christlichen Haus, hoats oaft ghoaßn, goi, des sollt net sein . . . doa is joa sovü afpaßt woren, net, daß a Knecht net hoamli kimt zu da Dirn.
Joa, mein Gott, . . ., doa hand öfter de Bäurinna af da Stiag gsessn, . . ., a hoibe Noacht a, daß joa koan Kunt kimt, koan Maunsbüd affigaunga is . . .[214]

Wurde die Magd mit ihrem Liebhaber von der Bäuerin entdeckt, so bekam sie deren ganze Strenge zu spüren. War der Liebhaber ebenfalls vom Haus, so mußte in der Regel einer von beiden den Dienstplatz verlassen oder, wie es in der Sprache der Dienstboten hieß: „Verjoagt hoat di da Baur."
Die Autorität des Bauern betraf nun in erster Linie aber die Arbeitskraft des Dienstboten. Wiederum war der junge Dienstbote der Kontrolle der Bauersleute am umfassendsten unterworfen, mußte er ja auch die bäuerliche Arbeit erst erlernen. Das Erlernen der Arbeit vollzog sich als Lernen durch Mitarbeit unter der Kontrolle des Bauern/der Bäuerin oder der älteren Dienstboten.

Da Bua hoat . . . zaumtroagn miassn, woaßt, de Goarben zaumtroagn, doa hoast aufpassn miassn, schein aufheben, daß't Ähren net streifst, goi, daß de Kerna net ausfoalln, sunst is gleich gwen, Lausbua, paß af, sunst muaß i di beieln . . .[215]

Die körperliche Züchtigung war ein integraler Bestandteil des alteuropäischen Sozialisationsprozesses. Sie betraf natürlich nur den jungen Dienstboten. „Ois Knecht oder ois Dirn hoast dir des nimma gfoalln loassn."[216] In der Vorstellungswelt der Zeitgenossen erschien die Aufrechterhaltung der sozialen Ordnung im Haus ohne den Einsatz körperlicher Zuchtmittel unmöglich. Als im oberösterreichischen Landtag 1874 über die Abschaffung der Prügelstrafe diskutiert wurde, verteidigten die konservativen Abgeordneten in einer langandauernden Debatte das Recht der körperlichen Züchtigung des jungen Dienstboten gegen die Vorstellung der Liberalen.[217] Obwohl das Züchtigungsrecht in die neue Dienstbotenordnung (1874) nicht mehr aufgenommen wurde, blieb es in der Praxis weiterhin bestehen.

---

214 „Es hat geheißen, in einem christlichen Haus, da soll so etwas nicht geschehen, . . . da wurde ja soviel aufgepaßt, daß ja ein Knecht nicht heimlich zu einer Magd kam.
Ja, mein Gott, . . . da sind öfter die Bäuerinnen auf der Stiege gesessen, . . . oft die halbe Nacht hindurch, so daß ja kein Mann in die Mägdekammer hinaufkam . . ." Ebenda.
215 „Der junge Dienstbote mußte die Garben zusammentragen, da mußte man achtgeben, man mußte die Garben so weit hoch heben, daß man mit den Ähren nicht den Boden berührte, damit die Körner nicht ausfielen, sonst hieß es gleich: ‚Lausbub, paß auf, sonst bekommst du eine Ohrfeige' . . ." Interview mit Herrn Hofer am 19. 4. 1981.
216 Interview mit Frau Eder am 16. 8. 1982.
217 Landtagsprotokolle 1874, 402.

Es hatten sich ja auch die ökonomischen und kulturellen Grundlagen dieses Rechtes auf körperliche Züchtigung des Kindes nicht gewandelt. Körperliche Gewalt als Erziehungsinstrument hatte in der alteuropäischen Lebenswelt eine grundlegend andere Bedeutung als heute. Darum kann auch nur eine verengte, spezifisch bürgerliche Optik darin einen Ausdruck blinder Affekte und unzivilisierter Roheit sehen. Der Einsatz des Körpers im Umgang miteinander entsprach der Logik einer agrarisch vorindustriellen Lebenswelt, in der die körperliche Kraft eine ungleich größere Rolle spielte als in der industriellen Gesellschaft, in der die menschliche Arbeitskraft viel stärker von physischer Beanspruchung entlastet ist.[218]

Die Reproduktion der Autoritätsbeziehungen im „ganzen Haus" wurde aber nicht nur durch Anwendung offener Gewalt sichergestellt. Eine viel größere Rolle dabei spielte der Einsatz symbolischer Machtmittel: Eine gute „Kost", ein lobendes Wort und für die Mägde mittags und abends eine Tasse Kaffee. *Strenge* gepaart mit *Milde* – dies war das Profil des Paternalismus und charakterisierte den bäuerlichen Habitus. Das Idealbild des Bauern/der Bäuerin im Paternalismus war das des/der strengen, befehlenden „Anschaffers/in", der/die aber mit Lob und Anerkennung nicht sparte:

Bei da Leitnerin is a jede Dirn woas worn, z'mittag haums an Kaffee kriagt, oaber si hoats daun a wieda gstaubt, de Menscha.[219]

Diese paternalistischen Attitüden, die auch die charakteristische Anhänglichkeit der Klientel erzeugte, finden sich als Topoi in den antiken Ökonomiken ebenso wie in der Hausväterliteratur des 17. und 18. Jahrhunderts.[220] So ist nach Xenophons „Oikonomikos" die wesentlichste Eigenschaft des Hausherrn die Fähigkeit so zu befehlen, daß die Untergebenen gern und willig gehorchen. Und auch in Hohbergs „Georgica Curiosa" heißt es, daß jene Hauswirtschaft am besten bestellt sei, „in welcher mehr seyen, die den Hausvater lieben, als die ihn fürchten". Schon bei Homer findet sich die Erkenntnis, daß der Vorrang und die Stellung nur durch die Tugend behauptet wird. Die Lehren vom „ganzen Haus", die „Ökonomiken" verstanden sich auch primär als Lehren von den Tugenden des Hausherrn in ökonomischen, religiösen und sittlichen Bereichen.[221]

Die paternalistische Hausherrschaft wurde durch die ausgeprägte Differenzierung der Dienstboten nach Altersklassen gefestigt. Das Haus war kein soziales System, in dem Bauer und Bäuerin auf der einen Seite und die Dienstboten auf der anderen Seite standen. Das „ganze Haus" war ein stark hierarchisch geordnetes So-

---

218 HEIDRICH, Die Ordnung des Wohnens, 142.

219 „Bei der Leitnerbäuerin wurde jede Magd gut erzogen, mittags bekamen alle Mägde Kaffee, dann hat sie sie aber wieder zur Arbeit gejagt." Interview mit Frau Oberndorfer am 30. 1. 1983.

220 Otto BRUNNER, Das „ganze Haus" und die alteuropäische Ökonomik, in: Zeitschrift für Nationalökonomie 13 (1950) 114 ff., = Neue Wege der Verfassungs- und Sozialgeschichte, Göttingen 1968, 103 ff.

221 Otto BRUNNER, Adeliges Landleben und europäischer Geist. Leben und Werk W. H. von Hohberg, 1612–1688, Salzburg 1949, 241; Otto BRUNNER, Das „ganze Haus", 111 ff.

zialsystem. Je nach der Stellung in der Arbeitsorganisation des „ganzen Hauses" unterschieden sich die Mitglieder voneinander durch unterschiedliche Rechte und Pflichten. Der Anspruch auf Gleichheit der Rechte wurde im „ganzen Haus" nie gestellt. Das Haus wies eine komplexe Herrschaftsstruktur mit differenzierten Über- und Unterordnungsverhältnissen auf. Allgemein gilt wiederum die Regel, je größer die Zahl der Dienstboten, umso differenzierter war die Herrschaftsstruktur. Auf einem Hof mit sechs Dienstboten spürte der junge Dienstbote manchmal die Hand des Bauern, stärker fühlte er aber die Macht der älteren Dienstboten. Die Brutalität manches Großknechtes gegenüber den jungen Dienstboten konnte dem Bauern Gelegenheit bieten, als wohltätiger pater familias zugunsten des Unterdrückten einzuschreiten.[222]

Die Kontrolle im „ganzen Haus" war niemals eine totale. Die Arbeitsorganisation mit ihrem Fehlen der Arbeitszerlegung ließ der Arbeitskraft immer wieder auch Freiräume, Räume für eigensinniges Handeln. Dieser Eigensinn äußerte sich auf vielfältige Weise: Tagträumen, Herumgehen, langsames Arbeiten, längere Arbeitspausen, nicht sofortiges Ausführen der Arbeitsbefehle und die vielleicht klassischste Form eigensinnigen Handelns: der Gang zum Abort. „Bei da Maschin hoats oilweul ghoaßn, oan muaßt afs Häusl rechna."[223] Und wurde man im Winter schon früh vom Bauern zur Außenarbeit befohlen: „. . . Joa, mia haum uns eh iewo zan Bam zuigloant, bis daß a weng Toag worn is."[224] Die Dienstboten widersetzten sich dabei nicht direkt den laufenden Arbeitsprozessen, „vielmehr okkupierten sie einen Raum für sich selbst, demonstrierten Eigensinn".[225]

3.1.2. Autorität, Unterwerfung und Konflikt

Otto Brunner hat 1950 in einer heute oft zitierten Arbeit ein Modell vom „ganzen Haus" und der alteuropäischen Wirtschafts- und Sozialordnung entworfen.[226] An Hand der antiken Ökonomiken und der Hausväterliteratur des 17. und 18. Jahrhunderts hat er die ideengeschichtliche Seite der Herrschaftsordnung im „ganzen Haus" beschrieben. Herrschaft im Haus wird dabei aus einer Perspektive von oben betrachtet. Dies entwertet die Arbeit nicht, doch birgt eine solche Perspektive ein wesentliches Gefahrenmoment: Ohne es explizit auszuformulieren wird dabei nämlich angenommen, daß Herrschaft und Macht nur in einer Richtung – nämlich von oben nach unten – ausgeübt würden. Und diese Sicht ist einfach grundlegend falsch. Das Problem des Widerstandes gegen die Herrschaft gerät dabei gar nicht in das

---

222 BERDAHL, Preußischer Adel, 136.
223 „Es hat immer geheißen, beim Dreschen muß man eine Arbeitskraft wegzählen, eine(r) sitzt nämlich immer am Klosett." Interview mit Herrn Eder am 9. 5. 1982.
224 „. . . Ja, wir haben uns dann einfach an einen Baum gelehnt und gewartet, bis es hell wurde." Interview mit Herrn Hinterberger am 28. 11. 1982.
225 Alf LÜDTKE, Politik und Eigensinn bei Metallarbeitern (Vortrag gehalten in Wien am Institut für Wirtschafts- und Sozialgeschichte 1983).
226 BRUNNER, Das „ganze Haus".

Blickfeld. Die Untergeordneten werden als mehr oder weniger passiv Leidende gesehen, die selbst nicht als aktiv Handelnde in das Geschehen eingreifen konnten. Will man die Herrschaftsordnung im Haus differenzierter sehen, so muß man sich dem Problem von einer anderen Seite nähern.

Die Arbeitsorganisation strukturierte die sozialen Beziehungen im Haus. Sie wies jedem eine bestimmte Rolle, ein bestimmtes Maß an Rechten und Pflichten, einen bestimmten Verhaltensspielraum zu. Jeder Rolle im Haus waren in dieser Ordnung der innerhäuslichen Beziehungen auch bestimmte Grenzen gesetzt, ein Riegel sozusagen, der ein Abgleiten des individuellen Verhaltens in bloße Willkür verhindern sollte. Die Rolle des Bauern war die des Arbeitskoordinators und des Schutzherrn, der für seine Untergebenen verantwortlich war. Zu seinen Verpflichtungen zählten die Erhaltung von Friede und Ordnung im Haus, das Schlichten von Streitigkeiten zwischen seinen Untergebenen, weiters eine Führung des Betriebes, die allen Mitgliedern materielle Sicherheit garantierte, und die Gewährung von Schutz. Dafür konnte er von allen Hausgenossen Gehorsam auf seine Befehle verlangen.[227] Die Rolle des Dienstboten war jene des Dienenden, der die Befehle des Bauern auszuführen hatte, der jedoch auch das moralische Recht besaß, gerecht entlohnt und ausreichend verpflegt zu werden, im Krankheitsfall auf dem Hof bleiben zu dürfen und in den arbeitsschwachen Wintermonaten nicht entlassen zu werden. Die Gegenseitigkeit von Dienstleistung und Schutz, von Rechten und Pflichten war das organisierende Prinzip in dieser Beziehung. Verletzte ein Teil dieses Prinzip, so störte er die paternalistische Ordnung im Haus. Der Dienstbote mußte mit einer sofortigen Sanktion seitens des Bauern, die bis zur Entlassung, zum „Verjagt-Werden", gehen konnte, rechnen. Brach der Bauer die Gegenseitigkeitsverpflichtung, so mußte er mit Protest seiner Dienstboten rechnen.

Der Protest der ländlichen Unterschichten hatte ein anderes Gesicht als jener der organisierten Industriearbeiterschaft des 19. und 20. Jahrhunderts. In Gesellschaften, in denen die vertikalen Austauschbeziehungen stärker und wichtiger waren als die horizontalen, mußte der Protest auch andere Formen annehmen als etwa in Klassengesellschaften. Vor allem war der Protest nicht systemverändernd, er sollte vielmehr die Bauern an ihre paternalen Verantwortlichkeiten erinnern, die anerkannte soziale Ordnung und deren spezifische Gerechtigkeit wiederherstellen.

Eines der zentralsten Rechte jedes Dienstboten war, gut und ausreichend verpflegt zu werden. „Des wichtiger woar joa bei de Bauern 's Essen, de Kost . . . Wenns Essen guat woar, daun woars eh fesch, . . . man hoat oilweul gsoagt, lieber weniger Lohn, dafür oawa a guade Kost."[228] Die „Kost" war ein Hauptbestandteil des „Naturallohnes". Der Geldlohn machte nur einen geringen Anteil am gesamten Entgelt aus. Dieser „Naturallohn" war jedoch kein marktregulierter Lohn im heutigen Sinn, sondern vielmehr die Erfüllung einer Reziprozitätsverpflichtung. Die Nichterfüllung dieser Verpflichtung wurde als moralisches Vergehen, als Betrug

---

227 Moore, Ungerechtigkeit, 42 ff.
228 Interview mit Herrn Eder am 9. 5. 1982.

wahrgenommen.[229] Kam also die Bäuerin dieser Verpflichtung nicht nach, so hatte sie zumindest mit der Unzufriedenheit der Dienstboten zu rechnen, die ihrem Ärger hinter dem Rücken der Bauersleute Luft machten.

Soag ma, es is oan 's Essen net recht gwen, oder es is oan da Werkzeig net recht gwen, und a so gschimpft hoid, so a weng, gmeckert, es ist boald woas gwen, wo vü Leit beinaund gwen hand.
. . . Is a oft geschimpft worn übern Bauern und über d'Bäurin, wie's hoid is . . .[230]

   Bestandteil einer guten Verpflegung war auch die Versorgung mit Obst. Die Zuteilung von Äpfel und Birnen bildete aber in vielen Bauernhäusern einen immer wiederkehrenden Streitpunkt zwischen Bauer und Dienstboten. Das Obst machte ja auch einen wesentlichen Teil der Marktproduktion des Bauern aus. Hier gerieten nun die Marktinteressen der Bauern in Konflikt mit den traditionellen Ansprüchen der Dienstboten. Wurde ihnen eine ausreichende Versorgung mit Obst verweigert

Herr Eder: . . . daun is zan Stehlen gwen, daun is Stehlen aungaunga, wo's koane Äpfö net kriagt haumd,
Frau Eder: doa haumd's eas gstohlen,
Herr Eder: doa is scho spekuliert worn, wia dawisch i Äpfö
Frau Eder: nau, de Dirn, de woas en Keller kema is, de hoat wieda oan stehlen miassn . . .
Herr Eder: doa haumds a gschaut, daß a Fenster frei gwen is bei da Äpföbruck in da Nähe, doa hands hoid auagstocha worn mit an Stangö . . . af d'Noacht, wenns paßt hoat . . . des haumds daun ghoaßn, haumds mia Äpfö gstohln . . . hätt joa nemd

---

229 Auch in Volksliedern kommt diese spezifische Wahrnehmungsform deutlich zum Ausdruck. So zum Beispiel in dem steirischen Volkslied „Der magere Sterz":
   1. „Auweh und wia druckts mi ban Herz!
      Und is oilweil zweng gschmalzn da Sterz.
      Schau i hin, wo i will, gschmalzn is nindescht viel,
      is lauter Betriagerei und is überall zvil Wasser dabei.
   2. Die Bäuerin is falsch und verlogen;
      wo Du hinschaust, bist überall betrogn.
      Die nimmt a große Pfaun,
      schütts' halb mit Wasser an
      und tuat a kloans Breckl Schmalz drein, und aft sollt des Koch gschmalzn gnuag sein.
   3. Das Beste im Leben is da Sterz;
      ei ja, und wia togazt mei Herz!
      Wenn er gnuag gschmalzn is
      und d'Millich a recht frisch,
      ja guat und gnua muaß er sein und aft tuat an die Arbeit recht gfrein."
   Vorlesungen von Ignaz Hinteregger aus der Ausseer Gegend 1895. Aufgezeichnet von Karl Liebleitner, Volksliedarchiv für Wien und Niederösterreich.
230 „Zum Beispiel, es hat einem das Essen nicht geschmeckt, oder es war bei den Arbeitsgeräten etwas nicht in Ordnung, dann wurde natürlich geschimpft; so etwas kam oft vor, es lebten ja auch viele Leute am Hof.
   . . . Es wurde auch oft über Bauer und Bäuerin geschimpft . . ." Interview mit Frau Meier am 4. 8. 1982. Interview mit Frau Eder am 14. 8. 1982.

woas gstohlen, wenns eas geben hättn, . . . d'Hälfte Bauern hand joa's Gegenteil gwen, doa hoast kriagt, woas Du braucht hoast und d'Hälfte hand wieda gwen, doa is nix gwen.[231]

Das Recht des hinreichenden Auskommens bildete die zentrale Handlungsmaxime. Sie war Legitimation für ein Handeln, das von den Dienstboten nicht als „Stehlen" im eigentlichen Sinn des Wortes angesehen wurde. Nur von den Bauern wurde es als Stehlen bezeichnet. Aber auch nicht von allen, denn die „meisten Baun haumd se joa für ean Noachbarn (der den Dienstboten das Obst verweigerte, Anm. d. Verf.) gschaumt . . ."[232]

Wenn die Dienstboten heimlich im Keller des Bauern Obst entwendeten, so waren sie von der Vorstellung der Rechtmäßigkeit ihres Handelns geleitet; denn die Bäuerin war es, die eine zentrale Gegenseitigkeitsverpflichtung verletzt hatte. Der Dienstbote hatte als Mitglied der „Hausgenossenschaft" Anspruch auf einen „gerechten Lohn", auf ein hinreichendes Auskommen. Im Akt des Stehlens wurde die Ordnung wiederhergestellt.

Der Protest vollzog sich im geheimen. Hinter dem Rücken der Bauersleute wurde über sie geschimpft, gespottet, wurde durch Diebstahl die verletzte Ordnung wiederhergestellt. Im Schutz der Anonymität führte die Dienstboten-Klientel einen *geheimen Krieg* gegen ihre Patrone.[233] Offener Widerstand hätte ja auch in einer Gesellschaft totaler Abhängigkeit und totaler Klientelverhältnisse sofortige Vergeltung nach sich ziehen können. Im Bauernhof, wo bei jedem Streit immer auch die Drohung der Bauern: „Kannst eh geh, woannst net willst!" latent in der Luft lag, finden sich deshalb häufig „Taten, die das Licht scheuen".[234]

Wenn uns jetzt aber ein Blick durch die Brille der Arbeiterbewegung verführen sollte, diese alltäglichen Formen der Resistenz nicht als „wahren", weil bloß systemimmanenten, Widerstand anzusehen, so müssen wir uns noch einmal die Bedingun-

---

231 „Herr Eder: . . . Dann wurde gestohlen, dort, wo man keine Äpfel bekommen hat, dort hat das Stehlen begonnen . . .
Frau Eder: Dort haben sie die Äpfel gestohlen . . .
Herr Eder: Da wurde dann schon spekuliert, wie erwischen wir die Äpfel am besten . . .
Frau Eder: Die Magd, die im Keller zu tun hatte, mußte dann wieder Äpfel stehlen . . .
Herr Eder: Oder es wurde darauf geachtet, daß in der Nähe des Lagerplatzes der Äpfel ein Kellerfenster offen blieb; von dort wurden dann die Äpfel bei Nacht herausgeholt; und dann hieß es von seiten des Bauern, ihm wurden die Äpfel gestohlen. Aber es hätte ja kein Dienstbote Äpfel gestohlen, wenn er vorher genug bekommen hätte. Bei der Hälfte der Bauern hast du ja ohnehin bekommen, was du gebraucht hast, nur bei der anderen Hälfte war dies nicht der Fall." Interview mit Herrn und Frau Eder am 15. 6. 1983.
232 Ebenda.
233 BERDAHL, Preußischer Adel, 130; C. GARVE, Über den Charakter der Bauern und ihre Verhältnisse gegen die Gutsherrn und gegen die Regierung, in: Popularphilosophische Schriften, hg. von K. WÖLFEL, Stuttgart 1974, 50; Hans KUDLICH, Rückblick und Erinnerungen, Wien 1873, 69 ff.; Volker HUNECKE, Soziale Ungleichheit und Klassenstrukturen in Italien vom Ende des 18. bis Anfang des 20. Jahrhunderts, in: Hans U. WEHLER (Hg.), Klassen in der europäischen Sozialgeschichte, Göttingen 1979, 225 ff.
234 Thompson, Patrizische Gesellschaft, 192.

gen der lokalen segmentierten Gesellschaften vor Augen halten. In dieser wurde der „geheime Krieg" nämlich bald zum „Gerede", zur „üblen Nachrede". Das Haus kam in Verruf. Und wie dies die Bauern fürchteten, zeigt am deutlichsten die Dienstbotenordnung. Die Verordnungen und Strafbestimmungen deuten die verzweifelten Versuche der Bauern an, die Macht des Geredes einzudämmen.

§ 10. Der Dienstbote ist dem Dienstherrn zum Gehorsam, zum Fleiß, zur Treue und Aufmerksamkeit verpflichtet. Er muß den Angehörigen des Dienstherrn anständig begegnen, mit den Dienstgenossen verträglich sein und sich aller Zänkereien, Klatschereien und übler Nachrede gegen den Dienstherrn oder dessen Familie enthalten.

§ 24. Der Dienstgeber kann den Dienstboten ohne Aufkündigung und sofort entlassen:

. . .

3. Wenn er den Dienstherrn oder dessen Angehörige oder den aufgestellten Aufseher über das Dienstpersonal durch Tätlichkeiten, durch Schimpf- und Schmähworte oder ehrenrührige Nachreden beleidigt, die Mitdienstboten gegen die Dienstherrn oder gegen einander aufhetzt, oder überhaupt den Hausfrieden in boshafter Weise zu stören sucht.[235]

Moralische Rechte wurden also vor der lokalen Gesellschaft eingeklagt, und einer solchen Anklage kam durchaus der Charakter einer Sanktion zu, denn . . .

. . . a so a Haus is joa schnell vaschrien gwen, . . . und de Häuser hand daun eh überoall bekannt gwen, de haumd eh nemd mehr kriagt.[236]

Der geheime Krieg konnte jedoch urplötzlich zu einem offenen Krieg werden, wenn die Bäuerin auch in der arbeitsintensiven Zeit eine schlechte Kost bereitete. Ausmaß und Qualität der Mahlzeiten im Bauernhaus waren wesentlich durch den saisonalen Rhythmus der landwirtschaftlichen Produktion bestimmt. Wenn die Dienstboten zur Zeit der Heumahd von zwei Uhr morgens bis spät abends Schwerstarbeit leisteten, dann hatten sie auch Anspruch auf eine reichhaltigere Kost. Wurde ihnen dann trotzdem nur eine minderwertige Speise bereitet, so überschritt die Bäuerin damit eindeutig die Grenzen der paternalistischen Ordnung. Ihren Regelverstoß bezahlte sie dann oft nicht mehr nur mit einem schlechten Ruf, sondern auch mit einem kaputten Teller oder einer kaputten Schüssel. „Hoat iewö da Bauknecht d'Schüssel hintere gschmiassn . . ."[237] Der Großknecht, der eine schlecht bereitete Mahlzeit damit beantwortete, daß er die Schüssel mitsamt der Speise in Richtung Küche schleuderte, ist ein immer wieder auftauchendes Bild in den mündlichen Berichten.

Frau Wurm: Beim Wiesinger woar da oide Hauser Bauknecht. Und de haumd oilweul an Erdäpfelkas ghoat, sooft an Erdäpfökas, er hoat'n eh gern gessn, oawa sie hat stoatt'n Rahm a Moagermüch gnumma zan Kas, iat is er net guat gwen, nau und

---

235 Dienstbotenordnung 1874.

236 „. . . so ein Haus war ja schnell verrufen, . . . und diese Häuser waren dann ohnehin überall bekannt und haben dann auch niemand mehr bekommen." Interview mit Herrn Eder am 9. 5. 1982.

237 „Es hat öfters auch der Bauknecht die Schlüssel nach hinten geworfen . . ." Ebenda.

oilweul an Erdäpfökas und der is nu zweng gwen, hoat er amoal erzoid, hoat er bei
uns amoal erzoid, is mir da Zorn kema, a jeds an Hunga und a so an moagern Kas,
hoat er's Teller poakt und hoats hintere g'haut mitsaumt'n Erdäpfökas (Lachen) . . .
Herr Wurm: da oide Wiesinger, ihrer sein Maun, der hoat gloacht dazua,
Frau Wurm: der hoat ihr's vergönnt . . .

Ein anderer Bericht:

. . . mein Bruader, . . ., der woar en Woallern beim Mittermoar, sie (die Bäuerin)
woar recht neidig, neidig, schuftig . . . da is mei Bruader hiekem, doa is er nu en
d'Schul gaunga, doa woar er 12 Joar oid, . . . doa hoat er in da Friah scho oilweul
ausrama miassn mit'n Stoallbuam, und daun hoat er a Jausn mitkriagt in d'Schui und
wia er daun aus da Schul kema is, is er hiekema, er hoat daun aungfaungt ois Stoall-
bua . . .

Sieben Jahre blieb der Bruder bei diesem Bauern. Er wurde dort schließlich
oberster Knecht.

. . . er woar joa a Wüdling af d'Oarweit, des haums a kennt . . . daun hoats hoid
amoal a so an Froaß hergstellt . . . zur Mittagszeit is des gwen, und daun, mei Bruader is recht af d'Oarwat gaunga und natürlich jung, und wennst jung bist, kaunst ham
– ham, net, und wenn daun nix gscheits am Tisch kimt, daun vadriaßt di ois, net, und
mein Bruader, der hoat des net dapackt, er woar einfoach zu resch, . . . oawa mit
dera is net aunders gaunga, doa hoats einfoach amoal gschegn miassn, . . ., des woar
z' mittoag, wia's friaher gwen is, de groiß Schissel, und a muats Froaß hoid, net,
. . . de is doa bei da Kuchötir gwen, daweil hoat er ihr des Teiföwer schon noachi-
gschmiassn, . . ., natirli hoats gmurmelt, oawa von den selbing Toag haumds a
gscheids Fressn kriagt, doa hoat se nix gspießt, bei den hoats net ghoaßn, daß er geh
sollt, er hoat eas gsoagt, wia's is und doa haumd eh olle zaumgstimmt, en Baun selver
is a recht gwen, der hoat se a hoamli oans grinst, und is besser worn, oawa des woar a
fürchterlicha Geizkroag.[238]

---

238 „Frau Wurm: Beim Wiesinger diente der alte Hauser als Bauknecht. Und dort gab es im-
       mer Kartoffelkäse. Er hat diesen zwar gern gegessen, aber die Bäuerin verwendete bei der
       Zubereitung immer statt des Rahmes Buttermilch. Und deshalb war der Kartoffelkäse
       nicht gut; einmal hat sie dann auch noch zuwenig davon zubereitet, und dann wurde er zor-
       nig, hat er bei uns einmal erzählt, jeder von den Dienstboten hatte Hunger und dann kam
       nur so ein magerer Kartoffelkäse auf den Tisch, er packte den Teller und hat ihn mitsamt
       dem Kartoffelkäse nach hinten geworfen (Lachen).

    Herr Wurm: Der alte Wiesinger, ihr Mann, hatte auch noch gelacht dazu.

    Frau Wurm: Er hat ihr's vergönnt."

    „ . . . mein Bruder war in Wallern beim Mittermair bedienstet; die Bäuerin war geizig, sehr
       geizig, . . . mein Bruder kam dort hin als er noch zur Schule ging, er war damals zwölf Jahre
       alt, . . . damals mußte er in der Früh immer schon im Stall mitarbeiten; er bekam dafür
       dann auch eine Jause mit in die Schule, und als er dann seine Schulzeit beendet hatte, fing
       er dort als Stallbub an . . ."

    „ . . . er war ja tüchtig, das haben sie auch gewußt, . . . und dann hatte einmal die Bäuerin
       ein schlecht zubereitetes Essen auf den Tisch gestellt, . . . das war zu Mittag und mein Bru-
       der hatte hart gearbeitet und jung war er auch, und wenn man jung ist, hat man natürlich
       mehr Appetit, und ist das Essen dann schlecht, so gerät man natürlich in schlechte Stim-
       mung, und mein Bruder, der konnte das einfach nicht fassen, . . . und bei dieser Bäuerin

Die erste Erzählung stammt von einem Altbauernehepaar. Die zweite von einem ehemaligen Knecht. Beide Berichte aber betonen in gleicher Weise die Rechtmäßigkeit der Handlung des obersten Knechtes. Diese war nur eine Antwort auf eine Normverletzung der Bäuerin. Und Normverletzungen wurden sowohl innerhalb als auch außerhalb der eigenen Gruppe geahndet. Auch der Bauer stand in beiden Erzählungen auf seiten des Großknechts. Außerdem fällt auf, daß der Protest immer vom obersten Knecht kam. Dies hängt damit zusammen, daß sich die erzählten Geschehnisse zur Erntezeit ereignet hatten. In dieser Zeit lastete auf dem Großknecht nicht nur die größte Last der Arbeit, er mußte auch die Arbeit koordinieren, auf größeren Höfen besaß er jetzt die volle Herrschaft über die Arbeitskräfte im Haus. Und deshalb kam ihm am ehesten auch ein Widerstandsrecht zu. Widerstand wurde aber in der Regel nicht durch offene Gewalt geübt. Es gab subtilere Formen, Protest auszudrücken.

Herr Eder, selbst 13 Jahre in Dienst, erinnert sich an einen Vorfall. Dieser ereignete sich 1928 oder 1929, an das genaue Jahr kann er sich nicht mehr erinneren. Er stand damals als Pferdeknecht auf einer mittleren Bauernwirtschaft in Dienst, zusammen mit noch zwei anderen Dienstboten, einem Knecht und einer Magd. Neben ihnen arbeiteten noch Bauer und Bäuerin am Hof mit. Die Kinder der Bauersleute waren noch klein.

. . . doa hauma recht a schlechts Fressen ghoat und doa hauma nix gfressn und aus is gwen, hauma nix gfressn und gaunga vom Tisch . . . af d'Noacht hauma koan Suppn nimma gfressn, . . . aus, bist fertig gwen, außi beim Tor, gsungen, weggsunga, hoamkema, nix mehr gredt, an gaunzn Toag, a gaunze Wocha net, a gaunz Monat, weg gwen und gsunga und a Gaudi gwen . . .

Und auch die Bauersleute ließen es auf keinen Streit ankommen:

De haumd se nix soagn traut, des war gfährli, Sommerszeit, des war gferli gwen, wenn doa wer woas gsoagt hätt, wärn mir oile drei gaunga, des is net so leicht gwen, drei hoat ma net leicht kriagt, oan kriagst scho, oawa drei net, . . ., goarwat hauma in oan Teifö, oawa gredt hauma nix mehr . . . goarwat haum joa z'Fleiß recht narrisch, daß uns in da Oarwat nix noasoagn haum kina, de Dirn is a firchterli gwen, de is nu beser gwen, wia mia . . . des is scho oagstimmt gwen, Rosl, daß't ma joa net umschmeißt, wenn woas is . . .

Längere Zeit mit den Bauersleuten nichts reden kam bei den engen Beziehungen am Hofe einem Nervenkrieg gleich, in dem die Bauersleute unterlegen sein mußten.

---

ging es auch nicht anders, da mußte es einmal geschehen; das war dann zu Mittag; wie es früher üblich war, wurde eine große Schüssel auf den Tisch gestellt und darin befand sich nur eine magere Kost . . . die Bäuerin war gerade bei der Küchentür, inzwischen hatte er ihr das Essen aber auch schon mitsamt der Schüssel nachgeworfen, . . . die Bäuerin hat natürlich gemurmelt, aber von diesem Tag an gab es dann immer ein gutes Essen; bei ihm hat es auch nicht geheißen, er muß gehen; es waren ja auch alle Dienstboten derselben Meinung, auch der Bauer selbst stimmte zu, und es wurde dann wirklich besser; aber sie war ja ein fürchterlicher Geizhals." Interview mit Herrn und Frau Wurm am 14. 8. 1982. Interview mit Herrn Fink am 13. 8. 1982.

... daun is amoal gscheit gstritten worn, oaft is wieda gaunga, ... sie (die Bäuerin, d. Verf.) hoat gfleint sebigsmoal, d'Bäurin hoat gfleint, joa und daun is zan Mostmoacha gwen, is er kema af d'Nacht, Mostmoacha, nix gredt worn, nix gredt worn, 's Roß eingschirrt, daun hands kema oi zwoa, oiso woas is eigentli, wegen woas redts nix mehr, woas hoats, woas hoats, asso, soag i, iat trauats eich leicht woas z'soagn, weil da Herbst doa is, iat hätts uns leicht gern weida, hö Teifö, daun hauma a neicht gstrittn, ... oaft is wieda worn, ... des hoat ean joa weit weher daun ...[239]

Soviel sollte bis jetzt deutlich geworden sein:

1. Das „ganze Haus" war keine harmonische Gemeinschaft, wie uns dies seit W. H. Riehls Arbeiten über die Familie immer wieder suggeriert worden ist. Die sozialen Beziehungen im Haus waren durch ebensoviele Spannungen und Konflikte wie durch Bekundungen von Vertrauen und Zuneigung gekennzeichnet.[240]

2. Das paternalistische Ethos bot zwar einen festen Rahmen für Autoritätsbeziehungen im ganzen Haus. Die Herrschaftsbeziehungen waren aber nichts Statisches, sondern Ergebnis von Beziehungsverhältnissen. Die alltäglichen Konflikte und Spannungen sind Ausdruck eines Prozesses des permanenten Neuverhandelns über die Grenzen von Macht und Gehorsam.

3. Die Dienstboten waren nicht in die vertikalen Loyalitäten des ganzen Hauses eingesperrt. Die Ehrerbietung für den bäuerlichen Patron wurde zur Verachtung, wenn dieser auf seine paternalistischen Verantwortlichkeiten vergaß.

4. Die paternalistische Herrschaft war nicht willkürlich und grenzenlos. In der lokalen Gesellschaft existierte eine Unzahl von Strategien, die es den Dienstboten erlaubte, einen Bauern, der die Grenzen seiner Macht überschritt, zu bestrafen. Grenzen existierten für Bauer und Gesinde gleichermaßen. Beide waren in gewissem Sinne Gefangene ihres Gegenübers.

---

239 „... einmal hatten wir wieder eine schlechte Kost. Wir haben dann damals alle nichts gegessen, und sind einfach gegangen ... am Abend haben wir damals auch keine Suppe mehr gegessen, ... wenn wir mit der Arbeit fertig waren, gingen wir hinaus beim Tor, singend sind wir weggegangen; und heimgekommen, wurde wieder nichts geredet, den ganzen Tag, eine ganze Woche, einen ganzen Monat, nichts mehr geredet ..."

Auch die Bauersleute „getrauten sich in dieser Situation nichts zu sagen; es war ja gerade Sommer und Erntezeit. Das wäre gefährlich gewesen. Hätte jemand von ihnen etwas gesagt, dann wären wir alle drei gegangen. Und das war damals nicht so einfach. Drei Dienstboten hätte man nicht so schnell wieder bekommen, einen bekommt man schon, aber drei nicht ... Gearbeitet haben wir fleißiger als zuvor, aber geredet haben wir nichts mehr ... Gearbeitet haben wir ja zum Trotz sehr viel, daß sie uns bei der Arbeit keine Nachlässigkeit nachweisen konnten. Die Magd war noch zorniger als wir ... und es war auch schon vereinbart, Rosl, daß du ja zu uns hältst, sollte etwas sein ..."

„... Dann wurde einmal heftig gestritten, ... sie hat damals geweint, die Bäuerin hat geweint, ja und dann war es zum Mostmachen, der Bauer kam am Abend, Mostmachen, wieder wurde nichts geredet, das Pferd wurde angespannt, und dann sind der Bauer und die Bäuerin gekommen, also was ist eigentlich los, wieso redet ihr nichts mehr, was ist los. ‚Ach so', sage ich, ‚jetzt getraut ihr euch etwas zu sagen, weil der Herbst gekommen ist, jetzt hättet ihr uns wahrscheinlich am liebsten fort.' Dann wurde kurze Zeit gestritten, ... und hernach war der Streit wieder beigelegt, ... das war für sie ja viel schmerzhafter gewesen ..." Interview mit Herrn Eder am 15. 6. 1983.

240 BERDAHL, Preußischer Adel, 132.

4. Der gerechte Lohn

Doa hoat ma se daun austroagn, net, woann ma ghaundelt hoat mit an Bauern, oiso, wie's friaher woar, zwoa Firfleck, net, . . . a Hemd, zwoa Poar Schuah, und beim Brotboacha, an boachan Loab, hoat ma gsoagt, net, den hoat man de Oitern hoamtroagn, net, und an Erdäpfeöoacker für d'Oitern, net . . . und a Kloadl fürn Sonntoag hoat ma se a austroagn . . .[241]

Die Dienstboten erhielten den Großteil ihres Entgelts in Naturalien. Bei Umrechnung der Naturalien in Geld betrug der Bargeldanteil am Gesamtentgelt immer weniger als die Hälfte.[242] Zu Beginn der zwanziger Jahre war in der Untersuchungsgemeinde neben Kost und Logis noch folgende Naturalentlohnung üblich: ein Kartoffelacker für die Eltern des Dienstboten, ein Jahrgewand, zwei Paar Schuhe, zwei Arbeitsschürzen, ein Hemd, zu Weihnachten ein Laib Brot, zur Ernte jeden Tag vier Stück Krapfen. Zu bestimmten Anlässen erhielten die Dienstboten noch zusätzliche Geschenke für außerordentliche Arbeiten, die sie verrichtet hatten. Wurde der Hof von einem jungen Bauernehepaar übernommen, so mußte der Einheiratende den Dienstboten ein sogenanntes „Einstandsgeschenk" bereiten, das bei Mägden meist aus einem neuen Kleid, bei Knechten aus einer neuen Hose bestand. Der Pferdeknecht und die Stallmägde erhielten bei jedem Viehverkauf einen Anteil am Verkaufserlös, den sog. „Leihkaf". Die Mägde erhielten für die Nachtarbeit beim Brotbacken jedesmal einen Laib Brot oder einmal im Jahr 50 Kilogramm Weizen.

Knechte und Mägde erhielten einen Dienstlohn, bei dem die allgemeine Dienstbereitschaft honoriert wurde. Dieser unterschied sich von der Entlohnung für konkrete Zeit- oder Mengenleistungen, also vom Leistungslohn. Der Dienstlohn korrespondierte mit den strukturellen Gegebenheiten der landwirtschaftlichen Produktion, die es nicht erlaubte, die Arbeitsleistung genau abzugrenzen.[243] Der Dienstlohn wies einen geringen Bargeldanteil auf. Dies machte den Dienstboten relativ unabhängig von Warenmärkten und deren Schwankungen.[244] Das Dienstbotenentgelt war also primär kein marktbestimmter Lohn, sondern die Erfüllung einer Reziprozitätsverpflichtung, die wiederum am Recht des Dienstboten auf ein standesspezifisches auskömmliches Dasein orientiert war.

Der Landarbeiter hat das Recht auf den zum Leben notwendigen Lohn . . . Der Landarbeiter, der eine harte und schwere Arbeit verrichten muß, kann und soll eine Kost verlangen, die seiner Arbeit angemessen ist.[245]

---

241 „Wenn man mit dem Bauern verhandelt hat, dann hat man sich ausbedungen: zwei Arbeitsschürzen, . . . ein Hemd, zwei Paar Schuhe, und beim Brotbacken einen Laib Brot — den hat man den Eltern heimgebracht — und einen Kartoffelacker für die Eltern, . . . und ein Sonntagskleid hat man sich auch noch ausbedungen." Interview mit Frau Ziegler am 29. 5. 1982.
242 HOFFMANN, Das Gesindewesen, 497.
243 ZEßNER-SPITZENBERG, Einführung, 128.
244 KOCKA, Lohnarbeit, 40.
245 Landarbeiterbote, 20. 1. 1920.

Der Bargeldanteil am Dienstbotenentgelt scheint jedoch bereits durch Marktmechanismen geregelt gewesen zu sein. Bekannt ist ja, daß in Stadtnähe die Dienstbotenlöhne stets höher waren und in Zeiten verstärkter Landflucht immer auch ein
Lohnanstieg zu verzeichnen war.

Aber auch innerhalb einer Gemeinde gab es Unterschiede in der Höhe des
Geldlohnes bei ein und derselben Dienstbotenkategorie. Zwischen den Bauern einer Gemeinde bestand stets eine Konkurrenz um die „tüchtigen" Dienstboten, die
sich in einer Erhöhung des Wertes dieser Dienstboten in der Gemeinde niederschlug.[246]

4.1 Lohnformen im Wandel

Nach dem Krieg hat die Einführung des Monatslohnes in den Bauernwirtschaften
sehr um sich gegriffen. Vielfach wird diese Erscheinung mit der Errichtung der Mol-
kereien in Zusammenhang gebracht, die die monatliche Auszahlung der Dienstboten ermöglicht haben.[247]

Die Entlohnungsformen des landwirtschaftlichen Gesindes waren in den zwanziger Jahren in Bewegung geraten. Der Kommerzialisierungsschub brachte mehr
Bargeld ins Bauernhaus und ermöglichte die Abkehr vom früher üblichen Jahres-
lohn. Nach der Währungsstabilisierung 1922 kam es zu einem verstärkten Übergang
zur monatlichen Entlohnung. Und auch ein Teil der Naturalentlohnung wurde im
Laufe der Zwischenkriegszeit in Geldzahlungen umgewandelt.

. . . Und de Knecht haumd dort scho aungfaungt, lieber mehr Lohn, i brau koane
Schuah nimma, koan Firfleck und koan Erdäpföoacker . . .[248]

Anstelle der früher vom Störschuster gefertigten Schuhe, des Jahresgewandes,
der Arbeitsschürzen und manchmal auch des Kartoffelackers erhielt der Dienstbote
nun mehr Geldlohn. Auch die vor dem Ersten Weltkrieg bei manchen Bauern noch
übliche Betreuung der Wäsche des Knechtes wurde nach dem Ersten Weltkrieg allmählich aufgegeben. Der Knecht mußte dies nun entweder seiner Mutter überlassen
oder sich eine „Wäscherin" bezahlen. „D'Leut' haumd einfoach mehr Geld aun-
bringa wolln."[249] Die „goldenen zwanziger Jahre" ließen auch am Land neue Bedürfnisse entstehen. „. . . weil doa hand schon d'Schuacherl aunders afkema, nim-
mer so wia's da Schuaster gmoacht hoat, Hoalbschuacherl scho . . ."[250] Zu diesen
neuen Bedürfnissen zählten die Fabriksschuhe, das Fahrrad und für die Mägde seit
den frühen dreißiger Jahren auch bereits die modischen Hüte. Dafür lohnte es sich,
daß man als Dienstbote den ohnehin geringen Geldlohn zusammensparte.[251]

---

246 Landarbeiterbote, 15. 7. 1926.
247 Oberösterreichische Landwirtschaftszeitung, 22. 1. 1936.
248 „. . . Und die Knechte haben damals schon so begonnen: Lieber mehr Geldlohn, ich brau-
   che keine Schuhe, keine Arbeitsschürze und keinen Kartoffelacker mehr . . ." Interview
   mit Herrn Eder am 16. 8. 1982.
249 Ebenda.
250 Interview mit Herrn Wurm am 20. 7. 1983.
251 Ein Fahrrad kostete 1935 ca. S 155,–. Als „kleine Magd" verdiente man S 10,– monatlich.

Was bedeutete nun dieser Wandel für den einzelnen Dienstboten? Zweifellos vergrößerte der Verlust nichtmonetärer Gewohnheiten die Abhängigkeit des einzelnen von Warenmärkten. Andererseits brachte er dem Dienstboten aber auch ein Stück neuer Freiheit. Die Verfügung über mehr Bargeld war eine, wenn auch geringe, Emanzipationschance. Vor allem der Übergang zum Monatslohn setzte dem unangenehmen Vorschußnehmen ein Ende. Er schuf aber auch eine der Voraussetzungen für Bauer und Dienstbote, die Arbeitsbeziehung freier zu gestalten. Der Dienstbote, der seinen Lohn monatlich ausbezahlt erhielt, konnte eher während des Jahres seinen Dienstplatz verlassen, als jener, der nur einmal jährlich ausbezahlt wurde. Auch die Naturalentlohnung war ja großteils auf ein ganzes Jahr berechnet. Umgekehrt konnte der Dienstbote aber auch eher vom Bauern gekündigt werden, wenn dieser ihn im Winter nicht mehr benötigte. Als seit den späten zwanziger Jahren dem traditionellen Dienstbotenmangel ein Dienstbotenüberschuß folgte, kam es erstmals auch zum Auftreten von Winterarbeitslosigkeit unter den Dienstboten. Marktintegrierte Gebiete, in denen die Dienstboten Monatslohn erhielten, waren von diesem Phänomen stärker betroffen als marktferne Gebiete mit Jahrlohn.

Der Arbeitermangel der Vorkriegszeit ist einer schrecklichen Arbeitslosigkeit gewichen . . . Auch wir Bauern sollen uns in dem Kampf gegen die Arbeitslosigkeit nicht abseits stellen . . . Leider sind Arbeiterentlassungen über Winter durchaus keine Seltenheit mehr. Nicht immer aus finanzieller Notlage heraus. Das beweist die Tatsache, daß die Arbeiterentlassungen in besseren Lagen viel häufiger sind als in ärmeren und interessanterweise am häufigsten dort überhandnehmen, wo die Landarbeiter mit den Segnungen des Monatslohnes bedacht wurden . . . Wer das nicht glaubt, der soll bei den Versicherungsinstituten Einsicht nehmen, er wird daraufkommen, daß tatsächlich in jenen Gebieten mit Jahrlohn . . . der Dienstbotenstand ein weitaus stabilerer ist, als in Gebieten mit monatlicher Entlohnung.[252]

Obwohl nun also der Wandel in den Entlohnungsformen Ausdruck eines Transformationsprozesses war, der den Dienst im Bauernhaus ein Stück weiter in Richtung freier Lohnarbeit wandelte, sollte der Veränderungsprozeß doch nicht überschätzt werden. Das entscheidende Instrument paternalistischer Kontrolle, die Gewährung von Kost und Logis, d. h. die Integration der Arbeitskraft in den Haushalt, blieb weiterhin bestehen.

5. Wanderschaft

Der Dienstwechsel hatte eine spezifische Ordnung. Dienstboten, die ihre Stelle wechseln wollten, taten dies in der Regel nur an einem bestimmten Tag im Jahr. Bis in die Mitte der zwanziger Jahre war dies der 2. Februar, Maria Lichtmeß, nachher wurde es der 1. Jänner. Während des Jahres wurde der Dienstplatz nur in Ausnahmefällen verlassen.

---

252 Oberösterreichische Landwirtschaftszeitung, 22. 1. 1936.

Friaher is ma unterm Joar net wegkema, net leicht, es hoat schon Waunderer a gebn, net, woaßt eh, oawa doa hätt ma se scheniert . . .[253]

Diese Ordnung des Dienstbotenwechsels bot Bauern und Dienstboten gewisse Garantien. Dem Bauern sicherte sie, daß der Ablauf der bäuerlichen Arbeit nicht durch Dienstbotenwechsel gestört wurde. Lichtmeß war das Ende der landwirtschaftlich toten Saison und gleichzeitig die Zeit vor der Aussaat im Frühling. Es war also für den Bauern noch Zeit genug, seine Arbeitsverhältnisse am Hof neu zu ordnen, um für die kommende Zeit gerüstet zu sein. Ein Wechsel während des Jahres, besonders im Sommer bedeutete für den Bauern eine tendenzielle Gefährdung der landwirtschaftlichen Produktion. Vorzeitiges Verlassen der Dienststelle war daher immer auch Ausdruck des Protestes. Die Flucht war eine Form des Widerstandes, ein Racheakt gegenüber dem Bauern.

Außerdem war ein Dienstbote eben nicht automatisch durch einen anderen ersetzbar. Für das Funktionieren des landwirtschaftlichen Produktionsprozesses war einerseits gutes Auskommen aller Arbeitskräfte, das erst bei längerem Zusammenleben gesichert war, notwendig. Andererseits war auch ein Erfahrungswissen notwendig, das immer an einen bestimmten Hof gebunden war und nur durch längeren Aufenthalt erworben werden konnte. „A jeds Haus hoat wieder an aundern Brauch, drum tuats dir überoall wieda aund . . .“[254]

Diese Ordnung des Dienstbotenwechsels bot dem Dienstboten die Sicherheit, daß er nicht zu Beginn des Winters, wenn die Arbeit am Bauernhof weniger wurde, vom Bauern gekündigt wurde. Ein verfrühter Dienstwechsel brachte sowohl den Bauern als auch den Dienstboten in Verdacht, der Schuldige zu sein. „Woarum is er gaunga, hoats daun ghoaßn, wer hoat doa d'Schuld ghoat.“[255] Von der lokalen Öffentlichkeit wurde dann in jedem Fall geprüft, wer sich einer Regelverletzung schuldig gemacht hatte. Dieser wurde dann mit einer Verschlechterung seines „Rufes“ bestraft. Dieser Ruf in der Gemeinde war gleichzeitig ein wichtiges Instrument, das den Zugang zur Dienststelle in einer Welt regelte, die noch kaum über formalisierte Regelinstrumente verfügte.

Und doas is a gwen, a Knecht, der hoat a gsoagt, wieso is doa iat da Knecht weg unterm Joar, kaun net vü sein, bei den Baun, geh i a net hie.[256]

Ein schlechter Ruf bedeutete deshalb sowohl für den Bauern als auch für den Dienstboten eine Sanktion. Er verschlechterte sowohl die Chancen des Bauern, gute Dienstboten zu bekommen, als auch die Chancen des Dienstboten, einen guten Dienstplatz zu bekommen.

---

253 „Früher hat man den Dienstplatz nur in Ausnahmefällen während des Jahres gewechselt, es hat schon Wanderer gegeben, aber selber hätte man sich doch geschämt.“ Interview mit Herrn Fink am 21. 12. 1981.

254 Interview mit Herrn Hofer am 19. 4. 1981.

255 Interview mit Herrn Eder am 15. 6. 1982.

256 „Und so war es auch, als Knecht hat man sich auch gefragt, wieso ist dort während des Jahres ein Knecht weggegangen, kann also nicht viel sein, bei diesem Bauern, geh ich auch nicht hin.“ Vgl. Anm. 68.

Diese Regelung des Zugangs zu Dienststellen war nur möglich unter den Bedingungen der lokal begrenzten Arbeitskräfterekrutierung. Der überwiegende Teil der Dienstboten verbrachte seine Dienstzeit entweder im Geburtsort oder in den Nachbargemeinden. Auch aus schriftlichen Zeugnissen, die aus dem Ende des 19. Jahrhunderts stammen, geht der geringe Wanderungsradius der Dienstboten eindeutig hervor. In der Regel entfernte sich der Großteil der Dienstboten in seiner Dienstzeit nicht mehr als 4–5 km vom Geburtsort.[257] Unter diesen Bedingungen erfolgte die Arbeitsplatzvermittlung nicht über einen anonymen Markt, sondern primär durch persönliches Bekanntsein, durch Verwandtschaft, Nachbarschaft und Klientelbeziehungen.[258] Dienstboten wählten bevorzugt Höfe als Dienstplätze, zu denen bereits ein Beziehungsverhältnis zwischen der Familie des Dienstboten und der Bauernfamilie hergestellt war, sei es durch ein Taglöhner- oder ein Patenverhältnis oder dadurch, daß bereits ältere Geschwister bei diesem Bauern in Dienst gestanden waren oder noch standen. Es fehlten also wirklich freie Arbeitsmärkte und eine freie Arbeitsplatzvermittlung. Ansätze dazu waren im Untersuchungsgebiet allerdings vorhanden, nämlich in Form des „Werblers" und in Form des Peuerbacher Herbstmarktes, der auch ein Dienstbotenmarkt war. Beide Institutionen hatten bereits einen überregionalen Einzugsbereich, spielten aber nur für eine Minderheit unter den Dienstboten eine Rolle.

So anrüchig ein Dienstwechsel während des Jahres war, so selbstverständlich war er zum jeweiligen Ziehtermin. Knechte und Mägde wechselten in der Regel alle ein bis zwei Jahre ihren Dienstplatz.[259] Der Dienstwechsel lag strukturell in der Institution Dienst im Bauernhaus als einer Arbeitskräfteergänzung begründet. Wurden nämlich die Kinder des Bauern alt genug, um als Arbeitskräfte eingesetzt werden zu können, so wurde damit der Dienstbote überflüssig und mußte gehen. Auch der Aufstieg in der Gesindehierarchie war oft nur durch einen Dienstwechsel möglich. Und schließlich war der Dienstwechsel auch eine Form institutionalisierter Konfliktlösung. Das enge Zusammenleben im ganzen Haus beinhaltete notwendigerweise ein hohes Konfliktpotential. Persönliche Konflikte zwischen Bauer und Dienstbote, aber auch unter den Dienstboten, waren häufig Anlaß, den Dienstplatz zu wechseln.

257 Interview mit Herrn Eder am 16. 8. 1982.
258 Peter SCHMIDTBAUER, Modell einer lokalen Krise, 236; Rudolf JUNGWIRTH, Ländliche Familienstrukturen im 19. Jahrhundert am Beispiel einer oberösterreichischen Pfarrgemeinde, Hausarbeit am Institut für Wirtschafts- und Sozialgeschichte, Wien 1982; Alois BREITENEDER, Zur Struktur ländlicher Hausgemeinschaften am Beispiel der Innviertler Pfarrgemeinde Raab 1816–1880, Hausarbeit am Institut für Wirtschafts- und Sozialgeschichte, Wien 1980, 101.
259 Michael MITTERAUER, Ledige Mütter, München 1983, 72.

6. Dienstaustritt

Wia i oaft gheiratt haun, des soag i dir schon, de (die Baursleute, d. Verf.) haum mi wegfiahrn loassn, ois waun i ean eigens Kind war, se haumd mir's Brautgwaund moacha loaßn, oiss, . . . se haumd a Essen hergstöd, wia d'Leit kema hand.[260]

Die Heirat bildete in der Regel den Abschluß der Dienstzeit. Die Aussteuer der Bauersleute war im obigen Fall gleichzeitig auch die ritualisierte Aufnahme des ehemaligen Dienstboten in die Taglöhnerklientel des Bauern. Nach der Heirat wurde entweder das Kleinhaus der Eltern übernommen, oder man suchte sich eine Wohnung und lebte fortan als Inwohner. Entwicklungen am Arbeitskräfte- und Wohnungssektor führten allerdings im Untersuchungszeitraum dazu, daß dieser Ablauf nicht mehr der Regelfall war. So fanden sich im untersuchten Quellenmaterial viele Fälle von verheirateten Dienstboten, ein Phänomen, das, soweit uns die Quellen seit dem 17. Jahrhundert darüber unterrichten, nur in Ausnahmefällen vorkam.[261] Die Chance, am gewerblich-industriellen Arbeitsmarkt einen Posten zu finden, wurde seit Mitte der 20er Jahre immer aussichtsloser, dazu kam die Trostlosigkeit des Daseins einer Taglöhnerfamilie und die Schwierigkeit, eine Wohnung zu finden, wenn man von den Eltern kein Haus erbte. Viele Inwohnerhäuser waren nach der großen Abwanderungswelle abgerissen worden. Zwischen 1900 und 1934 verringerte sich die Zahl der Häuser in der Untersuchungsgemeinde von 186 auf 166. – All diese Faktoren zwangen viele Dienstboten, auch nach der Heirat noch einige Jahre beim Bauern im Dienst zu bleiben (vgl. Tabelle 2).

V. Kontinuität und Wandel 1918–1938

Eine zusammenfassende Beurteilung der Lebensverhältnisse des ländlichen Gesindes in den zwanzig Jahren zwischen den beiden Weltkriegen ergibt für die Untersuchungsgemeinde folgendes Bild:

1. Für die erste Hälfte des Untersuchungszeitraumes kann festgestellt werden, daß das paternalistische Regelsystem weitgehend intakt geblieben war. Es war gekennzeichnet durch die Gegenseitigkeit von Schutz und Dienstleistung. Stützen dieses Systems waren im wesentlichen eine vorkommerzielle Landwirtschaft, die weitgehend in den älteren Praktiken einer moralischen Ökonomie verharrte; weiters zählte dazu das Fehlen eines freien Arbeitsmarktes, das durch die enge Klientelbindung der Dienstboten an die bäuerliche Hausgemeinschaft, die beschränkte Mobilität der Dienstboten und die begrenzten Arbeitskräfteressourcen der lokalen Teilgesellschaften bedingt war.

---

260 „Als ich dann geheiratet habe, haben mir die Bauersleute ein schönes Hochzeitsfest bereitet, so als wenn ich ihr eigenes Kind gewesen wäre, sie haben mir ein Brautkleid machen lassen, . . . und sie haben eine Mahlzeit zubereitet, als die Hochzeitsgäste kamen." Interview mit Frau Egger am 15. 8. 1982.

261 Michael MITTERAUER, Marriage without co-residence: A special type of historic family forms in rural Carinthia, in: Journal of Family History 6 (1981) 177–181.

Dies führte zu einem permanenten saisonalen Dienstbotenengpaß, der durch die seit dem späten 19. Jahrhundert verstärkt einsetzende Landflucht noch verschärft wurde. Umso mehr wurden aber dadurch die Bauern gezwungen, ihre Dienstboten eng ans Haus zu binden und mehr oder weniger gut zu halten.
2. Dieses paternalistische Regelsystem scheint seit den späten zwanziger Jahren zunehmend in Frage gestellt worden zu sein. Wesentlichste Determinanten dieses Wandels waren die zunehmende Integration absatzorientierter Bauern in überregionale Austauschbeziehungen sowie ein sich allmählich abzeichnender Dienstbotenüberschuß, der einerseits durch die beginnende Mechanisierung und Rationalisierung in der Landwirtschaft, andererseits durch einen Bevölkerungszuwachs – der demographische Übergang begann sich in der Zwischenkriegszeit auf das Arbeitskräfteangebot auszuwirken – und den seit Mitte der zwanziger Jahre am gewerblich-industriellen Arbeitsmarkt einsetzenden Aufnahmestopp bedingt war. Mit dem Einsetzen der Agrarkrise begannen sich die in steigendem Ausmaß agrarkapitalistisch ausgerichteten Handlungsmuster, vor allem mancher Großbauern, verschlechternd auf die Lebensverhältnisse des landwirtschaftlichen Gesindes auszuwirken. Die späten zwanziger Jahre werden auch in der Erinnerung der Gemeindebewohner als tiefer Einschnitt wahrgenommen. „. . . es woar scho de gaunze Stimmung aunders, es is ois aunders worn en de dreißiger Joar."[262]

Viele Bauern nutzten den Dienstbotenüberschuß, um den Geldlohn zu drücken.

. . . schlechter is oilweul worn in de dreiß'ger Joar, weil d'Leit oilweul mehr worn hand . . ., iat haumd de Bauern daun gsoagt, mir brauchan nimma sovü zoahn, weil mir eh Leit gnua kriagn, waunst net willst, kaun ma nix moacha, haum joa sogoar Bauern ghoabt, de en Winter en Knecht nimma braucht haumd, außer du bleibst doa um d'Kost.[263]

Im Dorfwirtshaus diskutierten einige Großbauern die Kürzung der Naturalentlohnung für Dienstboten und Taglöhner. Sie schlugen vor, ihnen die „Krapfen" bei der Ernte nicht mehr zu geben. Die Verwirklichung scheiterte schließlich am Widerstand einiger anderer Bauern.[264]

Das Hauptübel der dreißiger Jahre war allerdings die Herbstentlassung. Im Winter benötigte der Bauer nur jene Dienstboten, die Stallarbeit zu verrichten hatten. Vor allem seit der Einführung des Maschindreschens war die Winterarbeit immer weniger geworden. Von der ländlichen Gesellschaft wurde es jedoch als moralische Pflicht betrachtet, daß der Bauer seine Dienstboten auch in der landwirtschaft-

---

262 Interview mit Herrn Eder am 20. 2. 1984.
263 „. . . in den dreißiger Jahren verschlechterte sich die Lage dann zunehmend, die Arbeitskräfte am Land wurden immer mehr, . . . jetzt sagten sich dann auch die Bauern, wir brauchen nicht mehr soviel zahlen, weil wir ja ohnehin ohne Schwierigkeiten wieder Leute bekommen, wenn du nicht willst, dann kann man nichts machen; es gab ja sogar Bauern, die ihren Knecht im Winter nicht mehr behielten, außer du arbeitest um der Kost willen." Interview mit Herrn Eder am 29. 11. 1982.
264 Ebenda.

lich toten Saison behielt. Es war dies Teil seiner paternalistischen Schutzverpflichtung. Soweit uns die Quellen berichten, scheint diese Verpflichtung von den Bauern bis zum erwähnten Zeitpunkt auch immer eingehalten worden zu sein. Von den Dienstboten und auch von der Mehrzahl der Bauern, die in der Zwischenkriegszeit weiterhin von den Vorstellungen der moralischen Ökonomie geleitet blieben, wurden diese Herbstentlassungen als Bruch der alten Ordnung erfahren.

Woas schuftige Bauern gwen hand, net, de haumd iewö amoal en Herbst an Knecht geh loassn, und en Frühling haums wieda oan gnumma, . . . natirli, des hand wenige gwen (Altbauer).[265]
. . . und es hoat Bauern geben, desselbimoal in de dreiß'ger Joar, des hand net amoal so weng gwen, woann amoal en Herbst de meiste Oarbeit umigwen is, und daun, wos gaunga is, de hoat er daun vajoagt, de hoat er geh loassn, . . . entweder er is so lästig worn, daß gaunga hand, oder er hoats vajoagt, . . . und de Oitern dahoam haums fuadern miassn, . . . es hoat oawa a Bauern geben, de haumd se gsoagt, nein, des tat i net, en Winter an Knecht verjoagn, nein, doa schaumat i mi . . . (ehemaliger Knecht).[266]

Wenngleich dieser Wandel auch nur eine Minderheit von Bauern, meist marktintegrierte Großbauern, erfaßte, so war er doch nicht mehr zu übersehen. Die ökonomische Rationalisierung nagte an den Banden des Paternalismus.[267]

In diese Zeit fällt auch das allmähliche Verschwinden der „gemeinsamen Schüssel". Das Symbol des „ganzen Hauses" wurde von der bürgerlichen Eßkultur verdrängt.

VI. Vom Knecht zum Landarbeiter – Entwicklungstendenzen in der Landarbeitsverfassung Oberösterreichs 1918–1938

Die vielleicht interessanteste Frage am Schluß muß natürlich der Repräsentativität der Untersuchungsergebnisse im überregionalen Vergleich gelten. Die Frage kann jedoch solange nicht exakt beantwortet werden, bis nicht weitere Fallstudien zur gestellten Thematik gemacht wurden. Jedoch können bestimmte Indikatoren angegeben werden, die eine grobe Einordnung der Fallstudie in einen überregionalen Vergleich erlauben. Diese Indikatoren beziehen sich auf die Repräsentativität der Untersuchungsgemeinde in bezug auf die übrigen oberösterreichischen Landgemein-

---

265 „Es gab auch ungerechte Bauern, die entließen öfters im Herbst einen Knecht und im Frühling stellten sie wieder einen ein, . . . natürlich, das sind wenige gewesen (Altbauer)." Interview mit Herrn Wurm am 14. 8. 1982.

266 „. . . und es hat damals in den dreißiger Jahren auch Bauern gegeben, und das waren nicht einmal so wenige, die haben ihren Knecht im Herbst, wenn die meiste Arbeit vorbei war, einfach verjagt, . . . entweder der Bauer würde so lästig, daß sie von selber gegangen sind, oder er hat sie verjagt, . . . und die Eltern der Knechte mußten diese dann versorgen, . . . es hat aber auch Bauern gegeben, die sich gesagt haben, nein, das täte ich nicht, im Winter einen Knecht verjagen, da müßte ich mich doch schämen . . . (ehemaliger Knecht)." Interview mit Herrn Eder am 9. 5. 1983.

267 THOMPSON, Patrizische Gesellschaft, 173.

den. Die Untersuchungsgemeinde wird unter zwei Gesichtspunkten mit den übrigen Landgemeinden Oberösterreichs verglichen. Dazu zählt zum einen der prozentuelle Anteil der land- und forstwirtschaftlich zugehörigen Wohnbevölkerung an der gesamten Wohnbevölkerung als Indikator für den Industrialisierungsgrad und zum anderen der prozentuelle Anteil der sozialistischen Wählerstimmen bei der Landtagswahl 1931 an der Gesamtzahl der Wählerstimmen als Indikator für den Grad der Klientel- beziehungsweise Klassenbildung. So ungenügend diese Vergleichsbasis auch sein mag, so deutet das Ergebnis doch eine relativ hohe Repräsentativität der Untersuchungsgemeinde an. Pollham zählte danach nämlich zu jenen 64 Prozent der oberösterreichischen Land- und Marktgemeinden, deren prozentueller Anteil der land- und forstwirtschaftlich zugehörigen Wohnbevölkerung an der gesamten Wohnbevölkerung mehr als 50 % betrug, und zu jenen 61 Prozent der oberösterreichischen Land- und Marktgemeinden, deren Sozialistenanteil bei der Landtagswahl 1931 weniger als 15 % betrug. Das letztgenannte Ergebnis geht von der Annahme aus, daß ein geringer Anteil sozialistischer Wählerstimmen bei einem in ganz Oberösterreich vergleichsweise hohen Unterschichtanteil – 1930 besaßen fast die Hälfte aller land- und forstwirtschaftlichen Betriebe weniger als 5 ha; außerdem ist hier der Inwohneranteil noch nicht miteingerechnet – Ausdruck einer umfassenden Klientelbindung der ländlichen Unterschichten an die vollbäuerliche Bevölkerung war.[268]

Soweit zur Frage der Repräsentativität der Untersuchungsgemeinde. Jetzt soll aber noch der Versuch einer Gesamteinschätzung der Entwicklung der oberösterreichischen Landarbeitsverfassung in der Ersten Republik folgen.

Auf rein quantitativer Ebene fallen zunächst zwei markante Entwicklungen auf. Zum einen die Abnahme der Zahl der familienfremden Arbeitskräfte, der Dienstboten und Taglöhner, zum anderen die starke Zunahme der Zahl der mithelfenden Familienmitglieder (vgl. Tabelle 3). Die letztgenannte Entwicklung, die zweifellos mit dem Wegfall der Militärdienstzeit und mit Einsparungsgründen der Bauern zusammenhing, kann wohl aber am zwanglosesten mit dem demographischen Übergang einerseits und dem seit der Mitte der zwanziger Jahre einsetzenden Abwanderungsstopp andererseits erklärt werden.[269]

Die Zahl der Dienstboten sank also im Untersuchungszeitraum. Aber auch die Institution Dienst als solche begann in einem höchst ungleichzeitig verlaufenden Prozeß ihren Charakter zu verändern. Wenngleich der Dienstbote auch am Ende

---

268 Landwirtschaftliche Betriebszählung 1930, Volkszählung 1934, ausgenommen wurden die Städte und die Bezirkshauptorte.
269 Bruckmüller, Sozialstruktur und Sozialpolitik, 393; Felix Kern, Oberösterreichischer Bauern- und Kleinhäuslerbund, 1158 ff.: „Bad Ischl . . . Fast alle Gemeinden schrieben, daß gegenüber der Vorkriegszeit die Zahl der landwirtschaftlichen Dienststellen in den einzelnen Bauernhäusern, trotzdem die Besitzgröße gleich blieb, stark eingeschränkt wurde. Wo früher zwei bis drei erwachsene Knechte waren, fand man nur noch einen Knecht und einen Dienstbuben. Die Bauern hatten die finanziellen Mittel nicht, um sich ein größeres und teureres Personal zu halten."

Tabelle 3:
Berufstätige in der Land- und Forstwirtschaft nach ihrer Stellung im Betrieb, Oberösterreich, 1910–1934

	Selbständige Berufstätige u. Pächter	in % der Berufstätigen	Unselbständige Berufstätige									insgesamt
			Beamte Angestellte	in %	Arbeiter Taglöhner	in %	Lehrlinge	Mithelfende Familienmitglieder	in %	zusammen	in % der Berufstätigen	
1910	76.849	27,9	636	0,2	130.841	47,6	50	66.367	24,0	197.894	72,0	274.743
1923	68.648	23,9	892	0,3	125.448	43,6	145	91.944	32,0	218.429	76,0	287.077
1934	44.591	19,1	1.939	0,8	87.286	37,5	90	98.876	42,5	187.730	80,8	232.321

Quelle: Eigene Berechnung nach: Die Ergebnisse der österreichischen Volkszählung vom 22. 3. 1934, Wien 1935. Statistisches Handbuch der Republik Österreich, VIII, Wien 1927.

des Untersuchungszeitraumes im großen und ganzen noch weit entfernt war vom freien Lohnarbeiterstatus, so kamen doch weitere Elemente freier Lohnarbeit hinzu, die im folgenden kurz aufgelistet werden sollen.

1. Einer der wichtigsten Schritte bei der Transformation des Gesindestatus in ein freies Lohnarbeiterverhältnis war dann getan, wenn der Dienstbote Kost und Logis beim Bauern durch eigene Verpflegung und eigene Wohnung außerhalb des Bauernhauses ersetzte. Wurden 1902 in Oberösterreich noch 85.469 in der Hausgemeinschaft der Bauern lebende Dienstboten gezählt, so waren es 1930 noch 68.711 Knechte und Mägde. Davon lebten jedoch schon 10.536, das sind 15,3%, nicht mehr in der Hausgemeinschaft des Dienstgebers.[270]

2. Der Wandel in den Lohnformen ist ebenfalls Ausdruck des oben genannten Transformationsprozesses. In den stärker marktintegrierten und stadtnahen Gebieten um Wels und Linz war es bereits vor dem Ersten Weltkrieg zur Einführung des Monatslohnes und zur Abnahme des Naturallohnanteils gekommen. Nachdem in der Inflationszeit nach dem Ersten Weltkrieg die Naturalentlohnung wieder an Bedeutung gewonnen hatte, war die Zeit der Währungsstabilisierung durch verstärkten Übergang auf monatliche Entlohnung und eine weitere Abnahme nichtmonetärer Tauschgewohnheiten gekennzeichnet.[271]

3. Mit dem Einsetzen der Agrarkrise (1929) begann in Oberösterreich das Phänomen der Herbstentlassung verstärkt aufzutreten. Bereits seit 1924 waren in den Landarbeiterzeitungen vereinzelt Klagen über die Entlassung von Dienstboten im Herbst zu lesen. In den frühen dreißiger Jahren verschärfte sich die Winterarbeitslosigkeit vor allem von Knechten zunehmend. Im Jänner 1932 wurden aus diesem Grund vom christlichen Landarbeiterbund mehrere Ausspeisungsstellen errichtet.

Die Erscheinung, daß einige hundert Landarbeiter nach Neujahr trotz eifrigen Suchens keinen Posten finden konnten, hat uns veranlaßt, Ausspeisungsstellen zu errichten, um diese Menschen nicht als „Bettler" herabzuwürdigen. Unsere arbeitslosen Mitglieder erhalten in den Ausspeisungsstellen Berchau, Böllau und Unzmarkt volle Verpflegung und auch Unterkunft.[272]

---

270 Landwirtschaftliche Betriebszählung 1902 und 1930; Kocka, Lohnarbeit, 98.
271 Landarbeiterbote, 1. Mai 1919. Hermann v. Schullern-Schrattenhofen, Die Lohnarbeit in der österreichischen Landwirtschaft und ihre Verhältnisse, in: Zeitschrift für Volkswirtschaft, Sozialpolitik und Verwaltung 5 (1896) 38; Landarbeiterbote, 8. 11. 1920 und 15. 1. 1922; Morgenstern, Gesindewesen, 205; Stiftsarchiv Schlägl, Kassa-Buch für den Meierhof v. Juli 1924 bis Dez. 1927, Schafferamts-Journal 1921, HS Nr. 372. „20. 5. 1925: Meier läßt sich das Jahrgewand ablösen und den Lohn fortan monatlich auszahlen. 4. 8. 1925: die Schweinemagd läßt sich das Jahrgewand in Geld auszahlen. 1927: Jahrgewandablösung für Großmagd, Kälberdirn und 3. Pferdeknecht. Feb. 1921: Leinwandablösung an den Meier und 6 Burschen à 50 K. Leinwandablösung an die Meirin und 6 Mägde à 100 K."
272 Österreichischer Landbote, 1. 2. 1932.

Diese Herbstentlassungen waren Ausdruck einer veränderten Einstellung des Bauern gegenüber seinem Dienstboten. Der Bauer, der seinen Knecht im Herbst entließ, sah in ihm nur mehr die Arbeitskraft. Er begann sich rein betriebswirtschaftlich zu verhalten und legte die Reziprozitätsverpflichtung der Bauer-Knecht-Beziehung ab. Gleichzeitig waren aber überregionale Formen sozialer Sicherung nicht oder nur ungenügend entwickelt. Eine Arbeitslosenversicherung für Dienstboten existierte nicht. Die Unfall-, Kranken- und Invaliditätsversicherung wurden zwar mit dem Landarbeiterversicherungsgesetz von 1928 geregelt. Trotzdem prägten noch Jahre danach Unterversicherung, Vorenthalt der gesetzlich vorgeschriebenen Leistungen, enorm hohe Außenstände und teils unglaubliche Mißwirtschaft das Bild der landwirtschaftlichen Sozialversicherung in Oberösterreich.[273] Dieses hier entstehende Vakuum an sozialer Sicherung wurde zu einem der Hauptprobleme des ländlichen Gesindes in der Ersten Republik.

4. In den zwanziger und dreißiger Jahren kam es dann auch zum Auftreten einer neuen Arbeitskräftekategorie in der Landwirtschaft, die bereits zur Gänze durch freie Lohnarbeit gekennzeichnet ist. Es handelte sich dabei um ausländische Saisonarbeiter (Slowaken), die seit 1928 auf den Zuckerrübenfeldern des oberösterreichischen Zentralraumes beschäftigt waren. 1930 wurden in Oberösterreich insgesamt 2470 Saisonarbeiter gezählt. 1454 davon waren Ausländer.[274] Nun gab es Wanderarbeit auch schon früher. Der Austausch zwischen benachbarten Gegenden mit unterschiedlichem Erntebeginn war nichts Neues. Für das 19. Jahrhundert sind Mühlviertler Wanderarbeiter, die bei der Ernte im Gebiet um St. Florian und Steyr aushalfen, bezeugt.[275] Das Neue an diesen slowakischen Saisonarbeitern war nun, daß sie den ganzen Sommer eingestellt wurden. Sie stellten nicht mehr nur einen Ersatz für die fehlenden einheimischen Arbeitskräfte dar, sondern seit Beginn der dreißiger Jahre bildeten sie für diese eine erhebliche Konkurrenz. Sie kamen in größeren Arbeitstrupps, arbeiteten um Akkordlöhne, nahmen längere Arbeitszeiten in Kauf, waren mit billigeren Unterkünften zufrieden – meist schliefen sie in Scheunen –, kurz, sie waren leichter ausbeutbar. Obwohl schon bald ein Abbau der ausländischen Saisonarbeiter einsetzte – 1932 wurden bereits 800 Mühlviertler Wanderarbeiter vom Landarbeiterbund dem Zuckerrübenbau vermittelt –, wurden noch 1935 300 slowakische Arbeiter eingesetzt, während zur gleichen Zeit 800 einheimische Rübenarbeiter arbeitslos waren.[276]

5. Wir haben bei unserer Analyse der lokalen Gesellschaft das Fehlen eines wirklich freien Arbeitsmarktes mit frei verfügbaren Arbeitskräften festgestellt. Auf überregionaler Ebene häuften sich seit Mitte der zwanziger Jahre die Anzeichen für das Entstehen eines solchen Arbeitsmarktes für landwirtschaftliche Arbeitskräfte.

---

273 MATTL, Agrarstruktur, 32, BRUCKMÜLLER u. a., Soziale Sicherheit, 32.
274 Landwirtschaftliche Betriebszählung 1930.
275 PFLÜGEL, Die Lohn- und sonstigen Verhältnisse der land- und forstwirtschaftlichen Arbeiter, in: Statistische Monatsschrift, N. F. IX. Jg., Wien 1904, 481.
276 Österreichischer Landbote, 1. 5. 1935, 1. 3. 1933 und 1. 10 1932, Oberösterreichischer Landbote, 1. 7. 1937, Christlicher Landarbeiterbote, 1. 7. 1931.

Seit 1926 baute der Landarbeiterbund seine Stellenvermittlung systematisch aus. In den Landarbeiter- und Bauernzeitungen finden sich verstärkt Inserate stellensuchender Knechte und Mägde sowie Ausschreibungen von freien Dienstplätzen. Allein zwischen Jänner und März 1926 wurden vom Landarbeiterbund mehr als 100 Mitgliedern freie Dienstposten vermittelt.[277]

6. Das Entstehen von Landarbeitergewerkschaften nach dem Ersten Weltkrieg ist ein Indikator für die Auflösung des „ganzen Hauses" und die Zunahme horizontaler Bindungen. Der sozialistische Land- und Forstarbeiterverband hatte in Oberösterreich ca. 8000 Mitglieder, die sich vor allem aus Forst- und Gutshofarbeitern rekrutierten. Die überwiegende Mehrzahl der organisierten Dienstboten wurde allerdings vom christlich-sozialen Landarbeiterbund integriert, der 1922 mit 45.000 Mitgliedern seinen Höchststand erreichte. Bis 1931 schrumpfte der Mitgliederstand auf 19.000.[278]

7. Vereinzelte Dienstbotenstreiks in großbäuerlich strukturierten Gebieten sind als für moderne Lohnarbeitsverhältnisse typische Konfliktaustragungsstrategien Ausdruck eines bereits fortgeschrittenen Klassenbildungsprozesses.[279]

8. 1921 wurde die veraltete Dienstbotenordnung durch die Haus- und Landarbeitsordnung ersetzt. Die Dienstbotenordnung, die vom Bürgermeister, der in den Landgemeinden in der Regel ein Bauer war, gehandhabt wurde, spiegelt durch ihre Verschmelzung von öffentlicher und hausväterlicher Autorität ein Stück altständischer Verfassung. So konnte der Bürgermeister „entlaufene Dienstboten" durch Zwang zur Rückkehr anhalten, Geld- und Arreststrafen bis zu acht Tagen verhängen.[280] Die Dienstbotenordnung war ein Ausnahmerecht, da durch sie noch nach der Einführung des ABGB bis ins frühe 20. Jahrhundert ein Brechen des zivilrechtlichen Arbeitsvertrages auch strafrechtlich verfolgt werden konnte.[281] Im Vokabular der neuen Landarbeitsordnung waren nun auch Wörter wie Hauszucht, Dienstbote, Dienstherr, Bescheidenheit usw. verschwunden. Auf formalrechtlicher Ebene bedeutete dies eine entscheidende Modernisierung der Arbeitsbeziehungen. In der sozialen Realität scheint diese Reform jedoch keine markante Zäsur darzustellen. Das Verhalten der Menschen läßt sich eben nicht mit einem juristischen Akt ändern. Einen beschleunigten Wandel in den Arbeitsbeziehungen würde ich erst seit den späten zwanziger Jahren ansetzen.

Vor allem in den marktorientierten stadtnahen Gebieten begannen die Bauern immer mehr auf ihre paternalen Verantwortlichkeiten zu vergessen, klagten aber

---

277 Landarbeiterbote, 15. 4. 1926.
278 Der Land- und Forstarbeiter, 1. 2. 1921 und 1. 8. 1922; Mattl, Agrarstruktur, 210 ff.; Landarbeiterbote, 15. 5. 1922; 50 Jahre OÖ. Land- und Forstarbeiterbund, Linz 1969; Kern, Oberösterreichischer Bauern- und Kleinhäuslerbund, 1113 ff.
279 So waren zum Beispiel vom Streik im Bezirk Steyr im Juli 1922 32 Bauernhöfe betroffen, Landarbeiterbote, 15. 7. 1922; Kern, Oberösterreichischer Bauern- und Kleinhäuslerbund, 1138 ff.
280 Dienstbotenordnung 1874, § 39.
281 Blessing, Umwelt und Mentalität, 9.

gleichzeitig über die Dienstboten, die klassenkämpferischen Grundsätzen huldigten und den Bauern die Ehrerbietung verweigerten. In einem Zeitungsartikel über den berufsständischen Aufbau in der Landwirtschaft vom 1. März 1937 kommt dies klar zum Ausdruck.

Wenn wir aber doch nach einer Zuständereform rufen, so gilt dies für jene Gebiete und für jene Häuser, wo dem Dienstnehmer die menschliche Würde fast versagt ist. Uns sind die Verhältnisse nicht unbekannt. Da liegt uns ein Brief vor aus einer Gegend, die nicht als ärmste im Lande gilt, wo der Schreiber – der keineswegs Landarbeiter ist, sich aber von den Zuständen überzeugt hat – die dortigen elenden Verhältnisse der Landarbeiter schildert. In diesem Brief wird unter anderem ausgeführt, es komme bei gewissen Bauern vor, daß die Dienstnehmer nicht mehr in die Wohnstube dürfen, minderwertiges Essen vorgesetzt erhalten, nasse Kleidung nicht mehr beim Ofen trocknen dürfen, selbst zu Weihnachten sei die Behandlung nicht einmal etwas weihnachtlich, die lässigen Feiertage (Bauernfeiertage) werden abzubringen gesucht, ohne dafür Urlaub zu gewähren, die Schlafkammern der Dienstnehmer seien total verschmutzt, während die Wohnräume der Dienstgeber Parkettboden tragen, Bettwäsche wird gleich ein ganzes Jahr nicht gewechselt, so daß Skabies wie auch andere Krankheiten leicht entstehen ... In Gegenden mit den bezeichneten unerfreulichen Zuständen werden die Landarbeiter vielfach als Kommunisten hingestellt. So weit wir die Verhältnisse kennen – und wir sind doch nicht landfremd –, handelt es sich hiebei nicht etwa um Mitglieder der verbotenen kommunistischen Partei. Es soll aber nicht verschwiegen werden, daß das Benehmen jener Landarbeiter in gewisser Hinsicht einer kommunistischen Gesinnung entsprechen mag. Sie sind auf die Bauernschaft äußerst schlecht zu sprechen, huldigen klassenkämpferischen Grundsätzen und haben für Religion nichts oder nicht viel übrig.[282]

---

282 Oberösterreichischer Landarbeiterbote, 1. März 1937.

HAINER PLAUL

Die Struktur der bäuerlichen Familiengemeinschaft im Gebiet der Magdeburger Börde unter den Bedingungen des agrarischen Fortschritts in der zweiten Hälfte des 18. Jahrhunderts

I. Vorbemerkung

Die Geschichte der Landwirtschaft zählt zum festen Themenbestand der historischen Wissenschaften. Veränderungen in der agrarischen Produktion, vor allem wenn sie gesamtgesellschaftliche Bedeutung beanspruchen können, sind in verschiedenen Zusammenhängen, insbesondere unter wirtschaftsgeschichtlichen, politisch-historischen, technikgeschichtlichen, in neuerer Zeit auch unter bevölkerungsgeschichtlichen und volkskundlichen Gesichtspunkten untersucht worden. Zu den von der Forschung bisher noch wenig beachteten Problemen gehört die Frage, welche Folgen die Veränderungen im Produktionsprozeß in den Beziehungen der Menschen innerhalb der kleinsten landwirtschaftlichen Produktionseinheit, der bäuerlichen Familiengemeinschaft, bewirkt haben.

Die folgenden Ausführungen stellen den Versuch dar, dieses Problem im Zusammenhang mit jener bedeutsamen Entwicklung der agrarischen Produktivkräfte zu untersuchen, die in der 2. Hälfte des 18. Jh., zum Teil darüber hinaus, mit unterschiedlicher Intensität überall in Deutschland vor sich gegangen ist und die den Auftakt bildete für einen Prozeß, an dessen Ende die Umwälzung auch der gesamten agrarischen Produktionsverhältnisse, die Ablösung der feudalen durch die kapitalistische Produktionsweise in der Landwirtschaft stand. Als Untersuchungsraum bietet sich eine Region an, in der dieser globale Prozeß aufgrund günstiger Voraussetzungen vergleichsweise rasch vonstatten ging: Die Magdeburger Börde gehört zu jenen Agrarlandschaften in Deutschland, die in ihrem sozialökonomischen Werdegang eine Reihe von Besonderheiten aufweisen. Dennoch kann man davon ausgehen, daß den aus der Untersuchung in dieser Region gewonnenen Hauptergebnis-

sen auch eine allgemeinere Bedeutung zukommt und daß sie für Vergleiche gut geeignet sind; denn die Richtung der Entwicklung, die Grundvorgänge, die sich hier
vollzogen haben, bilden keine Ausnahme.[1]

Im Mittelpunkt der Untersuchung steht nicht die natürliche Familie des Bauern, sondern die produktive bäuerliche Familiengemeinschaft. Ihr werden folgende
Glieder zugerechnet: der Bauer, seine Ehefrau und Kinder sowie das familienzugehörige Gesinde. Das Hauptaugenmerk soll dabei den Veränderungen in Zahl und
Zusammensetzung des Gesindes gelten. Darin spiegelt sich innerhalb der bäuerlichen Familiengemeinschaft der Zusammenhang mit Veränderungen im Produktionsprozeß wahrscheinlich am sichersten wider. Denn das Gesinde gehört im allgemeinen zu jenen Mitgliedern dieser Gemeinschaft, die im Agrarbereich wirklich
produktiv tätig sind (eine Ausnahme stellen höchstens die Kindermädchen dar).
Hinsichtlich der erwachsenen Kinder des Bauern kann das nicht immer mit der gleichen Bestimmtheit gesagt werden. Selbst wenn diese im elterlichen Haus wohnen
bleiben, können sie doch im Handwerk arbeiten oder unter Umständen Pendler
sein. Hinzu kommen Schwierigkeiten quellenkundlicher Art, die auf das Ergebnis
großen Einfluß haben. Sofern die Anzahl der Kinder bekannt ist, bleiben immer noch
ihr Alter und ihr Personenstand zu klären, und natürlich ist in jedem Fall vorab die
Frage zu beantworten, wer und wieviele von ihnen tatsächlich zu einem bestimmten
Zeitpunkt noch im Elternhaus wohnhaft oder zumindest auf dem elterlichen Hof tätig sind. Auf ein anderes Problem in diesem Zusammenhang weist Mitterauer hin:
„Heranwachsende Bauernkinder werden nicht nur deswegen auf dem Hof behalten,
weil sie als Arbeitskräfte benötigt werden, sondern auch, weil sie anderwärts keine
Arbeit finden."[2] In bezug auf das Gesinde spielt dieser Umstand höchstens dann
eine Rolle, wenn es sich dabei um eben genau solche Kinder handelt. Ihr Prozentsatz

---

1   Die Intensität, mit der die Veränderungen im ökonomischen Bereich vor sich gegangen
    sind, ließ vermuten, daß auch die Folgen dieses Prozesses gut greifbar sein würden. Von
    daher bestimmte sich die Wahl dieser Region für ein interdisziplinäres Langzeitforschungsvorhaben zur „Geschichte von Lebensweise und Kultur der werktätigen Dorfbevölkerung vom Ausgang des Feudalismus bis zum Sieg der sozialistischen Produktionsverhältnisse in der Landwirtschaft". Erste Ergebnisse liegen inzwischen vor; sie dienen zum
    Teil auch den Ausführungen hier zur Grundlage: Landwirtschaft und Kapitalismus. Zur
    Entwicklung der ökonomischen und sozialen Verhältnisse in der Magdeburger Börde vom
    Ausgang des 18. Jh. bis zum Ende des ersten Weltkrieges, 1. Halbband, Berlin 1978; dasselbe, 2. Halbband, Berlin 1979. — Bauer und Landarbeiter im Kapitalismus in der Magdeburger Börde. Zur Geschichte des dörflichen Alltags vom Ausgang des 18. Jh. bis zum
    Beginn des 20. Jh. Berlin 1981. — Hans-Jürgen Rach, Bauernhaus, Landarbeiterkaten
    und Schnitterkaserne. Zur Geschichte von Bauen und Wohnen der ländlichen Agrarproduzenten in der Magdeburger Börde des 19. Jh., Berlin 1974. — Hainer Plaul: Landarbeiterleben im 19. Jh. Eine volkskundliche Untersuchung über Veränderungen in der
    Lebensweise der einheimischen Landarbeiterschaft in den Dörfern der Magdeburger Börde unter den Bedingungen der Herausbildung und Konsolidierung des Kapitalismus in der
    Landwirtschaft. Tendenzen und Triebkräfte, Berlin 1979.
2   Michael Mitterauer, Auswirkungen der Agrarrevolution auf die bäuerliche Familienstruktur in Österreich. In: Michael Mitterauer und Reinhard Sieder (Hg.), Historische
    Familienforschung, Frankfurt/M 1982, 241—270.

dürfte in der Regel aber ziemlich niedrig liegen und auch nur dann eine gewisse Bedeutung erlangen, wenn sowohl auf dem elterlichen Hof als auch in der näheren und weiteren Umgebung desselben über einen längeren Zeitraum hinweg allgemein ein Mangel an Arbeit bestand.[3]

Im Untersuchungsgebiet sind beim bäuerlichen Gesinde vier Gruppen zu unterscheiden: Knechte, Jungen (hier als „Enken" bezeichnet), Mägde (Groß-, und Kleinmägde) und Mädchen. Letztere, gewöhnlich als Kindermädchen beschäftigt, fallen zahlenmäßig allerdings kaum ins Gewicht. Das darf insofern als erfreulich gelten, als diese Gruppe mit dem agrarischen Produktionsprozeß direkt nur wenig zu tun hatte.

Allen Angehörigen des bäuerlichen Gesindes ist gemeinsam, daß sie unverheiratet waren.[4] Ihr Alltagsleben bestimmte sich fast durchweg nach den Anforderungen und Gewohnheiten der Familie ihres Arbeitgebers, der sie für eine bestimmte Zeit zugehörten. Ihr arbeitsrechtliches Verhältnis war dagegen gesetzlich geregelt, und zwar entweder als Bestandteil allgemeiner Polizeireglements oder in Form spezieller Gesindeordnungen (in Deutschland bis 1918).

II. Das Untersuchungsgebiet

Die Magdeburger Börde gehört zu den westelbischen Territorien Preußens. Unter dem Gesichtspunkt der Agrarverfassung ist sie Teil der mitteldeutschen Grundherrschaft.[5] Die Institution der Leibeigenschaft im frühfeudalen Sinne war hier ebensowenig vorhanden wie die der feudalen Gutsuntertänigkeit. Der Bauer war weitgehend voller Eigentümer seines Hofes und Landes und persönlich frei. Er konnte sein Eigentum vererben, veräußern und verpfänden. Dem herrschenden Erbrecht lag das Prinzip der „Geschlossenheit" zugrunde. „In der Regel vollzog sich der Besitzwechsel schon zu Lebzeiten des Altbauern; den Hof erhielt . . . eines der Kinder, während die anderen Kinder durch sogenannte Erbgelder abgefunden wurden, die oft in Raten über Jahrzehnte hin zu zahlen waren und wofür der Grundbesitz haftete."[6]

Neben diesen für den Bauern günstigen personen-, besitz- und erbrechtlichen Verhältnissen zeichnet sich das Untersuchungsgebiet noch durch einige weitere wichtige Vorzüge aus. Dazu gehören insbesondere ein guter Boden und ein dessen

---

3 Ebenda 255: „Freilich konnte es sich auch bei Gesindepersonen um Verwandte handeln. Vor allem in der Phase unmittelbar nach der Hofübergabe lebten vielfach noch Brüder und Schwestern des jungen Bauern auf dem Hof, die von den Quellen in der Regel nach ihrer Stellung im Haus als Knechte und Mägde geführt wurden. Auch bei ihnen kann es sich gelegentlich um Versorgungsfälle gehandelt haben und damit um verdeckte Arbeitslosigkeit, dieser Faktor fällt jedoch beim Gesinde wohl insgesamt weniger ins Gewicht."
4 Am Ende des 19. Jh. scheint im Untersuchungsgebiet auch verheiratetes Gesinde auf, allerdings überwiegend in den Wirtschaften der Großgrundbesitzer. Seinem sozialen Status nach gehörte es jedoch bereits zur Kategorie der Deputatlandarbeiter.
5 Vgl. hierzu Friedrich Lütge, Die mitteldeutsche Grundherrschaft und ihre Auflösung. 2. stark erweiterte Auflage, Stuttgart 1957.
6 Ebenda 57.

Fruchtbarkeit förderndes Klima.[7] Nach der 1934 durchgeführten „Reichsboden-
schätzung", nach der erstmals in Deutschland die agrarische Leistungsfähigkeit der
Böden unter einheitlichen Gesichtspunkten festgestellt wurde, lag die höchste Bo-
denwertzahl 100 in einer Gemeindeflur in der Magdeburger Börde. Der niedrigste
Wert beträgt hier 56; große Teile der Börde weisen Ackerzahlen über 90 auf.[8] Ein
anderer wesentlicher Vorzug besteht in der vorteilhaften Handelslage des Gebietes
als westliches Hinterland Magdeburgs am schiffbaren Elbe-Strom.

Jenen Vorzügen steht gegenüber, daß die Bauern hier ebenfalls feudalen Belastungen unterworfen waren. Diese bestanden aus Abgaben und Diensten gegenüber
den Grundeigentümern und Gerichtsherren (der Landesherr, Rittergüter, Klöster,
Kirchen, Stifte usw.), ohne doch, insgesamt gesehen, besonders schwere Verpflichtungen darzustellen. Sie beruhten nicht auf der Rechtsform der Leibeigenschaft,
sondern hingen mit dem Status der Grund- bzw. Gerichtsherrschaft zusammen.

Politisch gehörte das Untersuchungsgebiet zunächst zum Erzbistum Magdeburg. Im Westfälischen Frieden (1648) gelangte das Erzstift unter Umwandlung in
ein weltliches Herzogtum an Preußen. Der tatsächliche Anschluß erfolgte 1680.
Das Herzogtum Magdeburg existierte bis 1807; es gliederte sich in Kreise und Distrikte. „Die Börde gehörte insgesamt zum Holzkreis; er zerfiel auf Grund seiner
Größe in drei Distrikte, an deren Spitze jeweils ein Landrat stand."[9] Der größte Teil
der Fläche des Untersuchungsgebietes war dem I. und II. Distrikt zugegliedert.[10]
Während der napoleonischen Besetzung, zwischen 1807 und 1814, gehörte die
Börde zum Elbdepartement des Königreichs Westfalen. Danach erneut preußisch,
wurde sie im Zuge der großen Neuorganisation der Verwaltung (1816) Bestandteil
des Regierungsbezirks Magdeburg und damit der neugebildeten Provinz Sachsen.

Um sich eine Vorstellung von der Größe des Untersuchungsgebietes machen zu
können, sei folgender Orientierungswert mitgeteilt. Um 1840 betrug die landwirtschaftliche Gesamtnutzfläche (Äcker, Wiesen, Weiden, Gärten) 474.710,62 Morgen oder 118.677,65 Hektar.[11]

---

7 Hierzu ausführlich bei Lothar Gumpert, Die physisch-geographischen Verhältnisse in der
Magdeburger Börde, in: Landwirtschaft und Kapitalismus, 1. Halbband, 21—51.
8 Einen kartographischen Überblick über die Bodenqualitäten des Untersuchungsgebietes
vermittelt Rach, Bauernhaus, X, Fig. 1.
9 Josef Hartmann, Die Verwaltungsstruktur in der Magdeburger Börde vom Ende des
18. Jh. bis 1917/18, in: Landwirtschaft und Kapitalismus, 1. Halbband, 53.
10 Eine auf der Grundlage der Angaben bei Carl Ludewig Oesfeld, Topographische Beschreibung des Herzogthums Magdeburg und der Grafschaft Mansfeld Magdeburgischer
Hoheit, Berlin 1786, 196—413, unternommene Vergleichsrechnung ergab, daß sich von allen bewohnten Orten des I. Distrikts = 68 Prozent in der Börde und 32 Prozent außerhalb
der Börde; II. Distrikts = 76 Prozent in der Börde und 24 Prozent außerhalb der Börde;
III. Distrikts = 21 Prozent in der Börde und 79 Prozent außerhalb der Börde befinden. Anders formuliert: Das Untersuchungsgebiet deckt sich zu 71 Prozent mit dem I. und II. Distrikt des Holzkreises. Allerdings gehörten außerdem zur Börde: zehn bewohnte Orte der
damaligen Grafschaft Barby, zwei bewohnte Orte des damaligen Fürstentums Anhalt-
Zerbst und ein bewohnter Ort des damaligen Kurfürstentums Brandenburg. — Zur Begrenzung des Untersuchungsgebietes vgl. Plaul, Landarbeiterleben, 17 und 348 (Karte).
11 Nach Plaul, Landarbeiterleben, 39.

III. Die Struktur der bäuerlichen Familiengemeinschaft vor Beginn des landwirtschaftlichen Umwälzungsprozesses

Über die Grundbesitzverteilung stehen für die Zeit zwischen 1750 und 1850 nur wenige Angaben zur Verfügung, die geeignet sind, Auskünfte über kleinere Gebietseinheiten zu liefern. Dennoch reichen sie aus, um über die Besitzverhältnisse im Untersuchungsgebiet zwei Grundaussagen zu formulieren.

Tabelle 1:
Grundbesitzverteilung in der Magdeburger Börde zwischen 1785 und 1840[12]

	1785 II. Distrikt	1804 I. Distrikt[13]	1840 Bördegebiet insgesamt
In Nutzung feudalherrlicher Eigenwirtschaften	25,7 %	22,5 %	21,76 %
In Nutzung bäuerlicher Wirtschaften	74,3 %	75,5 %	78,24 %[14]

Erstens: Das Nutzungsverhältnis zwischen den feudalherrlichen Eigenwirtschaften und den bäuerlichen Wirtschaften ist im genannten Zeitraum konstant geblieben.[15] Zweitens: Den überwiegenden Teil des Landes, rund drei Viertel, hatten in der Börde die Bauern in Nutzung.

---

12 Die Angaben für 1785 und 1804 nach Hartmut Harnisch, Produktivkräfte und Produktionsverhältnisse in der Landwirtschaft der Magdeburger Börde von der Mitte des 18. Jh. bis zum Beginn des Zuckerrübenanbaus in der Mitte der dreißiger Jahre des 19. Jh. In: Landwirtschaft und Kapitalismus, 1. Halbband, 115; die Angabe für 1840 nach Plaul, Landarbeiterleben, 40.

13 Bei den fehlenden zwei Prozent handelt es sich um kontributionsfreie Äcker, die zum Teil von den feudalherrlichen Eigenwirtschaften, zum Teil von bäuerlichen Freihöfen genutzt wurden.

14 In dieser Zahl sind auch die Bodenanteile der Häusler enthalten.

15 Im Dreißigjährigen Krieg hatte das Magdeburger Land große Bevölkerungsverluste zu beklagen. Da die Hauptlast der feudalen Grundrente von den Bauern getragen wurde, waren die Grund- bzw. Gerichtsherrschaften in starkem Maße daran interessiert, verlassene und wüst gewordene Bauernstellen wieder zu besetzen und diese zu erhalten. Das galt namentlich auch für den Landesherrn als Grundbesitzer, der auf die Einkünfte aus den bäuerlichen Leistungen natürlich nicht verzichtete. Aus diesem Grunde wurde z. B. in der „Churfürstlich Brandenburgl. Im Hertzogthum Magdeburg und Graffschafft Manßfeld publicirten Policey-Ordnung" von 1688 der Ritterschaft untersagt, „Bauerngüter kauffweise an sich zu bringen", und wenn dies dennoch geschah, so müßten „die Steuer/ folge und andere Gebührnuß/ nach wie vor/ davon entrichtet werden" (Cap. VII, §.3). Dies legt die Schlußfolgerung nahe, daß das Nutzungsverhältnis von 1:3 zugunsten der Bauern im gesamten 18. Jh. bestanden hat. — Vgl. auch Anm. 20.

Natürlich waren die Nutzflächen auf die einzelnen Bauern nicht gleichmäßig verteilt; die soziale Differenzierung der Bauernschaft war im 18. Jh. in der Börde bereits relativ weit vorangeschritten. Nach der Größe ihrer Anteile sind hier folgende bäuerliche Sozialgruppen zu unterscheiden: große Bauern (als Ackerleute, Hüfner, Vollbauern, Bauern, Ganzbauern, Vollspänner bezeichnet), mittlere Bauern (Halbspänner oder Halbbauern genannt; hierzu wurden auch die Drei- oder Spitzspänner gerechnet), kleine Bauern (Großkossaten, ganze Kossaten oder auch große Cothsaßen genannt).[16] In Abhängigkeit von der Größe der landwirtschaftlichen Nutzfläche, von Ausmaß und Beschaffenheit der feudalen Lasten und von den bestehenden Anbauverhältnissen her bestimmte sich die Zahl ihrer Gespanne sowie Umfang und Art der von ihnen beschäftigten Arbeitskräfte.

Für die Mitte des 18. Jh., unserem zeitlichen Ausgangspunkt, liegen Aufzeichnungen mit detaillierten Angaben über die Grundbesitz-, Gespann- und Personalverhältnisse in einem Bauernhof im Südwesten des Untersuchungsgebietes vor, die aber mit sehr großer Wahrscheinlichkeit nicht nur für diese einzelne Gemeinde, sondern für einen größeren Raum der Börde Gültigkeit beanspruchen können. Es handelt sich um die Chronik des Ortes Atzendorf, die der Prediger Samuel Benedikt Carsted (1716–1796) in den Jahren 1761/62 niedergeschrieben hat.[17] Seine Beschreibung spiegelt den Zustand des Dorfes und seiner Bewohner um die Mitte des 18. Jh. wider und geht auf eigene Anschauungen und Beobachtungen zurück. Nach diesen Aufzeichnungen zeigen sich die wirtschaftlichen Rahmenbedingungen der Atzendorfer Bauern, wie in Tabelle 2 dargestellt.

Diese Angaben bezeichnen Durchschnittswerte. Im Einzelfall konnte es zum Teil beachtliche Abweichungen geben. Carsted selbst hat solche Unterschiede auch für Atzendorf geltend machen können: „Durch einen Bauer versteht man hir einen Ackermann, und der muß 5 biß 6 Hufen bey seine(m) Hofe haben. Wer unter 4 Hufen hat, der heißt nur ein Halbspänner. Doch kan er (der Bauer) mehr als 6 Hufen haben, wie es denn hir einige giebet, die 7 biß 8 Hufen haben, und nur einen, der 4 Hufen besizet; die meisten haben 6 . . . Ein Halbspänner heißt auch Spizspänner, weil er, wenn er nur mit 3 Pferden handthirt, das eine voraus auf der Linie zu span-

---

16 Außerdem gab es noch Zwischengruppenbezeichnungen wie Dreiviertelspänner (zwischen Voll- und Halbspännern) und Viertelspänner (zwischen Halbspännern und Großkossaten).

17 Diese Chronik ist im Jahre 1928 von der Historischen Kommission für die Provinz Sachsen und für Anhalt als Bd. 6 der Neuen Reihe der Geschichtsquellen der Provinz Sachsen und des Freistaates Anhalt veröffentlicht worden. Der Vorsitzende der Historischen Kommission bemerkt in einem Geleitwort ausdrücklich dazu: „Die Chronik ist sicherlich für die Heimatgeschichte nicht nur Atzendorfs, sondern der ganzen Magdeburger Börde von großer Bedeutung. Was sie von den Lebensumständen eines Landpfarrers, von der Beschaffenheit des Dorfes, von Sitte und Brauch der Bauern, von der Arbeit und den Schicksalen der Bewohner erzählt, kann als typisch gelten für das ganze Magdeburger Land und die Verhältnisse um die Mitte des 18. Jahrhunderts."

Tabelle 2:
Grundbesitz-, Gespann- und Personalverhältnisse der großen, mittleren und kleinen Bauern in Atzendorf um die Mitte des 18. Jh.[18]

	Größe des Grundbesitzes			Anzahl der Pferde	Anzahl der Gesindepersonen				Drescher	
	in Hufen	in Morgen	in ha		Knechte	Jungen	Mägde	Mädchen	männlich	weiblich
Vollspänner	5–6	150–180	37,5–45	5	1	1	2–3	0–1	2	2
Halbspänner	3–4	90–120	22,5–30	3–4	1	1	2–3	0–1	2	2
Großkossaten	1–2	30–60	7,5–15	1–2	–	0–1	0–1	0–1	1[19]	1[19]

18 Samuel Benedikt CARSTED, Atzendorfer Chronik, bearb. von Eduard STEGMANN, Magdeburg 1928, 89–95.
19 Nur wenn die Großkossaten zwei Hufen Acker besitzen.

nen pflegt. Die jezigen Halbspänner, deren Zahl 9 sind, haben alle 4 Pferde, und die von der Schnockschen Familie wegen des freyen Ackers wohl 5."[20]

Die nichtbäuerlichen Grundbesitzer auf dem Dorf, Kleinkossaten und Häusler, besaßen weder Pferde noch familienfremde Arbeitskräfte (Drescher), noch Gesinde.

Für denselben Zeitpunkt, auf den sich Carsteds Angaben über die Zahl der Gesindepersonen beziehen, hat neuerdings Harnisch auf der Grundlage archivalischer Quellen Berechnungen darüber für den gesamten Holzkreis angestellt. Die von ihm ermittelten Werte mit denen Carsteds verglichen, könnten dazu führen, herauszufinden, ob und eventuell in welcher Präzisierung die Angaben Carsteds für das Untersuchungsgebiet von überlokaler, allgemeiner Richtigkeit sind.

Tabelle 3:
Anzahl der Gesindepersonen um die Mitte des 18. Jh. im I. und II. Distrikt des Holzkreises[21]

Zahl der Frei- und Lehnsschulzen, der Voll- und Halbspänner im I. und II. Distrikt zusammen: 1318	Knechte	Jungen	Mägde
Anzahl je Bauernstelle nach Carsted	1	1	2
Gesamtzahl im I. und II. Distrikt nach Carsted	1318	1318	2636
Gesamtzahl im I. und II. Distrikt nach Harnisch (aus dem Jahr 1756)	1368	1365	2543

Dieser Vergleich stützt die Aussagen Carsteds und präzisiert sie zugleich, und zwar dahingehend, daß für das Untersuchungsgebiet insgesamt gilt: Die Familiengemeinschaft der großen und mittleren Bauern (Voll- und Halbspänner) bestand hier um die Mitte des 18. Jh. aus den Mitgliedern der natürlichen Familie und im allgemeinen aus je einem Knecht, einem Jungen und zwei Mägden. Die kleinen Bauern (Großkossaten) haben demgegenüber in der überwiegenden Mehrzahl Haus

---

20 CARSTED, Atzendorfer Chronik, 89 und 93. — Harnisch hat für drei weitere Bauerndörfer in der Börde die durchschnittlichen Größen der verschiedenen Bauernstellen für das Jahr 1706 errechnet, und zwar mit dem Ergebnis, daß diese mit den von Carsted für die Mitte des 18. Jh. angegebenen Werten im wesentlichen übereinstimmen: Vollspänner = 38,6 ha, 31,4 ha, 41,5 ha; Dreiviertel- bzw. Halbspänner = 20,8 ha, 20,7 ha, 33,6 ha; Großkossaten = 6,5 ha, 7,6 ha, 9,7 ha. Damit wird auch von dieser Seite die in Anm. 15 geäußerte Schlußfolgerung gestützt. Nach HARNISCH, Produktivkräfte, 118−119.
21 Angaben nach den Ermittlungen von HARNISCH (obere linke und gesamte unterste Spalte), ebenda 113. Für die Zahlen nach CARSTED vgl. Tabelle 2 im Text sowie Anm. 18.

und Hof ohne Gesinde, nur mit den eigenen (natürlichen) Familienangehörigen bestellt.[22]

Die Struktur der bäuerlichen Familiengemeinschaft, wie sie um die Mitte des 18. Jh. in der Börde bestand, auch und gerade was Zahl und Zusammensetzung des Gesindes dabei anbelangt, entsprach natürlich bestimmten historischen Bedingungen. Auf die Bedeutung der landwirtschaftlichen Nutzflächengröße ist bereits hingewiesen worden. Andere wichtige Faktoren in diesem Zusammenhang sind die Größe der eigenen (natürlichen) Familie, der Umfang und die Art der feudalen Belastung sowie die Anbauverhältnisse in Verbindung mit der familiengemeinschaftlichen Arbeitsteilung, die Frage der Produktionsspezialisierung (z. B. Getreidebau oder Viehzucht) inbegriffen.

Der Chronist Carsted hat in seinen Aufzeichnungen über Atzendorf einen Anhang beigefügt, in welchem er Mitteilung gibt „von der Beschaffenheit eines jeden jezigen Einwohners, seiner Wirtschaft und seines Lebens, auch einiger seiner Vorfahren, soviel man Nachricht davon hat einziehen können", worin auch Angaben über die Größe und Zusammensetzung der bäuerlichen Familien enthalten sind. Diese Auskünfte beziehen sich sowohl auf die familiären Verhältnisse der Hofbesitzer zum Zeitpunkt der Niederschrift der Aufzeichnungen (1761/62) als auch auf die Verhältnisse der Vatergeneration dieser Hofbesitzer, mithin auf etwa das erste Drittel des 18. Jh.

---

22 CARSTED bestätigt diese Präzisierung praktisch ebenfalls, wenn er hinsichtlich der Zahl der Mägde bei den Voll- und Halbspännern erklärt: „2, auch 3 Mägde" und hinsichtlich der Jungen und Mägde bei den Kossaten: „Die Cothsaßen, die Pferde haben, halten keinen Knecht, ofte nicht einmahl einen Jungen . . . Sie halten auch selten Mägde." Nach CARSTED, Atzendorfer Chronik, 91 und 93.

Tabelle 4:

Anzahl und Geschlechtszugehörigkeit der Kinder sämtlicher Atzendorfer Vollspänner-Familien im 1. Drittel des 18. Jh. und um 1761/62[23]

Haus-Nr.	1. Drittel des 18. Jh.			Bemerkungen	um 1761/62			Bemerkungen
	S.	T.	K.		S.	T.	K.	
4	3	—	3		1	4	5	Sohn unehelich.
7 und 43	2	—	2	Anheirat Hof-Nr. 43; beide Höfe unter den Söhnen geteilt.	3	3	6	Nr. 7 „ist ein großer Bauerhof".
11	3	—	3	„ist ein großer Bauerhof".	—	—	—	„er ist selbst Knecht und hat nur einen Jungen (Enken/H. P.) und läßt es sich blutsauer werden."
13 und 22	3	6	9	Nr. 13 „ist ein großer Bauerhof"; Nr. 22 ein Kossatenhof.	2	2	4	
35	2	3	5	Der Hofinhaber „hinterließ" 5 Kinder.	2	1	3	1 Sohn und die Tochter verstarben 5 und 6 Jahre alt.
37	?	?	?	Erbe war allerdings der jüngste Sohn.	1	3	4	Aus 1. Ehe existierten außerdem noch 4 Söhne und auch Töchter.
38	?	?	?	Aus 1. Ehe waren mehrere Töchter und 2 Söhne vorhanden; in 2. Ehe 1 Tochter; die 2. Ehefrau brachte 1 uneheliches Kind ins Haus.	—	—	—	Heirat erfolgte erst 1761.
41	3	—	3		1	1	2	
43	4	1	5		—	—	—	Hofübernahme geschah 1759; vermutlich Heirat erst zu diesem Zeitpunkt.
48	4	—	4		1	2	3	„ist ein Bauerhof, dabei aber nur 5 Hufen". Der Sohn starb 8 Jahre alt.
49	?	?	?	„Von allen seinen Kindern blieb ihm nur ein einziger Sohn am Leben; diesem gab er seinen Hof."	4	1	5	„ein großer Bauerhof". Die Kinder stammen aus 2 Ehen; ein Sohn starb kurz nach der Geburt.

Haus-Nr.	1. Drittel des 18. Jh.			Bemerkungen	um 1761/62			Bemerkungen
	S.	T.	K.		S.	T.	K.	
50	?	?	?		6	3	9	Die Kinder entstammen 2 Ehen.
52	1	1	2	Der Hofinhaber heiratete in 1. Ehe eine Witwe mit 2 Kindern; seine eigenen Kinder aus 1. Ehe starben. Als Witwer heiratete er abermals. Aus dieser 2. Ehe stammen die beiden angezeigten Kinder.	4	1	5	„ist ein großer Bauerhof".
54	1	4	5		?	?	?	Weder werden Kinder erwähnt noch ist ausdrücklich von Kinderlosigkeit die Rede. Der Hofinhaber lebt in 2. Ehe.
62	1	1	2	„ein großer Bauerhof".	2	1	3	Aus 1. Ehe keine Kinder; die Witwe ging eine 2. Ehe ein.
68	1	1	2	„ist der größte Bauerhof alhier".	–	–	–	Der Text deutet auf eine kinderlose Ehe hin.
75	?	?	?	„Von ihren vielen Kindern waren nur noch 2 am Leben."	3	–	3	
Durchschnittliche Kinderzahl:			3,75				3,71	

---

23 Ebenda 477–540. Die Abkürzungen bedeuten: S. = Söhne, T. = Töchter, K. = Kinder insgesamt. Die durchschnittliche Kinderzahl ist auf der Grundlage nur jener Familien errechnet, von denen die genaue Anzahl der Kinder bekannt ist, einschließlich der offensichtlich kinderlosen Ehen (Besitzer der Höfe Nr. 11 und 68 um 1761/62), aber unter Ausschluß der jungvermählten Paare (Besitzer der Höfe Nr. 38 und 43 um 1761/62).

Tabelle 5:
Anzahl und Geschlechtszugehörigkeit der Kinder sämtlicher Atzendorfer
Halbspänner-Familien im 1. Drittel des 18. Jh. und um 1761/62[24]

Haus-Nr.	1. Drittel des 18. Jh.			Bemerkungen	um 1761/62			Bemerkungen
	S.	T.	K.		S.	T.	K.	
33 und 19	3	—	3		?	?	?	Nr. 19 ist ein Klein-kossatenhof; außer-dem war noch ein Großkossatenhof hin-zugepachtet. Es ist von mehreren Söhnen und Töchtern die Rede.
40	1	—	1		2	3	5	Der Hofinhaber „hinterließ" 5 Kinder.
42	2	5	7	Aus zwei Ehen.	?	?	2	Geschlußfolgert aus der Formulierung: Er „verlohr seine Frau in den andern Kind-bette". In 2. Ehe offenbar kinderlos.
46	2	—	2		—	4	4	
47	2	2	4	Der Hofinhaber „hinterließ" 4 Kinder.	3	—	3	
58	2	—	2		1	6	7	Aus zwei Ehen.
60	1	4	5		6	1	7	Der Hofinhaber „hat wenigstens 6 Söhne und 1 Tochter".
69	1	2	3		1	1	2	
70	Vorgeneration ist identisch mit Nr. 47.				—	2	2	1 Tochter starb anderthalb Jahr alt.
Durchschnittliche Kinderzahl:		3,37				4,00		

---

24   Ebenda 500−534. Ansonsten vgl. Anm. 23.

Diese Zahlen aus den Aufzeichnungen Carsteds, die sicherlich auch auf Eintragungen in den Kirchenbüchern zurückgehen, die ihm als Pfarrer jederzeit zur Verfügung standen, vermitteln drei bemerkenswerte Erkenntnisse:[25] 1. Zwischen den Voll- und Halbspännerfamilien bestand hinsichtlich der durchschnittlichen Kinderzahl kein Unterschied; 2. diese Zahl hat sich in den zwei aufeinanderfolgenden Generationen, die zusammen etwa die erste Hälfte des 18. Jh. umfassen, sowohl bei den Voll- als auch bei den Halbspännerfamilien nicht verändert; 3. im Durchschnitt hatten diese Bauernfamilien drei bis vier Kinder, jedenfalls bestimmt zum Zeitpunkt des Erbeantritts.[26]

Die Frage, ob jene Sachverhalte nur für diese eine Gemeinde Gültigkeit hatten oder ob sie für ein größeres Gebiet charakteristisch waren, insbesondere was die für die bäuerlichen Wirte unvermutet hohe durchschnittliche Kinderzahl anbelangt, ist nur durch weitere gezielte Forschungen zu beantworten. Das Motiv der Besitzabsicherung und der Zwang zur Zahlung beträchtlicher Erbgelder an die abzufindenden anderen Nachkommen sprechen im Grunde gegen eine hohe Kinderzahl. Dafür spricht andererseits die ökonomische Stärke der Bauernwirtschaften in der Börde und eine wahrscheinlich auch bei ihnen vorhandene hohe Kindersterblichkeit. Ein weiterer Grund dafür könnte der beachtliche Anteil an Zweitehen sein. Dieser Umstand ist besonders wichtig im Zusammenhang mit der Auswertung von Eheschließungsstatistiken. In der Gemeinde Atzendorf beträgt der Anteil der Zweitehen bei Vollspännern im 1. Drittel des 18. Jh.=11,76 Prozent, um 1761/62=29,41 Prozent und bei Halbspännern im frühen 18. Jh.=12,50 Prozent, um 1761/62=22,22 Prozent (vgl. Tabellen 4 und 5). Diese drei Gründe: wirtschaftliche Stärke, hohe Kindersterblichkeit und die relativ vielen Zweitehen, besonders aber der erstgenannte Grund, legen doch die Vermutung nahe, daß in der ersten Hälfte des 18. Jh. die durchschnittliche Zahl von drei bis vier Kindern in der Familie der Voll- und Halbspänner im Untersuchungsgebiet insgesamt durchaus keine Seltenheit, sondern eher eine verbreitete Erscheinung gewesen ist. Diese Annahme wird durch die Untersuchung eines Dorfes am westlichen Außenrand der Börde in gewisser Weise bestätigt: „Die Kinderzahl war im 17. und 18. Jahrhundert sehr groß. Zehn bis zwölf Kinder waren bei den Bauern keine Seltenheit. Infolge der hohen Kindersterblichkeit waren aber bei Antritt der Erbschaft meistens nur drei bis vier Kinder vorhanden."[27]

---

25 Eine Überprüfung der Angaben bei CARSTED durch Vergleich mit den Eintragungen in den Atzendorfer Kirchenregistern konnte leider nicht vorgenommen werden. Daß CARSTED die Kirchenbücher für seine Niederschrift tatsächlich benutzt hat, bestätigt er 479 selbst.

26 Ähnliche zahlreiche und vollständige Angaben über die Familienzusammensetzung der Großkossaten lassen sich aus den Mitteilungen CARSTEDS nicht erschließen. Da diese ohnehin fast ausschließlich ohne Gesinde arbeiteten, bedeutet das im vorliegenden Zusammenhang keinen Nachteil.

27 Alwin GASTMANN, Die Geschichte des Dorfes Sommersdorf bei Magdeburg. Studien zur Entwicklung der deutschen Agrarverfassung, Halle, Naturwiss. Diss. 1937, 95 (auch erschienen in: Kühn-Archiv, Bd. 46, Halle 1938). Vgl. auch bei Friedrich-Wilhelm HEN-

Der Wunsch nach billigen Arbeitskräften hat auf die Kinderzahl wohl kaum einen Einfluß gehabt. Gewiß dienten die Bauernkinder zunächst als Gesinde und sehr häufig auch auf den Höfen ihrer Eltern. Aber wie schon das Beispiel der kleinen Gemeinde Atzendorf zeigt, schickten nicht wenige Bauern ihre Söhne zu einem Handwerker oder Kaufmann in die Lehre,[28] kauften ihnen verhältnismäßig früh einen eigenen Hof oder verheirateten ihre Kinder lieber standesgemäß, als daß sie ihnen jahrelang ein Los als Knecht oder Magd beschieden sein ließen.

Für die ökonomische Stärke der Bauernwirtschaften als Hauptgrund spricht auch ein Vergleich der Bevölkerungsdichte zwischen Gebieten mit fruchtbaren und mit weniger fruchtbaren Böden (bei ähnlich günstiger Handelslage).

Tabelle 6:
Bevölkerungsdichte je km² in fruchtbaren und weniger fruchtbaren Gebieten des Magdeburger Landes in den Jahren 1798 und 1819[29]

	Fruchtbare Böden		Weniger fruchtbare Böden	
	I. Distrikt	II. Distrikt	III. Distrikt	
1798	82	61	34	
	Kreis Calbe	Kreis Wanzleben	Kreis Jerichow I	Kreis Stendal
1819	71,5	56,7	28,8	33,3

Wie es um die ökonomische Stärke der Bauernwirtschaften in der Börde um die Mitte des 18. Jh. bestellt war, mögen drei Beispiele verdeutlichen, die ebenfalls Carsted überliefert hat. Nach seinen Mitteilungen kaufte ein großer Bauer (Haus-Nr. 7) seinem ältesten Sohn einen Ackerhof in einem Nachbardorf für 3000 Taler, „welches Geld er gleich baar in Pistoletten bezahlte"; einer von drei Bauernsöhnen (Haus-Nr. 4), der die Witwe eines Großkossaten ehelichte (Haus-Nr. 34), „brachte 500 Thlr. Geld zu ihr", und eine Bauerswitwe (Haus-Nr. 75) konnte ihrer Tochter

---

NING, Dienste und Abgaben der Bauern im 18. Jh., Stuttgart 1969, 126: „Im allgemeinen hatten die Bauernfamilien fünf bis sechs Personen in Mitteleuropa und dabei etwa ein Drittel unter 12 Jahren", was besagt, daß zu jeder Familie außer dem Bauern und seiner Ehefrau im Durchschnitt drei bis vier Kinder gehörten.

28 CARSTED, Atzendorfer Chronik, 505–506, 511, 514, 516–517, 520.

29 Angaben für 1798 nach HARNISCH, Produktivkräfte, 109. Kommentar des Autors dazu: „Die geringe Dichte im III. Distrikt des Holzkreises ist zweifellos auf die geringwertigen Böden im Nordteil des Kreises und den hohen Waldanteil zurückzuführen. Dieses Gebiet gehört ja auch nicht mehr zur Börde" (ebenda). Angaben für 1819 nach Carl von SEYD-LITZ, Der Regierungs-Bezirk Magdeburg. Geographisches, statistisches und topographisches Handbuch, Magdeburg 1820, 59 (die Flächen sind hier in geographischen Quadrat-meilen angegeben; als Umrechnung gilt: 1 geogr. Quadr.-Meile = 55,0629 km²).

als Mitgift „gleich 600 Thlr. baar" mitgeben,[30] was damals dem Wert von vier großen, starken Pferden, wie sie in der Börde benötigt wurden, entsprach.[31]

Für die gute wirtschaftliche Lage der Bördebauern waren vor allem die hohe Fruchtbarkeit der Böden und die günstige Marktsituation maßgebend. Beide Faktoren hatten schon im 14. Jh. zu einer Überschußproduktion von Getreide (Braugerste, daneben auch Weizen und Roggen) und Gemüse sowie zur Ausbildung relativ stabiler Handelsbeziehungen geführt.[32] Natürlich bedurfte es auch der eigenen Tüchtigkeit (z. B. Carsted kann auch viele gegenteilige Fälle benennen, samt den traurigen Folgen). Von besonderer Wichtigkeit waren aber auch die Art und der Umfang der bestehenden feudalen Belastungen.

Es ist schon erwähnt worden, daß den Bauern in der Börde, insgesamt gesehen, keine besonders schweren Verpflichtungen, was die feudalen Abgaben und Dienste anbelangt, auferlegt waren. Aber es gab natürlich Unterschiede. Aus einer topographischen Beschreibung des Herzogtums Magdeburg, die 1785 erschienen ist und die Verhältnisse etwa zu Anfang der achtziger Jahre des 18. Jh. widerspiegelt, geht hervor, daß die Arbeitsrente im niedrigsten Fall drei Handdiensttage pro Jahr betrug (die Kleinkossaten des Dorfes Fermersleben) und im höchsten Fall jährlich 114 Gespanntage umfaßte (die Vollspänner z. B. von Löbnitz a. d. Bude). Es bestand aber auch jene Regelung, daß die Vollspänner eines Dorfes (z. B. in Hohendodeleben) in einem Vierteljahr 26 Tage Spanndienste ableisten mußten, für das verbleibende Dreivierteljahr aber Dienstgeld zu erbringen hatten. Im Durchschnitt belief sich jedoch die Höhe der Arbeitsrente auf zwei Gespanntage pro Woche für die Vollspänner (104 Tage jährlich), auf einen Gespanntag wöchentlich für die Halbspänner (52 Tage pro Jahr) und auf zwei Handdiensttage je Woche (104 Tage im Jahr) für die Kossaten. Aber die Leistung der feudalen Verpflichtungen in Form der Arbeitsrente machte zu diesem Zeitpunkt im Untersuchungsgebiet nur noch etwa knapp ein Drittel aus. Zum größten Teil war ihre Umwandlung in Geldrente erfolgt, zu einem geringeren Teil existierten Mischformen zwischen Arbeits- und Geldrente, einige Dörfer waren sogar (bis auf Baufuhren) gänzlich dienstfrei, und in ganz geringem Umfang bestand die Produktenrente fort.[33]

---

30 Carsted, Atzendorfer Chronik, 480, 502, 539. − Um dem Gesagten ein Beispiel aus einem anderen Bördedorf hinzuzufügen: „Als der Freisasse Georg Wellmann 1789 in Domersleben starb, hinterließ er ein Geldvermögen von 3208 Reichstalern und 8 Groschen in Gold und 1163 Reichstaler courant (in Silbermünzen). Davon hatte er an die königliche ‚Banque' 1100 Reichstaler in Gold und 1000 Reichstaler courant verliehen. Alles andere hat er als Hypotheken an Bauern und Handwerker in Domersleben und den umliegenden Dörfern vergeben." Dieser Hof „umfaßte 7 Hufe 24 Morgen (= 59,7 ha) Acker". Nach Harnisch, Produktivkräfte, 150 und 85.
31 Vgl. ebenda 486 und 525. − Über die Qualität der Pferde vgl. u. a. bei Oesfeld, Topographische Beschreibung, 45.
32 Vgl. hierzu bei Harnisch, Produktivkräfte, 67−71.
33 Johann Ludwig von Heineccius, Ausführliche topographische Beschreibung des Herzogthums Magdeburg und der Grafschaft Mansfeld Magdeburgischen Antheils, Berlin 1785, 107−141, 144−168, 176−212. Nicht einbezogen sind die 12 bewohnten Orte, die seinerzeit im staatsrechtlichen Sinne nicht zum Herzogtum Magdeburg gehörten. Vgl. dazu Anm. 10.

Tabelle 7:

Hauptformen der Feudalrente in den Dörfern der Magdeburger Börde um 1780

Art	Prozent
Dienstgeld (außerdem Vorspann- und Baufuhren)	45,0
Spann- und Handdienste	31,0
teils Dienstgeld, teils Spann- und Handdienste	16,0
dienstfrei (außer z. T. Bauleistungen)	6,0
Produktenrente	2,0

Hinzu kamen weitere Leistungen, etwa Erbzins, Kornpächte, Kontribution usw. Carsted hat in dieser Hinsicht für Atzendorf eine anschauliche Schilderung hinterlassen: „An Contribution giebt der Bauer monathlich, nachdem er viel oder wenig Hufen hat . . . Was jezo Contribution heißt, war vor diesen Fourage- oder Reutergeld, auch noch zu den Zeiten, da die Reuter auf den Dörfern einqua(r)tirt worden. Sie wird alle Monath gegeben . . . Staat 12 Monat giebt hir der Bauer 13, den in Dezember wird doppelte Contribution gegeben. Der 13. heißt der Credit Monath. In diesen langen Kriegeszeiten (gemeint ist der Siebenjährige Krieg 1756—1763/H. P.) sind zwar keine besonderen Gaben gefodert worden, aber die Credit Monathe sind seit ein paar Jahren vermehrt, sodaß die Bauern ofte 3—4 haben geben müßen. Sie hoffen, daß in Friedenszeiten ihnen solches werde vergütet werden. An Dienstgeld giebt der Bauer jährlich 30—40 Thlr.; davor ist er von allen Hofediensten frey. Diß Geld wird quartaliter oder alle Quatember zusammen gebracht . . . Außer diesen hat der Bauer Erbenzins und verschiedene Cornpächte in natura zu geben. Diese Pächte werden um Martini in der Schencke zusammengebracht. Das Dom Capitul zu Magdeburg, das Closter Uns(er) L. Frauen daselbst und das Amt Beseckendorff bekomt davon das meiste. Ein jeder muß sie hir abhohlen, außer einigen kleinen Pächten, die gewiße Höfe selbst an ihre Pachtherren überbringen müßen."[34]

Im Untersuchungsgebiet befanden sich die Dörfer im Besitz von drei Gruppen von Grund- bzw. Gerichtsherrschaften. Es existierten domänenamtliche (Amtsdörfer), adlige (patrimoniale) und geistliche (domkapitularische, klösterliche, stiftische) Gerichtsdörfer. Ihr Anteil an der (etwas verminderten) Gesamtdorfzahl der Börde stellt sich wie folgt dar:[35]

Amtsdörfer	49,5 Prozent
Adlige Gerichtsdörfer	18,8 Prozent
Geistliche Gerichtsdörfer	31,7 Prozent

---

34   CARSTED, Atzendorfer Chronik, 90—91.
35   HEINECCIUS, Beschreibung, 107—141, 144—168, 176—212. — Über die nicht mit einbezogenen Ortschaften vgl. Anm. 10.

Die feudale Ausbeutung wurde von den verschiedenen Gruppen der Grund-
bzw. Gerichtsherren noch zu Beginn der achtziger Jahre des 18. Jh. unterschiedlich
gehandhabt. Während die Domänenämter schon in großem Maße dazu übergegangen waren, die Feudalrente in ihrer höchsten Form, als Geldrente, einzufordern,
und die geistlichen Korporationen ihnen folgten, aber der Arbeitsrente immer noch
eine erhebliche Bedeutung beimaßen, setzten die Adelsherrschaften noch beinahe
ausschließlich auf die Arbeitsrente.

Tabelle 8:
Hauptformen der Feudalrente in den domänenamtlichen, adligen und geistlichen
Gerichtsdörfern der Magdeburger Börde um 1780[36]

	Amtsdörfer	Adlige Gerichtsdörfer	Geistliche Gerichtsdörfer
Dienstgeld (außerdem Vorspann- und Baufuhren)	58,0 %	21,0 %	50,0 %
Spann- und Handdienste	12,0 %	73,7 %	34,4 %
teils Dienstgeld, teils Spann- und Handdienste	18,0 %	5,3 %	12,5 %
dienstfrei (außer z. T. Bauleistungen)	10,0 %	–	–
Produktenrente	2,0 %	–	3,1 %

Es ist nicht bekannt, welche Größenverhältnisse zwischen den angewandten
Hauptformen der Feudalrente im Untersuchungsgebiet zwanzig bis dreißig Jahre
zuvor, also um die Mitte des 18. Jh., unserem zeitlichen Ausgangspunkt, bestanden
haben. Es gibt Anzeichen dafür, daß damals die Arbeitsrente allgemein eine größere Rolle gespielt hat. Aber es gibt auch Anhaltspunkte, die vermuten lassen, daß
zumindest in Amtsdörfern die feudale Ausbeutung in Form der Geldrente um 1750
sogar verbreiteter gewesen ist als um 1780. Das hängt nicht zuletzt mit den bestehenden Anbauverhältnissen und mit der Zahl der zur Verfügung stehenden Arbeitskräfte zusammen.

Bis über die Mitte des 18. Jh. hinaus dominierte in den feudalherrlichen Eigenwirtschaften und in den großen und mittleren Bauernhöfen des Untersuchungsgebietes der Gerstenanbau.[37] Es handelte sich um eine ausgesprochene Marktproduktion. Infolge dieser Spezialisierung war der klassische Zyklus der Dreifelderwirtschaft Wintergetreide – Sommergetreide – Brache zugunsten des Braugersten-

---

36 Ebenda.
37 Die folgenden Ausführungen stützen sich auf die Ergebnisse der ausgezeichneten Studie
     von Harnisch, Produktivkräfte, 67–71.

anbaus (Sommerfrucht) schon weitgehend aufgesprengt. Flurzwang und Aufhü-
tungsberechtigungen bestanden jedoch ungeschmälert fort. Die Viehbestände wiesen insgesamt, hauptsächlich aber in den bäuerlichen Wirtschaften, keine großen
Zahlen aus. Das hing vor allem mit dem für die Börde charakteristischen Mangel an
Weiden und Wiesen zusammen.

Tabelle 9:
Anzahl der Dörfer ohne und mit Wiesenland in der Magdeburger Börde um 1780[38]

Anzahl der Dörfer		Prozent
ohne Wiesenland		40,4
mit	0— 20 Morgen	17,2
Wiesen-	21— 50 Morgen	16,2
land	51—100 Morgen	9,1
	101—400 Morgen	14,1
	über 400 Morgen	3,0

Während den feudalen Eigenwirtschaften als dem eigentlichen Nutznießer der
Hutungsrechte auch bäuerliche Feldmarken als Weidegrund zur Verfügung standen, waren die Bauern in dieser Beziehung fast ausschließlich auf die Allmende und
auf ihre eigenen Flurstücke angewiesen. Infolgedessen spielten in ihren Wirtschaften
die Stoppelweiden- und Brachhütung die größte Rolle. Die ganzjährige Stallfütterung konnte unter diesen Umständen kaum verwirklicht werden.

Unter den genannten ökonomischen und sozialen Bedingungen hatte sich im
Produktionsprozeß der bäuerlichen Wirtschaften auch eine entsprechende, sich auf
die Familiengemeinschaft stützende, aber auch familienfremde Arbeitskräfte einschließende Arbeitsteilung herausgebildet. Der Prediger Carsted hat sie uns überliefert. Nach seiner Beschreibung verteilten sich die verschiedenen Haupttätigkei-
ten in den drei Bereichen Feld-, Stall- und Hausarbeit wie folgt:

---

38 HEINECCIUS, Beschreibung, 107—141, 144—168, 176—212. Vgl. hierzu außerdem
    Anm. 33.

Tabelle 10:

Arbeitsteilung in den Bauernwirtschaften der Magdeburger Börde (Beispiel Atzendorf) um 1761/62[39]

Feldarbeiten und Drusch	Ausführende
Pflügen (außerdem vermutlich Eggen und Walzen)	Knecht Enke (pflügt hinter dem Knecht her)
Mistfahren	Knecht
Korn aussäen	Bauer
Roggen und Weizen abbringen	Drescher
Gerste und Hafer abbringen	Saisonarbeiter (Mäher aus Sachsen oder dem Harz)
Rauhfutter (Stroh, Spreu, Heu) abbringen	Saisonarbeiter (Mäher aus Sachsen oder dem Harz)
Gerste und Hafer harken	Großmagd Kleinmagd
Garben aufladen („recken")	Enke Kleinmagd
Erntegut vom Feld auf den Hof fahren (gilt auch für das Einholen des Wickfutters)	Knecht
Garben abladen („abstechen")	Knecht
Getreide bansen	Bauer
Dreschen	Drescher (Hauptdrescher mit seiner Frau sowie auf der Nebendiele der Beidrescher mit seiner Frau bis Weihnachten, höchstens bis zu Fastnacht. Oder beide Drescher arbeiten ohne ihre Frauen ab Weihnachten bzw. Fastnacht bis zum Abschluß)

---

39 CARSTED, Atzendorfer Chronik, 90—92, 95. — Über die Bearbeitung des Bodens durch Eggen und Walzen vgl. bei HARNISCH, Produktivkräfte, 106, der eine vermutlich zwischen 1780 und 1790 verfaßte „Abhandlung über die Landwirtschaft" zitiert, die sich in einem Aktenkonvolut des Gutsarchivs Erxleben befindet. — Im „Dienstreglement für die Unterthanen des Königl. Amtes Sommerschenburg" aus dem Jahre 1775 heißt es: „Die Voll- und Halbspänner betrifft, so müssen die Vollsp. wöchentlich 2 Tage und die Halbsp. 1 Tag das ganze Jahr hindurch mit 4 Pferden . . . zu Hofe dienen und alle Arbeit . . . verrichten, mithin sowohl das auf dem Amt und Vorwerken gewonnene Getreide, von den Amts- und

Stallarbeiten	Ausführende
Pferde	
Häcksel schneiden	Knecht
Füttern	Enke
Kühe	
Grünfutter besorgen	Großmagd
(dazu gehörte: Wickfutter einholen,	Kleinmagd
mit dem Knecht als Gespannführer;	
das vorzeitige Absicheln des zu üppig wachsenden	
Weizens im Mai („schrüppen");	
die äußeren Blätter des Kohls entfernen („bladen");	
den Kohl zerstampfen)	
Rauhfutter im Trog mengen („trudeln")	Großmagd
Füttern	Großmagd
Ausmisten	Großmagd
	Kleinmagd
Melken	Großmagd
Schafe	
Melkschafe füttern (im Winter)	Bauer oder
	Großmagd
Jährlinge und nicht milchgebende Schafe füttern	Bauer oder
(im Winter)	Kleinmagd
Schweine	
Füttern	Kleinmagd
Federvieh	
Füttern	Kleinmagd

Hausarbeiten	Ausführende
Buttern	Großmagd
Flachs brechen und schlagen	Großmagd
	Kleinmagd
Spinnen	Großmagd
	Kleinmagd

Vorwerksäckern gew. Getreide, Heu, Wolle und übrigen Deprais verfahren, ingleichen das Getreide von den Amts- und Vorwerksäckern einfahren, Mist-, Holz-, Korn- und andere Fuhren verrichten, pflügen, eggen und walzen . . . Es müssen auch beim Pflügen und Eggen keine anderen Pflüge und Eggen von ihnen gebraucht werden, als deren sie sich bei Bearbeitung ihrer eigenen Äcker bedienen; . . . den Acker müssen sie landüblich und gleich ihren eigenen Acker pflügen, eggen und walzen . . ." Nach GASTMANN, Sommersdorf, 105−106.

Diese Ausführungen Carsteds machen deutlich, daß die Aufgliederung des Produktionsprozesses und die personelle Zuordnung seiner Teile in den bäuerlichen Wirtschaften der Börde zu diesem Zeitpunkt eine feste und hierarchisch abgestufte Form angenommen hatte. Dem Wesen nach handelte es sich immer noch nur um eine geschlechtlich-altersmäßige Arbeitsteilung. Jedem Mitglied der Familiengemeinschaft zuzüglich der familienfremden Arbeitskräfte waren ganz bestimmte Tätigkeitsfelder zugewiesen. Sie verraten auch etwas über die Qualifikation und die Stellung der Mitglieder innerhalb der bäuerlichen Produktionsgemeinschaft.

Der Bauer übte nach diesem Beispiel bereits zum größten Teil nur noch Leitungs-, Geschäfts- und Kontrollfunktionen aus. Carsted bemerkte dazu: „Der Bauer thut den ganzen Tag nichts, alsdaß er nach daßeinige bloß sieht (sic!) und die Schencke besucht."[40] Wenn er Säen und Bansen selbst erledigte, so geht das mit seiner kontrollierenden Tätigkeit natürlich aufs engste zusammen; über Saatgutverbrauch und wirkliche Erntemenge, die beiden wichtigsten Daten seiner Ökonomie, wollte er sich die Auskünfte aus eigener Anschauung verschaffen.[41]

Dem Knecht oblagen vor allem sämtliche Gespannarbeiten; zur Bodenbearbeitung und zu den Dünger- und Ernteguttransporten kamen Kutschfahrten und Marktfuhren hinzu.[42] Auch die Pflege der Pferde, z. B. die Zubereitung des Futters, war ihm aufgetragen.

Der jüngere, auch wohl noch wenig qualifizierte und darum leistungsschwächere Enke (Pferdejunge) war dem Knecht nachgeordnet. Er hatte beispielsweise das Füttern der Pferde zu besorgen, das im Unterschied zur Futterzubereitung keine besonderen Kenntnisse verlangte. Und durfte auch er mit Pferd und Wagen umgehen, dann handelte es sich in der Regel um Leerfahrten.[43] Den Pflug führte er gewöhnlich unter Aufsicht des Knechtes.

Die Großmagd war in erster Linie für sämtliche anfallenden Tätigkeiten im Kuhstall verantwortlich. Bei der Winterstallfütterung der Schafe (sofern dies der Bauer nicht selbst übernahm) waren ihr die wertvollen Melktiere anvertraut. Im Haus kam ihr gewissermaßen die Rolle einer Vorarbeiterin zu.

Die Kleinmagd ging der Großmagd in vielen Dingen zur Hand, bezeichnenderweise aber nur bei den weniger anspruchsvollen Tätigkeiten (z. B. nicht bei der Futterzubereitung für die Kühe, nicht beim Melken und nicht beim Buttern). Eigenverantwortlich war sie nur für die Fütterung der Schweine und des Kleinviehs.

---

40 Carsted, Atzendorfer Chronik, 90.
41 Ähnlich auch Carsted, der selbst eine größere Landwirtschaft (knapp 4,5 Hufen) betrieb: „Ich halte das ganze Jahr hindurch ein accurates Dröschregister und ich weiß abermals, wieviel von jeder Art ein Schock geben kann und erfahre es auch . . . Am Ende muß herauskommen, daß soviel gedroschen als eingefahren, oder man hat mich betrogen", ebenda 46–47.
42 Bei Carsted heißt es: „Sogar, wenn er (der Bauer/H. P.) ausfährt, so setzt er sich mit auf den Wagen, und sein Knecht muß fahren", ebenda, 90.
43 Ebenda 91.

Die Frau des Bauern wird von Carsted in diesem Zusammenhang nicht erwähnt. Er mag davon ausgegangen sein, daß ihre Pflichten als Ehe- und Hausfrau allgemein gut bekannt gewesen sind.

Familienfremde Arbeitskräfte beschäftigte der Bauer nur während der Ernte und beim Drusch. Dabei verdient der Umstand Beachtung, daß er sogar Saisonarbeiter heranholte. Offenbar war es ihm damals nicht möglich, in der agrarischen Spitzenzeit genügend Mäher aus dem eigenen Dorf oder aus der näheren Umgebung zu bekommen. Mit den Dreschern verhält es sich anders. Bekanntlich handelt es sich beim Flegeldrusch um eine sehr sorgfältig auszuführende Tätigkeit, die geübte, eingearbeitete, erfahrene Arbeitskräfte verlangt. Darum waren gute Drescher sehr gesucht, die dann auch beim selben Bauern Jahr für Jahr erneut in Arbeit standen.

Im Zusammenhang mit dem Problem der Arbeitsteilung ist die Frage gestellt, von welchen Gliedern der bäuerlichen Familiengemeinschaft die geforderte Feudalrente abgeleistet worden ist. In der Geldform (Dienstgeld) ist sie vom Bauern als dem Belasteten beigebracht worden. Aber schon bei den landesherrlichen Vorspann-, Bau- und anderen Fuhren übertrug er seine Verpflichtungen gewöhnlich dem Knecht oder sogar dem Enken. Carsted schreibt: „Bey Vorspann und Kriegesfuhren muß er (der Bauer/H. P.) mit 4 Pferden fahren, aber es stehen immer 2 Bauren zusammen; jeder giebt 2 Pferde und den Wagen wechselweise, damit doch ein jeder noch mit 2 Pferden zu Hause durch den Enken oder Knecht kan pflügen laßen. Den auch zu Vorspann und Kriegsfuhren giebt er bloß seine Leuthe her, er selbst bleibt zu Hause."[44] Aber auch zur Ableistung der grund- bzw. gerichtsherrlichen Arbeitsrente gab er gewöhnlich „bloß seine Leuthe her" und sicherlich oftmals nicht seine besten. Deshalb wurde z. B. im Jahre 1775 in einem domänenamtlichen Dienstreglement ausdrücklich festgeschrieben, daß die Voll- und Halbspänner „überhaupt bei den Herrendiensten, also auch besonders beim Getreideeinfahren denjenigen Knecht zu schicken verbunden sind, welchen sie selbst zu ihren Diensten und Arbeiten gebrauchen und der also mit dem tüchtigen Laden und Umkehren umzugehen weiß, oder wenn sie keinen tüchtigen Knecht haben, müssen sie das Einfahren selbst in Person verrichten, keineswegs aber dazu Jungen und Enken schicken."[45]

---

44 Ebenda 90.
45 GASTMANN, Sommersdorf, 107. — Daß der Bauer, sofern die Betriebsgröße des eigenen Hofes und der Umfang der zu erbringenden Dienste es ermöglichten, die feudale Arbeitsrente nicht persönlich, sondern von Familienangehörigen bzw. von seinem Gesinde ableisten ließ, war eine weitverbreitete, wenn nicht überhaupt die übliche Praxis. Vgl. etwa bei LÜTGE, Grundherrschaft, 217. — HENNING, Dienste und Abgaben, 105—109, 116—119. — Gerhard HEITZ, Der Alltag des deutschen Volkes im 17. Jh. Bemerkungen zu Jürgen Kuczynskis neuem Buch. In: Zeitschrift für Geschichtswissenschaft, 29. Jg., Berlin 1981, Heft 6, 499.

IV. Der Einfluß der Veränderungen im agrarischen Produktionsprozeß und im Charakter der feudalen Abhängigkeit auf die Struktur der bäuerlichen Familiengemeinschaft

Die geschilderte Arbeitsteilung und damit die Größe und Zusammensetzung der bäuerlichen Familiengemeinschaft beruhten auf der Grundlage spätfeudaler Produktionsverhältnisse und in produktionsstruktureller Hinsicht auf dem System der Dreifelderwirtschaft mit Spezialisierung auf den Getreidebau.[46] Dieses Ackerbausystem genügte den Leistungsanforderungen allerdings schon längst nicht mehr. Die Zunahme der Einwohnerschaft im allgemeinen und der nichtagrarischen Bevölkerung im besonderen hatte die Nachfrage nach Agrarprodukten ständig erhöht, ohne daß die Landwirtschaft dieser Bedarfserweiterung gerecht werden konnte. Der Widerspruch zwischen dem Bedürfnis nach Ausdehnung und Steigerung der Getreideproduktion einerseits und der Notwendigkeit, zu diesem Zweck gleichzeitig die Viehhaltung vergrößern zu müssen, andererseits, war im Rahmen des Systems der Dreifelderwirtschaft nicht lösbar, „gründete sich doch bei diesem System die Ernährung des Viehs allein auf die Weide, während das Ackerland ausschließlich der Erzeugung von Getreide diente. Wenn unter solchen Voraussetzungen die Weideflächen nun auf Kosten des Getreidebaues verringert wurden, so ergab sich daraus eine Einengung der Viehzucht und damit, da das Vieh die entscheidende Düngerquelle darstellte, auch eine schlechtere Düngung des Ackerlandes"[47] und damit wiederum keine Steigerung, sondern eher eine Verminderung der Ernteerträge. Das System selbst mußte also gesprengt werden.

Das zentrale Problem bestand darin, die Düngermenge zu erhöhen, was auf die Dauer im allgemeinen nur möglich war durch eine Vergrößerung des Viehbestandes. Aber mehr Vieh setzt mehr Futter voraus. Die Lösung konnte nur in der Erweiterung des Anbaues von Futterkräutern bestehen. Dieses Ziel ließ sich im Untersuchungsgebiet unter den gegebenen Bedingungen freilich bloß auf einem Wege erreichen, nämlich durch die gänzliche oder teilweise Nutzung der Brache (Brachbesömmerung). Diesem Schritt standen in Form der Hut- und Triftrechte allerdings schwere Hindernisse entgegen: „Die Befreiung des Brachlandes von Aufhütungen

---

46 Ulrich BENTZIEN, Bauernarbeit im Feudalismus. Landwirtschaftliche Arbeitsgeräte und -verfahren in Deutschland von der Mitte des ersten Jahrtausends u. Z. bis um 1800. Berlin 1980, 144: „Die ‚Legende von der Dreifelderwirtschaft‘ hat man scharf attackiert, obgleich sie keinesfalls von allen Forschern in der Vergangenheit ernst genommen worden war. Tatsächlich scheint die Dreifelderwirtschaft im Mittelalter und am Übergang zur Neuzeit verbreiteter gewesen zu sein als im 18. Jh., das — möglicherweise aber nur aufgrund der günstigen Quellenlage — eine weitaus größere Vielfalt an Bodennutzungssystemen erkennen läßt. Unter diesen war nun die Dreifelderwirtschaft — in ‚reiner‘ oder ‚verbesserter‘ Form — offenbar immer noch am häufigsten, vor allem in zahlreichen mittel- (sic!) und süddeutschen Territorien."

47 Hans MOTTEK, Wirtschaftsgeschichte Deutschlands. Ein Grundriß, Bd. 1, Berlin 1957, 353.

war daher die wichtigste Voraussetzung für den Futterkräuteranbau und alle weitere Nutzung der Fortschritte der agraren Produktivkräfe."[48]

In der Börde kam dieser Prozeß der Überwindung der klassischen Dreifelderwirtschaft, der viele andere Veränderungen auslöste und nach sich zog, und mit dem die Krise des Feudalismus in ihr entscheidendes Stadium trat, in den sechziger Jahren des 18. Jh. in Gang.[49] Das Bild, das sich vierzig Jahre später, am Ende der preußischen und zu Beginn der westfälischen Ära darbot, ließ – wie könnte es anders sein – auf den verschiedenen Gebieten einen unterschiedlichen Entwicklungsstand erkennen.

Die gutsherrlichen Hütungsberechtigungen auf Bauernland waren nur partiell beseitigt; schleppend ging auch die Teilung der Gemeinheiten voran; weit gediehen war dagegen die Separation von Bauernland und Gutsland der verschiedenen feudalen Eigenwirtschaften. „Am meisten wurde wohl in der Ackervertauschung der Bauern untereinander erreicht."[50]

Brachbesömmerung und Feldfutteranbau nahmen einen immer größeren Umfang an. Auch die Bauernwirtschaften waren daran stark beteiligt, vor allem in den stadtnahen Gemeinden, in denen die Möglichkeit gegeben war, Dung ausreichend zusätzlich zu erwerben. In diesen Wirtschaften hatte die Verringerung der Brache bereits ein beträchtliches Ausmaß angenommen.

Die Ausdehnung des Futteranbaues führte, wie es in der Absicht lag, zu einer Vergrößerung der Viehbestände. In den bäuerlichen Wirtschaften nahmen insbesondere die Kuh- und Kälberhaltung zu; die feudalen Eigenwirtschaften betrieben aufgrund der noch reichlich fortbestehenden Hütungsberechtigungen vor allem eine ausgedehnte Schafhaltung. Im Zusammenhang mit dem erweiterten Futteranbau gewann immer mehr die ganzjährige Stallfütterung an Bedeutung, und zwar auch in den Bauernwirtschaften, in erster Linie natürlich in den Gemeinden in Stadtnähe.

Die Spezialisierung auf den Getreidebau blieb auch weiterhin bestehen. Allerdings zeichnete sich jetzt die Tendenz zum verstärkten Anbau von Weizen ab. Von den Bauern folgten dieser Entwicklung vor allem jene, die in den stadtnahen Gemeinden ansässig waren. Der Kartoffelanbau spielte am Ende des 18. Jh. in der Börde noch kaum eine Rolle. Von erheblicher Bedeutung war dagegen der Zichorienanbau, der hauptsächlich in der Umgebung von Magdeburg betrieben wurde und der als Intensivkultur (Spatenkultur) den Einsatz vieler Arbeitskräfte erforderlich machte. Den Bauern verschaffte er hohe Einnahmen und gutes Viehfutter (Zichorienblätter).

Die Feudalrente wurde am Ausgang des 18. Jh. im Untersuchungsgebiet in der Regel in Geld abgeleistet. Ausnahmen gab es nur dort, wo ein Mangel an Arbeitskräften bestand.

---

48 HARNISCH, Produktivkräfte, 77.
49 Die folgenden wirtschaftsgeschichtlichen Aussagen nach: ebenda 72–157.
50 Ebenda 79.

Im Verlauf dieses agrarischen Wandlungsprozesses war in der Börde ein Anwachsen des Gesindepersonals festzustellen:

Tabelle 11:
Gesindebewegung im I. und II. Distrikt des Holzkreises zwischen 1756 und 1805[51]

	1756	1778	1795	1805
Knechte	1368	1847	2430	2440
Enken	1365	2289	1857	1761
Mägde	2543	2178	3840	3822
Gesinde insgesamt	5276	6314	8127	8023
Index (1756 = 100)	100	119,7	154,0	152,1

Der größte Zuwachs an Gesinde hat demnach zwischen 1778 und 1795 stattgefunden, während im folgenden Jahrzehnt sogar ein leichter Rückgang eingetreten
ist, allerdings fast ausschließlich bei den Enken. Die Zahl der Knechte und Mägde
blieb in jenen zehn Folgejahren im wesentlichen konstant. Diese Entwicklung deutet darauf hin, daß der Prozeß, der ein solches Ergebnis bewirkt hat, bereits am Ende
des 18. Jh. zum Abschluß gekommen war.

Die Voraussetzung für das Ansteigen des Gesindepersonals bildete die allgemeine Zunahme der landarmen und landlosen Dorfbevölkerung, die im genannten
Zeitraum innerhalb der in Betracht kommenden Region gut nachzuweisen ist.[52] Die
Ursachen für das Anwachsen des Gesindes sind jedoch in den Veränderungen im
agrarischen Produktionsprozeß und im Charakter der feudalen Ausbeutung zu
sehen.

Ein Einfluß auf die Struktur der bäuerlichen Familiengemeinschaft kann in diesem Zusammenhang vor allem durch drei Faktoren erwartet werden: 1. durch die
eingetretene Veränderung in den Anbauverhältnissen, hauptsächlich aufgrund der
Ausdehnung des Feldfutteranbaues (Brachbesömmerung), die damit verbundene
und möglich gewordene größere Dungauffuhr (Sommerstallfütterung!) und eventuell häufigere Marktfuhren infolge höherer Ernteerträge, was insgesamt einen größeren Aufwand an Gespannarbeit bedeutete; 2. durch die Zunahme der Kuh- und
Kälberhaltung; 3. durch die fast vollständige Umwandlung der Arbeitsrente in
Geldrente. Das äußere Bild der bäuerlichen Familiengemeinschaft, wie es für die
Wende vom 18. zum 19. Jh. in Beispielen überliefert ist, bestätigt zwar im Grunde
diese Erwartung, jedoch nicht in dem Umfang, wie dies nach dem allgemeinen Zuwachs an Gesindepersonen hätte vermutet werden können.

---

51 Ebenda 271—272.
52 Ebenda 113—114.

Tabelle 12:
Anzahl der beschäftigten Gesindepersonen in Bauernwirtschaften dreier
Bördedörfer 1790 und 1803[53]

	Anzahl der Stellen	Durchschnitt je Wirtschaft			
		Knechte	Enken	Mägde	Insgesamt
Groß Santersleben 1790					
Ackerleute	3	1	1,7	2	4,7
Halbspänner	9	0,2	0,6	1,2	2,0
Kossaten	4	–	0,5	0,7	1,2
Nordgermersleben 1790					
Ackerleute	1	–	2	2	4,0
Halbspänner	21	0,5	0,5	1,3	2,3
Kossaten	25	0,04	0,04	0,2	0,28
Hohenwarsleben 1803					
Ackerleute	7	1	1,4	2	4,4
Große Kossaten	9	0,6	0,2	0,2	1,0
Kleine Kossaten	16	0,06	–	0,4	0,5

Im Kern unverändert im Vergleich zu den Angaben, wie sie für die Mitte des
18. Jh., vor Beginn des agrarischen Umwälzungsprozesses, auf der Grundlage der
Mitteilungen von Carsted präzisiert worden sind, bieten sich die Verhältnisse in den
Wirtschaften der Kossaten dar: „Trotz aller Vorsicht, die bei einer Verallgemeinerung dieser wenigen Beispiele geboten erscheint, ist doch deutlich, daß in unserem
Untersuchungsgebiet der größte Teil der Kossaten ohne familienfremde Arbeitskräfte wirtschaftete. Wenn wir in den Quellen immer wieder auf Kossaten stoßen,
die Knechte oder Mägde haben, so ist zu prüfen, ob sie auf Grund örtlich begrenzter
Umstände überdurchschnittlich viel Land hatten oder, was wahrscheinlicher ist und
häufig vorkam, ob sie Land zugepachtet hatten."[54]

Lokale Besonderheiten, vermutlich ein im Durchschnitt geringer Grundbesitz,
scheinen die Ursache dafür zu sein, daß die Wirtschaften der Halbspänner in Groß
Santersleben und Nordgermersleben ein von den Verhältnissen um 1750 deutlich
abweichendes Bild zeigen. Die Zahl der von ihnen beschäftigten Gesindepersonen
liegt jedenfalls unter dem Wert, den Carsted für seine Gemeinde genannt hat und
der für die Mitte des 18. Jh. wahrscheinlich auch als Durchschnittswert für das Untersuchungsgebiet insgesamt in Betracht kommen kann (vgl. Tabelle 3). Für diese
Deutung spricht immerhin der Umstand, daß in Hohenwarsleben sogar von den

---

53 Ebenda 122. – Über den Umfang der Landnutzung stehen hierzu leider keine Angaben
    zur Verfügung.
54 Ebenda 121.

Großkossaten im Durchschnitt mehr Knechte in Dienst genommen waren als in den beiden anderen Gemeinden von den Halbspännern.

Die vielleicht interessanteste Veränderung hat in den Wirtschaften der Vollspänner (Ackerleute) stattgefunden. Die Anzahl der Knechte und Mägde ist hier vollständig konstant geblieben, nicht aber die Zahl der Enken. Diese ist größer geworden, was offensichtlich auf den gesteigerten Bedarf an Gespannarbeit zurückzuführen ist. Das wird auch dadurch bestätigt, daß in allen drei Dörfern schon zu Anfang der achtziger Jahre des 18. Jh. die Feudalrente in Geldform geleistet wurde.

Der auffällige Sprung in der Zahl der Enken zwischen 1756 und 1778 (vgl. Tabelle 11) ist nur im I. Distrikt des Holzkreises aufgetreten, während im II. Distrikt sogar ein leichter Rückgang zu verzeichnen war. Da sich im gleichen Zeitraum im I. Distrikt die Zahl der Mägde verringerte, steht zu vermuten, daß zwischen beiden Erscheinungen ein Zusammenhang bestand, und zwar dergestalt, daß man zeitweilig versucht hat, anstelle von Kleinmägden lieber Enken einzusetzen. In der Folgezeit ist dieser Versuch aufgegeben worden: Die Zahl der Enken ging zurück und die der Mägde stieg an.[55]

Wenn die Zahl der in den bäuerlichen Wirtschaften beschäftigten Gesindepersonen mit Ausnahme der Enken nach wie vor im wesentlichen unverändert geblieben ist, aber andererseits in der Region insgesamt zahlenmäßig ein Anwachsen des Gesindes zu verzeichnen war, so kann dieser Zuwachs nur als Folge der inzwischen nahezu vollständig durchgeführten Umwandlung der Arbeitsrente in Geldrente sowie als Ergebnis der fortschreitenden Aufsprengung der alten Dreifelderwirtschaft in den Gutsbetrieben und der damit verbundenen Errichtung zahlreicher neuer Arbeitsplätze gedeutet werden. Zugleich weist ein Blick zurück (vgl. Tabelle 3) darauf hin, daß ein halbes Jahrhundert zuvor der Anteil der in den feudalen Eigenwirtschaften beschäftigten Knechte, Mägde und Enken noch verhältnismäßig gering gewesen sein muß. Für das Argument, daß die Zunahme des Gesindes, abgesehen von einem Teil der Enken, ausschließlich auf den steigenden Arbeitskräftebedarf der Gutswirtschaften zurückzuführen ist, spricht auch die Einführung einer speziellen Gesindeordnung im Jahre 1789, die es zuvor nicht gegeben hatte. Bis dahin galten die Bestimmungen der „Churfürstlich Brandenburgl. Im Hertzogthum Magdeburg und Graffschafft Manßfeld publicirten Policey-Ordnung" von 1688 (Cap. XXXIV). Mit dieser Gesindeordnung sollte dem Zwangsdienst erneut und, wie es scheint, sogar in verschärfter Form zu allgemeiner Geltung verholfen werden. Der erhoffte Erfolg scheint sich indes nicht eingestellt zu haben.[56] In Gegenden, in denen mehr oder weniger ein dauernder Mangel an Arbeitskräften herrschte, ging

---

55 Ebenda 271—272:
    I. Distrikt — Mägde: 1756 = 1195, 1778 = 855, 1795 = 1983; Enken: 1756 = 618, 1778 = 1716, 1795 = 997
    II. Distrikt — Mägde: 1756 = 1348, 1778 = 1323, 1795 = 1857; Enken: 1756 = 747, 1778 = 573, 1795 = 860.
56 Vgl. ebenda 141—142.

man sogar dazu über, die schon eingeführte Geldrente zeitweilig wieder in eine Arbeitsrente zurückzuverwandeln.[57]

Diese auf den verstärkten Einsatz von Arbeitskräften abzielenden Maßnahmen machen zugleich deutlich, daß auf dem Gebiet der Arbeitsgeräte und Arbeitsverfahren im Verlauf dieser ersten Phase des landwirtschaftlichen Umwälzungsprozesses noch keine wesentlichen Neuerungen, jedenfalls keine, die eine spürbare Anzahl von Arbeitskräften eingespart hätten, entwickelt worden sind.[58]

Die Frage, inwieweit im genannten Zeitraum Veränderungen in der Größe und Zusammensetzung der natürlichen Familie des Bauern eingetreten sind und eventuell eine größere Zunahme des bäuerlichen Gesindepersonals verhindert haben, läßt sich heute noch nicht schlüssig beantworten. Dazu bedarf es weiterer Untersuchungen. Hartmut Harnisch hat die durchschnittliche Kinderzahl sämtlicher Ackerleutefamilien eines Dorfes für das Jahr 1803 ermittelt. Danach hatten diese Familien im Durchschnitt nur 1,1 Kinder;[59] ein Ergebnis, das die sehr geringe Zunahme des Bauerngesindes gerade nicht erklären hilft.

Auch liegen keinerlei Anzeichen dafür vor, daß die Bauern anstelle weiterer Gesindes etwa eine größere Anzahl familienfremder Arbeitskräfte herangezogen hätten. Die Bauern der Börde haben ihre wirtschaftlichen Möglichkeiten durchaus genau eingeschätzt. Und solche Arbeitskräfte, die in der Regel verheiratet waren und einen selbständigen Haushalt führten, wären ihnen für die ganzjährigen laufenden Arbeiten (Gespann- und Stallarbeit) zweifellos erheblich teurer gekommen als zusätzliche ledige Gesindepersonen.[60] Wie genau die Bauern kalkuliert haben, belegt eine Auseinandersetzung im Jahre 1797 im Zusammenhang mit einer vom Magdeburger Domkapitel geplanten Ackervertauschung. In einer Bittschrift wurde dazu erklärt: „„Man bedient sich zwar bei der Ackervertauschung zur Abhelfung der dabei wegen der Güte der abgetretenen Aecker vorfallenden Streitigkeiten des Kunstgriffes, daß statt gutem Acker etwas mehr Acker schlechterer Qualitäten gegeben wird. Dies ist aber ein sehr unpassendes Mittel, indem derjenige, welcher statt des verlorenen guten Ackers, etwas mehr schlechteren Acker bekommt, dadurch gar nicht entschädigt wird. Die Ackerbesitzer würden also bei der vom domkapitularischen Rittergute beabsichtigten Vertauschung der Aecker ganz außerordentlichen Schaden erleiden. Zumal auch durch das Mehrwerden des Ackers mehr Arbeit entsteht und mehr Pferde zur Bewirtschaftung erforderlich sind, dagegen aber nur ein geringerer Ertrag von den schlechten Aeckern zu erwarten ist. Es ist daher zu

---

57 Beispiel: die Amtsdörfer der Domäne Sommerschenburg, wo im Jahre 1775 die bereits 1692 erfolgte Einführung des Dienstgeldes für die Voll- und Halbspänner wieder zurückgenommen wurde. Die Wiederumwandlung der Arbeitsrente in Geldrente geschah hier erst 1805, und zwar zur Hälfte, und erst 1811 vollständig. Nach GASTMANN, Sommersdorf, 50—52.

58 Ausführlich dazu neuerdings bei BENTZIEN, Bauernarbeit, insbes. 143—177.

59 Wie wenig repräsentativ diese Zahl vermutlich ist, geht daraus hervor, daß von den 7 Akkerleuten allein 3, das sind rund 43 Prozent, eine kinderlose Ehe führten. Nach HARNISCH, Produktivkräfte, 111.

60 Vgl. z. B. ebenda 153—155, die Höhe der ermittelten Tagelöhne und Gesindejahreslöhne.

erwarten, daß jährlich eine ansehnliche Summe Geldes zur Anschaffung von Futtermitteln ausgegeben werden muß, damit der Viehbestand gehalten werden kann.' ... (Aber) die Sachverständigen nahmen ... an, daß durch die Ackerzusammenlegung die bisherige Art der Wirtschaftsführung bei sämtlichen Gemeindegliedern in keiner Weise verändert werden würde, und daß es deshalb auch nicht nötig sei, mehr Gespanne zu halten und mehr Gesinde zu beschäftigen."[61] Als Argument des Widerstandes mag die Schilderung in der Bittschrift überzeichnet sein. Dennoch teilt sich darin viel von der Fähigkeit und auch der Praxis dieser Bauern mit, in wirtschaftlichen Belangen nach den Grundsätzen der Rentabilität zu denken und zu handeln.

In den Jahren während und nach der westfälischen Herrschaft kam es zunächst zu keinen neuen Entwicklungen, die auf die Struktur der bäuerlichen Familiengemeinschaft einen wesentlichen Einfluß hätten ausüben können. Die entscheidenden Veränderungen hatten sich bereits weit vorher zugetragen: „Von der Entwicklung der agraren Produktivkräfte und der Ablösung der feudalen Arbeitsrente gingen in der Börde nach 1815 keine besonderen Impulse mehr aus."[62] Das in Größe und Zusammensetzung weiterhin konstant bleibende Gesindepersonal der Bauern unterstreicht diese Feststellung. Für das Jahr 1820 ist die Zahl der männlichen und weiblichen Gesindepersonen eines Bauerndorfes in der Nähe von Magdeburg überliefert. Danach waren vorhanden: 58 Knechte und Enken sowie 44 Mägde.[63] Diese Personen, den 20 Voll- und 3 Halbspännern der Gemeinde[64] unter Zugrundelegung der bisher gewonnenen Erkenntnisse zugeordnet, ergeben folgendes Bild:

Tabelle 13:
Anzahl der beschäftigten Gesindepersonen in den Voll- und Halbspännerwirtschaften der Gemeinde Groß Ottersleben im Jahre 1820

	Anzahl der Stellen	Durchschnitt je Wirtschaft			
		Knechte	Enken	Mägde	Insgesamt
Vollspänner	20	1	1,6	2	4,6
Halbspänner	3	1	1	1,3	3,3

61 Gerhard WUNDERLING, Chronik des Bördedorfes Welsleben, II. Teil, Schönebeck/E. 1935, 55–57.
62 HARNISCH, Produktivkräfte, 170.
63 C. PEICKE, Zur Geschichte der Dörfer Groß-Ottersleben, Klein-Ottersleben und Bennekkenbeck, Groß-Ottersleben 1902, 101.
64 Für 1820 liegen keine Angaben über die Voll- und Halbspänner in der Gemeinde Groß Ottersleben vor. PEICKE, ebenda 100, macht für 1817 zwei Wirtschaften von über 300 Morgen und 36 Höfe mit einer Fläche zwischen 15 und 300 Morgen namhaft. Da diese Angaben viel zu wenig differenziert sind, ist zurückgegriffen worden auf J. A. F. HERMES und M. J. WEIGELT, Historisch-geographisch-statistisch-topographisches Handbuch vom Regierungsbezirk Magdeburg. Zweiter Theil, Magdeburg 1842, 82. – Zum Vergleich: bei HEINECCIUS, Beschreibung, 120, finden sich über Groß Ottersleben folgende Daten: 24 Ackerhöfe, 2 Halbspänner.

Eine neue Etappe in der Entwicklung der agraren Produktivkräfte setzte im Gebiet der Magdeburger Börde erst Mitte der dreißiger Jahre des 19. Jh. im Zusammenhang mit der Einführung des Zuckerrübenanbaues ein.

V. Ergebnis

In den großen und mittleren bäuerlichen Wirtschaften des Untersuchungsgebietes (Voll- und Halbspännerhöfe) können grundsätzlich drei Gruppen von Arbeitskräften unterschieden werden: 1. familienangehörige, 2. familienzugehörige und 3. familienfremde Arbeitskräfte. Die familienangehörigen (oder familieneigenen) Arbeitskräfte sind identisch mit den Mitgliedern der natürlichen Familie des Bauern, die familienzugehörigen Arbeitskräfte entsprechen dem (ledigen) Gesinde (Knechte, Jungen, Mägde, Mädchen) und die familienfremden Arbeitskräfte sind gleichbedeutend mit jenen Personen, die zwar in der bäuerlichen Wirtschaft tätig sind, aber außerhalb der Arbeitssphäre einer anderen Gemeinschaft, der eigenen oder der elterlichen Familie usw., zugehören (z. B. Drescher, Mäher, Saisonarbeiter). Alle drei Gruppen zusammen bilden die bäuerliche Produktionsgemeinschaft; die beiden ersten Gruppen machen die produktive bäuerliche Familiengemeinschaft aus.

Im Verlauf der historischen Entwicklung hatte sich unter den Bedingungen spätfeudaler Produktionsverhältnisse eine Struktur der bäuerlichen Familiengemeinschaft herausgebildet, auf deren Grundlage die beiden wichtigsten Aufgaben, nämlich die eigene erweiterte Reproduktion und die Leistung der Feudalrente, im allgemeinen erfüllt werden konnten. Die in der 2. Hälfte des 18. Jh. erreichten Fortschritte im agraren Produktionsprozeß, die vor allem einen höheren Aufwand an Gespann- und Stallarbeit zur Folge hatten, sowie der Wandel im Charakter der feudalen Abhängigkeit haben diese Struktur nur geringfügig verändert. Zur Erklärung dieses Sachverhaltes bieten sich im wesentlichen drei Faktoren an.

Der gestiegene Aufwand an Gespannarbeit konnte zum Teil durch den nahezu gänzlichen Fortfall der Arbeitsrente infolge ihrer Verwandlung in Geldrente ausgeglichen werden. Das traf insbesondere für die Bauern in den Adelsdörfern zu (vgl. Tabelle 8). Wo diese Freisetzung von Gespannen und Gespannführern keine Rolle mehr spielte, weil die Geldrente bereits eingeführt war, wie namentlich in vielen Amtsdörfern, wurden zur Bewältigung der Mehrarbeit zusätzlich Enken, also nur relativ billige Arbeitskräfte, in Dienst genommen. In diesem Zusammenhang dürfte es auch zu einer gewissen Veränderung innerhalb der familiengemeinschaftlichen Arbeitsteilung gekommen sein, etwa in der Hinsicht, daß die Enken nicht mehr nur, wie bisher, überwiegend mit Leerfahrten betraut worden sind, sondern, gleich den Knechten, jetzt ebenfalls Vollfuhren auszuführen hatten.

Die Erneuerung des Gesindezwangsdienstes, der ja alle jungen Leute der werktätigen Bevölkerung, auch die Söhne und Töchter der Bauern, erfaßte, wirkte sich auf den Arbeitskräftebestand der bäuerlichen Wirtschaften nicht nachteilig aus, weil nur jene Personen zwangsverpflichtet werden durften, die in der elterlichen

Haushaltung nachweisbar abkömmlich waren (Magdeburgische Polizei-Ordnung von 1688, Cap. XXXIV, § 7; Gesindeordnung von 1789, Titel 1, § 1).

Der dritte Faktor scheint, mehr noch als für die Knechte und Enken, für die Mägde von erheblicher Bedeutung gewesen zu sein. Mit dem vermehrten Futteranbau konnte die erstrebte Vergrößerung der Viehbestände verwirklicht werden.[65] Dennoch blieb die Zahl der Mägde in den Bauernwirtschaften konstant. Unter diesen Umständen war der Stallbetrieb nur dann in der gewohnten Weise aufrecht zu erhalten, wenn die Mägde entweder schneller oder länger arbeiteten. Und genauso muß es sich in der Tat auch verhalten haben. Das aber heißt, daß auf der Mägdegeneration um 1800 ein größerer Leistungsdruck lastete als noch auf den Generationen unmittelbar zuvor. Auch das ist ein wichtiger Gesichtspunkt, der überall dort, wo von arbeitenden Menschen die Rede geht, nicht unbeachtet bleiben sollte.

---

65 Einen der noch immer seltenen Nachweise über die Entwicklung der Viehbestände in den bäuerlichen Wirtschaften des Untersuchungsgebietes jener Zeit hat HARNISCH erbringen können. Danach hat sich der Viehstapel eines Halbspännerhofes (34,3 ha) wie folgt verändert: 1778: 4 Pferde, 3 Kühe, 68 Schafe (darunter 24 Lämmer), 15 Schweine. 1799: 5 Pferde, 9 Kühe, 93 Schafe, 12 Schweine. Nach HARNISCH, 85.

ALBERT TANNER

Arbeit, Haushalt und Familie in Appenzell-Außerrhoden

Veränderungen in einem ländlichen
Industriegebiet im 18. und 19. Jahrhundert

I. Protoindustrialisierung: Vom Leinengewerbe zur Baumwollindustrie (449) –
II. Haushalt und Familie als Lebensgemeinschaft (455) – III. Familiale Arbeitstei-
lung und Arbeitsorganisation im Heimarbeitermilieu (474) – IV. Die Familie als
Produktionseinheit in der mechanischen Stickerei (486)

I. Protoindustrialisierung: Vom Leinengewerbe zur Baumwollindustrie

Der am Rande der oberdeutschen Gewerbelandschaft liegende Ostschweizer Halbkanton Appenzell Außerrhoden gehörte im frühen 18. Jahrhundert zu den am
stärksten gewerblich verdichteten ländlichen Gebieten Europas.[1] „In den Aussern
Rooden", schrieb der Chronist Gabriel Walser um 1740, „wird der Leinwand-
Gwerb sehr stark getrieben, daraus Reiche und Arme ihren Nutzen ziehen. Es werden jährlich viele tausend Tücher im Lande fabriciert. . . . Weilen man aber zu einem solchen weitläufigen Gewerbe im Lande nicht alles Garn bekommen kann, so
wird es aus dem Rheintal, Toggenburg, Thurgau und Schwaben-Land erkauft. Die
Armen spinnen, spulen und weben; die Reichen aber verkaufen die fabricierten
Tücher, und so kann je eines dem andern dienen."[2]

Appenzeller Landleute hatten schon im 15. Jahrhundert für st. gallische Webermeister gesponnen und gewoben, Garn und Leinwand in die Stadt zum Verkauf
gebracht. Im Laufe des 16. Jahrhunderts dehnte sich die textilgewerbliche Tätigkeit
im Appenzellerland weiter aus. Auch wurden nun erste Versuche unternommen,
sich aus der wirtschaftlichen Abhängigkeit der Stadt St. Gallen zu lösen.[3] Dies gelang jedoch erst in der zweiten Hälfte des 17. Jahrhunderts, als sich das Schwerge-
wicht der Ostschweizer Leinenherstellung endgültig auf das Land verlagerte und
St. Gallen sein Handels- und Schaumonopol nicht mehr länger aufrecht erhalten

---

1 Dieser Artikel basiert auf meiner Dissertation über den wirtschaftlichen, sozialen und politischen Wandel in Appenzell-Außerrhoden: Albert TANNER, Spulen, Weben, Sticken.
   Die Industrialisierung in Appenzell-Außerrhoden, Zürich 1982.
2 Gabriel WALSER, Neue Appenzeller Chronik, St. Gallen 1740, 40/41.
3 Politisch war das Land Appenzell unabhängig und im Unterschied zur Stadt St. Gallen
   volles Mitglied der Schweizerischen Eidgenossenschaft.

konnte. In Außerrhoden[4] entstanden eigene Leinwandmessen, 1667 in Trogen, 1706 in Herisau, und Bleichebetriebe auf privater Basis ohne obrigkeitliche Kontrollen. Aus dem einheimischen Zwischenhandel entstand ein selbständiger appenzellischer Fernhandel, der im 18. Jahrhundert eine große Blüte erreichte.[5]

Die starke Ausweitung der Leinenweberei in der zweiten Hälfte des 17. Jahrhunderts führte zu Garnknappheit, die Eigenproduktion genügte nicht mehr. Außerrhoder Garnhändler aus Wald, Wolfhalden und Heiden erstanden auf dem Lindauer Garnmarkt große Mengen Schwabengarn,[6] Garnhändler aus dem westlich gelegenen Hinterland kauften direkt bei Toggenburger Spinnern ein, weiteres Garn führte man aus den beiden benachbarten Ackerbauregionen Thurgau und Rheintal ein. Dieser umfangreiche Garnimport weist auf den hohen Industrialisierungsgrad hin, den Außerrhoden auf der Basis der Leinenproduktion im späten 17. und frühen 18. Jahrhundert erreicht hatte.

Wie läßt sich diese frühe und starke Ausweitung und Verdichtung eines Exportgewerbes in Außerrhoden erklären? Die strukturellen Verhältnisse, die einer solchen Protoindustrialisierung günstig waren, hatten sich sowohl im Agrarsektor wie auch auf der rechtlichen und institutionellen Ebene bereits im 15. und frühen 16. Jahrhundert ausgebildet. Schon im Spätmittelalter war die Landwirtschaft in hohem Maße auf Vieh- und Milchwirtschaft ausgerichtet. Während der spätmittelalterlichen Agrardepression verstärkte sich der Übergang zur weniger arbeitsintensiven Viehwirtschaft. Die schon lange vorherrschende Einzelhofwirtschaft und die Ablösung der Grundzinsen und Zehnten in der ersten Hälfte des 16. Jahrhunderts, die den Bauern die vollständige Verfügungsgewalt über ihren Boden, sowohl was die Nutzung als auch den Kauf und Verkauf betraf, brachte, begünstigte diesen Umstrukturierungsprozeß oder stellte ihm zumindest keine Hindernisse in den Weg.

Diese Umstrukturierungen im Agrarsektor waren mit einer Kapitalisierung und Kommerzialisierung der Landwirtschaft verbunden und trieben zusammen mit dem im 16. Jahrhundert einsetzenden Bevölkerungswachstum die wirtschaftliche Ungleichheit bzw. die soziale Differenzierung innerhalb der appenzellischen Bevölkerung weiter voran. Die Zahl der landarmen Kleinbauern, denen der Bodenertrag zum Überleben nicht ausreichte, vergrößerte sich. Diese kleinbäuerlichen Haushalts- und Produktionsgemeinschaften konnten ihr Subsistenzminimum nur erreichen, wenn sie zu einer intensiveren Bodennutzung übergingen, was in der voralpi-

---

4　Appenzell-Innerrhoden, der katholische Landesteil, machte diese industrielle Entwicklung nicht mit. Vgl. Markus Schürmann, Bevölkerung, Wirtschaft und Gesellschaft in Appenzell Innerrhoden im 18. und frühen 19. Jahrhundert, Diss. Basel 1974.

5　Vgl. Walter Bodmer, Textilgewerbe und Textilhandel in Appenzell A. Rh. vor 1800, in: Appenzellische Jahrbücher, Jg. 87 (1959).

6　Bereits 1681 beklagten sich Ulmer Weber, daß in Lindau an einem Markttag mehr Garn in die Schweiz exportiert werde, als in Ulm in zwei Monaten zum Verkauf kommen würde. Die Garn- und Flachsausfuhr nahm im 18. Jh. dann sogar noch zu. Vgl. Wolfgang Zorn, Handels- und Industriegeschichte Bayrisch-Schwabens 1648—1870, Augsburg 1961, 72—78.

nen Hügelzone aber nur beschränkt möglich war, oder wenn sie versuchten, den Fehlbetrag durch anderweitigen Erwerb zu ergänzen. Das Leinengewerbe, verknüpft mit dem zwar zeitweise arbeits- aber nicht bodenintensiven Flachsanbau, verhieß solchen Haushalten einen möglichen Ausweg aus dem Dilemma. Von den strukturellen Verhältnissen im Agrarbereich her betrachtet, bestanden folglich optimale Voraussetzungen für eine Verdichtung der ländlichen Gewerbeproduktion. Die Umstellung auf Viehwirtschaft hatte noch zusätzliche Arbeitskräfte freigesetzt und so die saisonale und strukturelle Unterbeschäftigung vieler ländlicher Arbeitskräfte erhöht. Damit waren zwei der wichtigsten Vorbedingungen für die Protoindustrialisierung erfüllt, nämlich die Existenz billiger Arbeitskräfte und ein elastisches Arbeitskräfteangebot.

Diese vorerst rein ökonomischen Voraussetzungen genügten jedoch noch nicht. Die Freizügigkeit der Arbeitskräfte mußte auch von seiten der rechtlichen sowie politisch-institutionellen Rahmenbedingungen auf der Ebene des Landes und der Gemeinden gewährleistet sein; denn davon hing es ab, ob sich überhaupt eine genügend breite Schicht von landarmen Kleinbauern und landlosen Arbeitern mit eigenen, unabhängigen Haushalten bilden konnte, die für eine erfolgreiche Protoindustrialisierung unabdingbar war. Besonders entscheidend waren in diesem Zusammenhang die Ausgestaltung des Erbrechtes und der Erbbräuche sowie die rechtlichen Bestimmungen hinsichtlich der Niederlassung resp. Siedlung. Das appenzellische Erbrecht sah die Realteilung vor, wobei alle Kinder (Töchter und Söhne) gleichberechtigt waren. Dies beförderte die Teilung der bäuerlichen Vollstellen und die Errichtung vieler kleinbäuerlicher Nebenstellen. Im Laufe des 18. Jahrhunderts, z. T. schon früher, spielten sich Erbbräuche ein, die zwar eine weitere Aufteilung verhindern oder zumindest hemmen konnten, dafür jedoch die Verschuldung der Heimwesen erhöhten. So wurden vielfach die Miterben von demjenigen Sohn, der den Hof zu Lebzeiten oder erst nach dem Tod der Eltern übernehmen durfte, ausbezahlt. Voraussetzung für diese Erbbrauchsformen war der seit der Kapitalisierung des Bodens funktionierende Bodenmarkt. Da die Niederlassung und Siedlung sowie der Bau von neuen Häusern von seiten der Gemeinden und des Landes den Landleuten (Appenzeller Bürger) praktisch ohne Einschränkungen erlaubt war, trugen Realteilung und Erbbräuche zur Errichtung und Ausbreitung landarmer und landloser Haushalte bei, die auf außerbäuerliche Erwerbstätigkeit angewiesen waren und den ländlichen Arbeitsmarkt mit billigen Arbeitskräften versorgten.

Die günstigen Siedlungs- und Niederlassungsbedingungen sind in den besonderen rechtlichen und politischen Verhältnissen Appenzells im 16. Jahrhundert begründet. Grundherrschaftliche oder gerichtsherrliche Abhängigkeiten bestanden nach der Ablösung der Grundlasten im 16. Jahrhundert keine mehr. Infolge des Fehlens irgendwelcher Grundherrschaft sowie wegen der vorherrschenden Streu- und Einzelhofsiedlung war die gemeinschaftliche Nutzung, der „dörfliche Kollektivismus", nur schwach ausgebildet. Zwar bestanden in einigen Gemeinden noch Allmenden, die gemeinschaftlich genutzt wurden, doch genügte das nicht zum Aufbau einer dörflichen Organisationsstruktur, die auch in die wirtschaftlichen Bereiche des dörflich-ländlichen Lebens regulierend eingegriffen hätte. Der agrarische bzw. gewerbliche Individualismus konnte sich, ungehindert von kommunalen und staatlichen Eingriffen, relativ frei entfalten.

Die Stadt St. Gallen errang ihrerseits im Laufe des 15. Jahrhunderts dank der obrigkeitlichen Leinwandschau und der strengen, auf Qualität bedachten Handhabung der Leinwandsatzungen die Führung der Leinwandherstellung im Bodenseeraum und baute einen von Einzelkaufleuten und Handelsgesellschaften geführten, europaweiten Fernhandel auf. Das städtisch-zünftische Weberhandwerk hingegen vermochte mit seinem begrenzten Arbeitskräfteangebot der im 16. Jahrhundert steigenden Nachfrage immer weniger nachzukommen, obwohl die städtischen Webermeister selbst als kleine Verleger und Zwischenhändler in Erscheinung traten. Da die Zahl der Webstühle pro Meister auf vier und diejenige der von Privaten hergestellten Tuche auf zwei pro Jahr beschränkt waren, konnten innerhalb der Stadt keine größeren Verlagsunternehmen entstehen. Die zünftigen Weber hatten in St. Gallen jedoch im Gegensatz zu anderen Städten auf dem Markt keine Vorzugsstellung. Die von Landwebern hergestellten Tuche waren gleichberechtigt zur Schau zugelassen, wenn sie den Qualitätsansprüchen entsprachen. Dies begünstigte die Ausbildung einer neuen Arbeitsteilung, die vorerst die Stadt eindeutig bevorzugte und ihre weitere Entwicklung entscheidend förderte: Die Schau und Veredelung (Bleichen und Färben) sowie der Handel blieben völlig der Stadt vorbehalten. Die Produktion dagegen wurde zu einem großen Teil auf das Land hinaus verlagert, wo ein billigeres, leicht abrufbares und bisher ungenutztes Arbeitskräftepotential erschlossen und so die geringe Angebotselastizität des städtischen Weberhandwerks umgangen werden konnte.[7]

Zusammen mit den im 16. Jahrhundert günstigen Absatzbedingungen für Leinwand auf dem internationalen Markt vermochte diese hier skizzierte Bündelung von Faktoren in der Stadt St. Gallen und im Appenzellerland die Protoindustrialisierung in Gang zu bringen. Nach 1650 entwickelte diese eine eigene Dynamik und durchbrach den „traditionellen Rückkoppelungsmechanismus zwischen Bevölkerung und wirtschaftlichem Wachstumsprozeß",[8] der die agrarische Bevölkerungsweise kennzeichnet, an einer entscheidenden Stelle. Der protoindustrielle Erwerb, der in Außerrhoden als „Vollstelle" oder doch mindestens als Ergänzung einer „Nebenstelle" eingestuft wurde,[9] erhöhte die Beschäftigungsmöglichkeiten und erweiterte dadurch auch den Nahrungsspielraum. Die Begründung und Existenz eines neuen Haushaltes, einer Familie war nicht mehr an die Übergabe von Eigentum (Land) im Erbgang gebunden; ererbter Besitz trat als wirtschaftliches Fundament

---

7 Zum Aufkommen des St. Galler Leinwandgewerbes vgl. Hans Conrad PEYER, Leinwandgewerbe und Fernhandel der Stadt St. Gallen von den Anfängen bis 1520, Bd. II, St. Gallen 1960, 3—9, Walter BODMER, Schweizerische Industriegeschichte, Zürich 1960, 86—93, 117—121, 138—145, 173—177, 198—203.

8 Hans MEDICK, in: Peter KRIEDTE, Hans MEDICK und Jürgen SCHLUMBOHM, Industrialisierung vor der Industrialisierung. Gewerbliche Warenproduktion auf dem Lande in der Formationsperiode des Kapitalismus, Göttingen 1977, 163.

9 Dies nicht nur brauchmäßig, sondern auch rechtlich, so z. B. in den Ehevorschriften.

der Familiengründung in den Hintergrund. Das Bevölkerungswachstum stieß damit nicht sofort an jene Grenze, die in agrarischen Gebieten durch die Abhängigkeit der Nachfrage nach gewerblicher Arbeitskraft von der lokalen oder regionalen Agrarkonjunktur gesetzt war. Die Protoindustrialisierung erhöhte die Nachfrage nach gewerblichen Arbeitskräften so stark, daß außer in Krisenzeiten, die geringe Flexibilität und Wachstumsdynamik der agrarischen Bevölkerungsweise überwunden wurden. Von 1667 bis 1734 vermochte sich die Bevölkerung Außerrhodens aufgrund dieses Aufbruchs des „demo-ökonomischen Regelsystems" (Medick) fast zu verdoppeln, nämlich von rund 19.000 auf knapp 34.000.[10] Gewachsen war nach 1650 nicht nur die Zahl der landarmen Kleinbauern, sondern auch die der Landlosen, die für ihr Überleben ganz auf die industrielle Tätigkeit angewiesen waren und deren Lebensschicksal eng mit den Absatzbedingungen der Leinwand auf den internationalen Märkten Europas verkettet war.

Eine zweite, dynamischere Phase der Protoindustrialisierung setzte mit der Aufnahme der Verarbeitung von Baumwolle ein. Ausgangspunkt war wiederum die Stadt St. Gallen. Im Unterschied zum Leinwandgewerbe waren jetzt der Verlegertätigkeit st. gallischer und appenzellischer Kaufleute und Zwischenhändler (Fabrikanten) keine Schranken gesetzt. Versuche der städtischen Weberzunft mit der Unterstützung des Rates, das Baumwollgewerbe für die zünftischen Weber als Ersatz für das darniederliegende städtische Leinengewerbe zu monopolisieren, schlugen von Anfang an fehl. Die Verarbeitung des neuen Rohstoffes verbreitete sich in der Folge rasch in den St. Gallen nahen appenzellischen Gemeinden. Ende der vierziger Jahre des 18. Jahrhunderts hatte sich das neue Gewerbe über den ganzen Kanton ausgebreitet, ohne vorerst die Leinenherstellung und den Leinenhandel zu verdrängen. Ab Mitte des 18. Jahrhunderts trieb es dann die Industrialisierung Außerrhodens nochmals ganz massiv voran. Es ersetzte nach 1770 nicht nur das stagnierende Leinwandgewerbe, sondern zog auch neue, von der ländlichen Industrie noch nicht erfaßte Arbeitskräfte in den gewerblichen Produktionsbereich hinein und verstärkte die Abhängigkeit der Bevölkerung von industrieller Tätigkeit. Längst war diese für viele mehr als nur eine hochwillkommene, saisonale Teilzeitbeschäftigung für die stillen Wintermonate. Der überwiegende Teil der Bevölkerung Außerrhodens lebte bereits ausschließlich oder doch zu einem hohen Prozentsatz von seiner Tätigkeit im ländlich-gewerblichen Sektor. Viele Haushaltsgemeinschaften verfügten weder über Grund- noch Hausbesitz und waren landwirtschaftlicher Feld- und Stallarbeit stark entfremdet. Andere Heimarbeiterfamilien besaßen zwar noch ein Haus, aber hatten keinen oder nur wenig landwirtschaftlich nutzbaren Boden. Für viele Kleinbauern- und sogar Handwerkerfamilien war die Heimindustrie zur exi-

---

10 Dazu bedurfte es allerdings eines entsprechenden Responses der umliegenden Ackerbauregionen, denn die Ausrichtung auf Vieh- und Milchwirtschaft und die Protoindustrialisierung machten Außerrhoden von deren Getreideüberschüssen abhängig. Getreidesperren der süddeutschen Staaten führten deshalb in Außerrhoden regelmäßig zu Hungersnöten und demographischen Krisen.

stenzsichernden Neben- oder Hauptbeschäftigung geworden. Aber selbst in Bauernfamilien war für einzelne Haushaltsmitglieder die industrielle Tätigkeit, sei es als Spinnerin, Spuler, Weber oder Stickerin, oft die Hauptbeschäftigung.

Die zweite Phase der Protoindustrialisierung unterwarf nicht nur bis dahin saisonal oder ganzjährig un- oder unterbeschäftigte Arbeitshände einer stetigeren, d. h. vom Arbeitszyklus der Landwirtschaft unabhängigen Tätigkeit, sondern entzog auch dem Handwerk und zum Teil sogar der Land- und Alpwirtschaft Arbeitskräfte, was in Zeiten der Hochkonjunktur der Baumwollindustrie zu Klagen über Arbeitskräftemangel oder zu hohe Löhne im landwirtschaftlichen Sektor führen konnte. Das herkömmliche Handwerk überließen viele Außerrhoder zugewanderten Hintersassen: „Zwei Drittel des alten Handwerkstandes wichen dem neuen Industriezweige, und verschiedene Gemeinden besitzen nur noch die allernotwendigsten Meister für die Fuß- und Körperbekleidungen. Der anziehende Reiz des leichten Verdienstes im Webkeller, am Umleggatter, beim Feiltragen und im Handel mit Mousseline, führte zum Wechsel des Berufes und zur Aufnahme fremder Handwerker, die ihren Unterhalt und willige Niederlassung fanden."[11]

Die ersten verfügbaren quantitativen Angaben über die berufliche Zusammensetzung aus dem ersten Viertel des 19. Jahrhunderts – nach 1800 traten in der wirtschaftlichen Entwicklung Außerrhodens bis 1850/60 keine wesentlichen Veränderungen mehr ein – bestätigen den hohen Industrialisierungsgrad Außerrhodens zu Ende des 18. Jahrhunderts recht eindrücklich: Die Gemeinde Bühler zählte um 1826 291 webende Einwohner, das waren fast 43 % der Bewohner über 16 Jahre. Insgesamt dürften mehr als 75 % der über 16 Jahre alten Bevölkerung eine industrielle Tätigkeit als Haupt- oder Nebenbeschäftigung ausgeübt haben. In Herisau, einem der gewerblich-industriellen Zentren, zählte man 4193 im Textilsektor beschäftigte Personen, das waren 76 % der Einwohner über 12 Jahre oder 86 % der Erwachsenen. Der appenzellische Ratschreiber und Publizist J. C. Schäfer lag daher sicher richtig, wenn er 1811 schrieb: „In unsern guten Zeiten beschäftigen sich – aussert der Geistlichkeit, den Schullehrern und wenig Künstlern und Handwerkern – beinahe alles mit der Fabrikation und dem Verkauf der Mousseline und Baumwollwaren."[12] Diese „außerordentliche Industrie-Tätigkeit" (Ebel) machte Außerrhoden um 1800 nicht nur zu dem am dichtesten besiedelten Kanton der Schweiz, sondern sollte, wie dies neben Ebel auch andere Reiseschriftsteller und Chronisten des 18. Jahrhunderts bemerkten, „große Veränderungen in dem Zustande dieses Hirtenvolkes bewirken".[13]

---

11 Bruchstücke aus dem Wanderschafts-Tagebuch eines Professionisten aus dem Kanton Appenzell VR in den Jahren 1789 bis 1796, in: Appenzellisches Monatsblatt, Nr. 6 (1825) 112/113.
12 J. C. Schäfer, Vaterländische Erinnerungen an meine Mitlandleute der äußern Rhoden, in: Materialien zu einer vaterländischen Chronik des Kantons Appenzell, Jg. 3 (1811) 17.
13 Johann Gottfried Ebel, Schilderung der Gebirgsvölker der Schweiz, Bd. 1, Leipzig 1798, 280.

II. Haushalt und Familie als Lebensgemeinschaft

Ähnlich wie in städtischen Verhältnissen hatte in Außerrhoden das „ganze Haus" schon im 18. Jahrhundert seine allgemeine Gültigkeit als bauliche und soziale Einheit verloren. Innerhalb vieler Häuser bestanden im Produktions- und Reproduktionsbereich voneinander unabhängige, innerhäusliche Untergruppen. Trotz des „Lebens unter einem Dache" bildeten sie keine Arbeits- und Lebensgemeinschaft und unterstanden auch nicht mehr, oder dann nur noch teilweise, der hausherrlichen Gewalt des Hausvorstandes bzw. Hauseigentümers. Die mit der Protoindustrialisierung erleichterte Möglichkeit der Gründung eines eigenen Hausstandes hatte die Zersetzung des „ganzen Hauses" als bauliche und soziale Einheit beschleunigt. Mitbeteiligt an diesem säkularen Auflösungsprozeß waren jedoch auch das Erbrecht und die Erbbräuche. Sie räumten keinem der Erben eine bevorzugte Stellung ein und hinderten auch keinen an der Heirat und Gründung eines eigenen Haushaltes. Dem Bau eines eigenen Hauses standen infolge fehlender einschränkender Bauvorschriften ebenfalls keine rechtlichen Hindernisse entgegen. Ein Teil der ländlichen Gewerbetreibenden nutzte diese Chance und gründete nicht nur einen selbständigen Haushalt innerhalb eines bereits bestehenden Hauses, sondern sie bauten sich ein ihren Bedürfnissen angepaßtes, eigenes Haus, das Weberhaus (Weberhöckli). Für sie wurde auf diese Weise das „ganze Haus" als bauliche und soziale Einheit nochmals Wirklichkeit. Sie erreichten damit im engeren Lebens- und Wohnbereich einen Grad an Selbständigkeit und Unabhängigkeit, wie ihn die zur Miete lebenden Familien und Haushalte nicht kannten.

Trotz der Auflösungserscheinungen des Hauses als bauliche und soziale Einheit hatte die „Sozialform des ganzen Hauses" (Brunner), verstanden als Einheit von Produktion und Konsum, d. h. von Arbeit und Befriedigung der Subsistenzbedürfnisse in Haushalt und Familie, weiter Bestand. Ebenso wie in Hausgemeinschaften mit einem Haushalt blieb innerhalb der innerhäuslichen Untergruppen (Haushalte) die Einheit von Haushalt und Produktion weitgehend, wenn auch in unterschiedlicher Ausprägung, erhalten. Jedoch selbst bäuerliche Haushalte waren im 18. Jahrhundert in Außerrhoden nicht mehr Haushalte mit einer geschlossenen Hauswirtschaft, in der das, was produziert wurde, fast ausnahmslos für den Eigenverbrauch bestimmt war. Alle Haushalte waren, im bäuerlichen Milieu weniger stark als in den übrigen Bevölkerungsschichten, in Markt- und Austauschbeziehungen eingebunden. Produktion und Konsum waren marktabhängige Größen.

Eine untrennbare Einheit stellten Haushalt und Familie im bäuerlichen, gewerblichen und handwerklichen Sozialmilieu dar. Die Haushalte von Taglöhner- und unselbständigen Handwerkerfamilien beschränkten sich hingegen bereits weitgehend auf Reproduktionsaufgaben (Ernährung, Wohnen und Schlafen); der Erwerbstätigkeit wurde außerhalb des Hauses und nicht im familienwirtschaftlichen Rahmen nachgegangen. Bei Kaufleuten und Fabrikanten befanden sich Geschäft und Haushalt um die Mitte des 19. Jahrhunderts noch am gleichen Ort. Allerdings hatte sich hier bereits in zunehmendem Maße eine immer strikter werdende Trennung der Geschäfts- und Wohnräume ausgebildet, wurden Frauen und Kinder geschäftlicher Funktionen entbunden. In den Haushalten der protoindustriellen Bevölkerung waren Arbeit und Befriedigung der Subsistenzbedürfnisse ebenfalls noch fast vollständig im Haushalt konzentriert. Im Gegensatz zu den bäuerlichen und gewerblichen Haushalten hatten sie ihre Selbständigkeit jedoch mit der Ausbildung des Verlagssystems verloren. Sie standen in Abhängigkeit von Fabrikanten und kaufmännischen Verlegern und waren konjunkturellen Schwankungen ohne Schutz restlos ausgeliefert. In den Fabrikarbeiterhaushalten dagegen war diese Einheit aufgelöst, die Trennung von Arbeits- und Wohnstätte bereits vollständig vollzogen.

Um der Realität der häuslichen Lebensgemeinschaften und der innerhäuslichen, familialen Untergruppen gerecht zu werden, drängt sich für die quantitative Untersuchung der Familien- und Haushaltsstrukturen im frühen 19. Jahrhundert eine Begrifflichkeit auf, die versucht, jene Personen und Personenverbände zu erfassen, die tatsächlich in einem Arbeits-, Handlungs- und Bewußtseinszusammenhang standen. Im folgenden verwende ich deshalb für alle in einem Haus oder Hausteil zusammenwohnenden Personen oder Personenverbände den Begriff „Hausgemeinschaft". Er ist weniger mißverständlich sowie historisch und sozial nicht auf einen bestimmten Haushaltstypus festgelegt. Wie weit und wie stark solche Hausgemeinschaften eine tatsächliche Lebens- und Arbeitsgemeinschaft darstellten, eine Einheit von Produktion und Konsum, ein „ganzes Haus", bildeten, hängt vom wirtschaftlichen und sozialen Zusammenhang ab, in dem sich die Bewohner befanden, und kann nicht generell entschieden werden. Die Bandbreite der Hausgemeinschaft reichte von der vollständigen Integration aller Hausbewohner in eine Lebens- und Arbeitsgemeinschaft, ein „ganzes Haus" im umfassenden Sinn als bauliche und soziale Einheit, in der alle der hausherrlichen Gewalt des Hausbesitzers unterstanden, bis zum bloßen Zusammenwohnen verschiedener Personenverbände unter einem Dach in einem völlig versachlichten Mietverhältnis. „Haushaltsgemeinschaft" oder schlicht „Haushalt" meint hingegen einen Personenverband von zusammenlebenden verwandten (Eltern und Kinder, Geschwister etc.) und nicht verwandten (Mägde, Knechte, Gesellen, Untermieter) Menschen. Hier erstreckte sich die Bandbreite von einer Lebens- und Arbeitsgemeinschaft in der Form des „Sozialverbandes des ganzen Hauses" bis zur Mitbewohnerschaft eines Kostgängers oder Untermieters, der im Keller des Hauses oder auswärts selbständig einer Arbeit nachging. „Familienhaushalte" sind jene Haushalte, die nur aus Verwandten, in der Regel den Eltern und ihren Kindern, d. h. Familienangehörigen im heutigen Sinn, bestehen. Zur „eigentlichen Familie" gehörten in Außerrhoden im späten 18. und frühen 19. Jahrhundert, mindestens in den oberen Schichten, nur die miteinander verwandten Personen. Fremde Dienstboten, Gesellen wurden aber in der Regel immer noch „wie Glieder der Familie" (Rüesch) betrachtet, die mit den Familienangehörigen am gleichen Tisch speisten und oft sogar noch in alle Familienverhältnisse eingeweiht waren.[14]

---

14 Gabriel RÜSCH, Der Kanton Appenzell. Historisch-geographisch-statistisches Gemälde der Schweiz, Heft 13, St. Gallen/Bern 1835, 122.

Tabelle 1:
Gliederung der Haushalte nach Art der Hausgemeinschaft und Zahl der Mitglieder, 1842, in Prozent[15]

Haushalte mit n-Personen	Herisau			Bühler	Wolfhalden		
	A*	B*	Total	Total	A*	B*	Total
1	0,7	0,6	0,7	2,1	0,3	4,8	1,8
2	5,4	20,4	15,6	11,9	6,6	21,2	11,1
3	13,7	23,9	20,7	21,4	12,5	28,1	17,5
4	17,5	20,1	19,3	17,3	21,0	16,4	19,5
5	17,7	13,2	14,7	13,2	18,4	13,7	16,9
1–5	55,1	78,2	70,9	65,8	58,8	84,2	66,7
6	12,5	8,9	10,1	14,0	14,8	6,8	12,2
7	11,2	5,9	7,5	7,8	11,2	4,1	8,9
8	10,4	2,9	5,3	2,9	7,5	4,8	6,7
9	4,6	1,2	2,3	3,3	3,9	–	2,7
10	2,3	1,8	1,9	2,5	1,6	–	1,1
6–10	41,0	20,7	27,2	30,5	39,0	15,7	31,5
11–14	3,1	0,7	1,4	2,5	2,6	–	1,8
15–19	0,6	0,1	0,2	0,8	–	–	–
20 und mehr	0,2	0,3	0,2	0,4	–	–	–
Ø Anzahl pro Haushalt	5,6	4,2	4,7	4,9	5,4	3,7	4,7
Ø Anzahl Bewohner pro Haus			7,6	5,6			5,7

Die Unterschiede in der Anzahl der Bewohner pro Haus, der Durchschnittsgröße der Hausgemeinschaften sind recht groß: 7,6 in Herisau, 5,7 in Wolfhalden und 5,6 in Bühler. Diese Werte sind aber schwer vergleichbar und wenig aussagekräftig, denn die Berechnung läßt jede Gewichtung der Größe der Häuser außer acht, Hausteile und ganze Häuser, kleine und große, werden gleichgesetzt. Dies führt selbst im lokalen Bereich zu großen Verzerrungen. Die durchschnittliche Größe der Haushalte hingegen variiert unter den drei Gemeinden nicht wesentlich: 4,7 Personen in Herisau und Wolfhalden, 4,9 in Bühler. Beträchtliche Unterschiede zeigen sich, sobald die Haushalte nach der Art der Hausgemeinschaft, in der sie sich befinden, aufgeschlüsselt werden. In Häusern mit nur einem Haushalt (A), wo Haushalt und Hausgemeinschaft zusammenfallen, lag die durchschnittliche Zahl

---

15 A* = Hausgemeinschaft, bestehend aus einem Haushalt, B* = Hausgemeinschaft, bestehend aus mehr als einem Haushalt.

der Angehörigen deutlich über dem allgemeinen Durchschnitt und noch ausgeprägter über der Durchschnittsgröße von Haushalten in Häusern mit mehr als einer Haushaltsgemeinschaft: Herisau 5,6 gegenüber 4,2; Wolfhalden 5,4 gegenüber 3,7. Diese Werte deuten auf eine klare Dominanz von Kleinhaushalten und Kleinfamilien. Durchschnittszahlen solcher Art verwischen jedoch die entscheidenden Unterschiede. Die Streuung der Haushaltsgrößen hilft eher weiter. In den drei Gemeinden waren Haushalte bis zu fünf Personen am weitaus stärksten vertreten: in Herisau 70%, in Bühler und Wolfhalden um 66%. Noch höher liegen die Werte für jene Häuser, wo mehrere Haushalte pro Haus (B) vorhanden waren: in Herisau 78%, in Wolfhalden gar 84%. Aber auch in Hausgemeinschaften mit einem Haushalt (A), nur einer „Familie", überwogen kleinere Haushaltsgemeinschaften. Die Annahme einer Dominanz von Kleinhaushalten, die z. T., wenigstens der Form nach, der heutigen Vorstellung einer modernen Kleinfamilie entsprechen, bestätigt sich. Allerdings war die Zahl der Haushalte mit sechs bis zehn Personen recht hoch. Die eigentlichen Großhaushalte mit über zehn Angehörigen fallen jedoch kaum ins Gewicht. In Herisau z. B. sind die 31 Großhaushalte 13 Handwerkern, 6 Unternehmern, 5 Gewerbetreibenden (Händler, Wirte, Müller, Metzger), 4 Bauern und je einem Taglöhner, Weber sowie Fabrikarbeiter zuzuordnen. Vier der Handwerkerhaushalte hatten über 20 Angehörige. Ursachen dieser Großhaushalte war in den meisten Fällen nicht eine hohe Kinderzahl, sondern die große Zahl von fremden Personen: bei den Handwerkern vor allem Gesellen, den Unternehmern Bleicherknechte bzw. Appreturgehilfen, den Gewerbetreibenden Knechte und im Betrieb nicht beschäftigte, ledige Kostgänger. Einzig im Weber- und Taglöhnerhaushalt war die hohe Zahl von im elterlichen Haushalt lebenden und z. T. mitarbeitenden Kindern der ausschlaggebende Faktor. 60% der Großhaushalte waren steuerpflichtig und gehörten demnach also eher zum vermöglichen Bevölkerungsteil.[16]

Die durchschnittlichen Haushaltsgrößen der einzelnen sozialen Gruppen weichen z. T. recht beträchtlich voneinander und vom Gesamtdurchschnitt ab. Am kleinsten waren die protoindustriellen Haushalte, am größten diejenigen der Fabrikanten, Kaufleute und Gewerbetreibenden. So zählten in Herisau die Kaufleute- und Fabrikantenhaushalte im Durchschnitt 5,5 Personen, in Bühler gar 6,9, es folgten die Gewerbetreibenden mit 5,3 bzw. 5,1. Heimarbeiterhaushalte umfaßten dagegen in Herisau 3,9 und in Bühler 4,1 Personen, Fabrikarbeiterhaushalte 4,5. Diese tiefen Werte lassen annehmen, daß in der Schicht der Heimarbeiter der Familienhaushalt dominierte, ja fast die Norm darstellte, während im traditionellen Gewerbe, infolge der Zugehörigkeit von Verwandten, Dienstpersonal, Gesellen und zahlenden Untermietern, erweiterte Haushaltsformen verbreiteter waren. Näheren Aufschluß darüber geben die Gliederung der Haushalte nach ihrer Größe (Tabellen 2 und 3) und ihre Zusammensetzung nach Rolle und Funktion der zugehörigen Mitglieder (Tabelle 4).

---

16 In Außerrhoden waren um diese Zeit mehr als die Hälfte der Haushalte nicht steuerpflichtig.

Tabelle 2:

Gliederung der Haushalte von Bauern und Gewerbetreibenden, 1842, in Prozent

Haushalte mit n-Personen	Herisau			Bühler		Wolfhalden	
	Bauern	Handw.	Gewerbe	Bauern	Handw. u. Gewerbe	Bauern	Handw. u. Gewerbe
1	1,1	—	0,6	—	—	4,5	—
2	12,5	14,9	13,1	8,5	8,0	11,2	7,6
3	18,5	19,5	14,3	22,9	25,0	12,7	17,4
4	21,9	15,3	13,7	17,1	16,0	20,9	20,7
5	15,1	15,7	16,8	18,6	18,0	14,2	18,4
1—5	69,1	65,4	58,5	67,1	62,0	63,2	64,1
6	11,3	8,0	8,7	12,9	14,0	14,9	13,0
7	7,2	8,8	16,1	11,4	10,0	8,2	7,6
8	5,7	8,4	5,6	1,4	6,0	8,9	6,5
9	4,2	2,3	5,6	—	4,0	1,5	7,6
10	1,1	2,7	1,9	4,3	2,0	1,5	—
6—10	29,4	30,2	37,9	30,0	36,0	35,1	34,7
11—14	1,5	2,3	3,1	2,9	2,0	1,5	1,1
15—19	—	0,8	0,6	—	—	—	—
20 und mehr	—	1,1	—	—	—	—	—

Tabelle 3:

Gliederung der Haushalte von Heimarbeitern, Fabrikarbeitern, Kaufleuten und Fabrikanten, 1842, in Prozent

Haushalte mit n-Personen	Herisau			Bühler		Wolfhalden	
	Heimarb.	Fabrikarb.	Kaufl./Fabr.	Heimarb.	Fabr.	Heimarb.	Fabr.
1	0,6	—	—	—	—	1,2	—
2	22,5	14,4	7,7	25,0	8,0	12,4	9,5
3	26,0	22,9	16,9	23,3	16,0	20,5	28,6
4	21,3	18,6	13,8	20,0	8,0	19,2	19,0
5	12,5	14,4	18,5	5,0	16,0	19,2	19,0
1—5	82,8	70,3	56,9	73,3	48,0	72,5	76,1
6	6,9	16,9	16,9	15,0	12,0	9,3	4,8
7	4,5	5,9	9,2	5,0	—	9,3	9,5
8	3,5	5,1	5,4	—	8,0	4,3	4,8
9	0,8	—	3,8	6,7	4,0	1,2	—
10	1,2	0,8	3,1	—	8,0	1,9	—
6—10	17,0	28,8	38,5	26,7	32,0	26,0	19,1
11—14	0,2	0,8	3,8	—	20,0	—	4,8
15—19	—	—	0,8	—	—	—	—
20 und mehr	—	—	—	—	—	—	—

Sowohl unter den drei Gemeinden als auch zwischen bäuerlichen und gewerblichen Haushalten bestanden in der Streuung keine wesentlichen Unterschiede. Zu beachten ist einzig die aufgrund der bereits dargelegten Resultate erwartete, höhere Zahl der gewerblichen Haushalte mit sechs und mehr Personen.

Zwischen 73% und 83% der Heimarbeiterhaushalte umfaßten höchstens fünf Angehörige; in Herisau und Bühler rund 70% sogar nur vier Personen. Fabrikarbeiterhaushalte waren eher etwas größer: 28% vereinigten zwischen sechs und acht Personen pro Haushalt. Dies kann auf ein längeres Verbleiben der Kinder oder die Anwesenheit von Untermietern zurückgeführt werden. In Wolfhalden waren, wie bereits die Durchschnittswerte andeuten, auch unter Heimarbeitern größere Haushalte stärker vertreten. Blieben hier die Kinder im arbeitsfähigen Alter länger im elterlichen Haushalt? Spielten dabei die größere Verbreitung eigener Häuser oder Hausteile unter den Heimarbeitern und ihre dadurch erhöhte Seßhaftigkeit eine Rolle? Vermochten die über Grundbesitz verfügenden Heimarbeitereltern die elterliche Kontrolle über ihre erwerbstätigen Kinder besser und länger aufrechtzuerhalten? Hemmte der vorhandene Besitz wie bei anderen besitzenden Schichten die Lockerung des Zusammenhanges zwischen den Generationen, wie sie sonst im protoindustriellen Milieu des 18. und 19. Jahrhunderts festzustellen ist? Diese Vermutungen könnten zutreffen, denn besonders unter Heimarbeiterhaushalten, die allein in einem Haus oder Hausteil lebten, waren Haushalte mit sechs bis zehn Personen häufiger vertreten.

Eine ähnliche Streuung wie die gewerblichen Haushalte zeigen jene der Kaufleute und Fabrikanten in Bühler und Herisau: Über 50% (Bühler) bzw. 40% (Herisau) bewegen sich in der Größenordnung von sechs und mehr Personen. Ein längeres Verbleiben der Kinder im Haushalt, allenfalls auch eine niedrigere Kindersterblichkeit, die Anwesenheit von Dienstpersonal und in größeren Geschäftshaushalten von Bürogehilfen (Commis) dürften hauptsächlich dafür verantwortlich gewesen sein. 28% der Kaufleute- und Fabrikantenhaushalte in Herisau hatten einen Knecht, 52% eine oder mehrere Mägde. In Wolfhalden dagegen, wo sich nie ein starker Fabrikantenstand etablieren konnte, waren die Haushalte sogar kleiner als diejenigen der übrigen Sozialgruppen. Meist, in 14 von 20 Fällen, handelte es sich um bloße Familienhaushalte. In vier Fällen gehörte ein Knecht oder eine Magd dazu. Zwei hatten einen Weber als Mitbewohner.

Wie diese unterschiedlichen Haushaltsgrößen zustande kamen, welche Bedeutung in den verschiedenen sozialen Milieus den Kindern, Untermietern, Gesellen, Knechten und Mägden zufiel, zeigt die Zusammensetzung der Haushalte nach den Rollen der Funktionen der Haushaltsangehörigen in Tabelle 4.

Die Haushaltsgröße bei Heimarbeitern und Fabrikarbeitern hing allein von der Kinderzahl und der Anzahl der Untermieter ab; in bäuerlichen und gewerblichen Haushalten, vor allem aber bei Kaufleuten und Fabrikanten fiel als weiterer bestimmender Faktor noch die Zahl der Knechte und Mägde ins Gewicht. Im traditionellen Handwerk und Gewerbe spielte zusätzlich noch die Anzahl der angestellten und im Hause lebenden Gesellen eine entscheidende Rolle. Die Kinderzahl bzw. die Familiengröße stellte in den meisten Haushalten den wichtigsten Faktor für die

Tabelle 4:
Haushaltszusammensetzung in Herisau und Wolfhalden, 1842

Ø Zahl	Bauern		Handwerk	Gewerbe	Heimarbeiter		Fabrikarbeiter	Kaufl./Fabrikanten
	Herisau	Wolfhalden	Herisau	Herisau	Herisau	Wolfhalden	Herisau	Herisau
Eltern	1,8	1,8	1,9	1,9	1,9	1,9	1,9	1,9
Kinder	2,3	2,2	1,7	2,0	1,4	2,0	1,6	2,1
Mägde	0,07	0,04	0,13	0,3	–	–	–	0,6
Knechte	0,13	0,1	0,05	0,24	–	–	–	0,3
Gesellen	–	–	1,1	0,1	–	–	–	0,05
Mitbewohner	0,5	0,8	0,4	0,8	0,6	0,7	1,0	0,5
Familien-größe	4,1	4,0	3,6	3,9	3,3	3,9	3,5	4,0
Haushalts-größe	4,7	4,9	5,3	5,3	3,9	4,6	4,5	5,5
Haushalte (abs.)	257	186	256	164	487	176	117	130

Haushaltsgröße dar. Die sozialen Gruppen mit niedrigen Kinderzahlen (Heimarbeiter, Fabrikarbeiter, Handwerker) hatten mit Ausnahme der Handwerker, wo die fremden Gesellen sehr stark ins Gewicht fielen, auch entsprechend kleinere Haushalte als die übrigen. Die Kernfamilie umfaßte bei den Heimarbeitern Herisaus 3,3 Mitglieder, bei den Fabrikarbeitern 3,5 und im Handwerk ebenfalls nur 3,6. Bei den Heimarbeitern von Wolfhalden hingegen, im Gewerbe, bei Bauern und Fabrikanten schwankte sie zwischen 3,9 und 4,1 Angehörigen. Die Familien dieser Berufsgruppen hatten im Durchschnitt zwei und mehr Kinder, während bei den erstgenannten Gruppen die durchschnittliche Kinderzahl deutlich darunter lag. Diese gruppenspezifischen Unterschiede in der Kinderzahl können grundsätzlich in einer unterschiedlichen Fruchtbarkeit, in einer tieferen bzw. höheren Kindersterblichkeit der einzelnen Gruppen und einer unterschiedlich langen Verbleibdauer im Elternhaus ihre Ursachen haben. Ausschlaggebend dürften um diese Zeit die Kindersterblichkeit, vor allem aber die unterschiedliche Verbleibdauer gewesen sein. Diese könnte die höhere Kinderzahl in bäuerlichen und gewerblichen Haushalten und Familien erklären. Eine Gewichtung der drei Faktoren ist jedoch fast unmöglich und nur hypothetisch zu leisten.

Neben der Kinderzahl waren die übrigen Bestimmungsfaktoren für die Haushaltsgröße in den verschiedenen Sozialgruppen von unterschiedlicher Bedeutung. Tisch- und Kostgänger, Untermieter waren in den Haushalten der Herisauer Fabrikarbeiter relativ häufig zu finden. Dabei handelte es sich entweder um ledige Männer und Frauen, die als Appreteure, Drucker, Bleicher oder Hilfskräfte wie ihre Logisgeber in der Veredelungsindustrie arbeiteten, oder um Mitbewohner, welche einer heimindustriellen Tätigkeit nachgingen. So lebten z. B. im Haushalt des Appreteurs Jakob Mettler, seiner Frau und den vier Kindern noch ein lediger Appreteur und eine Wiflerin. Beim kinderlosen Ehepaar Schiess, er Drucker, sie Näherin, wohnte noch eine verwitwete Stickerin. Etwas weniger stark verbreitet war die Aufnahme von Mitbewohnern bei Heimarbeitern. Zwei Drittel der Heimarbeiterhaushalte in Wolfhalden wie Herisau waren reine Familienhaushalte, ein Drittel hatte verwandte und nicht verwandte, zahlende Mitbewohner, die in der Regel, z. T. in die familiale Arbeitsgemeinschaft integriert, als Spuler oder Weber ihr Brot verdienten. Beispiel eines solch erweiterten Haushaltes ist jener des Webers J. Sonderegger, der mit seiner Frau und zwei Kindern sowie einem mit der Familie nicht verwandten Weber zusammenwohnte. Ähnlich wie bei Heimarbeitern war es in bäuerlichen Haushalten, wobei in Wolfhalden mit dem extrem hohen Anteil kleinstbäuerlicher Heimwesen die Aufnahme von Mitbewohnern stärker verbreitet war als in Herisau. In 47 % der Haushalte lebten familienfremde Personen. Wegen der Dominanz der Kleinbetriebe und des geringen Arbeitskräftebedarfes in der Vieh- und Milchwirtschaft trugen Mägde und Knechte nur in wenigen Fällen zur Vergrößerung der bäuerlichen Haushalte bei. In Herisau hatten nur 12 % der Bauernhaushalte einen Knecht und 6 % eine Magd; in Wolfhalden 9 % einen Knecht und 4 % eine Magd. Saisonal auftretende Arbeitsspitzen mit hohem Bedarf an Arbeitskräften, z. B. im Heuet, konnten durch Taglöhner und vor allem durch die im Haushalt oder Haus lebenden Heimarbeiter aufgefangen werden.

Komplexer als im industriellen und kleinbäuerlichen Milieu sah die Haushaltszusammensetzung in Handwerk und Gewerbe aus. Allerdings drücken hier die Großhaushalte die Durchschnittswerte nach oben und verfälschen das Bild. Besonders im Handwerk, aber auch bei Bäckern und Kleinhändlern sowie Reifwirten gab es viele reine Familienhaushalte oder lediglich durch zahlende Mitbewohner erweiterte Haushalte. Gesellen oder Lehrjungen wohnten und arbeiteten in 38% der Handwerkerhaushalte, in der Mehrzahl (55%) handelte es sich lediglich um einen Gesellen. Eine Magd zur Unterstützung der Meistersfrau in der Hausarbeit hatten 12%, einen Knecht 3%. So bestand der Haushalt des Schmiedemeisters J. U. Baumann aus der dreiköpfigen Familie und einem ausländischen Schmiedegesellen, während jener des Schlossers J. Frischknecht neben der fünfköpfigen Familie einen Gesellen, zwei Lehrjungen, eine Magd und einen Witwer umfaßte.

In den Haushalten der Gewerbetreibenden (Wirte, Müller, Bäcker, Metzger und Händler) bildeten die Gesellen keinen entscheidenden Bestimmungsfaktor für die Haushaltsgröße. An ihre Stelle traten Knechte und Mägde – 16% hatten einen Knecht und 26% eine Magd – sowie mitarbeitende und deshalb länger im Elternhaus verbleibende Kinder oder übrige Verwandte. Dazu kamen in 37% der Haushalte zahlende oder im Haus arbeitende nicht verwandte Mitbewohner. Ein eher mittlerer Gewerbehaushalt war jener des Wirtes Diem, seiner Frau und seiner beiden mitarbeitenden Töchter, in dem zusätzlich noch ein Weber lebte. Zu den größeren zählte jener des Metzgers Jäger. Neben seiner Frau und zwei nicht erwachsenen Kindern gehörten noch ein als Metzger arbeitender Sohn, zwei Knechte und eine Magd dazu.

Bei Kaufleuten und Fabrikanten war neben der Kinderzahl die sehr stark verbreitete Gesindehaltung der entscheidende Faktor für die überdurchschnittlich hohe Haushaltsgröße. Waren noch Mitbewohner im Haushalt, so stammten sie häufiger als in anderen Schichten aus der Verwandtschaft. Nur in 26% der Haushalte lebten außer Mägden oder Knechten noch andere familienfremde Personen als zahlende oder im Geschäft mitarbeitende Mitbewohner. Wie unterschiedlich die Haushaltszusammensetzung und damit der Haushaltscharakter hier sein konnten, zeigen folgende drei Beispiele: Im Haushalt des Fabrikanten J. J. Bruderer lebten er selbst, seine Frau, zwei Kinder, drei erwachsene Töchter und ein mit der Familie nicht verwandter Weber. Auch im Haushalt des Kaufmannes E. Nef wohnte die dreiköpfige Familie mit nicht verwandten Personen zusammen. Doch hier handelte es sich neben der für dieses Milieu obligaten Magd um einen noch ledigen Arzt und eine Pflegerin. Die Hausgemeinschaft des Kaufmannes J. G. Nef umfaßte seine Frau, sechs Kinder und als im Haushalt mitarbeitende, familienfremde Personen eine Magd und einen ausländischen Gärtner.

Die folgende Ausgrenzung eines engeren Kreises von miteinander verwandten Personen als „eigentliche Familie" hat die Funktion abzuklären, wie Familie, Verwandtschaft und Haushalt zusammenhängen, wieweit die Haushalte um 1840 bloße Familienhaushalte, Kern- oder Gattenfamilien heutigen Musters waren, welche anderen Haushalts- und Familienformen existierten, wieweit die Erfüllung bestimmter ökonomischer und sozialer Funktionen die Haushaltszusammensetzung, die

Tabelle 5:
Haushalts- und Familienformen in Herisau und Wolfhalden, 1842[17]

Haushalt be-stehend aus:	Herisau					Wolfhalden			
	Total abs.	Total %	Weber %	Bauern %	Kaufl. %	Total abs.	Total %	Weber %	Bauern %
Ehepaar	232	13,8	21,9	8,8	5,4	33	7,3	9,5	7,5
Ehepaar u. Mitbewohner	205	12,2	12,4	9,6	16,2	50	11,0	5,1	10,4
Ehepaar u. Kind	549	32,7	43,6	37,9	17,7	175	38,6	46,0	36,6
Ehepaar u. Kind u. Mitbewohner	500	29,8	17,5	26,1	50,8	129	28,5	32,1	28,3
Witwe/Witwer	22	1,3	0,2	1,1	–	7	1,5	–	4,5
Witwe u. Mitbewohner	21	1,3	0,5	4,6	–	12	2,6	1,5	3,0
Witwe u. Kind	65	3,9	2,2	5,4	–	19	4,2	2,9	4,5
Witwe u. Kind u. Mitbewohner	47	2,8	1,0	1,5	5,4	9	2,0	0,7	–
Ledigenhaushalt	13	0,8	0,2	1,5	2,3	4	0,9	2,2	–
Ledigenhaushalt u. Mitbewohner	24	1,4	0,5	3,4	2,3	15	3,3	2,2	5,2
Haushalte (abs.)	1678		411	261	130	453		137	134

17 Als Mitbewohner werden alle nicht zur eigentlichen Kernfamilie gehörenden im Haus lebenden Personen, also auch noch lebende Elternteile, Schwestern und Brüder des Ehepaars, übrige Verwandte, Mägde, Knechte bezeichnet.

Haushalts- und Familienform bestimmte und wieweit die Aufrechterhaltung eines bestimmten Lebensstils die Aufnahme verwandter oder nicht verwandter Personen als Kostgänger, Untermieter oder als Magd und Knecht erforderte.

In 88% der Haushalte Herisaus und 85% derjenigen Wolfhaldens bildete ein Ehepaar den innersten Kern, bei 10% lebte nur noch ein Elternteil, der Rest der Haushalte (2% in Herisau und 5% in Wolfhalden) bestand aus Ledigenhaushalten. Ebenfalls gesamthaft gesehen, waren in Herisau und Wolfhalden etwas mehr als die Hälfte aller Haushalte reine Familienhaushalte.

Unter den Haushalten, in deren Zentrum eine „Gattenfamilie" (Ehepaar und allfällige Kinder) stand, waren in beiden Gemeinden – immer bezogen auf sämtliche Haushalte – 46% reine Familienhaushalte. Bei den übrigen, 42% in Herisau und 39% in Wolfhalden, handelte es sich um erweiterte Haushaltsformen mit Mitbewohnern, d. h. mit Personen, welche nicht zum engsten Familienkreis gehörten oder überhaupt in keiner verwandtschaftlichen Beziehung zum Haushaltsvorstand und seiner Familie standen und je nach Haushalt ganz unterschiedliche Funktionen und Rollen erfüllten. Am häufigsten kamen Familienhaushalte im protoindustriellen Milieu vor, wo sie mit 65% in Herisau und 55% in Wolfhalden mehr als die Hälfte aller Haushalte ausmachten. Unter den bäuerlichen Haushalten handelte es sich in Herisau bei 47% und in Wolfhalden bei 44% um Familienhaushalte. Hier waren mit 36% (Herisau) bzw. 38% (Wolfhalden) erweiterte Haushaltsformen häufiger als unter den Heimarbeitern. Bei den Mitbewohnern in protoindustriellen und bäuerlichen Haushalten handelte es sich in der Mehrzahl um nicht verwandte, zahlende oder/und mitarbeitende Personen, die, selbständig oder in die familiale Arbeitsgemeinschaft integriert, einer industriellen Tätigkeit nachgingen.

Im Handwerkermilieu war der Familienhaushalt ebenfalls die vorherrschende Haushaltsform; Gesellen hatten nur 37% der Handwerker. Erweiterte Haushaltsformen hingegen dominierten bei den Gewerbetreibenden sowie bei Kaufleuten und Fabrikanten. Nur gerade 23% der kaufmännischen Haushalte mit einer vollständigen Gattenfamilie waren reine Familienhaushalte. Ihnen standen 67% erweiterte Haushalte gegenüber. Im Gegensatz zu den übrigen Bevölkerungsschichten gaben hiefür aber nicht zahlende Mitbewohner oder Gesellen den Ausschlag, sondern die starke Verbreitung der Gesindehaltung. Öfters finden sich unter den Mitbewohnern auch noch Verwandte aus dem engeren Familienkreis wie Brüder und Schwestern des Ehepaars.

Die Ausgrenzung und Zusammenfassung der miteinander verwandten Personen innerhalb der Haushalte und die Analyse[18] ihres Beziehungsgeflechtes untereinander ergibt, daß die Gattenfamilie mit oder ohne Kinder in allen sozialen Gruppen und Schichten die weitaus wichtigste Familienform darstellte, und zwar während aller Phasen des Familien- und Haushaltszyklus. Klassische Stammfamilien, die sich aus dem Familienoberhaupt, einem verheirateten Kind und dessen Kindern

---

18　Hier ergaben sich quellentechnische Schwierigkeiten und neue Abgrenzungsprobleme, besonders bei Gleichnamigkeit der Personen. Eine quantitative Auswertung war deshalb nicht angebracht.

zusammensetzten, also Dreigenerationenfamilien mit der Autoritätsposition in der ersten Generation waren auch in besitzenden Schichten äußerst selten. Schon eher anzutreffen waren im bäuerlichen und gewerblichen Milieu Dreigenerationenfamilien mit der Autoritätsposition in der zweiten Generation, bestehend aus einem Großelternteil, den Eltern und ihren Kindern. Die Aufnahme oder das Verbleiben im Haushalt eines Sohnes oder einer Tochter stellte im familialen Rahmen die Altersversorgung des überlebenden Großelternteiles sicher. Diese Form der Altersversorgung war jedoch auch im bäuerlich-gewerblichen Milieu nicht die Regel. Zudem beschränkte sie sich weitgehend auf die überlebende Frau, denn sowohl Bauern wie Handwerker, Gewerbetreibende und Fabrikanten standen meist bis ans Lebensende an der Spitze ihres Betriebes und Haushaltes. Diejenigen, welche sich einen vorzeitigen Rückzug aus dem Betrieb oder Geschäft leisten konnten, führten als Rentner jedoch weiterhin einen eigenen Haushalt. Häufiger als Dreigenerationenfamilien finden sich Haushalte, in denen als Mitbewohner unverheiratete oder verwitwete Geschwister des Ehepaars lebten. Verwandtschaftliche Beziehungen und familialer Zusammenhalt waren in Häusern mit mehreren Wohnparteien nicht an den einzelnen Haushalt gebunden. Es konnte vorkommen, daß Eltern mit einem ihrer verheirateten Kinder und dessen Nachwuchs zwar nicht im gleichen Haushalt, aber im gleichen Haus wohnten und, zeitweilig oder sogar ständig, eine Arbeits- und Lebensgemeinschaft im Sinne einer erweiterten Familie bestand.[19]

Unter den 10% der Haushalte mit einem Elternteil als Familienkern befanden sich in Herisau 56%, in Wolfhalden 36% Witwen- und 44% bzw. 64% Witwerhaushalte. Verglichen mit der Gesamtzahl hätten demnach in Herisau nur 22% und in Wolfhalden 32% der verwitweten, geschiedenen und getrennt lebenden Personen einen eigenen Haushalt geführt. Es ist durchaus möglich, daß die Zahl der selbständigen Haushalte mit nur einem Elternteil, d. h. einer unvollständigen Gattenfamilie, etwas höher lag; denn quellenbedingte, methodische Mängel bei der Abgrenzung der Haushalte innerhalb der Hausgemeinschaften führten wahrscheinlich doch zu Verzerrungen zuungunsten dieser Haushalts- und Familienformen. Vor allem unter der protoindustriellen Bevölkerung gestalteten sich die gegenseitige Abgrenzung und die Zuordnung zu einem Haushalt recht problematisch. In bezug auf verwitwete Frauen gilt dies etwas stärker und für alle Bevölkerungsschichten. Die Reihenfolge, in der die verwitweten Frauen und Männer mit oder ohne Kinder in den Verzeichnissen aufgeführt werden, drängte in vielen Fällen, besonders im heimindustriellen und kleinbäuerlichen Milieu, auf die Zuordnung als Mitbewohner. Berücksichtigt man zusätzlich noch ihre angespannte Einkommenssituation und die räumlichen Verhältnisse in den Bauern- und Weberhäusern, so erscheint dieses Vorgehen trotz willkürlicher Momente als gerechtfertigt. Bei besitzlosen, verwitweten älteren Personen, die infolge ihrer sinkenden Arbeitsleistung von der Altersar-

---

19 Dies kann aufgrund der Bevölkerungstabellen nicht überprüft werden und läßt sich auch an einzelnen konkreten Beispielen nicht überprüfen. Dazu wären weitere Informationen wie z. B. Erinnerungen notwendig.

mut bedroht waren und irgendein Kämmerchen allein oder gar zu zweit bewohnten, kann kaum von einem selbständigen Haushalt gesprochen werden. Jüngere Witwen und Witwer mit Kindern waren in einer ähnlichen Situation, vor allem solange die Kinder noch wenig oder nichts zum Lebensunterhalt beitragen konnten.

Obwohl die Gesamtzahl der Witwen in Herisau und Wolfhalden wie in den meisten Gemeinden höher lag als die der Witwer – dies ist größtenteils auf ihre schlechteren Wiederverheiratungschancen zurückzuführen[20] –, standen aufgrund der hier vorliegenden Resultate anteilsmäßig bedeutend weniger verwitwete Frauen als Männer einem eigenen Haushalt vor: In Wolfhalden und Herisau lebten 21 % der verwitweten Frauen gegenüber 45 % der Männer in einem eigenen Haushalt. Über die Hälfte der Witwer und mehr als drei Viertel aller Witwen wohnten als Kostgänger oder Untermieter im Haushalt einer verwandten oder nicht verwandten Familie. Offensichtlich waren die Möglichkeiten der verwitweten Frauen, nach dem Tod ihres Mannes einen eigenen Haushalt zu führen, bedeutend kleiner als bei verwitweten Männern.

Als schwierig und methodisch nicht einwandfrei lösbar erwies sich auch die Zuordnung bzw. die Abgrenzung der ledigen Personen. Eindeutig als Haushaltsvorstände waren sie nur erkennbar, wenn sie innerhalb einer Hausgemeinschaft als erste aufgeführt wurden. Zudem ließ sich in Haushalten, wo mehrere alleinstehende Personen zusammenlebten, nicht erschließen, wer nun mit wem tatsächlich gemeinsam einen Haushalt führte. Die Zahl der Ledigenhaushalte kann deshalb nicht völlig zu ihrem Nennwert genommen werden. Einige wenige ledig gebliebene selbständige Frauen (Jungfern), die meist einem der „typischen" Frauenberufe wie Näherin oder Stickerin nachgingen, lebten offensichtlich in Einzelhaushalten. Verbreiteter waren aber auch hier Mehrpersonenhaushalte. Im bäuerlichen Milieu, aber auch in den übrigen Schichten setzten sie sich oft aus noch ledigen oder unverheiratet bleibenden Geschwistern, z. T. noch mit einem lebenden Elternteil zusammen. Daneben gab es Haushalte, wo miteinander überhaupt nicht verwandte Personen, Frauen wie Männer, eine Wohnung oder Wohnungspartien miteinander teilten. Zusammenfassend läßt sich feststellen, daß erweiterte Haushaltsformen in Außerrhoden um 1840 sehr häufig waren: Fast jeder zweite Haushalt in Herisau und Wolfhalden umfaßte neben den eigentlichen Familienmitgliedern noch andere verwandte oder vor allem fremde, zahlende oder mitarbeitende Angehörige. Erweiterte Familien jedoch, in denen Geschwister, Eltern(teile) und andere Personen aus dem engeren Verwandtenkreis des Ehepaars wohnten, kamen eher selten vor. Die in allen Bevölkerungsschichten dominante Familienform war eindeutig die Gatten- oder Kernfamilie, bestehend aus Eltern bzw. Elternteil und allfälligen Kindern.

---

20 Ruesch weist dies vor allem für das 18. Jh. nach. Die Chancen der Männer, sich wieder verheiraten zu können, waren doppelt so hoch wie bei Frauen; zwei Drittel der Witwer heirateten wieder eine ledige Tochter. Hanspeter Ruesch, Lebensverhältnisse in einem frühen schweizerischen Industriegebiet. Sozialgeschichtliche Studie über die Gemeinden Trogen, Rehetobel, Wald, Gais, Speicher und Wolfhalden des Kantons Appenzell Außerrhoden im 18. und frühen 19. Jh., Diss. Basel 1979.

Tabelle 6:
Durchschnittliche (Ø) Kinderzahl nach Berufsgruppen, 1842

| | Ø Kinderzahl pro Haushalt | | | | | Ø Kinderzahl pro Eltern(teil) | | | | |
| | Herisau | | | Bühler | Wolfhalden | Herisau | | | Bühler | Wolfhalden |
	A*	B*	Total	Total	Total	A*	B*	Total	Total	Total
Bauern	2,8	1,9	2,3	1,6	2,2	3,3	2,5	2,9	2,5	3,1
Handwerk	2,1	1,6	1,7	2,1	2,2	2,6	2,3	2,4	2,5	2,8
Gewerbe	1,9	2,1	2,0	0,9	2,0	2,5	2,5	2,5	1,7	2,5
Heimarb.	2,1	1,3	1,4			2,8	2,0	2,2		
Fabrikarb.			1,6					2,3		
Kaufl./Fabr.	2,3	1,7	2,1	2,7	2,0	3,2	2,2	2,7	3,6	2,5
Total			2,1	1,7	2,1			2,7	2,4	2,8

Entscheidend für die Größe einer Familie war die Anzahl der Kinder und ihre Verbleibdauer im elterlichen Haushalt. Wie schon aufgrund der Ausführungen über Haushaltsgröße und Haushaltszusammensetzung klar geworden ist, waren „Groß-familien" im Sinne von besonders kinderreichen Kernfamilien für die Mitte des 19. Jahrhunderts genausowenig charakteristisch wie für vorherige Zeiten. Dafür sorgte zum einen die immer noch extrem hohe Säuglings- und Kindersterblichkeit, welche nur knapp jedes zweite, geborene Kind das Erwachsenenalter erreichen ließ, zum anderen die vor allem in protoindustriellen, kleinbäuerlichen und kleingewerb-lichen Bevölkerungsschichten kurze Verbleibdauer der Kinder im elterlichen Haushalt.

Wegen der hohen Zahl von Haushalten ohne Kinder liegt die durchschnittliche Kinderzahl in Familien mit Kindern in allen sozialen Gruppen deutlich über derjeni-gen bezogen auf sämtliche Haushalte. In Heimarbeiter-, Fabrikarbeiter- und Handwerkerfamilien waren die Kinderzahlen um einiges geringer als in den übrigen sozialen Gruppen. Dies galt auch für Wolfhalden, doch lagen hier mit Ausnahme der Fabrikantenfamilien die Durchschnittszahlen durchwegs über denjenigen von Bühler und Herisau. Überdurchschnittlich hohe Kinderzahlen weisen in Herisau auch unter den Heimarbeitern jene Familien auf, die allein ein Haus, meist ihr eige-nes, bewohnten und damit zu den bessergestellten Haushalten gehörten. Anschei-nend vermochten in solchen Familien, nicht zuletzt wegen ihres Besitzes, die Eltern ihre Kinder länger, z. T. bis zu ihrer Verheiratung, im elterlichen Haus und unter el-terlicher Kontrolle zu halten. Dadurch konnten sie länger von den Arbeitsleistun-gen und Lohneinkünften ihrer heranwachsenden Töchter und Söhne profitieren, und zwar in einer Phase, wo diese immer mehr ins Gewicht fielen und sich nun für das gesamte Haushaltsbudget bezahlt machten. Gerade in kleinbäuerlichen und protoindustriellen Familien war dies eine der wenigen Perioden, in denen Eigentum erspart und für das Alter vorgesorgt werden konnte. Mehr über gruppenspezifische Unterschiede in Familiengröße bzw. Kinderzahl läßt sich erst aus den in Tabelle 7 aufgeführten Häufigkeitsverteilungen erkennen.

Der Anteil der kinderlosen Eltern, dazu gehören in erster Linie jene älteren Paare oder Elternteile, deren erwachsene Kinder das Haus verlassen haben, schwankt zwischen 16 % und 38 %. Weitaus am höchsten war er in Herisau unter den Heim- und Fabrikarbeiterfamilien (35 % bzw. 31 %) sowie den Handwerkerfami-lien (28 %), während sich im bäuerlichen und gewerblichen Sozialmilieu sowie unter Kaufleute- und Fabrikantenfamilien nur bei einem Fünftel der Familien keine Kin-der im Haushalt aufhielten. Auch hier machen die allein in einer Hausgemeinschaft lebenden Familien eine Ausnahme: Der Anteil der Familien ohne Kinder war bei Bauern, besonders aber bei Heimarbeitern um einiges niedriger, als dies sonst in den beiden sozialen Gruppen der Fall war. In Bühler hatte auch im kleinbäuerlichen Mi-lieu knapp ein Drittel der Familien keine Kinder im Haushalt. Weniger große Un-terschiede zwischen den Sozialgruppen bestanden in Wolfhalden. Im Vergleich mit Herisau und Bühler überrascht der niedrige Anteil von kinderlosen Heimarbeiter-haushalten.

Bei den Familien mit Kindern waren in allen Sozialgruppen die Kleinfamilien

Tabelle 7:
Anzahl der Kinder im elterlichen Haushalt nach Berufsgruppen, 1842, in Prozent

Familien mit n-Kindern	Herisau						A-Haushalte	
	Bauern	Handw.	Gewerbe	Heimarb.	Fabrikarb.	Kaufl./Fabr.	Bauern	Heimarb.
1	24,2	33,1	31,7	43,5	29,9	23,7	14,8	27,9
2	28,9	28,2	26,2	26,8	29,9	23,7	25,9	23,5
3	17,0	18,9	20,6	14,2	23,4	26,8	19,8	22,1
4	12,9	9,9	10,3	7,9	13,0	15,5	12,3	13,2
5	8,8	5,5	7,1	3,2	2,6	5,2	13,6	1,5
6	5,2	3,3	2,4	2,8	–	3,1	8,6	7,4
7	2,6	0,6	0,8	0,6	1,3	1,0	3,7	1,5
8	0,5	0,6	–	0,6	–	–	1,2	1,5
9 und mehr	–	–	0,8	0,3	–	1,0	–	1,5
Familien mit Kindern (abs.)	194	181	126	317	77	97	81	68
Anzahl der Eltern(-teile)	245	252	158	485	112	124	96	90
Anteil der Eltern(-teile) ohne Kinder	20,8	28,2	20,3	34,6	31,3	21,6	15,6	24,4

Familien mit n-Kindern	Bühler				Wolfhalden			
	Bauern	Handw./Gew.	Heimarb.	Kaufl./Fabr.	Bauern	Handw./Gew.	Heimarb.	Kaufl./Fabr.
1	44,4	35,1	60,0	19,0	24,7	31,1	38,2	38,5
2	20,0	16,2	20,0	23,8	26,9	16,2	21,3	15,4
3	13,3	21,6	13,3	14,3	11,8	23,0	21,3	7,7
4	8,9	10,8	6,7	9,5	18,3	10,8	4,4	7,7
5	4,4	5,4	–	4,8	5,4	5,4	8,8	23,1
6	2,2	5,4	–	14,3	5,4	9,5	2,9	–
7	4,4	2,7	–	9,5	4,3	1,4	0,7	7,7
8	–	–	–	4,8	1,1	2,7	0,7	–
9 und mehr	2,2	2,7	–	–	2,2	–	1,5	–
Familien mit Kindern (abs.)	45	37	30	21	93	74	136	13
Anzahl der Eltern(-teile)	67	47	48	26	130	98	169	19
Anteil der Eltern(-teile) ohne Kinder	32,8	21,3	37,5	19,2	28,5	24,5	19,5	31,5

mit ein bis zwei Kindern am stärksten vertreten: Ihr Prozentsatz betrug bei den Herisauer Heimarbeitern 70%, in Bühler sogar 80% und in Wolfhalden 60%, ebenfalls um 60% bei den Herisauer Fabrikarbeiter- und Handwerkerfamilien. Bei den
Bauern und im Gewerbe lagen die entsprechenden Werte unter 60%, bei den Kaufleuten und Fabrikanten in Herisau und Bühler sogar unter 50%. Familien mit drei
oder vier Kindern waren ebenfalls noch in allen Sozialgruppen häufig anzutreffen,
besonders in Unternehmer- und Fabrikantenkreisen Herisaus (42%), in bäuerlichen und gewerblichen Bevölkerungsschichten, aber auch unter Fabrikarbeitern.
Unter Heimarbeitern waren drei Kinder ebenfalls noch recht zahlreich, vier dagegen waren schon eher eine Seltenheit. Kinderreiche Familien, d. h. Familien mit
fünf und mehr Kindern im Haushalt, traten am stärksten in der bäuerlich-gewerblichen Oberschicht und noch bei den Fabrikanten in Bühler und Wolfhalden in Erscheinung.

   Aufgrund dieser Werte ist anzunehmen, daß für alle sozialen Gruppen und
Schichten Außerrhodens Familien mit eher kleinen Kinderzahlen für die Mitte des
19. Jahrhunderts charakteristisch waren und eigentliche „Großfamilien" im Sinne
kinderreicher Kernfamilien weitgehend eine Ausnahme darstellten. Damit ist jedoch nicht ausgeschlossen, daß in einer bestimmten Phase des Familienzyklus kinderreiche oder wenigstens größere Kernfamilien in allen Schichten etwas häufiger
vorkamen.[21] Leider läßt sich dies wegen der fehlenden Altersangaben für die Eltern
nicht direkt nachweisen. Einige Überlegungen zum Zusammenhang von Kinderzahl
und Familienzyklus vermögen hier etwas weiterhelfen: Unter durchschnittlichen
generativen Bedingungen im frühen 19. Jahrhundert (Heiratsalter der Frau zwischen 23 und 25 Jahren, Geburtenfolge in Abständen von 1 1/2 bis 3 Jahren,
Fruchtbarkeitsgrenze um 44, 50prozentige Säuglings- und Kindersterblichkeit) erreichten die meisten Familien zwischen dem zehnten und achtzehnten Jahr nach der
Eheschließung die Höchstzahl von Kindern im eigenen Haushalt, nämlich zwischen
drei und sechs Kinder. Zwar waren noch weitere Kinder zu erwarten, doch jetzt
verließen je nach sozialen Umständen schon die ersten den elterlichen Haushalt, so
daß die Kinderzahl nun über eine gewisse Zeit konstant blieb oder sich schon rück-
läufig entwickelte, um dann mit dem Erreichen der Fruchtbarkeitsgrenze der Frau
endgültig abzunehmen. Je nachdem wie lange in einem bestimmten sozialen Milieu
die Jugendlichen, die halb oder ganz erwachsenen Kinder im elterlichen Haushalt
verblieben, dauerte diese Phase im Familienzyklus etwas länger und zog sich unter
Umständen bis zur Verheiratung des ersten Kindes hinaus, so daß in solchen Familien die Kinderzahlen zwangsläufig über einen längeren Zeitraum hinweg höher zu
liegen kamen als in Familien, in denen die Kinder vorzeitig den Haushalt verließen,
d. h. noch vor der Hochzeit. Im bäuerlich-gewerblichen Milieu und in Fabrikanten-
und Unternehmerkreisen dauerte diese Phase offensichtlich länger, verließen die
Kinder relativ spät den elterlichen Haushalt.

---

21 Der hier vorgenommene Querschnitt friert die Familien zu einem bestimmten Zeitpunkt
    ihres Zyklus ein. Da die Phasen mit noch wenig Kindern und vor allem jene mit schon wie-
    der weniger Kindern die längeren sind, drücken sie die Durchschnittswerte nach unten.

Fabrikanten- und Unternehmertöchter verweilten, sofern sie nicht für kurze Zeit in ein Internat geschickt wurden, bis zu ihrer Verheiratung im elterlichen Haushalt, wo sie auf ihre „Bestimmung als Gattin, Hausfrau und Mutter" warteten. Außer- oder innerhäusliche Erwerbsarbeit war ihnen verwehrt und verpönt. Sie war nicht notwendig und hätte zudem den in diesem Milieu herrschenden Vorstellungen von der Rolle der Frau, ihrem „Geschlechtscharakter"[22], widersprochen und dem Familienprestige geschadet. Einzig in schlechter gestellten Fabrikantenhäusern gingen Töchter noch einer bezahlten Arbeit nach, z. B. als Näherin oder Stickerin, seltener als Weberin. Fabrikanten- und Unternehmersöhne kehrten, nachdem sie das elterliche Haus zur Ausbildung für einige Zeit verlassen hatten, nochmals bis zur Übernahme des väterlichen Betriebes oder Eröffnung eines eigenen Geschäftes und bis zu ihrer Verheiratung zurück.

Um den Bedarf an Arbeitskräften mit familieneigenen Kräften decken zu können, blieben Söhne und Töchter in Familien mit einem größeren gewerblichen oder bäuerlichen Betrieb ebenfalls stärker an den elterlichen Haushalt gebunden. Kleinere und mittlere Betriebe dagegen vermochten neben dem Elternpaar weitere erwachsene Arbeitskräfte nicht zu ernähren, so daß die erwachsenen Kinder sich vor die Alternative gestellt sahen, wegzuziehen oder unter Verbleib im elterlichen Haus einer anderen Erwerbstätigkeit nachzugehen. Für die Eltern war ein Verbleiben nur dann von Interesse, wenn sie damit weiterhin den Lohn oder mindestens einen Teil davon für sich beanspruchen konnten, um damit die Existenzbasis der ganzen Familie breiter abzustützen und einen Teil der von ihnen geleisteten „Aufzuchtskosten" wieder zurückzubekommen. Die wichtigste Erwerbsmöglichkeit für halb oder ganz erwachsene Kinder solcher Familien waren protoindustrielle Tätigkeiten in der Stickerei und Weberei. Fürs Weben mußten aber die entsprechenden räumlichen Möglichkeiten vorhanden sein, sonst drängte sich trotzdem ein Wegzug auf. Bäuerliche Familien, aber auch Heimarbeiterfamilien mit einem eigenen Haus waren am ehesten in der Lage, für ihre heranwachsenden Kinder einen Webstuhlplatz freizumachen, indem sie im Keller für neue Stühle Platz schufen oder webende Kostgänger fortschickten und durch die eigenen Kinder ersetzten.[23] Weniger Probleme dieser Art stellten sich in der Stickerei, welche je nach Region (Vorderland) und sozialem Milieu (Handwerk) von den Töchtern als Übergangsarbeit bis zur Heirat der Weberei vorgezogen wurde. Bäuerliche Familien lösten mit dem Verbleiben erwachsener Kinder gleich zwei Probleme: Erstens erhöhte sich auf diese Weise das Familieneinkommen, kam regelmäßig Bargeld ins Haus; zweitens konnten sie in den Arbeitsspitzen im Sommer auf familieneigene Arbeitskräfte zurückgreifen. All dies funktionierte jedoch nur unter der Voraussetzung, daß die Eltern die Kontrolle über ihre erwachsenen Kinder aufrecht zu erhalten im Stande waren und diese es

---

22 Vgl. Karin Hausen, Polarisierung der „Geschlechtscharaktere", in: Werner Conze (Hg.), Sozialgeschichte der Familie in der Neuzeit Europas, Stuttgart 1976.
23 Dies eine weitere Erklärung für die höhere Kinderzahl bzw. längere Verbleibdauer in Familien, die allein ein Haus oder wie in Wolfhalden einen Hausteil bewohnten.

nicht vorzogen, sich durch Wegzug diesen Verpflichtungen zu entziehen. Die längere Verbleibdauer der Kinder im elterlichen Haushalt war der entscheidende Faktor für die tendenziell höheren Kinderzahlen in den erwähnten Sozialgruppen. Wie weit eine geringere Säuglings- und Kindersterblichkeit (z. B. in Fabrikanten- oder besser gestellten Bauernfamilien) oder eine höhere Fruchtbarkeit infolge eines niedrigeren Heiratsalters (z. B. bei Bäuerinnen) oder einer dichteren Geburtenfolge ebenfalls die Zahl der Kinder nach oben trieb, kann aufgrund des vorliegenden Materials nicht entschieden werden. Auch qualitative Indizien, die dafür sprächen, fehlen.

In Heimarbeiterfamilien dagegen mußten oder konnten schon halbwüchsige Kinder ihr Elternhaus verlassen. Zum einen lockte der außerhalb des elterlichen Haushaltes ihnen allein zugute kommende Verdienst, der auch eine größere Selbständigkeit versprach, zum andern beschränkten die räumlich engen Wohn- und Arbeitsraumverhältnisse, besonders bei zur Miete wohnenden Familien, die Möglichkeiten der Eltern, tatsächlich an der durch die Arbeit ihrer Kinder zu erwartenden Verdienststeigerung teilzuhaben. Dies galt vor allem für jene Kinder, die als Weber oder Weberin arbeiten wollten. In Fabrikarbeiterfamilien stellte sich dieses Problem weniger, weil hier Wohnung und Arbeitsplatz völlig getrennt waren. Wenn die Kinder wie ihre Eltern ebenfalls in der Fabrik arbeiteten, drängte sich aus räumlichen Gründen kein Wegzug auf.

III. Familiale Arbeitsteilung und Arbeitsorganisation im Heimarbeitermilieu

Haushalt und Familie bildeten in der protoindustriellen Wirtschaftsweise das Zentrum der Güterproduktion und waren der wichtigste Produktionsverband. Während mit fortschreitender Protoindustrialisierung Arbeitsteilung und Spezialisierung der Haushalte bzw. ihrer im Textilgewerbe tätigen Mitglieder sich immer mehr erhöhten, nahm gleichzeitig ihre Selbständigkeit immer mehr ab. Mit dem sich in der Baumwollindustrie durchsetzenden Verlagssystem verloren die Heimarbeiter schließlich auch die Verfügungsgewalt über die materiellen Mittel der Produktion.

Im Gegensatz zur Leinenherstellung für den Eigenbedarf, wo der gesamte Herstellungsprozeß von der Rohstoffgewinnung bis zur Endverarbeitung zu Tuchen in der gleichen Haushaltung durchgeführt wurde, war es in dem für den Export produzierenden appenzellischen Leinwandgewerbe eher die Ausnahme als die Regel, daß Anbau, Verarbeitung des Rohstoffes zu Garn und das Weben im gleichen Haushalt aufeinander folgten. Am ehesten blieben diese drei Hauptphasen in jenen Haushalten zusammen, wo lediglich der selbst angepflanzte Flachs verarbeitet wurde. Im 16. Jahrhundert, als die zünftischen Weber in St. Gallen die Produktion noch weitgehend beherrschten, beschränkte sich ein Teil der bäuerlichen Haushalte auf die ersten beiden Phasen, den Anbau und das Verspinnen des Flachses. Das gewonnene Garn verkauften sie in St. Gallen an die städtischen Webermeister oder überließen es einheimischen Garnhändlern. Haushalte, die nur wenig oder gar keinen Flachs anbauten – davon gab es im 17. Jahrhundert immer mehr –, bezogen ihn von auswärts (Rheintal, Thurgau und Schwaben), um dadurch trotzdem im Winter als Nebenerwerb spinnen zu können. Mit der stärkeren Verbreitung der Leinwandweberei nahm dann die Zahl jener Haushalte und Familien zu, welche sich völlig aufs Spinnen und Weben oder auch nur auf eine dieser beiden Produktionsphasen konzentrierten. Die Einfuhr von Schwabengarn im späten 17. und im 18. Jahrhundert ermöglichte und förderte eine noch stärkere Bevorzugung der Weberei durch die Außerrhoder Gewerbetreibenden. Damit hatten sich die drei Produktionsphasen im Herstellungsprozeß von Leinwand nicht nur innerhalb des Kantons auf verschiedene Haushalte aufgesplittert, sondern, vermittelt über den interregionalen Markt, hatte sich auch eine Arbeitsteilung im überregionalen Rahmen ausgebildet. Der Anbau des Rohstoffes und z. T. auch die erste Verarbeitungsphase waren weitgehend jenen Gebieten überlassen, welche dafür die besseren Voraussetzungen boten.

Trotz Spezialisierung und Konzentration auf bestimmte Produktionsphasen blieb der Haushalt der ländlichen Gewerbetreibenden als Produktions- und Arbeitseinheit intakt, vor allem bei den selbständigen Webern, die ihre Tuche noch nicht im Verlag woben. Die Produktion, die Organisation der Arbeit und die Zuteilung der verschiedenen Arbeitsgänge fanden innerhalb des Haushaltes statt und wurden nicht von außen geregelt. Die Produktionsaufgaben bestimmten die Aktivitäten der Haushaltsangehörigen und prägten ihren Tagesablauf. Da nur ein „Höchstmaß an familialer im Haushalt zentrierter Kooperation"[24] eine einigermaßen gesicherte Existenz garantierte, waren sämtliche Haushaltsangehörigen, einschließlich der Kinder ab fünf Jahren, in den Arbeits- und Produktionsprozeß eingespannt.

Spinnen war im exportorientierten Leinwandgewerbe noch fast ausschließlich den Frauen und Mädchen zugeordnet. Eher als die Männer dürften noch Knaben zum Spinnen und Haspeln angehalten worden sein. Feinere Garne vermochten sowieso nur jene Spinnerinnen zu spinnen, die „keine harte Handarbeit verrichten, damit sie das zarte Gefühl ihrer Finger nicht verderben".[25] Da eher feines und regelmäßig gesponnenes Garn gefragt war, drängte sich unter den im Haushalt verfügbaren weiblichen Arbeitskräften nochmals eine gewisse Spezialisierung auf, sofern diese zusätzliche Erwerbsquelle optimal erschlossen werden wollte. Wo in kleinbäuerlichen Familien und Haushalten lediglich gesponnen wurde, waren es also fast ausnahmslos die Frauen und Töchter, welche mit ihrer industriellen Tätigkeit eine Ausweitung des Existenz- und Nahrungsspielraumes ermöglichten oder überhaupt erst ein etwas gesichertes Überleben garantierten. Sie wurden zuerst für den Markt aktiv, über ihre Tätigkeit wurde der kleinbäuerliche Haushalt vom Markt erfaßt und abhängig.

---

24 Karin HAUSEN, Familie als Gegenstand Historischer Sozialwissenschaft, in: Geschichte und Gesellschaft, Jg. 1, Heft 2/3, 200.
25 Laurenz ZELLWEGER, Versuch einiger physicalischer und medicinischer Betrachtungen, in: Abhandlungen der Naturforschenden Gesellschaft in Zürich, Bd. 2, Zürich 1784, 322, J. C. FÄSI, Staats- und Erdbeschreibung der Helvetischen Eidgenossenschaft, Bd. 3, Zürich 1766, 80.

Weben war dagegen im 16. Jahrhundert noch nicht eindeutig dem Mann oder der Frau zugeordnet: Im zünftisch organisierten, städtischen Weberhandwerk St. Gallens galt es als Männerarbeit, im bäuerlichen, für den Eigenbedarf produzierenden Haushalt war es den Frauen vorbehalten. Mit der Ausweitung der Leinwandweberei und der zunehmenden Verkleinerung der bäuerlichen Heimwesen wandten sich auch die Männer auf dem Lande vermehrt dem Weben zu. Laut einer Chronik aus dem 17. Jahrhundert haben sich 1572 aus Anlaß einer schweren Teuerung „die Männer entschlossen ihrer Weibern Garn selbs zu weben und folgends die Tücher zu verkauffen".[26] Der nach der bäuerlichen Rollenverteilung für die Arbeit in Feld, Flur und Stall verantwortliche Mann kehrte damit gewissermaßen ins Haus zurück. Er drang damit in die Sphäre des Arbeitsbereiches der Frau ein, ohne sie allerdings daraus zu verdrängen. Solange der Flachs noch selbst angepflanzt oder mindestens das Garn noch selbst gesponnen wurde, scheint das Weben von Tüchern für den Verkauf eher Männerarbeit gewesen und das Verarbeiten des Flachses zu Garn den Frauen überlassen worden zu sein, wie dies schon im zünftischen Weberhandwerk der Fall war. Mit der fortschreitenden Spezialisierung der Haushalte auf die Leinwandweberei fiel diese Rollenverteilung jedoch weg. In Haushalten, wo vor allem gewoben wurde und der Landwirtschaft für die Existenzsicherung eine untergeordnete Bedeutung zukam, herrschte im Unterschied zu rein bäuerlichen oder handwerklichen Haushaltungen eine „flexiblere Praxis der Rollenverantwortlichkeiten"[27] der verschiedenen Haushaltsangehörigen. Die alters- und vor allem die geschlechtsspezifische Arbeits- und Rollenverteilung wurde weniger rigide eingehalten oder sogar umgekehrt. Frauen und Männer, Töchter und Söhne beschäftigten sich mit Weben und dessen Vorarbeiten. Wer welche Arbeiten und zu welcher Zeit verrichtete, d. h. die Arbeitsorganisation und -verteilung in der industriellen häuslichen Produktion, hing sehr stark von den Möglichkeiten und Bedürfnissen der betreffenden Hausgemeinschaften bzw. Haushaltungen ab.

Je nach der ökonomischen Bedeutung der Landwirtschaft und dem dafür notwendigen Arbeitsaufwand waren in den Wintermonaten alle oder nur ein Teil der Haushaltsmitglieder in den industriellen Arbeitsprozeß eingespannt. In Haushaltungen mit der eigentlichen ökonomischen Basis in der Landwirtschaft beschränkte sich die industrielle Tätigkeit auf die Wintermonate, wo der Arbeitsanfall in der Vieh- und Milchwirtschaft gering war und deshalb die Arbeitskraft aller mehr oder weniger ausschließlich auf einen industriellen Nebenerwerb ausgerichtet werden konnte. Vorher und nachher dürften höchstens die Frau und einzelne Töchter oder Söhne noch regelmäßig industriell tätig gewesen sein, sicher aber auch sie mit stark reduziertem Arbeitsaufwand. Jene Haushalte von ländlichen Gewerbetreibenden aber, die nur noch über einen unzureichenden oder gar keinen Rückhalt in der Landwirtschaft verfügten, richteten während fast des ganzen Jahres das Schwerge-

---

26 Bartholomeus BISCHOFFBERGER, Appenzeller Chronic. Beschreibung des löblichen Lands und Eidgenössischen Orts Appenzell, St. Gallen 1682, 32.
27 Hans MEDICK in: KRIEDTE, MEDICK und SCHLUMBOHM, Industrialisierung vor der Industrialisierung, 133.

wicht ihres gemeinsamen Arbeitsaufwandes auf die industrielle Tätigkeit aus. Hier blieben auch die Männer über die Wintermonate hinaus im Webkeller an der Arbeit sitzen. Die Monate von Herbst bis Frühling waren allerdings wegen der Bleiche- und Verkaufstermine[28] auch für solche Haushalte und Familien die arbeitsintensivste Zeit.

Das Baumwollgewerbe baute auf der im Leinwandgewerbe ausgebildeten Arbeitsteilung auf. Der Übergang vom Flachs als Rohstoff zur Baumwolle erforderte von den Arbeitskräften weder in den Arbeitstechniken noch in der häuslichen Arbeitsorganisation einschneidende Veränderungen. Unter dem Einfluß des Verlagssystems sowie der Spezialisierung der appenzellischen Baumwollindustrie auf die Mousselineweberei, auf façonnierte Gewebe und auf die Handstickerei, aber auch durch die Übernahme oder Entwicklung neuer Webverfahren und -techniken (Jacquard- und Plattstichwebstuhl) erhöhte sich jedoch die Spezialisierung der Haushalte und stiegen die Anforderungen an die Arbeitskräfte, nicht zuletzt auch im Bereich der Vorarbeiten, wie z. B. dem Andrehen, die immer mehr einzelnen Spezialisten überlassen wurden. Auch in der Baumwollindustrie war in Außerrhoden die Heimweberei der wichtigste Erwerbszweig. Die Baumwollspinnerei hatte nur für relativ kurze Zeit (1760–1780) eine stärkere Verbreitung gefunden. Sie erlangte allerdings nie die gleiche Bedeutung wie in anderen protoindustriellen Regionen.[29] Hingegen bildete die Handstickerei bis zum Aufkommen der Maschinenstickerei in vielen Haushalten und Familien eine wichtige Erwerbsquelle.

Wie schon in der Leinenweberei des 17. und 18. Jahrhunderts bestand auch in der Baumwollweberei zwar eine altersspezifische Arbeitszuteilung, aber keine rigide Trennung zwischen Frauen- und Männerarbeit. Weder das Weben noch die Vor- und Hilfsarbeiten waren strikte nur den Mädchen oder Knaben, den Männern oder Frauen vorbehalten. Unter den webenden Arbeitskräften in Herisau (total 1031) befanden sich 1842 rund ein Drittel Frauen: 18 % verheiratete Frauen, 8 % erwachsene, im elterlichen Haushalt lebende Töchter und 7 % Frauen, welche in Untermiete oder zur „Kost" lebten. Die männlichen Arbeitskräfte setzten sich aus 41 % Haushaltsvorständen, 13 % im elterlichen Haushalt lebenden Söhnen und 14 % nicht zur engeren Familie zugehörigen Mitbewohnern zusammen. In Bühler waren unter den Webern 25 % Haushaltsvorstände, 9 % Töchter, 7 % Söhne, 38 % weibliche und 20 % männliche Mitbewohner; in Wolfhalden machten die Haushaltsvorstände 47 % aus, die Ehefrauen 3 %, die Söhne 28 % und die Töchter 0,3 %, die männlichen Mitbewohner 19 % und die weiblichen 2,4 %.[30] Während beim We-

---

28 Die Bleiche war auf den Sommer beschränkt und dauerte jeweils bis zu zwölf Wochen. Damit die Tuche rechtzeitig auf die Messen im Sommer und Herbst gelangen konnten, mußten sie im Frühling oder Frühsommer zur Bleiche bereit sein, sonst blieb der Warenproduzent bis zum nächsten Frühling auf der Ware sitzen oder mußte sie billig abgeben.

29 So in Glarus und Teilen des Zürcher Oberlandes, wo das Baumwollspinnen in den ersten Jahrzehnten der Protoindustrialisierung eindeutig dominierte.

30 In Wolfhalden war schon 1842 die Trennung von Männer- und Frauenarbeit beim Weben stark ausgeprägt. Noch stärker gilt dies später für die Seidenbeuteltuchweberei, wo nur Männer woben.

ben die männlichen Arbeitskräfte überwogen, stellten unter den erwachsenen Spulern die Frauen die Mehrheit. Die vorwiegend mit Spulen des Zettel- und Einschlagsgarnes beschäftigten Arbeitshände hatten in Herisau innerhalb ihres Haushaltes folgenden Status: 16% waren Haushaltsvorstände, 20% Ehefrauen, 5% Töchter, 4% Söhne, 36% weibliche und 20% männliche Mitbewohner. In Bühler waren unter den Spulern 23% Haushaltsvorstände, 1% Ehefrauen,[31] 3% Töchter, 62% weibliche und 10% männliche Mitbewohner; in Wolfhalden 15% Haushaltsvorstände, 14% Ehefrauen, 5% Töchter, 1% Söhne, 45% weibliche und 20% männliche Mitbewohner.

Auch die übrigen, z. T. unter der direkten Kontrolle der Fabrikanten ausgeführten Vorarbeiten wie das Garnsieden, Umlegen, Anwinden und Andrehen waren keine spezifischen Frauen- oder Männerarbeiten. Die Zuteilung und Ausführung der häuslich-industriellen Tätigkeiten erfolgte eher nach den individuellen Möglichkeiten und Fähigkeiten der einzelnen Haushaltsmitglieder als aufgrund einer fixierten geschlechtsspezifischen Arbeits- und Rollenverteilung. Sie hing von den weiteren Funktionen und Rollen ab, welche die arbeitsfähigen Haushaltsangehörigen neben ihrem industriellen Tätigkeitsbereich noch wahrnehmen mußten und richtete sich auch nach der Lebensphase, in der sie sich befanden. Die Kinder wurden schon im Alter von sechs Jahren, z. T. sogar noch früher, ans Spulrad gesetzt und zum Spulen angehalten. Ohne Beizug erwachsener Spuler, höchstens mit Ausnahme der Mutter, spulten sie in vielen Haushalten das gesamte Einschlagsgarn für die mit Weben beschäftigten Familien- und Haushaltsmitglieder. Nach 1815 und besonders nach 1830, als die Schulpflicht ab sechs Jahren strenger gehandhabt und auch durchgesetzt wurde, hatten die Kinder vor und nach der Schule, am frühen Morgen, über Mittag, am späten Nachmittag und Abend ihre Spüle zu machen, ihr „Tamma" zu erledigen.

Die drei Knaben des Witwers Näf, der eine neun, der zweite sechs und der dritte fünf Jahre alt, lieferten ihrem Vater das Einschlagsgarn und waren daneben noch zusätzlich mit Spinnen beschäftigt.[32] Im Haushalt des Webers Hans-Jakob Nef in der Säge in Herisau waren außer ihm selbst auch seine Ehefrau und die älteste Tochter mit Weben beschäftigt. Die drei übrigen Kinder dürften den drei Webern das Spulen besorgt haben.[33] Sobald als möglich wurden die heranwachsenden Kinder zum einträglicheren Weben angehalten, meist etwa ab dem zehnten Lebensjahr an. Vorher hatten sie in der Regel noch zu wenig Kraft dazu und vermochten mit den Beinen und Füßen die Fußtritte unter dem Webstuhl zum Bewegen der Schäfte noch nicht zu erreichen. Der 1792 geborene Matthias Näf lernte mit zehn Jahren weben, zuerst am Webstuhl des Vaters, wenn dieser für sich und seine Kinder kochte oder

---

31 Offensichtlich erfaßte die Volkszählung in Bühler die Nebenarbeiten der Hausfrauen nicht.
32 J. M. HUNGERBÜHLER, Der Toggenburger Fabrikant aus der ersten Hälfte des 19. Jh., dargestellt in dem Leben des Matthias Näf von Niederutzwil, in: Verhandlungen der st. gallisch-appenzellisch-gemeinnützigen Gesellschaft, 1855, 5.
33 Bevölkerungsverzeichnis von Herisau, 1842, Kantonsarchiv Herisau.

sich ins Wirtshaus absetzte.[34] „Zum Schlichten freilich mußte er (der Vater) dann jedes Mal nach Hause kommen, da die Ärmlein des Knaben für diese Verrichtung noch zu kurz gewachsen waren."[35] Mit elf Jahren hatte er dann bereits einen eigenen Webstuhl. Der fast 50 Jahre später geborene Johannes Merz lernte wie die meisten Kinder protoindustrieller Eltern in dieser Zeit etwa im 12. Altersjahr bei seiner Mutter in Wald weben.[36] Damit war ihm „die Welt mit ihrer Lust zum großen Teil vergangen", denn oft mußte er „die ganze Woche früh und spät im Keller sein" und konnte nicht einmal die Schule besuchen.[37] Später brachte er das Weben seiner Schwester bei und dann auch noch seinem zehnjährigen Bruder. Selbst nun 17 Jahre alt und bereits ein erfahrener Weber, ordnete er auch seiner Mutter, die von „den Maschinen und Wechselladen nichts verstand" jeweils die Sache wieder.[38]

Wie Johannes Merz und Matthias Näf lernten die meisten das Weben bei ihren Eltern oder anderen im Hause webenden Personen. Daneben gab es Eltern, die ihr Kind gegen Bezahlung eines Lehrgeldes zu einem Weber in die Lehre schickten, sei es, weil sie selbst vom Weben nichts oder nur wenig verstanden, sei es, weil sie keinen Webstuhl entbehren bzw. keinen neuen aus Platz- oder anderen Gründen aufstellen konnten. In beiden Fällen folgte die berufliche „Ausbildung" der Kinder kaum bewußten und überlegten Strategien, sondern sie ergab sich fast „nebenbei" aus dem unmittelbaren Erfahren und Erleben der industriellen Arbeiten im Haushalt der Eltern oder des Lehrmeisters. Ausbildung und Erziehung waren im protoindustriellen Milieu noch keine getrennten Bereiche. Durch die gemeinsame Arbeit im Haus wurden den Kindern nicht nur die Einstellungen und Verhaltensweisen der Eltern und anderer erwachsener Mitbewohner vermittelt, sondern vor allem auch deren Kenntnisse und Fertigkeiten. Was der junge Laurenz Zellweger 1723 über die Auferziehung der Kinder in Außerrhoden ausführte, galt 1850, trotz großer Fortschritte im Schulwesen, noch fast uneingeschränkt: „Sobald die Kinder sich regen können, müssen sie arbeiten, und die Profession ihrer Eltern erlernen; (sie) folgen insensiblement ihren Sitten und Gebräuchen."[39]

Schon nach kurzer Anlernzeit verdiente ein halbwüchsiges Kind mit Weben mehr als die Eltern für seinen Lebensunterhalt aufbringen mußten.[40] Kinder im fortgeschrittenen Alter bedeuteten deshalb für die Eltern einen „wahren Segen", während sie vorher, besonders im Kleinkinderalter, gleich in zweifacher Hinsicht

---

34 J. M. Hungerbühler, Toggenburger Fabrikant, 6/7.
35 Vgl. ebenda 7.
36 Johannes Merz, Erlebnisse und Erfahrungen eines Appenzeller Webers, hg. von Jakob Lorenz, Zürich 1909, 4, Johann Caspar Zellweger, Kurze geschichtliche Uebersicht des Handels der Kantone St. Gallen und Appenzell, in: Appenzellisches Monatsblatt (1835) Nr. 11/12, 185.
37 Merz, Erlebnisse, 4.
38 Vgl. ebenda 5.
39 Laurenz Zellweger, Ueber die Auferziehung der Kinder im Appenzellerland, in: Schweizerisches Museum 1784, Bd. 4, 899.
40 Laut Ebel, Schilderung, verdiente sich Ende 18. Jh. ein Kind ab zwölf Jahren mit Sticken oder Weben den Lebensunterhalt selbst.

eine Bedrohung des Familienbudgets – mehr Esser am Tisch, Verminderung der Arbeitsmöglichkeit der Frau – darstellten und deswegen oft sogar unerwünscht waren.[41] Die unentgeltlichen Leistungen des „Austragens" und Aufziehens der Kinder zahlten sich für die Eltern erst aus, wenn sie die jugendliche Arbeitskraft als das einzige „Kapital des armen Mannes" gewinnbringend einsetzen konnten. Dann waren sie „einem auch armen Vatter ein gutes Behilff, indem sie für ihn arbeiten, ausgenommen in theuren und darbey gewünnlossen Zeiten".[42] „Je mehr Hände für ihn arbeiten, desto mehr kann er verdienen. Der Vater, welcher für seine Familie etwas erübrigen will, wird ein strenger Aufseher ihrer Arbeitsamkeit, streicht den Verdienst ihres Kunstfleißes ein, und vergönnt nur selten, was die jugendliche Eitelkeit sich wünscht."[43]

Die relativ geringe Anzahl von Kindern in protoindustriellen Familien, die mindestens teilweise mit der kurzen Verbleibdauer der Kinder im elterlichen Haushalt zu erklären ist, die hohe Zahl lediger Mitbewohner in vielen bäuerlichen, gewerblichen und protoindustriellen Haushalten, aber auch diesbezügliche Äußerungen zeitgenössischer Beobachter weisen darauf hin, daß viele Eltern von dieser für sie günstigen Situation nicht lange profitieren konnten. „Aber kaum sind Tochter und Sohn erwachsen, so scheint ihnen das Joch im elterlichen Hause zu hart, wo sie sich zu Arbeitsmaschinen verdammt sehen, ohne den mindesten Genuß für ihre Tätigkeit. Sie vernehmen, wie viel ihre Arbeit jeden Tag dem Vater einbringt; sie sehen den schönen Putz, und das aufscheinende Glück anderer, welche nicht geschicktere Arbeiter sind wie sie. Eifersucht, Begierde zu gefallen, und Unabhängigkeitsliebe reifen bald den Entschluß, Vater und Mutter zu verlassen, wider ihren Willen zu heiraten, oder auf eigene Hand zu spinnen, zu weben oder zu sticken."[44] Johannes Merz verließ etwa mit achtzehn Jahren den elterlichen Haushalt, wo er für seine Arbeit nur ein kleines Trinkgeld erhielt und sich gegenüber seiner Schwester zurückgesetzt empfand: „Als ich dann über die stiefmütterliche Behandlung nachdachte und merkte, daß ich sogar meine körperliche Entwicklung und Schulbildung hatte zum Opfer bringen dürfen, da verlor ich meine lang geübte Gutmütigkeit. Ich packte alle meine Herrlichkeiten zusammen und reiste dem Dorf Wald zu. Auf dem Wege überlegte ich mit Tränen, was ich in erster Linie anzuschaffen habe. Ich hatte weder Eß- noch Werkgeschirr. Wohl hatte ich 10 Franken. Aber was war das zur Anschaffung von Schlichtebürsten, Schlichtekübel, Schlichte, Schiffle (Weberschiffchen), Läär (Spulen) und Brot."[45]

---

41 Vgl. Rudolf BRAUN, Industrialisierung und Volksleben, Erlenbach-Zürich 1960, 82; Hans MEDICK, in: KRIEDTE, MEDICK und SCHLUMBOHM, Industrialisierung vor der Industrialisierung, 125, schätzt zwar die Belastung und Entlastung des protoindustriellen Haushaltes durch die Kinder richtig ein, schließt daraus aber hinsichtlich des generativen Verhaltens – Erzeugung möglichst vieler Kinder aus ökonomischen Gründen – zu kurz. Vgl. hiezu auch die Kritik von Heidi ROSENBAUM, Seminar: Familie und Gesellschaftsstruktur, Frankfurt a. M. 1978, 42/43.
42 ZELLWEGER, Auferziehung, 899.
43 EBEL, Schilderung, 292.
44 Vgl. ebenda 292.
45 MERZ, Erlebnisse, 6.

Die früher mögliche ökonomische Selbständigkeit der Kinder in der Protoindustrie hatte offensichtlich die „Bande, welche Kinder an den Eltern halten",[46] die elterliche Autorität gelockert, was sich in Zeiten der Hochkonjunktur nicht nur in früheren Heiraten äußerte, sondern auch im vorzeitigen Verlassen des Elternhauses. Dies galt besonders für jene protoindustriellen Familien, die selbst über kein Grundeigentum, auch kein eigenes Haus verfügten und zur Miete wohnten.[47] Hier fehlten „sachliche" Bindungen – die „eiserne Kette von Reproduktion und Erbschaft" (Tilly) – fast vollständig. Deswegen war in diesem sozialen Milieu die Bindung der Jugendlichen an den elterlichen Haushalt am schwächsten.[48] Je nach Wohn- und Mietsituation hatten diese Eltern schon aus Platzgründen Mühe, die Arbeitskraft ihrer größeren Kinder voll auszunutzen und einzusetzen. Sie besaßen keinen eigenen Webkeller und konnten deshalb nicht nach ihrem Belieben neue Webstühle aufstellen lassen oder bereits vorhandene für sich oder ihre Kinder beanspruchen.

Gegen die frühe Verselbständigung der Kinder versuchte die Obrigkeit anzugehen, indem sie im Landmandat das eigenmächtige Weggehen und Wohnen unverheirateter Söhne und Töchter außerhalb des elterlichen Haushaltes verbot und die elterliche Autorität zu stützen versuchte: „Die unverheirateten Söhne und Töchter sollen sich fürohin, so lange sie sich in dem väterlichen Hause befinden, von ihren Eltern nicht eigenmächtig trennen, sobald sie es ihrem eigenen Nutzen angemessen glauben, sondern denselben zur Bestreitung der gesamten Haushaltungsbedürfnisse alle mögliche Beihilfe und Unterstützung leisten; auch sollen sie ohne Wissen und Bewilligung der Eltern und Vorgesetzten nicht abgesondert wohnen, noch an einen Dienst gehen mögen, bei der Buß von 5 Gulden, welche auch diejenigen zu gewärtigen haben sollen, welche ihnen Unterschlauf geben."[49]

Während die Kinder und Jugendlichen ihren gesamten Verdienst an die Eltern abgeben mußten – für das Spulen des Garnes erhielten sie ja sowieso keinen separaten Lohn – waren die unverheirateten Söhne und Töchter im Erwachsenenalter, d. h. ab 16 Jahren, wohl z. T. etwas besser gestellt. Viele blieben nicht nur aus Anhänglichkeit oder kraft elterlicher oder obrigkeitlicher Autorität im elterlichen Haushalt, sondern auch aus materiellen Erwägungen und Anreizen. Wie Johannes Merz erhielten einige von ihrem Lohn wenigstens einen Teil als Trinkgeld zu ihrer eigenen Verfügung. Andere wiederum vermochten sich soweit gegen ihre Eltern durchzusetzen, daß sie über ihren Lohn selbst bestimmten, den Eltern aber ein

---

46 EBEL, Schilderung, 292; Gabriel WALSER, Der Appenzeller Chronik dritter Teil in welchem die vornehmste Begebenheit so sich von An. 1732 bis An. 1763 sowohl inn- als auch ausser dem Land Appenzell zugetragen, Trogen 1829, 292.

47 Zu gegenteiligen Schlüssen gelangt MEDICK, in: KRIEDTE, MEDICK und SCHLUMBOHM, Industrialisierung vor der Industrialisierung, 119–138, besonders 121, 125.

48 Der Vergleich der Gemeinden Herisau und Wolfhalden ergibt eindeutig, daß dort, wo Grundbesitz breiter gestreut war, die Kinderzahl höher lag.

49 Landmandat von 1815, Art. 9, Kantonsbibliothek Trogen.

Kostgeld entrichteten.[50] Ihre Situation unterschied sich kaum noch von der jener jungen Weber und Weberinnen oder auch Stickerinnen, die das elterliche Haus verlassen und sich der elterlichen Kontrolle damit vollständig entzogen hatten. Ein Teil der auswärts wohnenden Weber bezahlten ihrem Logisgeber ein Kostgeld, verkehrten selbst mit dem Verleger und bestimmten im weiteren über ihre Einkünfte selbständig; teilweise „haushalteten" sie sogar selbst, d. h. sie waren mit dem Hausbesitzer derart übereingekommen, daß sie an seinem Feuer kochen und in seiner Stube wohnen durften. Auf diese Weise brauchten sie selbst kein Holz. Dafür halfen sie ihm bei den Feldarbeiten.[51] Andere arbeiteten im Auftrag des Logisgebers, des Haus- und/oder Webstuhlbesitzers und bekamen als Gegenleistung neben Kost und Unterkunft einen bestimmten Lohn pro Stück gewobenes Tuch. Die Werfte lieferte in diesem Fall der Logisgeber, ebenso das notwendige Einschlagsgarn.[52] Eine Unterkunft und einen Arbeitsplatz fanden junge Weber vorzugsweise in Haushalten, wo entweder schon vorhandene Webstühle nicht mit familieneigenen Arbeitskräften ausgelastet waren oder wo noch Platz für weitere Stühle vorhanden war. Heimarbeiterfamilien verschafften sich mit der Aufnahme eines Webers zusätzliche Einnahmen und gleichzeitig auch noch Arbeit für die mit Spulen beschäftigten Familienmitglieder. Ähnliches galt auch für die bäuerlichen Logisgeber. Sie sicherten sich aber darüber hinaus für die Arbeitsspitzen im Sommer billige und jederzeit verfügbare Arbeitskräfte.

Der Zwang zur optimalen Ausnutzung aller im Haushalt befindlichen Arbeitskräfte zur häuslich-industriellen Produktion bestimmte auch die Arbeits- und Rollenverteilung zwischen den Ehepartnern, zwischen Mann und Frau. Einschlägige Berufserfahrung, Arbeitsfähigkeit und Arbeitsgeschick im industriellen Bereich spielten bei der Partnerwahl auf beiden Seiten eine entscheidende Rolle. Sie, und nicht ererbter Besitz wie im bäuerlich-gewerblichen Milieu, entschied unter den besitzlosen oder besitzarmen Heimarbeitern über die Gründung und dauerhafte Existenz eines eigenen Haushaltes. Die Arbeitskraft und das Arbeitsgeschick der Ehepartner bildeten das Fundament für das einigermaßen gesicherte Überleben einer eigenen Familie. Sie waren auch bei der zukünftigen Ehefrau wichtiger als „hauswirtschaftliche" Fähigkeiten und Kenntnisse. Weder im protoindustriellen noch kleinbäuerlichen Haushalt standen häusliche Tätigkeiten – Bereitstellen und Kochen der Nahrung, Unterhalt der Wohnung und der Kleidung – im Zentrum der Aktivitäten der verheirateten Frauen, wie das um die Mitte des 19. Jahrhunderts im bürgerlichen Haushalt schon weitgehend der Fall war.

---

50   Dies war z. B. im elterlichen Haushalt von Ulrich Bräker im Toggenburg der Fall. Vgl. Ulrich Bräker, Leben und Schriften, hg. von S. Voellmy, 3 Bde., Basel 1945, Bd. 1, 229, 237.

51   Johann Caspar Zellweger, Uebersicht, 183.

52   Matthias Näf und Johannes Merz waren beide eine Zeitlang als sogenannte Weberknechte bei einem Bauern bzw. Fabrikanten angestellt.

Tabelle 8:
Tätigkeit der Ehefrauen in protoindustriellen und bäuerlichen Haushalten in Herisau und Wolfhalden, 1842

Tätigkeit der Ehefrau	Herisau				Wolfhalden			
	protoin. H. abs.	%	bäuerl. H. abs.	%	protoin. H. abs.	%	bäuerl. H. abs.	%
keine Angabe	229	56,8	170	75,9	88	68,2	101	90,2
Weben	109	27,0	36	16,1	8	6,2	–	–
Spulen	36	8,9	11	4,9	4	3,1	–	–
Nähen	17	4,2	5	2,2	22	17,1	–	–
Sticken	2	0,5	–	–	7	5,4	9	8,0
andere	10	2,5	2	0,9	–	–	2	1,8
Total	403 = 100		224 = 100		129 = 100		112 = 100	

Die Mehrheit der mit einem Bauern oder Weber verheirateten Frauen ist in den Bevölkerungslisten ohne Berufsangabe (57 % bzw. 76 % in Herisau, 68 % bzw. 90 % in Wolfhalden) angeführt. Dennoch war auch von ihnen, vor allem in protoindustriellen und kleinbäuerlichen Haushalten, ein großer Teil in den häuslich-industriellen Arbeits- und Produktionsprozeß eingespannt. Offenbar wurden die Hilfs- und Vorarbeiten in der Weberei, insbesondere das Spulen des Einschlagsgarnes, wie die häuslichen Arbeiten im engeren Sinne zum „normalen" Tätigkeitsbereich einer verheirateten Frau gerechnet und deshalb keiner besonderen Erwähnung für notwendig befunden. Erst separat entlöhnte Arbeiten wie Weben, Sticken, Nähen und Spulen des Zettelgarnes wurden auch bei den verheirateten Frauen als Beruf vermerkt.

Über 40 % der mit einem Weber verheirateten Frauen übten in Herisau eine „selbständige" industrielle Erwerbstätigkeit aus. Die meisten (27 %) unter ihnen saßen zusammen mit ihrem Mann im Webkeller am Webstuhl. 9 % arbeiteten als Spulerinnen, 7 % als Näherinnen. In Wolfhalden war „selbständige" Erwerbsarbeit mit etwas über 30 % bei den Frauen weniger stark verbreitet, am häufigsten war hier das Nähen. Die Mehrheit der „Weberfrauen", knapp 57 % in Herisau und 68 % in Wolfhalden, spulten neben den Hausgeschäften für den webenden Ehemann und andere webende Familien- oder Haushaltsangehörige das Einschlagsgarn. Da ein Spuler bzw. eine Spulerin einen Weber in der Hälfte der Zeit, die dieser zum Weben brauchte, mit dem notwendigen Einschlagsgarn versorgen konnte, ließ sich das Spulen relativ leicht mit anderen Arbeiten kombinieren. Wenn genügend „vorgespult" war, konnte bei anderweitiger Beanspruchung das Spulen leicht unterbrochen werden, ohne daß der Weber seine Arbeit in Kürze ebenfalls einstellen mußte.

Spulen und Erledigen der Hausgeschäfte führten häufig zu einer Überbelastung der Frauen, vor allem wenn noch keine Kinder zum Spulen herangezogen werden konnten oder wenn sie mehr als einen Weber mit den notwendigen Spülchen beliefern mußten. Besorgung der Haushaltung und Küche, Pflege der Kinder und

Spulen des Eintrags war auch für die Frau von Matthias Näf eine „zu übermäßige Bürde . . ., besonders wenn man bedenkt, daß sie ihre Kinder nicht im Schmutze trolen ließ, sondern so frisch und reinlich hielt, daß in dieser Beziehung manche Herrenfrau von ihr hätte lernen können. Es traf sich daher nicht selten, daß Vater Näf, der des Tages sechs Strangen Eintrag abwob, auf neue Spulen warten und darum klopfen mußte."[53] Während Frau Näf durch die Einstellung einer jungen Magd von der Haushaltsarbeit entlastet und zum Spulen freigestellt wurde, konnten andere Webersfrauen den Konflikt zwischen den verschiedenen an sie gestellten Anforderungen und Erwartungen nicht anders lösen als durch eine streckenweise Vernachlässigung der Hausarbeit und der Pflege der Kinder. Auf diese Weise gewannen sie Zeit zur Erledigung der „Brotgeschäfte", wie Tobler die industriellen Arbeiten nannte.[54] Ein ewiges Hin- und Her, ein ständiger Wechsel zwischen industrieller Tätigkeit, „Brotgeschäften", und häuslichen Arbeiten prägten den Tagesablauf der Frauen im protoindustriellen Haushalt. Hetze und Eile waren ein zentrales Merkmal ihrer Arbeit. Im besonderen Maße galt dies für die webenden, nähenden oder stickenden Ehefrauen, denn die Hausgeschäfte mußten sie ja nebenher auch noch irgendwie erledigen. Im Bereich der häuslichen Arbeiten im engeren Sinne, der Reproduktionsaufgaben, herrschte nämlich im Unterschied zur Produktionssphäre doch eine recht klare, geschlechtsspezifische Arbeitsteilung, die in der Regel nur in Not- und Grenzsituationen (Tod oder Krankheit der Ehefrau, partielle oder totale Unfähigkeit des Mannes zu industrieller Arbeit aus Krankheits- oder Altersgründen) aufgehoben oder umgekehrt wurde. Es gab jedoch auch Frauen, „die nur weben, sticken oder in einer Fabrik arbeiten und dann das Hauswesen im Stich lassen oder gar (!) den Männern aufbürden",[55] und Männer wie Ulrich Bräker, die ihren Frauen „so viel als möglich an die Hand" gingen oder gehen mußten und mit „Kochen und Waschen, Wasser- und Holztragen, ordentlich Kindermagdsstelle" vertraten.[56]

Ob die Frau eines Webers als „Hausfrau" tätig war und spulte oder ob sie wob und nebenbei mit oder ohne Mithilfe des Mannes und der Kinder die Hausgeschäfte erledigte, hing nicht von der Zahl[57] der Kinder ab, sondern ergab sich aus den Erfordernissen der häuslichen Arbeitsorganisation und der familialen Subsistenzbedürfnisse. Die Zahl der Kinder war, wie Tabelle 9 zeigt, in Familien, in denen die Mutter wob, weder kleiner noch größer als in Familien mit Müttern ohne Berufsangabe.

---

53 J. M. Hungerbühler, Toggenburger Fabrikant, 23/24.
54 Titus Tobler, Ueber die Bewegung der Bevölkerung, Biostatik, St. Gallen 1835, 100; Titus Tobler, Die Hausmutter. Ein Buch für das Volk, St. Gallen 1844, 11.
55 Titus Tobler, Hausmutter, 11, bezeichnet solche Frauen, die offensichtlich den herrschenden Erwartungen nicht nachkamen, als Haus(schweine).
56 Ulrich Bräker, Leben, Bd. 1, 324.
57 Möglicherweise spielte das Alter der Kinder eine gewisse Rolle. Doch gibt es keine Indizien, daß eher Frauen mit schon älteren Kindern woben.

Tabelle 9:
Tätigkeit der Ehefrau und Anzahl der Kinder in Weberfamilien, Herisau, 1842

Tätigkeit der Ehefrau	Anzahl Kinder								Total
	0		1—2		3—4		5 und mehr		
	abs.	%	abs.	%	abs.	%	abs.	%	
Weben	39	39,4	46	46,5	13	13,1	1	1,0	99
keine Angabe	81	35,7	104	45,8	30	13,2	12	5,3	227

Einer ähnlichen Belastung waren die Frauen im kleinbäuerlichen Milieu ausgeliefert. Entweder übten sie neben ihren häuslichen Aufgaben noch eine selbständige, industrielle Tätigkeit aus oder sie waren mit Spulen für webende Söhne, Töchter oder Mitbewohner beschäftigt. Ihr direkter oder indirekter Beitrag (Lohn bzw. Spulen) an das Familieneinkommen war für den kleinbäuerlichen Haushalt lebensnotwendig und garantierte häufig erst sein Überleben. Zwei Drittel der webenden Bauersfrauen gehörten auf einen Hof mit höchstens drei Kühen. Die Frauen in groß- und mittelbäuerlichen Haushalten hingegen betrieben eher selten noch eine industrielle Beschäftigung. Zum einen entsprach dies keiner Notwendigkeit und zum andern ließ ihnen die umfangreichere Hauswirtschaft auch weniger Zeit dazu.

Begannen die Kinder möglichst früh, so mußten die alten Leute möglichst lange einer industriellen Erwerbstätigkeit nachgehen. Sobald die Kinder die elterliche Haushalts- und Arbeitsgemeinschaft verlassen und sich selbständig gemacht hatten, verblieb den meisten Eltern als einziges „Kapital" nur mehr ihre eigene, langsam nachlassende Arbeitskraft. Ersparnisse hatten sie keine anlegen können, oder dann reichten sie nicht besonders weit und waren für außergewöhnliche „Schicksalsschläge" reserviert. Die älteren Heimarbeiter hatten deshalb gar keine andere Wahl, als ihre industrielle Tätigkeit solange es irgendwie ging, möglichst bis zum Lebensende, fortzusetzen, entweder im eigenen Haushalt, bei einem der erwachsenen Kinder oder als Mitbewohner in irgendeinem anderen Haushalt. Letzter Zufluchtsort im Alter war dann nicht selten das Armenhaus der Bürgergemeinde.

Wegen Abnützungserscheinungen, Krankheiten oder allgemeiner Altersschwäche vermochten viele ältere Weber und Weberinnen nur noch schmale und schlechter bezahlte Stücke zu weben oder mußten das einträglichere Weben aufgeben und sich auf das Spulen von Zettel- und Einschlagsgarn verlegen. Mit Spulen allein konnte ein Ehepaar nur ein kümmerliches Dasein fristen. Um der Dürftigkeit und Armut zu entgehen, genügte das Einkommen der Spuler meist nicht mehr; es reichte höchstens noch dazu, wenigstens die Armengenössigkeit abzuwenden. Andere Erwerbsmöglichkeiten für ältere Leute bestanden jedoch kaum. Spulen war für die meisten Heimarbeiter im Alter die einzige Arbeits- und Erwerbschance.

Unter dem Druck der Existenzsicherung waren im protoindustriellen Milieu Kinder, Frauen und alte Leute fast ohne Ausnahme in den industriellen Arbeitsprozeß eingespannt. Die Arbeit vollzog sich zu Hause und fand im Keller und in der Wohnstube statt. Im Unterschied zu kleinen Familienhaushalten, in denen der

Mann wob, die Frau und die Kinder spulten und auf diese Weise ein gemeinsames Einkommen erzielten, stellten Familienhaushalte oder erweiterte Haushalte mit mehr als einem Weber zwar noch immer eine Arbeitsgemeinschaft dar, aber nicht mehr eine Produktionseinheit in dem Sinne, daß „der Arbeitsprozeß die Zusammenarbeit aller Glieder erforderte und alle durch gemeinsame Arbeit ein ungeteiltes Einkommen erwirtschafteten".[58] In diesen Haushalten verrichteten verschiedene Haushaltsmitglieder nebeneinander gleiche, voneinander unabhängige Arbeiten, z. T. sogar für verschiedene Fabrikanten. Für die einzelnen Arbeitsaufträge erhielten die Weber und mit ihnen auch die für sie spulenden Arbeitshände einen separaten Lohn ausbezahlt. Noch weniger kann bei jenen Haushalten von einer eigentlichen Produktionseinheit gesprochen werden, wo einzelne Haushaltsangehörige gegen direkten Lohn zusätzlich noch Zettelgarn für die Fabrikanten spulten oder wo Frauen und Kinder noch mit Sticken oder Nähen beschäftigt waren.

Trotz dieser Aufsplitterung des häuslichen Produktionsverbandes in z. T. sogar voneinander unabhängige Produktionseinheiten blieb die Einheit von Arbeit und Konsum, Produktion und Haushalt in der „Sozialform des ganzen Hauses" gewahrt, abgesehen von jenen Haushalten, wo einzelne Mitglieder einer Arbeit außerhalb des Hauses nachgingen. Der Haushalt als umfassender Arbeits- und Lebenszusammenhang war noch intakt. Arbeit und Befriedigung der alltäglichen Bedürfnisse fanden am gleichen Ort statt und stellten noch nicht zwei völlig getrennte Lebensbereiche dar. Wohnung und Arbeitsplatz fielen zusammen. Die Organisation der Arbeiten, die Arbeit selbst vollzog sich ebenso wie die Befriedigung der Lebensbedürfnisse im häuslichen bzw. in Familienhaushalten im familialen Rahmen. Entsprechend wurden auch die Erträge aus der Arbeit der Familienmitglieder und z. T. auch der übrigen Haushaltsangehörigen zusammengenommen und als Einheit gesehen.

IV. Die Familie als Produktionseinheit in der mechanischen Stickerei

Die in den sechziger und siebziger Jahren des 19. Jahrhunderts aufkommende Maschinenstickerei leitete in Außerrhoden den Übergang zum modernen Industriekapitalismus ein. Die sechs Meter langen, zwei Meter hohen und von Hand angetriebenen Stickmaschinen wurden in der ersten Aufschwungsphase ausschließlich in Fabriken aufgestellt. Obwohl es sich dabei meist um kleinere Betriebe mit acht bis zwanzig oder auch nur drei bis acht Maschinen handelte, prägten Maschine und Fabrik nun auch in Außerrhoden immer stärker Arbeit und Leben der industriellen Bevölkerung. Die Fabrik blieb jedoch in der Stickerei nicht lange die einzige und wichtigste Produktions- und Betriebsform. In den siebziger Jahren und später wurden immer mehr Maschinen in den Häusern der Arbeiter montiert und in Betrieb genommen: Webkeller wurden tiefer ausgehoben und in Sticklokale umgewandelt; Weber- und Bauernhäuser erhielten einen Anbau, worin ein oder zwei Maschinen

---

58 Schlumbohm, in: Kriedte, Medick und Schlumbohm, Industrialisierung vor der Industrialisierung, 224.

ihren Platz fanden. Ein neuer Haustyp, das Stickerheim, entstand mit einem hellen hohen Raum im Erdgeschoß. Um 1880 hatte sich im ganzen Stickereigebiet der Ostschweiz nochmals die Heimindustrie als dominante Produktionsform durchgesetzt. In Außerrhoden standen 1880 30% aller Handstickmaschinen bei Heimstickern, 1890 waren es 51% und um 1900 gar 61%. 1910 umfaßte die Heim- oder Einzelstickerei rund 65% aller Hand- und Schifflistickmaschinen. Im Durchschnitt stand in jedem sechsten Haushalt eine solche Maschine.[59]

Im Unterschied zu den Weber- und Spulerhaushalten bildeten die Sticker mit ihren familieneigenen oder familienfremden Hilfskräften nicht eine bloße Arbeitsgemeinschaft, in der verschiedene Haushalts- oder Familienangehörige, z. T. nebeneinander, gleiche Arbeiten erledigten, sondern wieder eine eigentliche Produktionseinheit in dem Sinne, daß „der Arbeitsprozeß die Zusammenarbeit aller Glieder erforderte und alle durch die gemeinsame Arbeit ein ungeteiltes Einkommen erwirtschafteten".[60] Der Besitz der Maschine und die selbständige Organisation der Arbeit und des Arbeitsplatzes verschafften den Stickern und ihren Angehörigen wieder einen Teil jener Autonomie, die die Weber durch den Verlust der Verfügungsgewalt über die materiellen Mittel der Produktion an die Fabrikanten eingebüßt hatten.

Doch trotz der Dominanz der heimindustriellen Produktionsweise war auch im Einzelstickermilieu der Haushalt oder die Hausgemeinschaft als umfassender Arbeits- und Lebenszusammenhang nicht wieder völlig intakt. Jugendliche und noch ledige erwachsene Familienmitglieder arbeiteten oft außer Haus, entweder bei einem anderen Einzelsticker, oder, was häufiger war, in einer Fabrikstickerei oder einem Ausrüstbetrieb. Wenn auch oft nur vorübergehend, war für sie jene Trennung von Wohn- und Arbeitsplatz, Konsum und Arbeit Wirklichkeit geworden, die im Fabrik- und Handwerkermilieu längst ein zentrales Moment des Lebens darstellte. Die Stickereiindustrie, Ende 19. Jahrhundert der wichtigste Exportzweig der Schweizer Industrie, war eben auch nach 1880 keine reine Heimindustrie; sie stand mitten im Spannungsfeld zwischen fabrikmäßiger und heimindustrieller Produktion.

Wie sahen nun Arbeitsorganisation und Arbeitsteilung im familialen Produktionsverband dieses modernen Industriezweiges aus? Handelte es sich um eine Reaktivierung des Haushaltes und der Familie als Produktionseinheit unter neuen Vorzeichen, kamen unter den veränderten gesamtökonomischen Bedingungen neue Elemente hinzu? Das Sticken mit der Handstickmaschine war im Unterschied zur Handstickerei, die ausschließlich Frauenarbeit war, reine Männersache. Stickerinnen waren eine höchst seltene Ausnahme. In den Anfängen der Maschinenstik-

---

59 Zu dieser Thematik vgl. Andrea BELLAGGIO und Albert TANNER, Von Stickern, ihren Frauen und Kindern, in: Arbeitsalltag und Betriebsleben. Zur Geschichte industrieller Arbeits- und Lebensverhältnisse in der Schweiz, hg. vom Schweizerischen Sozialarchiv zum Jubiläum seines 75 jährigen Bestehens, Diessenhofen/Zürich 1981, 13—55.

60 SCHLUMBOHM, in: KRIEDTE, MEDICK und SCHLUMBOHM, Industrialisierung vor der Industrialisierung, 224.

kerei, den ersten Fabrikstickereien in St. Gallen, waren allerdings noch fast ausnahmslos Frauen an den Maschinen gesessen und hatten gestickt. Neben dem Stikker, der die Maschine bediente und antrieb, erforderte das Sticken noch ein oder zwei Hilfskräfte, die das Einfädeln der über 300 Nadeln und andere Unterstützungsarbeiten ausführten. Bei diesem Hilfspersonal, den sogenannten Fädlern, handelte es sich in der Regel um Frauen oder Kinder.

Für die große Mehrheit dieser Sticker bildete Sticken mit der Handstickmaschine ihre hauptsächliche Tätigkeit: 1910 für 1464 Sticker, d. h. für 91 %. In den weitaus meisten Fällen war es ihr einziger Beruf. Lediglich 9 % waren hauptberuflich in der Landwirtschaft oder einem anderen Erwerbszweig tätig und stickten als Nebenbeschäftigung.[61] Stickende Bauern bzw. Landwirtschaft treibende Sticker stellten in den meisten Außerrhoder Gemeinden im Vergleich zu anderen Stickereiregionen in St. Gallen oder im Thurgau eine kleine Minderheit dar.

Bäuerliche Sticker hatten mit der Landwirtschaft zwar einen krisensicheren Rückhalt, doch als Grobsticker waren sie dafür die ersten, die arbeitslos wurden. Feinere Stickarbeiten schlossen sich aus, denn durch die grobe Arbeit verloren die Hände ihre Gelenkigkeit und Feinheit, beides unabdingbare Voraussetzungen für die genaue Führung des Pantographen und ein feines Anziehen des Stickfadens.

Die meisten Einzelsticker arbeiteten mit ihrer eigenen Maschine, die sie mit angespartem oder aufgenommenem Geld, oft auch auf Abzählung, gekauft hatten. Der Arbeitsplatz, das Sticklokal, befand sich im Erdgeschoß, einem ausgebauten Keller oder in einem seitlichen Anbau eines Wohn- oder Bauernhauses, das ihnen selbst gehörte, oder wo sie Wohnung und Lokal gemietet hatten. Für die Hilfsarbeiten, das Fädeln und Nachsehen, zogen sie ihre Frau und Kinder heran. Sie „ersparten" sich auf diese Weise die Auslagen für die Bezahlung der Hilfskräfte. Der Fädlerlohn – um 1900 rund Fr. 450 im Jahr – blieb in der Familie. Nur sehr wenige stellten fremdes Hilfspersonal ein: 1910 waren lediglich 3,2 % der bei selbständigen Hausindustriellen beschäftigten Arbeitskräfte familienfremde Personen.

Für Sticker, die schon als Einzelsticker arbeiteten oder sich selbständig zu machen gedachten, waren deshalb in der Partnerwahl praktische Erwägungen besonders wichtig. Eine Frau mit einschlägiger Berufserfahrung im Fädeln, Nachsehen und Ausschneiden zu haben, war für sie eine ökonomische Notwendigkeit. Heiraten untereinander waren denn auch sehr häufig. Im Zeitraum von 1876–1885 heirateten in Bühler 54 % der Sticker eine Fädlerin, 21 % eine Näherin und 4 % eine Fabrikarbeiterin. Lediglich bei 21 % kam die Frau aus einem anderen Milieu. Umgekehrt heirateten 48 % der Fädlerinnen einen Sticker. Mit ihrer kostenlosen Arbeit ersparte die zukünftige Frau ihrem Mann die Bezahlung einer Fädlerin und allenfalls noch die Auslagen für das Nachsticken. Dadurch senkte sie seine Betriebskosten und machte ihn der Fabrikstickerei gegenüber vollends überlegen. Heirat und Haushaltsgründung brachten ihm, wenigstens solange keine Kinder die Erwerbsfähigkeit der Frau verminderten, nicht nur eine allgemeine Verbilligung seines Le-

---

61 Schweizerische Statistische Mitteilung, Jg. 1 (1919) Heft 2, 22.

bens, sondern sogar eine Einkommenssteigerung. Es lohnte sich daher, möglichst früh zu heiraten. Das durchschnittliche Heiratsalter lag denn auch im Stickermilieu niedriger als bei anderen Berufsgruppen. In Bühler betrug es 1876–1885 bei Stickern 23,7 Jahre, bei Fädlerinnen 22,7 Jahre; bei Fädlerinnen, die einen Sticker heirateten, sogar 21,7 Jahre. Nach Angaben von Steinmann verehelichten sich von total 2837 Stickern im Jahrfünft 1886–1890 2% im Alter von 18–19 Jahren, 42% im Alter von 20–24 Jahren; für Angehörige anderer Berufe lagen die Werte bei 1% bzw. 30%.

Der „Erwerb" einer geschickten und arbeitsfähigen Frau führte den Fabriksticker oder noch selbständigen Einzelsticker – vor allem wenn sie über ihre Berufserfahrung hinaus auch noch etwas Erspartes mitbrachte – dem „Ziel aller Wünsche"[62] näher, nämlich dem Besitz einer eigenen Maschine und eines eigenen Hauses. Für die Fädlerinnen bedeutete das „Ziel aller Wünsche" eine zusätzliche Arbeitsbelastung durch Haushalt und Kinder, denn sie konnten sich nicht wie die Bürgersfrauen auf ihre Rolle als Hausfrau und Mutter zurückziehen. Im Gegenteil, die Tätigkeit als Fädlerin, Nachseherin, Ausschneiderin oder Nachstickerin ging vor und nahm weiterhin ihre volle Arbeitskraft in Anspruch. Frauen von Einzel- oder Heimstickern hatten es dabei vordergründig etwas leichter als solche von Fabriksticker: Sie verloren keine Zeit für Arbeitswege und konnten die Hausarbeiten auch zwischenhinein, z. T. sogar im Sticklokal verrichten und die Kleinkinder neben der Arbeit beaufsichtigen, was ein weiterer wichtiger Grund war, warum sich viele Stickerpaare nach der Heirat oder, sobald sich Nachwuchs ankündigte, entschlossen, zur Heimarbeit überzugehen. Doch wegen der längeren Arbeitszeiten der Einzelsticker wurde trotz Einheit von Wohn- und Arbeitsplatz die Doppelbelastung der Frau nicht kleiner, sondern eher noch größer.

Diese Doppelbelastung hatte jedoch nicht nur im herrschenden Rollenverständnis ihre alleinige Ursache. Die fädelnden Stickersfrauen waren im Unterschied zu den Weberinnen, die die gleiche Arbeit wie der Mann leisteten und ihm gleichberechtigter gegenüberstanden, ihren Männern auch im industriellen Arbeitsbereich untergeordnet. Sie wurden „bloß" zu Hilfsarbeiten gebraucht, die Hauptarbeit, das Sticken, erbrachte der Mann. Dies zementierte die ungleiche Rollen- und Arbeitsverteilung im Reproduktionsbereich, d. h. in Haushalt und Familie, und machte die Frau zu einem „menschlichen Zubehör" des Stickers und seiner Maschine. So wie die Maschine eine weibliche Hilfskraft erforderte, bedingte der Erwerb und Besitz eines Hauses auch eine Hausfrau. Das „Ziel aller Wünsche" im Leben eines Einzelstickers war ohne Frau nicht erreichbar oder nur ein „halbes Glück". Wie auf die Maschine und das Haus übertrug der im Besitzdenken stark verhaftete Einzelsticker seinen Besitzanspruch auch auf die Frau. Am offenkundigsten wurde dies in jenem

---

62 Albert SWAINE, Die Arbeits- und Wirtschaftsverhältnisse der Einzelsticker, Straßburg 1895, 92.

Zeitungsinserat, wo ein Sticker zusammen mit dem Stickerheim auch gleich eine Frau, zwecks späterer Heirat, mitgeliefert haben wollte.[63]

Eine Minderheit von Einzelstickern verfügte weder über eine eigene Maschine noch ein eigenes oder selbst gemietetes Lokal. Sie waren keine selbständigen Kleinunternehmer, sondern Lohnarbeiter, die im Dienst eines Fabrikanten oder Ferggers standen. Dieser lieferte die Aufträge und das Garn, stellte Lokal und Maschine, Heizung und Beleuchtung zur Verfügung. Meist hatten diese Sticker im Haus, wo sich ihr Sticklokal befand, auch ihre Wohnung und konnten ihre Arbeit wie die selbständigen Einzelsticker selbst einteilen und organisieren. Sie kannten keine Fabrikordnung und waren an keine gesetzlichen Beschränkungen in der Arbeitszeit und in der Verwendung von Frauen und Kindern gebunden. Obwohl sie nicht mehr „bei sich" beschäftigt waren, unterschieden sie sich in ihrer Arbeits- und Lebensweise nicht wesentlich von Stickern mit eigenem Lokal und eigener Maschine.

Der Einzelsticker war in seinem Sticklokal sein „eigener Herr und Meister". Er war Arbeiter und „kleiner Geschäftsmann" (Lorenz)[64] in einem, er betrieb ein Kunsthandwerk, arbeitete mit seiner eigenen Maschine und besaß ein Haus. Er gehörte in Dorf und Gemeinde zu den besitzenden Schichten. Er konnte an seinem Arbeitsplatz tun und lassen, was und wie er wollte. Er unterstand keiner fremden Kontrolle – außer der seiner Nachbarn. Beginn und Schluß der Arbeit legte er nach eigenem Ermessen fest, Arbeitspausen machte er, wann und so lange er wollte. Der Einzelsticker wähnte sich deshalb als der „Fürnehmste" (Steinmann)[65] unter den Industriearbeitern und legte in seiner Selbsteinschätzung großen Wert darauf, nicht als Proletarier eingestuft zu werden. Er war bemüht, sich in seinem Verhalten und in seinen Ansichten vom Fabrikarbeiter abzuheben, um so seiner gesellschaftlichen Stellung als „selbständiger Arbeiter", als Kleinmeister, Ausdruck zu verleihen.

Für viele Fabriksticker war denn auch der höhere gesellschaftliche Status der Heimsticker ein Anreiz zu sparen und zu versuchen, sich so schnell wie möglich, selbständig zu machen und so auch in der Achtung ihrer Umgebung zu steigen. Konnte ein solcher Sticker auch noch ein eigenes Haus erwerben, so befand er sich am „Ziel aller Wünsche" und hatte sich und den anderen bewiesen, daß dem Tüchtigen der Lohn der Selbständigkeit und damit auch der Unabhängigkeit, der „Freiheit" winkt. Selbständigkeit und Unabhängigkeit machten viele Einzelsticker glauben, „daß es in der Macht jedes Menschen liege, im Leben vorwärts zu kommen, und Gedrücktheit und Mittellosigkeit nur auf mangelnde Arbeitsliebe, auf fehlende Beharrlichkeit im Emporstreben zurückzuführen sei".[66]

---

63   Vgl. Andrea BELLAGGIO und Alex BROGLI, Die Frau in der St. Galler Stickerei oder „Um die Frauen kümmert sich niemand", Seminararbeit, Zürich 1978, 37. Vgl. auch Inseratenteile der Stickerei-Industrie.

64   Jakob LORENZ, Die wirtschaftlichen und sozialen Verhältnisse in der schw. Heimindustrie, Zürich 1911, 347.

65   Arthur STEINMANN, Die ostschweizerische Stickerei-Industrie, Zürich 1905, 68.

66   Der Textilarbeiter, Organ des allgemeinen schweizerischen Textil-Arbeiter-Verbandes, 13. 10. 1932.

Die „Freiheit" der Einzelsticker war aber sehr ambivalent. Sie konnte sich unversehens in ihr Gegenteil verkehren. Selbstausbeutung war die Kehrseite der Selbständigkeit. Selbst in Zeiten der Hochkonjunktur war der eigene Entscheidungsspielraum nicht allzu groß, die „Freiheit" sehr relativ. Die Höhe des Arbeitsertrags und der Druck der individuellen und familiären Lebensbedürfnisse schrieben ihnen ihren Arbeitsaufwand sehr genau vor und bestimmten so Dauer und Intensität der Arbeit. Sie sorgten dafür, daß der Einzelsticker selbst bei guten Verdienstmöglichkeiten von seiner „Freiheit" keinen zu ausgedehnten Gebrauch machen konnte. In Krisenzeiten zwangen sie ihn, den Arbeitsaufwand bis an und über die Grenzen der physischen Belastbarkeit zu steigern, sich selbst und seine mitarbeitenden Familienangehörigen auszubeuten, um wenigstens das Notdürftigste für den Lebensunterhalt herauszuwirtschaften.

Selbstausbeutung und Ausbeutung von Frau und Kindern waren der Preis für die Selbständigkeit, die „Freiheit" der Einzelsticker. Doch diesen Preis zu zahlen, waren sie bereit. Ihre Selbständigkeiten ließen sie sich etwas kosten. Sie nahmen lange Arbeitszeiten in Kauf – meist 11–12 Stunden, unter Umständen bis zu 15 und mehr Stunden im Tag[67] – und nützten die kostenlose Arbeitskraft von Frau und Kindern aus; dies nicht nur im äußersten Notfall: „Einmal im Besitz eines so kostbaren Instruments, nützte man die Zeit und arbeitete, durch keinerlei gesetzliche Einschränkungen gehemmt, solange und so ausdauernd, als es Laune und relatives Wohlbefinden erlaubten. Die Kaufleute halfen redlich mit, durch zielloses Stickenlassen von Ware den Markt zu überschwemmen, um sich dann, wenn eine Stauung eintrat, in den spekulativen Operationen des Konsignationsgeschäftes Luft zu verschaffen. Preisermäßigungen sollten den Absatz erzwingen, alles Mißgriffe, die weniger die Kaufleute und Fabrikanten, vielmehr und empfindlicher die Arbeiter selbst trafen; diese suchten sich, nicht selten vom Fergger dazu veranlaßt, durch billige Arbeitsofferte Beschäftigung um jeden Preis zu erwerben, in der Meinung, die durch die Unterbietung erlittene Einbuße auf dem Weg der Dauerarbeit wieder wett zu machen. Frau und Kinder, als die nächsten und billigsten Hilfskräfte mußten sich an diesem mörderischen Unfug beteiligen."[68] Doch dieses Leid zu tragen, wenn es sein mußte, nach guten Jahren in schlechten zu hungern, waren sie bereit. Warum?

Sticken war für die Einzelsticker nicht einfach ein Job, sondern eine umfassende Lebensbedingung, eine bestimmte Art zu leben. Ihr Fühlen und Denken, ihr Verhalten und Handeln, ihr politisches Bewußtsein, ihre Einstellung und Haltung gegenüber der Arbeiter- und Gewerkschaftsbewegung waren vom spezifischen Arbeits- und Lebenszusammenhang, in dem sie und ihre Familien sich befanden und ihre Erfahrungen machten, zutiefst beeinflußt und können auch nur daraus verstanden werden.

---

67 Fridolin Schuler, Die schweizerischen Stickereien und ihre sanitarischen Folgen, in: Deutsche Vierteljahresschrift für öffentliche Gesundheitspflege, Bd. XIV, Heft 2, Braunschweig 1882, 43. Swaine, Einzelsticker, 70/71; Lorenz, Verhältnisse, 353.
68 Steinmann, Stickerei-Industrie, 27.

Die Einzelsticker hatten wie schon die Fabriksticker einen ausgeprägten Berufsstolz, der vor allem im besonderen Charakter der Arbeit und des Produktes sowie in der relativ guten Bezahlung begründet lag. Für die Selbst- und Fremdeinschätzung, ihr Bewußtsein und Handeln entscheidender war jedoch die unabhängige Arbeits- und Lebensweise, die eigene Maschine, die selbständige Tätigkeit, die Arbeit auf eigenes Risiko. Doch obwohl sie sich deswegen gerne als „kleiner Geschäftsmann", als Kleinunternehmer sahen, waren sie es in ihrem ökonomischen Denken und Verhalten nur beschränkt. Mit ihrem familialen Produktionsverband total in hochkapitalistische Verwertungszwänge und Marktmechanismen eingebunden und ihnen ausgeliefert, dachten sie, darin dem Kleinbauern oder Heimarbeiter des 18. und frühen 19. Jahrhunderts sehr ähnlich, weiterhin sehr stark in familienwirtschaftlichen Kategorien. Das investierte Geld, ob von fremder Hand vorgeschossen oder aus eigenem Ersparten, betrachteten sie nicht als Kapital. Maschine, Lokal und Zubehör, erst recht das Haus waren für sie vom Empfinden und Denken her nicht aktuelles oder potentielles Kapital, das sich verwerten, das Rendite abwerfen mußte, sondern sie sahen diese vordringlich als Mittel und Grundlage ihrer selbständigen Existenz.

Viele hatten über ihre Einkünfte ohnehin keine Übersicht und berechneten ihren Lohn selten richtig. Die wenigsten wußten, wieviel sie genau verdienten. Viele brachten jeweils nur den Fädlerlohn und die Garnkosten in Abzug. Die andern Auslagen, nämlich die Amortisationskosten für Stick- und Fädelmaschine, den Nachsticklohn, den Zins für Maschine und Lokal, die Kosten für Reparaturen, Beleuchtung, Brennmaterial, Wachs, Seifen, Nadeln und Öl vernachlässigten sie.[69] Selbst sonst gut kalkulierende Sticker berücksichtigten die Amortisationskosten für ihre Maschine in ihrer Lohn- und Gewinnrechnung nicht: „Das in Lokal und Maschine steckende Geld rechnen wir einfach nicht", erklärten viele Sticker, wenn sie nach ihren Einkünften und Betriebskosten gefragt wurden.[70]

Die Einzelsticker arbeiteten mit ihren Familienangehörigen unterhalb ihrer Selbstkosten, zu „individuell falschen Produktionskosten" (Marx),[71] d. h. sie nahmen Arbeitsaufträge zu Preisen an, die ihre effektiven Kosten und ihren Arbeitslohn nicht deckten. Die Arbeitskraft des Stickers und seiner familieneigenen Hilfskräfte sowie seine übrigen Auslagen gingen nicht oder nur vollkommen in die über den Markt erfolgende Bewertung und Regelung der Kosten des von ihnen erzeugten Produktes ein. Wichtige Teile des Produktions- und Konsumtionsprozesses und damit der Reproduktion der Arbeitskraft von Sticker und Hilfskräften waren nicht vollständig an den Marktmechanismus angeschlossen.

Diese Produktion zu „individuell falschen Produktionskosten" unterhalb der Selbstkosten war mit ein Grund für die Überlegenheit der Heimsticker in der Kon-

---

69 Charles J. Blanc, Der Einfluß der Mechanisierung auf die Lage der ostschweizerischen Sticker, Diss. Bern, Weinfelden 1920, 65; Lorenz, Verhältnisse, 346, 361.
70 Swaine, Einzelsticker, 50.
71 Karl Marx, Das Kapital. Kritik der politischen Ökonomie, Bd. 3, Berlin-Ost 1974, 816.

kurrenz mit der Fabrikstickerei. Sie war das „Geheimnis" der „billigeren"Produktion in der Heimstickerei. Den „Aufpreis" bezahlten die Sticker und ihre Familien.

Berufsstolz, Eigenständigkeit und Eigenverantwortlichkeit bewirkten im Stickermilieu eine extrem individualistische Grundhaltung, die aber nicht nur in der spezifischen Arbeitsweise, sondern auch im wirtschaftlichen System der Stickerei und seinen Zwängen, dem Konkurrenzkampf, begründet lag. Die Konkurrenz, der Kampf jeder gegen jeden, war in der Heimstickerei allgegenwärtig; keiner konnte sich den Gesetzen des Marktes auch nur für kurze Zeit entziehen. Der Verkehr zwischen Arbeitgeber und Arbeitnehmer war in keinem schweizerischen Industriezweig so „handelsmäßig" (Lorenz) und unpersönlich,[72] so ohne Verschleierung nur durch das Gesetz von Angebot und Nachfrage bestimmt. Jeder konkurrierte bei der Arbeitsvergabe jeden, jeder mußte versuchen, sich so teuer wie möglich zu verkaufen. Was sich an der Börse in St. Gallen abspielte, übertrug sich in den Kontors der Fergger und Fabrikanten auf die Sticker und ihre Familien. Jeder kämpfte gegen jeden und mußte auf seinen eigenen Vorteil bedacht sein. Wer nicht mitmachte, riskierte bei Arbeitsverknappung als erster ohne Aufträge dazustehen.

All dies mußte die Sticker in ihrer individualistischen Grundhaltung bestärken, ihre Vereinzelung noch mehr vorantreiben. Solidarität, gemeinschaftliches Fühlen und Denken, gemeinsames Handeln oder gar gemeinsames Wehren, konnten deswegen im Stickermilieu nur schwer aufkommen, denn im wirtschaftlichen und sozialen Alltagsleben fanden solche Denk- und Verhaltensmuster fast keinen Rückhalt. Selbst die herkömmlichen Nachbarschaftsbeziehungen litten unter der Abkapselung oder zerbrachen unter dem ständigen Konkurrenzkampf. Wo aber jeder sich im Alltag in erster Linie als Konkurrent des andern erfahren muß, macht sich zwangsläufig Zurückhaltung und Mißtrauen breit, entsteht ein „kurzsichtiger Geschäftsgeist" (Specker),[73] der über den eigenen Zaun nicht mehr hinaussieht. Die räumliche Trennung und die familiale Arbeitsorganisation verstärkten diese Haltung und erschwerten noch zusätzlich das Entstehen von solidarischem Bewußtsein und Verhalten.

Jeder Einzelsticker arbeitete mit Frau und Kindern in seinem Haus und bildete einen in sich geschlossenen und von anderen Stickern abgeschlossenen Produktionsverband, eine „kleine Fabrik". Die Kommunikation verlief fast ausschließlich in vertikaler Richtung, nämlich vom Fergger oder Fabrikanten bzw. Kaufmann zum einzelnen Sticker und umgekehrt, aber kaum auf horizontaler Ebene, d. h. zwischen Sticker und Sticker, und wenn das doch der Fall war, so meist in einer Konkurrenzsituation.

Wer mit Arbeitskollegen zusammentreffen wollte, mußte sich außerhalb der Arbeitszeit darum bemühen. Aus dem unmittelbaren Arbeitszusammenhang heraus ergaben sich nämlich kaum Kontaktmöglichkeiten, sowohl für die Sticker wie

---

72 Lorenz, Verhältnisse, 346.
73 Louis Specker, „Weberpfarrer" Howard Eugster-Züst, 1861–1932, Diss. Basel, St. Gallen 1975, 185.

die Fädlerinnen. Die Arbeit vollzog sich in der Heimstickerei völlig in der „Privat-sphäre" von Familie und Haushalt unter Ausschluß jeglicher Öffentlichkeit. Sie war in den meisten Fällen – nur ein paar wenige Einzelsticker arbeiteten mit familien-fremden Hilfskräften – eine reine Familienangelegenheit, eine „Familiensache", die andere, Arbeitskollegen wie Nachbarn, nichts anging. Nach außen drang deshalb nur, was der Respektabilität des Stickers und seiner Familie Ausdruck verlieh oder ihr mindestens keinen Abbruch tat. Schlechte Muster und Aufträge, hohe Abzüge und Retournierungen, Teilarbeitslosigkeit, Armut und Elend blieben im Verborge-nen, unter „Schirm und Dach" des eigenen Hauses. Wenn der Einzelsticker hunger-te, so „hungerte er auf eigene Faust innerhalb seiner vier Pfähle".[74]

---

74 Ausspruch eines Stickers, zit. nach Swaine, Einzelsticker, 30.

RICHARD WALL

Arbeit, Fürsorge und Familie

Eine vergleichende Betrachtung von Handwerkern, Bauern und Arbeitern in Devon und Westflandern

I. Der Wandel der Haushaltsformen in England

Manchen Historikern, die sich bei der Untersuchung der Geschichte der englischen Familie vorwiegend auf Material stützen, das die Oberschichten betrifft, fällt es leicht, bestimmte Familienformen bestimmten Zeitperioden zuzuordnen, auch wenn sich dabei Überscheidungen ergeben. So kam etwa Lawrence Stone zur Auffassung, daß von 1450 bis 1630 eine „open lineage family", von 1550 bis 1700 eine „restricted patriarchal nuclear family" und schließlich von 1640 bis 1800 eine „closed domesticated nuclear family" bestanden hätte.[1] Historiker dagegen, die von der Untersuchung der Haushalte ausgingen, fanden es weniger leicht, zeitliche Einschnitte zu erkennen, war doch eines ihrer ersten Ergebnisse der Nachweis einer über lange Zeiträume hinweg ziemlich stabilen Haushaltsgröße und der Kontinuität des Prinzips, mit der Heirat einen neuen Haushalt zu gründen.[2] Erst in letzter Zeit wurden neue Quellenbestände erschlossen,[3] die es gestatten, die Entwicklungspha-

---

1 Lawrence STONE, The family, sex and marriage in England 1500–1800, London 1977.
2 Peter LASLETT, Mean household size in England since the sixteenth century, in: Household and family in past time, hg. von Peter LASLETT und Richard WALL, Cambridge 1972. Die bekanntesten englischen Belege für Abweichungen vom Grundsatz der Neugründung von Haushalten bei der Heirat stammen aus der industriellen Zeit. Vgl. Michael ANDERSON, Family structure in nineteenth century Lancashire, Cambridge 1971; Michael YOUNG und Peter WILLMOTT, Family and kinship in East London, London 1957.
3 Vgl. Richard WALL, Regional and temporal variations in the structure of the British household since 1851, in: Population and society in Britain 1850–1980, hg. von Theo BARKER und Michael DRAKE, London 1982; Richard WALL, The household, demographic and economic change in England, 1650–1970, in: Family forms in historic Europe, hg. von Richard WALL, Jean ROBIN und Peter LASLETT, Cambridge 1983.

sen englischer Haushaltsformen wesentlich genauer nachzuzeichnen. Das besagt freilich keineswegs, daß damit alle Schwierigkeiten ausgeräumt wären. Probleme ergeben sich vor allem daraus, daß für die Zeit vor 1650 mit Volkszählungslisten vergleichbare Quellen nur sehr spärlich vorhanden sind, daß nicht viel mehr als ein Dutzend Listen vor 1821 Altersangaben enthält und daß es vor dem 19. Jahrhundert fast unmöglich ist, für dieselbe Gemeinde mehrere, zeitlich verschiedene Schnitte heranzuziehen.[4] In vielen Fällen ist es um die Quellenlage in anderen Ländern besser bestellt[5] – und daher erscheint es als Ironie der Geschichte, daß die historische Analyse von Haushaltsformen ausgerechnet in England ihren Ausgang nahm und dort vielleicht auch am weitesten fortgeschritten ist.

Wenn es auch nicht möglich ist, den Strukturwandel der englischen Haushalte in allen seinen Einzelheiten zu erfassen, so stehen doch die grundlegenden Entwicklungszüge vom 17. Jahrhundert herauf fest. Zu ihrer Analyse sollten wir uns allerdings nicht auf den Aspekt der Haushaltsgröße beschränken, sondern wir müssen auch der Zusammensetzung der Haushalte nachgehen, d. h. uns nicht nur mit der Anzahl der zusammenlebenden Personen, sondern auch mit ihrer Verteilung auf Haushaltsvorstände, Kinder, Verwandte, Dienstboten oder Mitbewohner beschäftigen.[6] So gesehen, ging in einer ersten Phase im Laufe des 17. und 18. Jahrhunderts die Zahl der in den Haushalten beschäftigten Dienstboten zurück, während die der Verwandten und insbesondere der Kinder in einem Maß anstieg, das diese Abnahme mehr als ausglich. Dies hatte zur Folge, daß die Haushalte des späten 18. Jahrhunderts durchschnittlich um 8 % größer waren als jene des späten 17. Jahrhunderts. Ein noch stärkerer Rückgang der Dienstboten und ein weiterer Anstieg der Zahl der Verwandten kennzeichnen einen zweiten Abschnitt bis etwa 1851. Wesentlich tiefgreifendere Veränderungen zeigen sich ein Jahrhundert später – erst ab 1947 sind nämlich wieder Quellen zugänglich, die im nationalen Rahmen Einzelheiten der Haushaltszusammensetzung wiedergeben. Nunmehr wird ein deutlicher Rückgang der Zahl der Kinder, Dienstboten und Mitbewohner, nicht jedoch – wie es scheint – der mitwohnenden Verwandten, sichtbar.[7]

Wie man sieht, gilt es also, Veränderungen gar nicht geringen Ausmaßes auf den Grund zu gehen, für die eine Reihe einleuchtender Erklärungen angeboten

---

4   Eine knappe Beschreibung der in den einzelnen Listen enthaltenen Angaben findet sich in der Zeitschrift Local Population Studies ab Heft 24 (1980).

5   Dennoch können sich selbst im Falle reicheren Materials ähnliche Probleme stellen, vgl. Thomas HELD, Rural retirement arrangements in seventeenth century to nineteenth century Austria: a cross-community analysis, in: Journal of Family History 7 (1982) Nr. 3, 227–254.

6   Mitbewohner („lodgers") werden aufgrund ihres nicht eindeutigen Verhältnisses zum Haushalt eher als diesem zugehörige denn als tatsächliche Haushaltsmitglieder behandelt. In manchen Fällen mag es sich um Angestellte des Haushaltsvorstands gehandelt haben, deren Stellung der des Gesindes nahekam. Häufiger jedoch dürften es Personen gewesen sein, denen es aufgrund ihrer Armut oder der Unbeständigkeit ihres Wohnorts an den nötigen Mitteln für die Gründung eines eigenen Haushalts fehlte.

7   Belege für diese Entwicklung und andere Veränderungen nach 1947 finden sich bei WALL, The household, demographic and economic change.

werden. Wahrscheinlich dürfte die rückläufige Zahl der dem Haushalt angehörigen Dienstboten zwischen dem späten 17. Jahrhundert und der Mitte des 19. Jahrhunderts auf einen Wandel des ländlichen Arbeitsmarktes zurückzuführen sein: Vor allem auf Ackerbau ausgerichtete Bauern begannen, hausfremde Landarbeiter im Hause wohnendem Gesinde vorzuziehen. Sie reagierten damit auf das Bevölkerungswachstum und die sinkenden Reallöhne des 18. Jahrhunderts. Im Vergleich zu den im Haushalt lebenden Dienstboten kamen die reichlich vorhandenen hausfremden Arbeitskräfte billiger. Unter solchen Voraussetzungen mag es manchem Bauern selbstverständlich erschienen sein, an Stelle des im Haushalt lebenden Gesindes Taglöhner einzustellen, die selbst für sich zu sorgen hatten. Diese Veränderungen wurden von einem Wandel der Einstellung begleitet: Die Bauern begannen sich der gesellschaftlichen Distanz zu ihrem Gesinde bewußt zu werden und legten mehr Wert auf Häuslichkeit, was mit der Einbeziehung von am Hofe lebenden Knechten und Mägden in den Haushalt schwer zu vereinen war.[8]

Für die im 18. Jahrhundert zunehmende Zahl von Kindern und Verwandten in den Haushalten lassen sich einige demographische Erklärungen anführen. In diesem Zeitraum wurde die Altersstruktur der Haushalte stärker von Jugendlichen geprägt: Früheres Heiratsalter, die Zunahme des Anteils der Verheirateten und eine steigende Zahl unehelicher Kinder bewirkten einen deutlichen Anstieg der Gesamtfertilität.[9] Da die Stellung des einzelnen im Haushalt – und damit die Struktur des Haushalts insgesamt – weitgehend von seinem Alter bestimmt werden, läßt sich allein aufgrund dieser Entwicklungen erwarten, daß sich Haushalte des späten 18. von jenen des späten 17. Jahrhunderts durch eine zunehmende Zahl im Hause lebender Kinder unterscheiden. Tatsächlich wird diese Vermutung durch die Angaben in den Pfarregistern bestätigt. Auch die zunehmende Zahl der Verwandten im Haushalt ist zum Teil auf eine veränderte Altersstruktur zurückzuführen, die mit einem Anwachsen jüngerer Altersgruppen eine Zunahme potentieller Enkel, Neffen und Nichten mit sich brachte. Ein niedrigeres Heiratsalter verstärkte die Tendenz zu einander überlagernden Generationen und erhöhte so ebenfalls die Anzahl der unter Umständen zusammenlebenden Verwandten. Dazu konnten auch die Versuche beitragen, mit einer gestiegenen Zahl von Kindern zurecht zu kommen – sei es, daß Eltern eines ihrer Kinder bei ihren eigenen Eltern unterbrachten, sei es, daß sie ein uneheliches Kind ihrer Tochter bei sich aufnahmen oder sich manchmal gezwungen sahen, verschiedene Formen der Teilung von Häusern zu vereinbaren, weil die Erweiterung des Wohnbestands mit dem Bedarf nicht Schritt hielt.[10]

---

8 Vgl. die Zusammenfassung der Antworten auf die Frage 38 in den Berichten zum Armengesetz aus dem Jahre 1834 bei Ann KUSSMAUL, Servants in husbandry in early modern England, Cambridge 1981, 128 f.

9 Die relative Bedeutung dieser Faktoren dokumentiert E. A. WRIGLEY und R. S. SCHOFIELD, The population history of England, Cambridge 1981, 267, Tabelle 7.29.

10 WALL, The household, demographic and economic change, 507 und vgl. unten.

II. Land, Arbeit und Haushalt

Der oben dargestellte Wandel der englischen Haushaltsformen und sein Zusammenhang mit den Familienstrukturen und den ökonomischen und sozialen Umwälzungen des 19. Jahrhunderts hatte allerdings unmittelbar mehrere Ursachen. So beeinflußt etwa die Höhe der Reallöhne das Heiratsalter und schlägt erst über dieses auf den Zeitpunkt der Gründung und die Zusammensetzung der Haushalte durch. Andererseits scheint gelegentlich ein Zusammenhang zwischen wirtschaftlichem Wandel und Haushaltsform überhaupt nicht zu bestehen. Man könnte dabei auf den Umstand verweisen, daß in den Haushalten beinahe aller sozialen Schichten – von den Adeligen und Grundbesitzern an der Spitze der gesellschaftlichen Pyramide bis nach unten zu den Taglöhnern hin – im Jahre 1851 eher mit Verwandten zu rechnen ist als gegen Ende des 18. Jahrhunderts.[11] Wenn man jedoch der Beziehung von Haushalt, Familienformen und ökonomischen Verhältnissen nachgehen will, kann man sich nicht auf diese Aspekte beschränken. Bekanntlich zeigen englische Gemeinden große Unterschiede sowohl in der Durchschnittsgröße als auch in der Zusammensetzung der Haushalte.[12] Diese Schwankungen kann man mit dem Stellenwert von Grundbesitz und/oder mit der Natur des Arbeitsmarktes in Verbindung bringen. Bekannt ist ebenso, daß sich je nach dem Beruf des Haushaltsvorstandes für die im Haushalt lebenden Kinder, Dienstboten und Verwandten deutlich voneinander abweichende Zahlen ergaben.[13] Eben diese Zusammenhänge sind es, die im folgenden Kapitel im Mittelpunkt stehen werden.

Um jedoch solche Beziehungen eingehend untersuchen zu können, erscheint eine Beschränkung sowohl auf wenige Aspekte der Haushaltsstruktur als auch auf eine geringe Zahl der zu analysierenden Gemeinden angebracht. Freilich bestehen nicht nur zwischen den einzelnen Mitgliedern eines Haushalts Beziehungen; auch außenstehende Personen wie Mieter und Nachbarn sind in das Verhältnis eingebunden. Mit anderen Worten: Es läßt sich unmöglich feststellen, warum eine Gemeinde so wenig Dienstboten, eine andere hingegen so viele Mitbewohner aufweist, wenn nicht zumindest ansatzweise klar ist, warum und unter welchen Umständen Kinder ihre Eltern verließen und einen eigenen Haushalt gründeten. Bestimmte familiale Rollengruppen geben jedoch mehr als andere darüber Aufschluß, warum jemand einen Haushalt verließ und sich einem anderen anschloß. Alter, Geschlecht und Anzahl der mit dem Haushaltsvorstand lebenden Kinder bilden einen Merkmalskomplex dieser Art, und auch die Gruppe der Verwandten ist aufschlußreich,

---

11 Ebenda, Tabelle 16.5.
12 Die Ziffern für den Anteil drei oder mehr Generationen aufweisender Haushalte mögen für diese Verschiedenheit als Beispiel stehen. In einem Viertel der untersuchten Gemeinden umfaßten weniger als 5 % der Haushalte drei Generationen, in einem weiteren Viertel dagegen 10 %.
13 Vgl. LASLETT, Mean household size, 154; Richard WALL, Real property, marriage and children: the evidence from four pre-industrial communities, in: R. M. SMITH (Hg.), Land, kinship and lifecycle, Cambridge 1984.

da ihre spezifische Stellung in den Haushalten sowohl von ihren eigenen individuellen Lebensbedingungen als auch vom Bedarf der Haushalte bestimmt wurde. Wir werden deshalb den Arbeitsverhältnissen von Kindern und Verwandten besondere Aufmerksamkeit schenken, da sie uns als entscheidender Schlüssel für das Verständnis der Haushaltsformen erscheinen. Innerhalb eines größeren Zusammenhangs läßt sich dieser Abschnitt auch als Versuch einer Überprüfung der These Peter Lasletts verstehen, daß Haushalt und Familie auch in vorindustriellen Gesellschaften vielfach keine „working units" darstellten.[14]

Als räumliches Untersuchungsgebiet wurde die im Südwesten Englands gelegene Pfarre Colyton ausgewählt, die einen kleinen Marktflecken und ein ausgedehntes ländliches Hinterland umfaßt. So ist es möglich, sowohl die Haushaltsformen von Handwerkern und Gewerbetreibenden als auch von Bauern und Landarbeitern zu untersuchen.[15] Der wesentliche Vorteil einer Analyse von Colyton liegt jedoch darin, daß die demographische Geschichte dieses Orts bereits eingehend erforscht worden ist.[16] Das bedeutet nicht nur, daß auf einen Bestand von Informationen über Heiratsalter, Fruchtbarkeit, Sterblichkeit und gelegentlich sogar auf Angaben zur Berufsstruktur zurückgegriffen werden kann, sondern auch, daß die schwierige Aufgabe, in mühsamer Kleinarbeit Pfarregister, Volkszählungslisten und Steuerunterlagen aufeinander zu beziehen, in großen Teilen abgeschlossen ist.[17] Insbesondere lassen sich die Familienrekonstitutionen mit den erhaltenen Volkszählungslisten aus dem 19. Jahrhundert[18] in Verbindung bringen, um das sta-

---

14   Peter Laslett, Family and household as work group and kin group: areas of traditional Europe compared, in: Family forms in historic Europe.

15   Außerdem waren einige innerhalb des Stadtgebiets von Colyton wohnende Arbeiter in der dortigen Gerberei beschäftigt; diese scheinen jedoch aufgrund ihrer geringen Zahl in den folgenden Tabellen nicht als gesonderte Kategorie auf. Der Begriff „Arbeiter" (labourer) bedeutet deshalb hier überwiegend „Landarbeiter".

16   E. A. Wrigley, Family limitation in pre-industrial England, in: Economic History Review 19 (1966) 82−109; Mortality in pre-industrial England: the example of Colyton, Devon, over three centuries, in: Daedalus (1968) 546−580; The changing occupational structure of Colyton over two centuries, in: Local Population Studies 18 (Frühjahr 1977) 9−21.

17   Es wurden dabei die in der Grundsteuerveranlagung des Jahres 1835 genannten Namen mit den Eintragungen der Pfarrbücher und den Volkszählungsergebnissen von 1841 verglichen. Jean Robin (SSRC Cambridge Group) setzt nun die Arbeit dahingehend fort, daß sie eine Verbindung zwischen den Pfarregistern und Volkszählungsunterlagen der Jahre 1851 bis 1881 herstellt.

18   Die Listen der ersten vier gesamtstaatlichen Volkszählungen wurden im frühen 20. Jahrhundert vernichtet. Noch heute tauchen dann und wann vor Ort angefertigte Abschriften unterschiedlicher Qualität und Ausführlichkeit in den County-Archiven auf; im Fall Colytons sind jedoch keinerlei Unterlagen erhalten. 1841 wandte man eine neue Methode der Zählung an: Die an die einzelnen Haushaltsvorstände ausgegebenen Listen wurden von mit der Zählung beauftragten Beamten eingesammelt, überprüft und wenn nötig vervollständigt. Die Beamten übertrugen dann die von den Haushaltsvorständen ausgefüllten Listen in ihre Bücher. Da die Haushaltslisten selbst fast ausnahmslos zerstört wurden, sind es die Bücher der mit der Zählung betrauten Beamten („enumerator's books"), auf die wir heute bei unseren Untersuchungen zurückgreifen können.

tistische Bild, das Zensusaufzeichnungen gewöhnlich bieten, durch die Einbeziehung des Alters der Kinder, die nicht mehr bei den Eltern wohnten, um eine zusätzliche Dimension zu ergänzen. Diese in einem früheren Aufsatz für die Volkszählung von 1841 benützte Methode[19] wird zusammen mit Materialien zur Berufsstruktur der noch mit den Eltern lebenden Kinder in der vorliegenden Arbeit auf den Zensus von 1851 angewandt (vgl. Abb. 3).

Zugegebenermaßen birgt die Untersuchung der Gesellschaftsstruktur einer einzelnen Pfarre eine Gefahr: Diese kann sich für ihr Gebiet oder ihre Zeit – vom Land im allgemeinen einmal ganz abgesehen – in einer Art und Weise als nicht charakteristisch erweisen, welche sich nur schwer im vorhinein absehen läßt. Das wäre tatsächlich ein schwerwiegender Einwand, wenn es darum ginge, eine typisch englische Pfarre zu finden – sollte es eine solche überhaupt geben. Weniger ins Gewicht fällt die Entscheidung für eine bestimmte Pfarre dann, wenn die Arbeit wie im vorliegenden Fall darauf abzielt, den Zusammenhang zwischen der sozialen Struktur und bestimmten ökonomischen Verhältnissen zu beschreiben.

Die meisten der kleinen Anwesen Colytons waren Pachthöfe: Sie wurden nicht von den Landbesitzern, sondern von Pächtern geführt, die sie mit ihren Familien, dem bei ihnen wohnenden Gesinde und Taglöhnern bewirtschafteten (vgl. Tabelle 21). Anders als in ländlichen Gebieten Mitteleuropas stellten die Bauern nicht gerade die stabilste Gruppe der Gemeinde dar. Vier von zehn Personen, die im Jahre 1851 in Colyton Land bewirtschafteten, wurden in einer anderen Pfarre geboren. Diese Mobilität mag teilweise auf die Notwendigkeit zurückzuführen sein, sich nach einem geeigneten Hof umzusehen, obgleich die Pacht in überraschend vielen Fällen von einem Mitglied der Familie auf ein anderes übergehen konnte. 29 der in der Volkszählung von 1851 aufscheinenden Anwesen sind nach der Armensteuerveranlagung von 1835 als Pachthöfe einzustufen. 1851 waren davon zwölf in der Hand desselben Bauern; weitere neun wurden von einem Familienmitglied des ursprünglichen Pächters bewirtschaftet. In acht Fällen wurden die Farmen von Personen geführt, die allem Anschein nach mit ihrem Vorgänger nicht verwandt waren. Von den anderen in der Volkszählung von 1851 erfaßten Gütern wurden drei vom Besitzer selbst bewohnt, während 14 in der Armensteuerveranlagung unter dem betreffenden Namen nicht aufzufinden waren.

Wenn man also vom Anteil der außerhalb der Pfarre Geborenen ausgeht, erscheinen die Handwerker Colytons im Vergleich zu den Bauern als stabilere Gruppe. Ob jemand der Pfarre angehörte oder nicht, war zwar für die Pfarrbehörde wichtig, da dies mit bestimmten Berechtigungen verbunden war. Es dürfte jedoch nicht das Kriterium gewesen sein, nach dem die Bewohner „Einheimische" und „Fremde" auseinanderhielten. Während die Handwerker in der Regel im Ort selbst wohn-

---

19   Richard WALL, The age at leaving home, in: Journal of Family History 3 (1978) Nr. 2, 181–202.

ten, lebten die Bauern in den entlegenen Teilen der Pfarre – viele kamen zwar aus der nächsten Umgebung, hatten aber doch eine Pfarrgrenze überschritten.[20]

Arbeitet man mit Berufsgruppen, stellt sich auch das Problem ihrer inneren sozialen Zusammensetzung. Läßt sich die soziale Differenzierung der Bauern durch die im Zensus enthaltenen Angaben über die Größe der Anwesen ziemlich leicht feststellen, so fällt dies bei den Handwerkern schwerer, weil nur wenige mit dem Titel eines Meisters oder Gesellen bezeichnet wurden.[21] Die meisten haben wahrscheinlich je nach Gelegenheit für verschiedene Auftraggeber gearbeitet, waren selbständig erwerbstätig oder wechselweise auf beide Arten tätig. Diese Gruppe von Handwerkern ist in die traditionelle Hierarchie von Meister, Geselle und Lehrling nur schwer einzuordnen. Gab es auch kaum Lehrlinge, die selbst einem Haushalt vorstanden, so war doch die herkömmliche hierarchische Struktur des Handwerks durch die große Zahl von Gesellen mit eigenem Haushalt schon sehr durchbrochen. Bezieht man sich auf die Terminologie Frédéric Le Plays, der Taglöhner, für bestimmte Leistungen entlohnte Arbeiter (tasker, tâcheron) und Selbständige unterscheidet, so muß man feststellen, daß diese verheirateten Gesellen eine Zwischenstellung einnahmen.[22]

Sogar bei den Landarbeitern stellen sich ähnliche Probleme. Sicherlich gründeten Landarbeiter eigene Haushalte. Unbekannt ist aber, ob sie nur für einen Bauern oder eher als Gelegenheitsarbeiter für mehrere tätig waren. Die räumliche Nachbarschaft einiger Farmhäuser und Taglöhnercottages läßt darauf schließen, daß einige an bestimmte Bauern gebunden waren – und zwar in der Form, daß sie ausziehen mußten, sobald sie den Dienst quittierten. Da jedoch nicht für alle Taglöhner Cottages in der Nähe von Höfen zur Verfügung standen, lebten viele im Markt Colyton. Setzt man alle übrigen Bedingungen als gleich voraus, so müßte es diesen im Vergleich zu den an bestimmte Farmen gebundenen Taglöhnern leichter gefallen sein, die Arbeitsstelle zu wechseln.[23] Obgleich Landarbeiter üblicherweise als unge-

---

20 Obgleich man 40 % der Bauern als zugezogen einstufen kann, stammen nur 16 % nicht aus Colyton selbst oder einer der unmittelbaren Nachbarpfarren. Für die hier und oben herangezogenen Angaben zur Mobilität ist der Autor Jean Robin zu Dank verpflichtet.

21 Von den 36 der Gruppe der Handwerker zuzurechnenden Haushaltsvorständen des ersten Zählbezirks von Colyton, in dem genaue Berufsangaben vorliegen (vgl. unten), wurden drei als Meister eingestuft; weitere fünf beschäftigten Lehrlinge oder Gesellen. Neun Haushaltsvorstände werden selbst als Gesellen bezeichnet. – Bei mehr als der Hälfte wurde das Handwerk ohne Angabe der Stellung vermerkt.

22 Ouvriers-journaliers, ouvriers-tâcherons und ouvriers chefs de métier, vgl. Frédéric LE PLAY, Les ouvriers Européens, Tours 1879, 2. Aufl., Bd. 1, 230–233. Es ist darauf hinzuweisen, daß in der vorliegenden Arbeit der Begriff „Handwerker" („artisan") in einem umfassenden Sinn gebraucht wird, der allein oder mit Gehilfen arbeitende Selbständige, Gesellen und die für bestimmte Leistungen entlohnten „taskers" einschließt, während Le Play die Kategorie enger faßt und nur „chefs de métier" als Handwerker bezeichnet.

23 Warum die Mechanismen des Arbeitsmarkts so sehr im Dunkel bleiben, liegt zum Teil daran, daß bei der Volkszählung nur die Anzahl und nicht die Namen der nicht am Hofe lebenden Arbeitskräfte erfaßt wurden. Es ist also mit anderen Worten unmöglich festzustellen, wer wen beschäftigte.

lernte oder bestenfalls angelernte Kräfte eingestuft wurden,[24] verfügten viele von ihnen über besondere Fertigkeiten wie etwa das Anlegen von Umzäunungen, wofür bei den Bauern wohl nur gelegentlich ein Bedarf bestand. Bloß wenige dieser Fertigkeiten wurden aber in den Volkszählungslisten vermerkt. Ein Bewohner beispielsweise wird, wahrscheinlich aus Gründen der Unterscheidung zu Fuhrleuten, im allgemeinen als „Fuhrmann eines Bauern" geführt; Strohdecker und Milchmeier sind eigens bezeichnet.[25] Letztere stellten häufig eine Milchmagd ein und dürften in der gesellschaftlichen Hierarchie einen Platz zwischen den Landarbeitern und den Bauern eingenommen haben. Tatsächlich scheint der Milchmeier ein englisches Beispiel für Le Plays „ouvrier-tenancier" zu sein. Er pachtete nämlich zumindest einen Teil seiner Produktionsmittel (Kuhställe, Zubehör und unter Umständen selbst das Vieh) von einem Bauern, der entweder nicht in der Lage oder nicht willens war, auf eigene Faust zu wirtschaften.[26] Diese Form des Übereinkommens ist für andere milchproduzierende Gebiete in Westengland belegt und dürfte wahrscheinlich die in Colyton übliche gewesen sein.[27] Strohdecker und Milchmeier werden daher im folgenden aufgrund ihrer besonderen Merkmale von anderen landwirtschaftlichen Beschäftigungen getrennt angeführt, obgleich die Fälle für eine eigene Analyse leider nicht ausreichen.[28]

Gesicherte Aussagen erfordern eine entsprechende Anzahl von Beobachtungsfällen. Daher ist es für die eingehendere Untersuchung gesellschaftlicher Strukturen mitunter (vgl. Tabelle 8) zwecklos, andere als die umfangreichsten Berufsgruppen einzubeziehen. Andererseits ist es bei allgemeineren Angaben wie der Zahl der Haushalte mit Kindern oder Verwandten möglich, die Analyse auf vier oder sogar sechs Berufsgruppen auszudehnen (vgl. Tabellen 1 und 3). Soweit möglich, wurden Haushalte mit männlichen bzw. weiblichen Vorständen getrennt untersucht, um auch dem Einfluß des Geschlechts des Haushaltsvorstands auf die Zusammensetzung der Haushalte nachgehen zu können.

Selbst wenn sich deutliche Bezüge zwischen Geschlecht und Beschäftigung des Haushaltsvorstands und der Anwesenheit von Verwandten oder erwachsenen Nachkommen im Haushalt aufdecken lassen, muß man die Grenzen einer einzelnen Pfarre überschreiten, um feststellen zu können, ob die betreffenden Zusammen-

---

24 Vgl. W. A. ARMSTRONG, The use of information about occupation, Anhang A, in: Nineteenth century society, hg. von E. A. WRIGLEY, Cambridge 1972. In den Volkszählungen von 1921 und 1951 werden „agricultural labourers" als angelernt („semi-skilled"), andere Arbeiter dagegen als ungelernt („unskilled") bezeichnet. Aus oben genannten Gründen (vgl. Anm. 15) versucht die vorliegende Untersuchung diesbezüglich keine Unterscheidung zu treffen.

25 Strohdecker wurden nicht neben Zimmer- und Bauleuten usw. als Handwerker eingestuft, weil sie wahrscheinlich mit dem Abdecken von Heuschobern gleichermaßen zu tun hatten wie mit Hausdächern.

26 LE PLAY, Bd. 1, 231 f.

27 S. G. KENDALL, Farming memories of a West Country yeoman, London 1944, 15. (Für diesen Hinweis danke ich Jean Robin.)

28 In den folgenden Tabellen werden sie zusammen mit Angehörigen verschiedener anderer Berufe unter „andere" geführt.

hänge für einen bestimmten ökonomischen Hintergrund charakteristisch sind oder ob sie – unabhängig vom Ort – mehr oder weniger konstante Merkmale von Bauern-, Arbeiter- oder Handwerkerhaushalten darstellen. Statt nach einer anderen englischen Gemeinde zu suchen, fiel die Entscheidung hier jedoch dafür aus, eine Gruppe von Dörfern im Westflandern des frühen 19. Jahrhunderts heranzuziehen. Zum Teil lag dies einfach daran, daß die Quellen bereits aufgearbeitet waren. Alle diese nicht weiter als 25 km von Brügge entfernten Dörfer waren bereits auf den Zusammenhang zwischen Grundbesitz, Beschäftigung und Haushaltsform hin untersucht worden.[29] Außerdem waren von der Wahl nicht englischer Orte zusätzliche Vorteile zu erwarten. Man weiß heute mit Sicherheit, daß das vorindustrielle England mit großen Teilen Nordwesteuropas gewisse Merkmale der Familienstruktur gemeinsam hatte, nämlich das späte Heiratsalter für beide Geschlechter (bei Männern über 26, bei Frauen etwa über 23), die Haushaltsgründung bei der Eheschließung und den Wechsel junger Dienstboten zwischen verschiedenen Haushalten. Die Summe dieser Merkmale ist von John Hajnal als das „household formation system" Nordwesteuropas[30] bezeichnet worden. Freilich gab es in diesem Raum auch beträchtliche Abweichungen hinsichtlich des Heiratsalters, des Altersunterschieds der Ehegatten und der Anzahl und Art der in den Haushalt aufgenommenen Verwandten.[31] Ebenso bestanden große Unterschiede, was den Verbleib der Kinder betrifft. Vermutlich wurde je nach den Erfordernissen des Arbeitsmarkts und den Bedürfnissen der einzelnen Familien manchen Kindern nahegelegt, länger im Elternhaus zu bleiben; andere wiederum wurden veranlaßt, in Dienst zu treten oder zu Verwandten zu ziehen.

Was Westflandern betrifft, gibt die herangezogene Volkszählung des Jahres 1814 wie im Fall Colytons Aufschluß über die Beschäftigung des Haushaltsvorstands. Eine Familienrekonstitution auf Basis der Pfarregister wurde bisher nicht durchgeführt, sodaß wir die Zahl der nicht bei den Eltern wohnenden Kinder nicht abschätzen können. Die Unterlagen enthalten auch keine durchgängigen Angaben über die Beschäftigung der weiteren Familienmitglieder. Aus diesem Grund konnte die Sozialstruktur Westflanderns auch nicht mit genau demselben Untersuchungsschema analysiert werden wie jene Colytons. Dazu kommt, daß zwischen beiden Untersuchungsgebieten wesentliche soziale Unterschiede bestanden.

Erstens hat man es in Flandern nicht mit einem kleinen Marktflecken und dessen Umland, sondern mit einer Reihe von Dörfern zu tun, was einen geringeren Bevölkerungsanteil von Handwerkern erwarten läßt. Wenn auch die Viehzucht in manchen Dörfern eine größere Rolle spielte als in anderen, war Westflandern zweitens doch im wesentlichen ein Gebiet, das nicht auf Milchwirtschaft, sondern auf

29 Richard WALL, Does owning real property influence the form of the household? An example from rural west Flanders, in: Family forms in historic Europe, 379—407.

30 Vgl. John HAJNAL, Two kinds of pre-industrial household formation, in: Family forms in historic Europe, 65—72.

31 Zur Frage des Altersunterschieds der Ehegatten vgl. Richard WALL, The composition of households in Bruges, in: Family forms in historic Europe, 460—462.

Ackerbau ausgerichtet war. Die einzelnen Dörfer unterschieden sich allerdings in dieser Hinsicht: Wo auch Viehzucht betrieben wurde, war der Landbesitz in der Gemeinde viel breiter gestreut, und neben Bauern scheinen viele Handwerker, Taglöhner und Frauen als Eigentümer auf.[32] Aus diesem Grunde werden im folgenden zwei Arten von Dörfern unterschieden: Gebiet 1 steht für den in überwiegender Weise als Ackerland bewirtschafteten Raum, Gebiet 2 für die auf Milch- oder Mischwirtschaft ausgerichtete Region, also das Gebiet, das der in Colyton vorherrschenden Form der Bewirtschaftung eher entsprach. Selbst wenn man Gruppen derselben Berufskategorie (Bauern, Arbeiter und Handwerker) ins Auge faßt, fällt es drittens schwer, mit Sicherheit festzustellen, ob man von Fall zu Fall direkte Entsprechungen vor sich hat. Die Schwierigkeiten beginnen bereits mit dem Wort „Arbeiter" („labourer"), einem Terminus, der als Übersetzung des Begriffs „ouvrier" und des vergleichsweise unüblichen und nur in den Pfarren mit Mischwirtschaft gebräuchlichen Ausdrucks „journalier" übernommen wurde. Es könnte jedoch ebensogut sein, daß es sich hier um Bezeichnungen handelt, die eher den sozialen Rang als die Qualifikation betreffen und vielleicht Le Plays Unterscheidung zwischen Tagelöhnern und Arbeitern, die im Stücklohn oder für bestimmte Leistungen bezahlt wurden, nahekommt. Unter der Kategorie der Arbeiter („ouvriers") könnte daher eine Reihe von Personen erfaßt sein, die wir aufgrund der Volkszählung von Colyton als Handwerker eingestuft hätten. Folglich wären die ausdrücklich als Handwerker angegebenen Personen als eine ihrem Status nach höhere Gruppe anzusehen, vielleicht auf Le Plays „chefs de métier" beschränkt und sozial nicht so weit gefächert, wie die Bevölkerungsgruppe, die wir in Colyton als Handwerker einstuften. Dieser Unterschied ist von großer Bedeutung. Man könnte argumentieren, daß die Quellen zwei verschiedene Systeme der Zuordnung des sozialen Status wiedergeben, die sich in Flandern an der traditionellen Unterscheidung zwischen Meister und Gesellen, in Colyton aber – zumindest auch – an der Art der Tätigkeit und der Qualifikation orientieren. Da auch Le Play, der Pionier der Familientypologie, noch zur Mitte des 19. Jahrhunderts eine ähnliche Terminologie verwendete wie die flämischen Beamten in der Volkszählung von 1815, ist zu vermuten, daß der Unterschied der sozialen Kategorien in Colyton und Westflandern mehr widerspiegelt als bloß den zeitlichen Abstand zwischen beiden Zählungen.

Hier stellt sich ein allgemeines Problem der vergleichenden Analyse von Sozialstrukturen. Stellt man die Berufsgruppen und nicht die Gesamtheit der Dorfgemeinden in den Mittelpunkt, führt die Übertragung einer aus einem englischen Marktflecken gewonnenen Einteilung auf eine flämische Population offensichtlich zu Widersprüchen. Andererseits scheint festzustehen, daß nur eine vergleichende Betrachtung die Besonderheiten sozialer Strukturen zu erfassen erlaubt. Daher muß man sich im Augenblick mit den vorhandenen analytischen Mitteln begnügen, so unzureichend diese auch erscheinen mögen.

32　Eine Einschätzung des auf einem zeitgenössischen geographischen Wörterbuch und den bei der Volkszählung erfaßten Landbesitzverhältnissen basierenden Materials findet sich bei WALL, Real property, 384–387.

III.　Der Einfluß der Beschäftigung auf die Zusammensetzung des Haushalts

Tabellen 1 und 2 vermitteln einen Eindruck, wie sich Colyton und Westflandern hinsichtlich der Häufigkeit bestimmter Haushaltsformen unterschieden. Haushalte mit Kindern waren in Colyton deutlich weniger anzutreffen, und nur halb so viele hatten Dienstboten; der Anteil von Haushalten mit Verwandten und weiblichen Haushaltsvorständen lag hingegen beträchtlich höher. Die Unterschiede zwischen den beiden Gruppen flämischer Dörfer fielen vergleichsweise gering aus, wenn man davon absieht, daß Hauswesen mit Dienstboten in dem auf Ackerbau ausgerichteten Gebiet stärker verbreitet waren. Interessanterweise scheint dies nicht mit der Beschäftigung des Haushaltsvorstands in Zusammenhang gestanden zu haben: Fast alle Berufsgruppen zeichnen sich durch einen höheren Dienstbotenanteil aus.[33]

Der hohe Anteil von Haushalten mit Kindern in Westflandern ist darauf zurückzuführen, daß Witwer sich bald wiederverheirateten und insbesondere Bauern dann viel jüngere Frauen ehelichten.[34] Auch Witwen standen nur selten nach dem Tod des Mannes weiter einem Haushalt vor: Wenn sie keine Ehe mehr eingingen, finden sie sich in den Listen in der Rubrik der Mitbewohner (vgl. Abb. 2). Der Druck zur Wiederverheiratung läßt sich aus der Form erklären, wie beim Ableben eines Eigentümers die Übertragung des vorhandenen Vermögens – insbesondere von Grund und Boden – geregelt war.[35] Allerdings ist es weniger leicht, Zusammenhänge zwischen Wiederverheiratungsverhalten und größerem Dienstbotenanteil oder seltenem Aufscheinen von Verwandten des Haushaltsvorstands herzustellen, obgleich das Material über die Altersstruktur des Gesindes und die Art der ins Haus aufgenommenen Verwandten (vgl. Abb. 2 und Tabelle 16) es erlaubt, auch über diese Gruppen Aussagen zu treffen.

Die Tabellen 1 und 2 bieten weiters die Grundlage, um die Zahl der Haushalte mit Kindern, Dienstboten und Verwandten nach dem Beruf des Haushaltsvorstands zu differenzieren. So läßt etwa Tabelle 1 erkennen, daß man bei Bauern und Angehörigen freier und höherer Berufe am ehesten mit Dienstboten zu rechnen hat, die im Haushalt mitlebten. Interessant ist, daß sich nicht alle in der Lage sahen, jemanden einzustellen – ein Umstand, der sowohl auf unterschiedliche Einkommensverhältnisse innerhalb der betreffenden Gruppen[36] als auch auf besonders für Bauern wichtige andere Arbeitsressourcen schließen läßt (vgl. Tabelle 21).

Weniger leicht zu erklären ist hingegen der Umstand, daß man in Colyton in den Haushalten der Bauern und Armen weit eher auf Verwandte trifft als bei ande-

---

33　Während jedoch Bauern und Handwerker eher männliche Dienstboten beschäftigten, verhielt es sich bei Arbeitern und anderen Berufsgruppen umgekehrt. Vgl. ebenda 389.
34　Ebenda 396 f., Abb. 12.5. und 12.6.
35　Ebenda 400 f.
36　Auch Bauern, die nur über einen kleinen Landbesitz verfügten, trugen sich als solche ein (vgl. Abb. 5). Unsere Berufsgruppenkategorien waren den Beamten der Volkszählung selbst unbekannt und schließen auch Personen ein, die über ein regelmäßiges Einkommen aus Vermögenswerten verfügten. Deshalb dürfte eine Klassifikation nach Berufen jeweils in unterschiedlichen wirtschaftlichen Verhältnissen lebende Individuen erfassen.

ren Bevölkerungsgruppen. Man sollte sich jedoch vor der Annahme hüten, daß die Form eines Haushalts ausschließlich durch die Beschäftigung(slosigkeit) seines Vorstands bestimmt wird. Den beiden in den Tabellen 1 und 2 nicht aufscheinenden Kategorien Alter und Familienstand kommt die Rolle von entscheidenden Variablen zu. Zweifellos gründet der bei Angehörigen freier und höherer Berufe so geringe Anteil von Kindern im Haushalt in der großen Zahl älterer und unverheirateter Vorstände.

Aus Tabelle 2 gehen ähnliche Zusammenhänge zwischen Beschäftigung und Haushaltsform für Westflandern hervor. Auch dort hat man am ehesten bei Bauernhaushalten mit Dienstboten zu rechnen. Trotz der oben besprochenen Definitionsschwierigkeiten läßt sich sagen, daß Arbeiterhaushalte am wenigsten Verwandte bei sich aufnahmen. In beiden Fällen wiesen Haushalte mit weiblichen Vorständen den höchsten Anteil von Mitbewohnern auf. Dies ist sicherlich darauf zurückzuführen, daß das Vermieten von Räumen eine der wesentlichen Möglichkeiten darstellte, durch die eine Frau sich zusätzliches Einkommen verschaffen konnte, um so die Abwesenheit des eigentlichen Brotverdieners wenigstens zum Teil wettzumachen.[37] Damit scheinen jedoch die Parallelen mit Colyton so gut wie erschöpft. Während man in Colyton bei Haushalten mit weiblichen Vorständen eher auf Dienstboten und seltener auf Verwandte trifft als bei solchen mit männlichen Vorständen, verhält es sich im Falle Flanderns gerade umgekehrt. Die weiblichen Haushaltsvorstände dieses Raums sind in gesellschaftlicher Hinsicht ganz anders einzuschätzen als jene Colytons – nämlich mit ziemlicher Sicherheit als eine viel ärmere Gruppe. Entweder gab es in Flandern einfach keine Frauen, die einem Haushalt vorstanden und vermögend waren, oder der Heiratsmarkt für Witwen sorgte dafür, daß sie wieder als Frauen männlicher Vorstände in den Listen aufscheinen.

Ein deutlicher Unterschied zeigt sich auch beim Anteil der Bauernhaushalte mit Kindern: Dieser lag in Colyton niedriger als in den meisten anderen Berufsgruppen, in Flandern dagegen höher. Um diesem Sachverhalt nachzugehen, muß man jedoch die Perspektive wechseln und an Stelle des Haushalts in seiner Gesamtheit die Gruppe der Kinder als Ausgangspunkt nehmen.

IV. Der Lebenszyklus

Die Bedeutung des Alters beim Eintritt in die Arbeitswelt oder beim Verlassen des Elternhauses ist nur im Gesamtzusammenhang des individuellen Lebenszyklus zu verstehen. Wir haben daher versucht, aus der unterschiedlichen Verbreitung bestimmter Positionen im Haushalt in den einzelnen Altersgruppen die wesentlichen Charakteristika der individuellen Lebenszyklen abzuleiten (Abbildungen 1 und 2).[38]

---

37 Hier geht es uns eher um die Lebensverhältnisse von Witwen als um die unverheirateter Frauen, weil vier von fünf weiblichen Haushaltsvorständen Witwen waren. Zur Stellung unverheirateter Frauen im vorindustriellen England vgl. Richard WALL, Women alone in English society, in: Annales de démographie historique (1981) 303–317.
38 Vgl. oben Anm. 6.

In Colyton war nur eine kleine Minderheit der Männer schon zu Anfang der Zwanzig in der Position eines Haushaltsvorstands.[39] Im Alter zwischen 30 und 60 traf dies auf neun von zehn Männern zu. Der Anteil von Männern über 60 lag jedoch – wenn auch nur geringfügig – niedriger; dies läßt darauf schließen, daß sich dann und wann ein Haushaltsvorstand aus seiner Position zurückzog. Heute verfügen wir über Materialien, die dies als ein charakteristisches Merkmal englischer Bevölkerungsgruppen erscheinen lassen.[40] Zwischen dem Verlassen des Elternhauses und der Gründung eines neuen Haushalts kamen eine Reihe von Übergangsrollen in Frage, wobei Dienstbotenfunktionen sogar bei Männern noch deutlich im Vordergrund standen.

Eine, wenn auch nicht sehr verbreitete, aber doch mögliche Alternative bot sich in Untermietverhältnissen an. Daß diese Lösung vor allem für ältere Jugendliche und jüngere Erwachsene möglich war, geht aus Abbildung 1 nicht ganz so deutlich hervor, weil die jüngeren Altersgruppen eine Anzahl von Buben miteinschließen, die bei zwei kleinen Schulen der Stadt in Kost standen. In scharfem Gegensatz dazu erscheint die Altersverteilung der männlichen Verwandten des Haushaltsvorstands beinahe zufällig.

Viele dieser Momente sind auch für den Lebenszyklus von Frauen charakteristisch. Wie bei der gleichaltrigen männlichen Bevölkerung lebte nicht ganz die Hälfte aller Frauen in ihren frühen Zwanzigerjahren noch bei den Eltern. Obgleich Frauen später in Dienst traten und etwas länger Dienstboten blieben als Männer, liegt auch bei ihnen der Schwerpunkt der Dienstbotentätigkeit auf Jugend und früher Erwachsenenzeit. Untermietverhältnisse kamen so gut wie nicht vor. In ihren späten Zwanzigerjahren waren mehr als die Hälfte aller Frauen verheiratet und in einem eigenen Haushalt, im Alter zwischen 30 und 59 sogar drei Viertel. Außerdem standen einige Frauen allein einem Haushalt vor. Obwohl dies sogar bei Frauen unter 30 vorkam, war doch die Mehrzahl weiblicher Haushaltsvorstände wesentlich älter. Der Hauptunterschied zum Lebenszyklus des Mannes lag in der besonders bei der älteren Generation größeren Anzahl mitlebender Verwandter. Frauen über 60 zogen eher in das Haus eines Verwandten – meist das eines Sohnes oder einer Tochter (vgl. unten Tabelle 17) –, als sich irgendwo einzumieten oder die Rolle eines Haushaltsvorstands zu übernehmen. Michael Andersons heute berühmte Beschreibung der Textilstadt Preston im 19. Jahrhundert führt vor Augen, wie die Anwesenheit der Mutter oder Schwiegermutter des Haushaltsvorstands die jüngere Frau freisetzte, außerhalb des Hauses einer Arbeit nachzugehen.[41] In unserem Fall läßt

---

39 Bei einer größeren Population wäre es möglich gewesen (vgl. die Rolle der Kinder, Abb. 4), den Schritt zum Haushaltsvorstand nach einzelnen Jahren zu untersuchen. Unter den vorliegenden Bedingungen läßt sich aber nicht feststellen, ob der sprunghafte Anstieg der Haushaltsvorstandsrate eher schon mit 23 oder 24 als mit 25 anzusetzen ist.

40 Richard WALL, Introduction, in: Family forms in historic Europe, 37, Abb. 1.1.

41 ANDERSON, Family structure in nineteenth century Lancashire, 142.

sich jedoch feststellen, daß die Beschäftigungsstrukturen verheirateter Frauen eine derartige Unterstützung nicht erforderten.[42]

Wendet man sich dem individuellen Lebenszyklus in Flandern zu (Abb. 2), fallen sofort Unterschiede zu Colyton ins Auge.[43] In den flämischen Dörfern verließen die Kinder ihr Elternhaus früher, und Dienstbotentätigkeiten spielten für Männer und Frauen eine wesentlich größere Rolle, auch noch im Alter über 30. Weiters lag der Anteil von noch mit einem Haushaltsvorstand verheirateten Frauen von 50 oder mehr Jahren viel höher, was auf die zahlreicheren Wiederverheiratungen zurückzuführen ist. Dies bedeutet umgekehrt, daß sich für ältere Frauen nicht nur die Rolle des Haushaltsvorstands seltener anbot. Es war auch weniger notwendig, im Haushalt eines Verwandten unterzukommen. Dies ist freilich eher als Nebenerscheinung und nicht als zentraler Inhalt des Wiederverheiratungsverhaltens einzuschätzen.

Es ist zu erwarten, daß sich aus der sozialen Stellung des einzelnen bzw. der Familie, der er entstammte, weitere Unterschiede im individuellen Lebenszyklus ergeben. Der Untersuchung dieses wichtigen Zusammenhangs stehen jedoch insofern Hindernisse im Wege, als es dafür notwendig wäre, einzelne Personen von Volkszählung zu Volkszählung zu verfolgen oder Bezüge zwischen Pfarrregistern und Zensusunterlagen herzustellen, um die früheren Lebensumstände jener Nachkommen zu erschließen, die nicht mehr bei ihren Eltern wohnten. Einigen Punkten in dieser Richtung wird weiter unten nachzugehen sein (vgl. Abb. 3). Was jedoch die Kinder betrifft, so läßt sich der Einfluß der Beschäftigung des Haushaltsvorstands auch an den Unterschieden erkennen, die sich nach Anzahl und Geschlechtsverteilung in den einzelnen Altersgruppen ergeben. In der vorliegenden Arbeit liegt das Gewicht auf der Sexualproportion der im Hause verbleibenden Nachkommen über 10 Jahre. Es soll der Frage nachgegangen werden, ob bestimmte Berufsgruppen – nämlich Bauern und Handwerker – eher Söhne als Töchter im Hause behielten, weil sie ihrer Arbeit mehr Wert beimaßen (Tabellen 3, 4, 5). Eine Sexualproportion deutlich über 100 wäre ein Zeichen dafür, daß Söhnen der Vorzug gegeben wurde. Ein Satz weit unter 100 würde ein analoges Interesse an Töchtern zeigen. Und eine Sexualproportion nahe an oder – wegen der höheren Säuglings- und Kindersterblichkeit bei Knaben – knapp unter 100 wäre als Hinweis darauf einzuschätzen, daß das Geschlecht des Kindes für sein Verbleiben im Elternhaus im großen und ganzen belanglos war.

In Colyton stellt sich die Lage so dar, daß ein deutlich höherer Anteil an Söhnen als an Töchtern das Elternhaus verließ, wobei sich jedoch die einzelnen Berufsgrup-

---

42 Die Unterlagen für den ersten Zählbezirk Colytons weisen 57 verheiratete Frauen auf, die einer Erwerbstätigkeit nachgegangen sein sollen (vgl. Tabelle 19). Davon dürften höchstens 14 außerhalb ihres Haushalts gearbeitet haben. Auch auf diese Höchstzahl kommt man nur dann, wenn man erstens annimmt, daß Waschfrauen, Wäscherinnen und die erwähnte Scheuerfrau in den Haushalten ihrer Arbeitgeber arbeiteten, und zweitens den in den Volkszählungspapieren vorkommenden Ausdruck „häuslich" („domestic") nicht als Synonym für Hausfrau versteht, sondern auf entlohnte Dienstleistungen bezieht.

43 Eine vollständigere Darstellung des für Flandern charakteristischen Lebenszyklus findet sich bei WALL, Real property, 390–393.

pen beträchtlich voneinander unterschieden (Tabelle 3). Bei Arbeitern und den kleineren, unter „andere" zusammengefaßten Berufsgruppen, bei denen sich im Hause am wenigsten Arbeitsmöglichkeiten boten und die wirtschaftliche Not am größten war, verließen auch die meisten Söhne das Elternhaus. Nur bei den Bauern und kleinen Kaufleuten läßt sich generell eine Tendenz feststellen, eher Söhne als Töchter im Hause zu behalten. Entgegen unseren Erwartungen nimmt die Gruppe der Handwerker eine Zwischenstellung ein.

In Westflandern (Abb. 4) stellt sich die Lage etwas anders dar. Die Sexualproportion liegt im allgemeinen etwas höher, und sie hängt auch anders mit der Beschäftigung des Haushaltsvorstands zusammen. Zwar scheinen auch in Westflandern Bauern Söhne zu bevorzugen, im Unterschied zu Colyton sind jedoch in den Haushalten der Kaufleute eher Töchter anzutreffen und in den Haushalten mit weiblichen Vorständen eher Söhne. Unglücklicherweise reicht die Zahl der Fälle nicht aus, um die Abweichungen der Sexualproportion zwischen den Dörfern der beiden westflämischen auf Ackerbau bzw. auf Mischwirtschaft ausgerichteten Regionen erschöpfend zu analysieren. Daher liegt in Tabelle 5 das Augenmerk nur auf den größeren Berufsgruppen. Man sieht, daß die Anwesenheit von Bauernsöhnen in den Haushalten der mischwirtschaftlichen Region am ausgeprägtesten war, obgleich man eigentlich hätte annehmen können, daß in der Ackerbaugegend der Arbeit von Söhnen weit mehr Gewicht zukam als jener der Töchter.[44]

Die Tabellen 3, 4 und 5 ermöglichen auch einen Vergleich der Sexualproportion in den verschiedenen Altersgruppen der Kinder. Im untersuchten Zeitraum war das Verlassen des Elternhauses kein plötzlicher und endgültiger Schritt. Der Grund dafür liegt auf der Hand. Viele Beschäftigungen waren auf Personen eines bestimmten Alters zugeschnitten, und für einen Arbeitgeber war es alles andere als selbstverständlich, jemanden nach Ablauf einer einjährigen Dienstzeit wieder einzustellen, da er mit zunehmendem Alter und größerer Erfahrung der Dienstboten auch mehr Lohn zu zahlen gehabt hätte.[45] Aus diesem Grund kehrten manchmal Kinder, die ihr Elternhaus verlassen hatten, wieder nach Hause zurück, wenn sie vorübergehend keine Stellung hatten oder ihre Hilfe vonnöten war. Außerdem dürfte manch älterer Sohn in Erwartung seines Erbes wieder bei seinen Eltern eingezogen sein. Daher ist nicht zu erwarten, daß die Sexualproportion der mitlebenden Kinder stets dieselbe ist. Wenn nun allerdings die in den Tabellen 3, 4 und 5 dargestellten Proportionen tatsächlich so unbeständig sind, ist dies sicherlich auch Ausdruck zufälliger Verteilungen aufgrund der geringen Anzahl der Fälle. Wie wäre sonst etwa bei den 20- bis 24jährigen Nachkommen der in Gebiet 2 ansässigen flämischen Bauern der plötzliche Rückgang der Sexualproportion auf 22 zu erklären (Tabelle 5)?

Zum Teil besteht jedoch ein kontinuierlicher Zusammenhang zwischen Sexualproportion und Alter der Kinder, der sich in Colyton etwa in einem steigenden

---

44 Ebenda 380, 404.
45 Gut belegt wird dies für Hausangestellte etwa bei Theresa McBride, The domestic revolution, London 1976, 75. Zu den Dienstboten der Farmen vgl. Kussmaul, Servants in husbandry in early modern England, 37 f.

Anteil der Bauernsöhne und einem sinkenden der Arbeitersöhne äußert (Tabelle 3). Wenn auch nicht alle Arbeitersöhne in Bauernhaushalten in Dienst getreten sein werden, so ist doch eine Verbindung zwischen diesen beiden Tendenzen anzunehmen: als Ausdruck einer Umverteilung der Arbeit dorthin, wo sie am meisten gebraucht wurde. Die Verhältnisse in Westflandern waren um vieles komplexer. Weder läßt sich bei Arbeiterkindern eine mit dem Alter konstant abnehmende Sexualproportion feststellen, noch ist bei den Nachkommen der Bauern ein Anstieg erkennbar. Es zeichnet sich jedoch insofern eine Beziehung zwischen dem Wohnverhalten von Bauern- und Arbeiterkindern ab, als die Sexualproportion der beiden Gruppen genau umgekehrt zu liegen scheint. Während vergleichsweise wenige Arbeitersöhne im Hause ihres Vaters blieben, lebten Bauern in der Regel mit ihren Söhnen unter einem Dach. Soweit deckt sich die Sachlage mit den Verhältnissen in Colyton. In Flandern kam es jedoch auch vor, daß verhältnismäßig mehr Arbeiter- als Bauernsöhne bei ihren Eltern lebten[46] – und dies trotz des offensichtlichen Bedarfs an im Hause lebenden Arbeitskräften seitens der Bauern, der sich in der Anzahl der Dienstboten niederschlug.[47] Daher dürfte anzunehmen sein, daß das Gesinde von außerhalb kam, um in den Dörfern zu arbeiten.

Aus den Tabellen 3, 4 und 5 geht auch ein Anstieg der Sexualproportion bei den über 25jährigen Nachkommen hervor, die bei Bauern, Handwerkern und verwitweten Müttern lebten. Die Kaufleute und die Arbeiterschaft unterscheiden sich davon vielleicht deshalb, weil sich für den Sohn eines Kaufmanns auch anderswo wirtschaftliche Möglichkeiten boten, während der Sohn eines Arbeiters von seinen Eltern nur ein geringes Erbe zu erwarten hatte.

Es wäre jedoch voreilig, den Verbleib im Elternhaus zu eng mit der Existenz eines Erbes in Verbindung zu bringen. Betrachtet man die Haushalte mit Kindern über 25 Jahre, so zeigt sich, daß es sich insgesamt nur um eine sehr kleine Zahl handelte und zwischen Söhnen und Töchtern kaum ein Unterschied bestand (Tabelle 6). Geht man von der Annahme aus, daß sich diese Familien im Rahmen des Möglichen um einen männlichen Erben bemühten, so folgt daraus, daß das Gewicht des Erbes für das Verbleiben der Kinder im Elternhaus von anderen Faktoren aufgewogen wurde.

V. Elternhaus, Schule und Arbeit

Untersucht man *Anzahl und Anteil* der bei ihren Eltern wohnenden Söhne und Töchter, versteht man besser, warum manche länger zu Hause blieben als andere. In einer früheren Untersuchung wurde bereits der Einfluß von Beruf und Familienstand der Eltern herausgearbeitet.[48] Es ist jedoch eine weitere Variable in Betracht zu ziehen: Wie stand es um die Möglichkeiten des Kindes, eine entsprechende Ar-

---

46   Vgl. die Sexualproportion der Bauern- und Arbeiterkinder im Alter zwischen 15 und 19 und zwischen 20 und 24 in Raum 1 mit denen derer zwischen 15 und 19 in Raum 2.
47   WALL, Real property, 402, Tabelle 12.11.
48   WALL, The age at leaving home, 196–199.

beit zu finden und im Hause seiner Eltern zu bleiben? Wie schon oben erwähnt, setzt eine Untersuchung in dieser Richtung sowohl genaue Angaben über die Beschäftigung der Kinder als auch einen alles andere als einfachen Brückenschlag zwischen Pfarregistern und Zensusunterlagen voraus, um den Anteil der zur Zeit der Zählung nicht im Hause ihrer Eltern lebenden Nachkommen feststellen zu können. In unserem Falle beschränken sich die Beobachtungen auf jene Kinder, die im ersten der fünf Zählbezirke wohnten, in die Colyton damals aufgeteilt war. Aus Gründen der Zweckmäßigkeit mußte vorläufig die Untersuchung der anderen Distrikte ebenso unterbleiben wie eine Erörterung des Zusammenhangs zwischen Kinderarbeit, Verlassen des Elternhauses und Beschäftigung des Haushaltsvorstands.[49] Die in Abbildung 3 enthaltenen Ergebnisse geben dennoch Aufschluß über einige wesentliche Aspekte der Frühphase des Lebenszyklus, die sich wie folgt umreißen lassen: Mädchen gingen früher als Buben zur Schule, schieden aber auch wieder früher aus. Auch der Eintritt in die Arbeitswelt vollzog sich bei Mädchen früher. Ein Viertel der zu Hause lebenden Töchter zwischen fünf und neun Jahren war beschäftigt (alle als Spitzenklöpplerinnen), während der entsprechende Anteil männlicher Nachkommen sich bloß auf 5 % belief. Nur äußerst selten trifft man auf ein zu Hause wohnendes Mädchen, das älter als zehn und – soweit aus den Unterlagen ersichtlich – beschäftigungslos war. Dies trifft hingegen auf Söhne relativ häufig zu, in der Altersgruppe der 10- bis 14jährigen auf fast ein Viertel. Andererseits verließen Söhne das Haus ihrer Eltern wiederum früher. Es scheint tatsächlich so zu sein, daß diese beiden Erscheinungen insofern in Zusammenhang stehen, als es für Söhne schwieriger war, Berufstätigkeit und kontinuierlichen Aufenthalt im Elternhaus miteinander zu verbinden. Auf diesem Wege setzte der lokale Arbeitsmarkt jener Zeit Grenzen, die ein Kind zu Hause oder in der Schule verbringen konnte.

Mit Variationen innerhalb der allgemeinen Struktur ist freilich insofern zu rechnen, als Eltern dazu neigten, zumindest ein Kind zu Hause zu behalten. Dies geht aus Abbildung 4 hervor, welche die Anzahl der Söhne und Töchter von Arbeitern und Handwerkern ausweist, die beschäftigungslos zu Hause lebten, eine Schule be-

---

49 Eine Ausdehnung der Untersuchung auf einige weitere Zählbezirke wäre möglich; allerdings wurden im ersten Bezirk die Berufsangaben um einiges sorgfältiger aufgezeichnet. Nur in den Unterlagen für den ersten Bezirk scheint die Beschäftigung der Frau des Haushaltsvorstands regelmäßig auf. In der für die Beschäftigung vorgesehenen Spalte findet sich sogar bei ganz jungen Kindern die Eintragung „zu Hause", woraus mit einiger Sicherheit hervorgeht, daß sie in diesen Fällen keiner Arbeit nachgingen. Eine Untersuchung des mit der Beschäftigung des Haushaltsvorstands sich ändernden Anteils der bei ihren Eltern lebenden Kinder ist insofern undurchführbar, als der erste Zählbezirk für sich eine nur ungenügende Zahl von Fällen aufweist. Obgleich die vorliegende Analyse daher keine genauen Ergebnisse liefern kann, bestätigen die Angaben doch, daß die Söhne und Töchter von Arbeitern ihr Elternhaus früher verließen, als dies bei Handwerkerfamilien der Fall war. Für Schulbesuch und Arbeitsantritt läßt sich eine umfangreichere Population heranziehen, da dafür keine Verknüpfung mit den Pfarregistern erforderlich ist. – Angaben über Schulbesuch und berufliche Verhältnisse der Kinder von Arbeitern und Handwerkern finden sich weiter unten, vgl. Abb. 4.

suchten oder einer Arbeit nachgingen. In Gegensatz zu den je fünf Jahre umfassenden Altersblöcken in Abbildung 3 unterstreicht die Aufschlüsselung nach Einzeljahren das Ausmaß der Überschneidung dieser verschiedenen Lebenszyklusphasen. Weder Schulbeginn noch Arbeitsantritt waren an ein bestimmtes Alter gebunden. Bei den Buben ist zum Teil bis zum neunten Lebensjahr keine Beschäftigung angeführt, der Schulbesuch ist bei drei- bis dreizehnjährigen vermerkt, Arbeitstätigkeiten werden ab neun Jahren genannt. Beschäftigungslose Mädchen finden sich bis in das Alter von sechs Jahren, zur Schule gingen drei- bis elfjährige, Arbeitsverhältnisse scheinen ab sieben auf. Für Mädchen bestand demnach eine kürzere Schulzeit und ein früherer Eintritt in die Arbeitswelt. Ob der Vater Handwerker oder Arbeiter war, spielte zwar für die Dauer des Schulbesuchs eine Rolle, änderte jedoch nichts an der Grundstruktur. Dennoch ist es für jede Untersuchung des Lebenszyklus von Individuen unumgänglich, den Beruf der Eltern in Betracht zu ziehen. Während Arbeitersöhne bereits im Alter von neun Jahren einer Beschäftigung nachgingen, war dies bei Handwerkersöhnen erst mit 14 der Fall. Kein Sohn eines Arbeiters ging über elf noch zur Schule, wohl aber mancher 12- oder 13jährige Handwerkersohn.[50] Ähnliche Unterschiede fallen beim Schulbesuch von Mädchen auf. Während dieser für die Tochter eines Arbeiters im Alter von sieben Jahren zu Ende war, konnte er für eine Handwerkertochter bis elf dauern. Hinsichtlich des Alters, in dem Mädchen zu arbeiten begannen, war der Spielraum jedoch beträchtlich geringer (Arbeitertöchter ab sieben, Handwerkertöchter ab acht). Dieser Umstand läßt erkennen, wie das Spitzenklöppeln die erwerbsfähigen Nachkommen von Familien auf den Arbeitsmarkt trieb, die in ganz unterschiedlichen wirtschaftlichen Verhältnissen lebten. Auch Familien in besseren wirtschaftlichen Verhältnissen schickten ihre Kinder so früh als möglich zur Arbeit.

Es stellt sich nun die Frage, wie viele der Kinder, die noch zu Hause wohnten und einer Beschäftigung nachgingen, für oder mit ihren Eltern arbeiteten. Ein Vergleich der Beschäftigung des Kindes mit der des Vaters oder der Mutter erlaubt eine ungefähre Einschätzung, obgleich man freilich stets Gefahr läuft, die Zahl zu hoch anzusetzen, weil nicht alle Kinder, die einem verbreiteten Gewerbe nachgingen, wie etwa Strohdecker und Maurer, in allen Fällen für ihren Vater arbeiteten.[51] Doch dürften es nur höchstens 28 % der erwerbstätigen Söhne unter 20 und 47 % der einer Beschäftigung nachgehenden Töchter gewesen sein, die für ihre Eltern arbeiteten.[52]

---

50 Es ist daran zu erinnern, daß diese Zahlen das niedrigste und das höchste Alter angeben, mit welchem Kinder in der Schule angetroffen wurden, und keinesfalls Anfang und Ende eines durchgehenden Schulbesuchs markieren. Sowohl was den Schulbesuch als auch was das Alter des Eintritts in die Arbeitswelt angeht, sind beträchtliche Abweichungen vom Mittel festzustellen.

51 Vier Strohdecker, zwei Maurer, zwei Hilfsarbeiter von Maurern, ein Kupferschmiedlehrling, ein Handschuhmacher, ein Halftermacher und ein mit der Herstellung von Papier befaßter Geselle dürften für ihre Väter gearbeitet haben.

52 Wenn man die nicht bei ihren Eltern lebenden Kinder berücksichtigt (vgl. Abb. 3), beläuft sich der Anteil der Söhne auf nur mehr 22 und der Töchter auf nur mehr 45 %.

Ein Blick auf das Berufsangebot für Jugendliche in Colyton genügt, um diese geringen Anteile zu erklären. Eine Reihe von Söhnen erlernte ein anderes Gewerbe als das ihres Vaters und wohnte trotzdem weiter im Hause ihrer Eltern. Andere verdingten sich als Ackerknechte, Laufburschen oder Handlanger. Mädchen stand ein viel engerer Bereich von Arbeiten offen, weshalb vielleicht mehr derselben Beschäftigung nachgingen wie ihre Mutter als Söhne der ihres Vaters. Mehr als neun von zehn erwerbstätigen Mädchen unter 20 arbeiteten als Spitzenklöpplerinnen, und von denen, die zusammen mit ihren Müttern arbeiteten, mit zwei Ausnahmen sogar alle.[53] Andererseits gehörte fast die Hälfte aller spitzenklöppelnden Kinder Familien an, in denen die Mutter einer anderen Beschäftigung nachging oder zu arbeiten aufgehört hatte. Wenn auch aufgrund der geschlechtsspezifischen Arbeitsteilung Mütter und Töchter häufig derselben Tätigkeit nachgingen, bedeutet das also noch nicht, daß die Familie eine Arbeitseinheit gebildet hätte.

Die nunmehr vorliegenden Daten reichen aus, um sich jetzt einigen größeren Zusammenhängen zuzuwenden, die das Verhältnis zwischen Familie, Haushalt und Wirtschaftsstruktur betreffen. In der sozialhistorischen Diskussion spricht man davon, daß sich im 19. Jahrhundert ein Wandel von der „Familienwirtschaft" („family economy") hin zur „Familienlohnwirtschaft" („family wage economy") vollzogen hat.[54] In der Familienwirtschaft war die Familie Produktions- und Konsumtionseinheit, der Haushalt Arbeits- und Wohnstätte. Familienmitglieder wurden zu Hause behalten, um den jeweiligen Arbeitserfordernissen nachzukommen; und die, deren Arbeit nicht gebraucht wurde, sahen sich anderswo nach einer Beschäftigung um. Die große Zahl der Söhne, die zwar zur Hause wohnten, doch anderswo arbeiteten, verweist darauf, daß Colyton diesem Familiensystem nicht zugeordnet werden kann. Doch auch mit den Merkmalen, die das nachfolgende System der Familienlohnwirtschaft kennzeichnen, sind die Verhältnisse in Colyton nicht so einfach in Einklang zu bringen. Selbst wenn man davon absieht, daß Familienlohnwirtschaft stets mit Fabriksarbeit in Zusammenhang gebracht wird – was bei Colyton gar nicht in Frage käme –, zählt es zu den Grundzügen dieses Familiensystems, daß die Anzahl der Verdiener, die einer erwerbstätigen Familie von Nutzen sein konnten, unbeschränkt war und daher auch der Anzahl der Kinder, die zu Hause wohnten, keine Grenzen gesetzt waren.[55] In Colyton hingegen wurde ein gar nicht so kleiner Teil der Kinder von zu Hause fortgeschickt, um eine Lehrlings- oder Dienstbotenstelle

---

53 Die Ausnahmen waren eine für ihren Vater arbeitende Schuhbinderin und eine Hilfslehrerin.

54 Die folgende Darstellung gründet sich im wesentlichen auf Louise A. TILLY und Joan W. SCOTT, Women, work and the family, New York 1978, 12, 14.

55 Ebenda 141. Eine Ausnahme stellen Gebiete ohne entsprechende Arbeitsmöglichkeiten dar. Besonders für Töchter dürfte es notwendig gewesen sein, das Elternhaus zu verlassen, um eine Stellung als Dienstmädchen anzutreten. In der kürzlich veröffentlichten Überblicksdarstellung Jill QUADAGNOS, Ageing in early industrial society, New York und London 1982, 62, scheinen diese wichtigen Einschränkungen nicht in Betracht gezogen worden zu sein.

anzutreten.[56] Eine entscheidende Schwäche des Modells der Familienlohnwirtschaft liegt darin, daß jene gesellschaftlichen und ökonomischen Gegensätze nicht
berücksichtigt werden, die einem Arbeitgeber nicht nur die Macht gaben, darüber
zu bestimmen, welche Arbeitskräfte beschäftigt werden sollten, sondern es ihm
auch erlaubten, über deren Wohnort zu entscheiden. Um der Vielfalt möglicher Arbeitsverhältnisse zu entsprechen, möchten wir statt dessen das Modell der Familienwirtschaft neu zu formulieren versuchen. Wir würden für das neue Modell den
Ausdruck „anpassungsfähige Familienwirtschaft" („adaptive family economy")
vorziehen, um ein System der Familienwirtschaft zu bezeichnen, das sich auf wech-
selnde Bedingungen einstellt. Mit diesem Begriff wäre jede allzusehr vereinfa-
chende Dichotomie zwischen Familien mit Bedarf an Arbeitskräften oder barem
Geld zu vermeiden. Der Ausdruck würde ganz im Gegenteil nahelegen, daß Familien durch eine Streuung der Beschäftigung ihrer Mitglieder ihre wirtschaftliche
Lage zu verbessern trachteten, so gut es eben ging.

Soweit die Grundzüge der anpassungsfähigen Familienwirtschaft. Im Augenblick mehr als allgemeine Konturen nachzuzeichnen wäre nicht richtig, da das Modell einen Erklärungsansatz für bestimmte Umstände an einem bestimmten Ort zu
einer bestimmten Zeit – Colyton im Jahre 1851 – darstellt. Dennoch sind wir davon
überzeugt, daß der Begriff der anpassungsfähigen Familienwirtschaft besonders für
die Analyse gesellschaftlicher Umbruchsphasen gute Dienste zu leisten vermag, in
denen protoindustrielle, im Haushalt gründende Arbeitsformen und Formen der
Lohnwirtschaft nebeneinander bestanden. Wenn wir einzelne Berufsgruppen in Betracht ziehen, so ist anzunehmen, daß das System der anpassungsfähigen Familienwirtschaft den für Handwerkerfamilien charakteristischen Verhältnissen sehr nahe
kommt. Wenn sich allerdings außerhalb des Elternhauses Arbeitsmöglichkeiten ergaben oder umgekehrt sich der Bereich protoindustrieller Tätigkeiten im Hause erweiterte, dürfte dieses System aber auch Bauern und Arbeitern nicht fremd gewesen
sein.

VI. Arbeitende Ehefrauen

Ohne die Erwerbstätigkeit verheirateter Frauen einzubeziehen, würde eine Untersuchung des Haushalts als Arbeitseinheit unvollständig bleiben. Der Theorie der
Familienlohnwirtschaft entsprechend folgte die Lohnarbeit von Frauen einem klassischen Lebenszyklus. Frauen gingen einer Beschäftigung[57] nach, solange sie jung
und noch nicht verheiratet waren, zogen sich dann vom Arbeitsmarkt zurück, bis sie

---

56 Vgl. Abb. 1, 3. Die tatsächliche Beschäftigung der von zu Hause weggezogenen Kinder
festzustellen, ist insofern mit Schwierigkeiten verbunden, als viele in benachbarte Pfarren
abwanderten. Eine Untersuchung der Beschäftigung zugewanderter Jugendlicher verweist jedoch auf die Bedeutung von Dienst und Lehre.

57 „Erwerbstätigkeit" und „Arbeit" („work") sind als mit Gelderwerb verbundene Tätigkeiten definiert. Unabhängig von anderen Verpflichtungen hatte jedoch die Mehrzahl der
Frauen auch eine gewisse Zeit für die Hausarbeit aufzubringen.

sich wegen der Arbeitslosigkeit des Mannes, als Witwen oder im Alter wieder gezwungen sahen, sich nach einer Stelle umzusehen.[58] Weniger deutlich stellen sich die Beschäftigungsstrukturen der Frauen bei der Familienwirtschaft dar. Wenn Frauen hier auch weniger Tage im Jahr gearbeitet zu haben scheinen als Männer, nimmt man – insgesamt betrachtet – doch im allgemeinen an, daß sie ihrer produktiven Funktion kontinuierlich nachkamen.[59] Der Mangel an ausreichenden statistischen Angaben über die Erwerbstätigkeit von Frauen ist eine weitere Schwierigkeit. Er ist nicht nur darauf zurückzuführen, daß manche einer Teilzeitbeschäftigung nachgingen, sondern hängt auch damit zusammen, daß einige Frauen eine mit dem Hauptberuf ihres Mannes verbundene Tätigkeit ausübten. Das war beispielsweise bei Bäuerinnen der Fall. Man läuft infolgedessen leicht Gefahr, den Anteil der Frauen an der erwerbstätigen Bevölkerung zu unterschätzen. In der vorliegenden Arbeit wurde großer Wert darauf gelegt, nur jenen Teil der Zählungsunterlagen Colytons heranzuziehen, in dem die Beschäftigung verheirateter Frauen durchgängig festgehalten ist. Der Anteil der Erwerbstätigen unter den verheirateten Frauen ergibt 56 % (Abb. 7), liegt also bereits höher als die Rate, die von David Levine zur Erklärung früher Heiraten bei protoindustriellen Arbeiterinnen angegeben wird.[60] Daher stellt sich die Frage, ob nicht die Auswahl eines bestimmten Zählbezirks den Anteil erwerbstätiger Ehefrauen nach oben hin verfälscht. Dies scheint jedoch aus zwei Gründen unwahrscheinlich. Zum einen weist die Beschäftigungsstruktur der verschiedenen Zählbezirke keinen Anhaltspunkt auf, der darauf schließen lassen könnte, daß weibliche Arbeitskräfte fast ausschließlich einem bestimmten Teil des Orts entstammten. Zwar unterscheiden sich die verschiedenen Bezirke in sozialer und ökonomischer Hinsicht, doch handelt es sich dabei im wesentlichen um eine grundsätzliche Trennung der drei äußeren Bezirke von den beiden Distrikten des eigentlichen Markts. Auf die Außenbezirke entfielen weniger Handwerker und mehr Bauern – und wenn man berücksichtigt, daß Bauernfrauen als erwerbstätig zu betrachten sind, dürfte der Prozentsatz berufstätiger Ehefrauen nicht weit unter dem Anteil gelegen sein, der sich für einen Bezirk des Ortskerns feststellen ließ.

Zum anderen erscheint eine Beschäftigungsrate von 56 % auch im Zusammenhang mit der Tätigkeit des Ehemannes nicht übertrieben. Von den Frauen der Landarbeiter – der vermutlich bedürftigsten Gruppe – waren drei Viertel erwerbstätig; dagegen nur sechs von zehn Ehefrauen von Handwerkern und vier von zehn Kaufmannsfrauen. Unter dem Aspekt des Lebenszyklus fällt es jedoch schwerer, einen deutlichen Trend der Beschäftigungsrate festzustellen (Tabelle 8). Handwer-

---

58 QUADAGNO, Ageing in early industrial society, 143, bezieht auch in diesem Zusammenhang eine extreme Position. Tilly und Scott hatten dagegen bereits darauf hingewiesen, daß von Stadt zu Stadt beträchtliche Unterschiede auftreten können, TILLY und SCOTT, Women, work and the family, 136.

59 Vgl. TILLY und SCOTT, Women, work and family, 50, 136.

60 David LEVINE, Family formation in an age of nascent capitalism, London 1977, 51. Wenn man jedoch auch die Ehefrau der Farmer zur erwerbstätigen weiblichen Bevölkerung Colytons zählt, steigt die Erwerbsquote verheirateter Frauen auf 61 %.

kerfrauen dürften ihren Erwerb allmählich aufgegeben haben – bei Frauen unter 30 liegen die Sätze am höchsten, bei Frauen über 60 am niedrigsten. Andererseits bleibt der hohe Anteil berufstätiger Arbeiterfrauen konstant und weist nur aufgrund der geringen Zahl der Fälle mit einiger Wahrscheinlichkeit als zufällig einzustufende Schwankungen auf.

Eine weitere Dimension unseres Begriffs der anpassungsfähigen Familienwirtschaft ergibt sich aus der Art der von verheirateten Frauen ausgeübten Beschäftigungen (Tabelle 9). Obgleich sich für die meisten Frauen eine Beschäftigung angeboten haben dürfte, derentwegen sie das Haus nicht zu verlassen brauchten, hatten nur ganz wenige in erster Linie mit der Arbeit ihres Mannes zu tun.[61] Die Schlüsselrolle spielte da zweifellos das Spitzenklöppeln. Dennoch nahm dieser Erwerb, der durch eine Vielzahl von wahrscheinlich außerhalb des eigenen Heims verrichteten häuslichen Arbeiten ergänzt wurde, nicht die vorherrschende Stellung ein, die ihm bei Mädchen unter 20 zukam.[62] Es finden sich sogar hin und wieder Handwerkerfrauen, die als Wäscherinnen oder Waschfrauen arbeiteten, was vielleicht in unserer weitgefaßten Definition eines Handwerkers seinen Grund hat (vgl. oben). Man sollte sich jedoch auch vergegenwärtigen, daß Hausarbeiten, die heute fast unterschiedslos als minderwertige Tätigkeiten eingestuft werden, damals nicht unbedingt als solche galten. Außerdem liegen keine Angaben vor, die einen Vergleich zwischen den Beträgen erlauben würden, die Spitzenklöpplerinnen und Frauen, die gegen Lohn in einem fremden Haushalt arbeiteten, an einem Vormittag verdienen konnten.[63] Wie aus Tabelle 9 klar hervorgeht, waren die als Spitzenklöpplerinnen tätigen Frauen eher aus der Pfarre gebürtig als andere. Besonders bei im Ort geborenen Arbeiterfrauen ist ein deutlicher Widerstand zu beobachten, anders als mit Spitzenklöppeln Geld zu verdienen. Dies verweist auf die Bedeutung der Tradition als ein die Beschäftigungsstrukturen bestimmendes Moment. Auch wenn die Tradition des Spitzenklöppelns von der Mutter an die Tochter weitergegeben wurde, verlangte das noch nicht, daß beide Frauen unter allen Umständen dieser Tätigkeit gleichzeitig nachgingen (vgl. oben). Sie hatte auch nicht notwendigerweise eine Einschränkung der räumlichen Mobilität zur Folge. Das Gebiet, in dem das Spitzenklöppeln verbreitet war, umfaßte mehr als eine Pfarre, und viele Frauen, die diesem Erwerb nachgingen, kamen aus anderen Pfarren nach Colyton. Andererseits bot sich in häuslichen Arbeiten für alle Frauen, die das Spitzenklöppeln nicht erlernt

---

61 Bloß 4 (zwei Krämerinnen und zwei Putzmacherinnen) von insgesamt 71 erwerbstätigen Ehefrauen.

62 Bei den als „häusliche Arbeiten" („domestic") eingestuften Tätigkeiten handelt es sich um folgende Fälle: fünf Waschfrauen („washerwoman"), vier Wäscherinnen („laundress"), vier Hausangestellte („domestic"), eine Scheuerfrau („charwoman") und eine Kinderfrau („nurse"), vgl. oben Anm. 42.

63 Obgleich aufgrund der so geringen Anzahl von Beobachtungsfällen sichere Aussagen unmöglich sind, dürfte doch dem Umstand einige Bedeutung zukommen, daß vier der fünf Waschfrauen mit Arbeitern und sechs der acht Hausangestellten und Wäscherinnen mit Handwerkern verheiratet waren.

hatten, eine Möglichkeit, ihre Familie zu erhalten, ob sie nun zugewandert waren oder nicht.

Um das Bild zu vervollständigen, ist es notwendig, sich kurz den nicht erwerbstätigen Ehefrauen zuzuwenden (Tabelle 9, letzte Zeile). Den Zusammenhang zwischen fehlender Erwerbstätigkeit und Zuwanderung bei Handwerkerfrauen könnte man damit erklären, daß zu den Handwerkern auch wohlhabendere Personen gezählt wurden, deren Frauen nicht zu arbeiten brauchten. Dies setzt in dieser Gruppe von Handwerkern ein unterschiedliches Wanderungsverhalten voraus, das einer weiteren Untersuchung bedürfte. Was jedoch Arbeiterfrauen betrifft, steht fest, daß zwischen Erwerbstätigkeit und Ab- bzw. Zuwanderungen kein Zusammenhang bestand.

VII. Die Rolle der Verwandten im Haushalt

Die geringe Anzahl von Verwandten sowohl in den englischen als auch in den flämischen Haushalten schließt mit einiger Wahrscheinlichkeit aus, daß diese einen dem der Frauen und Kinder vergleichbaren Beitrag zur wirtschaftlichen Existenz des Haushalts zu leisten vermochten. Wie unten gezeigt werden wird, spielten Verwandte diesbezüglich eine nur untergeordnete Rolle. Um ihre Anwesenheit zu erklären, hat man andere Motive ins Auge zu fassen. Man kann mit der Feststellung beginnen, daß in dieser Hinsicht zwei Gruppen von Faktoren ins Gewicht fallen können: erstens die Umstände, die aus den Lebensverhältnissen der Gastgeberfamilie erwachsen und den Zuzug eines Verwandten möglich oder sogar wünschenswert erscheinen lassen, und zweitens die Aspekte, die das Bedürfnis des einzelnen Verwandten nach Arbeit oder sozialer Sicherheit widerspiegeln. Die Lebensumstände der Gastgeberfamilie lassen sich zahlenmäßig einerseits, wie in den Tabellen 10 und 11, in der Zusammensetzung der Haushalte darstellen, und andererseits kann das Alter des Haushaltsvorstands als Indikator für den Haushaltszyklus dienen. Dieser Ansatz liegt den Tabellen 12 bis 15 zu Grunde, in denen auch die verschiedenen Typen der im Haushalt lebenden Verwandten berücksichtigt werden. Dabei bestimmen mehrere Kriterien, nämlich Alter, Verwandtschaftsgrad und Familienstand, den Inhalt dessen, was unter „Typ" zu verstehen ist. Aufgrund der größeren Anzahl der Fälle mag vielleicht eine ausführlichere Untersuchung des Zusammenhangs zwischen der Anwesenheit von Verwandten und bestimmten Phasen im Lebenszyklus eines Hauswesens angebracht erscheinen. Wir meinen jedoch, daß der Begriff des Lebenszyklus überbewertet und in vielen herkömmlichen Arbeiten einfach durch das Alter des Haushaltsvorstands oder durch willkürliche Kategorien bestimmt wurde, die den wirklichen Lebensverhältnissen nicht gerecht werden dürften.[64]

---

64 Dies fällt bei ANDERSON, Family structure in nineteenth century Lancashire, 202, Anm. 46, auf, wo die Kategorien des Lebenszyklus zu beiläufig übernommen werden.

Der erste Versuch einer systematischen Verbindung zwischen den Mitgliedern eines Haushalts dürfte von den Beamten, die für die 1851 in Großbritannien durchgeführte Volkszählung verantwortlich waren, an Hand von 14 ausgewählten Zählbezirken unternommen worden sein.[65] Eine ähnliche Untersuchung wurde auch noch 1861 durchgeführt, dann aber eingestellt – vielleicht wegen der Komplexität des Gegenstandes, vielleicht aber auch, weil die Beamten das Interesse an der Familie als ein ernsthafter Nachforschungen wertes Element der Gesellschaft verloren hatten. Seitdem fand das damals verwendete Zählungsschema nur wenige Nachfolger,[66] und auch wir verwenden es nur in einer sehr vereinfachten Form für Haushalte, denen Ehepaare vorstehen und Verwandte angehören. Der Ausschluß von Haushalten mit verwitweten oder alleinstehenden Vorständen stellt sich insofern als zusätzlicher Vorteil dar, als die für diese spezielle Familienerhebung des Jahres 1851 verantwortlichen Beamten Untermieter als eigene Haushalte zählten und dadurch auf eine viel größere Zahl von Haushalten kamen als das mit der von Peter Laslett entwickelten Definition der Fall gewesen wäre, die für die Untersuchung Colytons verwendet wurde.[67] Diese unterschiedlichen Definitionen haben zur Folge, daß in dem Sample der 14 Bezirke nur sechs von zehn Haushalten als von Ehepaaren geführt erscheinen, in Colyton dagegen sieben und in Flandern mehr als acht von zehn.

Leider räumt eine Konzentration der Untersuchung auf Haushalte, denen Ehepaare vorstanden, nicht alle Probleme aus, die aus unterschiedlichen Definitionen erwachsen. Besondere Vorsicht ist bei allen Schlußfolgerungen geboten, die Mitbewohner – in der Terminologie der Volkszählung von 1851 Besucher und Kostgänger („visitors or boarders") – betreffen. Tabelle 10 legt etwa für die Stichproben mit den 14 Bezirken die Vermutung nahe, daß die Anwesenheit eines Kostgängers oder Besuchers eher mit einem im Haushalt lebenden Verwandten des Vorstands rechnen läßt. Man könnte versucht sein, dies auf eine unklare Definition der Gruppe der „Besucher" zurückzuführen. Ein dem Sample der 14 Bezirke ähnliches Ergebnis würde sich in Colyton nämlich dann einstellen, wenn alle Verwandten, die am Abend der Volkszählung in den Haushalten als Besucher anwesend waren, zugleich als Verwandte *und* als Besucher gezählt würden. Allerdings gibt es kaum Gründe zur Annahme, daß bei der Erhebung in den 14 Bezirken tatsächlich so verfahren worden wäre. Wie üblich hinterließen die mit der Volkszählung von 1851 betrauten Beamten keine Aufzeichnungen über ihre Vorgangsweise bei der Erfassung

---

65 Vgl. Anm. *** zu Tabelle 10.
66 Vgl. jedoch Peter SCHMIDTBAUER, Households and household forms of Viennese Jews in 1857, in: Journal of Family History 5 (4) (Winter 1980) 382.
67 Vgl. oben Anm. 6. Bei WALL, Regional and temporal variations in the structure of the British household, 68–71, wird die Einstufung der Untermieter in bezug auf den Haushalt ausführlicher diskutiert. Die Zählungsbeamten dürften auch die Haushalte mit Untermietern (im Sinne Lasletts) nicht vollständig erfaßt haben, weil diese ja teils als eigene Einheiten eingestuft wurden. Der für die 14 Distrikte ermittelte Anteil von Haushalten mit Besuchern oder Kostgängern ist nur halb so groß wie in Colyton (vgl. Tabelle 1), obgleich räumliche Abweichungen natürlich stets möglich sind.

der Bevölkerung. Es dürfte jedoch ziemlich sicher auszuschließen sein, daß sie Verwandte und Besucher „doppelt zählten", weil ihnen die aus der Familienrekonstitution ersichtlichen Hinweise fehlten, die es uns erlauben, bestimmte Besucher als Verwandte zu erkennen.[68] Die anderen in Tabelle 10 zusammengefaßten Ergebnisse geben weniger zu Zweifeln Anlaß. In allen Fällen traf man eher bei Haushalten mit Dienstboten auf Verwandte als sonst. Dasselbe gilt für Haushalte von Handwerkern und Gewerbetreibenden mit inwohnenden Gehilfen.[69] Die Anwesenheit von Kindern beeinflußte dagegen das Mitleben von Verwandten kaum,[70] was den Schluß nahelegt, daß für die Unterbringung von Verwandten weder der im Hause vorhandene Raum noch – soweit sich das aus dem Zusammenleben von Kindern und Eltern erkennen läßt – die jeweilige Phase im Haushaltszyklus von besonderer Bedeutung waren. Sogar bei Ehepaaren ohne Mitbewohner, von denen man erwarten würde, daß sie nicht nur Platz hatten, sondern auch einen Verwandten im Hause brauchen konnten, trifft man in manchen Fällen weniger auf Verwandte als bei anderen Bevölkerungsgruppen. Das gilt besonders für die auf Mischwirtschaft ausgerichtete Region Flanderns.

Der Hauptmangel der erstmals 1851 versuchten Erfassung von Haushaltstypen liegt darin, daß man von der Beschäftigung des Haushaltsvorstands nicht die geringste Notiz nahm. Diesen Mangel möchten wir im folgenden beheben, wenn es auch aufgrund der geringen Zahl der Fälle in Dorfuntersuchungen nicht lohnt, jeder einzelnen Berufsgruppe bzw. den Unterschieden nachzugehen, die sich aus der Anwe-

---

68 In den Zählungslisten der flämischen Dörfer finden sich keine als Besucher erfaßten Personen. Es ist anzunehmen, daß man diese entweder in andere Kategorien einstufte oder ihre damalige Stellung im Haushalt unberücksichtigt ließ. Noch wahrscheinlicher ist, daß man bei der flämischen Zählung den *de jure*-Wohnsitz ermittelte und daher einige Bewegungen zwischen verschiedenen Haushalten übersah, die bei einer am Aufenthalt an einem bestimmten Abend orientierten *de facto*-Zählung wie der britischen des Jahres 1851 festgehalten worden wären. Nimmt man die bei den Einwohnern Colytons als Besucher geführten Verwandten aus, sinkt der ermittelte Anteil von Haushalten mit Verwandten um nicht mehr als 1 %, was — wie hervorzuheben ist — nicht genügt, um die Unterschiede zu verwischen, die zwischen Colyton und den flämischen Dörfern einerseits und Colyton und der 14 Bezirke umfassenden Stichprobe andererseits bestehen (vgl. die Reihe „Haushalte mit Ehepaaren als Vorständen und mitlebenden Verwandten insgesamt", Tabelle 10).

69 Die Kategorie der Gehilfen („trade-assistent") ist ein von den Zählungsbeamten 1851 in ihrer 14 Bezirke umfassenden Stichprobe verwendeter Ausdruck. Eine Definition liegt uns auch in diesem Fall nicht vor. In der vorliegenden Arbeit wird unter Gehilfe eine die Beschäftigung des Haushaltsvorstands ausübende, doch nicht mit diesem verwandte Person verstanden, wobei die „landwirtschaftlichen" Berufe Knecht, Magd und Milchmädchen auf jeden Fall ausgeschlossen sind.

70 Vgl. Tabelle 10, zweite und letzte Reihe. Sogar wenn Dienstboten im Hause lebten, verschiebt sich durch die Anwesenheit von Kindern der Anteil von Haushalten mit Verwandten für Colyton und die 14 Bezirke umfassende Stichprobe nur leicht nach unten, während der Satz für Flandern dadurch steigt (vgl. Reihe 3, 6). Unterschiede des Anteils der Verwandten ergeben sich allerdings zwischen Haushalten, denen Ehepaare, und jenen, denen Männer allein vorstanden (vgl. Tabellen 1, 2), was auf den Umstand zurückzuführen ist, daß viele Junggesellen — in Colyton z. B. zwei Drittel — Verwandte bei sich hatten.

senheit von Handels- und Gewerbegehilfen ergeben. Verzichtet man auf eine zu weit reichende Differenzierung, so bleiben in Colyton Handwerker, Bauern und Arbeiter, in den flämischen Dörfern Arbeiter und Bauern als genügend große Berufsgruppen, um das Mitleben von Verwandten in verschiedenen Haushaltstypen zu untersuchen. Die aus Tabelle 11 ersichtlichen Ergebnisse zeigen, daß einige der auf Gemeindeebene festgestellten Zusammenhänge (vgl. Tabelle 10) auf mehr als eine Berufsgruppe zutreffen. So ging etwa in Colyton unabhängig davon, ob es sich beim Haushaltsvorstand um einen Handwerker oder um einen Arbeiter handelte, der Anteil von Haushalten mit Verwandten mit der Anwesenheit eines Besuchers oder Kostgängers zurück. Umgekehrt traf man bei Hauswesen mit Dienstboten eher auf Verwandte – gleichgültig, ob dem Haushalt ein Handwerker aus Colyton, ein flämischer Bauer oder selbst ein Arbeiter der ersten Gruppe flandrischer Dörfer vorstand. Bei einem eingehenderen Vergleich der Tabellen 10 und 11 fällt jedoch eine Reihe von Ausnahmen auf, die eine Reihe von Fragen aufwerfen. So etwa waren in Colyton mit ihren Frauen allein lebende Handwerker weniger bereit, einen Verwandten ins Haus zu nehmen, als dies bei verheirateten Handwerkern im allgemeinen zu beobachten ist. Hingegen kann man bei Arbeitern, die in ähnlichen Umständen lebten, häufiger mit der Anwesenheit eines Verwandten im Hause rechnen. Entweder stellt dies einen zufälligen Unterschied dar oder es verweist beispielhaft auf ein wesentliches Element der Sozialstruktur, dessen Logik uns noch verborgen ist. Gleichermaßen erscheint es schwierig, sich die Bereitschaft flämischer Arbeiter zu erklären, mit Kostgängern *und* Verwandten unter einem Dach zu wohnen, während die Arbeiter Colytons sich in dieser Hinsicht bemerkenswert zurückhaltend zeigten. Eine räumliche und zeitliche Ausdehnung der Untersuchung – wenn auch beschränkt auf Gebiete mit ähnlichen ökonomischen Verhältnissen und ausreichend erhaltenen Volkszählungsunterlagen – könnte es möglich machen, diesen Bezügen ausführlicher nachzugehen. Dies muß jedoch einer anderen Arbeit vorbehalten bleiben.

In dem auf Tabelle 11 folgenden Block (Tabellen 12 bis 15) werden alle Haushalte mit Verwandten danach unterschieden, ob die ihnen vorstehenden Personen männlich oder weiblich, jünger oder älter als 60, verehelicht oder nicht verehelicht und, falls verehelicht, kinderlos waren. Die älteren, verwitweten und kinderlosen Haushaltsvorstände dürften am ehesten der Unterstützung eines Verwandten bedurft haben, wenn sie auch nicht immer auf einen großen Kreis von Angehörigen zurückgreifen konnten.[71] Wie jedoch aus den Tabellen 12 bis 15 hervorgeht, gehörten

---

71 Unverheirateten dürfte wahrscheinlich der kleinste Verwandtenkreis zur Verfügung gestanden sein. Aufschluß über Unterschiede des Verwandtenanteils nach dem Alter des Haushaltsvorstands ist von den Simulationsanalysen Prof. J. Smiths (Brigham Young University und 1982/83/84 Gastprofessor der SSRC Cambridge Group) zu erwarten. Im Augenblick steht noch nicht fest, ob die mit dem Alter des Haushaltsvorstands zunehmende Zahl von Enkelkindern die ebenfalls steigende Sterblichkeit bei vielen der Generation des Haushaltsvorstands angehörenden Verwandten ganz wettmacht. Außerdem sind die einzelnen in den Tabellen 12 bis 15 vorkommenden Kategorien von Verwandten noch nicht untersucht.

mehr als ein Drittel aller Verwandten in Colyton und mehr als die Hälfte aller Verwandten in Flandern anderen Haushaltstypen an. Dies dürfte darauf schließen lassen, daß viele Angehörige keine bestimmte Aufgabe im Hause übernahmen. Vielleicht sind aber auch die zur Kennzeichnung bedürftiger Haushalte verwendeten Kategorien zu grob, um dies einschätzen zu können. Wo man Familienrekonstitutionen heranzuziehen vermag, ist es manchmal möglich, die Rolle eines Verwandten aus dem Umstand zu erschließen, daß auf das Datum der Volkszählung bald die Geburt oder der Tod eines Familienmitgliedes folgte. Schlüsse dieser Art lassen sich aber zu selten ziehen, um in das Kategorisierungsschema aufgenommen zu werden. Man muß sich damit abfinden, daß man mit Hilfe der Volkszählungsunterlagen sicher selbst dann nicht jeden Aspekt der Haushaltszusammensetzung erklären kann, wenn man einen Zusammenhang mit Daten aus den Pfarregistern herzustellen vermag.

Manche Ursachen für die Schwierigkeit, eindeutige Strukturen aufzufinden, treten zutage, wenn man das breite Spektrum der mitlebenden Verwandten ins Auge faßt und wie in den Tabellen 12 bis 15 quer nach Alter, Familienstand und Geschlecht des Haushaltsvorstands anordnet. Insgesamt wurden sieben verschiedene Arten von Angehörigen definiert: ältere Personen über 60, allein lebende Elternteile unter 60, drei Arten von „Kindern" und zwei Gruppen von Dienstboten. Einige dieser Gruppen verlangen nach einer Erläuterung. Erstens wurden die mit ihren Eltern lebenden und als „Verwandte" klassifizierten Kinder in verheiratete Nachkommen des Haushaltsvorstands und „andere" (hauptsächlich Enkelkinder) unterteilt.[72] Enkelkinder des Haushaltsvorstands sind auch unter den ohne ihre Eltern mitlebenden Kindern anzutreffen, unter den Verwandten in Colyton eine insgesamt gewichtige Gruppe. Zweitens ist anzumerken, daß der Begriff der alleinstehenden oder verwitweten Väter und Mütter sowohl vorübergehend von ihren Ehegatten getrennte Personen als auch Mütter unehelicher Kinder[73] und jüngere Witwen umfaßt.

Eine Untersuchung dieser Verwandtschaftstypen ergibt einige mit Alter, Geschlecht und Familienstand des Haushaltsvorstands verbundene Variationen. Dies gilt besonders für Colyton, wo die Gruppe der mitlebenden Verwandten größer war.[74] Erwartungsgemäß stammten beinahe alle verehelichten Nachkommen aus Haushalten, deren Vorstand älter als 60 war; in Haushalten mit weiblichen Vor-

---

72 Eine konsistente Definition von „Kind" ist nicht möglich. Bei den nicht bei ihren Eltern lebenden Kindern wurde eine willkürliche Altersgrenze von 15 Jahren gezogen, um „Kinder" von „Erwachsenen" zu unterscheiden, während sonst die Kategorie des Kindes weniger eine des Alters als der Beziehung (Sohn, Tochter) darstellt.

73 Die unehelichen Kinder selbst werden als mit Eltern lebend eingestuft (mit anderen in Spalte 2 der Tabellen 12 bis 15). Die Zahlen beziehen sich eher auf die mit ihren unehelichen Kindern lebenden Mütter als auf Mütter unehelicher Kinder überhaupt, weil sich diese schwer ermitteln lassen, wenn die Kinder vor der Volkszählung verstorben oder ausgezogen waren. Bei ihren Vätern wohnende uneheliche Kinder ließen sich nicht feststellen.

74 Manche Erscheinungen (wie etwa verheiratete Nachkommen oder die Abwesenheit von Verwandten in Dienstbotenfunktion bei Haushalten mit weiblichen Vorständen) lassen sich trotz der wenigen vorfindbaren Fälle auch bei der flämischen Bevölkerung feststellen

ständen fanden sich keine Verwandten, die als Dienstboten arbeiteten. Überraschender war, daß in Colyton Haushalte mit weiblichen Vorständen einen überdurchschnittlichen Anteil älterer weiblicher Verwandter und ohne ihre Eltern lebender Töchter, doch keine verwitweten Nachkommen und Mütter unehelicher Kinder aufwiesen. Welche Bedeutung diesen Beobachtungen für eine Erklärung der Sozialstruktur zukommt, ist ungewiß. Einige Zusammenhänge sind durch eine sehr geringe Zahl von Beobachtungsfällen abgestützt[75] und bedürfen einer Bestätigung durch weitere Untersuchungen. Offen bleibt auch, ob diese Personenkonstellationen darin ihren Grund haben, daß sie Haushalten mit weiblichen Vorständen die in wirtschaftlicher Hinsicht beste Grundlage boten[76] oder einfach die Verfügbarkeit bestimmter Arten von Verwandten zum Ausdruck bringen.

Trotz des in beiden Populationen nur geringen Anteils von Haushalten mit Verwandten (vgl. Tabellen 1 und 2) erlauben uns jetzt auch die in den Tabellen 12 bis 15 zusammengestellten Daten, den entscheidenden Umstand herauszustreichen, daß die Zusammensetzung der im Haushalt mitlebenden Verwandten in Colyton ganz anderen Kriterien gehorchte als in Flandern.[77] Fünf Unterschiede fallen besonders ins Auge. In Übereinstimmung mit den allgemeinen Ergebnissen für England war in Colyton die Mehrzahl aller im Hause lebenden Verwandten weiblichen Geschlechts,[78] in Flandern hingegen nicht. Viele dieser weiblichen Angehörigen waren entweder ältere Personen oder alleinstehende Mütter in jüngeren Jahren. Diese beiden Gruppen dürften in erster Linie für den Überschuß an Frauen verantwortlich sein, der sich in Colyton bei mitlebenden Verwandten feststellen läßt. Auch der größere Umfang dieser Gruppe geht auf sie – und natürlich die Zahl elternloser Kinder[79] – zurück.[80] In Flandern ergibt sich nur in der Kategorie der als Dienstboten

---

(vgl. Tabellen 14 und 15). Andererseits liegen jene Erscheinungen, die vielleicht spezifische Merkmale der flämischen Gesellschaft darstellen (wie etwa der Umkehrung der Sexualproportion bei mit und ohne ihre Eltern lebenden Kindern oder der Umstand, daß kein einziger der nicht verehelichten Haushaltsvorstände weibliche Angehörige als Dienstboten zu sich nahm), eine zu geringe Zahl von Fällen zugrunde, um zufällige Abweichungen ausschließen zu können.

75 Daß in Haushalten mit verheirateten männlichen Vorständen im Alter über 60 Enkelsöhne unter der Gesamtgruppe der Verwandten einen viel größeren Anteil einnahmen als Enkeltöchter, ist ebenfalls zu diesen Ergebnissen zu rechnen.

76 Vgl. Richard WALL, The composition of households in a population of 6 men to 10 women: South-east Bruges in 1814, in: Family forms in historic Europe, bes. 473 f.

77 Auf die Bedeutung der unterschiedlichen Zusammensetzung der Verwandten in den beiden flämischen Gebieten wird weiter unten eingegangen, vgl. Tabelle 16.

78 Richard WALL, Regional and temporal variations in English household structure from 1650, in: Regional demographic development, hg. von J. HOBCRAFT und P. REES, London 1977, 102 f.

79 Der Ausdruck „elternlose Kinder" („parentless children") stammt von Michael ANDERSON, Household structure and the industrial revolution; mid-nineteenth century Preston in comparative perspective, in: Household and family in past time, 223 f., 227 f.; vgl. aber unten Anm. 81.

80 Die Größe der Gruppe der Verwandten erhält man, indem man die Anzahl der Verwandten in den Tabellen 12 bis 15 durch die Anzahl der Haushalte in den Tabellen 1 und 2 dividiert.

tätigen Verwandten – und zwar vor allem bei den männlichen – eine auffallende Häufung.

Obgleich uns dafür eine nur geringe Anzahl von Fällen zur Verfügung steht, läßt sich diese Aufzählung vielleicht um eine Reihe weiterer Unterschiede ergänzen. Im Gegensatz zur Bevölkerung Colytons zog man etwa in Flandern innerhalb des Elternhauses verheiratete Söhne verheirateten Töchtern deutlich vor. In dieser Arbeit liegt unsere Hauptaufgabe jedoch darin, diese bereits gesicherten Unterschiede zu erklären. Aufgrund der geringen Anzahl der Beobachtungsfälle dürfte es leider nicht zielführend sein, die Gruppe der Verwandten weiter nach dem Beruf des Haushaltsvorstands zu unterteilen. Andererseits legt eine wenn auch nur grobe Untersuchung der Unterschiede zwischen den beiden Gruppen flämischer Dörfer hinsichtlich der Art der Verwandten im Haushalt (Tabelle 16) eine zumindest teilweise Erklärung für die verschiedene Zusammensetzung der Verwandten in Colyton und Flandern nahe. Ein Vergleich zeigt, daß einige Merkmale, die bisher für ganz Flandern charakteristisch zu sein schienen (etwa die Bevorzugung verheirateter Söhne und die Tendenz, männliche Verwandte als Dienstboten zu beschäftigen), besonders für den ersten, auf Ackerbau ausgerichteten Raum typisch sind. Die mischwirtschaftliche Region weist weit weniger Verwandte auf. In dieser Hinsicht unterscheidet sie sich auch von Colyton, wenngleich in beiden Fällen weibliche Verwandte in der Überzahl waren. Es wäre jedoch ein Irrtum, für alle Unterschiede in der Zusammensetzung der Verwandten diesen einen Faktor als Ursache zu sehen. Die für Colyton so kennzeichnenden weiblichen Verwandten der älteren Generation wären wahrscheinlich – wie oben angedeutet – in allen Dörfern Flanderns über den Heiratsmarkt für Witwen in einem Haushalt untergekommen.

Die nicht bei ihren Eltern lebenden Kinder Colytons erscheinen heute in einem fast ebenso rätselhaften Licht wie vor Jahren, als Michael Anderson in den Volkszählungsunterlagen der Textilstadt Preston aus dem Jahre 1851 zum ersten Mal auf diese Kategorie von Haushaltsangehörigen traf.[81] Die für Colyton durchgeführte Familienrekonstitution erlaubt es hin und wieder, die Abwesenheit vom Elternhaus mit einer gerade erfolgten Niederkunft der Mutter in Zusammenhang zu bringen, wobei sich etwa Großeltern anboten, der jüngeren Familie vorübergehend die Last einer zusätzlichen Person abzunehmen. Der de iure-Charakter der flämischen Volkszählung brachte es vielleicht mit sich, daß man diese vorübergehenden Bewohner gleichermaßen ausklammerte wie mögliche andere Fälle „verliehener Kinder". Es dürfte jedoch nicht sehr wahrscheinlich sein, daß dies für eine vollständige Erklärung genügt. Neben Waisen, um die man sich zu kümmern hatte, gab es auch Kinder, deren Mütter wieder geheiratet hatten. Während in Colyton diese Verantwortung oft von Verwandten übernommen wurde, kümmerten sich in Flandern

---

81 Unsere Definition elternloser Kinder deckt sich nicht mit der Andersons, da es uns die Familienrekonstitution ermöglicht, andere im Hause lebende Eltern — insbesondere Mütter unehelicher Kinder — zu erkennen, die bei einer sich nur auf die Unterlagen der Volkszählung stützenden Analyse verborgen bleiben würden. Vgl. Tabelle 19 und ANDERSON, Household structure and the industrial revolution, 227.

meist die Stiefeltern um diese Kinder, die vielleicht eine augenblickliche Belastung darstellten, aber später auch beträchtlichen wirtschaftlichen Nutzen bringen konnten.[82]

Die letzten Tabellen dieses Abschnitts beschäftigen sich mit der Rekrutierung von Verwandten. Sie lassen erkennen, ob diese über den Ehemann, seine Frau bzw. über verheiratete Söhne oder Töchter erfolgte (Tabellen 17 bis 20).[83] In Colyton setzte sich das verwandte Gesinde ausnahmslos aus Verwandten des Ehemanns zusammen. Ein Haushaltsvorstand nahm allerdings seine Schwiegermutter ebenso bereitwillig auf wie seine Mutter (Tabelle 17). In Flandern zeichnete sich das auf Mischwirtschaft ausgerichtete Gebiet vor allem dadurch aus, daß fast alle mitlebenden Angehörigen aus der Verwandtschaft der Frau kamen. In der anderen Gruppe von Dörfern hingegen griff man zu ziemlich gleichen Teilen auf die Angehörigen von Mann und Frau zurück (Tabelle 18). Es muß jedoch einstweilen offen bleiben, ob dies unmittelbar mit dem System der Bewirtschaftung zusammenhängt oder auch auf die unterschiedlichen Erbgepflogenheiten der beiden Gebiete zurückgeht.[84]

Die Tabellen 19 und 20 schlüsseln die Enkelkinder auf. Sie lassen sowohl zwischen Colyton und Flandern als auch zwischen den beiden Gruppen flämischer Dörfer weitere Unterschiede erkennen. In Colyton machten uneheliche Nachkommen von Töchtern beinahe ein Drittel aller Enkelkinder aus; die Zahl der ohne ihre Eltern lebenden Enkelkinder war beträchtlich (Tabelle 19). Beides steht deutlich im Gegensatz zu den flämischen Verhältnissen: Dort trifft man weit seltener auf Haushalte mit Enkelkindern des Vorstands – und wenn, handelt es sich fast ausschließlich um Nachkommen der Söhne der Haushaltsvorstände in der ersten Region.

Zum Abschluß dieses Kapitels unserer Untersuchung wollen wir nun versuchen, die Rolle der im Haushalt mitlebenden Verwandten in einem größeren Zusammenhang zu betrachten. Schon ihre vielfältige Zusammensetzung läßt sie – besonders im Fall Colyton – als ein signifikantes Element der Sozialstruktur erscheinen. Dennoch läuft man nur allzu leicht Gefahr, ihre Bedeutung zu überschätzen. Um den tatsächlichen Ort der Verwandten in der Gesellschaft bestimmen zu können, ist es notwendig, sich zu fragen, ob einem Haushalt andere Wege offenstanden, die von bestimmten Verwandten übernommene Aufgaben sozialer und wirtschaftlicher Art zu bewältigen. Wir wollen mit den verheirateten Nachkommen des Haushaltsvorstands beginnen. Weitaus die meisten Jungverheirateten gingen sowohl ihren Eltern als auch Untermietverhältnissen aus dem Wege und gründeten einen ei-

---

82 Da sich für Colyton so wenig Berufsangaben finden, legt diese Untersuchung auf die wirtschaftliche Rolle nicht bei ihren Eltern lebender Kinder weniger Gewicht, als dies Anderson im Falle Prestons angemessen erschien.

83 Solche Untersuchungen wären für englische Gemeinden normalerweise deshalb unmöglich, weil die Frau bei der Heirat den Zunamen ihres Gatten annahm. Für die Bestimmung der verwandtschaftlichen Verbindungen mußte deshalb die Familienrekonstitution herangezogen werden. In Flandern behielten verheiratete Frauen ihren Mädchennamen zumindest bis zum Tode ihres Mannes bei; es ist weitaus einfacher, ihre Verwandten ohne Zuhilfenahme anderer Quellen festzustellen.

84 Vgl. WALL, Real property, bes. 384 f., 401–405.

genen Haushalt; selbst jene, die mit ihren Eltern lebten, zogen bald aus.[85] Weiters könnte man im Falle Colytons auf die große Zahl der älteren weiblichen Angehörigen verweisen. Ein Rückgriff auf Abbildung 1 läßt jedoch – wenn auch nur für einen Zeitpunkt – erkennen, daß noch 40 % aller Frauen über 60 mit einem Haushaltsvorstand verheiratet waren, während weitere 20 % einem eigenen Haushalt vorstanden. Eine dritte Gruppe von Verwandten lebte als Dienstboten im Haus. In Flandern waren es mehr als ein Drittel aller männlichen und fast ein Viertel aller weiblichen Angehörigen, die eine solche Funktion übernommen hatten (Tabelle 14 und 15). Diese Verwandten stellten jedoch nur einen winzigen Anteil des gesamten Gesindes dar – 6 % aller männlichen und 5 % aller weiblichen Dienstboten waren dieser Kategorie zuzurechnen. Die Rekrutierung von Dienstboten erfolgte also nicht unmittelbar über Verwandtschaftsstrukturen.

Um eine für Verwandte wesentliche Rolle zu begreifen, ist es notwendig, wieder auf Colyton und die Mütter unehelicher Kinder zu sprechen zu kommen. In diesem Zusammenhang kommt der Familie tatsächlich entscheidendes Gewicht zu. Wie man annehmen kann, dürfte eine Reihe von Personen – und zwar Mütter und Kinder – von den für die Durchführung des Armengesetzes Verantwortlichen aus ihrer Familie entfernt und in das Arbeitshaus, das sich in der nächsten Stadt befand, eingewiesen worden sein. In Colyton selbst scheinen Zwänge wirtschaftlicher und vermutlich sozialer Natur Töchtern mit unehelichen Kindern nur zwei Alternativen gelassen zu haben: Entweder blieben sie zu Hause bei ihren Eltern oder ließen ihr Kind bei ihnen zurück, um sich anderswo nach Arbeit umzusehen. Mit Sicherheit ließ sich nur ein einziger Fall eines unabhängigen, aus Mutter und unehelichem Kind bestehenden Haushalts feststellen – und dieser ist insofern als Ausnahme anzusehen, als das „Kind" bereits 42 Jahre alt war und wahrscheinlich im wesentlichen für den Unterhalt seiner älteren Mutter aufkam, die Almosen erhielt, wie aus den Unterlagen hervorgeht.

VIII. Die Arbeitskräfte auf den Bauernhöfen

Wir kommen nun schließlich auf die Farmarbeiter Colytons zu sprechen. Wie bereits erwähnt, stand es einem Bauern offen, entweder auf die Arbeitskräfte der Familie zurückzugreifen, Dienstboten einzustellen oder Taglöhner zu beschäftigen. Obgleich die Zensusunterlagen aus dem Jahre 1851 diesbezüglich eine ganze Reihe von Informationen bieten, hat man diesen Angaben bis heute nur wenig Aufmerksamkeit geschenkt. Dies hat unter anderem darin seinen Grund, daß die in der Volkszählung enthaltene Frage nach der Anzahl der Arbeitskräfte auf den Farmen

---

85 Vgl. Abb. 1, 2. Verheiratete Kinder sind in der Summe aller Verwandten enthalten. Für Colyton ergab die Suche nach Paaren, die weder bei ihren Eltern lebten noch einem Haushalt vorstanden, eine Gesamtzahl von fünf Fällen; in weiteren vier Fällen bestand zwar ein eigener Haushalt, doch lebten dessen Mitglieder mit denen eines anderen unter einem Dach. Die Vorhersage über die kurze Dauer des Zusammenlebens mit Vater oder Mutter beruht auf der Tatsache, daß in solchen Haushalten durchschnittlich nur ein Enkelkind lebte.

nicht einheitlich verstanden und beantwortet wurde. Während manche Bauern der Anweisung Folge leisteten, in die Summe aller Beschäftigten sowohl im Hause lebende Dienstboten als auch ihre erwachsenen Söhne aufzunehmen, trugen andere hingegen nur die nicht im Hause lebenden Arbeitskräfte ein.[86] Trotzdem lassen sich aus den Volkszählungsunterlagen von 1851 Angaben über die Anzahl und die Zusammensetzung der Arbeitskräfte auf den einzelnen Farmen gewinnen, indem man zwei alternative Berechnungen durchführt: Zählt man die inwohnenden Dienstboten und die Familienangehörigen über 15 zur angegebenen Zahl der Beschäftigten, so erhält man einen Maximalwert möglicher Arbeitskräfte. Nimmt man dagegen an, daß die Dienstboten und die erwachsenen Familienmitglieder bereits in der Gesamtzahl der Beschäftigten enthalten sind, so ergibt sich – ergänzt um den Farmer selbst – ein Minimalwert. Die dabei auftretenden Schwierigkeiten in Kauf zu nehmen, lohnt sich insofern, als selbst zu solch grundsätzlichen Fragen wie der der Beziehung zwischen Größe des Hofs und Struktur der Arbeiterschaft noch kaum abgeschlossene Untersuchungen vorliegen.

Es ist anzunehmen, daß die Zahl der Arbeitskräfte mit der Größe des Hofs zunahm – wenn auch wahrscheinlich nicht im selben Maße. Da auf größeren Gütern die durchschnittlich auf eine Arbeitskraft entfallende Anzahl von Acres etwas höher gelegen zu sein scheint als auf kleineren Höfen, ist anzunehmen, daß an einem bestimmten Punkt die Wirtschaftlichkeit des Großbetriebs zum Tragen kam. In Colyton dürfte dieser Punkt bei Gütern mit 200 Acres gelegen sein.[87] Auf kleineren Höfen bis zu 40 Acres ist die Zahl der Arbeitskräfte möglicherweise deswegen eine künstliche Größe, weil hier eine ausschließliche Beschäftigung auf dem eigenen Pachtgrund nicht angenommen werden kann.[88] Als wichtiges Ergebnis erscheint jedoch die unterschiedliche Zahl der Arbeitskräfte für gleich große Flächen. So führt etwa Abbildung 5 vor Augen, daß auf Höfen von 30 bis 80 Acres ein bis fünf und auf mindestens 200 Acres großen Gütern zwischen fünf und dreizehn Arbeiter beschäftigt sein konnten. Modelle bäuerlicher Wirtschaftsformen, wie die von A. W. Chayanov entwickelten, neigen dazu, eine enge Beziehung zwischen Größe der Anwesen und Zahl der Beschäftigten anzunehmen. Ob sich dieser Zusammenhang in den marktwirtschaftlich ausgerichteten Wirtschaftsformen Westeuropas tatsächlich niederschlägt, ist nie ganz geklärt worden. In Colyton scheint jedoch die Grundgröße kein geeignetes Kriterium für den Umfang eines landwirtschaftlichen Unternehmens zu sein. Die unterschiedliche Güte des Bodens stellt bei historischen Popu-

---

86 Dieser Fehler dürfte ziemlich häufig begangen worden sein. Im Falle Colytons liegen uns diesbezüglich einige Hinweise vor. Vgl. außerdem P. M. TILLOTT, Sources of inaccuracy in the 1851 and 1861 censuses, in: Nineteenth century society, 119.

87 Dies geht aus den Daten in Abb. 5 hervor. Vergleichbare Ergebnisse lassen sich jedoch auch aus der berechneten Mindestanzahl der Arbeitskräfte auf den Farmen – in der Dienstboten und Familienmitglieder enthalten sind – ableiten.

88 Die Möglichkeit einer Überschätzung der Zahl der Arbeitskräfte ergibt sich aus dem Umstand, daß die mit der Zählung befaßten Beamten zwar auf genauere Angaben über Dienstboten und andere Angestellte Wert legten, bei Familienmitgliedern aber keine Berufsangaben zu finden sind, weil man vielleicht ihre Stellung für selbstverständlich ansah.

lationen einen schwer einzuschätzenden Faktor dar. Gute Bodenqualität und die Fähigkeit, den Bedürfnissen des Marktes entsprechend zu wirtschaften, dürften so manchem Bauern einen Vorteil gegenüber seinem Nachbarn gebracht haben, den sicher keiner auszunützen zögerte.

Tabelle 21 bezieht sich auf die Zusammensetzung der Arbeitskräfte auf den Höfen. Es fiel der Familie eines Bauern nicht leicht, allen Erfordernissen selbst gerecht zu werden. Nur 18 von 46 Bauern stand ein weiteres im Hause wohnendes erwachsenes männliches Familienmitglied zur Verfügung; viele Bauern sahen sich gezwungen, fremde Dienste in Anspruch zu nehmen und Dienstboten oder Arbeiter – meist Dienstboten und Arbeiter – zu beschäftigen.[89] Tabelle 21 überrascht unter anderem jedoch dadurch, daß der „family farm", die sich ausschließlich mit den in der Familie vorhandenen Arbeitskräften begnügte, nur wenig Gewicht zukam. Sogar am unteren Ende des Spektrums, wo man am ehesten mit „family farms" rechnen zu müssen meint, beschäftigten ungefähr ein Fünftel der betreffenden Bauern Arbeitskräfte von außerhalb und ein Zehntel einen im Hause wohnenden Dienstboten männlichen Geschlechts im Alter von 15 oder mehr Jahren. Kleine Familienbetriebe in unserem Sinn gab es nur fünf; diese waren jedoch jener Kategorie von Höfen zuzuzählen, die den anwesenden Familienmitgliedern vermutlich bloß eine Teilzeitbeschäftigung bieten konnten (vgl. oben). Ein weiterer Punkt ist die unterschiedliche Zusammensetzung der Arbeitskräfte entsprechend der Größe der Farmen. Grob gesprochen wiesen größere Güter sowohl mehr als auch verschiedenartigere Arbeitskräfte auf: Eher als auf kleineren Höfen trifft man dort auf männliche Dienstboten im Alter von 15 oder mehr Jahren, auf Mägde und auf nicht im Haus wohnende Arbeitskräfte.[90] Andererseits wurden auf den größten Anwesen kaum männliche Dienstboten unter 15 herangezogen und nicht mehr erwachsene männliche Familienmitglieder beschäftigt wie auf vielen kleinen Höfen. Daß sich kein Zusammenhang zwischen der Größe des Anwesens und der Existenz männlicher Familienmitglieder herstellen läßt, unterstreicht, daß hinsichtlich der Rekrutierung von Arbeitskräften die Familie nicht im Mittelpunkt stand. Berücksichtigt man dazu noch die Dienstboten und die nicht mitwohnenden Arbeitskräfte, so zeigt sich tatsächlich, daß es der Familie an Flexibilität mangelte, um den Arbeitskräftebedarf zu sichern.

Wenn bisher bei der Untersuchung der auf den Höfen beschäftigten Arbeitskräfte Dienstboten, Familienmitglieder und Lohnarbeiter für sich betrachtet wurden, darf doch nicht vergessen werden, daß den Bauern vermutlich diese verschiedenen Arbeitskräfte als auswechselbar erschienen. Dies kann aber nur bis zu einem bestimmten Grad zugetroffen sein. Erstens waren die meisten Dienstboten jung und unverheiratet.[91] Ihre Aufgaben wurden ihnen ihrem Alter und ihrer Erfahrung ent-

---

89 So beschäftigten etwa, selbst wenn man von der Mindestzahl der Arbeitskräfte ausgeht, 15 von 22 Bauern mit männlichen Dienstboten im Alter von 15 oder mehr Jahren auch nicht im Haushalt mitlebende Arbeitskräfte.

90 Auch dies gilt sowohl für die höchste als auch für die niedrigste Arbeitskräftezahl.

91 Die maßgebliche Darstellung der Lebensumstände englischer Dienstboten stammt von Kussmaul, Servants in husbandry in early modern England.

sprechend zugewiesen. Es fehlten ihnen auch die Kraft und das Geschick für jenen weiten Bereich von Tätigkeiten, die man von einem Landarbeiter erwarten konnte – der aber sicher keine Dienstbotenstelle angetreten hätte. Dienstboten waren mit anderen Worten ein alles andere als idealer Ersatz für Landarbeiter. Aus Abbildung 1 geht hervor, daß es Dienstboten gab, die schon älter als 20 waren, also ein Alter erreicht hatten, in dem sie Arbeitern an Geschick und Kraft gewachsen gewesen sein dürften. Daß sie nicht ersetzt worden waren, verweist darauf, daß dies dem Bauern Vorteile brachte. Arbeiter und Dienstboten waren also nicht in vollem Maße gleichwertig. Unter der Voraussetzung eines noch nicht entwickelten Arbeitsmarktes oder eines Überangebots an Arbeitskräften könnte sich die Situation anders darstellen. Es fällt jedoch schwer zu glauben, daß die Bauern Colytons nicht in der Lage gewesen wären, genügend Arbeiter und Dienstboten zu finden, wenn sie dies gewollt hätten. Was die Dienstboten betrifft, findet sich ein Hinweis darauf, daß das Angebot die Nachfrage überstieg, in der Tatsache, daß eine Reihe männlicher Jugendlicher ohne Beschäftigung bei ihren Eltern lebte (vgl. Abb. 4).

Wenn Arbeiter und Dienstboten nicht einfach austauschbar waren, dürfte es für manchen Bauern notwendig gewesen sein, Angehörige beider Gruppen bei sich zu beschäftigen. Dies scheint in Colyton der Fall gewesen zu sein. Hingegen dürfte aufgrund der größeren Wahrscheinlichkeit einer Überschneidung im Alter und daher auch der Einsatzmöglichkeit ein Austausch zwischen Dienstboten und Familienmitgliedern einerseits und Familienmitgliedern und Arbeitern andererseits leichter durchzuführen gewesen sein. Man hat den Ersatz der Arbeit von Dienstboten durch die von Söhnen und Töchtern gewöhnlich mit dem Haushaltszyklus in Zusammenhang untersucht. So zeigte etwa Berkners klassische Analyse bäuerlicher Haushaltsformen in Österreich im 18. Jahrhundert, daß der Anteil von Haushalten mit Dienstboten mit der Zahl der im Hause lebenden Nachkommen abnahm und umso höher lag, je jünger der älteste Sohn war.[92] Angesichts der geringen Zahl unserer Fälle erscheint eine so eingehende Untersuchung nicht zweckmäßig. Allerdings wird aus der Querschnittsanalyse klar, daß mit der Anwesenheit von zwei oder mehr männlichen Familienmitgliedern über 15 der Anteil der Dienstboten wesentlich zurückgeht, während sich bei Landarbeitern der Zusammenhang weniger klar darstellt.[93]

Der Nachweis eines Zusammenhangs zwischen zwei Erscheinungen bedeutet aber noch nicht dessen Erklärung. Es ist durchaus möglich, daß Bauern manche ihrer erwachsenen Nachkommen zu Hause behielten, um so einer Einstellung von

---

92 L. K. BERKNER, The stem family and the developmental cycle of the peasant household, in: American Historical Review 77, 2 (1972) Tabelle 4.

93 Die Unklarheit ergibt sich daraus, daß die beiden für die Zahl der Arbeitskräfte ermittelten Werte in verschiedene Richtungen weisen. Rechnet man alle als „Beschäftigte" eingetragenen Personen als nicht im Haushalt mitlebende Arbeitskräfte, so ergibt sich folgendes Bild: Von den zwei oder mehr männliche Familienmitglieder zählenden Haushalten beschäftigten 89 % außer Haus lebende Arbeitskräfte, von den nur einen männlichen Erwachsenen aufweisenden Haushalten dagegen nur 70 %.

Dienstboten aus dem Wege zu gehen. Es kann jedoch ebenso möglich sein, daß Kinder aus ganz anderen Gründen bei ihren Eltern blieben, etwa weil sie nicht in der Lage waren, einen eigenen Haushalt zu gründen, bevor sich ihre Eltern zur Ruhe gesetzt hatten und der Besitz aufgeteilt oder übergeben werden konnte. Nicht alle Söhne und Töchter von Bauern lebten ohne Unterbrechung bei ihren Eltern. Wie aus einer früheren Arbeit über Colyton hervorgeht, konnten 21% der Söhne und 36% der Töchter von Bauern im Alter zwischen zehn und neunzehn Jahren am Volkszählungsstichtag von 1841 nicht im Hause ihrer Eltern angetroffen werden. Manche Bauern mit überlebenden erwachsenen Nachkommen hatten sogar kein einziges erwachsenes Kind im Hause.[94] Auch 1851 waren manche Bauernkinder nicht zu Hause anzutreffen. Wenn es auch schwer fällt, alle nicht bei ihren Eltern lebenden älteren Nachkommen zu ermitteln, so erscheint es doch aussagekräftig zu sein, daß nur ein einziger Fall festgestellt werden konnte, in dem erwachsene Söhne vorhanden waren, die allerdings nicht zu Hause lebten, und ein Knecht eingestellt worden war. Im allgemeinen hatten Bauern, die Dienstboten beschäftigten, entweder keine oder noch nicht erwachsene Söhne.

Man kann daher den Schluß ziehen, daß die Familie unter bestimmten Umständen zufällig (durch mehrere bis ins Erwachsenenalter überlebende Söhne) oder absichtlich (durch den Verbleib erwachsener Söhne im Haus) auf die Zusammensetzung der Arbeitskräfte eines Hofes Einfluß nehmen konnte, auch wenn sie selbst bei der Rekrutierung von Arbeitskräften nicht im Mittelpunkt stand. Zugegebenermaßen ist unsere Untersuchung der Rolle der Familie für die Versorgung mit Arbeitskräften in mancher Hinsicht unvollständig. Etwas dunkel bleibt auch die Rolle der Frauen innerhalb der ländlichen Arbeiterschaft. Niemand zweifelt daran, daß ein Teil der auf einem Hof anfallenden Arbeit den Frauen, Töchtern und weiblichen Dienstboten übertragen wurde. Dabei standen diesen vielleicht einige der Landarbeiterfrauen zur Seite, wenn man auch interessanterweise feststellen muß, daß deren Beschäftigung in den Unterlagen beinahe ausnahmslos mit häuslichen oder textilen Arbeiten angegeben ist (vgl. Tabelle 9).[95] Die Frage ist jedoch, ob die Arbeit der weiblichen Familienmitglieder und Mägde ausreichte, um für die besser bezahlte und daher kostspieligere Arbeit von Männern Ersatz zu bieten. Die starre geschlechtsspezifische Arbeitsteilung dürfte einen solchen Austausch erschwert haben – und genau hier fängt die Ungewißheit an. Sicher gab es einige Höfe, die von einer Bäuerin geführt wurden (3 von 46 im Jahre 1851). Jedoch nur eine dieser Frauen, die alle verwitwet waren, hatte keinen Sohn, der ihr half, und so stellte sie drei männliche Dienstboten ein.

---

94 WALL, Real property, Tabellen 6—8.
95 Es dürfte auszuschließen sein, daß landwirtschaftliche Beschäftigungen aufgrund ihres Teilzeitcharakters nicht vermerkt wurden, da auch manchen anderen der in den Unterlagen festgehaltenen Tätigkeiten (Wäscherin, Hausmädchen, Spitzenklöpplerin) auf Teilzeitbasis nachgegangen werden konnte.

IX. Zusammenfassung

Es wurde bereits darauf hingewiesen, daß es voreilig wäre, aufgrund einer auch noch so eingehenden Untersuchung der sozialen Struktur eines bestimmten Orts oder selbst einer Gruppe von Dörfern wie im Falle Flanderns allgemeine Aussagen über die Beschaffenheit der englischen oder flämischen Gesellschaft zu treffen. Es wäre in der Tat überraschend, wenn die Arbeits- und Familienstrukturen eines Orts sich mit denen anderer Gemeinden deckten, wo etwa Frauen und Mädchen nicht im selben Maße in der Heimindustrie tätig waren wie in Colyton, wo wiederum das Verhältnis von Acker- und Weideland anders lag als bei den beiden westflämischen Gebieten, oder wo das Verhältnis von Qualifikation, sozialem Status und Beruf ein ganz anderes System sozialer Klassen verrät als das sowohl für Colyton als auch für Flandern charakteristische. Man mag auch einwenden, daß manche Folgerungen dieser Arbeit, besonders jene über die Zusammensetzung der Verwandten in den Haushalten, gewagt sind, weil sie sich auf eine nur geringe Anzahl von Fällen stützen. Es liegt ihnen allerdings die Absicht zugrunde, eine Reihe von Hypothesen zu erarbeiten, die in weiteren Untersuchungen auf ihre Stimmigkeit überprüft werden sollen. Ein anderer Weg ist realistischerweise ohnehin nicht absehbar. Nur indem man sich auf eine beschränkte Anzahl von Gemeinden konzentriert, vermag man festzustellen, wie die Arbeitsmöglichkeiten und gesellschaftlichen Verpflichtungen des einzelnen und der Familie den Rahmen bildeten, in dem Kinder ihr Elternhaus verließen, in anderen Haushalten eine Dienstbotenstellung annahmen, weiterzogen, um einen eigenen Haushalt zu gründen, und dann und wann in den kleinen Verwandtengruppen aufgingen, die für die Haushalte in Nordwesteuropa charakteristisch waren.

Zum Teil lag es sicher in unserer Absicht, bestimmte Verhaltensweisen zu beschreiben und darzustellen. So ließen sich etwa bei der Untersuchung der Gruppe der Verwandten in Colyton und ihres kleineren Gegenstücks in den westflämischen Dörfern fünf Aspekte herausarbeiten und mit unterschiedlichen Heiratsgepflogenheiten und den Erfordernissen der Wirtschaftsweise verknüpfen. In Colyton blieb es den Familien vorbehalten, für eine Reihe von älteren Witwen und elternlosen Kindern zu sorgen, für die sich in Flandern durch Wiederverheiratung oder Stiefeltern ein Heim gefunden hätte. Was die Landwirtschaft betrifft, ließ sich feststellen, daß man der Rekrutierung männlicher Verwandter als Dienstboten in einigen – wenn auch nicht in allen – flämischen Dörfern den Vorzug gab. Auch der Eingliederung in die erwerbstätige Bevölkerung, den für Buben und Mädchen unterschiedlichen Berufsfeldern und deren Abhängigkeit von den Lebensumständen der einzelnen Familien wurde Aufmerksamkeit geschenkt. Zu unterstreichen war, daß der Anteil verheirateter Frauen an der erwerbstätigen Bevölkerung des 19. Jahrhunderts häufig unterschätzt wurde, weil man sich auf Volkszählungsunterlagen verließ, welche die Berufstätigkeit der Frauen nur unvollständig wiedergaben. Es war jedoch nicht unser vorrangiges Ziel, zu ermitteln, wieviel Verwandte „auch" Dienstboten waren, wann genau Kinder ihr Elternhaus verließen oder wieviel Personen einer bestimmten Altersgruppe der erwerbstätigen Bevölkerung angehörten. Vielmehr lag es in unserer Absicht, deutlich zu machen, daß alle diese Themen miteinander zusammenhängen. Da sich die bestehenden Konzepte der „Familienwirtschaft" („family economy") und der „Familienlohnwirtschaft („family wage economy") als unzureichend erwiesen, wurde der Begriff der „anpassungsfähigen Familienwirtschaft" („adaptive family economy") vorgeschlagen, der sich vielleicht als geeigneter Ansatz erweist, jenen Gesellschaftsformen gerecht zu werden, in denen Lohnarbeit und protoindustrielle Tätigkeiten ineinander übergingen und manche Arbeitgeber die Macht hatten, nicht nur über den Arbeitsplatz, sondern auch über den Wohnort des Beschäftigten zu entscheiden. Die um die Mitte des 19. Jahrhunderts in Colyton lebenden Familien standen nicht einfach vor der Wahl, entweder alle in der Heimindustrie zu arbeiten oder unter dem Zwang eines Arbeitgebers den eigenen Haushalt zu verlassen. Die Aussicht auf schlechte Zeiten und der Wille, guten Tagen das Beste abzugewinnen, sorgte für die Diversifikation der wirtschaftlichen Tätigkeiten. Um deren Vielfalt einzufangen, wurde der Begriff der anpassungsfähigen Familienwirtschaft eingeführt.

X. *Abbildungen und Tabellen*

Abbildung 1:
Colyton 1851, Bevölkerung nach Alter, Geschlecht und Beziehung zum Haushaltsvorstand

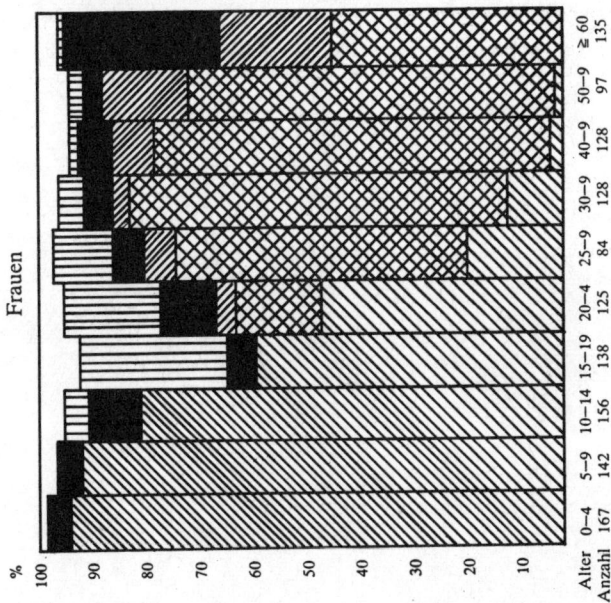

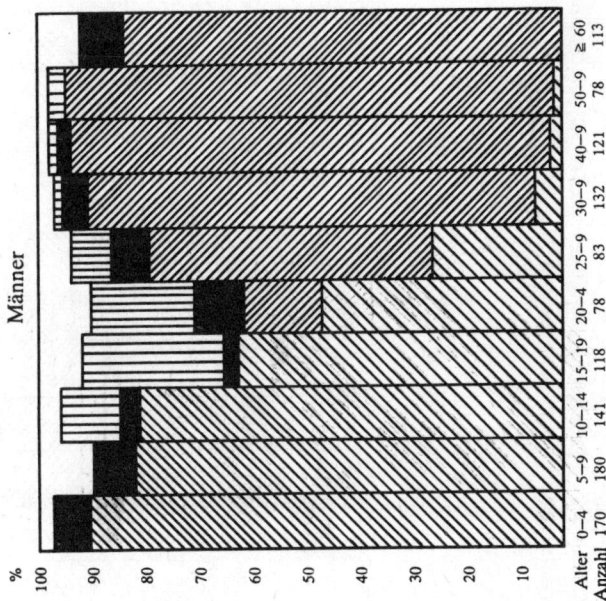

Abbildung 2:
Westflandern 1814, Bevölkerung nach Alter, Geschlecht und
Beziehung zum Haushaltsvorstand.

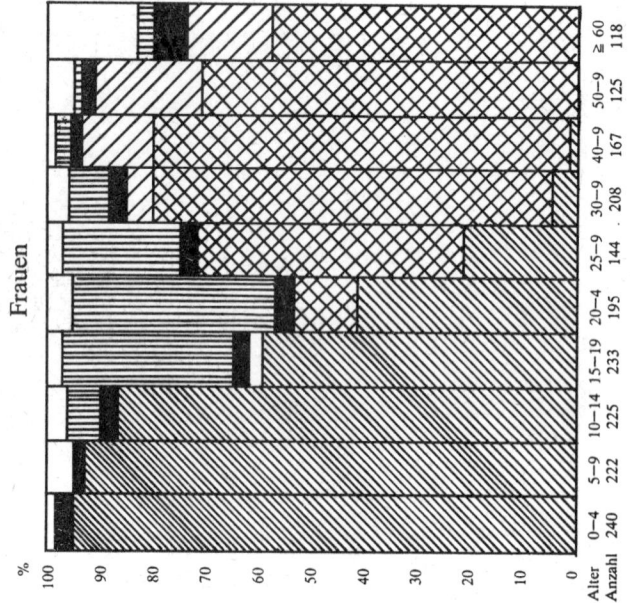

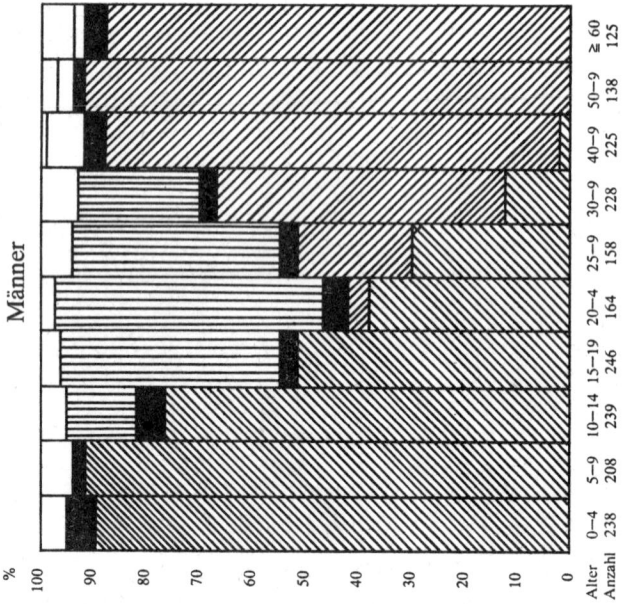

Abbildung 3:
Colyton 1851, Zählbezirk 1, Beschäftigung der Kinder, deren Väter 1851 noch am Leben waren.

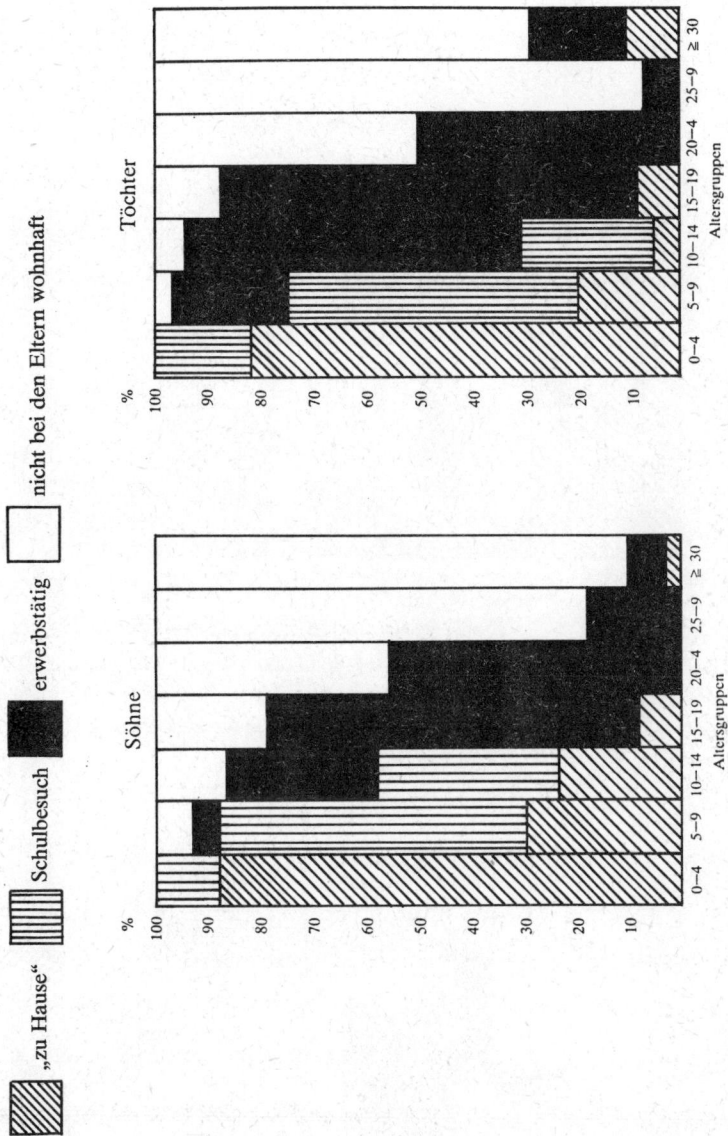

Abbildung 4:
Colyton 1851, Zählbezirk 1, Beschäftigung nach Alter, Geschlecht und Beruf des
Vaters

Handwerkertöchter

Anzahl

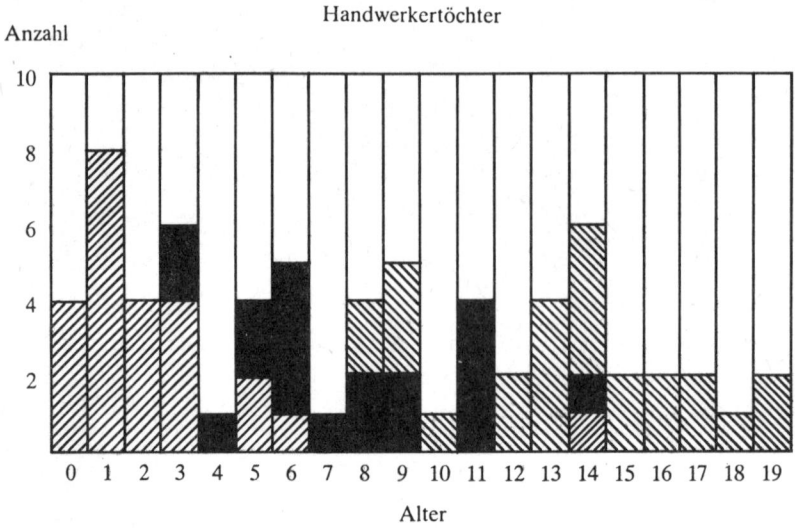

Alter

Handwerkersöhne

Anzahl

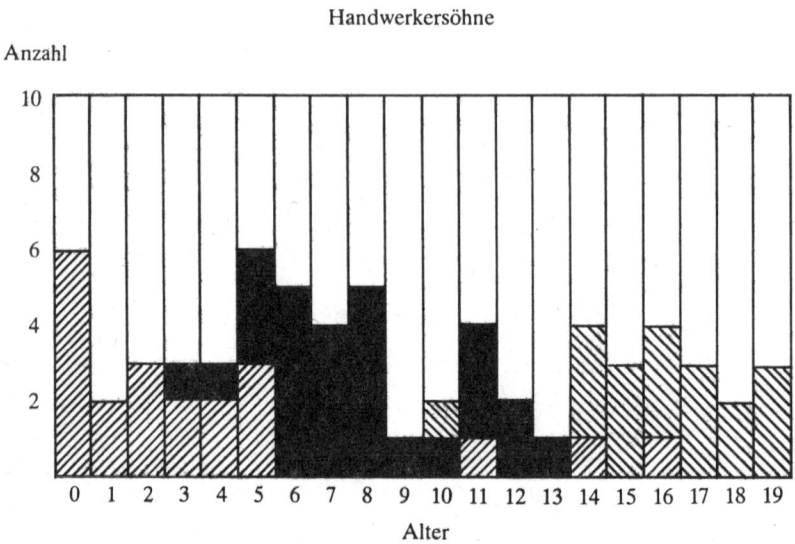

Alter

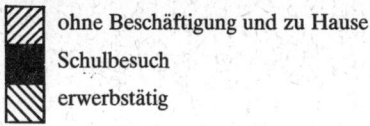

ohne Beschäftigung und zu Hause

Schulbesuch

erwerbstätig

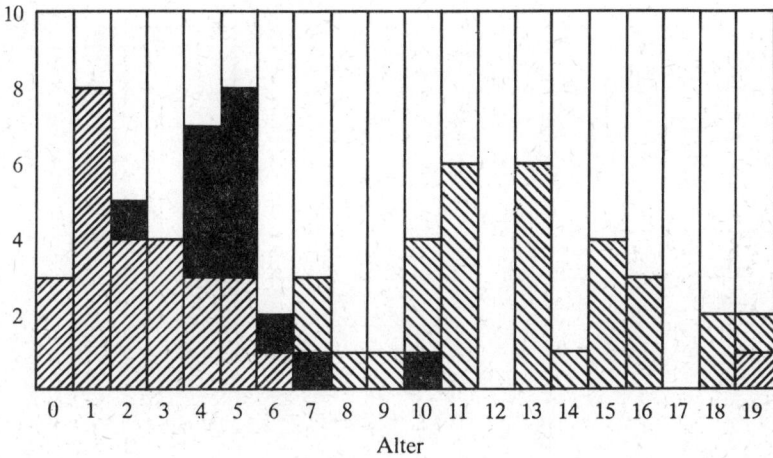

Arbeitertöchter

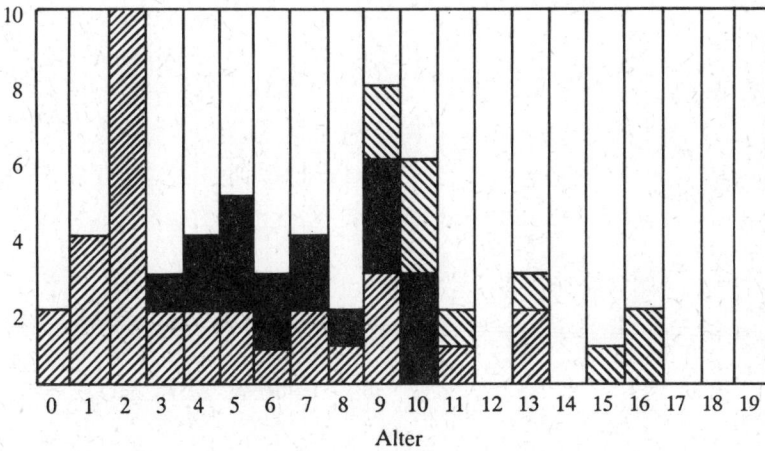

Arbeitersöhne

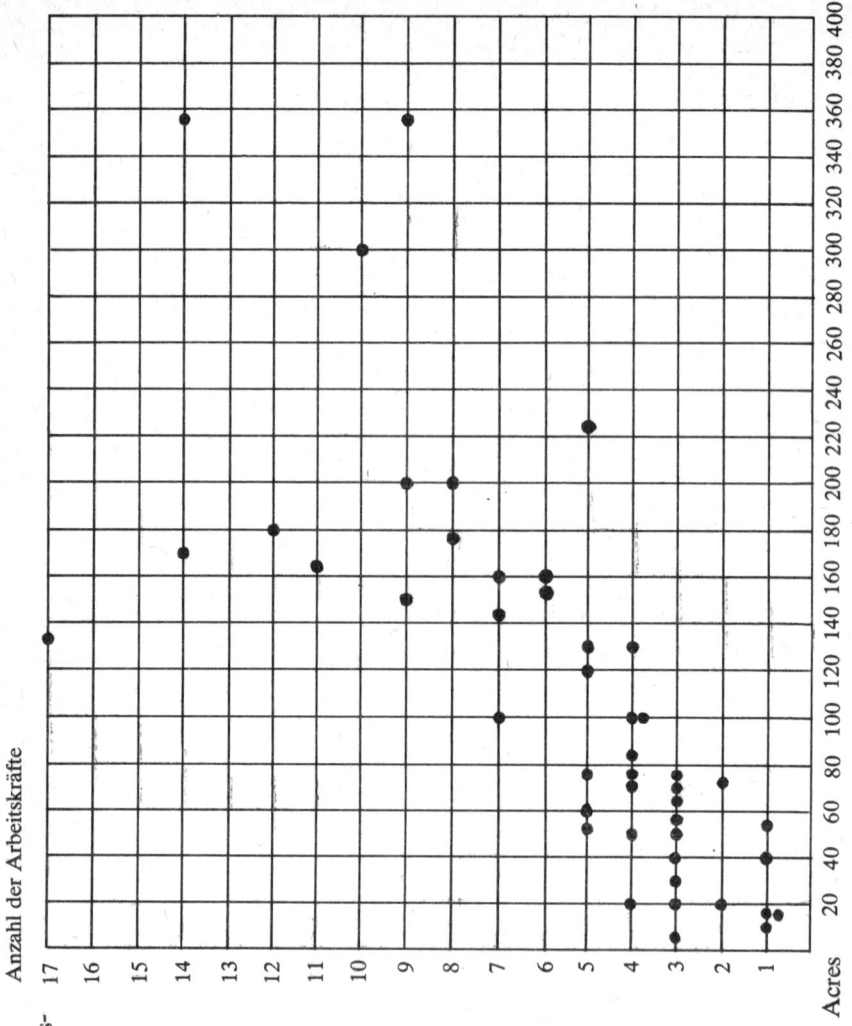

Abbildung 5:
Colyton 1851, männliche Arbeits-
kräfte auf Bauernhöfen
(Familienmitglieder ≧ 15 u.
Dienstboten ≧ 15 u. erwachsene
Lohnarbeiter; vgl. S. 526)

Tabelle 1:
Colyton 1851, Anteil der Haushalte mit Kindern, Verwandten, Dienstboten und Mitbewohnern

Geschlecht des Haus- haltsvorstands	Berufsgruppe des Haushalts- vorstands	Anzahl der Haushalte	Prozentanteil der Haushalte mit			
			Kindern	Ver- wandten	Dienst- boten	Mitbe- wohnern
männlich	Handwerker	122	81	21	15	10
	Kaufleute und Gewerbetreibende	42	76	19	29	17
	Bauern	43	67	32	74	2
	Arbeiter	148	81	17	0	14
	freie und höhere Berufe*	32	41	28	53	9
	Arme	14	79	36	0	14
	andere	47	47	21	23	15
	insgesamt	448	73	22	20	12
weiblich	insgesamt	67	63	27	22	24
männlich und weiblich	insgesamt	515	71	22	20	13

* Personen mit kleinem, regelmäßigem Einkommen aus Vermögenswerten eingeschlossen.

Tabelle 2:

Westflandern 1814, Anteil der Haushalte mit Kindern, Verwandten, Dienstboten und Mitbewohnern

Geschlecht des Haus- haltsvorstands	Berufsgruppe des Haushalts- vorstands	Anzahl der Haushalte	Prozentanteil der Haushalte mit			
			Kindern	Ver- wandten	Dienst- boten	Mitbe- wohnern
Gebiet 1:	Die Pfarren St. Pieters-op-den-Dijk, Uitkerke, Nieuwmunster, Vlissegem					
männlich	Handwerker	37	89	32	54	14
	Kaufleute und Gewerbetreibende	21	67	14	43	24
	Bauern	60	85	20	87	2
	Arbeiter	173	83	9	25	18
	andere	22	59	14	50	14
	insgesamt	313	82	15	43	15
weiblich	insgesamt	31	74	10	26	26
männlich und weiblich	insgesamt	344	81	14	42	16
Gebiet 2:	Die Pfarren Mariakerke, Stene, Wilskerke, Ettelgem, Snaaskerke					
männlich	Handwerker	33	88	12	24	12
	Kaufleute und Gewerbetreibende	11	91	18	54	9
	Bauern	64	84	19	80	8
	Arbeiter	154	83	8	14	16
	andere	24	75	8	38	21
	insgesamt	286	84	11	33	14
weiblich	insgesamt	34	76	6	21	26
männlich und weiblich	insgesamt	320	83	11	32	15

Tabelle 3:

Colyton 1851, Sexualproportion der Nachkommen nach Beruf und Geschlecht des Familienoberhaupts

Geschlecht des Familien oberhaupts	Berufs- gruppe des Familien- oberhaupts	Anzahl der Nach- kommen	Sexualproportion der Nachkommen im Alter von				
			10−14	15−19	20−24	≥ 25	≧ 10
männlich	Handwerker	149	94	113	53	(200)	96
	Kaufleute und Gewerbe- treibende	43	175	(100)	(100)	(50)	126
	Bauern	80	93	(129)	122	(143)	116
	Arbeiter	148	84	74	50	(60)	74
	andere	67	69	82	(60)	(71)	72
	insgesamt	487	92	96	69	108	90
weiblich	insgesamt	63	(89)	57	(43)	(180)	80

Klammern zeigen Verhältniszahlen an, die auf weniger als 20 Fällen beruhen.
Sexualproportion: Anzahl von Männern auf 100 Frauen in jeder Kategorie

Tabelle 4:

Westflandern 1814, Sexualproportion der Nachkommen nach Beruf und Geschlecht des Familienoberhaupts

Geschlecht des Familien- oberhaupts	Berufs- gruppe des Familien- oberhaupts	Anzahl der Nach- kommen	Sexualproportion der Nachkommen im Alter von				
			10−14	15−19	20−24	≥ 25	≧ 10
männlich	Handwerker	105	100	88	(62)	(220)	102
	Kaufleute und Gewerbe- treibende	25	(43)	(50)	(300)	(100)	67
	Bauern	209	105	105	48	367	114
	Arbeiter	427	95	89	96	61	90
	andere	40	(88)	(160)	(100)	(100)	110
	insgesamt	806	95	93	77	150	97
weiblich	insgesamt	115	88	108	123	170	117

Klammern zeigen Verhältniszahlen an, die auf weniger als 20 Fällen beruhen.
Sexualproportion: Anzahl von Männern auf 100 Frauen in jeder Kategorie

Tabelle 5:
Westflandern 1814, Sexualproportion der Nachkommen von Bauern und Arbeitern

Nachkommen im Alter von	Berufsgruppe des Familienoberhaupts			
	Bauern		Arbeiter	
	Gebiet 1*	Gebiet 2*	Gebiet 1*	Gebiet 2*
10−14	94	119	93	98
15−19	63	214	102	73
20−24	62	22	81	143
≥ 25	525	(240)	82	42
≥ 10	105	129	93	86
Anzahl	113	96	247	180

Klammern zeigen Verhältniszahlen an, die auf weniger als 20 Fällen beruhen.
Sexualproportion: Anzahl von Männern auf 100 Frauen in jeder Kategorie
* Definition vgl. Tabelle 2.

Tabelle 6:
Haushalte mit mindestens 25jährigen Nachkommen

Zusammensetzung der Gruppe der Nach- kommen ≥ 25	Colyton 1851	Westflandern 1814	
		Gebiet 1*	Gebiet 2*
Sohn, keine Tochter	19	17	15
≥ 2 Söhne, keine Tochter	3	8	4
Sohn und Tochter	7	6	4
Tochter, kein Sohn	19	16	13
≥ 2 Töchter, kein Sohn	3	1	1
andere Kombinationen	1	0	6
insgesamt	52	48	43
≥ 2 Söhne	4	8	8
≥ 2 Töchter	4	1	3
Haushalte insgesamt	515	344	320

* Definition vgl. Tabelle 2.

Tabelle 7:
Colyton 1851, Erwerbstätigkeit verheirateter Frauen nach dem Beruf des Ehemanns*

Berufsgruppe des Ehemanns	Verheiratete Frauen	
	erwerbstätig	insgesamt
Handwerker	26	43
Kaufleute und Gewerbetreibende	6	15
Bauern	0	4
Arbeiter	31	41
Arme	4	6
freie und höhere Berufe**	0	5
andere	4	8
insgesamt	71	122

* Die Untersuchung beschränkt sich auf den ersten der fünf Zählbezirke, in die Colyton im Jahre 1851 unterteilt war.
** Ehemänner mit einem kleinen, regelmäßigen Einkommen aus Vermögenswerten eingeschlossen.

Tabelle 8:
Colyton 1851, Handwerker- und Arbeiterfrauen nach Erwerbstätigkeit und Alter

Alter der Ehefrau	Berufsgruppe des Ehemanns*			
	Handwerker		Arbeiter	
	erwerbstätig	insgesamt	erwerbstätig	insgesamt
20–24	–	–	2	4
25–29	4	5	6	8
30–39	8	13	12	13
40–49	8	11	7	10
50–59	4	9	2	3
≧ 60	2	5	2	3
insgesamt	26	43	31	41

* Ausgewählte Berufsgruppen des ersten Zählbezirks.

544 Richard Wall

Tabelle 9:

Colyton 1851, Handwerker- und Arbeiterfrauen nach der Beschäftigung und dem Geburtsort

| Art der Beschäftigung | Berufsgruppe des Ehemanns* | | | |
| | Handwerker | | Arbeiter | |
	in Colyton geboren	insgesamt	in Colyton geboren	insgesamt
häusliche Tätigkeiten	4	8	1	7
Spitzenklöppeln	10	15	13	23
andere	2	3	0	1
Erwerbstätige insgesamt	16	26	14	31
ohne Erwerbstätigkeit		16**	4	10

  * Ausgewählte Berufsgruppen des ersten Zählbezirks.
 ** Ein Fall ohne Angabe des Geburtsorts ausgeschlossen.

Tabelle 10:
Haushalte mit Verwandten nach ihrer Zusammensetzung*

Zusammensetzung der Haushalte**	Prozentanteil der Haushalte mit Verwandten			
	England 1851		Westflandern 1814	
	14 Bezirke***	Colyton	Gebiet 1****	Gebiet 2****
allein lebende Ehepaare	13	21	15	6
Ehepaare und Kind(er)	14	19	12	10
Ehepaare und Dienstbote(n)	21	21	19	12
Ehepaare und Gehilfe	22	(25)	(20)	–
Ehepaare und Besucher oder Kostgänger*****	16	10	17	16
Ehepaare, Kind(er) und Dienstbote(n)	19	9	20	14
Ehepaare, Kind(er) und Gehilfe(n)	19	(27)	(33)	–
Ehepaare, Kind(er) und Besucher oder Kostgänger*****	15	12	13	18
Haushalte mit Ehepaaren als Vorständen und mitlebenden Verwandten insgesamt	14	19	13	9
Anzahl der Haushalte mit Ehepaaren als Vorständen	41.916	376	288	258

* Haushalte mit ledigen oder verwitweten Vorständen ausgenommen.

** Die verwendeten Haushaltstypen sind nicht ausschließende. Außer bei den „allein lebenden Ehepaaren" können jeweils andere Haushaltsangehörige enthalten oder nicht enthalten sein.

*** Neuberechnung der erstmals in *Census of Great Britain 1851, Population Tables I, Parliamentary Papers (1852-3) LXXXV:C*, veröffentlichten Angaben.

**** Definition vgl. Tabelle 2.

***** Diese bei der ursprünglichen Befragung im Jahre 1851 verwendeten Ausdrücke („visitors or boarders") wurden beibehalten und beziehen sich auf all jene Personen, die als Kostgänger oder Untermieter im Hause wohnten und den Angaben nach weder mit dem Haushaltsvorstand verwandt waren noch in seinen Diensten standen.

Klammern zeigen Verhältniszahlen an, die auf weniger als 20 Fällen beruhen.

Tabelle 11:
Haushalte mit Verwandten nach Beschäftigung des Vorstands und Zusammensetzung*

Zusammensetzung der Haushalte**	Prozentanteil der Haushalte mit Verwandten						
	Colyton 1851			Westflandern 1814			
				Gebiet 1***		Gebiet 2***	
	Handwerker	Bauern	Arbeiter	Bauern	Arbeiter	Bauern	Arbeiter
allein lebende Ehepaare	15	100(1)	22	—	0(9)	0(1)	8
Ehepaare und Kind(er)	19	21	16	20	6	15	9
Ehepaare und Dienstbote(n)	25(8)	25	—	22	10	18	5
Ehepaare und Besucher oder Kostgänger****	11(9)	0(1)	11	0(1)	15	0(5)	24
Ehepaare, Kind(er) und Dienstbote(n)	14(7)	20	—	24	6	20	7
Ehepaare, Kind(er) und Besucher oder Kostgänger****	14(7)	0(1)	8	0(1)	5	0(4)	29
Haushalte mit Ehepaaren als Vorständen und mitlebenden Verwandten insgesamt	19	27	17	19	8	14	8
Anzahl der Haushalte mit Ehepaaren als Vorständen	110	37	133	59	158	58	143

Bei weniger als zehn Fällen ist deren Zahl in Klammern angegeben.

*   Haushalte mit ledigen oder verwitweten Vorständen ausgenommen.

**   Die verwendeten Haushaltstypen sind nicht ausschließende. Außer bei den „allein leben-den Ehepaaren" können jeweils andere Haushaltsangehörige enthalten oder nicht enthalten sein.

***   Definition vgl. Tabelle 2.

****   Der Ausdruck bezeichnet all jene Personen, die als Kostgänger oder Untermieter im Hause wohnten und den Angaben nach weder mit dem Haushaltsvorstand verwandt wa-ren noch in seinen Diensten standen.

Tabelle 12:
Colyton 1851, männliche Verwandte nach ihrer Stellung im Haushalt und sozialen Merkmalen des Haushaltsvorstands

Haushaltsvorstand		Stellung der Verwandten im Haushalt								männliche Verwandte insgesamt
		"Kinder"**			Arbeitskräfte		ältere Personen (≥ 60)	alleinstehende oder verwitwete Väter und Mütter < 60	andere	
		mit Eltern		ohne Eltern***	Lehrlinge****	andere				
Geschlecht	soziale Merkmale	verheiratete Nachkommen des Vorstands**	andere							
männlich	verheiratet, Alter ≥ 60	2	1	9	1	0	1	2	0	16
	nicht verheiratet, Alter ≥ 60	1	4	0	0	0	0	0	0	5
	verheiratet, Alter < 60	1	7	1	4	0	0	0	0	13
	verheiratet, kinderlos, Alter < 60	0	0	3	0	0	2	1	1	7
	andere	1	2	3	3	0	4	1	4	18
	insgesamt	5	14	16	8	0	7	4	5	59
weiblich	Alter ≥ 60 kinderlos	0	0	1	0	0	0	0	0	1
	< 60	0	0	0	0	0	0	0	1	1
	andere	1	1	0	0	0	1	0	0	3
	insgesamt	1	1	1	0	0	1	0	1	5

* Zur Definition vgl. Anm. 72 und 73.
** Vier Schwiegersöhne eingeschlossen.
*** Jünger als 15, nicht als Dienstboten arbeitend, ohne im selben Haus wohnende Väter bzw. Mütter.
**** EinschlieBlich aller Verwandten mit demselben Beruf wie der Haushaltsvorstand, wenn dieser als Arbeitgeber in Frage kam.

Tabelle 13:
Colyton 1851, weibliche Verwandte nach ihrer Stellung im Haushalt und sozialen Merkmalen des Haushaltsvorstands

Haushaltsvorstand		Stellung der Verwandten im Haushalt								
		„Kinder"			Arbeitskräfte		ältere Personen (≧ 60)	alleinstehende oder verwitwete Väter und Mütter < 60	andere	weibliche Verwandte insgesamt
		mit Eltern		ohne Eltern***						
Geschlecht	soziale Merkmale	verheiratete Nachkommen des Vorstands**	andere		Lehrlinge****	andere				
männlich	verehelicht, Alter ≧ 60	2	4	5	0	0	1	6	1	19
	nicht verehelicht, Alter ≧ 60	1	1	0	0	2	1	1	0	6
	verehelicht, Alter < 60	1	1	2	2	4	5	3	6	24
	verehelicht, kinderlos, Alter < 60	0	0	2	0	1	2	0	0	5
	andere	1	1	6	1	2	16	3	6	36
	insgesamt	5	7	15	3	9	25	13	13	90
weiblich	Alter ≧ 60 kinderlos,	0	0	0	0	0	5	0	0	5
	< 60	0	0	4	0	0	3	0	2	9
	andere	1	0	2	0	0	2	0	1	6
	insgesamt	1	0	6	0	0	10	0	3	20

*   Zur Definition vgl. Anm. 72 und 73.
**   Zwei Schwiegertöchter eingeschlossen.
***   Jünger als 15, nicht als Dienstboten arbeitend, ohne im selben Haus wohnende Väter bzw. Mütter.
****   Einschließlich aller Verwandten mit demselben Beruf wie der Haushaltsvorstand, wenn dieser als Arbeitgeber in Frage kam.

Tabelle 14:
Westflandern 1814, männliche Verwandte nach ihrer Stellung im Haushalt und sozialen Merkmalen des Haushaltsvorstands

Haushaltsvorstand		Stellung der Verwandten im Haushalt								männliche Verwandte insgesamt
		„Kinder"			Arbeitskräfte		ältere Personen (≧ 60)	alleinstehende oder verwitwete Väter und Mütter < 60	andere	
		mit Eltern		ohne Eltern***	Lehrlinge****	andere				
Geschlecht	soziale Merkmale	verheiratete Nachkommen des Vorstands**	andere							
männlich	verehelicht, Alter ≧ 60 nicht	4	4	1	0	0	0	0	2	11
	verehelicht, Alter ≧ 60 nicht	3	5	0	0	2	0	0	0	10
	verehelicht, Alter < 60	0	0	0	0	2	0	0	1	3
	verehelicht, kinderlos, Alter < 60	0	0	1	1	3	0	0	2	7
	andere	2	2	0	1	15	5	1	9	35
	insgesamt	9	11	2	2	22	5	1	14	66
weiblich	Alter ≧ 60 kinderlos	0	0	0	0	1	0	0	0	1
	< 60	0	0	0	0	0	0	0	0	0
	andere	0	2	0	0	0	0	0	2	4
	insgesamt	0	2	0	0	1	0	0	2	5

* Zur Definition vgl. Anm. 72 und 73.
** Zwei Schwiegersöhne eingeschlossen.
*** Jünger als 15, nicht als Dienstboten arbeitend, ohne im selben Haus wohnende Väter bzw. Mütter.
**** Einschließlich aller Verwandten mit demselben Beruf wie der Haushaltsvorstand, wenn dieser als Arbeitgeber in Frage kam.

Tabelle 15:
Westflandern 1814, weibliche Verwandte nach ihrer Stellung im Haushalt und sozialen Merkmalen des Haushaltsvorstands

Haushaltsvorstand		Stellung der Verwandten im Haushalt								
		"Kinder"**			Arbeitskräfte****		ältere Personen (≧ 60)	alleinstehende oder verwitwete Väter und Mütter < 60	andere	weibliche Verwandte insgesamt
		mit Eltern		ohne Eltern***						
Geschlecht	soziale Merkmale	verheiratete Nachkommen des Vorstands**	andere		Lehrlinge****	andere				
männlich	verehelicht, Alter ≧ 60	4	2	0	0	0	0	1	0	7
	verehelicht, Alter ≧ 60 nicht	3	2	0	0	0	0	0	0	5
	verehelicht, Alter < 60	0	0	0	0	0	1	1	4	6
	verehelicht, kinderlos, Alter < 60	0	0	2	0	0	1	0	0	4
	andere	2	0	6	0	10	3	2	2	25
	insgesamt	9	4	8	0	11	5	4	6	47
weiblich	Alter ≧ 60	0	0	1	0	0	0	0	1	2
	kinderlos, < 60	0	0	0	0	0	0	0	1	1
	andere	0	0	0	1	0	0	1	0	1
	insgesamt	0	0	1	1	0	0	1	2	4

    * Zur Definition vgl. Anm. 72 und 73.
   ** Sieben Schwiegertöchter eingeschlossen.
 *** Jünger als 15, nicht als Dienstboten arbeitend, ohne im selben Haus wohnende Väter bzw. Mütter.
**** Einschließlich aller Verwandten mit demselben Beruf wie der Haushaltsvorstand, wenn dieser als Arbeitgeber in Frage kam.

Tabelle 16:
Westflandern 1814, Verwandte nach Geschlecht und Stellung im Haushalt

Stellung der Verwandten im Haushalt**	Gebiet 1*		Gebiet 2*	
	männlich	weiblich	männlich	weiblich
verheiratete Nachkommen des Vorstands***	7	1	0	1
andere Kinder mit im selben Hause wohnenden Vätern bzw. Müttern	9	3	4	1
Kinder ohne im selben Hause wohnende Väter bzw. Mütter	2	4	0	5
Lehrlinge	2	0	0	0
andere Arbeitskräfte	15	6	8	5
ältere Personen ($\geq$ 60)	3	2	2	3
alleinstehende oder verwitwete Väter bzw. Mütter < 60	0	2	1	3
andere Verwandte	10	0	6	8
Verwandte insgesamt	48	18	21	26

   * Definition vgl. Tabelle 2.
  ** Vgl. dazu die Fußnoten zu den Tabellen 12 bis 15.
*** Schwiegersöhne bzw. Schwiegertöchter nicht eingeschlossen.

Tabelle 17:
Colyton 1851, Verwandte von Ehepaaren

Art der Verwandten	Verwandte des Ehemanns		Verwandte der Ehefrau		unbekannt	
	männlich	weiblich	männlich	weiblich	männlich	weiblich
Lehrlinge und Dienstboten	3	4	0	0	1	0
Väter und Mütter*	2	10	3	10	0	0
andere Verwandte < 60	3	6	5	4	1	5
andere Verwandte $\geq$ 60	2	0	0	1	1	1
insgesamt	10	20	8	15	3	6

* Mit einer Ausnahme alle $\geq$ 60.

Tabelle 18:
Westflandern 1814, Verwandte von Ehepaaren

Art der Verwandten	Verwandte des Ehemanns		Verwandte der Ehefrau	
	männlich	weiblich	männlich	weiblich
Gebiet 1**				
Lehrlinge und Dienstboten	7	1	6	5
Väter und Mütter*	2	2	1	0
andere Verwandte < 60	4	0	5	1
andere Verwandte ≥ 60	0	0	0	0
insgesamt	13	3	12	6
Gebiet 2**				
Lehrlinge und Dienstboten	0	1	8	3
Väter und Mütter*	0	0	3	1
andere Verwandte < 60	1	2	6	4
andere Verwandte ≥ 60	0	0	0	1
insgesamt	1	3	17	9

*   Mit einer Ausnahme alle ≥ 60.
** Definition vgl. Tabelle 2.

Tabelle 19:
Colyton 1851, Enkelkinder des Haushaltsvorstands

Beziehung von Vater bzw. Mutter des Enkelkindes zum Haushaltsvorstand	im Hause wohnende Väter bzw. Mütter	nicht im Hause wohnende Väter bzw. Mütter	unsicher
verheiratete Söhne*	3	6	–
verheiratete Töchter*	4	5	–
unverheiratete Töchter (mit unehelichen Kindern)	7	3	–
unbekannt	0	5	4
insgesamt	14	19	4

* Einschließlich verwitweter und getrennter.

Tabelle 20:
Westflandern 1814, Enkelkinder des Haushaltsvorstands

Beziehung von Vater bzw. Mutter zum Haushaltsvorstand	im Hause wohnende Väter bzw. Mütter	nicht im Hause wohnende Väter bzw. Mütter	unsicher
Gebiet 1*			
jemals verheiratete Söhne	14	0	0
jemals verheiratete Töchter	0	1	0
Töchter und uneheliche(s) Kind[er]	1	0	0
unbekannt	0	2	2
insgesamt	15	3	2
Gebiet 2*			
jemals verheiratete Söhne	0	0	0
jemals verheiratete Töchter	3	0	0
Töchter und uneheliche(s) Kind[er]	0	0	0
unbekannt	0	0	1
insgesamt	3	0	1

* Definition vgl. Tabelle 2.

Tabelle 21:

Colyton 1851, Arbeitskräfte auf den Bauernhöfen

Bauernhöfe nach Arbeitskräften*	Größe (in *acres*)				
	< 50	50—99	100—199	≥ 200	insgesamt
≥ 2 männliche Familienmitglieder ≥ 15	3	7	5	3	18
≥ 1 Knecht < 15	3	5	7	1	16
≥ 1 Knecht ≥ 15	1	5	10	6	22
≥ 1 Magd	2	5	9	5	21
ausschließlich familienangehörige Arbeitskräfte**	5	3	1	0	9
≥ 1 nicht im Hause wohnende Arbeitskraft**	2	5	13	5	25
Gesamtzahl der Bauernhöfe	10	14	16	6	46

  * Da Bauern häufig nicht nur eine Kategorie von Arbeitskräften beschäftigten, stimmen die Summen der Spalten nicht mit der Gesamtzahl überein.

** Mindestzahl der Arbeitskräfte, vgl. S. 526

VERLAG BÖHLAU WIEN · GRAZ · KÖLN

Hubert Ch. Ehalt (Hg.)

GESCHICHTE VON UNTEN

KULTURSTUDIEN BEI BÖHLAU

Geschichte von unten, Alltagsgeschichte und Alltagskultur sind Begriffe, die auf ein neues, weitgestreutes historisches Interesse und auf aktuelle Perspektiven der Geschichtswissenschaft hinweisen. Der vorliegende Band ermöglicht einen Einstieg in die Ergebnisse, Methoden und Probleme der Erforschung der Geschichte des Alltags, wobei österreichische Projekte den Schwerpunkt bilden.

Mit Beiträgen v. Michael Mitterauer, Helmut Konrad, Helmut P. Fielhauer, Hubert Ch. Ehalt u. a.

375 S., 18 SW-Abb., 9 Zeichnungen, 13 Tabellen. Broschiert.
ISBN 3-205-08851-4.

A–1014 Wien, Dr. Karl Lueger-Ring 12, Telefon (0222) 63 87 35-0*

—— VERLAG BÖHLAU ⟨B⟩ WIEN · KÖLN · GRAZ ——

LUDWIG-BOLTZMANN-INSTITUT FÜR HISTORISCHE SOZIALWISSENSCHAFT
MATERIALIEN ZUR HISTORISCHEN SOZIALWISSENSCHAFT
Herausgegeben von Gerhard Botz

Bisher erschienen:

Band 1:
Manfred Thaller
Numerische Datenverarbeitung für Historiker
Eine praxisorientierte Einführung in die quantitative Arbeitsmethode und in SPSS.
1982. 14,5 × 21 cm. XII, 166 Seiten. Broschiert. ISBN 3-205-07074-7.

Band 2:
Gerhard Botz, Josef Weidenholzer (Hrsg.)
Mündliche Geschichte und Arbeiterbewegung
Eine Einführung in Arbeitsweisen und Themenbereiche der Geschichte „geschichtsloser" Sozialgruppen. Unter Mitarbeit von Ferdinand Karlhofer.
1984. 15 × 21 cm. XXI, 438 Seiten, Tabellen und Graphiken im Text. Broschiert. ISBN 3-205-07075-5.

Band 3:
Ferdinand Karlhofer
„Wilde" Streiks in Österreich
Entstehungs- und Verlaufsbedingungen industrieller Konflikte in den Siebzigerjahren. Mit einem Vorwort von Anton Pelinka.
1983. 14,5 × 21 cm. 158 Seiten, zahlr. Tabellen im Text. Broschiert. ISBN 3-205-07076-3.

Band 4:
Christian Fleck
Koralmpartisanen
Über abweichende Karrieren politisch motivierter Widerstandskämpfer.
1986. 14,5 × 21 cm. 328 Seiten. Broschiert. ISBN 3-205-07078-X.

—— A-1014 Wien, Dr. Karl Lueger-Ring 12, Tel. (0222) 63 87 35-0* ——